Walter Kasper

Jesus Christus – das Heil der Welt

Walter Kasper · Gesammelte Schriften

herausgegeben von
George Augustin und Klaus Krämer

unter Mitwirkung des
Kardinal Walter Kasper Instituts
für Theologie, Ökumene und Spiritualität
an der Philosophisch-Theologischen Hochschule Vallendar

Band 9
Jesus Christus – das Heil der Welt

WALTER KASPER

Jesus Christus – das Heil der Welt

Schriften zur Christologie

HERDER

FREIBURG · BASEL · WIEN

Den Stiftungsräten und Vorstandsmitgliedern der
Kardinal Walter Kasper Stiftung in großer Dankbarkeit gewidmet

www.herder.de
Umschlaggestaltung: Finken & Bumiller, Stuttgart
Satz: SatzWeise GmbH, Trier
Herstellung: Friedrich Pustet GmbH & Co. KG, Regensburg
Printed in Germany
ISBN 978-3-451-30609-9

Inhalt

Christologie und Soteriologie

Christus und die Religionen

Einführung
Bausteine für eine künftige Christologie

Das Thema der Christologie beschäftigt mich seit meiner Zeit als Gymnasiast und Student in der Nachkriegszeit der frühen 50er Jahre. Damals war für mich wie für viele Zeitgenossen Romano Guardinis *Der Herr. Betrachtungen über die Person und das Leben Jesu Christi* (erstmals erschienen 1937) prägend geworden. In der tiefgreifend veränderten nachkonziliaren Situation der späten 60er und der frühen 70er Jahre habe ich das Thema in *Jesus der Christus* neu aufgegriffen. Das aus Vorlesungen in Münster und Tübingen hervorgegangene Buch hat seit seinem Erscheinen im Jahr 1974 zahlreiche Auflagen und Übersetzungen erfahren.[1]

Die unmittelbar nachkonziliare Theologie war verständlicherweise vor allem mit ekklesiologischen Fragen, vor allem mit Fragen der kirchlichen Reform, beschäftigt. Diese Diskussion ist noch nicht zur Ruhe gekommen; Fragen der Erneuerung und Reform werden uns weiter begleiten. Doch schon bald wurde deutlich, dass in einer Situation zunehmender Entchristlichung die ekklesiologischen Fragen allein nicht weiterhelfen. Die Kirche wird trotz Reformen in dieser Welt immer eine Kirche der Sünder sein. Ihre äußere Gestalt wird nie makellos vollkommen sein. Wirklich überzeugend kann nur der zentrale Inhalt ihrer Botschaft sein. Er betrifft nicht eine Idee, nicht eine Moral oder eine Institution, sondern eine Person, die Person Jesu Christi, in dem uns Gottes barmherziges Gesicht endgültig offenbar geworden ist. So kam es in den frühen 70er Jahren zu einer Reihe von christologischen Neuentwürfen.

Die Diskussion ist seither selbstverständlich nicht stehen geblieben. Die in diesem Band zusammengeführten Beiträge zeigen im ersten

[1] Vgl. Jesus der Christus (WKGS 3), Freiburg i. Br. 2007.

Teil die damalige intensive Diskussion um die Neubegründung der Christologie; sie hat bis heute nichts an Aktualität eingebüßt. In den folgenden Teilen zwei und drei geht es um Weiterführungen und Vertiefungen, die über *Jesus der Christus* hinausführen. Der vierte Teil behandelt die Relevanz der Christologie im Zusammenhang des gegenwärtig neu aktuell und brisant gewordenen interreligiösen Dialogs.

Der erste Teil zeigt, wie die damalige Wende zur Christologie zu einer Wende in der Christologie geführt hat. Denn in einer Situation, in der die Gottesfrage zum Problem geworden ist, war eine Christologie, welche unmittelbar mit der Menschwerdung des ewigen Sohnes Gottes einsetzt, schwer verständlich geworden. So kam es anstelle der ›Christologie von oben‹ zu einer ›Christologie von unten‹. Gewöhnlich nahm sie ihren Ausgangspunkt beim Auftreten und bei der Botschaft des irdischen Jesus von Nazareth beziehungsweise dessen historischer Rekonstruktion. Damit war, anders als in der Lehre von zwei Naturen in der einen Person Jesu Christi, Raum geschaffen für die Erneuerung der Lehre von den ›Mysterien des Lebens Jesu‹, seiner Predigt, seinen Wundern und dem Lebensweg Jesu von der Geburt bis zum Kreuz und zur Auferstehung.

Doch leider fiel der Versuch der ›Christologie von unten‹ oft in die liberale Leben-Jesu-Forschung des 18. und 19. Jahrhunderts zurück, welche Albert Schweitzer schon 1906 mit seiner *Geschichte der Leben-Jesu-Forschung* zu Grabe getragen hatte. Aus der Christologie wurden oft eine Jesulogie beziehungsweise, je nach Interesse, recht unterschiedliche Jesulogien, wie sie noch heute in vielen Köpfen, in vielen Katechesen und Predigten sowie in Feuilleton-Artikeln vorherrschend sind.

Auch wenn man die Gestalt Jesu von Nazareth noch so beindruckend und mitreißend meint darstellen zu können, ihr menschliches Vorbild allein kann die tiefsten Fragen des Menschseins, die Frage nach Erlösung von Sünde und Schuld wie die Frage des Todes und der in der Welt wütenden Todesmächte, nicht beantworten. Als bloßer Mensch könnte uns Jesus nur Menschliches in all seiner menschlichen Schönheit und Größe geben. Von Schuld und Tod erlösen kann nur Gott. Das Anliegen der ›Christologie von oben‹ bleibt also bestehen.

Hilfreich für eine Verbindung der Neuansätze mit dem berechtigten Anliegen der ›Christologie von oben‹ war die Wende, die in den 50er und 60er Jahren in der evangelischen wie in der katholischen Theologie mit der »neuen Frage nach dem historischen Jesus« einsetzte. An diese neue Frage suchte *Jesus der Christus* anzuknüpfen. Evangelische wie katholischen Exegeten haben damals in unterschiedlicher Weise aufgezeigt, dass in der Botschaft wie im Auftreten des irdischen Jesus von Nazareth implizit und indirekt bereits grundgelegt ist, was die nachösterliche Botschaft schon vor Paulus mit verschiedenen Bildern, Begriffen und in unterschiedlichen theologischen Konzeptionen entfaltet hat: Jesus ist der Christus, er ist nicht nur Chiffre, Botschafter, Statthalter Gottes; er ist vielmehr der Mensch gewordene Sohn Gottes.

Mit dieser These stimme ich in der Sache völlig mit der Grundthese der eindrucksvollen Darstellung der biblischen Christusbotschaft in der Trilogie von Joseph Ratzinger/Benedikt XVI. *Jesus von Nazareth* (2007–2012) überein. Methodisch gehe ich einen anderen Weg. Ich gehe nicht von der Christologie des Johannesevangeliums und dessen Frühdatierung aus, sondern suche der historischen Entwicklung zwischen dem irdischen Jesus und der nachösterlichen Christologie und deren Entwicklung Rechnung zu tragen. Damit eröffnet die biblische Christologie den Weg der nachbiblischen Geschichte der Christologie, in welcher der Geist Gottes die Kirche immer wieder neu in die ganze Wahrheit von Wort, Werk und Person Jesu Christi einführt *(Joh 16,13)*.

Der zweite Teil »Christologie in trinitätstheologischer Perspektive« zeigt einige Schritte der Weiterentwicklung und Vertiefung der Christologie. Denn was im ersten Teil den Eindruck einer bloß apologetischen Rekonstruktion der traditionellen Christologie erwecken kann, erweist sich in Wirklichkeit als eine Revolution im Gottesverständnis.

Neuere theologie- und dogmengeschichtliche Forschungen haben neues Licht auf die frühe Dogmengeschichte geworfen und die Hellenisierungsdebatte, wie sie in der liberalen Theologie besonders seit Adolf von Harnack geführt wurde, in neue Bahnen gelenkt. Die frühen Konzilien haben zwar Begriffe der hellenistischen Philosophie (Wesen, Natur, Hypostase) aufgegriffen, sie aber zugleich im wörtlichen Sinn »durchkreuzt« und das hellenistische Gottesverständnis von innen her umgestaltet.

Die Revolution im Gottesverständnis zeigt sich besonders in der Theologie des Kreuzes. Das Kreuz bedeutet nicht das Scheitern des irdischen Wirkens Jesu. Das Kreuz ist vielmehr das paradoxe, alles überbietende Höchstmaß von Jesu Proexistenz, seines Seins für uns. Schon Paulus wusste, dass Gott sich selbst entäußert, Mensch wird und am Schandpfahl des Kreuzes für uns in den Tod geht, um eben dadurch den Tod zu besiegen und der todverfallenen Welt das Leben neu zu schenken *(Phil 2,6–11)* – für hellenistisches Denken ein unerträgliches Ärgernis, für uns aber Gottes Kraft und Weisheit *(1 Kor 1,23f.)*. Das Kreuz begründet keine modische Gott-ist-tot-Theologie. Im Gegenteil, das Kreuz ist der Baum des neuen Lebens, an dem sich Gott endgültig als der lebendige Gott erweist, dessen Liebe stärker ist als der Tod.

Am Kreuz erweist sich Gottes Allmacht als Allmacht der sich selbst mitteilenden und sich selbst schenkenden Liebe. Gottes Allmacht zeigt sich paradoxerweise in der äußersten Ohnmacht des Todes als siegreiche Macht des neuen Lebens. Sie offenbart sich nicht in Gewalt, sondern im Schonen und Verzeihen (Oration des 26. Sonntags im Kirchenjahr) und in Gottes Barmherzigkeit mit der der Knechtschaft der Sünde und des Todes verfallenen Menschheit. Damit führen die Überlegungen des zweiten Teils bereits hin zu der neueren Diskussion über die Barmherzigkeit als Grundbegriff des Evangeliums und als Spiegel der Trinität.[2]

Das erlaubt uns heute, ausgehend von der einmaligen intimen Relation Jesu zu Gott, seinem Vater, die Christologie in Kategorien einer relationalen Ontologie der Liebe zu denken. Grundgelegt wurde sie schon in der Trinitätstheologie, welche die trinitarischen Personen als subsistente Relationen versteht. Die Trinitätslehre ist damit in gewisser Weise die Grammatik der Christologie und der Theologie insgesamt, und Liebe der letzte Sinn des Seins.[3] Diese Sicht wird in der Philosophie des späten Friedrich Wilhelm Joseph Schelling bereits angedacht. Schellings letzte Philosophie ist zwar ambivalent geblieben, sie hat jedoch in der Auseinandersetzung mit Georg Wilhelm

---

[2] Vgl. Barmherzigkeit. Grundbegriff des Evangeliums – Schlüssel christlichen Lebens, Freiburg i. Br. 2012.

[3] Vgl. Der Gott Jesu Christi (WKGS 4), Freiburg i. Br. 2008.

Friedrich Hegel die Richtung gewiesen, das Absolute nicht als Geschichte, sondern das Absolute in der Geschichte zu denken.[4]

Im dritten Teil geht es um das Thema der Soteriologie, der Lehre von der Heilsbedeutung von Person und Werk Jesu Christi. Ausgangspunkt ist die biblische Botschaft von Jesu Existenz als Proexistenz, sein Sein-für-uns, das in seiner stellvertretenden Lebenshingabe »für die vielen« (*Mk 10,45* par.; *14,24* par.; *1 Kor 11,24; 15,3* u.a.) sein nicht mehr überbietbares Höchstmaß erreicht.

Die zentrale und für das christliche Heilsverständnis fundamentale Botschaft vom stellvertretenden Tod Jesu wurde in der liberalen Theologie und wird heute wieder von vielen kritisch diskutiert und problematisiert. Ins Feld geführt wird das Argument, die Lehre vom stellvertretenden Charakter des Todes Jesu am Kreuz widerspreche der Freiheit des Menschen und sei unvereinbar mit der unveräußerlichen Würde des Menschen, der durch nichts und durch niemand gleichsam über seinen Kopf hinweg vertreten werden kann. Diese Kritik trifft das Zentrum der biblischen Heilsbotschaft und trifft diese tödlich mitten ins Herz.

Richtig und im Sinn der Bibel verstanden geht es bei Stellvertretung nicht um die Vertretung oder gar um den Ersatz der moralischen und der bürgerlichen Freiheit des Menschen; sie ist nach der kirchlichen Lehre durch die Sünde angeschlagen, aber nicht aufgehoben. Es geht vielmehr darum, dass der Mensch durch die Macht der Sünde seine Freiheit zum Leben aus Gott und bei Gott verspielt hat und nicht in der Lage ist, dieses sein Heil aus eigener Macht und Freiheit wiederherzustellen, weder durch gute Werke, noch durch aszetische Anstrengungen oder durch mystische Erfahrungen. Nur Gott kann Sünden vergeben und im Tod neues Leben schenken. So wollte Gott in seiner Barmherzigkeit in Christus für uns eintreten, in unseren Tod eingehen und dadurch, da der Tod keine Macht über ihn hat, Sünde und Tod besiegen. Jesu Tod am Kreuz ist – wie die Liturgie von Ostern sagt – der Tod des Todes und der Sieg über die Macht der Sünde und des Todes.

Der stellvertretende Tod Jesu ist keine Ersatzhandlung, die unsere Freiheit ausschaltet. Im Gegenteil, er ist Befreiung zur christlichen

---

[4] Vgl. Das Absolute in der Geschichte. Philosophie und Theologie der Geschichte in der Spätphilosophie Schellings (WKGS 2), Freiburg i. Br. 2010.

Freiheit, Ermöglichung und ›Zumutung‹ zum neuen Leben in christlicher Freiheit. Er befreit uns von der Last des Gesetzes, das verlangt, unser Heil durch gute Werke selbst zu leisten. Von dieser Überforderung werden wir durch den Geist Christi befreit. In ihm sind wir »in Christus« eine neue Schöpfung *(2 Kor 5,17; Gal 6,15)*. Er befähigt und befreit zum Leben für Gott und für die anderen. Letztlich befreit er uns *von* der Gefangenschaft im eigenen Ich, *von* der Fixierung auf uns selbst und macht uns frei *für* selbstvergessene Liebe bis *zum* Martyrium um des Glaubens willen und *zum* selbstverzehrenden Dienst für andere.

Dieses Verständnis kann die ostkirchliche und die lateinisch-westliche Soteriologie versöhnen. Während die ostkirchliche Soteriologie von der Menschwerdung und von der Auferweckung Jesu ausgehend ontologisch argumentiert, bedient sich die lateinisch-westliche, beim Kreuz ansetzende Soteriologie der juristischen Kategorie der Wiedergutmachung (Satisfaktion). Diese Konzeption führte zu einer Abspaltung der westlichen kreuzzentrierten, die Bedeutung der Auferstehung übergehenden Soteriologie von der inkarnationszentrierten östlichen Christologie.

Wenn wir das Kreuz als das Äußerste der Selbstentäußerung in der Inkarnation verstehen und das Kreuz im Ganzen des Pascha-Geschehens, das durch den Tod zur Auferstehung führt, begreifen, lassen sich östliche und westliche Sichtweisen versöhnen und zugleich eschatologisch einordnen. Wir sind durch den Geist Christi durch die Taufe »in Christus« schon jetzt neue Schöpfung, dürfen als neue Menschen aus der Freiheit der Kinder Gottes leben und voll Hoffnung der endgültigen Neugestaltung bei der Auferweckung der Toten entgegensehen *(Röm 6,3–11; 8,23f.)*.

Der vierte Teil nimmt die universale Perspektive der Christologie unter dem Gesichtspunkt des Verhältnisses des Christentums zu den anderen Religionen in den Blick. Diese Frage ist in der heutigen Welt, in der die Kulturen und Religionen enger als je zuvor zusammenleben, neu aktuell geworden. Der Friede in der Welt setzt den Frieden zwischen Religionen und der Friede zwischen den Religionen den Dialog zwischen den Religionen voraus.

Die pluralische Religionstheologie seit den 80er und 90er Jahren stellt den Anspruch des Christentums, die wahre Religion zu sein, in Frage. Dazu kommt die neuere Monotheismus-Debatte, nach welcher das Christentum als monotheistische Religion seiner inneren Logik nach exklusiv und intolerant gegenüber polytheistischen Religionen oder anderen Weltanschauungen ist und damit ein gefährliches Gewaltpotential in sich birgt. Im modischen Trend liegen schließlich eine spätmoderne agnostische, oft synkretistische Spiritualität und Esoterik wie eine pantheistische Weltfrömmigkeit ohne persönlichen Gott, ohne Christus und ohne Kirche.

Die theologische Auseinandersetzung kann von der universalen Christologie des Kolosserbriefs ausgehen. Danach ist alle Wirklichkeit in Christus, durch ihn und auf ihn hin geschaffen; durch ihn wollte Gott alles versöhnen *(Kol 1,15–20)*. Der Prolog des Johannesevangeliums weist in dieselbe Richtung. Im Logos, der in Jesus Christus Mensch gewordenen ist, ist alles geschaffen *(Joh 1,3)*; er ist das wahre Licht, das jeden Menschen erleuchtet *(Joh 1,9)*, das Licht der Welt *(Joh 8,12)*.

Das Zweite Vatikanische Konzil hat diese universalchristologischen Aussagen aufgegriffen[5] und in der Tradition der Kirchenväter von den bei allen Völkern sich findenden Samenkörnern des Logos gesprochen, der in Jesus Christus in seiner Fülle erschienen ist.[6] So lehnt die Kirche, ohne das Geringste ihrer Identität aufzugeben, nichts von dem ab, was in anderen Religionen wahr und heilig ist. Sie mahnt vielmehr zum Dialog und zur Zusammenarbeit mit den anderen Religionen.[7]

Die Offenbarung der absoluten Liebe in Jesus Christus schließt niemand aus und sie vereinnahmt auch nicht die Anhänger der anderen Religionen. Jesus Christus ist das universale concretum. In ihm ist das transzendente, alles umfassende göttliche Geheimnis ein für alle Mal in der konkreten Gestalt eines Menschen erschienen. Die in ihm offenbare Liebe schließt jede Form von Gewalt aus und vergilt nicht Böses mit Bösem. Die Liebe gibt dem Anderen Raum, sie ist tolerant, respektvoll und solidarisch. Sie akzeptiert und freut sich über die Wahrheit, wo immer sie sich findet *(Röm 12,9–21; 1 Kor 13,4–7)*; sie meldet aber prophetische Kritik an, wo die Wahrheit Gottes entstellt, mit weltlichen Interessen vermischt oder missbraucht wird; sie

---

[5] Vgl. GS 10; 45.
[6] Vgl. AA 11.
[7] Vgl. NA 2.

schenkt den eigenen Reichtum weiter und will auf dem Weg der Mission und Inkulturation fremde Kulturen wie ein Sauerteig von Innen durchdringen *(Mt 13,33)*.

Jesus Christus ist derselbe gestern, heute und in Ewigkeit *(Hebr 13,8)*. Die Christologie jedoch als denkerische Durchdringung des ein für alle Mal geoffenbarten Christusgeheimnisses wird bis ans Ende der Zeit auf dem Weg sein, um die Höhe und Tiefe dieses Geheimnisses auszuloten *(Eph 3,18)*. In diesem Sinn wird es zu Weiterentwicklungen der Christologie kommen, bei uns im Westen ebenso wie in den jungen Kirchen Afrikas und Asiens wie in Lateinamerika. Die Beiträge des vorliegenden Bandes wollen Bausteine sein für die künftige Christologie. Ihre Synthese muss ich einer jüngeren Generation von Theologen überlassen. Ich hoffe, dass die in diesem Band gesammelten Beiträge dafür Anregung und Ansporn sein können.

Danken möchte ich allen, welche zur Fertigstellung des vorliegenden Bandes mit Rat und Tat beigetragen haben. Mein Dank gilt den Herausgebern der Gesammelten Schriften, Professor Dr. George Augustin und Professor Dr. Klaus Krämer, den Mitarbeitern des Kardinal-Kasper-Instituts in Vallendar, Dr. Ingo Proft, Dr. Stefan Ley, Mag. theol. Stefan Laurs und Herrn Dominik Butenkemper, sowie im Verlag Herder Dr. Stephan Weber für die verlegerische Betreuung. Mein Dank gilt außerdem dem Stiftungsrat der Kardinal Walter Kasper Stiftung und seinem Vorsitzenden Weihbischof Dr. Johannes Kreidler sowie allen, welche durch Spenden einen finanziellen Beitrag geleistet haben, besonders Alois und Edith Berger in Ottobeuren.

Wangen im Allgäu, im August 2016

Kardinal Walter Kasper

Ansätze für eine erneuerte Christologie

Krise und Neuanfang der Christologie im Denken Schellings

I. Die Frage: Hegel und Folgen

Die folgende Darstellung der Christologie Friedrich Wilhelm Joseph Schellings wird, obwohl sie historisch verfährt, nicht in erster Linie von einem historischen Interesse geleitet.[1] Die historische Erinnerung an einen der letzten großen Entwürfe der Christologie will als Hinführung zum eigenen christologischen Nachdenken verstanden werden. Es liegt auf der Hand, dass es sich bei der Beschäftigung mit einem Philosophen vom Range Schellings in erster Linie um eine Einführung in die Grundlagenprobleme der Christologie handeln muss.

Zu einer Einführung in die gegenwärtigen Grundlagenprobleme der Christologie ist Schellings Philosophie in besonderer Weise geeig-

---

[1] Zur historischen Einzelinterpretation vgl. W. Kasper, Das Absolute in der Geschichte. Philosophie und Theologie der Geschichte in der Spätphilosophie Schellings (WKGS 2), Freiburg i. Br. 2010. Von der dort besprochenen Literatur sei vor allem hingewiesen auf H. Zeltner, Schelling (Frommans Klassiker der Philosophie 33), Stuttgart 1954; H. Fuhrmans, Schellings Philosophie der Weltalter. Schellings Philosophie in den Jahren 1806–1821. Zum Problem des Schellingschen Theismus, Düsseldorf 1954; W. Schulz, Die Vollendung des deutschen Idealismus in der Spätphilosophie Schellings, Stuttgart 1955. In der Zwischenzeit sind außerdem erschienen: K. Hemmerle, Gott und das Denken nach Schellings Spätphilosophie, Freiburg i. Br. u. a. 1968; F. X. Tilliette, Schelling. Une philosophie en devenir, Bd. 1.2, Paris 1970; H. Holz, Spekulation und Faktizität. Zum Freiheitsbegriff des mittleren und späten Schelling, Bonn 1970; C. Wild, Reflexion und Erfahrung. Eine Interpretation der Früh- und Spätphilosophie Schellings, Freiburg – München 1968; M. Heidegger, Schellings Abhandlung über das Wesen der menschlichen Freiheit (1809), Tübingen 1971. – Zitiert wird im Folgenden nach der Ausgabe der Werke Schellings, hg. von dessen Sohn K. F. A. Schelling, Stuttgart 1856–1861. Die nach dieser Originalausgabe in neuer Anordnung herausgegebenen Werke Schellings von M. Schröter 1927–1960, verzeichnet jeweils Band und Seitenzahl der Originalausgabe.

net. Cum grano salis kann man die gegenwärtige christologische Problemstellung mit dem Motto umschreiben: Hegel und die Folgen. Es genügt die Namen der theologischen Schüler Georg Wilhelm Friedrich Hegels David Friedrich Strauß und Ferdinand Christian Baur sowie die Namen von deren späten Schülern Rudolf Bultmann und Ernst Käsemann zu nennen, um diese These zu begründen. Aber auch die großen systematischen christologischen Entwürfe in unserem Jahrhundert von Karl Barth[2] und Karl Rahner[3] sind, wie man längst weiß, von einem ausgesprochen idealistischen Systemansatz bestimmt. Bei den neueren Ansätzen von Eberhard Jüngel,[4] Jürgen Moltmann,[5] Hans Küng[6] und Heribert Mühlen,[7] die ausgehend vom Gedanken der Mensch*werdung* Gottes ›Gottes Sein im Werden‹ zu denken versuchen, von Wolfhart Pannenbergs universal-geschichtlichem Entwurf[8] ganz zu schweigen, ist der Einfluss Hegels unübersehbar. So scheint Hegel in der Christologie der Gegenwart allgegenwärtig zu sein.

Nun hat aber Hegel, obwohl fünf Jahre älter als Schelling, den lange vor ihm zu Amt und Ehren gekommenen ehemaligen Tübinger

---

2 Vgl. H. U. von Balthasar, Karl Barth. Darstellung und Deutung seiner Theologie, Köln ²1962, 210–259.

3 Vgl. K. Rahner, Probleme der Christologie heute, in: Schriften zur Theologie, Bd. 1, Einsiedeln – Zürich – Köln 1954, 169–222; Zur Theologie der Menschwerdung, in: Schriften zur Theologie, Bd. 4, Einsiedeln – Zürich – Köln 1960, 137–156; Die Christologie innerhalb einer evolutiven Weltanschauung, in: Schriften zur Theologie, Bd. 5, Einsiedeln – Zürich – Köln 1962, 183–221; K. Rahner/W. Thüsing, Christologie – systematisch und exegetisch (QD 55), Freiburg – Basel – Wien 1972.

4 E. Jüngel, Gottes Sein ist im Werden. Verantwortliche Rede vom Sein Gottes bei Karl Barth. Eine Paraphrase, Tübingen 1965; ders., Unterwegs zur Sache. Theologische Bemerkungen (BEvTh 61), München 1972, bes. 105–125.

5 J. Moltmann, Der gekreuzigte Gott. Das Kreuz Christi als Grund und Kritik christlicher Theologie, München 1972.

6 H. Küng, Menschwerdung Gottes. Eine Einführung in Hegels theologisches Denken als Prolegomena zu einer künftigen Christologie (ÖF.S 1), Freiburg i. Br. 1970.

7 H. Mühlen, Die Veränderlichkeit Gottes als Horizont einer zukünftigen Christologie. Auf dem Wege zu einer Kreuzestheologie in Auseinandersetzung mit der altkirchlichen Christologie, München 1969.

8 W. Pannenberg (Hg.), Offenbarung als Geschichte, Göttingen 1961; ders., Grundzüge der Christologie, Gütersloh 1964; ders., Grundfragen systematischer Theologie. Gesammelte Aufsätze, Göttingen 1967.

Freund und Stubengenossen immer als seinen Vorläufer verstanden. Hegel war überzeugt, dass Schellings System des objektiven Idealismus erst in seinem absoluten Idealismus seine Vollendung gefunden hat.[9] Dieser Deutung ist die von den Schülern Hegels (Karl Ludwig Michelet, Kuno Fischer, Johann Eduard Erdmann und Richard Kroner u. a.) begründete Philosophiegeschichtsschreibung lange Zeit gefolgt. Erst die neuere Schellingsforschung hat diese einseitig vom Standpunkt der Philosophie Hegels aus vorgenommenen Periodisierung in Frage gestellt. Sie konnte darauf hinweisen, dass bei dieser Einteilung die letzte große von Schelling selbst veröffentlichte Schrift *Philosophische Untersuchungen über das Wesen der menschlichen Freiheit und damit zusammenhängende Gegenstände* (1809) sowie die danach entstandenen, erst postum von Schellings Sohn veröffentlichten Schriften der Spätphilosophie unberücksichtigt blieben. In diesen 45 Jahren des literarischen Schweigens setzte Schelling jedoch erst zur Vollendung seiner Philosophie und in diesem Zusammenhang zu einer großen Auseinandersetzung mit Hegel an. Es scheint mir zwar zweifelhaft, ob man mit Jürgen Habermas[10] sagen kann, Schelling habe die gesamte Hegelkritik der Linkshegelianer beeinflusst. Nachweislich hat Schelling jedoch entscheidend auf Søren Kierkegaard, über Arthur Schopenhauer auf Friedrich Nietzsche und die Tiefenpsychologie Sigmund Freuds eingewirkt. Ludwig Feuerbach hat er immerhin noch zu einer äußerst gereizten Reaktion veranlasst, die zeigt, wie tief dieser sich getroffen wusste. In unserem Jahrhundert hat Schelling ganz entscheidend eingewirkt auf Karl Jaspers, Gabriel Marcel und Martin Heidegger, auf Nikolaj Berdjajev, Ernst Bloch, Pierre Teilhard de Chardin, auf Paul Tillich und Jürgen Habermas. So ist Schelling in seiner zweiten Phase der erste große nachhegelianische Denker, vorausgesetzt, dass man dieses Wort dialektisch so versteht, dass die Überwindung des Idealismus zugleich dessen Vollendung, also dessen Aufhebung in des Wortes doppelter Bedeutung bezeichnet.

---

9 Vgl. die Andeutungen, welche sich bereits in der frühen Schrift Hegels aus dem Jahr 1801 finden: Differenz des Fichteschen und Schellingschen Systems der Philosophie, in: WW 1 (ed. Glockner), 31–188; die ausführlichste Auseinandersetzung Hegels mit Schelling findet sich in den Vorlesungen über die Geschichte der Philosophie, in: WW 19, 646–683.

10 Vgl. J. Habermas, Das Absolute und die Geschichte. Von der Zwiespältigkeit in Schellings Denken, Diss. Bonn 1954, 35.

Kurz und damit verkürzt ausgedrückt: Schelling ist ein Denker des 19. und des 20. Jahrhunderts. Er umgreift in seinem Denken Hegel und seine Folgen. Schelling selbst war denn auch anspruchsvoll genug, Hegels Philosophie als eine bloße Episode zu bezeichnen.[11] Die Frage ist: Was hat dies zu bedeuten für eine Christologie, die die Folgen Hegels bedenkt? Ist auch sie nur eine Episode oder, wie Schelling im Blick auf Hegel sagt, ein »Mißverstand«[12] und ein »Mißgriff«[13]?

II. Der philosophische Ausgangspunkt: Negative Dialektik

Die gestellte Frage lässt sich nur beantworten, wenn wir zuerst fragen: Was ist das Treibende in diesem ständig sich im Umbruch befindlichen, in den Problemstellungen jedoch erstaunlich konsistent bleibenden Denken? Was wird in diesem ruhelosen, bis zum Schluss unfertigen und offenen Denken gedacht? Die Antwort kann nur lauten: das, was alle große Philosophie ausmacht, die Wirklichkeit im Ganzen, das Sein. Diese Wirklichkeit ist uns jedoch geschichtlich vermittelt; sie ist zutiefst von der Geschichte des Christentums mitbestimmt. Philosophie, der es um die Wirklichkeit insgesamt geht, wird es darum immer auch um »Philosophie der Offenbarung« gehen, die im Sinn Schellings freilich etwas ganz anderes ist als eine christliche Philosophie oder gar eine regionale Religionsphilosophie.[14] Nach Schelling wie nach Hegel ist die entscheidende Hinterlassenschaft des Christentums der Gedanke der Freiheit, der dann in der Philosophie der Neuzeit ganz zu sich selbst befreit wurde.[15] Die Freiheit ist deshalb der Anfang und das Ende aller Philosophie.[16] Die erste Behauptung der Philosophie kann nur sein, »daß das Wesen des Menschen nur in absoluter Freiheit bestehe, daß der Mensch kein Ding, keine Sache, und seinem eigentlichsten Sein nach überhaupt kein Objekt sei«.[17]

---

[11] X, 125.128.

[12] X, 123.

[13] X, 161.

[14] XIII, 190.193 f.

[15] XI, 247 ff.255 ff.; XIII, 184; XIV, 3 ff. u. ö.

[16] I, 177.

[17] I, 157. Vgl. W. Kasper, Die Freiheit als philosophisches und theologisches Problem in der Philosophie Schellings, in: WKGS 6, 280–299.

Es ist selbstverständlich nicht möglich, hier in wenigen Sätzen den komplizierten denkerischen Weg nachzuzeichnen, der von dieser von Johann Gottlieb Fichte bestimmten transzendentalen Philosophie der Freiheit zur genuin Schellingschen Natur- und Identitätsphilosophie führt. Mit Heidegger kann man den Sachverhalt so umschreiben: Die Freiheit gilt »nicht als Eigenschaft des Menschen, sondern umgekehrt: Der Mensch gilt allenfalls als Eigentum der Freiheit. Freiheit ist das umgreifende und durchgreifende Wesen, in das zurückversetzt der Mensch erst Mensch wird. Das will sagen: Das Wesen des Menschen gründet in der Freiheit. Die Freiheit aber ist eine alles menschliche Sein überragende Bestimmung des eigentlichen Seins überhaupt.«[18] In der Freiheitsschrift stellt Schelling deshalb die Frage, wie »Freiheit einer der herrschenden Mittelpunkte des Systems sein« kann. »Einer alten, jedoch keineswegs verklungenen Sage zufolge soll zwar der Begriff Freiheit mit dem System überhaupt unverträglich sein und jede auf Einheit und Ganzheit Anspruch machende Philosophie auf Leugnung der Freiheit hinauslaufen«[19]. Doch eben um ein System der Freiheit, um »den Zusammenhang des Begriffs der Freiheit mit dem Ganzen der Weltansicht«[20], um »die Versöhnung von Freiheit und Notwendigkeit«[21] geht es Schelling.

Das ist beileibe kein rein abstraktes und bloß spekulatives Problem. Es geht dabei durchaus um ein Problem der praktischen, der politischen Philosophie. Die Freiheit zum Ein und Alles der Philosophie zu machen muss »einen kräftigeren Umschwung« einleiten »als irgend eine frühere Revolution«[22]. So wird man geradezu an Karl Marx erinnert, wenn Schelling schreibt: »Es liegt in dem Idealismus selbst etwas Weltveränderndes, und seine Wirkungen werden sich noch über die unmittelbaren Aufgaben der Philosophie hinaus erstrecken«[23]. Die politische Verwirklichung der Freiheit im Staat kann für Schelling freilich immer nur Mittel, aber niemals der Zweck sein. Wird die politische Freiheit zum Ganzen, wird sie also totalitär, dann

---

[18] Heidegger, Schellings Abhandlung über das Wesen der menschlichen Freiheit (wie Anm. 1), 11.
[19] VII, 336.
[20] Ebd., 338.
[21] Ebd., 333.342.
[22] Ebd., 351.
[23] XI, 466.

setzt sie nicht frei, sondern nimmt sie alle Freiheit.[24] Die Frage nach den Bedingungen der Möglichkeit von Freiheit stellt darum letztlich vor ein ontologisches und theologisches Problem. Nur wenn im Sein insgesamt Weisheit, Voraussicht, Freiheit herrscht, ist ein Raum der Freiheit für den Menschen möglich.[25] Deshalb gilt es, den die gesamte Neuzeit durchwaltenden Dualismus zwischen res cogitans und res extensa, rein innerlicher und privatisierter Subjektivität und verdinglichender, entfremdeter säkularisierter Objektivität, zwischen Natur- und Geisteswissenschaften zu überwinden und Freiheit und Notwendigkeit zu versöhnen.

Bei diesem Versuch erfährt Schelling im Laufe seines Lebens immer mehr den »Schleier der Schwermut, der über die ganze Natur ausgebreitet ist, die tiefe unzerstörliche Melancholie alles Lebens«[26]. Die Wirklichkeit versagt sich dem titanischen idealistischen Systemwillen.[27] So musste Schellings Philosophie am Ende scheitern. In seinem Spätwerk bezeichnet Schelling deshalb seine ganze bisherige Dialektik als negative Philosophie.[28] Der Gedanke der negativen Dialektik,[29] für die das Ganze nicht das Wahre, sondern das Unwahre, die Lüge und die Verblendung ist, ist hier bereits gedacht. Die Grundeinsicht der von Hegel nochmals großartig zusammengefassten Theo-ontologie,[30] dass alles, was vernünftig, wirklich und alles, was wirklich, vernünftig ist,[31] ist damit aus den Angeln gehoben.

Es waren im Wesentlichen zwei Einsichten, die Schelling in seiner Freiheitsschrift zu diesem radikalen Durchbruch durch die gesamte bisherige metaphysische und insbesondere durch die idealistische Tradition führten. Zunächst war es die Einsicht in die konstitutive Endlichkeit der menschlichen Freiheit. Mit dem Ernstnehmen der Endlichkeit und des qualitativen Unterschieds zwischen Endlichem und Unendlichem ist nach Heideggers Urteil Hegels »Logik« »schon vor

---

[24] Ebd., 544.550ff.
[25] XIII, 203.
[26] VII, 399.
[27] IX, 216.
[28] XI, 562; XIII, 79f.94.152ff. u.ö.
[29] Vgl. T. W. Adorno, Negative Dialektik, Frankfurt a.M. 1966.
[30] Vgl. M. Heidegger, Identität und Differenz, Pfullingen 1957.
[31] Vgl. G. W. F. Hegel, Grundlinien der Philosophie des Rechts (ed. J. Hoffmeister), 14.

ihrem Erscheinen erschüttert«[32]. In seiner Spätphilosophie hat Schelling diesen Gesichtspunkt zu der Erkenntnis weitergeführt, dass es dem dialektischen Denken allein möglich ist, das Was der Wirklichkeit zu denken, dass jedoch das Dass in einer unableitbaren, un-vordenk-lichen Faktizität begründet ist.[33] So entsteht die Grundfrage aller großen Philosophie: »Warum ist überhaupt etwas, warum ist nicht nichts?«[34] – Mit der Einsicht in die unableitbare Faktizität endlicher Wirklichkeit verbindet sich eine zweite: das Ernstnehmen der Wirklichkeit des Bösen. »Der reale und lebendige Begriff der Freiheit« ist deshalb, »daß sie ein Vermögen des Guten und des Bösen sei«[35]. Sarkastisch bemerkt Schelling gegen Hegel, »daß wenn die Vernunft alles Sein (und daher umgekehrt alles Sein die Vernunft) ist, es nicht geringe Schwierigkeit hat, die Unvernunft herbeizuschaffen, deren es doch bedarf, die wirkliche Welt zu erklären«[36]. Diese Bemerkung zeigt, dass Schelling das Böse nicht im Gesichtskreis der bloßen Moral verhandelt, sondern im weitesten Gesichtskreis der ontologischen und theologischen Grundfrage. In dieser Radikalität gedacht muss aber das Ernstnehmen der Möglichkeit und Wirklichkeit des Bösen das gesamte onto-theologische Denken von Grund auf in Frage stellen. Gott kann jetzt nicht mehr als Grund und Garant der bestehenden Wirklichkeit gedacht werden. Das Gottsein Gottes muss jetzt in neuer Weise so gedacht werden, dass Gott nicht nur Allmacht, sondern auch All-leid ist, dass sein Mitleid mit der Kreatur wirkliches Mitleiden ist, das freilich nicht Ausdruck eines Mangels, sondern Ausfluss der Fülle seines Gottseins ist.[37] Es gilt für Schelling, nun den lebendigen Gott zu denken.

Zu diesem Denken des lebendigen Gottes zwingt ihn die menschliche Vernunft selbst. Sie kann angesichts des Scheiterns der negativen Philosophie nicht einfach resignieren. Der Mensch kann die Frage nach der Möglichkeit seiner Freiheit zumindest in der Praxis des Le-

---

32 Heidegger, Schellings Abhandlung über das Wesen der menschlichen Freiheit (wie Anm. 1), 117.

33 XI, 563; XIII, 57 ff.

34 XIII, 7.242.

35 VII, 352.

36 XIV, 23.

37 VII, 404 f.

bens gar nicht unterdrücken. Er muss ja schon die Möglichkeit der Freiheit als Wirklichkeit voraussetzen. Hier gilt: tua res agitur.[38] So kommt es, dass die positive Philosophie »die in der negativen gebeugte Vernunft wieder aufrichtet«[39]. Indem sie jedoch als ihre letzte Bedingung »mit Freiheit entstehendes Sein« voraussetzt, muss sie über das wirkliche, gewordene zufällige Sein hinausgehen, um es zu begreifen. Sie setzt ein mit dem Begriff »dessen, was vor dem Sein« ist, was in Bezug auf dieses Sein »ganz Zukunft« ist, »aber das sein wird«[40]. Gott ist, wie Schelling *Ex 3, 14* auslegt, nicht der Seiende, sondern »der sein wird«[41]. Er ist weder reines Seinkönnen (potentia pura), noch reines Seinmüssen (actus purus), so sehr er beides in sich begreift. Er ist das umgekehrte Seinkönnen[42] – um mit Nikolaus von Kues zu sprechen – das Können-Sein (possest) oder, wie Schelling sagt, nicht das Sein, sondern der Herr des Seins.[43] Er ist nicht wie in der Metaphysik von Aristoteles bis Hegel der »Gott am Ende«[44], der Gott, der am Ende als Resultat eines denkerischen Rück-stiegs in die Grunde des Seins erkannt wird, der aber auch deshalb am Ende ist, weil er als der unbewegte Beweger nichts anfangen kann, weil er tot ist. Gott, wie Schelling ihn zu denken versucht, ist der Gott, »der etwas anfangen kann«[45]; er ist »der durch sich selbst gewisse und absolute Anfang«[46].

Zusammenfassend lässt sich also sagen, dass man Schelling offensichtlich missverstanden hat, wenn man ihn mit Horst Fuhrmans als Renaissance und Restauration des theistischen Denkens der Metaphysik begreift. In ihm kommt nicht nur das Denken des deutschen Idealismus zur Vollendung und zur inneren Krise (so Walter Schulz), sondern, wie Heidegger zu Recht herausstellt: Schelling ist Vollendung und Krise der gesamten abendländischen Metaphysik. Im Scheitern zeigt sich freilich zugleich »das Anzeichen des Heraufkommens eines

---

38 XIII, 171.
39 XIII, 153.
40 XIII, 204; vgl. 261.
41 XI, 171; XII, 32; XIII, 270.
42 XIII, 156.
43 X, 260 ff.; XI, 566.570 f.; XIII, 10.46.93 u. ö.
44 X, 155 f.; XI, 559; XIII, 45.105.172.
45 XIII, 172.
46 XIII, 93.

ganz Anderen, das Wetterleuchten eines neuen Anfangs«[47]. Schelling ist Ende im Sinn einer Voll-endung, die einen neuen Anfang eröffnet. Diese Doppelstellung ist es, die seinen Aussagen eine kaum verkennbare Zweideutigkeit gibt. Schellings Leistung besteht darin, das Sein radikal aus der Freiheit zu denken und dabei zu erkennen, dass menschliche Freiheit nicht im Aufstand der Subjektivität gegen die objektive Wirklichkeit, sondern im Seinlassen,[48] in der Liebe und damit im Verzicht auf jeden Systemwillen möglich ist. Dennoch hat er immer wieder versucht, auch noch die Freiheit Gottes denkend zu umgreifen. Dadurch bleiben viele seiner Aussagen immer wieder hinter ihrer eigenen Einsicht zurück. Tadeln kann dies freilich nur, wer den Abgrund der Krise übersieht und die Radikalität des geforderten neuen Anfangs verkennt.

III. Die Methode: Geschichtliche Vermittlung

Der geforderte Neuansatz betrifft auch die Christologie. In dem Augenblick, da sich Schelling vor die unvordenkliche Faktizität aller Wirklichkeit gestellt sah, konnte er auch in der Christologie nicht mehr ›oben‹ einsetzen bei einem vorgegebenen Gottes- und Logosbegriff. Nachdem in der negativen Philosophie die Möglichkeit dem Denken zerbrochen war, eigenmächtig vom Endlichen her das Unendliche zu denken, war eine Christologie ›von oben‹ unmöglich geworden. Der neue Ausgangspunkt konnte nur die geschichtliche Wirklichkeit selbst sein. Schon während der Periode seiner Identitätsphilosophie sieht Schelling als den entscheidenden Unterschied zwischen Christentum und Mythologie, dass das Christentum »das Universum überhaupt als Geschichte« anschaut.[49] Er stellt fest, »daß das Christentum seinem innersten Geist nach und im höchsten Sinn historisch«[50] ist. »Der Inhalt der Offenbarung ist nichts anderes als eine höhere Geschichte, die bis zum Anfang der Dinge zurück und bis zu

---

47 Heidegger, Schellings Abhandlung über das Wesen der menschlichen Freiheit (wie Anm. 1), 4.
48 IX, 228 f.233.
49 V, 287; vgl. 427.
50 V, 288.

deren Ende hinausgeht«[51]. »Der eigentliche Inhalt des Christentums ist aber ganz allein die Person Christi«; Christus ist nicht der Lehrer, auch nicht der Stifter, »er ist der Inhalt des Christentums«[52].

Mit dieser These zieht Schelling den Trennungsstrich zur Scholastik, der er vorwirft, sie habe »die Theologie ganz von ihrem natürlichen Boden, dem geschichtlichen, hinweggerissen und sie in eine fast ganz ungeschichtliche Doktrin verwandelt«[53]. Mit den Reformatoren und ihrem Rückgang auf die Quellen erwachte der geschichtliche Geist wieder, aber in der Folge wurde die Theologie in das entgegengesetzte Extrem einer geistlosen Behandlung einer rein äußerlichen geschichtlichen Betrachtungsweise getrieben.[54] Eine Christologie ›von unten‹ im Sinn eines historischen Positivismus kann also nach Schelling auch nicht die Lösung sein. Scholastizismus und Historismus setzt Schelling seine innerlich-geschichtliche Methode und deren geschichtliche Vermittlung der Tatsachen gegenüber.[55] Sie setzt historische Kritik voraus, begreift das einzelne Ereignis jedoch im Gesamtzusammenhang der Geschichte,[56] ja der gesamten Schöpfung, denn das Christentum ist vor Christus in der Welt, es ist, wie Schelling im Anschluss an Tindal sagt, so alt als die Welt.[57] Ist Schelling also ein Vorläufer der universalgeschichtlichen Theologie? Doch sehen wir genauer zu, was Schelling unter seiner innerlich-geschichtlichen Methode versteht!

Im näheren Verständnis dieser innerlich-geschichtlichen Methode hat sich bei Schelling im Laufe seines Denkens ein sachlich höchst bedeutsamer Wandel vollzogen. In seinen berühmten *Vorlesungen über die Methode des akademischen Studiums* (1803), also noch während der Periode der Identitätsphilosophie, hatte Schelling die Methode der historischen und der spekulativen Konstruktion des Christentums entwickelt.[58] Das führte ihn damals freilich zu der Konsequenz des viel zitierten Satzes: »Die Menschwerdung Gottes ist also eine Menschwer-

---

51 XIV, 30; vgl. XIII, 195.
52 XIV, 35; vgl. XIII, 196 f.; XIV, 228 f.
53 XIV, 31.
54 XIV, 32.
55 XIII, 144.
56 XIV, 34, vgl. 20.
57 XIII, 136.182.
58 V, 304 f.308 ff.

dung von Ewigkeit«[59]. Im Prinzip stimmt Schelling mit dieser These mit Hegel überein: Das Empirisch-geschichtliche ist in der Form der Vorstellung eine nur vorläufige und unvollkommene Erscheinungsweise des Absoluten; erst im spekulativen Begriff kommt es voll zu sich selbst. Daraus folgt bei Hegel, dass im Glauben an die Menschwerdung dieses einen Menschen allen Menschen die Einheit von göttlicher und menschlicher Natur zu Bewusstsein und sinnlicher Gewissheit gebracht wird.[60] Auf diese und ähnliche Stellen hat David Friedrich Strauß mehrfach Bezug genommen und auf ihre tiefe Zweideutigkeit hingewiesen. Nach Strauß konstruiert Hegel nicht das gottmenschliche Selbstbewusstsein Christi, sondern das Bewusstsein derer, für die er der Gott-Mensch war.[61] Strauß folgert, dass das geschichtliche Faktum nicht zum Inhalt, sondern lediglich zur Vorstellung gehört.[62] Ist es doch nicht die Art der Idee, sich in einem Individuum zu realisieren; sie verwirklicht sich nur in der Menschheit als ganzer.[63] Eine Menschwerdung von Ewigkeit ist deshalb eine wahrere als eine in einem abgeschlossenen Punkt der Zeit.[64] So kommt Strauß aufgrund eines – wie Schelling meint – vollkommen schülerhaften Gebrauches der Hegelschen Philosophie[65] zu der Unterscheidung zwischen dem Christus des Glaubens (der Idee) und dem Jesus der Geschichte.[66]

In seiner *Philosophie der Offenbarung* nimmt Schelling mehrfach auf die durch Strauß hervorgerufene Diskussion Bezug.[67] Er erkennt jetzt

---

59 V, 298.

60 Vgl. G. W. F. Hegel, Phänomenologie des Geistes (ed. Hoffmeister), 527 f.; ders., Vorlesungen über die Philosophie der Religion (ed. Lasson), 130 ff.

61 Vgl. D. F. Strauß, Das Leben Jesu kritisch bearbeitet, Bd. 2, Tübingen 1836, 729 ff.; ders., Die christliche Glaubenslehre in ihrer geschichtlichen Entwicklung und im Kampfe mit der modernen Wissenschaft, Bd. 2, Tübingen – Stuttgart 1841, 215 ff.; ders., Streitschriften zur Verteidigung meiner Schrift über das Leben Jesu und zur Charakteristik der gegenwärtigen Theologie, 3. Heft, Tübingen 1841; 76 ff.

62 Vgl. Strauß, Streitschriften (wie Anm. 61), 76 ff.

63 Vgl. Strauß, Das Leben Jesu 2 (wie Anm. 61), 734 f.; ders., Die christliche Glaubenslehre 2 (wie Anm. 61), 214 f.

64 Vgl. Strauß, Das Leben Jesu 2 (wie Anm. 61), 734.

65 XIV, 231.

66 Vgl. D. F. Strauß, Der Christus des Glaubens und der Jesus der Geschichte. Eine Kritik des Schleiermacherschen Lebens Jesu, Berlin 1865.

67 XIII, 142 f.154 f.172 f.; XIV, 164.231 ff.

die Zweideutigkeit seines früheren Standpunktes. Das Missverständnis der Menschwerdung, als wolle sie nur besagen, dass »der Mensch eigentlich Gott und Gott nur der Mensch sei«[68], ist begründet in einer über ihre Schranken getriebenen negativen Philosophie. Anerkennt man nämlich nicht die dem spekulativen Denken gesetzten Grenzen, dann müssen selbst die christlichen Dogmen »nur eine Kleinigkeit« darstellen.[69] Wenn man aber auf diese Weise alles Geschichtliche spekulativ auflöst, dann ist es am Ende gar »nicht der Mühe wert, sich mit Offenbarung abzugeben. Wenn die Offenbarung nichts weiter enthielte, als was in der Vernunft ist, so hätte sie gar kein Interesse; ihr einziges Interesse kann gerade nur darin bestehen, etwas zu enthalten, was über die Vernunft hinausgeht, was mehr ist als was die Vernunft enthält«[70]. Ein reines Interpretationschristentum,[71] dessen Sätze keinen »Informationsgehalt« besitzen, der über das hinausgeht, was wir ohnehin wissen, kann nur noch Leerformeln produzieren und wird sich am Ende selbst überflüssig machen. Ein solches Christentum ist absurd, nichtssagend und trivial.[72] Deshalb schickt Schelling sich an, Geschichte als Geschichte ernst zu nehmen. Das bedeutet freilich nicht, dass er, wie Strauß ihm vorwirft,[73] die Fakten als Fakten absolut setzt. Schelling vertritt keine Theologie der Heilstatsachen! Ebenso weist er eine geschichtliche Philosophie ab, die »ihr Wissen unmittelbar aus dem geschichtlichen Stoff wie durch einen alchemistischen Prozeß« ziehen möchte.[74] Das hieße im Grunde nur die Nichtidentität von Idee und Wirklichkeit, nur nach der anderen Seite hin nivellieren. Die Differenz von Idee und Wirklichkeit und damit die Nichtnotwendigkeit der Wirklichkeit ernst nehmen kann nur heißen, dass die Welt die Wirkung eines freien Entschlusses, einer Tat sei und insofern eine geschichtliche zu nennen ist. Geschichte lässt sich nur von der unvordenklichen Freiheit Gottes her denken. Damit kehrt Schelling die The-

68 XIII, 154.

69 XIII, 80.

70 XIII, 142 f.

71 Vgl. J. Ratzinger, Einführung in das Christentum. Vorlesungen über das Apostolische Glaubensbekenntnis, München 1968, 33.107.

72 XIV, 164.

73 Vgl. Strauß, Streitschriften (wie Anm. 61), 67.

74 XIII, 139 Anm.

se von Hegel und Strauß genau um: Das un-vor-denkliche und deshalb unbegreifliche Sein Gottes in der Freiheit kann nicht Inhalt des reinen Denkens sein; es muss sich geschichtlich erweisen; es ist deshalb »das absolut Vorgestellte«[75]. Die Vorstellung ist darum nicht eine beliebig abstreifbare Form, sondern vielmehr eben der Inhalt des Christentums.

Die Methode einer geschichtlichen Vermittlung des Christentums kann jetzt nicht mehr bedeuten, dass das Christusgeschehen in der absoluten Idee aufgehoben oder dass es in ein apriori vorgegebenes geschichtsphilosophisches System eingetragen wird. Deshalb kann auch das Christusgeschehen nur aposteriorisch,[76] aus seinen eigenen Prämissen[77] verständlich gemacht werden. Man muss bereit sein, seine mitgebrachten Kategorien zu erweitern, um dieses Ereignis zu verstehen.[78] Die Geschichte ist hier nicht nur eine Erscheinungs- und Vorstellungsform der Wahrheit. Wahrheit ereignet sich vielmehr als Geschichte. Wo die Geschichte im Allgemeinen und das Christusereignis im Besonderen als das Ereignis der absoluten Zukunft Gottes verstanden wird, da ist nur noch ein geschichtlich offenes System möglich, das seine Wahrheit erst am Ende der Geschichte voll erweisen kann, das also nur eschatologisch verifiziert werden kann.[79]

Es ist nicht möglich, hier die komplizierten und nicht immer ganz durchsichtigen Darlegungen Schellings zum Verifikationsproblem innerhalb einer positiven Philosophie[80] ausführlich zur Sprache zu bringen. Für unseren Zusammenhang genügt zusammenfassend folgendes: Die transzendentale Methode in der Christologie hat sich mit Strauß und Feuerbach ein für alle Mal blamiert. Konsequent zu Ende gedacht ist sie gezwungen, den Begriff der Menschwerdung so zu denken, dass diese ›anonym‹ in der gesamten Menschheitsgeschichte passiert. Christologie ist dann nur noch eine ›Chiffre‹, eine ›Variable‹ der Anthropologie (Herbert Braun), oder – wie Strauß trivial aber immerhin ehrlich zugibt – aus der Christusreligion wird eine Huma-

75 XIII, 173.
76 XIII, 128 f.
77 XIV, 34.234.
78 XI, 252; XIII, 138; XIV, 12.
79 XIII, 131 ff.
80 XIII, 126 ff.

nitätsreligion.[81] Strauß ist dann wenigstens aufrichtig genug, die Frage: »Sind wir noch Christen?«, eindeutig mit Nein zu beantworten.[82] Der Grund dieses Absturzes in die Banalität ist, dass man apriori zu wissen glaubt, was das Menschsein des Menschen und was das Gottsein Gottes ist, Fragen, die doch nur aposteriori beantwortet werden können, weil sie in der Geschichte auf dem Spiel stehen und geschichtlich entschieden werden. Die Alternative ist für Schelling freilich weder eine Theologie der Heilstatsachen noch eine ›Christologie von unten‹ im Sinn der liberalen Leben-Jesu-Forschung, die im Spiegel des Menschseins Jesu seiner göttlichen Autorität ansichtig werden möchte. Eine so verstandene ›Christologie von unten‹ bedeutet nur die Umkehrung desselben Fehlers, den die transzendentale Christologie von der anderen Seite her begangen hat. Sie setzt nämlich ein Kontinuum voraus, aufgrund dessen das ›Unten‹ für das ›Oben‹ transparent und offen ist.[83] Auch eine ›Christologie von unten‹ würde das Ergebnis der negativen Philosophie verleugnen.

So ist der Streit um eine ›Christologie von oben‹ oder eine ›Christologie von unten‹ gar keine echte Alternative. Weder von ›oben‹ nach ›unten‹ noch von ›unten‹ nach ›oben‹ führt ein geradliniger Weg. Das führt Schelling zu einer dialektischen Verhältnisbestimmung von Glaube und Geschichte, die er gut lutherisch mit dem Verhältnis von Gesetz und Evangelium verdeutlicht.[84] Das Gesetz führt ja nicht in aufsteigender Linie geradlinig zu Christus; es schafft für Christus vielmehr dadurch Raum, dass es das natürliche Seinsverständnis des Menschen ad absurdum führt. So gibt es auch für Martin Luther ein »per negationem ascendere«[85]; und nach dem Kernsatz von Luthers theologia crucis können wir die visibilia et posteriora (!) Dei nur aposteriorisch per passiones et crucem[86] erkennen. Schellings Offenbarungsphilosophie kann darum am ehesten als schöpferische Er-

---

[81] Vgl. D. F. Strauß, Das Leben Jesu für das deutsche Volk bearbeitet, Leipzig 1864, 625.

[82] Vgl. ders., Der alte und der neue Glaube. Ein Bekenntnis, Leipzig ^{2}1872, 94.

[83] Vgl. O. Weber, Grundlagen der Dogmatik, Bd. 2, Neukirchen-Vluyn 1962, 27.

[84] XI, 571; XIV, 15.

[85] M. Luther, Dictata super Psalterium 1513–1516 (Wolffenbüttler und Dresdner Manuskript), Ps 17 (18) (WA 3, 124); vgl. Die Vorlesung über den Römerbrief, Röm 9,3 (WA 56, 393).

[86] M. Luther, Heidelberger Disputation 1518, These 19 f. (WA 1, 354).

neuerung von Luthers theologia crucis unter den veränderten philosophie- und theologiegeschichtlichen Bedingungen seiner Zeit verstanden werden. Mit anderen Worten: Er versuchte das Anliegen der Kreuzestheologie hineinzustellen in den umfassenden Horizont der Seinsfrage, so wie sie sich angesichts der Krise der idealistischen Identitätsphilosophie stellte. In dieser höchst kritischen Verbindung der christologischen Problematik mit der Frage nach dem Sein dürfte der eigentliche Beitrag des Philosophen Schelling für den Theologen bestehen.

IV. Der Horizont: Die Liebe als Sinn des Seins

Diese These, dass uns die Christologie erneut und verschärft vor die Seinsfrage stellt, ist gegenwärtig nicht unbestritten. Deshalb ist der Hinweis nicht unangebracht, dass sowohl die ältesten christologischen Bekenntnissätze wie die entfalteten christologischen Dogmen ihrer Formalstruktur nach Ist-Sätze darstellen, in denen jeweils die Identität von zwei differenten Größen behauptet wird: »Jesus Christus ist wahrer Gott und wahrer Mensch.« Eine Theologie, die sich bemüht, in intellektueller Redlichkeit Rechenschaft zu geben über den Sinn ihrer Aussagen, ist also unausweichlich vor die Frage gestellt, was dieses ›ist‹ bedeutet; sie muss fragen, welcher Art die Identität ist, die durch dieses ›ist‹ ausgesagt wird. Eine Theologie, die sich beim Wort nehmen lässt, muss sich also der Seinsfrage stellen und fragen, in welcher Weise in ihr das Identitätsprinzip Geltung besitzt. Die klassische Christologie war mit dieser Problemstellung grundsätzlich im Recht. Sie hat jedoch übersehen, dass alle diese Ist-Sätze in einer Geschichte gründen, in der Jesus erst zum Christus, zum Kyrios und Gottessohn eingesetzt wurde. Nur im Zusammenhang dieser Geschichte ist er, was er ist.[87] In der Christologie sind also ›Sein und Zeit‹ aufs Engste miteinander verknüpft. Das Verhältnis des Jesus der Geschichte zum Christus des Glaubens ist deshalb sowohl ein geschichtliches wie ein eminent ontologisches Problem. Dieses Problem – wie es meist geschieht – nur

[87] Vgl. H. Schlier, Die Anfänge des christologischen Credo, in: B. Welte (Hg.), Zur Frühgeschichte der Christologie (QD 51), Freiburg – Basel – Wien 1970, 47.

historisch und ohne Reflexion auf seine ontologischen Implikationen lösen zu wollen, muss notwendig in die Irre führen.

Die ontologischen Implikationen des christologischen Bekenntnisses wurden in der klassischen Lehre von der Einheit der beiden Naturen in der einen Hypostase oder Person unter den Stichworten Anhypostasie und Enhypostasie verhandelt. Die Aporien dieser Versuche sind bekannt. In der modernen Theologie wurde die in dem Bekenntnis »Jesus ist der Christus« ausgesprochene Einheit von geschichtlichem Jesus und Christus des Glaubens im Gefolge der Philosophie Hegels durch Strauß auseinandergerissen und dann wieder ineinander aufgehoben.[88] Die Frage, die hier gestellt werden soll, ist, ob die durch Hegel hervorgerufene Krise der Christologie vielleicht darin ihre Wurzel haben könnte, dass Hegel, wie Schelling kritisiert, niemals wirklich über die Bedeutung der Kopula ›ist‹ nachgedacht,[89] sondern im Gegenteil den Identitätssatz als abstrakte Verstandesbestimmung abgetan hat.[90]

Die Diskussion um die Bedeutung der Kopula ›ist‹ führt mitten hinein ins Zentrum der Auseinandersetzung zwischen Hegel und Schelling. Wenn irgendwo, dann muss hier die Entscheidung fallen über die Folgen Hegels in der Theologie. Bekanntlich hat Hegel an einer berühmten Stelle seiner Vorrede zur *Phänomenologie des Geistes* (1807) der Identitätsphilosophie Schellings vorgeworfen, sie sei eine

---

[88] Die damals aufgeworfene Frage ist heute in der Auseinandersetzung um die ›neue‹ Frage nach dem historischen Jesus nicht weniger aktuell. R. Bultmann leugnet ja nicht eine gewisse geistesgeschichtliche Kontinuität zwischen der Verkündigung Jesu; er hält sie aber theologisch für unzureichend und irrelevant; ihm geht es nicht um die Kontinuität einer Idee, sondern um die Identität (!) des Wirkens Jesu mit dem Kerygma (vgl. Das Verhältnis der urchristlichen Christusbotschaft zum historischen Jesus, Heidelberg 1960, 17.23 ff.). E. Käsemann hat klar erkannt, dass in dieser Unterscheidung von historischer bzw. sachlicher Kontinuität und Identität das ganze Problem begründet ist, obwohl er bekennt, diese »merkwürdig radikale Antithese« (Sackgassen im Streit um den historischen Jesus, in: Exegetische Versuche und Besinnungen, Bd. 2, Göttingen 1964, 42) nicht zu verstehen. Die Frage ist also: Was ist gemeint, wenn man sagt oder wenn man bestreitet »Jesus ist der Sohn Gottes«? Ohne Klärung des Identitätssatzes wird man hier nicht weiterkommen.

[89] X, 134.

[90] Vgl. G. W. F. Hegel, Enzyklopädie der philosophischen Wissenschaften im Grundrisse (1830) (ed. Nicolin und Pöggeler), § 115, 125 f.

Nacht, in der alle Kühe schwarz sind. Sie fasse die Wahrheit nicht als Subjekt, sondern als Substanz, es fehle darin »der Ernst, der Schmerz, die Geduld und Arbeit des Negativen«, es werde nicht Ernst gemacht mit dem Anderssein und der Entfremdung sowie mit der Überwindung der Entfremdung.[91] Schelling hat seinem ehemaligen Freund diese Kritik nie verziehen und überaus bitter darauf reagiert. Wir können hier unmöglich die ganze Hegelkritik Schellings darstellen. Kurz gesagt: Schelling gibt Hegel die Kritik zurück. Nach Schelling ist für Hegel das Ende nur die Rückkehr zum Anfang,[92] das Absolute nur eine in sich kreisende ewige Bewegung. Gott ist hier »der Gott des ewigen, immerwährenden Tuns, der unablässigen Unruhe, die nie Sabbat findet, er ist der Gott, der immer nur tut, was er immer getan hat, und daher nichts Neues schaffen kann; sein Leben ist ein Kreislauf von Gestalten, in dem er sich immerwährend entäußert, um wieder zu sich zurückzukehren, und immer wieder zu sich zurückkehrt, nur um sich aufs Neue zu entäußern«[93]. Mit anderen Worten: Wo Gott nur Ende, aber nicht Anfang ist, da ist keine wirkliche Geschichte. Die Hegelsche Dialektik mit ihrer Identität der Identität und Nichtidentität ist nur eine raffiniertere Form der Identitätsphilosophie oder, wie Schelling sagt, sie hat diese nur durch die Vervollkommnung ihres Fehlers übertroffen.[94]

Bereits in der Freiheitsschrift versucht Schelling gegen Hegel den Identitätssatz geschichtlich zu interpretieren. Der Identitätssatz meint nicht »eine Einerleiheit oder auch nur einen unvermittelten Zusammenhang«. So hat zum Beispiel der Satz »dieser Körper ist blau« nicht den Sinn zu sagen, dieser Körper sei »in dem und durch das, worin und wodurch er Körper ist« auch blau, sondern nur, dass »dasselbe, was dieser Körper ist, sei obgleich nicht in dem nämlichen Betracht auch blau«[95]. Das Identitätsprinzip drückt »keine Einheit aus, die sich im Kreis der Einerleiheit herumdrehend, nicht progressiv und darum selbst unempfindlich und unlebendig wäre. Die Einheit dieses Gesetzes ist eine unmittelbar schöpferische«[96]. Diese These vom schöpferi-

---

91 Hegel, Phänomenologie des Geistes (wie Anm. 60), 19 f.
92 X, 144 f.149.155.
93 X, 160.
94 XIII, 89.
95 VII, 341.
96 VII, 345.

schen, lebendigen und geschichtlichen Charakter des Identitätssatzes hat Schelling später in den komplizierten, sich immer wieder wiederholenden Darlegungen seiner Potenzenlehre zu entfalten versucht. Die Potenzenlehre entfaltet im Grunde die transzendentalen Bestimmungen des Seins im Horizont der Zeit; sie bilden zusammen die Seinsfuge.[97] Sein ist zunächst Möglichkeit des Seins, reines Seinkönnen, reines Subjekt, reine Zukunft; Sein ist zum andern die Wirklichkeit des Seins, Seinmüssen, reines Objekt, reine Vergangenheit; Sein ist schließlich die Einheit dieser beiden Größen, verwirklichte Möglichkeit, wobei die Wirklichkeit die Möglichkeit bleibend in sich schließt, also in seiner selbst mächtiges Können-Sein.[98] Es ist auf den ersten Blick klar, dass die beiden ersten Potenzen, Möglichkeit und Wirklichkeit, ziemlich exakt den beiden aristotelischen Prinzipien δύναμις und ἐνέργεια beziehungsweise den beiden scholastischen Prinzipien potentia und actus entsprechen. Das Neue und schlechterdings Entscheidende an der Philosophie Schellings ist es, dass sie die konkrete Einheit beider, welche in der aristotelisch-scholastischen Philosophie mehr oder weniger eine schwebende Mitte blieb, genauer zu bestimmen suchte als Können-Sein. Dieses seiner selbst mächtige Können-Sein ist »das zu sein und nicht zu sein wirklich Freie«[99]. Da es zugleich das Sein-sollende ist, drückt sich in ihm die Freiheit und Nichtnotwendigkeit in allem Sein aus.[100]

Da dem Problem der Vermittlung zwischen Möglichkeit und Wirklichkeit für das Verständnis des Mittlers, nämlich Jesu Christi, grundlegende Bedeutung zukommt, müssen wir wenigstens zwei wesentliche Folgerungen kurz darstellen, die sich für Schelling aus dieser dreifachen Seinsbestimmung ergeben. Zunächst folgt für Schelling daraus die innere Zeitlichkeit allen Seins. Wenn nämlich der Sinn des Identitätssatzes »A ist A« kein anderer ist als »A kann A sein«, »A hat die Möglichkeit, die Macht und die Freiheit, A zu sein«[101], dann ist das so interpretierte Prinzip der Identität Ausdruck der inneren Zeitlichkeit des Seins. »Zeitlich ist nämlich alles, dessen Wirklichkeit von

---

97 Vgl. Heidegger, Schellings Abhandlung über das Wesen der menschlichen Freiheit (wie Anm. 1), 130.

98 XI, 288 ff.; XII, 31 ff.; XIII, 204 ff. u. ö.

99 XIII, 235.

100 XIII, 269.

101 XIII, 228 ff.

dem Wesen übertroffen wird oder in dessen Wesen mehr enthalten ist, als es der Wirklichkeit nach fassen kann«[102]. Weil die Möglichkeit in der Wirklichkeit das Wesen der Zeit ist, kann Schelling auch sagen, dass die Zukunft »die Zeit in der Zeit« ist.[103] Zeitliches Werden ist dann aber kein äußeres Zerfließen, das alles, was ist, nur ständig der Vergangenheit überantwortet, sondern eine innere Dimension, eine Weise des Seins selbst, dessen je größere Möglichkeit und Zukünftigkeit. Das Sein wird so zu einem sukzessiven Prozess der stufenweisen Überwindung der Möglichkeit durch die Wirklichkeit. Dieser für die Naturphilosophie Schellings grundlegende Gedanke wirkt heute sowohl bei Pierre Teilhard de Chardin wie bei Ernst Bloch kräftig nach. Zeit und Geschichte erscheinen hier nicht mehr in dem seit der Antike üblichen und vor allem durch Augustin ins Christentum übernommenen Schema der Verfallsgeschichte, sondern als evolutiver Aufstieg. Nicht die Vergänglichkeit, sondern die Zukunft ist das Wesen der Zeit und des Seins. Dies herausgestellt zu haben ist die große Leistung Schellings.

Die zweite Konsequenz liegt nun gewissermaßen quer zu der ersten. Wenngleich sie logisch aus dieser folgt, stellt sie doch eine folgenschwere Korrektur eines einseitig evolutiv-progressiven Denkens dar. Wenn der Satz »A ist A« heißt: »A kann A sein«, dann bedeutet dies konkret auch: »A mag A sein.« Das Vermögen äußert sich in einem Mögen, in einer freien Entscheidung und Tat der Liebe. Schelling bringt diesen Sachverhalt auf die These: »Es gibt in der letzten und höchsten Instanz gar kein anderes Sein als Wollen. Wollen ist Ursein«[104]. Dieses Wollen charakterisiert Schelling auf dem »höchsten Punkt der Untersuchung« als Liebe. »Die Liebe ist das Höchste«[105]. Denn »dies ist das Geheimnis der Liebe, daß sie solche verbindet, deren jedes für sich sein könnte und doch nicht ist, und nicht sein kann ohne das andere«[106]. So ist die Liebe die Lösung und die Erlösung der scheiternden Dialektik von Freiheit und Notwendigkeit, und die eigentliche denkerische Leistung Schellings liegt darin, das Wesen der

102 II, 364.
103 VI, 275.
104 VII, 350; XI, 388.
105 VII, 406.
106 VII, 408.

Liebe metaphysisch als das Wesen der Identität und damit als Sinn von Sein begriffen zu haben. Nicht die νόησις νοήσεως, das Sich-Denken des Geistes wie bei Aristoteles und Hegel, sondern das Sich-Wollen der Liebe ist bei Schelling das Höchste. Das Wesen der Liebe ist für Schelling identisch mit dem Wesen des Geistes beziehungsweise der Person. Person ist das gegen Möglichkeit und Wirklichkeit Freie;[107] sie ist das sich selbst Gegebene, sich selbst Besitzende, seiner selbst mächtige Seinkönnen.[108] Die Person des Menschen ist also das Ziel der Evolution, der Ort, wo sie zu sich selbst kommt. Auf diesen jähen Gipfel gestellt erfassen den Menschen aber der Schwindel und die Angst.[109] Schon vor Kierkegaard stellt Schelling heraus, dass der Mensch in dieser Unentschiedenheit und Zweideutigkeit nicht bleiben kann. Er muss sich entscheiden, ob er die in der Wirklichkeit gebändigte Möglichkeit und damit das Chaos wieder entfesselt oder ob er in der Liebe bleibt, ob er selbstisch seinen Partikularwillen durchsetzt oder ob er den Universalwillen gelten lässt.[110] Faktisch hat sich der Mensch gegen die Liebe entschieden. Dies ist für Schelling über Immanuel Kants Idee des radikal Bösen hinaus eine Tatsache, ja die Urtatsache der Geschichte, die man nicht deduzieren kann, sondern aposteriori aufgrund der Erfahrung feststellen muss.[111] Durch diese Katastrophe ist die Welt in sich zerrissen, chaotisch, sinnlos geworden.

Nachdem der Mensch die ihm zugedachte Mittlerrolle nicht erfüllt hat, bedarf es eines zweiten Mittlers, in welchem die Liebe als der Sinn des Seins wieder zur Geltung kommt. Um dem persönlichen geistigen Bösen entgegenzutreten, erscheint er in persönlicher menschlicher Gestalt. »Denn nur Persönliches kann Persönliches heilen, und Gott muß Mensch werden, damit der Mensch wieder zu Gott komme«[112]. Nachdem die Erde zum zweiten Mal wüst und leer geworden ist, ist es allein Christus, der ihr wieder Sinn und Halt geben kann, damit sie nicht ins Chaos zurücksinkt.

---

107 VII, 364.
108 XII, 141.
109 VII, 381.
110 VII, 363.374.
111 XII, 360.
112 VII, 380.

V. Der Inhalt: Kenosis-Christologie

Die geschichtliche Methode und der universalgeschichtliche Horizont in der Philosophie Schellings sind von eminenter Bedeutung für die inhaltliche Gestaltung der Christologie. Die Geschichte war ja das große Problem und die Verlegenheit der traditionellen metaphysisch bestimmten Christologie. Im Grunde war ihr schon die Rede von Mensch-werdung Gottes und erst recht von einem Leiden und Sterben Gottes unvollziehbar geblieben. Hans Küng hat in seinem Hegelbuch den gegenwärtigen Stand der Forschung ziemlich vollständig zusammengefasst.[113] Es ist deshalb nicht notwendig, hier nochmals alle Aporien, die in der klassischen Christologie aufgrund eines starren Seinsbegriffs entstanden waren, zu wiederholen. Schelling ist sich dieser Problematik voll und ganz bewusst. Wesentlich problembewusster als unsere Durchschnittstheologie sieht er die Gefahr der üblichen Christologie nicht in einem Göttliches und Menschliches vermischenden Monophysitismus, sondern in einem latenten Nestorianismus, der nicht mehr wagt, von einer wirklichen Mensch-werdung Gottes zu sprechen, der vielmehr nur noch von einer Annahme des Menschseins durch Gott spricht. »Offenbar also erreicht die geschichtliche Theorie ihre eigene Idee nicht.« Schelling nennt sofort auch den Grund: man wollte keine Veränderung in der Gottheit zugeben.[114] »Denn von je an war die Zeit gleichsam das böse Gewissen aller leeren Metaphysik, der Punkt, dem sie gern aus dem Wege ging«[115]. Schelling ahnt jedoch bereits vor Nietzsche die Konsequenzen eines solchen ungeschichtlichen Denkens. Bedeutet die Geschichte für Gott nichts, dann ist sie letztlich »ohne Resultat«[116], sie ist dann nichtig. Diese Erkenntnis wird erst »der letzte Nachfahre des Deutschen Idealismus«, Nietzsche, ganz durchdenken in der Idee der ewigen Wiederkehr des Gleichen und damit »den sinn-losen Nihilismus mit pünktlicher Folgerichtigkeit entwickeln«[117], in dessen ewiger Gleich-gültigkeit letztlich der Mensch untergehen muss.

---

113 Vgl. Küng, Menschwerdung Gottes (wie Anm. 6), 522–537.622–631.

114 XIV, 162.

115 XIV, 108.

116 XIII, 277.

117 Schulz, Die Vollendung des deutschen Idealismus in der Spätphilosophie Schellings (wie Anm. 1), 233.

Schellings Christologie ist aufgrund ihres veränderten methodischen Ansatzes von vornherein geschichtlich gedacht. Sie ist deshalb nicht Inkarnations-, sondern Kenosis-Christologie. Ihr biblischer Ausgangspunkt ist nicht *Joh 1*, sondern *Phil 2*. Es handelt sich freilich bei Schelling um eine Kenosis-Christologie ganz eigener Art, die sich in höchst bezeichnender Weise unterscheidet von der Kenosis-Christologie, wie sie im 17. Jahrhundert im Streit der Tübinger und der Gießener Schule um die Frage der κένωσις κρύψεως oder der κένωσις χρήσεως geführt wurde.[118] Sie unterscheidet sich auch von der Kenosis-Lehre des 19. Jahrhunderts, die im Akt der Menschwerdung eine förmliche Entäußerung des Logos von seinem Gottsein annimmt.[119] Alle diese bekannten Formen sind im Grunde lediglich Modifikationen und Varianten der klassischen Logos-Christologie. Schelling kann von seiner Methode her nicht wie diese ›oben‹ beim präexistenten Logos einsetzen. Er muss vielmehr davon ausgehen, wie Gott in Christus konkret in der Geschichte erscheint. Die Kenosis bezieht sich bei ihm also nicht auf den Präexistenten, sondern auf den Menschgewordenen und seine Knechtsgestalt.[120]

Die Art, wie Schelling in einer langatmigen Exegese von *Phil 2* diese Kenosis erläutert,[121] ist geeignet, jedem Theologen einen Heidenschreck einzuflößen. Bei genauerem Zusehen ergibt sich jedoch bei aller Bedenklichkeit der Einzelexegese das genaue Gegenteil. Schelling entfaltet diese Kenosis-Lehre im strikten Gegensatz zu den heidnischen Inkarnationsvorstellungen.[122]

Während in der Antike das Unendliche in der Gestalt des Endlichen und damit der Entfremdung von Gott erscheint, begegnet es

118 XIV, 157 ff.

119 XIV, 163.

120 XIV, 44.163.

121 XIV, 39 ff.

122 Zu erinnern wäre vor allem daran, dass für Schelling Prometheus als Repräsentant der Menschheit geradezu der Antityp Christi ist (I, 71 Anm. 1; V, 420; XI, 482 ff.). In anderer Weise ist Dionysos die große Gegenfigur zu Christus (XIII, 4). Dennoch kommt Schelling nicht wie F. Nietzsche zu einem »Dionysos gegen den Gekreuzigten« (Ecce homo, in: Werke in 3 Bänden, Bd. 2 (ed. Karl Schlechta), München 1955, 1159; vgl. Bd. 3, 738.773). Christus ist ihm vielmehr die Erfüllung des Dionysos, der sich selbst zerreißen lässt und der damit ein Symbol des Leidens, des Sterbens und der Wiedergeburt darstellt (477, 484).

uns bei Christus in der Gestalt des Opfers und der Hingabe des Endlichen an das Unendliche. Dadurch ist Christus sowohl Gipfel wie Ende der alten Götterwelt.[123] Hier geht es nicht um eine Vergötterung der Menschheit, sondern um eine Vernichtung des Menschseins. Die Vernichtung des Menschseins ist zugleich eine Befreiung vom Bann des Heidentums. Kenosis bedeutet hier entzauberte Welt,[124] Entherrlichung.[125] In solcher Entmythologisierung und ›Säkularisierung‹ des Menschseins wird dieses erst ganz zu sich befreit. Die Entäußerung ist gleichsam die Negation der Negation. Gerade durch die Entäußerung geschieht die Versöhnung mit Gott. Indem Christus in seinem Gehorsam jede Herrlichkeit unabhängig vom Vater verschmäht, ist er ganz eins mit ihm. In und durch seine Entäußerung ist Jesus also eins mit Gott und zugleich voller Mensch. »Haec κένωσις (diese Entäußerung) homini Jesu unica causa fuit existendi«[126]. Auf eine Formel gebracht: Schelling stellt dem klassischen »ipsa assumptione creatur«[127] ein »ipsa exinanitione existit« gegenüber. Im Akt der Selbstentäußerung ist Christus zugleich Gott und Mensch.[128] Die Menschheit Christi ist im letzten nichts anderes als ein actus continuus der Entäußerung; ihre Speise ist es, den Willen des Vaters zu tun.[129] Mit Hilfe seiner Kenosis-Christologie kann Schelling also das Anliegen der alten Inkarnations- und Zwei-Naturen-Christologie aufgreifen, ohne sich in deren Aporien zu verstricken.

Die Lehre von der Menschwerdung Christi ist freilich noch nicht der eigentliche Inhalt der Christologie Schellings; sie ist nur »der Übergang zum eigentlichen Akt der Versöhnung«[130] im Tode Christi am Kreuz. Damit hat Schelling Mitte und Ursprung der biblischen Christologie klar erkannt: Tod und Auferstehung Christi. Der Tod ist für ihn der größte Beweis des Gehorsams Christi[131] und damit die Voll-

---

123 V, 432; XIV, 124.
124 XIV, 175.
125 XIV, 182.
126 XIV, 158 f., 167.
127 Aug. Contra sermonem Arianorum 8, 6, PL 42, 688; dazu: F. Malmberg, Über den Gottmenschen (QD 9), Freiburg i. Br. 1960, 38 ff.
128 XIV, 185 f.
129 XIV, 192.
130 XIV, 196.
131 XIV, 193.

endung seines Seins.[132] Zugleich ist er die Vollendung allen Seins. Hier wird das, worauf alles Sein hinaus will, was aber durch die Sünde des Menschen gestört wurde, die Einheit in der Liebe, verwirklicht. In seinem gehorsamen Tod nimmt Jesus freiwillig an unserer statt[133] die Entfremdung von Gott auf sich;[134] damit gibt er uns zugleich die Macht, das entfremdete göttliche Leben in uns herzustellen, Kinder Gottes zu sein.[135] So hat Christus der Menschheit die Freiheit gebracht von den äußeren versklavenden Mächten und Gewalten.[136] So ist das Kreuz als »das einzige Zeichen des Friedens und des Gleichgewichts der Kräfte« »gleichsam der Regenbogen einer zweiten Sündflut«[137]. Die Definition, die Anselm von Canterbury von Gott gebrauchte, wendet Schelling vielsagend auf das Kreuz an. Das Kreuz ist das »quo nil maius fieri potest«[138]. Es ist ein »Wunder der Liebe«, »von dem wir nur sagen können: in Wahrheit, es ist so – das wir aber nach keinen menschlichen Begriffen hätten erwarten oder voraussehen können, ja dem wir gar nicht wagen würden, Glauben beizumessen, wenn es sich nicht wirklich ereignet hätte«[139].

Die Wiederversöhnung aller Wirklichkeit in der Liebe bedeutet ihre Wiedereingründung und damit Wiederversöhnung mit Gott, der das letzte Band der Einheit in der Liebe ist. So dehnt sich in der Auferstehung die im Moment des Todes Christi geschehene Versöhnung zur Ewigkeit aus.[140] Ewigkeit freilich bedeutet für Schelling nicht Zeitlosigkeit, sondern Überwindung der Zeit.[141] Die Liebe hat ja Zeit und schenkt Zeit; in der Zeit stiftet sie Kontinuität und Identität durch die Treue. Was im Tod Christi geschieht, ist darum nicht zukunftsloses Ende, sondern bleibende Voll-endung, welche die Differenz der Zeiten nicht einfach negiert, sondern in dem doppelten Sinn des Wortes ›aufhebt‹. Das Ein-mal der Liebe Jesu Christi wird also in

132 XIV, 181.
133 XIV, 196.200 f.
134 XIV, 194.196.
135 XIV, 236.
136 XIV, 237 ff.
137 V, 429.
138 XIV, 169.174.
139 XIV, 197.
140 XIV, 219.
141 VIII, 260 f.

seinem Tod zum Ein-für-alle-Mal. Die im Tod Jesu ereignete Liebe umgreift damit sachliche Identität und geschichtliche Kontinuität. Damit wird – wenigstens andeutungsweise – deutlich, in welcher Weise bei Schelling das seit Strauß akute Problem von Kontinuität und Diskontinuität, Identität und Differenz zwischen dem irdischen Jesus und dem geglaubten erhöhten Christus einer Lösung entgegengeführt wird. Die Liebe als der tiefste Sinn und das letzte Ziel aller Wirklichkeit eint umgreifend beide Größen, ohne ihre Differenz einfach aufzuheben.

Das Kreuz wird so für Schelling zum Angelpunkt nicht nur seiner Christologie, sondern seiner gesamten Philosophie. Es ist das »quo nil maius fieri potest«[142]. Es ist damit zugleich die Umwertung aller Werte, eine Revolution in der Ordnung des Seins: »Das Niedrigste ward zum Höchsten, das Kreuz, das Zeichen der tiefsten Schmach, ward zum Zeichen der Welteroberung«[143]. Vom Kreuz her gestaltet sich deshalb auch Schellings Gottesverständnis neu. Im Anschluss an den *Ersten Korintherbrief* spricht Schelling von der Torheit Gottes, der seine Stärke in der Schwäche zeigt, und im Anschluss an Johann Georg Hamann spricht er von der tiefen Ironie aller göttlichen Handlungsweise. »Nur der Starke kann oder darf schwach sein«; »die Gottheit (dh. die Freiheit) Gottes besteht eben in der Kraft dieses Widerspruchs – dieser Absurdität«[144]. Dass die Gottheit Gottes, die in seiner absoluten Freiheit besteht, auch ihr eigenes Gegenteil zu ertragen, für Schelling eine Möglichkeit bietet, geschichtliches Werden in Gott in positiver Weise mit der Ewigkeit Gottes zu vermitteln, kann hier nur noch angemerkt werden.

Wir brechen an dieser Stelle ab. Es sollte aufgezeigt werden, in welcher Weise bei Schelling sowohl das traditionelle Problem der Christologie, die Einheit in der Zweiheit von Gottheit und Menschheit, wie das neuzeitliche Problem, die Kontinuität und Diskontinuität, Einheit und Verschiedenheit von irdischem Jesus und geglaubtem erhöhtem Christus einer Lösung entgegengeführt wird. Es wäre sicher ungeschichtlich und naiv, in dieser Auskunft eine fertige Antwort auf die uns heute bewegenden Fragen zu erwarten. Deutlich dürfte jedoch

---

142 XIV, 169.174.

143 V, 425.

144 XIV, 24f.

geworden sein, dass die Lösung der gegenwärtigen Fragen nur möglich ist, wenn man sie einmal zurückverfolgt bis zu ihrem geistesgeschichtlichen Ursprung in der idealistischen Identitätsphilosophie, die bei Schelling erstmalig in eine Krise geraten ist, und wenn man zum andern sich neu an die Klärung des wohl grundlegendsten Begriffs der alten Metaphysik wie der neuzeitlichen Philosophie, des Begriffs der Identität macht. Bevor man Identität oder Differenz zwischen dem irdischen Jesus und dem erhöhten Christus, zwischen Gott und dem Menschen Jesus von Nazareth behauptet oder bestreitet, sollte man klären, was man mit der einen oder der anderen Behauptung überhaupt meint. Schellings Philosophie gibt uns dafür neue Denkmöglichkeiten an die Hand, indem sie den Sinn von Sein und Identität christologisch als Liebe interpretiert. Dass eine solche Aussage nicht hohle Erbaulichkeit, sondern höchste Anstrengung des Begriffs, diese aber nicht leere Spekulation, sondern nach-denkender Umgang mit der Geschichte Jesu ist, dürfte nach all dem Gesagten einsichtig geworden sein. Solchem nachdenklichen Denken erschließt sich die christologische Formel Schellings zu einer Aussage über die Wirklichkeit insgesamt. Dennoch wird man das »ipsa exinanitione existit« nicht einfach zu einem »ipsa exinanitione sumus« abwandeln dürfen. Vielmehr muss es heißen: »Ipsa ipsius (scilicet Christi) exinanitione sumus.« Oder noch zutreffender: »Ipsa ipsius exinanitione speramus ac ipsa spe sumus.«

Kritische Fragen lassen sich an die Christologie Schellings sehr viele stellen. Kritisch wird man von ihr dasselbe sagen müssen, was Schelling gegenüber der klassischen Christologie angemerkt hat, nämlich, dass sie ihre eigene Idee nicht erreicht. Dennoch müssen wir uns fragen, ob in diesem Denken nicht Denkmöglichkeiten bereit liegen, die uns in der gegenwärtigen Krise der Christologie helfen, zu einem Neuanfang zu kommen. Schelling selbst hat in seinem Alter zunehmend den Anspruch erhoben, die Zukunft des Seins für die Zukunft zu denken.[145] Die Zukunft der Liebe aber ist das Thema seiner Christologie.

---

145 XIII, 10 f.; XIV, 360.366 f.

Die Sache Jesu

Recht und Grenzen eines Interpretationsversuches

Die Rede von der ›Sache Jesu‹ hat in den letzten Jahren in zunehmendem Maß an Verbreitung und Bedeutung gewonnen. Sie findet sich nicht nur bei einzelnen Autoren, sondern häufig in programmatischen Erklärungen wie in dem Aktionsprogramm der KDSE und vor allem in dem uns hier beschäftigenden Papier der ›Arbeitsgemeinschaft Synode‹ *Rückfrage nach der Sache Jesu.*[1] Es ist offensichtlich, dass es ganze Gruppen von Christen gibt, die in dieser Chiffre den Inbegriff ihres Glaubensverständnisses und ihrer Glaubenspraxis sehen. Ursprünglich geprägt wurde diese Formel von Willi Marxsen im Zusammenhang seiner Interpretation der Auferstehung Jesu. Gewöhnlich wird die Formel jedoch nicht zur Deutung der Auferstehung verwandt, sondern als Inbegriff von Botschaft und Werk des irdischen, des sogenannten historischen Jesus; sie dient gleichsam als Kurzformel für die Bedeutung Jesu von Nazareth für uns und unsere Zeit. Mit dieser Kurzformel soll das Eine und Ganze des Christentums zusammengefasst werden.

I. Das Anliegen

Hinter diesem Sprachgebrauch steht ein ernstes Problem: Das Christsein und die Bindung an die Kirche sind für viele, auch für solche, die sich noch kirchlich engagieren, keine Selbstverständlichkeit mehr. Es

---

[1] N. Greinacher/K. Lang/P. Scheuermann (Hg.), In Sachen Synode. Vorschläge und Argumente des Vorbereitungskongresses, Düsseldorf 1970, 150–169. Das Papier versteht sich allerdings ausdrücklich nicht als Grundsatz- und Basiserklärung der Arbeitsgemeinschaft Synode, sondern lediglich als Denkanstoß (vgl. ebd., 150). Ausschließlich als solcher soll es hier diskutiert werden.

geht nicht in erster Linie darum, dass sie nicht mehr Christen sein wollen, sondern darum, dass sie sich fragen, warum sie es überhaupt noch sollen und ehrlicherweise können. Es geht also um die Frage, welchen Sinn das Christsein für den Menschen hat, was die überlieferten Formen und Formeln des Glaubens für die heutigen Fragen des Menschen und der Gesellschaft noch konkret austragen. Es geht um die Erfahrbarkeit und Verifizierbarkeit des Glaubens. Es geht darum nicht um die als abstrakt empfundene Frage nach der dogmatischen oder biblischen Richtigkeit und Korrektheit bestimmter Aussagen, es geht um die konkrete Wahrheit, die allein existenziell anrührt und innerlich überzeugt. Es geht darum, von Jesus Christus so zu reden, dass die Menschen den Eindruck haben, dass sie selbst und ihre Fragen zur Sprache gebracht sind. Der große Eindruck, den ein Text, wie der hier vorliegende, auf viele Menschen macht, ist nur dadurch möglich, dass die meisten anderen Texte so wenig Eindruck machen.

Dazu kommt ein zweites Problem. Der Inhalt des Glaubens ist vielen, auch solchen, die sich um Information bemühen, undeutlich und undurchsichtig geworden. Zumal bei dem gegenwärtigen Umbruch scheint es sich bei der Vielzahl der Glaubenssätze und der Vielzahl ihrer Interpretationsmöglichkeiten für viele um ein mehr oder weniger esoterisches Geheimwissen von Theologieprofessoren zu handeln. Die Forderung nach einfachen, zusammenfassenden Kurzformeln, wie Karl Rahner sie erhoben hat, steht letztlich auch hinter der Rede von der ›Sache Jesu‹. Es geht darum, zu sagen, was letzte Norm, Anfang und Grund des christlichen Glaubens ist, nämlich Jesus von Nazareth. Man will also – und das ist erfreulich – wieder die oft vernachlässigten Grundlagenfragen stellen, um so zu einer Konzentration aller einzelnen Glaubensaussagen zu kommen. Denn »all diese Aussagen wollen ein Bekenntnis sein zu Jesus von Nazareth, seiner Bedeutung für den Menschen und dessen Zukunft«[2].

Es ist keine Frage: beides sind ernst zu nehmende und berechtigte Anliegen. Die Tradition ist traditio viva et activa. Sie ist kein toter Besitz, sondern etwas Lebendiges und Dynamisches; man kann sie nur bewahren, indem man sie lebendig interpretiert und nicht bloß repetiert. Der geschichtliche Wandel ist die Bedingung, unter der die Kirche ihre Identität und Kontinuität allein bewahren kann. Zum an-

---

[2] Ebd., 151.

dern ist die Tradition keine bloße Summe von Wahrheiten. Sie ist ein Ganzes; hier gibt es einen nexus mysteriorum (Vaticanum I) und eine hierarchia veritatum (Vaticanum II). Dieses Eine und Ganze ist Jesus Christus. Die Wahrheit von Jesus Christus ist jedoch nicht Buchstabe, der tötet, sondern Geist, der lebendig macht. »Der Herr ist der Geist, und wo der Geist des Herrn waltet, da ist Freiheit« *(2 Kor 3,17)*. Die Wahrheit Jesu Christi will also aus der Freiheit des Geistes heraus lebendig bezeugt werden.

Wir haben es also mit einem ernst zu nehmenden Anliegen zu tun. Aber indem wir nicht einfach sagen, ›Jesus von Nazareth‹, sondern ›Jesus Christus‹ sei der entscheidende Bezugspunkt des christlichen Glaubens, ist das grundlegende Problem bereits angedeutet. Dabei geht es um nicht weniger als um die Frage nach dem Ausgangspunkt der Theologie überhaupt.

II. Der Ausgangspunkt

Die *Rückfrage nach der Sache Jesu* geht nicht von der überlieferten kirchlichen, biblischen und dogmatischen Christologie, sondern – das ist wenigstens ihre Intention – von der gegenwärtigen Situation der historisch-kritischen Forschung aus. Sie stellt fest, dass die überlieferten christologischen Hoheitstitel (Kyrios, Christos, Gottesknecht, Gottessohn, Sohn und so fort) nicht auf den historischen Jesus zurückgehen, sondern »Versuche der Christengemeinden« darstellen, »das Phänomen Jesu zu deuten. Diese Deutungen können nun nicht unbefragter Ausgangspunkt der Auseinandersetzung mit Jesus sein, sondern müssen immer von neuem historisch kritisch gerechtfertigt werden«[3]. Mit diesem methodischen Ausgangspunkt ist eines der fundamentalsten Methoden- und Sachprobleme der Theologie gestellt. Es geht um die theologische Relevanz der historischen Forschung, konkret um die Bedeutung des historischen Jesus für den dogmatischen Glauben an Jesus Christus. Letztlich geht es um das neuzeitliche kritische Wahrheitsverständnis, das wissen will, wie es eigentlich war beziehungsweise ist, und das deshalb alle vorgegebenen dogmatischen Überlieferungen und Autoritätsansprüche ›hinterfragt‹.

---

[3] Ebd., 152.

Eine solche ›Rückfrage nach der Sache Jesu‹ ist nichts grundsätzlich Neues. Sie beginnt bereits mit den von Gotthold Ephraim Lessing herausgegebenen *Fragmenten eines Wolffenbüttelschen Ungenannten* (1774–1778) und hat in der liberalen Leben-Jesu-Forschung des letzten Jahrhunderts eine große Tradition. Am Anfang unseres Jahrhunderts stand freilich der Zusammenbruch der liberalen Leben-Jesu-Forschung, weil man unter anderem erkannte, dass wir Jesus und seine ›Sache‹ nicht anders als durch das Zeugnis der glaubenden Gemeinde kennen. Eine radikale Scheidung zwischen dem historischen Jesus und dem dogmatischen Christus schien damit unmöglich zu sein. Doch auf dem Boden dieser historischen Skepsis ist in der Folge manche recht sonderliche Christrose gezüchtet worden (Hans Conzelmann). Rudolf Bultmann etwa hat aus der historischen Not gleichsam eine theologische Tugend gemacht. Nach ihm ist die Frage nach dem historischen Jesus nicht nur historisch aufs Ganze wenig erfolgreich, sondern auch theologisch illegitim, weil sie ein dem Glauben widersprechendes Sicherheitsbestreben verrät. Der Glaube ist an das gegenwärtige Kerygma gewiesen und ist einer historischen Begründung und Absicherung unzugänglich. Die Freiheit des Historikers, wie die Bindung des Gläubigen an die Verkündigung, schien damit gleichermaßen gewährleistet.

Dennoch gab sich die ›nachbultmannsche‹ Theologie mit dieser Position nicht zufrieden. Neben Günther Bornkamm, Ernst Fuchs, Gerhard Ebeling und anderen war es vor allem Ernst Käsemann, der darin die Gefahr eines Kerygma-Doketismus sah. Denn wird hier nicht, dogmatisch gesprochen, die wahre und volle Menschheit Jesu zu einem Schein (dókema)? Das Christusbekenntnis erscheint hier fast als eine nachträgliche Apotheose der historischen Gestalt Jesu. Der Christusglaube steht so in der Gefahr, zur Mythologie oder zur Ideologie zu werden. Dazu kommt bei Käsemann ein zweiter Gesichtspunkt. Die Kirche glaubt in ihrem Kerygma nicht an sich selbst; sie verkündet nicht sich selbst, sondern eine ihr geschichtlich vorgegebene und aufgegebene Botschaft, an der sie sich immer wieder orientieren muss. Es gibt ein Prae der Christologie vor der Ekklesiologie, auf Grund dessen die Kirche immer wieder zurückfragen muss nach dem, was Jesus selbst war und wollte. So kann man sagen: sowohl aus dem Bekenntnis zur wahren Menschheit Jesus wie aus dem Bekenntnis zu Jesus Christus als Anfang und Haupt der Kirche ergibt sich die theologische und nicht nur die historische Relevanz der Rückfrage nach dem historischen Jesus und ganz allgemein die Relevanz der historisch-kritischen Methode für die dogmatische Arbeit der Theologie. Ausgehend von Jesus und seiner ›Sache‹ ist Kritik an der Kirche nicht nur möglich, sondern auch immer wieder nötig. Alle großen innerkirchlichen Reformbewegungen setzen hier an.

Die Theologie nach Bultmann wollte freilich nicht einfach ins Fahrwasser der alten liberalen Leben-Jesu-Forschung zurückkehren. Deshalb sprach man von der neuen Frage nach dem historischen Jesus. Man wollte praktisch mit dem gesamten Zeugnis des Neuen Testaments mit der Osterbotschaft einsetzen und aus dem nachösterlichen Kerygma heraus, gleichsam von dessen ›Sache‹ genötigt, nach dem historischen Jesus fragen. Man wollte damit mit einer der grundlegendsten Aussagen des Osterkerygmas ernst machen: der Identität des Auferstandenen mit dem Gekreuzigten. Erst Willi Marxsen brach mit dieser fundamentalen Voraussetzung. Für ihn ist »die Auferweckung Jesu nicht das christliche Zentraldatum«[4], sondern nur »die Voraussetzung dafür, daß man später weiterhin Jesus verkündigte«[5]. Das zentrale Datum ist ihm nicht die Auferstehung Jesu, sondern Jesus selbst, sein Reden und Tun.[6] Die »Chiffre ›Ostern‹«[7] bedeutet infolgedessen »das Weiter-Bringen der ›Sache Jesu‹«[8].

Es ist nicht der Ort, hier auf die exegetische wie hermeneutische Problematik der Position von Marxsen einzugehen. Hier geht es nur darum, die theologische Grundentscheidung und den theologischen Ausgangspunkt aufzuzeigen, die hinter den Entwürfen einer ›Sache Jesu‹ gewöhnlich stehen. Diese Grundentscheidung bedeutet nicht ohne Weiteres, dass die Auferstehung geleugnet oder zu einem bloßen ›Interpretament‹ gemacht wird. Es kann davon sogar mehr oder weniger orthodox gesprochen werden.[9] Aber die Auferstehungsaussagen

[4] W. Marxsen, Die Auferstehung Jesu als historisches und als theologisches Problem, Gütersloh 1964, 33.
[5] Ders., Anfangsprobleme der Christologie, Gütersloh 1960, 51.
[6] Vgl. ders., Die Auferstehung Jesu als historisches und als theologisches Problem (wie Anm. 4), 25.
[7] Ebd., 31.
[8] Ebd., 26.
[9] Vgl. Greinacher/Lang/Scheuermann (Hg.), In Sachen Synode (wie Anm. 1), 160.168.

verlieren innerhalb einer solchen Konzeption ihren theologischen Stellenwert und sie werden im Grunde fast entbehrlich. Man kann es deshalb großzügig offenlassen, wie immer dieses Zeugnis auch genauerhin zu verstehen ist,[10] denn wichtig für den Zusammenhang ist es, wie offenherzig zugegeben wird,[11] keineswegs.

Dieser Wechsel des Ausgangspunktes kommt nicht von ungefähr. Die Auferstehung Jesu ist in der gegenwärtigen Verkündigungssituation alles andere als eine selbstverständliche Voraussetzung, von der man einfach ausgehen kann. Entsprechend versuchen die Vertreter der ›Sache Jesu‹ auch hier nicht dogmatisch, sondern im Grunde fundamentaltheologisch-apologetisch und glaubenspädagogisch zu sprechen. Deshalb wollen sie nicht mit dem Zeugnis von der Auferweckung Jesu, sondern mit den Berichten über den historischen Jesus einsetzen, um von dort zu Ostern hinzuführen; sie wollen dafür eine Art Glaubwürdigkeitsbeweis führen. Das ist vom Standpunkt einer katholischen Theologie aus ein legitimes, wenngleich schwierig zu realisierendes Anliegen. Die Frage nach dem historischen Jesus führt nämlich am Ende unausweichlich zu der Frage, ob dieser Jesus recht gehabt hat. Rein historisch gesehen ist er am Kreuz gescheitert. Ist er also nicht ein unschuldig Gemordeter mehr und ist er damit nicht eher ein Grund zur Resignation als zur Hoffnung? Ist er nicht eher ein Beweis, dass Gott ohnmächtig – tot ist in der Welt und dass der Glaube sinnlos ist? Die Schlussfolgerungen von Albert Camus liegen in dieser Richtung. Zweifellos steht und fällt mit dem hier aufgeworfenen Problem der ganze Ausgangspunkt von der ›Sache Jesu‹. Der vorliegende Text wendet sich dieser Frage gegen Schluss in dem Kapitel ›Jesu Schwäche und Stärke‹ zu. Seine Argumentation lautet: »Was die Schwäche Jesu ausmacht, ist zugleich seine Stärke … Die zu beobachtende Schutzlosigkeit Jesu ist von der Sache her notwendig. Denn worum es Jesus geht, ist etwas Menschenunmögliches«[12]. Dieses ›Etwas‹, worum es Jesus geht und worauf er sich einlässt, kann sich als einziges Ohnmacht und Misserfolg leisten. Dieses ›Etwas‹ kann es auch Jesus nicht ersparen, als Wehrloser, Verworfener, Einsamer, Gescheiterter zu sterben. Warum? Offensichtlich nur deshalb wird der Text

---

[10] Vgl. ebd., 160.
[11] Vgl. ebd., 168.
[12] Ebd., 167.

dieses ›Etwas‹ gleichsam unter der Hand mit dem Gott Jesu gleichgesetzt, der »auf der Seite der Wehrlosen, Verworfenen, Einsamen, Gescheiterten zu suchen und zu finden«[13] ist. Diese Hinführung vom historischen Jesus zum Gott Jesu und zu dem Gott, der die Toten lebendig macht *(Röm 4,17)*, ist freilich schon rein grammatikalisch überaus undurchsichtig und sachlich zutiefst zweideutig. Größere Eindeutigkeit stünde der ›Sache Jesu‹ an und würde für kritische Leser auch ihrer Überzeugungskraft dienen. So bleibt der Eindruck, dass an der entscheidenden Stelle unsauber gearbeitet und das, was eigentlich die ›Sache Jesu‹ war, der Glaube an den Gott, bei dem »alles möglich« ist *(Mk 10,27*; vgl. *9,23)*, verschleiert wird.

III. Die Methode

Der zuletzt gemachte Einwand führt uns zu der Frage nach der wissenschaftlichen Methode des vorliegenden Entwurfs. Es wurde schon klar, dass es nicht die dogmatische Methode ist. Intendiert ist jedoch ebenfalls nicht die historische und bibeltheologische Methode im eigentlichen Sinn, obwohl der Entwurf (wenn auch recht vergröbernd) gewisse Ergebnisse und Fragen nach dem historischen Jesus aufzunehmen versucht. In einem weitesten Sinn kann die angewandte Methode als ›glaubenspädagogisch‹ und als fundamentaltheologisch-apologetisch bezeichnet werden. Um dieses Ziel, zur Sache Jesu hinzuführen, zu erreichen, greift der Entwurf jedoch nicht auf die traditionelle geistesgeschichtliche Hermeneutik zurück. Er will nicht die Person Jesu ›intuitiv‹ verstehen lehren, wie es für ihre Zeit etwa Karl Adam und Romano Guardini in großartiger Weise getan haben. Ebenfalls versucht der Entwurf nur am Rande, im Sinn der von Hans-Georg Gadamer weiterentwickelten geisteswissenschaftlichen Methode, aus der Überlieferungs- und Wirkungsgeschichte der Person und Sache Jesu heraus zu argumentieren.[14] Der eigentliche Ausgangspunkt ist nicht der geistesgeschichtliche Zusammenhang, sondern die Erfahrung des Abstandes und der Fremdheit zwischen Jesus und uns.[15]

---

[13] Ebd., 168.
[14] Vgl. ebd., 153.
[15] Vgl. ebd., 152.

Dazu kommt die Einsicht, dass ›Erkenntnis und Interesse‹ (Jürgen Habermas) immer unauflöslich miteinander verknüpft sind und dass deshalb auch die Frage nach Jesus nicht rein akademisch gestellt und am grünen Tisch von Experten beantwortet werden kann.[16] Die Frage nach Jesus muss vielmehr situationsbezogen und experimentierend im Spannungsfeld der verschiedenen Gruppen und Interessen von damals und heute verhandelt werden.[17] »Die Frage, ob sich die Beschäftigung mit Jesus lohnt, darf also nicht im Blick auf Jesu Herkunft und Biographie, Seelenleben und Selbstbewusstsein, Vorstellungswelt und Erfolg bzw. Misserfolg, sondern muss im Blick auf sein Verhalten gestellt und erörtert werden. Dieses Verhalten muss versuchsweise konfrontiert werden mit dem, was unser Leben bestimmt; im Blick auf die Probleme, die wir haben, muss geklärt werden, ob das, was das Verhalten Jesus prägte, für uns von Interesse sein könnte«[18]. Im Hintergrund dieses methodischen Ansatzes der kritischen Konfrontation des Verhaltens Jesu mit dem gesellschaftlichen Verhalten und den gesellschaftlichen Verhältnissen der Gegenwart steht die kritische Theorie der Frankfurter Schule. Das ist eine Feststellung und keine Kritik. So wenig die scholastische Methode einen Alleingültigkeitsanspruch für die Theologie erheben kann, kann es die traditionelle geistesgeschichtliche Methode. Es einmal mit der kritischen Theorie zu versuchen ist zweifellos eine lohnende und verdienstvolle Sache. Sie könnte helfen, die Theologie aus dem elfenbeinernen Turm herauszuholen und die christliche Wahrheit konkret zu machen. Man wird von einem ersten Versuch in dieser Richtung nicht verlangen können, dass er gleich im ersten Anlauf alle dabei neu entstehenden Probleme bewältigt. Dennoch muss man sehen, dass von der kritischen Theorie gilt, was Ernst Troeltsch von der historisch-kritischen Methode sagte: »Historisch-kritisch bedeutet eine ganze Weltanschauung.« Die kritische Theorie ist kein neutrales methodisches Instrumentarium. Hinter ihr steht ein bestimmtes Interesse, ja eine dogmatische Entscheidung, wobei die in Dogmatik umschlagende Kritik selbst einen Hang zu doktrinärer In-

[16] Vgl. ebd., 155.
[17] Vgl. ebd., 153 f.
[18] Ebd., 156.

toleranz besitzt.[19] Das ›erkenntnisleitende Interesse‹ ist in der Tradition der Aufklärung das Interesse an Mündigkeit und Emanzipation und damit die Kritik dogmatischer Autorität. Es ist nicht die Aufgabe, hier in eine Auseinandersetzung mit der kritischen Theorie einzutreten. Die entscheidende Frage ist jedoch, ob der gewählte methodische Ansatz kritisch offengehalten wird für die Sache, um die es geht, oder ob die Sache von vornherein nur noch im Rahmen der von der Methode implizierten Vorentscheidung zur Sprache kommen kann. Oder noch direkter: In welcher Weise ist es möglich, mit Hilfe dieser Methode, in neuer Weise von der ›Sache Jesu‹, von Gott und seiner Herrschaft zu sprechen? Wie verhält sich die von Gott ermächtigte, im Gehorsam und in der Liebe sich verwirklichende Freiheit Jesu zu dem emanzipatorisch-revolutionär-kritischen Freiheitsverständnis der Aufklärung?

IV. Die Sache

Es ist weder möglich noch notwendig, hier im Einzelnen alles zu wiederholen, was in dem vorliegenden Entwurf inhaltlich als die ›Sache Jesu‹ herausgestellt wird. Es sind im Wesentlichen fünf Punkte: 1. Jesus stiftet Kommunikation, was zwangsläufig zu Konflikt führen muss, 2. Jesus befreit von Leistungsdruck, er schenkt Freude und neuen Sinn, 3. Jesus gibt Hoffnung noch im Scheitern und im Tod, 4. Jesu Verhalten zu dem, was er als ›Gott‹ und als ›Abba‹ bezeichnet, 5. Jesu Botschaft von der Herrschaft Gottes. Was unter den ersten drei Punkten gesagt wird, verdient, als Korrektur eines einseitig individualistischen Bildes von Jesus von Nazareth und seiner Heilsbotschaft ernst genommen zu werden. Dass Jesus – anders als die sogenannten Frommen von damals und heute – sich den gesellschaftlichen Randexistenzen, den Außenseitern und den Ausgestoßenen zuwandte, bei ihnen Glauben fand und mit ihnen verkehrte, ist eines der sichersten Ergebnisse der Rückfrage nach dem historischen Jesus. Es kann nicht bestritten werden, dass dieses Verhalten Jesu indirekt auch gesellschaftliche Implikationen und Konsequenzen besitzt, welche unser

[19] Vgl. M. Theunissen, Gesellschaft und Geschichte. Zur Kritik der kritischen Theorie, Berlin 1969, 33 f.

bürgerliches und verbürgerlichtes Christentum von Grund auf in Frage stellen. Dabei ist der vorliegende Text redlich genug, zu sagen, dass Jesus nicht an eine politische Revolution denkt, wie sie den antirömischen Guerillas vorschwebte; »es soll nicht die Herrschaft bestimmter Gruppen durch die vielleicht vergleichsweise bessere, eher berechtigte Herrschaft bisher Unterdrückter ersetzt werden«[20]. Damit stehen wir vor der eigentlichen Frage nach der ›Sache Jesu‹: Was meint dann die Herrschaft Gottes?

Diese Frage wird unter dem vierten und fünften Punkt verhandelt. Das sachlich Gemeinte ist freilich nur sehr schwer zu fassen. Der Entwurf geht davon aus, dass in Jesu Verhalten entschieden wird darüber, wofür man Gott halten darf und wofür man ihn in Anspruch nehmen darf. Gott ist da zu finden, wo das Verhalten Jesu zum Zug kommt.[21] Das Wort ›Gott‹ drückt also aus, dass die Menschen, die sich auf Jesu ›Sache‹ einlassen, in ihm »den Selbsterweis des Guten als der letzten, jetzt durchdringenden Wirklichkeit erfahren und sich diesem Vorgang anheimgeben«[22]. Diese zunächst etwas sphinxhaften Äußerungen gewinnen etwas mehr Konturen, wenn man nachliest, was der Text unter der Herrschaft Gottes versteht. Zunächst werden hier die Schwierigkeiten genannt, die einem Verständnis dieses Begriffs im Wege stehen.[23] Es wird sogar gesagt, man müsse es letztlich offenlassen, was Jesus damit genau gemeint hat.[24] In Frageform verkleidet wird dann freilich doch eine sehr weitreichende Bestimmung des Begriffs ›Gottesherrschaft‹ gegeben: »oder benutzt Jesus das alte Wort Gottesherrschaft für das, was jetzt tatsächlich geschieht, für die Freiheit, die er sich nimmt und anderen weitergibt, für die Freude, die bei den Festmählern herrscht, für die Freundschaft, die an die Stelle der Herr-Knecht-Verhältnisse tritt? Dann wäre nichts mehr zu erwarten über das hinaus, was geschieht; Jesu Verhalten und dessen Mitteilung an andere Menschen wären selbst das Letzte, Entscheidende, die Gegenwart Gottes als des Guten, das sich als die unantastbare Wirklichkeit erweist und so ausbreitet: wo immer das geschieht, da herrscht

---

20 Ebd., 164.
21 Vgl. ebd., 160.
22 Ebd., 161.
23 Vgl. ebd., 163.
24 Vgl. ebd., 166.

Gott. Dass das Gute überhaupt als Möglichkeit des menschlichen Daseins erkennbar und vollziehbar geworden ist, dass es sich als das allein Sinnvolle herausgestellt hat, dass der Bann, die Faszination der Einrichtungen, Normen, Traditionen, Autoritäten gebrochen ist, dass es möglich ist, die Sache Jesu voranzubringen und die gesellschaftlichen, politischen Verhältnisse immer wieder aufzubrechen – diese Situation als solche, die Jesus schafft, wäre dann selbst die Herrschaft Gottes«[25].

Bei allen Undeutlichkeiten ist dieser Text nun doch sehr deutlich. Die Gottesherrschaft ist, so kann man sagen, die Freiheit, die Freude und Liebe, kurz das Gute, das mit Jesus in die Welt kommt und das er möglich macht. Diese Freiheit ›nimmt sich‹ Jesus, um sie den andern weiterzugeben. Es handelt sich also offensichtlich um ein autonomes Freiheitsverhältnis, das in der Linie von Emanzipation liegt. Es ist verständlich, dass der Text bei dieser Interpretation abschließend fragen muss, warum dann Jesus ausgerechnet das fatale Wort ›Herrschaft‹, das die ganze Herrschaftsproblematik aufwirft, gebraucht hat, und es ist ebenso verständlich, dass er feststellt, dass das Wort ›Gott‹ für uns heute, wenn wir die ›Sache Jesu‹ erläutern und leben wollen, nicht mehr am Platz und auch durchaus entbehrlich ist.[26] Fast an Schleiermacher erinnernd, wird Jesu Gottesverhältnis nur als ein »Beitrag und Impuls«[27] verstanden. Das Wort ›Gott‹ und das mit ihm Gemeinte ist damit funktionalisiert. Es hat keine Bedeutung mehr in sich, sondern ist innerhalb eines christlich geprägten Traditionszusammenhangs im Grunde nur noch ein interpretatorisches Vehikel gesellschaftskritischer Freiheit und gesellschaftskritischen Engagements. Über diese so verstandene und jetzt schon erfahrene Gottesherrschaft hinaus ist ›nichts mehr zu erwarten‹.

So wie Gott in sich uninteressant wird, wird auch die Person Jesu uninteressant. Es wird nur nach ihrer Sache, nach ihrem Programm, ihrem Beitrag und Impuls gefragt. Es wird gefragt, was Jesus gebracht hat, aber es wird nicht gefragt, wer Jesus selbst ist. Damit ist jedoch eine der entscheidendsten Einsichten der historischen Rückfrage nach dem historischen Jesus übergangen. Danach ist es das Charakteristi-

---

25 Ebd., 165 f.
26 Vgl. ebd., 166 f.
27 Ebd., 162.167.

sche am historischen Jesus, dass er seine Person in seine Sache mit einbezieht. Mit seinem Kommen ist die Gottesherrschaft selbst im Kommen. Er ist also seine Sache in Person. Person und Sache kommen bei ihm zu einer völligen Deckung. Das gilt jedoch nicht nur von Jesu Anspruch, sondern ebenso sehr von seinem Verhalten. Er ist durch seinen Gehorsam und seine Hingabe ganz ›Hohlform‹ für Gott und seine Liebe; eben in seiner menschlichen Freiheit ist er die Daseinsweise Gottes für die andern (so unter anderem Karl Barth, Hans Urs von Balthasar, Joseph Ratzinger, Wolfhart Pannenberg). So ist er schon während seines irdischen Lebens implizit nicht nur der Verkündigende, sondern auch der Verkündigte. Die nachösterliche Botschaft hat, was in Jesu irdischer Verkündigung und in seinem irdischen Verhalten implizit angelegt war, aufgrund der neuen Erfahrungen von Ostern und Pfingsten nur expliziert und allein in diesem Sinn den verkündigenden Jesus zum verkündigten Christus gemacht. Diese Identität von Person und Sache Jesu stellt das eigentliche Proprium christianum dar. Durch sie ist der christliche Glaube wesentlich unterschieden von anderen Weltanschauungen, Ideologien und Utopien. Indem der vorliegende Entwurf die Sache Jesu von der Person Jesu gelöst hat, hat er dieses unterscheidend Christliche übersehen und übergangen. Das Grundproblem der kirchlichen Christologie, der es eben um die Person Jesu ging, ist damit ausgeblendet. Aus der Christologie ist eine Jesulogie geworden.

V. Die Herausforderung

Zusammenfassend lässt sich sagen: Der vorliegende Text ist nicht als solcher besonders wichtig. Wichtig ist, dass uns in ihm, wie durch ein Prisma gebrochen, viele der Trends begegnen, die gegenwärtig in der Diskussion sind und das Klima bestimmen. Es ist offenkundig, dass es dabei nicht nur um Einzelfragen geht, sondern um den Ansatz, die Methode und den wesentlichen Inhalt der Theologie und des christlichen Glaubens. Es wäre verkehrt, die berechtigten Anliegen zu übersehen, die uns hier begegnen. Sympathisch berührt, dass hier die Glaubenssituation vieler Menschen ernst genommen wird und dass man diesen Suchenden und Fragenden nicht einfach orthodoxe Bekenntnisformeln um den Kopf schlägt und ihnen sagt: »Friß, Vogel, oder stirb« (Dietrich Bonhoeffer). Sympathisch berührt das Bemühen um eine ›Christologie von unten‹, die die historischen Fragen und Ergebnisse aufgreift und sich dienstbar macht (auch wenn man sich dabei größere Genauigkeit gewünscht hätte). Sympathisch berührt die Konfrontation dieser ›Ergebnisse‹ mit der heutigen gesellschaftlichen Situation des Menschen, also das Bemühen um konkrete Wahrheit. Aber es wäre naiv, zu übersehen, dass hier trotz allem positiv Gesagten die Grundlagen des Christentums auf dem Spiel stehen, auch wenn dies in den meisten Texten mit einer Wolke von Zweideutigkeiten verschleiert wird. Eine Auseinandersetzung mit den Vertretern der ›Sache Jesu‹ ist deshalb nicht in der Weise möglich, dass man auf einzelne Glaubensartikel verweist, die in ihrem Entwurf nicht oder nur verkürzt vorkommen (besonders wäre hier auf den Ausfall der Soteriologie und der Eschatologie hinzuweisen). Noch weniger genügt es, mit einzelnen exegetischen und historischen Einwänden und Ergänzungen zu kommen. Man muss auf die Sache selber eingehen und die Grundlagenfrage stellen.

Welches ist die Grundlagenfrage? Keine andere als das Verhältnis von kritisch-emanzipatorisch-revolutionärer Freiheit zu der durch Jesus in die Welt gekommenen und in seinem Geist möglichen christlichen Freiheit. Diese christliche Freiheit hat der Mensch nicht einfach, noch weniger kann er sie sich einfach nehmen. Zu dieser Freiheit muss er vielmehr erst frei gemacht werden. Ihr Interesse ist nicht das Zu-sich-selbst-Kommen des Menschen, sondern das Zum-andern-Kommen; sie verwirklicht sich im Dienst der Liebe (vgl. *Gal 5,1.13f.*). Wo von befreiter Freiheit die Rede ist, da ist notwendig auch von Gott und seiner befreienden Liebe die Rede. Die christliche Freiheit stellt also unabdingbar die Frage, ob und wie es unter den neuzeitlichen Voraussetzungen möglich ist, von Gott und seiner Herrschaft in der Liebe zu sprechen. Nur wer dies gezeigt hat, kann für sich in Anspruch nehmen, dem heutigen Menschen die ›Sache Jesu‹ neu erschlossen zu haben. Ob ein solches neues, von Jesus ermächtigtes Sprechen von Gott möglich erscheint, hängt letztlich davon ab, wie man vom Menschen und den Entfremdungen denkt, unter denen Menschen konkret leben. Handelt es sich allein um psychologisch und soziologisch bedingte und damit grundsätzlich durch menschliches Wissen und menschlichen Einsatz veränderbare Entfremdungen? Oder gibt es noch eine andere Entfremdung des Menschen von seinem Glück, eine Entfremdung, die in seiner Endlichkeit besteht? Kann man aber, nimmt man die Endlichkeit des Menschen ernst, den Menschen rein autonom verstehen? Muss eine solche Utopie, die den Menschen letztlich mit Gott verwechselt, nicht – gegen ihren Willen, aber innerlich notwendig – totalitär werden, während umgekehrt die gläubige Anerkennung, dass Gott allein absolut ist, ein Schutzwall gegen Vergötzungen, Tabuisierungen und dogmatische Verabsolutierungen aller Art darstellt? »Gottes Autorität garantiert so die Unabhängigkeit des Menschen von menschlicher Autorität«[28]. Könnte das Befreiende der Botschaft Jesu von der Herrschaft Gottes und seine Forderung nach Umkehr und Glauben nicht gerade in der Aufdeckung dieses Zusammenhangs liegen? Sinnvoll ist eine solche Behauptung freilich nur, wenn man sagen kann: ›Gott ist‹. Dass Gott und seine Gnade ist, hat wiederum »gesellschaftskritische Bedeutung gegen die Predigt von Sinn durch Leistung und die Wertung des Menschen nach seinem Nutzen in der gegenwärtigen Gesellschaft«[29].

Nimmt man das genuin ideologiekritische Element des christlichen Gottesglaubens ernst, dann ist eine kritische Begegnung mit dem kritisch-emanzipatorischen Freiheitsverständnis möglich, ohne dass dabei die eigentliche ›Sache Jesu‹ und deren kritische Potenz preisgegeben wird. Nimmt man den unaufgebbaren Krisischarakter der Reich-Gottes-Botschaft ernst, dann ergeben sich freilich auch ethische und gesellschaftliche Konsequenzen, welche das etabliert bürgerliche und verbürgerlichte Christentum von Grund auf in Frage stellen. Person und Sache Jesu stellen dann eine Herausforderung dar, der weder ›links‹ noch ›rechts‹ so leicht standzuhalten ist.

[28] E. Fromm, Die Herausforderung Gottes und des Menschen, Konstanz 1970, 79.
[29] H. Gollwitzer, Krummes Holz – aufrechter Gang. Zur Frage nach dem Sinn des Lebens, München 1970, 46.

Jesus im Streit der Meinungen

I. Die Frage der Quellen

Jesus von Nazareth ist plötzlich wieder im Gespräch. Jesus-Bewegung, Jesus-Romane, popularisierende Informationen über wirkliche oder vermeintliche Ergebnisse der Jesus-Forschung erfreuen sich großen Interesses und figurieren auf den Bestsellerlisten des Buchhandels. Neu ist freilich das meiste von dem, was dabei einem informationshungrigen Publikum als neueste wissenschaftliche Erkenntnis vorgestellt wird, nicht. In dem Standardwerk der *Geschichte der Leben-Jesu-Forschung* von Albert Schweitzer kann man das meiste besser nachlesen. Noch immer gilt Albert Schweitzers Feststellung: »So fand jede folgende Epoche der Theologie ihre Gedanken in Jesus, und anders konnte sie ihn nicht beleben. Und nicht nur die Epochen fanden sich in ihm wieder: jeder Einzelne schuf ihn nach seiner eigenen Persönlichkeit. Es gibt kein persönlicheres historisches Unternehmen, als ein Leben-Jesu zu schreiben.«[1] »Die Rationalisten schildern Jesus als Moralprediger, die Idealisten als Inbegriff der Humanität, die Ästheten preisen ihn als den genialen Künstler der Rede, die Sozialisten als den Armenfreund und sozialen Reformer, und die ungezählten Pseudowissenschaftler machen aus ihm eine Romanfigur.«[2] So stellte bereits Martin Kähler, der große Kritiker der Leben-Jesu-Forschung, fest, es sei »zumeist der Herren eigener Geist, in dem Jesus sich spiegelt«[3].

---

[1] A. Schweitzer, Geschichte der Leben-Jesu-Forschung, Tübingen ^{6}1951, 4.

[2] J. Jeremias, Der gegenwärtige Stand der Debatte um das Problem des historischen Jesus, in: H. Ristow/K. Matthiae (Hg.), Der historische Jesus und der kerygmatische Christus, Berlin 1962, 14.

[3] M. Kähler, Der sogenannte historische Jesus und der geschichtliche Christus (TB 2), München ^{3}1961, 30.

Das bedeutet nicht, dass Jesus »nur noch ein Abziehbild«[4] ist. Vielmehr ist Ernst Bloch recht zu geben: »Der Stall, der Zimmermannssohn, der Schwärmer unter kleinen Leuten, der Galgen am Ende, das ist aus geschichtlichem Stoff, nicht aus dem goldenen, den die Sage liebt.«[5] Ohne das geschichtliche Profil Jesu von Nazareth kann man die Dynamik des Christentums kaum erklären. Dennoch weiß man seit dem Wolffenbüttler Fragmentisten Hermann Samuel Reimarus, den Gotthold Ephraim Lessing berühmt gemacht hat, und seit dem epochemachenden zweibändigen *Leben Jesu*[6] des damaligen Tübinger Stiftsrepetenten David Friedrich Strauß, dass die Erinnerung an die geschichtliche Gestalt Jesu von Nazareth nach seinem gewaltsamen Tod übermalt wurde vom Glauben der Gemeinde. Die vor allem von Rudolf Bultmann und Martin Dibelius entwickelte formgeschichtliche Methode sieht darum in den Evangelien nicht historische Berichte, sondern Gemeindetheologie, in der sich das Leben der urchristlichen Gemeinde niedergeschlagen hat und die aus ganz bestimmten Lebensäußerungen und Bedürfnissen dieser Gemeinschaft entspringt,[7] also, wie Karl Ludwig Schmidt es formulierte, eine soziologische Tatsache.[8] Rudolf Bultmann hat den Übergang von dem verkündigenden Jesus zu dem von der Gemeinde verkündigten Christus etwas vergröbernd so umschrieben: »An die Stelle der historischen Person Jesu (so wie die synoptischen Evangelien sie für den kritischen Blick erkennen lassen) ist im Kerygma die mythische Gestalt des Gottes-Sohnes getreten.«[9] Doch nicht alle teilen die Skepsis Rudolf Bultmanns, »daß

---

[4] So R. Augstein, Jesus Menschensohn, München – Gütersloh – Wien 1972, 426.

[5] E. Bloch, Das Prinzip Hoffnung, Frankfurt a. M. 1959, 1482.

[6] D. F. Strauß, Das Leben Jesu, 2 Bde., Tübingen 1835/1836.

[7] M. Dibelius, Die Formgeschichte des Evangeliums, Tübingen ^{4}1961, 1–8; R. Bultmann, Die Geschichte der synoptischen Tradition, Göttingen ^{4}1958, 1–8. Von katholischer Seite hat sich als einer der ersten zur formgeschichtlichen Betrachtungsweise bekannt K. H. Schelkle, Passion Jesu in der Verkündigung des Neuen Testaments. Ein Beitrag zur Formgeschichte und zur Theologie des Neuen Testaments, Heidelberg 1949, 1–13. Die Folgerungen für die systematische Christologie hat auf katholischer Seite wohl als erster gezogen J. R. Geiselmann, Jesus der Christus, Stuttgart 1951; Jesus der Christus. I. Die Frage nach dem historischen Jesus, München 1965.

[8] K. L. Schmidt, Art. Formgeschichte, in: RGG^{2} 2, 639.

[9] R. Bultmann, Das Verhältnis der urchristlichen Christusbotschaft zum historischen Jesus, Heidelberg 1960, 6.

wir so gut wie nichts über seine (d.i. Jesu) Persönlichkeit wissen«[10]. Übereinstimmung besteht heute jedoch in der gesamten wissenschaftlich seriösen Literatur darüber, dass ein ›Leben Jesu‹, eine Biographie oder Psychologie Jesu zu schreiben, nach Lage der Quellen nicht möglich ist. Auch das Zweite Vatikanische Konzil hat die Ergebnisse der Formgeschichte in vorsichtiger Weise rezipiert.

Die Konsequenzen, die aus dieser in der wissenschaftlichen Literatur fast allgemein akzeptierten Einsicht gezogen werden, liegen weit auseinander. Auf dem Acker der historischen Skepsis hat man schon manche merkwürdige systematische Christrose zu züchten versucht.[11] Martin Kähler glaubte, allein im biblischen Zeugnis, die katholischen Theologen, etwa Karl Adam,[12] meinten, allein im Zeugnis der Kirche dem lebendigen geschichtlichen Christus begegnen zu können. Rudolf Bultmann glaubte die methodische und theologische Aporie so lösen zu können, dass er die Rückfrage nach dem historischen Jesus nicht nur für weithin historisch unmöglich, sondern auch für theologisch illegitim erklärte, denn der Glaube kann und darf sich nicht durch historische Forschung absichern. Darin ist ihm seine eigene Schule nicht gefolgt. Allen voran hat Ernst Käsemann durch sein Referat auf der Tagung der »alten Marburger« im Jahr 1953 die alte Frage nach dem historischen Jesus neu aufgeworfen. Er konnte »nicht zugeben, daß angesichts dieses Sachverhaltes Resignation und Skepsis das letzte Wort behalten«, glaubte vielmehr, »daß aus dem Dunkel der Historie Jesu charakteristische Züge seiner Verkündigung verhältnismäßig scharf erkennbar heraustreten«[13].

Seit Ernst Käsemanns Vorstoß ist eine kaum mehr überschaubare Literatur zum Thema des historischen Jesus erschienen. Neben protestantischen und katholischen Theologen haben sich an der Diskussion vor allem auch jüdische und marxistische Autoren beteiligt. Neben Günther Bornkamm, Ernst Fuchs, Gerhard Ebeling, Herbert Braun, Joachim Jeremias, Hans Conzelmann, James M. Robinson, Georg Stre-

---

10 R. Bultmann, Jesus, Tübingen 1926, 12.

11 Das hübsche Bonmot stammt von H. Conzelmann, Zur Methode der Leben-Jesu-Forschung, in: ZThK 56 (1959) Beiheft 1, 4.

12 K. Adam, Der Christus des Glaubens, Düsseldorf 1954, 12–22.

13 E. Käsemann, Das Problem des historischen Jesus, in: Exegetische Versuche und Besinnungen, Bd. 1, Göttingen 1960, 213; ähnlich G. Bornkamm, Jesus von Nazareth, Stuttgart [3]1959, 21f.

cker von protestantischer Seite seien von katholischer Seite Josef Rupert Geiselmann, Anton Vögtle, Heinz Schürmann, Wolfgang Trilling, Franz Mußner, Joachim Gnilka und Josef Blank genannt. »Es hat freilich den Anschein, als sollte auch hier das Ergebnis im umgekehrten Verhältnis zum Aufwand an Leidenschaft mager bleiben, nämlich nur in allgemeiner Verwirrung bestehen. Zum mindesten bietet sich jedoch eine ungewöhnliche Chance, die verschiedenen eruptiven Kräfte unserer Situation zu studieren.«[14]

II. Politische Jesus-Deutung

Hinter dem so plötzlich und geradezu vulkanartig erwachten Interesse am historischen Jesus stehen sehr verschiedenartige und oft gegensätzliche Motive und Interessen, die man kennen muss, um die Ergebnisse beurteilen zu können. Albert Schweitzer, der große Historiograph der Leben-Jesu-Forschung, machte für deren Entstehen ein ausgesprochen antidogmatisches Interesse geltend. Deshalb sind – Albert Schweitzer nennt vor allem Hermann Samuel Reimarus und David Friedrich Strauß – die großartigsten ›Leben Jesu‹ mit Hass geschrieben. Ein Blick auf die neueste literarische Produktion könnte dieses Urteil mit Leichtigkeit erhärten. »Die geschichtliche Erforschung des Lebens Jesu ging nicht von dem rein geschichtlichen Interesse aus, sondern sie suchte den Jesus der Geschichte als Helfer im Befreiungskampf vom Dogma.«[15] Man stellte fest, dass der Jesus der Geschichte etwas ganz anderes ist als der Jesus Christus, den die Kirchen als wahren Gott und wahren Menschen lehren, etwas anderes auch als derjenige, den die Bibel als Messias (Christus), den auf den Wolken des Himmels kommenden Menschensohn, als Herrn *(kyrios)* und als Gottessohn verkündet. Jesus verkündet nicht sich selbst, sondern die kommende Herrschaft Gottes; die Kirchen aber verkünden die sie selbst legitimierende Botschaft von Jesus Christus als Sohn Gottes. Der katholische Modernist Alfred Loisy brachte diesen Sachverhalt auf die – von ihm nicht spitz und spöttisch gemeinte – Formel:

---

[14] E. Käsemann, Sackgasse im Streit um den historischen Jesus, in: Exegetische Versuche und Besinnungen, Bd. 2, Göttingen 1964, 31.
[15] Schweitzer, Geschichte der Leben-Jesu-Forschung (wie Anm. 1), 4.

Jesus verkündete das Reich Gottes, gekommen ist die Kirche.[16] Johannes Lehmann greift diese Formulierung, ohne zu zitieren, in seinem neuesten Buch *Die Jesus-G.m.b.H.* auf unter der Überschrift »Jesus wollte keine Kirche«[17]. Im gleichen Sinn Rudolf Augstein: »Demonstriert werden soll, mit welchem Recht die christlichen Kirchen sich auf einen Jesus berufen, den es nicht gab, auf Lehren, die er nicht gelehrt, auf eine Vollmacht, die er nicht erteilt, und auf eine Gottessohnschaft, die er selbst nicht für möglich gehalten und nicht beansprucht hat.«[18] So steht die Jesus-Forschung von Anfang an in dem größeren Zusammenhang der neuzeitlichen Ideologiekritik und der Emanzipation von vorgegebenen Autoritäten und Traditionen. Wie beim Entstehen der kirchlichen Christologie im Altertum, so sind auch bei ihrer kritischen Destruktion in der Neuzeit von Anfang an politische Interessen lebendig gewesen.

Man kann dieser politischen und ideologiekritischen Inanspruchnahme Jesu nicht jedes Recht absprechen. Jesu Solidarität mit deklassierten Gruppen, mit Zöllnern und Dirnen, seine Drohworte gegen die Reichen und Mächtigen, sein »Zug nach unten« und sein »Aufruhr nach oben« – so Ernst Bloch – gehören zum gesichertsten Gut der Jesusüberlieferung. Der von allen vier Evangelisten berichtete und in seiner Historizität kaum bestreitbare Kreuzestitel »Jesus von Nazareth, König der Juden« zeigt, dass man sein Auftreten politisch verstanden und dass man ihm aus politischen Gründen den Prozess gemacht und ihn als Aufrührer verurteilt hat. Offensichtlich hat Jesu Leben und Wirken Anlass gegeben, dass man ihn in dieser Weise verstehen konnte. Deshalb glaubte selbst Julius Wellhausen, Hermann Samuel Reimarus, der Vater der kritischen Jesus-Forschung, könne bis zu einem gewissen Grad recht haben, wenn er Jesus als politischen Rebell darstellte.[19] Verständlicherweise stehen diese Gesichtspunkte im Vordergrund der älteren – Friedrich Engels, Albert Kalthoff, Karl Kautsky – wie der jüngeren – Ernst Bloch, Leszek Kolakowski, Milan Machovec – marxistischen Jesus-Deutung. Dass jedoch direkte politisch-revolutio-

---

16 A. Loisy, L'Évangile et l'Église, Paris 1902, 111.

17 J. Lehmann, Die Jesus-G.m.b.H. Was Jesus wirklich wollte, wie Paulus Christus schuf. Report einer Diskussion, Wien – Düsseldorf, 1972, 16.

18 Augstein, Jesus Menschensohn (wie Anm. 4), 7.

19 J. Wellhausen, Einleitung in die drei ersten Evangelien, Berlin ^{2}1911, 83.

näre Jesus-Deutungen, wie sie von Robert Eisler und Joel Carmichael gegeben wurden, historisch unhaltbar sind, hat neuerdings nochmals Martin Hengel gezeigt.[20] Zu deutlich ist Jesu Distanz zu der messianisch-politischen Richtung der Zeloten, die die Gottesherrschaft mit Gewalt gegen die römische Besatzungsmacht aufrichten wollten. Jesu Gebot der Feindesliebe zeigt, dass er den Teufelskreis des Freund-Feind-Denkens überwinden wollte, weshalb er auch die Friedensstifter selig pries. Das eigentlich Revolutionäre an seiner Botschaft ist die Botschaft von der Liebe. Sie ist gegenüber ungerechten Verhältnissen in einem viel tieferen und radikaleren Sinn revolutionär, als man dieses Wort gewöhnlich versteht. Dass eine *solche* gesellschaftskritische Inanspruchnahme nicht so vordergründig sein und das zentrale Anliegen Jesu ausblenden muss, wie in Adolf Holls Bestseller *Jesus in schlechter Gesellschaft,*[21] hat neuerdings vor allem Jürgen Moltmann gezeigt.[22] Die Kreuzestheologie kann und muss nämlich auch in diesem Zusammenhang bedacht werden. Durch das Kreuz ist »das für das Niedrigste Geltende zum Höchsten gemacht. Hier liegt der unmittelbare Ausdruck der vollkommenen Revolution gegen das Bestehende, in der Meinung Geltende. Indem die Entehrung der Existenz zur höchsten Ehre gemacht ist, so sind alle Bande des menschlichen Zusammenlebens in ihrem Grunde angegriffen, erschüttert, aufgelöst.«[23]

Der Hinweis auf die Kreuzestheologie zeigt aber auch bereits, dass die politische Jesus-Deutung *allein* dem Phänomen Jesus von Nazareth nicht gerecht wird.

III. Personalistische Jesus-Deutung

Das emanzipatorische Interesse war von Anfang an mit einem neu erwachten religiösen Interesse verbunden. Die abstrakten Formeln

---

[20] M. Hengel, War Jesus Revolutionär? (CwH 110), Stuttgart 1970; vgl. auch O. Cullmann, Jesus und die Revolutionären seiner Zeit. Gottesdienst, Gesellschaft, Politik, Tübingen 1970.

[21] A. Holl, Jesus in schlechter Gesellschaft, Stuttgart 1971.

[22] J. Moltmann, Der gekreuzigte Gott. Das Kreuz Christi als Grund und Kritik christlicher Theologie, München 1972.

[23] G. W. F. Hegel, Vorlesungen über die Philosophie der Religion (ed. G. Lasson), Bd. 2/2, 161.

der kirchlichen Christologie konnten den Bedürfnissen der Frömmigkeit nicht genügen. So kam es schon im hohen Mittelalter bei Franz von Assisi, in der spätmittelalterlichen *devotio moderna,* im *Exerzitienbüchlein* des Ignatius von Loyola zu einer am irdischen Jesus orientierten Frömmigkeit. Auch für die moderne Leben-Jesu-Forschung war die Destruktion der dogmatischen Christologie weitgehend nur die Voraussetzung, um Jesus in ursprünglicher Weise für die moderne Zeit zurückzugewinnen. Sie stellt deshalb nach Albert Schweitzer »das Gewaltigste dar, was die religiöse Selbstbesinnung je gewagt und getan hat«; sie ist »die größte Tat der deutschen Theologie«[24]. Im Spiegel der menschlichen Persönlichkeit Jesu Gott zu erkennen war, vor allem seit Friedrich Schleiermachers viel bewundertem *Leben Jesu,*[25] das Anliegen dieser neuen Christologie »von unten«. Sie steht im Zusammenhang der anthropologischen Wende der Neuzeit. Nicht mehr die objektive Ordnung des Kosmos wie in Antike und Mittelalter, sondern die menschliche Subjektivität war jetzt das Medium religiöser Erkenntnis und religiöser Erfahrung.[26] An die Stelle der traditionellen Christus-Ontologie trat die Christus-Psychologie, die bis hinein in die Diskussion über Wissen und Bewusstsein Christi in den neuscholastischen Lehrbüchern ihre Wellen schlug.

Auch diese Richtung konnte sich wieder auf »jesuanisches Urgestein« der biblischen Überlieferung berufen. Dass Jesus gegen jüdische Gesetzlichkeit polemisiert, das Sabbatgebot gebrochen, die Reinheitsvorschriften verletzt hat, Gott aber in einer für einen Juden unvollziehbaren, ja ärgerlich intimen Weise als »Abba«-»Vater« angeredet hat,[27] kann historisch kaum bestritten werden. So verstand die liberale Theologie Jesus als bisher nicht dagewesene Verinnerlichung und Vergeistigung der Religion. An ihm zeigt sich nach Adolf von Harnack, »daß das Evangelium überhaupt keine positive Religion ist wie die anderen, daß es nichts Statuarisches und Partikularistisches

---

[24] Schweitzer, Geschichte der Leben-Jesu-Forschung (wie Anm. 1), 1 f.

[25] F. Schleiermacher, Das Leben Jesu. Vorlesungen an der Universität zu Berlin im Jahr 1832, hg. von K. A. Rütenik, Berlin 1864.

[26] J. Ternus, Das Seelen- und Bewußtseinsleben Jesu. Problemgeschichtlich-systematische Untersuchung, in: A. Grillmeier/H. Bacht (Hg.), Das Konzil von Chalcedon. Geschichte und Gegenwart, Bd. 3, Würzburg ^{2}1962, 158–161.

[27] J. Jeremias, Abba, in: Abba. Studien zur neutestamentlichen Theologie und Zeitgeschichte, Göttingen 1966, 15–67.

hat«; es geht nur »um Gott und die Seele, um die Seele und ihren Gott«[28]. Was hier – für uns heute etwas fremd – in kantianischer Terminologie ausgedrückt wird, lautet in der existenzialistischen Sprache unseres Jahrhunderts bei Karl Jaspers: »Aber alles Weltliche ist wie verschwunden im Glanze des Gottesreiches. Die Bande der Pietät, des Rechts, der Kultur, sind nichtig angesichts dieses Reiches.« »Das Wesen dieses Glaubens ist die Freiheit. Denn in diesem Glauben, der von Gott spricht, wird die Seele weit im schlechthin Umgreifenden. Während sie Glück und Unheil dieser Welt erfährt, erwacht sie zu sich selbst.«[29] Die pietistischen, mystischen und zuweilen ekstatischen Frömmigkeitsformen der gegenwärtigen Jesus-Bewegung gehören ebenfalls hierher. Man wird sie nicht so schnell als reine Flucht ins Private abtun dürfen; sie stellen auf ihre Weise einen Protest und eine Reaktion dar gegenüber der Rationalisierung, Technisierung und Politisierung aller Lebensbereiche.

Dem universalen Anspruch der Botschaft Jesu von der kommenden Herrschaft Gottes wird diese Deutung allerdings nicht gerecht. Sinn der Gesetzeskritik Jesu ist es nicht, die Religion ins fromme Herz einzuschließen. Die Personalisierung des Gottesverhältnisses bedeutet vielmehr, dass der Anspruch des Willens Gottes nicht auf den Buchstaben des Gesetzes begrenzt ist, sondern zur universalen Verantwortung in jeder Situation und in jedem Bereich herausfordert. Die Einheit von Gottesliebe und Nächstenliebe ist deshalb charakteristisch für Jesu Botschaft. Bleibend richtig an dieser verinnerlichten Jesus-Deutung ist freilich, dass Jesus dem Menschen eine bis dahin unerhörte Freiheit zumutet, eine Freiheit, die nicht Willkür, sondern grenzenlose Offenheit und Bereitschaft der Liebe für Gott und den Nächsten bedeutet. Damit werden die religiösen und politischen Institutionen relativiert und entsakralisiert. Der Mensch wird von deren sakralem Unbedingtheitsanspruch befreit. Diese Entlastung bedeutet keinen Rückzug ins Innerliche und Private, sondern führt in der Konsequenz zur Entdeckung der ›weltlichen‹ Eigenbedeutung. Es muss nun unterschieden werden zwischen dem, was Gottes, und dem, was des Caesars ist, ohne dass beides geschieden werden könnte.

---

[28] A. von Harnack, Das Wesen des Christentums (1900) (GTBS 27), München – Hamburg 1964, 45.49.

[29] K. Jaspers, Die großen Philosophen, Bd. 1, München 1959, 189.204.

Auch die personalistische Jesus-Deutung *allein* reicht offensichtlich nicht aus. Wir müssen also nochmals ansetzen, um die Mitte seiner Person und seiner ›Sache‹ zu verstehen.

IV. Christologisch-dogmatische Jesus-Deutung

Zu den reizvollsten Begebenheiten der neuzeitlichen Theologiegeschichte gehört eine höchst aufschlussreiche Vertauschung der Fronten: die kritische Jesus-Forschung, die auszog, um den historischen Jesus aus den Fesseln der kirchlichen Dogmatik zu befreien, wurde schon sehr früh einem ausgesprochen dogmatisch-apologetischen Interesse dienstbar gemacht. Wie Reinhard Slenczka[30] in Kritik und Ergänzung des Standardwerkes von Albert Schweitzer herausgearbeitet hat, waren bereits in der liberalen Leben-Jesu-Forschung ähnliche Motive wirksam, wie sie heute Ernst Käsemann zur Begründung der neuen Frage nach dem historischen Jesus anführt. Ein Christusglaube, der keinen Anhaltspunkt am historischen Jesus hat, wird zum Mythos; er erweckt den Eindruck, eine nachträgliche Apotheose des irdischen Jesus zu sein. In der Frage nach dem historischen Jesus steht unter den spezifisch neuzeitlichen Voraussetzungen die alte dogmatische Frage nach dem wahren Menschsein Christi neu zur Diskussion. Wo Jesus zum bloßen Symbol oder zur reinen Chiffre wird, droht in neuer Form eine der ältesten christologischen Häresien, der Doketismus, der die Menschheit Jesu für bloßen Schein (ein *dókēma*) hielt. Mit der Frage der Realität der Menschheit Jesu steht und fällt aber auch die Frage der Realität, der Leibhaftigkeit und Welthaftigkeit des christlichen Heils. Die Rückfrage nach dem historischen Jesus soll also die Gefahr der Ideologisierung des christlichen Glaubens bannen und die kirchliche Verkündigung an ein ihr vorgegebenes und vorgeordnetes Kriterium binden: Person und Sache Jesu. Sie soll verhüten, dass der Glaube an das Christuskerygma umschlägt in einen Glauben an die Kirche als die Trägerin dieses Kerygmas. Ernst Käsemann selbst hat deutlich genug gemacht, dass ein dogmatisches Interesse am historischen Jesus nicht weniger, sondern im Grund sehr radikal kirchen-

---

[30] R. Slenczka, Geschichtlichkeit und Personsein Jesu Christi. Studien zur christologischen Problematik der historischen Jesus-Frage, Göttingen 1967.

kritisch sein kann. Von katholischer Seite sind ihm darin Hans Küng[31] und Josef Nolte[32] gefolgt.

Der kritisch-theologischen Absicht entspricht die neue, höchst kritische Weise, in der die moderne Theologie den Anhaltspunkt beim historischen Jesus sucht. Zumindest im deutschen Sprachraum nehmen die meisten protestantischen wie katholischen Exegeten an, dass Jesus wohl kaum einen der traditionellen Hoheitstitel[33] für sich in Anspruch genommen hat, dass er sich also weder als Messias (Christus), noch als Menschensohn, Davidsohn oder Gottessohn oder als leidender Gottesknecht verstand und bezeichnete. Im Verständnis der damaligen Hörer hätte ohnedies keiner dieser Titel unmittelbar das enthalten, was man später als die ›metaphysische Gottessohnschaft‹ bezeichnete. Die früher so erbittert geführten Diskussionen um das messianische Selbstbewusstsein Jesu werden deshalb heute fast mitleidig beiseitegeschoben. Die Kontinuität zwischen dem verkündigenden irdischen Jesus und dem von der nachösterlichen Gemeinde verkündigten Christus wird heute gewöhnlich nicht mehr in dieser direkten Weise gesucht. Man findet das eigentlich Jesuanische vielmehr in der ungewöhnlichen Freiheit Jesu, die sich sowohl in seiner Kritik am Gesetz, seiner Zuwendung zu den Ausgestoßenen, seiner Sorglosigkeit gegenüber Hab und Gut wie in seinem Vatersagen zu Gott äußerte und die ihn schließlich ans Kreuz brachte. Jesus spricht und handelt an Gottes Stelle. Dieser unerhörte Anspruch hebt ihn über die alttestamentlichen Propheten hinaus. Er verbindet das Kommen der Herrschaft Gottes mit seinem eigenen Kommen, so dass seine ›Sache‹ mit seiner Person steht und fällt. Jesu außergewöhnliches Verhalten wie seine Botschaft von der Freiheit der Kinder Gottes implizieren eine Christologie.[34] Nach seinem Tod konnte seine ›Sache‹ nicht einfach

---

31 H. Küng, Was ist die christliche Botschaft?, in: Die Zukunft der Kirche. Berichtband des Concilium-Kongresses 1970, Einsiedeln – Mainz 1971, 78–85.

32 J. Nolte, Die Sache Jesu und die Zukunft der Kirche, in: F. J. Schierse (Hg.), Jesus von Nazareth, Mainz 1972, 214–233.

33 F. Hahn, Christologische Hoheitstitel. Ihre Geschichte im frühen Christentum, Göttingen ²1964.

34 R. Bultmann, Theologie des Neuen Testaments, Tübingen ³1958, 46; ders., Das Verhältnis der urchristlichen Christenbotschaft zum historischen Jesus (wie Anm. 9), 16; Conzelmann, Zur Methode der Leben-Jesu-Forschung (wie Anm. 11), 12 f.; ders., Art. Jesus Christus, in: RGG³ 3, 631–634.642.650.

weitergehen[35] ohne den Glauben, dass seine Person in neuer Weise präsent ist. Ohne den Glauben an den lebendigen Herrn wäre nicht nur seine Person, sondern auch seine ›Sache‹ tot gewesen. Ohne den Glauben an den Auferweckten wäre die Erinnerung an den Irdischen nur die Erinnerung an einen unschuldig Gemordeten mehr gewesen, sie wäre nicht Grund zur Hoffnung, sondern eher Anlass zu Resignation und Skepsis gewesen. Die neue Situation zwang deshalb zur Explikation des im Verhalten und in der Verkündigung Jesu implizierten Anspruchs. Die frühere Gemeinde bezeugte, die Eigenart der Sendung Jesu verstanden zu haben, damit, dass sie seine Verkündigung und sein Verhalten mit ihrem Bekenntnis zum Messias und Gottessohn beantwortete.

Das Schema von impliziter und expliziter oder von indirekter und direkter Christologie erlaubt es heute der Theologie, Kontinuität wie Diskontinuität zwischen dem verkündigenden irdischen Jesus und dem verkündigten erhöhten Christus aufzuzeigen. In der Art und Weise, wie dies im Einzelnen geschieht, gibt es zwischen den einzelnen theologischen Richtungen und Schulen erhebliche Unterschiede, die hier nicht im Einzelnen zur Sprache gebracht werden können. Deutlich ist jedoch, dass man in der Jesusfrage historisch, kritisch und intellektuell redlich sein kann, ohne den Bankrott des Christentums anmelden zu müssen. Wer unterstellt, eine solche Behauptung sei lediglich dogmatische Voreingenommenheit gegen besseres historisches Wissen und Gewissen – eine Unterstellung, die Rudolf Augstein offen ausspricht – zeigt nur, wie dogmatisch Antidogmatismus sich gebärden kann. Dass der historische Jesus mehr war als nur ein Abziehbild und das Christentum mehr als nur ein an die Wand gemalter Nagel, an dem sich eben nur ein gemalter Regenschirm aufhängen lässt,[36] lässt sich auf jeden Fall schon rein historisch zeigen.

---

[35] So W. Marxsen, Anfangsprobleme der Christologie, Gütersloh 1960; ders., Die Auferstehung Jesu als historisches und als theologisches Problem, Gütersloh 1964; ders., Die Auferstehung Jesu von Nazareth, Gütersloh 1968. Zu der neueren Jesulogie, die sich oft unter dem Stichwort ›Sache Jesu‹ findet, vgl. W. Kasper, Die Sache Jesu. Recht und Grenzen eines Interpretationsversuches, in diesem Band o. S. 51–64.

[36] Augstein, Jesus Menschensohn (wie Anm. 4), 423.

V. Neue systematische Ansätze

Jesus von Nazareth wie die christologische Verkündigung der Kirche sind historische Phänomene, die man historisch, soziologisch, psychologisch und sonst wie erforschen kann. Dafür gelten keine anderen Methoden und Gesetzlichkeiten als bei der Erforschung anderer historischen Phänomene auch. Das historische Phänomen Jesus von Nazareth und das historische Phänomen der christologischen Verkündigung der Kirche stellen jedoch auch ein spezifisch theologisches Problem: die Frage nach dem Gottsein Gottes. Die Freiheit, die Jesus lebte, praktizierte und verkündete, ist die Freiheit der Kinder Gottes, »die Kinder und frei nur bleiben, solange sie im Vater ihren Herren finden«[37]. Die alles bestimmende Mitte seines Evangeliums ist deshalb die Botschaft von der Herrschaft Gottes als Inbegriff des Heilseins des Menschen. Alles, was höchst polemisch Friedrich Nietzsche, sehr eindrucksvoll Albert Schweitzer, in wesentlich abgeschwächterer Weise Karl Jaspers und in äußerst banaler Weise Rudolf Augstein als das für den modernen Menschen Fremde und Befremdende an Jesus von Nazareth herausgestellt haben, steht im Zusammenhang mit dieser eschatologischen Orientierung seiner Botschaft, seines Lebens und seines Sterbens. An dieser Stelle setzt erst der eigentliche Streit der Meinungen über Jesus von Nazareth ein. Die Frage ist: Darf man die Zukunft Gottes und damit die Zukunft der Welt im Zeichen des Gekreuzigten sehen?

Die Frage ist zunächst, wie man diese Eschatologie im Einzelnen zu verstehen hat, ob als utopische Zukunft *(futurum)* der Potenzen und Latenzen der Geschichte oder als die endgültige Ankunft *(adventus)* des alles umfassenden und durchdringenden Geheimnisses der Wirklichkeit, das wir Gott nennen.[38] Die Antwort auf diese Frage macht den Unterschied zwischen marxistischer und christlicher Interpretation aus. Zwischen Judentum[39] und Christentum ist strittig, ob Jesus Christus die endgültige Ankunft der Zukunft Gottes bedeutet. »Bist

[37] Käsemann, Das Problem des historischen Jesus (wie Anm. 13), 212.

[38] K. Rahner, Grundlinien einer systematischen Christologie, in: K. Rahner/W. Thüsing, Christologie – systematisch und exegetisch (QD 55), Freiburg – Basel – Wien 1972, 17–78, hier: 18.

[39] Neuere jüdische Jesus-Interpretationen stammen von David Flusser und Schalom Ben-Chorin.

du es, der da kommen soll, oder sollen wir auf einen anderen warten?« Auf beide Fragen können wir in diesem Zusammenhang nicht eingehen. Wir beschränken uns auf den innertheologischen Streit um Jesus. Innertheologisch ist die Frage, ob man die Zukunft Gottes griechisch als Epiphanie des zeitlos Ewigen oder mehr biblisch als Epangellie, das heißt als zukunftseröffnende Verheißung, interpretiert. Bekanntlich hat die alte Kirche schon früh ihren Christusglauben mit Hilfe der Kategorien der griechischen Metaphysik gedeutet. Aus dieser – im Einzelnen sehr kritisch vollzogenen Synthese – sind die großen christologischen Dogmen der Konzilien von Nikaia (325) und Chalkedon (451) hervorgegangen, die bis heute alle großen Kirchen verbinden.[40] Die Synthese von Antike und Christentum ist zur Grundlage der gesamten abendländischen Kultur geworden. Deshalb ist es kein Zufall, dass genau in dem Augenblick, in dem unter Krisen sich eine neue Epoche der Geschichte andeutet, auch die altkirchlichen christologischen Dogmen kritisch in Frage stehen. Der universale eschatologische Anspruch des Christentums bedeutet ja, dass es an keine bestimmte Kultur ausschließlich und unlösbar gebunden ist. Es kann darum in der gegenwärtigen Situation seine Identität und die Kontinuität seiner Tradition nur durch einen tiefgreifenden geschichtlichen Wandel hindurch bewahren.

Die innertheologischen Auseinandersetzungen um das Thema ›Hellenisierung‹ und ›Enthellenisierung‹ des Christentums sind nicht ganz neu. Bekanntlich hat bereits Adolf von Harnack in seiner großen dreibändigen *Dogmengeschichte* die These aufgestellt, Evangelium und Dogma der Kirche verhielten sich nicht einfach »wie ein gegebenes Thema und seine notwendige Ausführung«; zwischen beide sei ein neues Element getreten: die Weltweisheit der griechischen Philosophie. »Das Dogma ist in seiner Konzeption und in seinem Ausbau ein Werk des griechischen Geistes auf dem Boden des Evangeliums.«[41] Bereits Reinhold Seeberg, der andere große liberale Dogmengeschichtler, hat Adolf von Harnack kräftig widersprochen, und er

---

[40] A. Grillmeier, Die theologische und sprachliche Vorbereitung der christologischen Formel von Chalcedon, in: A. Grillmeier/H. Bacht (Hg.), Das Konzil von Chalcedon. Geschichte und Gegenwart, Bd. 1, Würzburg ²1962, 5–202; B. Welte (Hg.), Zur Frühgeschichte der Christologie (QD 51), Freiburg i. Br. 1970.

[41] A. von Harnack, Lehrbuch der Dogmengeschichte, Bd. 1, Tübingen ⁴1909 (Nachdruck Darmstadt 1964), 19 f.

findet dafür gegenwärtig immer mehr Zustimmung: »Nicht die ›Hellenisierung‹, Romanisierung oder Germanisierung an sich korrumpieren das Christentum, diese Formen bezeugen an sich nur, daß die christliche Religion in den betreffenden Epochen selbständig durchdacht und angeeignet worden, und daß sie Bestandteil der geistigen Bildung und Kultur der Völker geworden ist.«[42] Die Hellenisierung ist also gewissermaßen das *aggiornamento,* die ›Heutigwerdung‹, von damals. Freilich auch in der Dogmen- und Theologiegeschichte gibt es kein Gewinnkonto ohne entsprechendes Verlustkonto. Der Preis, den man zu zahlen hatte, war, dass es der mehr oder weniger statische und starre griechische Gottesbegriff nicht mehr zuließ, von einer wirklichen Mensch*werdung* und schon gar nicht von einem Mitleiden Gottes mit den Menschen zu sprechen.[43] Die Christologie, deren Anliegen es doch eben sein musste, zu sagen, dass Gott ein Gott der Menschen ist, der ganz eingegangen ist in die Fährnisse und Gefährdungen des menschlichen Lebens, der selbst die Sinnlosigkeit des Todes auf sich genommen hat, wurde damit fast um ihren inneren Sinn gebracht.

Es geschieht nicht ohne Anregung durch die Philosophie Schellings und Hegels, dass die Theologie heute versucht, ›Gottes Sein im Werden‹[44] – so Eberhard Jüngel – zu denken. Ansätze in dieser Richtung finden sich unter anderem bei Karl Barth, Karl Rahner, Eberhard Jüngel, Jürgen Moltmann, Wolfhart Pannenberg, Hans Küng, Heribert Mühlen, Walter Kasper. Ausgangspunkt dieser Überlegungen ist, dass der Gott, von dem die Propheten des ›Alten Testaments‹ sprechen und den Jesus bezeugt, nicht in unerreichbarer Höhe unberührt über den Schrecknissen der Geschichte thront. Er ist vielmehr ein Gott der

---

[42] R. Seeberg, Lehrbuch der Dogmengeschichte, Bd. 1, Darmstadt ^{6}1959, 3. Eine Übersicht über die Geschichte des Problems und über die gegenwärtige Diskussion gibt A. Grillmeier, Hellenisierung – Judaisierung des Christentums als Deuteprinzipien der Geschichte des kirchlichen Dogmas, in: Schol 33 (1958) 321–355.528–558; ders., Die altkirchliche Christologie und die moderne Hermeneutik, in: J. Pfammatter/F. Furger (Hg.), Theologische Berichte, Bd. 1, Zürich – Einsiedeln – Köln 1972, 109–161.

[43] W. Elert, Der Ausgang der altkirchlichen Christologie, Berlin 1957; H. Küng, Menschwerdung Gottes. Eine Einführung in Hegels theologisches Denken als Prolegomena zu einer künftigen Christologie, Freiburg – Basel – Wien 1970, 622–646.

[44] E. Jüngel, Gottes Sein ist im Werden. Verantwortliche Rede vom Sein Gottes bei Karl Barth, Tübingen ^{2}1967.

Menschen, der sein Wesen ein für alle Mal am Kreuz offenbart hat. Seine Transzendenz ist nichts anderes als seine Freiheit in der Liebe, aufgrund derer er zugleich ganz immanent ist und im Leiden der Hungernden, Verfolgten, Kranken begegnet.

Daraus ergeben sich auch neue Perspektiven für die Christologie, die hier nur noch stichwortartig genannt werden können. Es ergibt sich eine Christologie, die nicht so sehr in der Menschwerdung als vielmehr in Kreuz und Auferstehung ihren Mittelpunkt hat, eine Christologie, deren Absicht die Soteriologie, das heißt das Heilsein des Menschen, ist, eine Christologie, die schließlich zu einer Revolution im Gottesverständnis führt, denn als nichts anderes wurde die christliche Trinitätslehre schon in der Antike verstanden.[45] Wird Jesus als die endgültige Verheißung Gottes verstanden, dann ist er nicht nur abschließende Erfüllung, sondern endgültiger Anfang, endgültige Eröffnung von Zukunft. Das Gespräch sowohl mit dem Judentum wie mit dem Marxismus kann und muss dann neu aufgenommen werden.

Es ist klar, dass an dieser Stelle der Streit der Meinungen um Jesus von Nazareth erst richtig einsetzen kann. Richtig verstanden kann es sich dabei nicht allein um einen Streit um vergangene Geschichte handeln; es geht um die Zukunft unserer Geschichte. Die großen christologischen Bekenntnisse der Vergangenheit sind Teil eines viel umfassenderen Bündnisses zwischen Antike und Christentum, auf dem unsere abendländische Kultur beruht. Die historisch-kritische Jesus-Forschung der Neuzeit ist Teil eines viel umfassenderen Prozesses der Emanzipation und Destruktion dieser Tradition. Wenn die heutige Theologie versucht, den Glauben an Person und Sache Jesu Christi so zu verantworten, dass er gegenwärtig zumutbar ist und vollziehbar wird, dann hat sie neben der christlichen Tradition in Auseinandersetzung mit anderen Traditionen das Erbe des *humanum* für die Zukunft mitzuverwalten.

[45] E. Peterson, Der Monotheismus als theologisches Problem, in: ders., Theologische Traktate, München 1951, 49–147; J. Ratzinger, Einführung in das Christentum, München 1968, 144.253.

Rückschritt in Aufklärung und Kulturkampf

Sucht man nach einem Beweis dafür, dass Jesus von Nazareth fast urplötzlich wieder aktuell geworden ist, so gibt es keinen besseren, als die Tatsache, dass nach einer Flut von Jesusbüchern von christlichen wie nichtchristlichen, jüdischen wie marxistischen Autoren nun auch der bekannte Spiegel-Herausgeber Rudolf Augstein ein 511 Seiten dickes Buch *Jesus Menschensohn*[1] veröffentlicht hat. Für Augstein ist Jesus freilich höchst unaktuell, und seine Aktualität während fast zweitausend Jahren Geschichte des Christentums ist nicht viel mehr als ein explosiver Irrtum – beruhend »auf uralten Fiktionen«, »auf geronnenen Menschheitsträumen früherer Zeiten«[2]. Mehr als ein paar Belanglosigkeiten, etwa dass Jesus ein eschatologischer Querkopf,[3] ein Wunderdoktor[4] und ein in seinem Gesichtskreis äußerst beschränkter Schwärmer gewesen ist, können wir historisch verbürgt nicht über ihn wissen. Nicht einmal das heute so viel gepriesene sozialkritische Engagement Jesu lässt Augstein gelten. Was die Kirchen von ihm verkünden, ist eine unbewusste Erdichtung der urchristlichen Gemeinde,[5] eine Kultlegende der ersten Christen.[6]

Weshalb macht sich Augstein dann dennoch die Mühe zu einem Buch mit allein 68 Seiten Literaturanmerkungen? Augstein sagt es ohne Umschweife: »Demonstriert werden soll, mit welchem Recht die christlichen Kirchen sich auf einen Jesus berufen, den es nicht gab, auf Lehren, die er nicht gelehrt, und auf eine Gottessohnschaft, die er

---

1 R. Augstein, Jesus Menschensohn, München – Gütersloh – Wien 1972.
2 Ebd., 12.
3 Vgl. ebd., 347.
4 Vgl. ebd., 320.
5 Vgl. ebd., 12.
6 Vgl. ebd., 362.

selbst nicht für möglich gehalten und nicht beansprucht hat«[7]. Nicht nur Jesus, sondern auch Gereiztheit gegen die Kirchen ist eben gegenwärtig aktuell. Augstein will mit seinem Buch den Kirchen, die nach seiner Meinung mit ihren moralischen und politischen Ansprüchen die Menschen disziplinieren, das Fundament entziehen.

Das Buch trägt fast alles zusammen, was kritische Jesusforschung seit Hermann Samuel Reimarus, dessen Fragmente Gotthold Ephraim Lessing herausgegeben hat, seit dem damaligen Tübinger Stiftsrepetenten David Friedrich Strauß bis hin zu Rudolf Bultmann und Herbert Braun zusammengetragen hat. Der jüdische Theologe Schalom Ben-Chorin, der selbst ein bekanntes Jesusbuch geschrieben hat, zitiert in der *Zeit* Thomas Mann: »Aber das wissen wir alles schon selbst und ganz allein, großer Kamadamana.« Nein, wir wussten es besser! Was Augstein einem informationshungrigen Publikum bietet, stammt zum Teil aus dem verrosteten Arsenal alter, in der Wissenschaft längst abgelegter Hypothesen. So traut man seinen Augen kaum, wenn er ausgerechnet die Spekulation des Anthroposophen Rudolf Steiner über die beiden Jesusknaben bemüht. Was Augstein dagegen aus der wissenschaftlichen Literatur zitiert, ist weitgehend willkürlich, ohne wissenschaftliche Methode und ohne kritische Sichtung zusammengestoppelt.

Bewundernswert ist dennoch der Schneid, mit dem er sich dann fast beiläufig den Ast absägt, auf dem er mit seiner historischen Kritik sitzt. Alle die wirklichen oder vermeintlichen wissenschaftlichen Ergebnisse, die er (offensichtlich mit Hilfe eines Heeres von Rechercheuren) zusammenträgt, beruhen auf der sogenannten Zwei-Quellen-Theorie. Sie schiebt Augstein mit einer einzigen Handbewegung zur Seite. Was er an deren Stelle setzt, wird jedem, der sich auch nur ein wenig in der Diskussion auskennt, das historische Gruseln beibringen: Alles was nicht bei Markus steht, ist historisch verdächtig. Dass fast alle Kritiker ausgerechnet in dem Sondergut des Matthäus und Lukas (der sogenannten Spruchquelle) das älteste Material vermuten, sei nur angemerkt.

Doch wer wollte schon schulmeisterlich sein und beckmesserisch um historische Einzelheiten streiten, wenn hier der Bankrott des Christentums angemeldet wird, denn an einen gemalten Nagel kann

[7] Ebd., 7.

man nur einen gemalten Regenschirm aufhängen.[8] »Können wir ohne Religion leben?«, fragt Augstein. Seine Antwort: »Wir werden das wohl müssen«[9]. Was er selbst an deren Stelle setzt, ist nicht viel mehr als blasierte, fast zynische Skepsis: »Du sollst nicht wissen können, wer du bist und was aus dir wird«[10]. Alles, was die bedeutenden Philosophen der Gegenwart zu sagen haben, von Martin Heidegger bis Max Horkheimer und Theodor W. Adorno, von Ludwig Wittgenstein bis Ernst Bloch und Herbert Marcuse, ja auch Karl Marx, Sigmund Freud, Jacques Lucien Monod, ist für Augstein zu anspruchsvoll; »alle Philosophie bildet sich zurück zu vernünftiger, durch und durch banaler Lebensbewältigung«[11]. Fragt sich nur, ob man damit leben kann und ob das eine wirkliche Antwort auf die elementare Sinnfrage des Menschen ist.

Sieht man die durch und durch skeptische Weltanschauung Augsteins, dann überrascht es nicht mehr, dass er seinem ›Gegenstand‹ absolut verständnislos gegenübersteht. Nicht nur die religiösen, auch die humanen Dimensionen, die angesprochen sind, wenn es um Jesus von Nazareth geht, entgehen Augstein völlig. Die respektlose und schnodderige Art und Weise, mit der er die Überzeugungen vieler verletzt, spricht eigentlich gegen ihn und gegen seine Sache. Wie dogmatisch Antidogmatismus sein kann, zeigt nicht zuletzt die Art, in der er sich mit ihm nicht genehmen Argumenten von sonst von ihm progressiv eingestuften Theologen auseinandersetzt. Ihnen wird kurz und bündig bescheinigt, sie reden gegen besseres Wissen und Gewissen. Von Karl Rahner heißt es gar: »Hier ist einer, der auf sympathische Weise weiß, daß er das Falsche sagt«[12]. Karl Rahner hat inzwischen die Gegenfrage gestellt, warum er dann (was ihm ganz ferne liege) nicht den Spieß umdrehen dürfe, indem er voraussetze, Herr Augstein glaube auch nicht, was er behauptet. Wenn nicht mehr diskutiert, sondern diffamiert wird, ist der Dialog offensichtlich am Ende.

Augstein nimmt für sich in Anspruch, mit seinem Buch zur Aufklärung der Gesellschaft beigetragen zu haben. Doch Aufklärung ist

---

8 Vgl. ebd., 423.
9 Ebd., 422.
10 Ebd., 427.
11 Ebd., 425.
12 Ebd., 126.

zu unterscheiden von Aufkläricht. Ein Grundimpuls der Aufklärung war es, Vorurteile durch rationale Argumentation abzubauen. Augstein tut das Gegenteil: er verfestigt bestehende Vorurteile. Die einen wird er in ihrem Vorurteil gegen die Kirchen und das Christentum, die anderen in ihrem Vorurteil gegen die modernen historischen Methoden in der Theologie bestätigen. Das vor allem seit dem Zweiten Vatikanischen Konzil langsam in Gang gekommene Gespräch scheint inzwischen beiden Seiten zu mühsam geworden zu sein. Man zieht sich wieder in die alten bewährten Stellungen zurück. Einen Fortschritt ins 21. Jahrhundert kann man einen solchen Rückschritt in die Aufklärung des 18. Jahrhunderts und in den Kulturkampf des 19. Jahrhunderts nicht gerade nennen.

Gottes sichtbare Liebe

Die Schlussüberlegungen des elften Kapitels[1] drängen noch einmal weiter. Wenn wir davon sprechen, dass das alte Bekenntnis uns vor Kurzschlüssen warnt, dann ist damit vorausgesetzt, dass wir heute, wenn wir von Jesus Christus reden, die alten Bekenntnisformeln nicht bloß wiederholen dürfen. Für den Glaubenden ist Jesus Christus nicht nur eine vergangene Gestalt der Geschichte, sondern der lebendige und gegenwärtige Herr. Daher wird auch die Art, wie der Glaube Jesus Christus bekennt, nicht starr und ein für alle Mal fixiert sein, sondern lebendig und in Bewegung bleiben müssen. Eine Formel dogmatisch korrekt zu wiederholen heißt noch nicht, Christus gläubig zu bekennen. Das tut man erst da, wo das bekennende Wort von Jesus Christus lebendig und Leben weckend in die sich wandelnden Situationen der Menschen in der Geschichte hineintrifft.

Wir haben gesehen, wie das Ringen um solches lebenweckendes Bekenntniswort von Jesus Christus schon im Neuen Testament selbst beginnt. Und das vorausgehende Kapitel sollte einen Einblick geben, wie eindrucksvoll dieses Ringen in der alten Kirche weitergegangen ist. Diese Bekenntnis- und Lehraussagen über Jesus Christus als wahren Gott und wahren Menschen in einer Person, die bis heute alle großen christlichen Kirchen verbinden, sind gefunden worden, indem man sich kritisch und offen zugleich auf die Begegnung mit der geistigen Welt der griechischen Philosophie einließ. Wir dürfen sie jedoch nicht nur als Schlusspunkt einer Entwicklung verstehen. Sie müssen zugleich Ausgangspunkt und Anfang für ein neues und ›heutiges‹ Verständnis von Person und Sache Jesu Christi sein. Die bleibende Bedeutung der damals gefallenen Entscheidungen besteht nicht

---

1 Vgl. J. Feiner/L. Vischer (Hg.), Neues Glaubensbuch, Freiburg – Zürich 1973, 245–276.

zuletzt darin, dass sie uns ein Modell bieten, wie wir *heute* versuchen können und müssen, das Geheimnis der Person Jesu Christi und die Bedeutung seiner Sache zu verstehen und auszudrücken. Der Glaube an Jesus Christus muss sich heute in ähnlicher Weise auf Begegnung und kritische Auseinandersetzung mit den geistigen Strömungen unserer Zeit einlassen, wie es die alte Kirche und ihre Theologen damals getan haben. Wir müssen also – um eine Formulierung Dietrich Bonhoeffers aufzugreifen – ganz entschieden fragen: Wer ist Jesus Christus für uns *heute?* Anders ausgedrückt: Wie können wir heute verstehen, dass Jesus Christus in seiner Person und in seinem Werk für uns das Heil ist, so wie es die Christen der ersten Jahrhunderte in der Welt ihrer Erfahrungen zu verstehen und auszudrücken versucht haben?

I. Säkularisierung und Christusbekenntnis

Um darauf eine Antwort zu versuchen, müssen wir uns zunächst die Gründe vergegenwärtigen, warum heute vielen unter uns die Bekenntnisformeln des vierten und fünften Jahrhunderts zunächst recht fern und fremd erscheinen. Woher kommt diese Fremdheit?

Die neuzeitliche Säkularisierung hat die Situation der Glaubenden in vieler Hinsicht verändert. Scheinbar oder wirklich existieren heute für viele Menschen die religiösen Fragen nach Heil, Erlösung, Gnade, Gott nicht mehr. Die überlieferten Formeln der christlichen Verkündigung und des christlichen Glaubensbekenntnisses, die gerade auf diese Fragen hinzielten, erscheinen deshalb als leere Worthülsen – oder gar als Rest unaufgeklärter Mythologie. Die klassische Lehre von der Menschwerdung des Sohnes Gottes in Jesus Christus gerät dabei in eine doppelte Gefahr: Entweder versteht man sie überhaupt nicht und schiebt sie als eine Kuriosität der Religionsgeschichte beiseite. Oder man missversteht die alte Lehre als einen Mythos, wonach Gott sich die Menschheit Jesu wie ein Kleid überzieht, sich in ihr vermummt und so nach Art antiker Götter in Menschengestalt auf Erden wandelt. Manche Vorstellungen und Redensarten der Volksfrömmigkeit können dieses Missverständnis durchaus nahelegen. Eine ›Entmythologisierung‹ der Sprache und der Vorstellungen über Jesus Christus ist insofern dringend erforderlich – und keineswegs nur in Bezug auf die Auferstehung Jesu. Eine solche Entmythologisierung ist freilich nur dann Rechtens, wenn sie nicht offen oder heimlich die ›Sache‹ des Glaubens für erledigt erklärt, sondern sie für das Denken und die Selbsterfahrung des heutigen Menschen dergestalt neu ›interpretiert‹, dass sie diesen heutigen Menschen neu herausfordert. Anders ausgedrückt: dass die alte Botschaft neu zum Glauben an Gott einlädt und als Einladung verstanden wird.

Eine solche einladende Herausforderung kann die Botschaft von Jesus Christus nur dann sein, wenn sie ›etwas‹ sagt. Es gibt heute Versuche von ›Neuinterpretation‹ des christlichen Bekenntnisses, deren Ergebnis nichts anderes ist als ein blutleeres ›Interpretationschristentum‹ (Joseph Ratzinger), mit dem niemand wirklich leben und sterben kann. Jesus Christus ist dann nicht mehr als ein Symbol, eine ›Chiffre‹ allgemein menschlicher Grunderfahrungen, Inbegriff eines freien und geglückten Menschseins, Zeichen für Größe und Elend des Menschen. Gewiss wollen solche Versuche dem heutigen Menschen eine Hilfe anbieten, wenn er nach Jesus Christus fragt. Doch erfüllt ein solches rein ›weltliches‹ Sprechen von Christus nur die eine Hälfte der Aufgabe, der sich die Väter von Nicäa, Konstantinopel und Chalkedon gestellt haben: Es solidarisiert sich mit dem Denken der Zeit, aber es stellt dieses Denken nicht gleichzeitig kritisch in Frage. Das aber ist heute so nötig wie damals. Wenn man, wie es hier geschieht, von einem radikal ›säkularisierten‹ Bild vom Menschen ausgeht, muss man, wenn man nur konsequent ist, damit enden, den Menschen beziehungsweise die Gesellschaft oder die Menschheit insgesamt zum Letzten und Höchsten zu erklären. Eine solche Selbstvergötzung des Menschen aber würde nur einen neuen Mythos an die Stelle des alten setzen – und einen gefährlicheren dazu, denn man weiß, wie leicht er in totalitäre Ideologien und Praktiken umschlägt.

Gesteht sich der Mensch aber seine Endlichkeit, seine Grenzen ein, begreift er, dass er zumal angesichts der Wirklichkeit des Bösen und der Ungerechtigkeit in der Welt weder seine eigene Vollendung noch eine vollkommen gerechte und glückliche Ordnung der Gesellschaft jemals von sich allein aus erreichen kann, dann wird er offen bleiben müssen für ein Heil und eine Vollendung, die er nicht selbst planen und machen kann. Nur so kann er die Gefahr bannen, dass aus einem entmythologisierten, säkularisierten Bild der Welt ein neuer Mythos wird. Nur so lässt sich verhindern, dass aus dem entmythologisierten

›Sohn Gottes‹ und ›Gottmenschen‹ das Symbol eines Mythos vom Menschen wird – im Grunde der alte Mythos von Prometheus.

Wenn wir nun selbst die Frage nach Jesus Christus neu stellen und über das richtige Reden von ihm neu nachdenken, dann müssen wir sehen, dass wir als Antwort auf die unerfüllbare Sehnsucht nach Sinnerfüllung des Menschseins und nach vollendeter Gerechtigkeit nicht auf ein Ewiges verweisen können, das jenseits der Schrecken der Geschichte thront. Die Antwort kann vielmehr nur die Botschaft von dem Gott sein, der sich mit dem Menschen solidarisch macht, selbst Mensch wird und in Geschichte und Geschick unseres Menschseins eingeht – bis hinein in die Erfahrung letzter Einsamkeit und Verlassenheit eines ungerechten und gewaltsamen Todes.

Die klassische Lehre von der Menschwerdung Gottes und ihre Bekenntnisformeln haben das zwar nicht vergessen, im Gegenteil: sie *wollten* gerade dies aussagen. Sie *konnten* es jedoch mit ihren Mitteln nicht so klar ausdrücken. Denn trotz aller Kritik blieb die alte Lehre dem griechisch-philosophischen Gottesbild verhaftet: Gott ist in sich absolut unveränderlich und kann nicht leiden. Dass Gott Mensch *wird* (also sich doch irgendwie ›verändert‹), dass er leidet und am Kreuze stirbt, war dann sehr schwer zu verstehen. So kann uns unsere heutige Art zu fragen dazu verhelfen, den ursprünglichen Sinn der Botschaft von Jesus Christus tiefer zu verstehen und einen Zugang zu gewinnen zu der biblischen Botschaft von Gott, der mit dem Menschen ist und für die Unterdrückten, Armen und Machtlosen einsteht. Es ist daher ungerecht, heute nur von der »Krise der traditionellen Christologie« zu sprechen. Unsere heutige Situation des Fragens und Denkens ist auch eine Chance, eine neue Möglichkeit, eben das ursprünglicher und tiefer zu verstehen, was die ›traditionelle Christologie‹ sagen wollte.

II. Der Ausgangspunkt: Jesu Auferweckung

Wie können wir heute verstehen, wer Jesus Christus ist und was er für uns bedeutet? Wie die Christen zu allen Zeiten, so müssen auch wir uns bei der Suche nach einer Antwort in erster Linie auf das Zeugnis der Evangelien stützen. Diese aber erzählen uns, wie wir gesehen haben, nicht nur, wer Jesus während seines irdischen Lebens war, was er sagte und tat. Sie bezeugen zugleich, wer er für den Glauben der damaligen Gemeinden war. Mit anderen Worten: Sie bezeugen sowohl den irdischen als auch den auferweckten und jetzt gegenwärtigen Christus. Den irdischen Jesus allein zu bezeugen wäre für den Glauben einigermaßen sinnlos gewesen, denn seine Botschaft und sein Anspruch sind ja, rein menschlich betrachtet, am Kreuz gescheitert. Sein Tod ist nicht nur ein Zeichen dafür, dass jedes menschliche Leben in dieser Welt nicht zu seiner Vollendung gelangen kann. Hier wurde ja der schuldlos umgebracht, der sich in einmaliger Weise auf Gott verlassen hat und als Sachwalter Gottes für die Menschen eingetreten ist. So lässt uns das Kreuz Jesu zunächst in einen Abgrund der Sinnlosigkeit und Heillosigkeit schauen.

Hier gibt es nur eine Alternative: Verzweiflung oder Hoffnung gegen alle Hoffnung. Das Kreuz schlägt ja auf Jesu Botschaft und Anspruch zurück: Wenn der, der Gottes Sachwalter zu sein beanspruchte, am Kreuz endete, dann, so scheint es, hat Gott diesen Anspruch entweder nicht bestätigt, oder er hat nicht die Macht dazu. Dann aber enden alle Hoffnungen, die man sich um Jesu willen auf Gott gemacht hat, in der Verzweiflung. Wer demgegenüber dennoch gegen alle Hoffnung hofft *(Röm 4, 18)* und trotz dieses Endes Jesus und seinem Anspruch recht gibt, dass Gott sich durch ihn ganz mit den Menschen bis in ihr Scheitern hinein identifiziert hat, der kann das sinnvollerweise nur tun, wenn er gewiss ist, dass Gott seine Treue zu Jesus und seiner Sache und durch ihn seine Treue zu allen Menschen auch in Jesu Tod durchgehalten, ja bewährt hat. Wir haben gesehen, dass das Zeugnis von Jesu Auferweckung aus dem Tode genau den Sinn hat, zu diesem Glauben einzuladen. So gibt es damals wie heute nur einen Grund, der es sinnvoll erscheinen lässt, sich mit Jesus zu beschäftigen, sich auf den Glauben an ihn, seine Botschaft, seinen Anspruch, seine ›Sache‹ einzulassen: den Glauben an seine Auferweckung. Ausgangspunkt und Mittelpunkt des Christusglaubens ist zu allen Zeiten der Glaube, dass der *damals* Gekreuzigte *heute* lebt.

III. Gottes Herrschaft in der Liebe

Erst weil der Glaube weiß, wer Jesus Christus heute ist, kann er endgültig erkennen, wer er damals war. *Endgültig* – denn die Erkenntnis

Christi *beginnt* immer damit, dass wir davon hören, wer Jesus Christus *damals* war. Denn wenn Gott Jesus auch durch den Tod hindurch als seinen Sachwalter bestätigt hat, indem er ihn auferweckte und sich mit ihm identifizierte, dann ist unwiderruflich bekräftigt, dass Jesus *von Anfang an* der Mensch war, durch den Gottes Herrschaft in die Welt kam. Diese Herrschaft Gottes ist nichts anderes als das Ereignis von Gottes schrankenloser Liebe zu allen Menschen. Jesus kennzeichnet dieses Herr-sein Gottes in der Liebe, indem er Gott ›Vater‹ nennt. Darin kommt sowohl die absolute Souveränität Gottes gegenüber dem Menschen als auch seine Nähe zum Menschen und des Menschen zu ihm zum Ausdruck. Beides, die Macht Gottes über Leben und Tod und die Solidarität Gottes mit dem Menschen, ist durch Jesu Auferstehung endgültig bekräftigt worden. So können wir auch verstehen, dass das Zeugnis von der Auferweckung Jesu kein zusätzlicher Glaubensartikel ist, der zur Botschaft und zum Werk Jesu während seines Lebens hinzuträte. Das Zeugnis von der Auferweckung Jesu setzt vielmehr diese Botschaft und dieses Werk unzweideutig in Kraft. Die Herrschaft Gottes in der Liebe ist nun auf neue und endgültige Weise in der Geschichte der Menschen gegenwärtig. Fragen wir, *wie* sie gegenwärtig ist, so nennt uns die Schrift den Geist. Durch ihn ist Person und ›Sache‹ Jesu, Gottes Herrschaft in der Liebe, endgültig in der Geschichte gegenwärtig.

Das Fazit der christlichen Botschaft kann man daher so ausdrücken: Der Glaube an Jesus Christus macht in einer gegenüber allen anderen Vorstellungen und Ideen geradezu revolutionären Weise deutlich, wer Gott ist und was er dem Menschen bedeutet: Gott ist der in seiner Liebe Freie und in seiner Freiheit Liebende. Er gibt sich aus Liebe preis, um Gemeinschaft mit den Menschen zu haben – mit Menschen, die sogar gegen ihn rebellieren. Und doch bleibt er der absolut Souveräne, der sich nicht aufgibt und verliert. In der Torheit und Schwäche seiner Solidarität mit dem Menschen offenbart er die Freiheit und Herrlichkeit seiner Liebe. Diese Freiheit Gottes in der Liebe allein kann die Kluft überbrücken, die die Wirklichkeit der Welt durchzieht. Diese Liebe aus Freiheit allein kann die Widersprüche versöhnen, ohne sie zu verharmlosen, kann Gegensätze aushaken, ohne sie zuvor herunterzuspielen. Nur hier kann eine Hoffnung gegen alle Hoffnung vor Anker gehen, die sich nicht ins Absurde flüchten muss.

Es wäre selbstverständlich nicht sachgemäß, die Wirklichkeit der Liebe Gottes in Jesus Christus ›beweisen‹ zu wollen. Eine Botschaft, die sich ihrem Wesen nach an die unerzwungene Zustimmung des Glaubens wendet, kann man nicht ›beweisen‹. Das heißt aber nicht, dass wir nicht nach der Wahrheit dessen fragen dürften, was uns im Neuen Testament bezeugt wird. Diese Wahrheit bewährt sich nicht durch einen ›Beweis‹ aufgrund von außen herangetragener Argumente, sie bewährt sich, indem sie die Erfahrungen unseres Menschseins, Größe und Elend des Menschen verstehen, bestehen und annehmen lässt. Gewöhnlich schwanken wir Menschen unentschieden und zweideutig zwischen Größe und Elend, Hoffnung und Verzweiflung. Gewöhnlich erkaufen wir Eindeutigkeit und Entschiedenheit durch Einseitigkeit. Die Botschaft von Gottes Liebe in Leben, Kreuz und Auferstehung Jesu Christi ist gerade deshalb so von innen her überzeugend, weil sie die Einseitigkeit ausschließt. In Jesus Christus ist über beides ein Wort gesagt: über die Größe des Menschen und über sein Elend. Indem wir in Christus unser Elend erkennen, werden wir vor Hochmut bewahrt. Indem wir unsere Größe erkennen, sind wir aus der Verzweiflung errettet.[2] Indem Jesus Christus uns die Freiheit der Liebe Gottes erkennen lässt, erschließt und ermöglicht er uns die wahre Menschlichkeit unseres Menschseins. *Wenn* der Anspruch Jesu eine unmittelbare Überzeugungskraft hat: hier ist sie, denn hier ist unser Leben mit seinen Fragen und Abgründen, mit seinem Glück und seiner Trauer umfassend getroffen. Der vierte Evangelist hat für diesen Zusammenhang eine klassische Formulierung gefunden, wenn er Simon Petrus im Namen der Zwölf sagen lässt: »Herr, zu wem sollen wir gehen? Du hast Worte ewigen Lebens!« *(Joh 6,68).*

IV. »Sohn Gottes«

Wenn wir in dieser Weise von Kreuz und Auferstehung als der Mitte des christlichen Glaubens ausgehen, können wir neu und tiefer verständlich machen, was es bedeutet, wenn schon das Neue Testament und dann die Bekenntnisse der alten Kirche Jesus »Sohn Gottes« und »wahrer Mensch und wahrer Gott in einer Person« nennen. Dass ge-

---

[2] Vgl. B. Pascal, Pensées, Frgm. 547.

rade das Christusbild der alten Kirche mehr an der Menschwerdung als an Kreuz und Auferstehung interessiert ist, braucht uns dabei nicht zu beirren. Der Gehorsam Jesu bis ans Kreuz zeigt uns nämlich, was die Grundhaltung des ganzen irdischen Lebens Jesu ist: Er öffnet sich ganz und gar für die ihn ergreifende Liebe Gottes und wird dadurch – um wieder an eine Formulierung Dietrich Bonhoeffers zu erinnern – »der Mensch ganz für die anderen Menschen«. In seiner Hingabe an Gott für die Menschen wollte Jesus nichts aus sich und für sich, alles aber aus Gott und für Gott und alles für die Menschen sein. In dieser doppelten Offenheit für Gott und für die Menschen verzehrt sich sein Leben bis zum Tod. Seine menschliche Hingabe und sein menschlicher Gehorsam sind so nichts anderes als Gottes sichtbare Liebe zum Menschen, sie sind das Instrument, dessen sich Gott bedient, um seine Liebe in der Welt gegenwärtig zu machen. So kann man sagen: Indem Jesus sich ganz und gar von Gottes Liebe ergreifen lässt und sich ihr ganz öffnet, ist er selbst in seiner Person die Art und Weise, wie die Herrschaft der Liebe Gottes für uns da ist. *Das* ist sachlich und jenseits aller mythologischen oder religionsgeschichtlichen Vergleiche gemeint, wenn das christliche Glaubensbekenntnis Jesus den »ewigen Sohn Gottes« nennt: In seiner menschlichen Offenheit für Gott und die Menschen ist er zugleich die Person gewordene Liebe Gottes. Was er sagt, tut, leidet und wirkt, das sagt, tut, leidet und wirkt Gottes Liebe in ihm.

So haben wir uns von der Bedeutung, der ›Funktion‹ Christi für uns vorgearbeitet zu einer Aussage über das Wesen, das Persongeheimnis Jesu Christi. Die Schrift redet mehr von der Funktion Christi, die spätere Tradition der christlichen Bekenntnisse mehr von seinem Wesen. Aber eine ›funktionale Christologie‹ und eine ›Wesenschristologie‹, wie man heute diesen Unterschied gern kennzeichnet, sind kein Gegensatz, sie zeigen uns nur verschiedene Stufen, auch verschiedene berechtigte ›Interessenrichtungen‹ des christlichen Nachdenkens. Die Aussagen über die Funktion Christi schließen immer eine Aussage über Wesen und Persongeheimnis Christi ein – ob man diese letztere nun auch ausdrücklich zum Gegenstand des Nachdenkens macht oder nicht. Das Bekenntnis, dass Jesus der Sohn Gottes ist und dass uns in ihm Gott selbst begegnet, sagt etwas aus sowohl über die Funktion wie über das Wesen Christi.

Von hier aus können wir nun auch leicht verstehen, worauf uns die andere alte Bekenntnisformel hinweist: »wahrer Gott und wahrer Mensch in einer Person«. Die Freiheit Gottes in seiner Liebe, die uns in Jesus Christus begegnet, und die Freiheit des Menschen Jesus in seiner Hingabe stehen nicht unvermittelt nebeneinander und noch weniger begrenzen sie sich gegenseitig. Das Göttliche in Jesus geht nicht auf Kosten seines menschlichen Bewusstseins und seiner menschlichen Freiheit. Seine menschliche Eigenständigkeit bedroht nicht das Band der Einheit mit Gott. Im Gegenteil, die Einheit von Gott und Mensch in Jesus ist so groß und vollkommen, wie Gott und Mensch uneingeschränkt Gott und Mensch bleiben. Denn *Gott* und seine Liebe sind ja gerade dadurch in Jesus Person geworden, dass Jesus in vollkommener *menschlicher* Offenheit und Hingabe sich von Gott ergreifen ließ. Die Aussage »Jesus ist wahrer Gott und wahrer Mensch in einer Person«, kommentiert also die Aussage »Er ist Gottes Sohn«. Denn sie betont eine letzte Einheit, die *zugleich* schärfste Unterscheidung zwischen Gottheit und Menschheit einschließt. Wenn wir daher sagen »Jesus ist Gottes Sohn« oder »Jesus ist der menschgewordene Gott«, dann ist das nicht dasselbe, wie wenn wir vergleichsweise sagen: »Peter ist ein Mensch«. Im Bekenntnis zu Jesus Christus hat das ›ist‹ einen streng einmaligen Sinn, der sich vom gewöhnlichen Sinn sonstiger ›Ist‹-Aussagen wesentlich unterscheidet. Deshalb ist es verfehlt, wenn viele Kritiker des Glaubens das Bekenntnis ›Jesus ist Gottes Sohn‹ als Mythologie bezeichnen. Sie lehnen da etwas ab, was die Kirche nie gelehrt hat. Daher können sie auch der Sache nach durchaus den richtigen Christusglauben im Sinne des Neuen Testamentes haben, obwohl sie eine korrekte Formel aufgrund eines Missverständnisses verwerfen.

Freilich ist zuzugeben: Die Gefahr des Missverständnisses liegt nur zu nahe, und auch unser Versuch einer neuen Interpretation wird ihr kaum immer entgehen können. Unsere Sprache bewegt sich in allgemeinen Begriffen und Bildern und kann daher gerade das Einmalige dessen, was es um Jesus Christus ist, nicht völlig angemessen aussagen. Nur der persönliche und praktische Glaubensvollzug des Einzelnen und der Gemeinschaft bewirkt hier Klarheit und Eindeutigkeit, zieht die Grenze zwischen Glaube und Mythologie. Deshalb kommt es auch nicht allein auf die korrekte und unmissverständlich verdeutlichte Formel als solche an, sondern darauf, von Christus so zu reden, wie es in der Formel sachlich zusammengefasst ist: dass in ihm Gottes Liebe unter uns Ereignis geworden ist und dass wir darum Hoffnung gegen alle Hoffnung haben dürfen.

V. Heil aller Menschen

Mit der Neuinterpretation der alten Lehre von den »zwei Naturen« in der »einen (göttlichen) Person« Jesu Christi, wie wir sie hier skizziert haben, sollte endgültig deutlich sein, dass es im Glauben an Jesus Christus um mehr geht als nur darum, abstrakte Formeln ›für wahr zu halten‹. Wenn Jesus Christus in Person das Ereignis der Liebe Gottes und daher der Grund der Hoffnung für alle Menschen ist, dann ist jedes Wort über die Person Christi zugleich ein Wort über seine Bedeutung für uns – und nur wenn es das ist, ist es ein ›richtiges‹, ein ›treffendes‹ Wort über Christus. Aber ebenso gilt umgekehrt: Man kann die Heilsbedeutung Christi für den Menschen und für die Menschen, für den Einzelnen und für die Gesellschaft nicht zum Ausdruck bringen ohne zugleich ein bestimmtes Bekenntnis zur Person Christi abzulegen, das klarstellt, warum man gerade Jesus Christus diese Heilbedeutung zutraut und zutrauen darf. Wer richtig und treffend von Christus denken und reden will, muss immer eine doppelte Flucht vermeiden: die Flucht in bloße abstrakte Lehre und Spekulation und die Flucht in ein rein ›praktisches‹ und ›pragmatisches‹ Christentum.

Hier nun meldet sich eine weitere Frage an, der wir bisher noch nicht nachgegangen sind: Wie soll man es verstehen, dass die geschichtlich einmalige Person Jesu und ihr einmaliges Geschick ein für alle Mal Grund des Heils für alle Menschen sein sollen? In der Vergangenheit hat man dazu verschiedene Vorstellungen entwickelt, deren Wurzeln ins Neue Testament selbst zurückreichen. Eine solche Vorstellung etwa kommt aus dem Bereich des Rechtes. Danach hat Jesus durch seinen Kreuzestod aus Liebe und Gehorsam uns die Gnade und Liebe Gottes ›verdient‹, er hat für unsere Schuld der Gerechtigkeit Gottes ›genuggetan‹. Eine andere Vorstellung stammt aus dem Gottesdienst, genauer: dem Opferkult. Danach hat der Kreuzestod Jesu den Charakter eines Versöhnungsopfers. Das wird schon im Neuen Testament nicht so verstanden, dass Jesus Gott versöhnte, dass er gleichsam seinen Zorn umstimmte, so dass Gott daraufhin den Menschen sich wieder in Liebe zuwandte. Solche juridischen und kultischen Vorstellungen haben grundsätzlich ihr Recht, sofern man gerade hier nie ganz ohne bildliche Redeweise auskommt. Aber schon die Tradition hat sich immer bei diesen Bildern gegen die Gefahr absichern müssen, von Gott zu menschlich im schlechten Sinne des Wortes zu denken. Gott kann man ja nicht ›umstimmen‹ wie einen launigen Herrscher, und mit Gott kann man auch keinen ›Rechtshandel‹ nach den Gesetzen des gegenseitigen Interessenausgleichs anfangen. Was diese Bilder meinen, machen wir uns am besten so klar: Jesus hat, wie wir sahen, sich ganz von der Liebe Gottes ergreifen lassen, die ihn ergriff, und sich bis zur Aufgabe seines Lebens ganz an Gott und an die Menschen hingegeben. Dadurch aber hat sich in der Geschichte etwas Neues, bisher nicht Dagewesenes ereignet: An einem Punkt der Geschichte ist der Teufelskreis des Bösen durchbrochen worden, die Liebe Gottes ist, durch kein menschliches Versagen verstellt, in reiner Gestalt in der Person und dem Leben eines Menschen erschienen. Das kann nicht ohne Auswirkung auf die anderen Menschen, die Mitmenschen dieses einen in Vergangenheit, Gegenwart und Zukunft bleiben. Denn alle Menschen gehören schicksalhaft zusammen, im Guten wie im Bösen, im Heil wie im Unheil. Keiner lebt nur für sich. Die Situation des anderen und aller anderen berührt mich nicht nur äußerlich, sondern in meinem Sein selbst. Man kann sich das schon in einer kleinen Selbstbesinnung klar machen. Mein Leben ist davon bestimmt und teilweise sogar davon gesteuert, dass ich diese Eltern, diesen Beruf habe, unter diesen und jenen Nachbarn lebe, diese Sprache als meine Muttersprache spreche, mich zu diesen Menschen hingezogen, von jenen abgestoßen fühle; und ebenso ist es davon bestimmt, dass ich im Europa des 20. Jahrhunderts mit seinen Ereignissen zum Bewusstsein kam, in dieser politischen Lage lebe, in der wir von dieser Regierung regiert werden, die mit dieser und jener anderen Regierung auf der Welt diese und jene Politik verfolgt, und so weiter. Wenn ich mir einmal denke, dies wäre alles anders – ich müsste sofort schließen, dass ich dann nicht mehr der bin, der ich tatsächlich bin.

Nun ist es eine der unheilvollen Grundbedingungen, unter denen faktisch alle Menschen leben, dass ihr Leben von Gewalt, Hass, Lüge und Schuld, kurz: von vielfältigem und tief reichendem Zwang geprägt ist. Die schlichte Erfahrung, der keine anders lautende Theorie erfolgreich widersprechen kann, sagt uns, dass wir uns daraus niemals selbst von Grund auf befreien können. Wenn unter diesen Voraussetzungen Jesus Christus den Teufelskreis des Bösen in seiner Person und in seinem Handeln und Leiden durchbricht, dann haben sich zugleich grundsätzlich die Bedingungen für das Leben aller Menschen geändert – so wahr alle Menschen zusammengehören. Eine neue Möglichkeit, das Menschsein zu verstehen und zu bestehen, ist eröffnet worden – eine Möglichkeit, mit der keiner rechnen konnte. Sie kommt zwar nicht automatisch den Menschen zugute. Es ist eine eröffnete *Möglichkeit* – jeder muss selbst entscheiden, ob er sich von ihr ergreifen lässt oder ob er sie skeptisch beiseitelässt. Die Entscheidung, sich von dieser Möglichkeit ergreifen zu lassen, nennen wir Glaube – Glaube an Gott unter Berufung auf Jesus Christus. Wer diesen Glauben wagt, durchbricht mit Christus und wie Christus den Teufelskreis des Bösen und tritt in den solidarischen Zusammenhang einer neuen Menschheit. Er ist in der Welt der Gewalt und der Lüge nicht mehr ohne Alternative, er erfährt sich frei – und Christus als den Grund dieser Freiheit (vgl. *Gal 5,1.13*). In der Sprache der Tradition ausgedrückt: er ist ›erlöst‹.

Was das im Einzelnen bedeutet, wird noch ausführlich zu erörtern sein. Soviel aber ist hier schon deutlich: Was in Jesus Christus geschehen ist, hat in der Tat universale Bedeutung für die ganze Menschheit – und nur der vermag dies nicht zu sehen, der nicht die in Christus eröffnete Freiheit ergreift, sondern im Unglauben verbleibt. Diese Freiheit, also das, was die Tradition ›Gnade‹, ›Erlösung‹, ›Heil‹ nennt, ist keine ›Sache‹, die man von Jesus selbst unterscheiden und trennen könnte. Er selbst ist diese Freiheit für den Menschen, und in der Begegnung des Glaubens mit ihm wird sie dem Menschen zuteil. Wer die Begegnung des Glaubens verweigert, sieht die angebotene Alternative der Freiheit nicht, sondern nur die tatsächlich fortbestehenden Zwänge – und verbleibt in ihnen und im Erlebnis der immer wieder scheiternden Versuche, sich die Freiheit selbst zu erobern. Was ist aber dann mit denen, die die in Christus eröffnete erlösende Freiheit nicht ergreifen können, weil sie ihn überhaupt nicht kennen? Was ist mit denen, die ihn nicht kennen können, weil er ihnen nicht verkündet wurde? Wir werden dieser Frage noch einmal eigens und im Blick auf praktische Konsequenzen nachzugehen haben. Hier aber können und müssen wir die Grundlagen dafür legen.

Der Glaube selbst sagt uns, dass Gott in seiner Liebe das Heil aller Menschen will *(1 Tim 1,4)*. Auch ist es durch das, was wir über den

Zusammenhang aller Menschen gesagt haben, ausgeschlossen anzunehmen, dass ein Teil der Menschen die Chance zu Freiheit und Heil hat und ein anderer Teil nicht – es sei denn aufgrund bewusster Zurückweisung dieser Chance. All dies verbietet uns zu denken, dass Menschen allein deshalb, weil sie ohne eigene Schuld die Botschaft von Christus niemals vernommen haben, sich im Unheil befinden und keine Möglichkeit haben, zu der Freiheit und Erlösung zu gelangen, die den Christen kraft des Glaubens geschenkt ist. Weil Gottes Liebe universal ist, hat er die ganze Schöpfung auf Christus hingeordnet (vgl. *Kol 1, 16f.*). Die Wirklichkeit Jesu Christi bestimmt also andeutungsweise, anfanghaft und gleichsam spurenweise die gesamte Menschheitsgeschichte. Überall wo ein Mensch versucht, was in Jesus seine reinste Gestalt fand, nämlich in selbstloser Liebe seinen Mitmenschen zu begegnen, da begegnet er Christus (vgl. *Mt 25, 31–46*). Überall wo ein Mensch versucht, in Hoffnung und Gehorsam das Dunkel seines Daseins und seines Schicksals anzunehmen, da ist das ein Abglanz von dem, was in Jesus Christus in einmaliger und endgültiger Weise verwirklicht ist. Da richtet sich ein solcher Mensch unbewusst, aber wirklich an dem Bild des neuen Menschen aus, das in Christus in der Geschichte sichtbar wurde. Da nimmt er teil an der Freiheit, Liebe und Hoffnung, die durch Christus in der Welt sind. So kann auch ein Mensch, der von Christus nie gehört hat, ihm dennoch anonym und verborgen begegnen und das von ihm eröffnete Heil erlangen.

VI. »Der da wiederkommt«

Die Herrschaft Gottes in der Liebe, die mit Jesus Christus in die Welt gekommen ist und uns die Freiheit zur Liebe ermöglicht hat, erfüllt die Hoffnung des Alten Bundes und überdies die Hoffnungen der ganzen Menschheit auf Heil, Erlösung und Versöhnung. Doch das Heil und die Freiheit, die sie uns gebracht hat, stehen im Zeichen des Kreuzes, die Versöhnung geschieht mitten in einer nach wie vor unversöhnten Welt. Wenn wir daher sagen: Die Hoffnung der Menschheit hat sich erfüllt, so heißt das nicht: Die Hoffnung erübrigt sich jetzt. Es bedeutet nur: Die Hoffnung hat endgültig Grund und Kraft. So ist Jesus Christus Erfüllung und Vollendung aller Geschichte der Menschheit. Aber das bedeutet zugleich, dass er ihr endgültiger Anfang ist, dem alle Zukunft gehört. Nichts kann diesen Anfang rückgängig machen oder noch einmal überbieten. Wenn der Glaube das schon im Neuen Testament so ausdrückt, dass Christus am Ende der Zeit als Richter der Welt wiederkehrt, so darf man das nicht als einen Mythos verstehen – so als ob Christus noch einmal wie damals in unsere Raum-Zeitlichkeit einrückt. Der Sinn dieses Glaubens an den kommenden Christus ist vielmehr: Die Zukunft jedes einzelnen Menschen und der ganzen Geschichte gehört der Herrschaft der Liebe Gottes, die durch Jesus Christus bei uns ist. »Am Ende« ist deshalb »Gott alles in allem« *(1 Kor 15,28)*. Was ist dieses ›Ende‹, wann ist es? Wir werden danach am Schluss dieses Buches noch einmal fragen. Jedenfalls ist es nichts, worüber das Wissen etwas sagen könnte. Die Neugier hat hier nichts zu spekulieren. Von diesem ›Ende‹ kann nur die Hoffnung reden, zu deren Wesen es gehört, dass sie nicht sieht (vgl. *Heb 11,1*). Diese Hoffnung aber wirft keine Theorie für Verlauf und Ende der Geschichte ab.

Aber sie wirft eine bestimmte Praxis ab! Wer nämlich hofft, dass die Liebe Gottes für immer bleibt und Bestand hat, der darf auch hoffen, dass menschliche Liebe Bestand haben kann und dass Bestand hat, was in der Liebe getan wird (vgl. *1 Kor 13,8*). Wenn die durch Jesus Christus begründete Hoffnung uns anhält, unser Leben ganz auf Gottes Herrschaft in der Liebe zu bauen, dann ist das keine faule Vertröstung, sondern Ermutigung zum Dienst der Liebe, die nicht mehr scheitern muss. In dieser Liebe soll der Christ zur Hoffnungsgestalt für die anderen werden, so wie Jesus Christus als persongewordene Liebe Gottes Zeuge und Grund der Hoffnung für uns geworden ist. Genau so ist der Christ der ›neue Mensch‹.

Der Glaube an die Auferstehung Jesu vor dem Forum historischer Kritik

I. Vorbemerkung zum Verhältnis von Dogmatik und Exegese

Der Dogmatiker, der zu dem Beitrag eines Exegeten Stellung nehmen soll, ist in keiner einfachen Lage. Die Zeiten, da die Schriftauslegung sich als bloßen Kärrnerdienst für die Dogmatik und der Dogmatiker sich als Vormund des Exegeten verstand, sind wohl endgültig vorbei. Die Schriften des Neuen Testaments enthalten das apostolische Ursprungszeugnis der Kirche, das Grund und Maß von Glauben und Leben, Theologie und Praxis der nachapostolischen Kirche ist. Nichts kann in der Kirche und entsprechend in der Theologie Anspruch auf Verbindlichkeit erheben, was sich nicht grundsätzlich am Zeugnis der Schrift ausweisen kann. Auch die dogmatischen Glaubenslehren der Kirche müssen von der Schrift her interpretiert werden. So ist die Schriftauslegung nach einer Formulierung des Zweiten Vatikanischen Konzils die Seele der gesamten Theologie.[1] Der Auslegung der Schrift kommt daher auch gegenüber der dogmatischen Theologie eine kritische Funktion zu.

Diese These besagt freilich nicht, dass der Dogmatiker vor den wirklichen oder vermeintlichen Ergebnissen des Exegeten einfach stramm zu stehen hätte. Man kann die frühere Vorherrschaft der Dogmatik nicht durch eine Vorherrschaft der Exegese ersetzen. Das Evangelium, das die Schrift bezeugt, ist keine tote, archivarisch zu verwaltende Größe; es will lebendig verkündet, lebendig geglaubt und gelebt werden. Man kann die Schrift deshalb letztlich nicht in historisch-kritischer Distanz, sondern nur in lebendigem Kontakt mit der in ihr bezeugten ›Sache‹ verstehen. Die nicht nur historisch, sondern auch theologisch verbindliche Auslegung der Schrift geschieht darum im lebendigen

[1] Vgl. DV 24; OT 16.

und tätigen Glauben der kirchlichen Glaubensgemeinschaft. Ihn auszulegen und zum Verstehen zu bringen ist die Aufgabe der dogmatischen Theologie. Auch sie versteht sich auf ihre Weise als Auslegung der Schrift und nicht als spekulativer oder ideologischer Zusatz oder Überbau zum ursprünglichen und reinen Evangelium der Schrift.

Nimmt man beides zusammen, die einmalige Bedeutung des Ursprungszeugnisses der Schrift, dem die Exegese zugeordnet ist, und die bleibende Bedeutung des Glaubenszeugnisses der kirchlichen Glaubensgemeinschaft, dem die Dogmatik zugeordnet ist, dann ist die eine und ganze Theologie nur im Gespräch zwischen Exegese und Dogmatik möglich. Beide müssen sich gegenseitig Fragen stellen und wechselseitig voneinander lernen.

Das Gespräch zwischen Exegeten und Dogmatikern wurde lange Zeit in der Weise geführt, dass man dogmatische Sätze und exegetische Ergebnisse miteinander konfrontierte. Man fragte etwa, ob das kirchliche Dogma von der Gottessohnschaft Jesu, der Erbsünde, der Jungfrauengeburt und anderem in der Schrift begründet ist. Diese Fragestellung ist bei der normativen Bedeutung der Schrift für die Auslegung der Tradition grundsätzlich nicht zu umgehen. Sie führt in dieser Form indes fast unvermeidlich entweder zu apologetischen Beschwichtigungsversuchen oder zu Auseinandersetzungen um Orthodoxie und Heterodoxie mit all den bekannten unliebsamen Begleiterscheinungen. Beides sind außer- und unwissenschaftliche Fragestellungen. Will man daher das Gespräch zwischen Exegeten und Dogmatikern objektivieren und auf wissenschaftliche Weise führen, dann muss man nach einem anderen Weg suchen. Man muss dann davon ausgehen, dass sich wissenschaftliche Aussagen nie lösen lassen von dem methodischen Verfahren, mit dessen Hilfe sie gewonnen werden. Wissenschaftlich diskutieren und kritisieren kann man eine wissenschaftliche Aussage nur, indem man das methodische Verfahren diskutiert und kritisiert, das zu dieser Aussage geführt hat. Sobald man dagegen einmal bestimmte methodische Prämissen anerkannt hat, kann man sich ehrlicherweise den daraus folgenden Konsequenzen nicht mehr entziehen. Dogmatische Eingriffe sind also immer und in jedem Fall unerlaubt und auf lange Sicht auch fast immer zur Erfolglosigkeit verurteilt. Die Logik ist auf die Dauer stärker als die Kirchenpolitik. Wirklich weiterführend kann nur die Diskussion der Voraussetzungen einer wissenschaftlich vorgetragenen These sein.

Stellt man die Frage so, dann kommt der Dogmatiker im Gespräch mit dem Exegeten nochmals in eine schwierige Situation. Eine weit verbreitete Vulgärvorstellung geht nämlich von dem Vorurteil aus, nur die Dogmatik sei von bestimmten philosophischen und kirchlich-dogmatischen Voraussetzungen abhängig, während die Exegese voraussetzungslos arbeite. Diese Vorstellung ist selbstverständlich höchst naiv. Gerade der Diskussionsbeitrag von Rudolf Pesch *Zur Entstehung des Glaubens an die Auferstehung Jesu*[2] zeigt, wie eng exegetische und dogmatisch-systematische Fragestellungen miteinander verknüpft sind. Der Ausgangspunkt von Peschs Artikel ist nämlich keine historische Frage, sondern die systematisch-theologische Frage nach der Begründung des Glaubens an die Auferstehung Jesu. Diese klassische fundamentaltheologische Frage versucht Pesch mit Hilfe der historischen Frage nach der Entstehung des Glaubens an die Auferstehung Jesu zu beantworten. Die Frage ist jedoch: Meinen die systematische Frage nach der Begründung und die historische Frage nach dem Entstehen des Glaubens an die Auferstehung Jesu überhaupt dasselbe? Setzt man beide Fragen gleich, dann macht man unausgesprochen die sehr schwerwiegende systematisch-theologische Voraussetzung, dass der Glaube an die Auferstehung Jesu, nicht nur historisch begründbar, sondern auch historischer Natur ist. Konsequenterweise geht es Pesch darum, »Offenbarung in Geschichte und als Geschichte gläubig zu denken und ihr forschend nachzudenken«[3]. Dies ist offensichtlich ein systematisch-theologisches Programm.[4]

Die These, die Pesch zur Diskussion stellt, basiert also auf einer systematisch-theologischen Voraussetzung, die Pesch nicht diskutiert und mit Hilfe seiner historischen Methoden auch gar nicht adäquat diskutieren kann. Eine sinnvolle Diskussion seines Beitrags setzt daher eine Klärung des Verhältnisses von Glaube und historischer Vernunft voraus. Die Frage ist: Inwieweit sind die historische Methode und die

---

[2] R. Pesch, Zur Entstehung des Glaubens an die Auferstehung Jesu. Ein Vorschlag zur Diskussion, in: ThQ 153 (1973) 201–228.

[3] Ebd., 218.

[4] Peschs Programm entspricht in vielem dem systematischen Entwurf von W. Pannenberg, auf dessen Verhältnisbestimmung von Glauben und Vernunft er sich ausdrücklich bezieht. Da Pesch die damit gemachten Voraussetzungen selbst nicht entfaltet, muss diese systematisch-theologische Auseinandersetzung etwas weiter ausholen, um die entscheidenden Fragepunkte fixieren zu können.

historische Vernunft in Sachen des Glaubens zuständig? Inwieweit kann die historische Frage nach der Entstehung des Glaubens an die Auferstehung die systematisch-theologische Frage nach der Begründung des Glaubens an die Auferstehung klären?

II. Auferstehungsglaube und historische Vernunft

Die Verlegenheit der historischen Fragestellung und Methode angesichts des Zentrums und Fundaments des christlichen Glaubens, der Botschaft von der Auferstehung Jesu, ist schon oft zum Ausdruck gebracht worden. Heinrich Schlier spricht von einem Grenzproblem der Exegese.[5] Der Vorgang der Auferstehung wird uns in den kanonischen Evangelien ja nirgends berichtet. Historisch zugänglich ist uns nicht die Auferstehung, sondern nur der Auferstehungsglaube der ersten Jünger. Sie berufen sich für ihren Glauben auf die Erscheinungen des Auferstandenen. Wie immer man diese Erscheinungen interpretiert, auch sie entziehen sich der historischen Nachprüfung. Daraus ergibt sich: Historisch zugänglich ist nur der Glaube der ersten Jünger. Dazu kommen die Berichte von der Auffindung des leeren Grabes. Diese Berichte sind jedoch, wie schon im Neuen Testament deutlich wird, vieldeutig. Betrug, Verwechslung, Scheintod und vieles andere kann im Spiel gewesen sein. Eindeutig werden diese Berichte erst für den, der glaubt. Sie sind kein Beweis, der zum Glauben führt, sondern Zeichen für den Glauben. Dieser Glaube an die Auferstehung Jesu steht zweifellos in Zusammenhang mit dem Glauben, den die Jünger schon vor Ostern Jesus entgegengebracht haben. Doch hat man sich für Überlieferungen aus dem irdischen Leben Jesu nur deshalb interessiert, weil Jesus über seinen Tod hinaus Glauben gefunden hat. Der Osterglaube ist also der Anlass, diese Überlieferungen zu bewahren und zu sammeln. So wie diese Überlieferungen vorliegen, sind sie vom Osterglauben bestimmt und geprägt. Der Glaube an die Auferstehung ist also der Ausgangspunkt, bei dem wir historisch allein ansetzen können.

Diese heute in jeder halbwegs seriösen Exegese unbestrittene These bedeutet systematisch: Der Glaube an die Auferstehung Jesu und da-

---

[5] Vgl. H. Schlier, Über die Auferstehung Jesu Christi, Einsiedeln 1968, 69.

mit an Jesus Christus überhaupt lässt sich nicht lösen vom apostolischen Zeugnis. Er ist nur als Glaube der kirchlichen Glaubensgemeinschaft, und das heißt als bekenntnishaft-dogmatischer Glaube möglich. In diesem (allerdings nur in diesem) Sinn kann man sagen, Jesus sei ins Kerygma hinein auferstanden.[6] Alle liberalen und neoliberalen Versuche eines Christentums ohne Kirche sind deshalb vom Ansatz her zum Scheitern verurteilt.

Sosehr das apostolische Zeugnis der Ausgangspunkt jeder Diskussion über den Glauben an die Auferstehung Jesu sein muss, können wir doch nicht bei ihm stehen bleiben. Hier ist Rudolf Pesch völlig rechtzugeben. Der Glaube verdankt sich nicht einer subjektiven Versicherung, auch nicht der Versicherung durch das Subjekt Kirche. Der apostolische Glaube ist nicht ein Glaube an die Apostel; der kirchliche Glaube nicht ein Glaube an die Kirche. Die Kirche hat vielmehr in Jesus Christus Inhalt, Grund und Maß ihres Glaubens. Andernfalls wäre der Glaube an die Auferstehung ein bloßer Mythos, eine Ideologie oder eine nachträgliche Apotheose eines Verstorbenen. Es ist für das Neue Testament kennzeichnend, dass es daran festhält, dass der Auferstandene kein anderer ist als der irdische Jesus. Deshalb bezeugen die Evangelien den Glauben an den Auferstandenen in der Form von Berichten über den Irdischen. Die Frage nach dem historischen Jesus ist darum nicht nur historisch möglich, sondern auch theologisch legitim und notwendig. Der dogmatische Ausgangspunkt beim Osterbekenntnis setzt also die historische Frage nach dessen Begründung beim irdischen Jesus frei, ja macht sie sogar erforderlich. Die Frage ist also: Wie verhalten sich dogmatische und historische Fragestellung? Sind beide einfach austauschbar, oder nehmen sie sich wechselseitig in Dienst?

Es war der legitime Skopus der liberalen Leben-Jesu-Forschung, dass sie gegen idealistische Verflüchtigungen der Menschheit und der Geschichtlichkeit Jesu eine Christologie von unten versuchte.[7] Wenigstens in ihren großen Vertretern ging es ihr nicht um eine Bio-

---

[6] Vgl. K. Rahner, Grundlinien einer systematischen Christologie, in: K. Rahner/W. Thüsing, Christologie – systematisch und exegetisch (QD 55), Freiburg – Basel – Wien 1972, 17–18, hier: 38.

[7] Vgl. R. Slenczka, Geschichtlichkeit und Personsein Jesu Christi. Studien zur christologischen Problematik der historischen Problematik der historischen Jesusfrage, Göttingen 1967.

graphie und Psychologie Jesu, sondern vielmehr um ein Gesamtbild seiner Persönlichkeit. Jesu menschliches Selbstbewusstsein wurde zum Spiegel seines Gottesbewusstseins, die besondere Kräftigkeit seines Gottesbewusstseins war nach Schleiermacher das eigentliche Sein Gottes in ihm.[8] So war auf Grund der anthropologischen Wende der Neuzeit an die Stelle der alten Christus-Ontologie die Christus-Psychologie getreten. Mit Hilfe der modernen historischen Kritik glaubte man in unabhängiger freier Forschung am Kerygma der Kirche vorbei einen eigenen, weniger autoritären Zugangsweg zu Jesus konstruieren zu können. Die Auferstehung wurde damit schon bei Schleiermacher zu einem im Grunde entbehrlichen Anhängsel,[9] oder wie man heute eher sagt, zur Chiffre dafür, dass die Sache Jesu weitergeht.[10] So glaubten und glauben viele zugleich fromm und kritisch sein zu können. Jedoch schon Franz Overbeck hat deutlich gemacht: den Glauben allein auf den historisch rekonstruierten irdischen Jesus begründen heißt etwas zum Grund und Kriterium des Glaubens machen, was es im Neuen Testament und in der Tradition nie war, heißt eine neue Religion stiften und eine neue Kirche gründen.[11]

Der Diskussionsbeitrag von Rudolf Pesch scheint mir, wenngleich in modifizierter und manchmal etwas verschleierter Weise im Prinzip auf die liberale Position hinauszulaufen. Er möchte Jesu Selbstverständnis als seine Gottesgewissheit und seinen Tod als die Eröffnung dieser Gewissheit für die Glaubenden verstehen. »Die Rede von der Auferstehung Jesu ist dann Ausdruck des gläubigen Bekenntnisses zur eschatologischen Bedeutung Jesu, seiner Sendung und Autorität, seiner göttlichen Legitimation angesichts seines Todes.«[12] Doch ist der von Pesch befürchtete autoritäre Charakter der Kerygma-Theologie schon allein damit gebannt, dass man den Ursprung des Glaubens

---

8 Vgl. F. Schleiermacher, Der christliche Glaube, Bd. 2, hg. v. M. Redeker, Berlin 1960, 43.

9 Vgl. ebd., 82.

10 Vgl. W. Marxsen, Die Auferstehung Jesu als historisches und theologisches Problem, Gütersloh 1964; ders., Die Auferstehung Jesu von Nazareth, Gütersloh 1968.

11 Vgl. F. Overbeck, Über die Christlichkeit unserer heutigen Theologie, Leipzig ²1903 (Darmstadt 1963), 36.74 ff.88 f.

12 Pesch, Zur Entstehung des Glaubens an die Auferstehung Jesu (wie Anm. 2), 226.

statt beim Zeugnis der Apostel bei Jesus selbst sucht und auf die Zusammenhänge und Ansätze eines solchen Glaubens im Alten Testament und im Judentum verweist? Ist damit das Problem im Grunde nicht nur zurückverlagert? Im Prinzip bedeutet die Berufung auf den irdischen Jesus doch dieselbe ›historisierende Mythologisierung‹ des Ursprungs wie die Berufung auf die Apostel. Für ein säkularisiertes Denken besteht hier prinzipiell nicht der geringste Unterschied.

Der Versuch der liberalen und neoliberalen Theologie muss sich vollends angesichts der Lage der Quellen und der Geschichte der Forschung als ›fata morgana‹ erweisen. Wer nach der von Albert Schweitzer geschilderten Geschichte der Irrungen und Wirrungen der Leben-Jesu-Forschung heute noch den verzweifelten Mut aufbringt, den Glauben von der historischen Erkenntnis abhängig zu machen, der muss sich mit Ernst Käsemann daran erinnern lassen, dass man auf diese Weise faktisch nur zu oft den Aberglauben begründet hat.[13] Will man mit den Mitteln der historischen Kritik Jesus als die entscheidende Offenbarungsfigur aufweisen, dann wird der historischen Methode eine Beweislast aufgebürdet, die zu tragen sie grundsätzlich nicht imstande ist. Denn ganz gleichgültig, ob man mit Wolfhart Pannenberg das Faktum des leeren Grabes[14] oder mit Rudolf Pesch den eschatologischen Anspruch Jesu selbst zum Ausgangspunkt macht, man wird im Hin und Her der Forschung dauernd von Pontius zu Pilatus geschickt. Die historische Kritik erweist sich als eine Schraube ohne Ende; man muss fast immer damit rechnen, dass sich die neuesten Ergebnisse am Ende als ebenso wenig stichhaltig erweisen wie die bisherigen. So bedeutet die historische Methode grundsätzlich eine Relativierung alles unseres Wissens. Es ist jedoch unmöglich, dass der Glaube »auf einem großen Ohngefähr und auf einer bewegten Masse sich unaufhörlich verschiebender, in ihrer Tragweite wechselnder Einzelheiten Fuß zu fassen« vermag.[15] Der gelehrte Theologe, der alle diese Fragen überschaut, mag ja für sich zu der Überzeugung gelangen, dass am Ende alles nicht so schlimm ist. Aber was bleibt

[13] Vgl. E. Käsemann, Sackgassen im Streit um den historischen Jesus, in: Exegetische Versuche und Besinnungen, Bd. 2, Göttingen 1964, 36.
[14] Vgl. W. Pannenberg, Grundzüge der Christologie, Gütersloh 1964, 85–103.
[15] M. Kähler, Der sogenannte historische Jesus und der geschichtliche, biblische Christus, München 1961, 91; vgl. 89.

den ›einfachen‹ Gläubigen anderes übrig, als dass sie dem einen Professor mehr glauben als dem anderen? Die Kritik am autoritären supernaturalistischen Offenbarungsschema führt also am Ende zu einer Gelehrtenreligion mit neuen Autoritätsansprüchen, zu einer Theologenkirche und zu einer neuen Form des Rabbinats.

In prinzipieller Weise hat Ernst Troeltsch die Aporien der historischen Methode für die Theologie aufgewiesen.[16] Die historische Methode ist nach ihm durch drei Merkmale gekennzeichnet: Sie kommt grundsätzlich nur zu Wahrscheinlichkeitsurteilen; sie versteht jedes einzelne geschichtliche Ereignis nach Analogie zu uns bekannten Begebenheiten; sie versteht jedes Einzelgeschehen in Wechselwirkung mit allen anderen. Sie kennt damit weder einen unbedingten Anspruch, wie er für den Glauben charakteristisch ist, noch kennt sie das unableitbar Neue. Sie relativiert alles und jedes und versteht auch das Christentum nur im Zusammenhang des Ganzen. Der Absolutheitsanspruch des Christentums musste so für Troeltsch zu einem ungelösten und unlösbaren Problem werden. Dogmatische und historische Methode erschienen Ernst Troeltsch unvereinbar.

Aus dieser prinzipiellen Aporie hilft nur eine prinzipielle Besinnung auf die Voraussetzungen der historischen Methode. Sie kann in kritisch-weiterführender Weise an die Überlegungen von Wolfhart Pannenberg anknüpfen.[17] Innerhalb eines geschichtlichen Denkens kann nur die Geschichte als Ganzes unbedingte Bedeutung beanspru-

---

[16] Vgl. E. Troeltsch, Über historische und dogmatische Methode in der Theologie, in: Gesammelte Schriften, Bd. 2, Tübingen ²1922 (Aalen 1962), 729–753. Zum Problem der Umformung des geschichtlichen Denkens angesichts der Auferstehung Jesu vgl. R. R. Niebuhr, Auferstehung und geschichtliches Denken, Gütersloh 1960; J. Moltmann, Theologie der Hoffnung. Untersuchungen zur Begründung und zu den Konsequenzen einer christlichen Eschatologie, München 1964, 156–165; vgl. auch M. Hengel, Historische Methoden und theologische Auslegung des Neuen Testaments, in: KuD 19 (1973) 85–90.

[17] Vgl. bes. W. Pannenberg, Heilsgeschehen und Geschichte, in: ders., Grundfragen systematischer Theologie, Göttingen 1967, 22–78. Allerdings kann ich Pannenbergs Verhältnisbestimmung von Glaube und Vernunft (vgl. ebd., 223–251) nicht zustimmen. Entsprechend befinde ich mich auch in Widerspruch zu seiner These, wonach »die Geschichtsoffenbarung jedem, der Augen hat zu sehen, offen« ist (W. Pannenberg, Dogmatische Thesen zur Lehre von der Offenbarung, in: ders. (Hg.), Offenbarung als Geschichte, Göttingen 1961, 91–114, hier: 98).

chen. Dieses Ganze ist aber erst am Ende der Geschichte gegeben. Ein Einzelgeschehen innerhalb der Geschichte kann dann unbedingte Geltung beanspruchen, wenn sich in ihm das Ende vorwegereignet, wenn es sich also als Antizipation des Endes erweisen lässt. Die Frage nach dem Ganzen der Geschichte gehört aber wesentlich zum Menschen. Pannenberg verweist auf das Phänomen der Hoffnung, die innergeschichtlich unstillbar ist.[18] Andere haben andere Wege beschritten. Karl Rahner geht aus von dem Phänomen der menschlichen Freiheit und Entscheidung; sie ist für ihn das Vermögen des Endgültigen, das sich im Tod in die Ewigkeit Gottes hineintranszendiert.[19] Joseph Ratzinger dagegen spricht von der Liebe, die stärker ist als der Tod.[20] Jürgen Moltmann schließlich setzt ein mit der Frage nach der Gerechtigkeit und sucht von hier aus den Auferstehungsglauben vor dem Forum der Theodizeefrage zu verantworten.[21] Alle diese Versuche zeigen in verschiedener Weise, dass der Mensch zur Beantwortung seiner Frage nach dem Sinn des Ganzen darauf angewiesen ist, in die Geschichte hineinzuhören, ob sich ihm hier eine Antwort zuspricht. Der Mensch ist also wesentlich *Hörer des Wortes* (Karl Rahner). Die historische Methode ist in dieser Perspektive im Grunde nichts anderes als die höchste dem Menschen mögliche wissenschaftliche Form eines genauen Hinhörens auf die Sprache der Geschichte. Als solche ist sie für die Theologie unverzichtbar.

Werden die Methoden der historischen Kritik in dieser Weise theologisch in Dienst genommen, dann werden sie einem ganz bestimmten Erkenntnisinteresse unterstellt. Das ist nichts Ungebührliches.

---

[18] Vgl. Pannenberg, Grundzüge der Christologie (wie Anm. 14), 79–85; ders., Was ist der Mensch? Die Anthropologie der Gegenwart im Licht der Theologie, Göttingen ²1964, 31–39.

[19] Vgl. K. Rahner, Zur Theologie des Todes (QD 2), Freiburg – Basel – Wien 1958; ders., Dogmatische Fragen zur Osterfrömmigkeit, in: Schriften zur Theologie, Bd. 4, Einsiedeln – Zürich – Köln 1960, 157–172; ders., Das Leben der Toten, in: ebd., 429–437; ders., Grundlinien einer systematischen Christologie (wie Anm. 6), 38–40. Ähnlich L. Boros, Mysterium mortis, Olten ²1963; A. Darlap, Art. Ewigkeit, in: HThG I, 367 f.; J. B. Metz, Art. Entscheidung, in: ebd., 283 f. und Art. Freiheit, in: ebd., 411.

[20] Vgl. J. Ratzinger, Einführung in das Christentum, München 1968, 249–257.

[21] Vgl. J. Moltmann, Gott und Auferstehung, in: Perspektiven der Theologie, München – Mainz 1968, 36–56; ders., Der gekreuzigte Gott. Das Kreuz Christi als Grund und Kritik christlicher Theologie, München 1972, 161–166.

Jedes Erkennen ist von erkenntnisleitenden Interessen bestimmt.[22] Ihrer Herkunft nach steht die historisch-kritische Methode unter dem Primat des Allgemeinen. Sie versucht deshalb alles Einzelne als Fall, Ausdruck, Chiffre, Symbol eines Allgemeinen, die Christologie als Variable der Anthropologie,[23] die Auferstehung als Chiffre für die Gottesgewissheit angesichts des Todes zu begreifen. Damit wird die Offenbarung zu einem Prädikat der Geschichte und letztlich zu einem verzichtbaren ideologischen Überbau. Versucht man dagegen die historische Vernunft in den Dienst des Glaubens zu stellen, dann steht sie nicht im Interesse des Allgemeinen, sondern der Freiheit. Es gilt dann die Phänomene in Zuordnung und Abhebung von Analogien und Korrelationen nicht zu nivellieren, sondern in ihrer Einmaligkeit und Unableitbarkeit zu profilieren. Im ersteren Fall wird die Historie zum feststellenden Denken, das alles Neue aus dem Gewesenen versteht und für das die Zukunft im Grunde nur die Verlängerung der Vergangenheit ist.[24] Im zweiten Fall wird sie zum freisetzenden Denken, das mit dem Neuen und Unableitbaren rechnet, ja darauf hofft und seiner Erkenntnis auf die Spur hilft. Im ersten Fall bleibt für die Freiheit des Menschen und für die Kategorie der Zukunft im Grunde kein Raum mehr; im zweiten Fall werden geschichtliche Möglichkeiten der Freiheit aufgezeigt und unabgegoltene Hoffnung lebendig erhalten.

Rudolf Pesch beruft sich auf die Entwürfe von Wolfhart Pannenberg, Karl Rahner, Joseph Ratzinger. Aber hat er genügend bedacht, was es bedeutet, die historische Methode in einen umfassenderen theologischen Gesamthorizont einzubringen? Kann er in seinem Entwurf die Einmaligkeit des Phänomens Jesus Christus wahren oder muss er dieses vor lauter religionsgeschichtlichen Parallelen und Analogien letztlich nivellieren? Ist er letztlich dem Primat des Allgemeinen und damit der Aufklärung oder dem Primat der Freiheit und damit der Offenbarung verpflichtet?

---

22 Vgl. J. Habermas, Erkenntnis und Interesse, Frankfurt a.M. 1968.

23 Vgl. H. Braun, Der Sinn der neutestamentlichen Christologie, in: Gesammelte Studien zum Neuen Testament und seiner Umwelt, Tübingen 1962, 274 f.

24 Vgl. M. Heidegger, Holzwege, Frankfurt a.M. 1957, 301: »Die Historie errechnet das Kommende aus ihrem durch die Gegenwart bestimmten Bildern vom Vergangenen. Die Historie ist die ständige Zerstörung der Zukunft und des geschichtlichen Bezuges zur Ankunft des Geschickes.«

III. Der Auferstehungsglaube und das Geschick Jesu

Rudolf Pesch stellt praktisch mit der gesamten gegenwärtigen Exegese die klare eschatologische Profilierung Jesu heraus. Damit unterscheidet er sich wohltuend von mancher gegenwärtiger Plattfußtheologie, die schlagwortartig von der ›Sache Jesu‹ redet und dabei ausgerechnet für das, was man historisch einzig als Jesu Sache bezeichnen könnte, seine eschatologische Botschaft vom Kommen der Herrschaft Gottes, keinen Platz mehr hat.[25] Einen billigen Jesuanismus wird man ihm also gewiss nicht vorwerfen können.

Doch genügt diese eschatologische Profilierung Jesu? Genügt sie vor allem angesichts des Endes Jesu am Kreuz? Jesus ist ja weder friedlich im Bett noch an einem Herzinfarkt am Ufer des Sees Genezareth gestorben, noch ist er, was auch möglich gewesen wäre, gesteinigt worden.[26] Er ist vielmehr unter Zeichen der Gottverlassenheit am Kreuz gestorben. Diese konkrete Art seines Todes musste damals nicht nur als äußerste Schande, sondern als Fluch Gottes verstanden werden. Den Anstoß, den dieser Tod bedeutet, kann man nicht mit einer allgemeinen Theologie des Todes beheben. Man muss vielmehr sehen, dass von diesem Tod Jesu, der die Konsequenz seines Auftretens ist, neues Licht fällt auf das Auftreten Jesu und seinen eschatologischen Anspruch. Erst von diesem konkreten Ende her kommt das Einmalige und Besondere seines irdischen Auftretens in den Blick. Sieht man aber das gesamte Leben Jesu im Schatten des Kreuzes, dann fragt man sich, wie dieser in Gottverlassenheit Sterbende für uns Glauben und Gottgewissheit begründen kann. Ist er nicht ein unschuldig Ermordeter mehr und ein verzweifelt Gestorbener mehr? Ist er nicht eher Grund zu Resignation und Skepsis als Grund zu Hoffnung und Gottgewissheit? Diese Fragen spitzen sich nochmals zu, wenn man

---

[25] Vgl. Rückfrage nach der Sache Jesu, in: N. Greinacher/K. Lang/P. Scheuermann (Hg.), In Sachen Synode, Düsseldorf 1970, 164–167.

[26] Vgl. R. Brown, Die christliche Botschaft. Biblische Überlegungen, in: Die Zukunft der Kirche. Berichtband des Concilium-Kongresses 1970, Einsiedeln – Mainz 1971, 71: »Das Christentum würde nicht entfernt die gleiche Religion sein, wenn Jesus an einem Herzinfarkt am Ufer des Sees Genesareth gestorben wäre. Jesus hat nicht einfach über den Tod gesiegt, sein Sieg kam vielmehr zur Vollendung durch Leiden, Schande, menschliche Übeltat und letzte Selbsthingabe aus Liebe.«

feststellt, dass Jesus seine eschatologische Verkündigung, seine ›Sache‹ also, wesentlich mit dem eschatologischen Anspruch seiner Person verbunden hat. Mit seinem Kommen war die ›basileia‹ Gottes im Kommen. Was war dann aber mit seinem Tod? War damit nicht auch seine ›Sache‹ tot? Wie also kann der irdische Jesus Grund unseres Glaubens sein?

Pesch mag darauf verweisen, dass es im damaligen Judentum Kategorien gab, welche die gläubige Deutung des Phänomens Kreuz ermöglichten. Er müsste nun aber auch umgekehrt zeigen, wie das Urchristentum, indem es alle damals verfügbaren Auferstehungs- und Entrückungsaussagen auf den Gekreuzigten applizierte, diese vom Kreuz her neu interpretierte. Ferdinand Hahn hat diese ›interpretatio christiana‹ der jüdischen Messiaserwartungen aufgezeigt.[27] Ernst Käsemann[28] und Jürgen Moltmann[29] haben gezeigt, was dies für die Auseinandersetzung mit dem Enthusiasmus hellenistischer Gemeinden bedeutete, nämlich, dass es keine ›theologia resurrectionis‹ ohne eine ›theologia crucis‹ gibt. Gegenüber Rudolf Pesch wäre nun aufzuzeigen, was der im Neuen Testament konstitutive Zusammenhang zwischen Kreuz und Auferstehung für das Judenchristentum und seine Auferstehungserwartungen bedeutet. Offensichtlich doch dies, dass das Neue Testament nach dem Bruch des Kreuzes die Auferstehung nicht als Rückkehr ins alte Leben, sondern als qualitativen Anbruch des neuen Lebens im neuen Äon und als eine qualitativ neue Weise der Gegenwart Jesu ›im Geist‹ verstand. Die Auferweckung Jesu wurde also gerade nicht nach Art der Wiederkunft des Elias, der nach alttestamentlich-jüdischer Vorstellung ja gar nicht gestorben ist, noch nach der Art verstanden, wie man damals volkstümlicherweise im irdischen Jesus den wiedergekommenen Johannes sah. Alle diese Analogien und Parallelen waren vielleicht Anknüpfungspunkte, bei genauerem Hinsehen zeigen sie aber gerade das qualitativ Einmalige und Unableitbare der christlichen Auferstehungsbotschaft. Bleibt man bei den jüdischen Vorstellungen stehen, dann kommt man nur bis zu deren christianisierender Rezeption. Im Grunde kommt man

[27] Vgl. F. Hahn, Christologische Hoheitstitel. Ihre Geschichte im frühen Christentum, Göttingen ^{2}1964, 160.195 f.211.214.217 f.
[28] Vgl. E. Käsemann, Der Ruf der Freiheit, Tübingen ^{5}1972, 89–114.
[29] Vgl. Moltmann, Theologie der Hoffnung (wie Anm. 16), 140–149.

dann nur zu einem Reformjudentum, aber nicht zum neuen Bund, den auch judenchristliche Gemeinden schon relativ früh in dem am Kreuz vergossenen Blut begründet sahen (vgl. *Mk 14,24* par).

Nimmt man also ernst, dass vom Kreuz neues Licht sowohl auf das Auftreten des irdischen Jesus wie auf die Auferstehungsaussagen fällt, dass das Kreuz also das eigentliche ›proprium christianum‹ ausmacht,[30] dann ist es das größte Rätsel und die eigentliche Schwäche der Ausführungen von Pesch, dass er eine Theologie der Auferstehung grundlegen will und dabei meint, ohne eine Theologie des Kreuzes auszukommen. Nicht die Stimmungen der Jünger nach der Kreuzigung Jesu, sondern das Kreuz und der Gekreuzigte selber sind das eigentliche Problem für die Frage der Entstehung des Osterglaubens.

Im Neuen Testament geht es also immer um die Auferstehung des Gekreuzigten. Damit ist zweierlei gesagt: Die Identität des irdischen und gekreuzigten Jesus mit dem auferstandenen und erhöhten Christus wie die Differenz zwischen der Wirklichkeit des irdischen Jesus und der Wirklichkeit des Auferstandenen. In einem der ältesten christologischen Entwürfe des Neuen Testaments, der sogenannten Zweistufen-Christologie, wird deshalb unterschieden zwischen der Daseinsweise Christi »gemäß dem Fleisch« und der Daseinsweise »gemäß dem Geist« (vgl. *Röm 1,3f.*). Bei aller Identität und Kontinuität zwischen dem verkündigenden irdischen Jesus und dem verkündigten erhöhten Christus wird also festgehalten, dass die Auferstehung nicht nur Chiffre, Ausdruck, Symbol für die bleibende Geltung Jesu, seiner Sendung, seiner eschatologischen Botschaft, seines Auftretens und seines Anspruchs ist. Die Auferstehung ist vielmehr eine Wirklichkeit mit einer eigenen Inhaltlichkeit.[31] Das neue Leben des Gekreuzigten in der Herrschaft Gottes. Das bedeutet: Man kann das Verhältnis zwischen dem irdischen Jesus und dem Glauben an die Auferstehung nicht allein mit Hilfe des Schemas von Aussage und deren Bestätigung fassen, man muss es vielmehr mit Hilfe des biblischen Schemas von Verheißung und deren überbietender Erfüllung interpretieren.[32] So wie

---

30 Vgl. Moltmann, Der gekreuzigte Gott (wie Anm. 21), 78–183.

31 Vgl. K. Barth, Kirchliche Dogmatik IV/1, Zollikon – Zürich 1953, 335f.; Rahner, Grundlinien einer systematischen Christologie (wie Anm. 6), 44.

32 Vgl. G. von Rad, Theologie des Alten Testaments, Bd. 2, München 1960, 327–346.370–401.

Jesus die letzte alles überbietende Interpretation des Alten Testaments war, so ist die Auferstehung die überbietende, geschichtlich nicht mehr überbietbare Erfüllung seines eschatologischen Anspruchs. Sie lässt sich weder rein kerygmatheologisch und damit enthusiastisch noch rein jesuanisch und damit judaistisch verstehen. Verstehen lässt sie sich nur aus dem Gesamtgeschick Jesu, aus der schöpferischen Treue Gottes, die in aller Untreue der Menschen dessen Verheißung überbietend erfüllt.

Ohne diese qualitativ neue Weise der Erfüllung nützt uns auch der irdische Jesus nichts. Ohne die Auferstehung ist unser Glaube leer und hinfällig (vgl. *1 Kor 15,14*). Die gewaltigen Anstrengungen mancher gegenwärtiger Exegeten, möglichst ohne die Auferstehung auszukommen oder sie zumindest doch nur als Chiffre, Symbol oder Ausdruck für die bleibende Geltung des irdischen Jesus zu interpretieren, sind angesichts einer solchen Aussage gerade exegetisch kaum verständlich. Damit stellt sich aber die Frage nochmals neu: Wie kommt es zum Glauben an die Auferstehung des Gekreuzigten? Wie ist dieser Glaube begründet?

IV. Entstehung und Begründung des Auferstehungsglaubens

Das Neue Testament ›erklärt‹ die Entstehung des Auferstehungsglaubens durch ›Erscheinungen‹ des Auferstandenen vor auserwählten Zeugen, die sich auf Grund der Erscheinungen gesandt wissen zur Verkündigung, dass Jesus der Christus, das heißt der von Gott erwählte und erhöhte Messias ist.[33] Rudolf Pesch verselbständigt nun das Sendungsmotiv und erklärt die Erscheinungsberichte als Legitimationsformeln, welche die Funktion haben, die genannten Erscheinungsempfänger als Autorität auszuweisen. Diese schon von Adolf

---

[33] Auf die von R. Pesch aufgeworfenen exegetischen Probleme der Ostererscheinungen kann hier nicht eingegangen werden. Vgl. dazu die exegetischen Beiträge von K. H. Schelkle, P. Stuhlmacher, M. Hengel. Zur systematischen Fragestellung vgl. H. U. von Balthasar, Mysterium paschale, in: MySal III/2, 281–288; K. Lehmann, Die Erscheinung des Herrn. Thesen zur hermeneutisch-theologischen Struktur der Ostererzählungen, in: H. Feld/J. Nolte (Hg.), Wort Gottes in der Zeit (FS K. H. Schelkle), Düsseldorf 1973, 361–377.

von Harnack[34] vertretene These ist in ihren systematischen Konsequenzen geradezu fatal. Die Erscheinungsberichte und die Auferstehungsaussagen werden damit zur Legitimation und Sanktion von ›Herrschaftsverhältnissen‹ in der Kirche. Versteht man sie dagegen nicht ausschließlich funktional, sondern als personale Sendung durch den erhöhten Herrn, dann enthalten sie ein autoritäts- und ideologiekritisches Motiv. Sie interpretieren dann kirchliche Autorität als vollmächtigen Dienst, der an der Sendung und am Sendenden gemessen werden muss.

Durch die Interpretation von Pesch wird das Problem im Grunde nur zurückverlagert. Wenn die Erscheinungsberichte den Auferstehungsglauben bereits voraussetzen, wie ist er dann entstanden? Stellt er im Sinn des Neuen Testaments gegenüber dem irdischen Wirken Jesu den qualitativ neuen Anbruch des neuen Äon dar, dann müsste Pesch deutlicher, als er es bisher getan hat, zeigen, wie dieses qualitativ Neue sich allein aus dem eschatologischen Anspruch Jesu in Verbindung mit zeitgenössischen Vorstellungen entwickeln konnte.[35] Das mindeste, was man von einem Exegeten, der sich anschickt, die Entstehung des Glaubens an die Auferstehung zu erklären, verlangen kann, ist ja wohl, dass er den Glauben erklärt, der im Neuen Testament vorliegt, und nicht die Entstehung von rekonstruierten Vorformen, die vielleicht da und dort noch durchschlagen, aber aufs Ganze gesehen nicht wirksam geworden sind. Solange Pesch dies nicht gezeigt

---

[34] Vgl. A. von Harnack, Die Verklärungsgeschichte, der Bericht des Paulus 1 Kor 15, 3ff. und die beiden Christusvisionen des Petrus, in: SPAW.PH (Berlin 1922), 62–80. Neuerdings: Marxsen, Die Auferstehung Jesu als historisches und theologisches Problem (wie Anm. 10), 20–26; U. Wilckens, Der Ursprung der Überlieferung der Erscheinungen des Auferstandenen, in: W. Joest/W. Pannenberg (Hg.), Dogma und Denkstrukturen, Göttingen 1963, 56–95; ders., Auferstehung. Das biblische Auferstehungszeugnis historisch untersucht und erklärt (ThTh 4), Stuttgart – Berlin 1970, 24–29; Moltmann, Theologie der Hoffnung (wie Anm. 16), 173–184.

[35] Die Thesen von R. Pesch sind nicht ganz neu; sie finden sich außer bei den von ihm zitierten U. Wilckens und K. Berger in etwa schon bei M. Buber, Zwei Glaubensweisen, in: Werke, Bd. 1, München 1962, 724f. und in der dort zitierten älteren Literatur. Neuerdings H. R. Schlette, Epiphanie als Geschichte, München 1966, 67–75; W. Ebert, Die Kirche des Osterglaubens. Zur Diskussion über die Auferstehung Jesu, in: Hochl 60 (1967/68) 305–331, bes. 321–323. Zur Kritik vgl. F. Mußner, Die Auferstehung Jesu, München 1969, 22–29.

hat, dürfte die Vermutung nicht unbegründet sein, dass es sich so verhält, wie es das Neue Testament bei unbefangener Lektüre darstellt, dass nämlich dem neuen Anfang auch eine neue Initiative Gottes beziehungsweise Christi gegenüber den Jüngern entspricht.

Diese ›Erscheinungen‹ braucht man sich keineswegs mirakulös vorzustellen. Im Gegenteil, versteht man die ›Erscheinungen‹ als exorbitante Mirakel, die die Jünger einfach ›umhauten‹, dann liefe das groteskerweise darauf hinaus, dass die ersten Zeugen des Glaubens selbst vom Glauben dispensiert gewesen sind.[36] Man spricht darum oft von einem gläubigen Sehen.[37] Besser sollte man von der gläubigen Erfahrung sprechen, dass der Geist Jesu nach wie vor wirksam ist und dass Jesus »im Geist« lebendig und wirksam gegenwärtig ist.[38] Deshalb dürfte *Mt 28,16–20* eine zwar späte aber doch überaus präzise und an Grandiosität kaum zu überbietende Umschreibung dessen sein, um was es bei den ›Erscheinungen‹ der Sache nach ging: dass nämlich Jesus Christus sich im Glauben der Jünger neu Geltung verschaffte, dass diese im Glauben total von ihm angegangen, betroffen, in Anspruch genommen waren. Diese Erfahrung des Glaubens konnte nach allem bisher Gesagten anknüpfen an den vorösterlichen Glauben, sie griff in schöpferischer Weise zeitgenössische Vorstellungen auf und nahm dabei auch menschliche Reflexion mit in Dienst. In allen diesen Erfahrungen erkannte der Glaube aufs Neue die unverwechselbare personale Wirklichkeit des Gekreuzigten.

Für diesen ganz und gar personalen Vorgang sind Begriffe wie ›Erscheinungen‹, ›objektive Vision‹ und dergleichen höchst ungelenke und missverständliche, objektivierende Umschreibungen. Vielleicht kann jedoch eine kleine philosophische Überlegung weiterhelfen. Philosophisch lässt sich nämlich aufzeigen, dass der Anfang[39] nicht einfach das erste Moment einer Abfolge weiterer vergleichbarer Momente ist. Der Anfang, besonders der qualitativ neue Anfang, enthält und eröffnet eine durch ihn ermöglichte und bedingte Entwicklung bezie-

---

36 Vgl. G. Ebeling, Das Wesen des christlichen Glaubens, Tübingen 1961, 80–85.

37 Vgl. Thomas v. Aquin, S.th. III q. 55 a. 2 ad 1: oculata fide viderant; vgl. auch q. 54 a. 1 ad 2 und 3.

38 Vgl. Rahner, Grundlinien einer systematischen Christologie (wie Anm. 6), 40–44.

39 Vgl. A. Darlap, Art. Anfang, in: LThK^2 1, 525–529; ders., Anfang und Ende, in: SM 1, 138–145.

hungsweise Geschichte. Er ist darum das von der weiteren Entwicklung und Geschichte nie eingeholte bleibende Maß. So ist auch der Anfang des christlichen Auferstehungsglaubens grundsätzlich anderer Art als der spätere Auferstehungsglaube. Der spätere Auferstehungsglaube ist durch die Tradition des Anfangs bedingt. Der Anfang selbst ist dagegen nicht durch solche Überlieferung vermittelt. Da wir infolgedessen von diesem Anfang später keine unmittelbare Erfahrung mehr haben können, kann man von ihm nicht anders sprechen als in Bildern und Vergleichen. Er entzieht sich dem verfügbaren Zugriff und weist in ein Geheimnis hinein, vor dem die Forderung nach begrifflicher Präzision sich selbst desavouiert.

Entzieht sich so die Frage nach der Entstehung des Auferstehungsglaubens dem feststellenden Zugriff, so stellt sich umso mehr die Frage nach der Begründung des Glaubens an die Auferstehung. Was immer man über den Glauben als Geschenk der Gnade sagen kann und sagen muss, es ist ebenso unbestreitbar, dass der Glaube auch ein voll und ganz menschlicher Akt ist, der menschlich verantwortet werden muss. Der Glaube hat Rechenschaft zu geben von seiner Hoffnung (vgl. *1 Petr 3,15*). Aus diesem Grund ist nicht nur der Rationalismus, sondern auch der Fideismus eine verurteilte Häresie, und es ist Rudolf Pesch Recht zu geben, wenn er die Frage nach der Begründung des Glaubens auch für den zentralen Inhalt dieses Glaubens, für den Glauben an die Auferstehung Jesu fordert.

Der Weg zwischen der Szylla des Rationalismus und der Charybdis des Fideismus ist nicht leicht zu finden.[40] Die traditionelle Apologetik half sich mit der Unterscheidung zwischen dem eigentlichen Grund des Glaubens, der Autorität des sich selbst bezeugenden Gottes, seiner sich selbst bezeugenden und für sich selbst bürgenden Wahrheit, die nur im Glauben erfasst werden kann, und den äußeren Glaubwürdigkeitsgründen, die rationaler Erkenntnis zugänglich sind. Die Auferweckung Jesu beziehungsweise das leere Grab war dabei das weitaus wichtigste und das entscheidende Glaubwürdigkeitskriterium der göttlichen Vollmacht und Autorität Jesu. Dieses Zwei-Stockwerk-Schema eines natürlichen und eines übernatürlichen Bereichs mit je

[40] Zum Folgenden vgl. W. Kasper, Einführung in den Glauben, in: WKGS 5, 13–172, hier: 62–71.

verschiedenen Erkenntnisweisen ist, wie heute ziemlich allgemein zugegeben wird, unbefriedigend, ja unhaltbar. Sofern Pesch dieses Zwei-Stockwerk-Schema mit dem Begriff theistisch-supranaturalistisches Offenbarungsschema meint und kritisiert, kann er breiteste Zustimmung unter den systematischen Theologen erwarten. Denn dieses theistisch-supranaturalistische Schema bedeutet eine illegitime Eingrenzung sowohl der göttlichen wie der menschlichen Freiheit.[41] Es weist der menschlichen Vernunft allein den natürlichen Bereich zu. Im Denken kann es aber wesensgemäß keine Verbotsschilder und keine autoritativ ausgesparten Reservate geben. Umgekehrt gilt aber ebenso: Wird der übernatürlich-göttliche Bereich dem natürlichen gegenübergestellt, dann wird Gott zu einer Ursache neben anderen Ursachen. Auch wenn er als das höchste Seiende gedacht wird, wird er doch durch die anderen Seienden begrenzt und damit als endlich gedacht. Sein Anspruch auf unbedingten Gehorsam muss dann willkürlich und autoritär erscheinen. Seine Offenbarung ist dann nicht freimachendes Evangelium, sondern versklavendes Glaubensgesetz.

Die nachhaltigste Kritik dieses supranaturalistischen Offenbarungsverständnisses hat Ernst Troeltsch geliefert.[42] Nach ihm ist ein solches supranaturalistisches Denken mit dem modernen geschichtlichen Denken schlechterdings unvereinbar. Das geschichtliche Denken geht aus von der prinzipiellen Gleichheit alles Geschehens. Es kennt also nicht die Unterscheidung zwischen einer natürlich verlaufenden Weltgeschichte und einer wunderbar verlaufenden Heilsgeschichte. Es versteht vielmehr jedes Einzelgeschehen in Analogie und Korrelation mit allem anderen Geschehen. Diese Verflechtung jeder Einzeltatsache mit dem Ganzen bedeutet eine Relativierung aller geschichtlichen Tatsachen und allen geschichtlichen Erkennens; alles wird tausendfach zersetzt, berichtigt, verändert. Das bedeutet: Eine historische Begründung des Glaubens, wie Rudolf Pesch sie versucht, führt in dieselben, ja womöglich in noch größere Aporien als das theistisch-supranaturalistische Denkmodell. Innerhalb des historischen Denkens selbst lässt sich ein Glaubensanspruch nicht begründen. Im Gegenteil, im Rahmen des historischen Denkens muss er erst

---

41 Vgl. P. Tillich, Systematische Theologie, Bd. 2, Stuttgart 1958, 11–16.

42 Vgl. Troeltsch, Über historische und dogmatische Methode in der Theologie (wie Anm. 16).

recht als arbiträr autoritär erscheinen, ganz gleich, ob er von der Kirche, den ersten Jüngern oder von Jesus selbst erhoben wird.

Verantwortlich begründen lässt sich der Glaube nur im Rahmen der Frage nach dem Ganzen der Geschichte. Das Ganze ist nicht ein partikulärer Bereich neben dem Einzelnen. Es umgreift alles Einzelne und kommt in ihm in verschiedener Weise zur Darstellung. Innerhalb dieser umfassenden Frage nach dem Sinn des Ganzen der Geschichte kann das Geschick Jesu, sein eschatologischer Anspruch, sein Scheitern am Kreuz und seine Auferweckung zum Zeichen werden, in dem sich Größe und Elend des Menschen in der Geschichte spiegelt, in dem sich aber noch mehr die geschichtliche Treue Gottes zu seiner Schöpfung erweist und antizipierend erfüllt. Dieses Zeichen ist kein Beweis, wohl aber eine Einladung und eine Aufforderung, im eigentlichen Sinn des Wortes eine Zu-mut-ung, sich auf diese Geschichte einzulassen, um dadurch zu erfahren, dass sie trägt. Die Erfahrung ihrer Wahrheit ist nur möglich, indem man selbst in Fahrt kommt, wenn man sich auf den Glauben einlässt und selbst das Experiment des Glaubens macht. Die Wahrheit des Glaubens geht nur im Tun des Glaubens auf. Die geschichtlich erfahrene Treue-Wahrheit Gottes ist also der eigentliche Grund des Glaubens. Darin ist der traditionellen Glaubensbegründung durchaus Recht zu geben. Die historische Kritik kann uns aber helfen, die geschichtlichen Zeichen dieser Treue möglichst plastisch konkret und unverstellt vor Augen zu führen. Wo und insofern sie dies leistet, kommt der historischen Frage nach der Entstehung des Glaubens an die Auferstehung Jesu eine heute unverzichtbare Bedeutung für die theologische Begründung des Glaubens an die Auferstehung Jesu zu.

Einmaligkeit und Universalität Jesu Christi

Immer deutlicher meldet sich in der gegenwärtigen Theologie eine Wende an. Nachdem die ekklesiologischen Fragen, die in den letzten Jahrzehnten im Vordergrund standen, schließlich zu fruchtlosen und geisttötenden Strukturdebatten heruntergekommen oder ins Feld kirchenpolitischer Polemik und Agitation abgeglitten sind, wird nun wieder nach der ›Sache‹ gefragt, um die es im Glauben geht. Diese ›Sache‹ ist keine Idee, kein Prinzip, nicht Strukturen, sondern ein Name, eine Person: Jesus Christus. So tritt die Christologie[1] wieder in den Mittelpunkt des Interesses.

I. Zwei Wellen christologischer Neubesinnung

1. Neuinterpretation des klassischen Dogmas

Die erste Welle christologischer Neubesinnung setzte vor bald 25 Jahren zur 1500-Jahr-Feier des Konzils von Chalcedon (451–1951) ein. Sie ist charakterisiert durch Karl Rahners programmatischen Artikel

---

1 Literaturberichte zur Christologie: A. Grillmeier, Zum Christusbild der heutigen katholischen Theologie, in: J. Feiner/J. Trütsch/F. Böckle (Hg.), Fragen der Theologie heute, Einsiedeln – Zürich – Köln 1957, 265–299; R. Lachenschmid, Christologie und Soteriologie, in: H. Vorgrimler/R. van der Gucht (Hg.), Bilanz der Theologie im 20. Jahrhundert, Bd. 3, Freiburg i. Br. 1970, 82–120; J. Galot, Vers une nouvelle Christologie, Gembloux 1971; J. Pfanmatter/F. Furger (Hg.), Theologische Berichte II. Zur neueren christologischen Diskussion, Zürich – Einsiedeln – Köln 1973; H. Tiefenbacher/A. Schilson, Die Frage nach Jesus dem Christus, in: HerKorr 26 (1972) 563–570; K. Reinhardt, Die Einzigkeit der Person Jesu Christi. Neue Entwürfe, in: IKaZ 2 (1973) 206–224; W. Kasper, Jesus im Streit der Meinungen, in diesem Band u. S. 65–79.

Chalcedon – Ende oder Anfang?[2] Rahner legte dar, dass jede Konzilsdefinition das Ende und das Ergebnis einer Diskussion, den Sieg und die Eindeutigkeit der Wahrheit bedeutet, dass sie aber zugleich ein Anfang ist für neue Fragen und tiefere Einsichten. Rahner sprach von der Selbsttranszendenz jeder Formel; »nicht weil sie falsch, sondern gerade weil sie wahr ist«, muss sie stets neu bedacht werden; »sie bleibt gerade lebendig, indem sie erklärt wird«. So entstanden bedeutende Neuinterpretationen des Dogmas von Chalcedon. Neben Rahner sind vor allem Bernhard Welte, Felix Malmberg, Edward Schillebeeckx zu nennen. Auch Piet Schoonenberg gehört in diese Reihe, wenngleich seine Interpretation zu einer Umkehrung der Formel von Chalcedon führte und damit deren Rahmen sprengte.

Das Grundanliegen aller dieser Versuche war es, aufzuzeigen, wie das Dogma »wahrer Gott und wahrer Mensch« im Glauben verstanden werden kann, wie also ein einmaliger Mensch zugleich Gott sein und damit universale, absolute und nicht mehr überbietbare Bedeutung beanspruchen kann. Mit anderen Worten: Die Frage war, wie ein eschatologisches Ereignis in der Geschichte denkbar ist.

2. Historischer Jesus als Sachkriterium

Die zweite Welle christologischer Neubesinnung drehte sich sachlich um dasselbe Problem. Sie stand im Zeichen der Wiederentdeckung der Frage nach dem historischen Jesus, mit der die Schüler Rudolf Bultmanns (Ernst Käsemann, Ernst Fuchs, Günther Bornkamm, James McConkey Robinson u. a.) die nachbultmannsche Ära einläuteten. Die katholische Theologie griff die neue Fragestellung sehr rasch auf (Josef Rupert Geiselmann, Anton Vögtle, Heinz Schürmann, Franz Mußner, Josef Blank, Hans Küng u. a.).[3] Man erkannte, dass Christologie nicht allein in der Interpretation und Neuinterpretation von kerygma-

---

[2] K. Rahner, Chalcedon – Ende oder Anfang?, in: A. Grillmeier/H. Bacht (Hg.), Das Konzil von Chalcedon. Geschichte und Gegenwart, Bd. 3, Würzburg 1954, 3–49, abgedruckt in: Schriften zur Theologie, Bd. 1, Einsiedeln – Zürich – Köln 1954, 169–222.

[3] Neuere Literaturberichte: F. J. Schierse (Hg.), Jesus von Nazareth, Mainz 1972; P. Fiedler/L. Oberlinner, Jesus von Nazareth. Ein Literaturbericht, in: BiLe 12 (1972) 52–74; G. Schneider, Jesus-Bücher und Jesus-Forschung 1966–1971; in:

tischen oder dogmatischen Bekenntnisformeln besteht, dass vielmehr alle diese Formeln nichts anderes intendieren als die eschatologische Bedeutung von Person und Werk Jesu auszusagen, dass sie also am historischen Jesus ihr Sachkriterium haben. In dem Bekenntnis »Jesus ist der Christus«, »der Herr«, »der Sohn Gottes« interpretieren nicht allein die Titel »Christus«, »Herr«, »Sohn Gottes«, wer Jesus ist, vielmehr wird durch Jesus, sein Auftreten, seine Verkündigung und sein Geschick auch interpretiert, wie die sich religionsgeschichtlich auch sonst findenden Titel christlich zu verstehen sind. Hätten diese Bekenntnisse und Titel keinen Anhalt am historischen Jesus, dann wäre der Christusglaube eine pure Ideologie, eine allgemeine Weltanschauung ohne geschichtliche Begründung. Wäre aber die Geschichte nicht mehr der Schnittpunkt des eschatologischen Geschehens, dann wäre auch die Menschwerdung Gottes nicht ernst genommen; wir hätten es mit einer neuen Form des Doketismus zu tun.

3. Jesulogie statt Christologie?

Die Abkehr von der Kerygma-Christologie Bultmanns war weitgehend auch eine Abkehr von der Dogma-Christologie, die im protestantischen Bereich vor allem Karl Barth nochmals in eindrucksvoller Weise erneuert hatte. An die Stelle der Christologie trat oft eine Jesulogie; nicht der biblische beziehungsweise der kirchliche Glaube an Jesus Christus, sondern der Glaube Jesu selbst war nun zum Ausgangspunkt geworden. Die Entwürfe von Gerhard Ebeling und Friedrich Gogarten zielen auf sehr hohem Niveau in diese Richtung. In der katholischen Theologie spricht man, eine Formel von Willi Marxsen aufnehmend, statt dessen oft fast schlagwortartig von der »Sache Jesu« (Karl Schäfer, Franz Joseph Schierse, Josef Nolte, Norbert Greinacher)[4]. Praktisch ist man damit gegen die ursprünglichen Tenden-

ThPQ 120 (1972) 155–160; H. Schürmann, Zur aktuellen Situation der Leben-Jesu-Forschung, in: GuL 46 (1973) 300–310.

[4] Zusammenfassend: J. Nolte, Die Sache Jesu und die Zukunft der Kirche. Gedanken zur Stellung von Christologie und Ekklesiologie, in: Schierse (Hg.), Jesus von Nazareth (wie Anm. 3), 214–233, weitere Lit. S. 216 Anm. 3; kritisch: W. Kasper, Die Sache Jesu. Recht und Grenzen eines Interpretationsversuches, in diesem Band o. S. 51–64.

zen Käsemanns und trotz vieler Modifikationen im Einzelnen ins Fahrwasser der liberalen Theologie zurückgekehrt. Man sucht an dem »autoritären« Kerygma und Dogma vorbei in freier historischer Forschung einen eigenen direkten Zugangsweg zum historischen Jesus und will auf diese Weise fromm und kritisch zugleich sein. Gotthold Hasenhüttl möchte auf diese Weise denn auch ein Christentum ohne Kirche rechtfertigen.[5] Bei diesem kühnen Versuch lässt man sich weder durch das seit Albert Schweitzer offenkundige Scheitern der liberalen Leben-Jesu-Forschung abschrecken, noch durch die Feststellung Franz Overbecks, »daß wer von einer Religion Christi redet und sich an diese halten zu wollen des Sinnes ist, sich außerhalb der christlichen Religion stellt«[6]. Die Religion Christi ist nämlich eine moderne historische Rekonstruktion, die als solche weder in der Bibel noch in der Tradition eine Rolle spielt.

Den Glauben aber auf wissenschaftliche Rekonstruktion gründen heißt nach Martin Kähler außerdem, die Autorität des Kerygmas und des Dogmas durch sich ständig verändernde wissenschaftliche Autorität ersetzen und »auf einem großen Ohngefähr und auf einer Masse sich unaufhörlich verschiebender, in ihrer Tragweite wechselnder Einzelheiten Fuß zu fassen«[7]. Schließlich muss auf diese Weise der für Jesus reklamierte Autoritätsanspruch dezisionistisch und willkürlich erscheinen. Aus der historischen Einmaligkeit Jesu allein lässt sich dessen universale Bedeutung nicht begründen. Die Person Jesu wird dann in letzter Instanz austauschbar gegen andere Träger derselben oder ähnlicher Ideen, eine Konsequenz, die Nolte inzwischen ausdrücklich gezogen hat.[8] Universalität und geschichtliche Einmaligkeit Jesu Christi ist damit gleichermaßen aufgegeben.

---

[5] G. Hasenhüttl, Christentum ohne Kirche (Der Christ in der Welt, XIV, 4), Aschaffenburg 1972.

[6] F. Overbeck, Über die Christlichkeit unserer heutigen Theologie, Leipzig ²1903 (Darmstadt ³1963, 75).

[7] M. Kähler, Der sogenannte historische Jesus und der geschichtliche, biblische Christus (Leipzig 1892), München 1961, 91.

[8] J. Nolte, »Sinn« oder »Bedeutung« Jesu?, in: WuW 28 (1973) 322–328.

4. Implizite und explizite Christologie

Da uns Jesus schon rein quellenmäßig nur im Kerygma und Dogma der Kirche zugänglich ist, gibt es auch wissenschaftlich keinen anderen Weg für eine methodenbewusste Christologie als von dem biblischen und kirchlichen Bekenntnis auszugehen, das sagt, dass Jesus der Christus, der Herr, der Sohn Gottes und so weiter ist. Es gilt, dieses Bekenntnis auszulegen und zu fragen, wie, warum und mit welchem Recht aus dem verkündigenden Jesus der verkündigte Christus geworden ist. Diesen Weg zu einer Neubegründung der Christologie ist schon sehr früh der Tübinger Dogmatiker Geiselmann in seinem Buch *Jesus der Christus* gegangen; auch wenn die historischen Einzelheiten dieses Versuchs inzwischen überholt sind, ist die Grundidee seines Ansatzes doch nach wie vor gültig. Heute machen unter anderen Voraussetzungen Wolfhart Pannenberg, Eberhard Jüngel, Jürgen Moltmann den Versuch, die Christologie aus der Korrelation von historischem Jesus und verkündigtem Christus neu zu begründen. Sie können dabei aufzeigen, dass der eschatologische Vollmachtsanspruch Jesu, sein Ruf zur unbedingten Entscheidung angesichts seines Kommens und Auftretens, die Art und Weise also, wie er seine Sache, das Kommen der Herrschaft Gottes, mit seiner Person verbunden hat, eine Christologie impliziert, die aufgrund der Ostererfahrungen durch explizite christologische Verkündigung und Bekenntnisse beantwortet wurde. Die nachösterliche Christologie ist nur die ontologische Entfaltung dessen, was Jesus ontisch lebte.[9] Der historische Jesus lässt sich also nicht gegen das Christusbekenntnis und Christusdogma ausspielen. Die universale Bedeutung Christi ist für den Glauben vielmehr in dessen einmaliger Geschichte und dessen einmaligem Geschick begründet.

Wenn wir uns also als Christen auf Jesus Christus berufen und uns zu ihm bekennen, dann ist »Jesus Christus« im Grunde »die« Kurzformel des gesamten christlichen Glaubens. Jesus Christus ist kein Doppelname wie Hans Maier, sondern das Bekenntnis, dass Jesus der Christus, das heißt dass dieser einmalige, unvertauschbare Jesus von

---

[9] Vgl. dazu W. Kasper, Jesus im Streit der Meinungen (wie Anm. 1), 235 f.; ders., Jesus und der Glaube, in diesem Band u. S. 534–551.

Nazareth zugleich der von Gott gesandte Messias, die eschatologische Erfüllung der Geschichte, das Heil der Welt ist. Er ist in Person das Kommen der Herrschaft Gottes, die Vorwegnahme der Vollendung der Zeit, in der Gott »alles in allem« sein wird. In ihm ist in der Geschichte diese Vollendung vorweggenommen; in ihm ist Gott alles in allem; deshalb bekennen wir ihn als den Sohn Gottes.

II. Verschiedene Interpretationen der eschatologischen Bedeutung Jesu

Die Theologie hat die Aufgabe, das Bekenntnis »Jesus ist der Christus« auszulegen und zu zeigen, wie hier eine geschichtlich einmalige Person zugleich universale und damit eschatologisch-endgültige Bedeutung hat. Um dies zu zeigen hat die Theologie drei verschiedene Wege eingeschlagen.

1. Logos-Christologie

Der älteste Versuch liegt vor in der Logos-Christologie der Apologeten im zweiten Jahrhundert. Sie sahen überall in der Welt, in der Natur wie in der Geschichte, in der Philosophie wie in den Religionen logoi spermatikoi, Fragmente des einen Logos am Werk, der in Jesus Christus in seiner Fülle erschienen ist. Diese kosmologische Auslegung des Christusglaubens hat in unserem Jahrhundert vor allem Pierre Teilhard de Chardin in genialer Weise erneuert. Teilhard geht freilich nicht mehr von einem statischen, sondern von einem dynamisch-evolutiven Weltbild aus und versucht aufzuzeigen, wie die Kosmogenese und die Anthropogenese ihre Vollendung in der Christogenese finden. Jesus Christus ist dann die zu sich gekommene Evolution.

2. Christologie als Anthropologie

Ein zweiter Versuch geht nicht kosmologisch, sondern anthropologisch vor. Der Mensch ist ja nach der klassischen Anthropologie das Wesen, das zwar in einem konkreten geschichtlichen unvertauschbaren Hier und Heute existiert; er ist aber zugleich das Wesen, das aufgrund seiner Freiheit offen ist, über alles Bestehende hinausfragt und nach der Wirklichkeit insgesamt fragt. Er ist nach der Definition des Thomas von Aquin quodammodo omnia, arme Verwiesenheit auf ein Geheimnis der Fülle. Damit kann die Menschwerdung Gottes in Jesus Christus nach Karl Rahner verstanden werden als »der einmalig höchste Fall des Wesensvollzugs der menschlichen Wirklichkeit«[10]; die Christologie ist die Anthropologie in ihrer radikalsten Verwirklichung. Rahner hält dabei an der Einmaligkeit und Unableitbarkeit dieser Verwirklichung fest. Bei anderen wird daraus eine anthropologische Reduktion; Jesus Christus wird zur Chiffre eines authentischen Menschseins (Fritz Buri, Schubert Miles Ogden, Dorothee Sölle, Paul Matthews van Buren), die Christologie zur Variable der Anthropologie (Herbert Braun).

3. Universalgeschichtliche Interpretation

Als dritten Weg versucht schließlich Pannenberg und in anderer Weise Moltmann, die Universalität Jesu in einem universalgeschichtlichen Horizont aufzuzeigen und dabei das heilsgeschichtliche Denken der Bibel mit Hilfe der Geschichtsphilosophie Georg Wilhelm Friedrich Hegels zum Verstehen zu bringen. Jesus Christus ist das vorwegereignete Ende der Geschichte.

Die immanente Gefahr aller dieser Versuche liegt darin, dass sie die Einmaligkeit Jesu Christi in ein Allgemeines aufheben und zu einem Christentum kommen, das sich anonym überall in der Menschheitsgeschichte ereignet.[11] Diesen Pferdefuß hat bereits David Friedrich Strauß in seiner Auseinandersetzung mit Hegel herausgestellt: »Das

---

10 K. Rahner, Zur Theologie der Menschwerdung, in: Schriften zur Theologie, Bd. 4, Einsiedeln – Zürich – Köln 1960, 142. Vgl. von K. Rahner u. a. außerdem: Die Christologie innerhalb einer evolutiven Weltanschauung, in: Schriften zur Theologie, Bd. 5, Einsiedeln – Zürich – Köln 1962, 183–221; Ich glaube an Jesus Christus (ThMed 21), Einsiedeln – Zürich – Köln 1968; Grundlinien einer systematisiert Christologie, in: K. Rahner/W. Thüsing, Christologie – systematisch und exegetisch (QD 55), Freiburg i. Br. 1972, 15–78.

11 Auf diese Gefahr hat mehrfach H. U. von Balthasar hingewiesen, vgl. die zusammenfassende Darstellung: Glaubhaft ist nur Liebe, Einsiedeln 1963, dort die

ist ja gar nicht die Art, wie die Idee sich realisiert, in ein Exemplar ihre ganze Fülle auszuschütten, und gegen alle anderen zu geizen, sondern in einer Manchfaltigkeit von Exemplaren, die sich gegenseitig ergänzen, im Wechsel sich setzender und wiederaufhebender Individuen, liebt sie ihren Reichtum auszubreiten ... In einem Individuum, einem Gottmenschen, gedacht, widersprechen sich die Eigenschaften und Funktionen, welche die Kirchenlehre Christo zuschreibt: in der Idee der Gattung stimmen sie zusammen. Die Menschheit ist die Vereinigung der beiden Naturen, der menschgewordene Gott, der zur Endlichkeit entäußerte unendliche, und der seiner Unendlichkeit sich erinnernde endliche Geist«[12]. Die Christusreligion ist damit zur Humanitätsreligion geworden,[13] und Strauß ist ehrlich genug, auf die Frage »Sind wir noch Christen?« mit Nein zu antworten.[14]

4. Radikale Relativierung Christi

Neuerdings werden alle diese Versuche grundlegend in Frage gestellt durch den Vorstoß von Nolte in Richtung auf eine Bedeutungschristologie.[15] Vordergründig geht es Nolte darum, die Kategorie »Sinn«,[16] die etwa Helmut Gollwitzer und Joseph Ratzinger gebrauchten, um die universale Bedeutung Jesu auszulegen, durch die Kategorie »Bedeutung« zu ersetzen. Mit der vieldeutigen und unscharfen Kategorie »Sinn« gerät man nach Nolte »auf die schiefe Ebene neumetaphysischer Vertiefung«[17]. Die Kritik der Sinnchristologie richtet sich deshalb grundsätzlich gegen die »mythisch und metaphysisch bis zur Un-

beiden Kapitel »Die kosmische Reduktion« (8–18) und »Die anthropologische Reduktion« (19–32).

12 D. F. Strauß, Das Leben Jesu kritisch bearbeitet, Bd. 2, Tübingen 1836, 734.

13 Ders., Das Leben Jesu für das deutsche Volk bearbeitet, Leipzig 1864, 625.

14 Ders., Der alte und der neue Glaube, Leipzig ²1872, 94.

15 Vgl. Nolte, »Sinn« oder »Bedeutung« Jesu? (wie Anm. 8).

16 Vgl. jedoch die von Nolte nicht zur Kenntnis genommenen Klärungen bei R. Lauth, Die Frage nach dem Sinn des Daseins, München 1953; J. E. Heyde, Vom Sinn des Wortes Sinn. Prolegomena zu einer Philosophie des Sinnes, in: R. Wisser (Hg.), Sinn und Sein, Tübingen 1960, 69–94. Weitere Literatur bei W. Kasper, Einführung in den Glauben, in: WKGS 5, 15–172, hier: 37 Anm. 19; vgl. auch die Beiträge in: LebZeug 28 (1973) Heft 1/2.

17 Nolte, »Sinn« oder »Bedeutung« Jesu? (wie Anm. 8), 324.

erträglichkeit belastete Seinschristologie«[18] und deren Eschatologisierung und Verabsolutierung der Person Jesu. Die Kategorie »Bedeutung« vermeidet solche Absolutsetzungen; sie läuft auf eine »Funktionalisierung, Relativierung und Pragmatisierung von Wertsetzungen und Absolutheitsansprüchen« hinaus; sie bleibt »im Statut prüfungsbedürftiger Hypothesen«[19]. Eine Bedeutungschristologie »sieht in der Person Jesu die Tat-Sache, das Sinn-Bild, das Wahr-Zeichen und den Bedeutungs-Träger einer von Liebe bestimmten Freiheit«; sie kalkuliert ein, »daß es neben der biographischen Einzelheit Jesu weitere Tat-Sachen, Sinn-Bilder, Wahr-Zeichen und Bedeutungs-Träger einer von Liebe bestimmten Freiheit gibt und geben wird«. »Demzufolge ist das Christliche radikal zu relativieren und lediglich als zwischenzeitliche, pädagogisch-symbolische Konkretion eines bleibenden Wahrheitswertes anzusehen«. »Die Enthypostasierung Jesu und die Relativierung des Christlichen vermag den Raum für die Größe derjenigen Wirklichkeit zu erweitern, welche traditionell ›Gott‹ genannt wird. Das theologische Axiom Deus maior wäre demgemäß zu präzisieren durch den Grundsatz Deus maior Christo et Christianismo. Oder noch radikaler: Deus maior Deo. Gott ist größer, als was in der Gestalt Jesu und im Christentum ›Gott‹ genannt wird, und keine solcher Nennungen vermag diese Größe je zu erschöpfen«[20].

Es ist offenkundig, dass diese Bedeutungschristologie nicht nur die Sinn- und Seinschristologie aus den Angeln hebt, sondern die Grundlagen des biblischen und kirchlichen Bekenntnisses selbst radikal in Frage stellt, das doch nach allen Ergebnissen der Exegese, der Dogmengeschichte wie der dogmatischen Neuansätze des 20. Jahrhunderts gerade darin seinen Skopus hat, dass dieser einmalige, unvertauschbare und unverwechselbare Jesus von Nazareth, seine Person, sein Leben und sein Geschick der *Christus*, das heißt die eschatologisch-endgültige und nicht mehr überbietbare Erfüllung der Geschichte, das Heil der Welt ist, in dem sich Gott ein für alle Mal definiert und mitgeteilt hat, so dass Jesus endgültig in die Definition Gottes wie des Menschen und der Welt hineingehört. Jesus Christus

---

18 Ebd., 325.
19 Ebd., 324.
20 Ebd., 327.

und seine Bedeutung lassen sich darum nach der Schrift letztlich nur im universalen Horizont der Schöpfung verhandeln (vgl. *Joh 1,1ff.; 1 Kor 8,6; Kol 1,15ff.; Hebr 1,3* u.a.). Ein solcher christlicher Absolutheits- und Endgültigkeitsanspruch stellt ohne Zweifel ein Ärgernis und eine Provokation dar. Doch ohne das Skandalon des »Logos sarx egeneto« *(Joh 1,24)*, des »Gott war in Christus und versöhnte die Welt (d.i. das Gesamt aller Wirklichkeit) mit sich« *(2 Kor 5,19)* ist Christentum nicht mehr Christentum. Was übrig bleibt, ist, was Nolte mit einem wahren Wortungetüm den logopraktischen Effekt,[21] konkreter: Nachfolge, Ethik, Tugend, Leben und Praxis Jesu,[22] und das heißt: von Liebe bestimmte Freiheit[23] nennt. Das alles ist, weiß Gott, nicht wenig, sofern man nur ehrlich genug ist und dazusagt, was bei Nolte denn auch geschieht, dass man damit in eine radikale Säkularisierung des Christentums eingewilligt hat.[24] Dem Christentum im Sinn der Schrift und der Tradition hat man damit freilich den Abschied gegeben. Man hat dann aufgegeben, was die Theologie des 20. Jahrhunderts seit Albert Schweitzer und Johannes Weiß als Grundbestimmung des gesamten Christentums wieder entdeckt hat: den eschatologischen Charakter des Christentums.

---

[21] Ebd., 327.

[22] Ebd., 325.

[23] Ebd., 325.327. Ob man »von Liebe bestimmte Freiheit« freilich so einfach als die »Sache Jesu« hinstellen kann wie J. Nolte u.a. es tun, ist schon vom historischen Befund her eine Frage. Richtiger wird man sagen müssen: Die »Sache Jesu« war das Kommen der Herrschaft Gottes, die als Kommen der Herrschaft des »Vaters« zugleich das Kommen der Herrschaft der Liebe meint. E. Käsemann, Der Ruf der Freiheit, Tübingen [5]1972, 47: »Seine Losung war die Herrschaft Gottes. Die Mitmenschlichkeit ist der Lebensraum, nicht aber Grund und Ziel seines Evangeliums«. Ders., Das Problem des historischen Jesus, in: Exegetische Versuche und Besinnungen, Bd. 1, Göttingen 1960, 212: »Er brachte und lebte die Freiheit der Kinder Gottes, die Kinder und frei nur bleiben, solange sie im Vater ihren Herrn finden«.

[24] Nolte, »Sinn« oder »Bedeutung« Jesu? (wie Anm. 8), 327.

III. Vertretbare Christologie heute

1. Pneumatologische Christologie

Am Schicksal einer vertretbaren Christologie hängt die Vertretbarkeit des Christlichen überhaupt. Eine solche vertretbare Christologie ist nicht zu billigen Tagespreisen zu haben; sie lässt sich nur erarbeiten in Auseinandersetzung mit den neuzeitlichen Traditionen des Denkens. Darin ist Nolte recht zu geben,[25] auch wenn man seinen eigenen Vorstoß in dieser Richtung als im Grundansatz gescheitert ansehen muss. Einen bedeutsamen Hinweis dagegen, wie dieser Neuansatz gelingen könnte, hat Barth in einer seiner letzten Veröffentlichungen gegeben. In einem Nachwort zu einer Schleiermacher-Auswahlausgabe[26] hat er gezeigt, dass man das legitime Anliegen der Theologie des deutschen Idealismus und der liberalen Theologie, gegen die er sein Leben lang geradezu mit einer gewissen Hassliebe ankämpfte, am ehesten als Versuch einer Geisttheologie, das heißt einer pneumatologisch orientierten Theologie betrachten könne. Das Pneuma ist ja nach der Schrift die Weise wie die einmalige Person und das einmalige Werk Jesu Christi zur universalen Auswirkung kommt und menschlich-geschichtlich erfahrbar wird. In Richtung auf eine erneuerte Pneumatologie, die ein Stiefkind der bisherigen westlichen theologischen Tradition war, konvergieren heute die verschiedensten Strömungen.[27] Die Pneumatologie könnte am ehesten beides vermitteln:

---

[25] Ebd., 326.328.

[26] Schleiermacher-Auswahl. Mit einem Nachwort von Karl Barth (GTBS 113/114), München – Hamburg 1968, 290–312, bes. 311f. Im gleichen Sinn: W. Thüsing, Neutestamentliche Zugangswege zu einer transzendental-dialogischen Christologie, in: Rahner/Thüsing, Christologie – systematisch und exegetisch (wie Anm. 10), 100f.112.147.153ff.165f.221.270.

[27] Man denke vor allem an den überraschenden und hoffnungsvollen charismatischen Aufbruch im sogenannten Neopentekostalismus. Vgl. dazu W. McCready, Die Pfingstler: Eine soziale Analyse, in: Conc(D) 8 (1972) 131–133; J. M. Ford, Pfingstbewegung und Katholizismus, in: Conc(D) 8 (1972) 684–687. Innerhalb der deutschen kath. Theologie ist die Pneumatologie vor allem ein Anliegen von H. Mühlen; vgl. u.a. Der Heilige Geist als Person in der Trinität, bei Inkarnation und im Gnadenbund: Ich – Du – Wir, Münster ³1968; Una mystica Persona. Die Kirche als das Mysterium der heilsgeschichtlichen Identität des Heiligen Geistes in Christus und in den Christen: Eine Person in vielen Personen, Paderborn

die Einmaligkeit, Vorgegebenheit und die bleibende Oberordnung Jesu Christi vor unserer Erfahrung und dessen Universalität. Durch seinen Geist entspricht Christus ja dem aus sich vieldeutigen und über sich selbst unklaren Harren und Seufzen der gesamten Kreatur; durch den Geist führt er diese zur Vollendung der Freiheit der Kinder Gottes, durch ihn lenkt er damit »alles zum Guten«, konkret erfahrbar ist dieser Geist Christi aber im gottesdienstlichen Beten der Gemeinde (vgl. *Röm 8, 19–28*).[28]

Eine solche pneumatologische Christologie kann hier nur noch postuliert, aber nicht selbst entwickelt werden. Um sie zu entfalten, müsste man sowohl auf früheste Stadien der Geist-Christologie in der Schrift und bei den Vätern zurückgreifen wie in eine Auseinandersetzung mit der neuzeitlichen Geistphilosophie eintreten, wie sie vor allem bei Johann Gottlieb Fichte, Friedrich Wilhelm Joseph Schelling und Georg Wilhelm Friedrich Hegel, den letzten großen philosophischen Gesamtentwürfen, vorliegt. Statt dessen sei hier abschließend in drei Thesen nur noch dargelegt, welche Bedeutung innerhalb einer solchen Geist-Christologie den nicht nur von Nolte, sondern auch von vielen anderen kritisierten und oft völlig missverstandenen[29] metaphysischen Aussagen[30] zukommen können.[31]

---

^{3}1968; Das Christusereignis als Tat des Heiligen Geistes, in: MySal 3/2, 513–544; Die epochale Notwendigkeit eines pneumatologischen Ansatzes in der Gotteslehre, in: WuW 28 (1973) 275–287. Ebenfalls grundlegend: H. U. von Balthasar, Spiritus Creator, Einsiedeln 1967.

28 Vgl. E. Käsemann, Der gottesdienstliche Schrei nach der Freiheit, in: Paulinische Perspektiven, Tübingen 1969, 211–236; ders., An die Römer (HNT 8a), Tübingen 1973, 220–234; H. Schlier, Das worauf alles wartet. Eine Auslegung von Römer 8, 18–30, in: Das Ende der Zeit, Freiburg – Basel – Wien 1971, 250–270.

29 Ein solches Missverständnis hat sich J. Nolte selbst geleistet, wenn er behauptet: der »alte dogmatische Kunstausdruck »Anhypostasis« bedenkt und beschreibt die Modalitäten der Kenosis als Verzicht des menschgewordenen Logos auf seine göttliche Personidentität« (Nolte, »Sinn« oder »Bedeutung« Jesu? [wie Anm. 8], 325). Sed contra: Anhypostasis (im Unterschied zu der von Nolte damit vermengten Kenosis-Lehre von protestantischen Theologen des 17. und 19. Jahrhunderts gefolgt von manchen Gott-ist-tot-Theologen der Gegenwart) bedeutet »Verzicht« der menschlichen Natur Jesu auf ihre menschliche »Personidentität«, besser: Hypostase, und ihre Subsistenz in der Hypostase des göttlichen Logos. Der von Nolte aufgestellte theologiegeschichtliche Galimathias ist nur ein trauriges Zeichen mehr für den Verfall der Kenntnis der Tradition; man polemisiert gegen etwas, was man gar nicht mehr kennt und verschleudert so ein reiches

2. Metaphysik in der Christologie

1. Der Christ ist von Glaubens wegen zum metaphysischen Fragen verpflichtet. Er glaubt, dass in Jesus Christus das tiefste und letzte Geheimnis aller Wirklichkeit offenbar geworden ist. Sein Glaube stellt ihn damit in den universalsten Horizont, den man sich denken kann. Will er also Rechenschaft geben von seiner Hoffnung (vgl. *1 Petr 3,15*) und sich um ein Verstehen seines Glaubens mühen (fides quaerens intellectum), dann kann er dies nur angesichts der Frage nach dem Ganzen der Wirklichkeit, philosophisch gesprochen angesichts der Frage nach dem Sein des Seienden, also angesichts der Grundfrage

---

Erbe für ein billiges und wohlfeiles Linsengericht. – Ein anderes Mißverständnis hat sich Prälat E. Hesse, Wien, »Kirche im Sturm des Progressivismus. Zur Kritik einer Krise«, in: Entscheidung Nr. 40, 1973 / III, 9 f., geleistet. Mit Hilfe von willkürlich aus dem Zusammenhang gerissener und dann auch noch gekürzt wiedergegebener Zitate aus meiner »Einführung in den Glauben« beweist er schlagend, dass ich eine rein funktionale Christologie vertrete und das Dogma von Chalcedon praktisch aufgebe, ja »in schlechter Gesellschaft« von A. Holl Jesus neomarxistisch interpretiere. Leser, die Hesses Elaborat gelesen haben sollten, kann ich guten Gewissens beruhigen. Ich vertrete, wie alle andern Rezensenten denn auch gemerkt haben, in dem genannten Buch das genaue Gegenteil dessen, was Hesse mir zum Vorwurf macht: »Es ist für Jesus geradezu charakteristisch, daß er sich völlig mit seiner Funktion identifiziert. Er ist, was er bedeutet … Person und Funktion sind hier gar nicht zu trennen … In diesem Sinn ist er der Sohn Gottes« (Kasper, Einführung in den Glauben (wie Anm. 16), 59; zum Chalcedonense vgl. ebd., 60.103 f.171 f.). Vgl. zudem: Jesus und der Glaube (wie Anm. 9), 542–544, wo dieser Gedanke ausdrücklich weitergeführt wird im Sinn der klassischen Lehre von der Praeexistenz. Hesses absurde Polemik kann ich deshalb nur verstehen als Ausdruck eines blinden Eifers, der bekanntlich nur schaden kann, denn er stiftet genau das, was Hesse mir und andern vorwirft: Verwirrung.

30 Gegenüber einer unter Neutestamentlern oft vorhandenen Tendenz, die Gottessohnaussagen im NT nur funktional zu verstehen vgl. die bemerkenswerte Feststellung von E. Käsemann, kein ntl. Schriftsteller habe die besondere Gottessohnschaft Jesu anders als im metaphysischen Sinn verstanden (An die Römer [wie Anm. 28], 3.8).

31 Die folgenden Thesen sind in vielem den Überlegungen von H. U. von Balthasar verpflichtet, vgl. besonders Herrlichkeit. Eine theologische Ästhetik, Bd. 3/1, Einsiedeln 1955, 943–983. Philosophiegeschichtlich wurzeln sie in der Auseinandersetzung Schellings mit dem heute in der Theologie wieder sehr zu Einfluss kommenden dialektischen Denken Hegels, vgl. dazu W. Kasper, Krise und Neuanfang der Christologie im Denken Schellings, in diesem Band o. S. 25–50.

der Metaphysik. Mit dieser Verpflichtung zum metaphysischen Fragen ist der Christ freilich noch nicht auf eine bestimmte geschichtliche Ausprägung der Metaphysik, etwa auf die aristotelisch-thomanische Metaphysik festgelegt. Ein Pluralismus von Philosophien und Theologien ist nicht nur legitim, sondern auch notwendig. Aber Theologen, die das metaphysische Fragen grundsätzlich ablehnen, missachten oder lächerlich machen, wissen nicht, was sie tun. Denn in einer Situation, da sich der Horizont menschlichen Fragens und Denkens offensichtlich immer mehr verengt, perspektivisch und eindimensional wird, wo nur noch Fakten gefragt sind und gelten, wo alles, auch der Mensch, verzwecklicht, funktionalisiert und manipuliert wird, ist der Christ zum Hüter des metaphysischen Fragens bestellt, da wird er stellvertretend für die Menschheit den sich verfinsternden Horizont offen halten müssen, um damit zugleich Sachwalter der Freiheit des Menschen zu sein, die man eben nicht funktionalisieren, relativieren und pragmatisieren darf.

2. Der christliche Glaube ist die radikalste Infragestellung jeder in sich geschlossenen Metaphysik; ihm eignet ein ideologie-kritisches Motiv. Er bekennt, dass in Jesus Christus das tiefste und letzte Geheimnis aller Wirklichkeit in völlig einmaliger, unableitbarer, unwiederholbarer und unüberbietbarer Weise offenbar geworden ist. Diese geschichtliche Einmaligkeit ist die zeichenhafte Erscheinung, gleichsam die andere Seite der souveränen Freiheit der Gnade Gottes, die in Jesus Christus für uns alle erschienen ist. Das tiefste und letzte Geheimnis aller Wirklichkeit wird in Jesus Christus also als Gottes Freiheit in der Liebe offenbar. Gott, wie er sich in Jesus Christus offenbart, kann also nicht unter einem allgemeinen Seinsbegriff subsumiert werden. Jesus Christus kann nicht als Fall, auch nicht als höchster Fall einer Kosmologie, Anthropologie oder Geschichtsphilosophie verstanden werden. Der erste großangelegte Versuch einer Aufhebung des Christentums in eine kosmologische Spekulation findet sich in der Gnosis und im Arianismus. Demgegenüber bedeutet das Dogma des Konzils von Nikaia, der Sohn sei dem Vater wesensgleich (homooúsios), trotz und in der philosophischen Terminologie keine Hellenisierung, sondern eine Enthellenisierung, eine Durchbrechung des hellenistischen Denkrahmens.[32] Es handelt sich um eine Anknüpfung im Widerspruch, die

---

[32] Vgl. F. Ricken, Das Homoousios von Nikaia als Krisis des altkirchlichen Plato-

modellhaft sein muss für jede andere Begegnung von Christusglauben und philosophischer Metaphysik. An dieser Stelle hat die reformatorische Kreuzestheologie gegenüber einer theologia gloriae, die die im Kreuz offenbare Verborgenheit Gottes nicht ernst nimmt, ihr Recht. Der Logos des Kreuzes darf nicht durch die Weisheit des Logos entleert werden (vgl. *1 Kor 1, 17f.*)!

3. Der christliche Glaube bestimmt den Sinn von Sein als Liebe. Er geht aus von dem einmaligen Geschehen in Jesus Christus und erkennt in ihm die endgültige Bedeutung der Wirklichkeit insgesamt. Die christliche Deutung des Sinns von Sein gründet also in einer einmaligen Geschichte; sie bringt das in der klassischen Metaphysik meist verdeckte Grundproblem von Sein und Zeit zur Geltung. Sein ist zeitlich-geschichtlich-ereignishaft. Eine sich recht verstehende Seinschristologie führt damit nicht zu der von Bultmann befürchteten Verdinglichung und Objektivierung. Sie geht aus von dem, was die Mitte des Daseinsvollzugs Jesu Christi war, das ὑπὲρ ὑμῶν, das Sein-für-die-andern, universale Stellvertretung, Existenz als Proexistenz.[33] Das bedeutet eine Umwertung der gesamten antiken Metaphysik wie man sie sich radikaler nicht denken kann. Nun ist nicht mehr wie bei Aristoteles die in sich ruhende und seiende Substanz das Höchste, sondern das, was für Aristoteles das schwächste Sein war, die Relation, das für-die-andern-Sein, die sich selbst wegschenkende Liebe. Die Liebe als Sinn des Seins bedeutet aber auch die Aufhebung der das gesamte neuzeitliche Denken durchherrschenden Dialektik von Subjekt und Objekt, von Herr und Knecht, die der Marxismus nur umkehrt, aber nicht grundsätzlich aufheben kann.

Die Trinitätslehre, die die göttlichen Personen als subsistente Relationen, als Von-ein-ander, Für-ein-ander und Mit-ein-ander bestimmt, ist darum keine abstrakte, für die Praxis folgenlose Spekulation, sondern die gewissenhafte Exegese und pünktliche Nachzeichnung dessen, was in Jesus Christus als der letzte Grund und Sinn aller Wirklichkeit offenbar geworden ist: Sein als sich selbst mitteilende Liebe. Die Trinitätslehre stellt deshalb auch keine mythologische und meta-

---

nismus, in: B. Welte (Hg.), Zur Frühgeschichte der Christologie. Ihre biblischen Anfänge und die Lehrformel von Nikaia (QD 51), Freiburg i. Br. 1970, 74–99.

33 Vgl. H. Schürmann, Der proexistente Christus – die Mitte des Glaubens von morgen?, in: Diak 3 (1972) 147–160.

physische Verdinglichung des Christusglaubens dar. Sie ist vielmehr auf ihre Weise eine Entmythologisierung, das heißt Entobjektivierung des Glaubens. Sie ist der Versuch, Gottes Sein im Werden zu denken,[34] also ihrer tiefsten Intention nach ein Durchbruch zu einem geschichtlichen Denken, ohne freilich dadurch alles einem haltlosen Aktualismus und alles vergleichgültigenden Relativismus preiszugeben. Schließlich ist es nicht so, dass sich aus der Trinitätslehre »schlechterdings nichts fürs Praktische machen«[35] ließe. Im Gegenteil »von Liebe bestimmte Freiheit« findet hier ihre tiefste Begründung.

Jesus Christus ist für den Glaubenden ein antizipierendes, real vergegenwärtigendes Zeichen für den endgültigen Sinn der Wirklichkeit, ein Zeichen auf Hoffnung hin. Hoffnung lässt sich wesensgemäß nicht beweisen (vgl. *Röm 8,24*). Man kann sie, wenn man will, eine Hypothese nennen, die der geschichtlichen Bewährung ausgesetzt werden muss. Wegen des universalen Anspruchs dieser Hypothese ist das Experiment, um das es hier geht, freilich deckungsgleich mit dem Experiment des Lebens und der Geschichte insgesamt.[36] Es kann erst eschatologisch als endgültig entschieden gelten. In der Zwischenzeit kann der Glaubende nur versuchen, sich ›im Geist‹ in der Nachfolge Jesu in stellvertretendem Dienst der Liebe für andere zum Zeichen dieser Hoffnung zu machen.

---

[34] Vgl. E. Jüngel, Gottes Sein ist im Werden. Verantwortliche Rede vom Sein Gottes bei Karl Barth. Eine Paraphrase, Tübingen 1965, bes. 33 f.

[35] I. Kant, Der Streit der Fakultäten, in: Werke in sechs Bänden (ed. W. Weischedel), Bd. 6, Darmstadt 1964, 303.

[36] Zur Kritik eines Denkens, das solche universalen und deshalb innergeschichtlich gar nicht endgültig falsifizierbaren Hypothesen von vornherein als unaufgeklärten Rest eines autoritären Denkens betrachtet, das jeden Dialog ausschließt, vgl. Kasper, Einführung in den Glauben (wie Anm. 16), 71–74; zur Sache selbst: Art. Absolutheitsanspruch des Christentums, in: SM 1, 39–44.

Aufgaben der Christologie heute

In der Theologie der Gegenwart deutet sich eine Wende an. Die theologische Diskussion des letzten Jahrzehnts war zumindest auf katholischer Seite weitgehend der vom Zweiten Vatikanischen Konzil gestellten Aufgabe der Erneuerung der Kirche gewidmet. Die Frage nach der Kirche, ihrem Wesen, ihrer Einheit und ihren Strukturen, sowie die Frage nach dem Verhältnis der Kirche zur heutigen Gesellschaft standen im Vordergrund des Interesses. Diese Fragen sind keineswegs erledigt. Es zeigt sich jedoch, dass sie auf der Ebene der Ekklesiologie allein nicht gelöst werden können. Mit dem Programm des Heutigwerdens geriet die Kirche sogar in die Gefahr, vor lauter Offenheit ihre Eindeutigkeit zu verlieren; dort, wo sie aber eindeutig und klar zu reden versuchte, kam sie in die Gefahr, an den Menschen und ihren Problemen vorbei zu agieren. Bemüht sie sich um Identität, droht sie ihre Relevanz zu verlieren; bemüht sie sich dagegen um Relevanz, droht sie ihrer Identität verlustig zu gehen.

Aus diesem Dilemma kann nur eine vertiefte Besinnung auf den eigentlichen Grund und Sinn der Kirche und ihrer Aufgabe in der Welt von heute herausführen. Sinn und Grund der Kirche ist aber nicht irgendeine Idee, kein Prinzip und kein Programm, auch nicht einzelne Dogmen und moralische Gebote, schon gar nicht bestimmte kirchliche oder gesellschaftliche Strukturen. Das alles hat an seinem Ort sein Recht und seine Bedeutung. Grund und Sinn der Kirche ist jedoch ein Name, eine Person: Jesus Christus.

Jesus Christus ist kein Doppelname wie etwa Hans Maier, sondern ein Bekenntnis, das besagt: Jesus ist der Christus.[1] Damit ist gesagt:

---

[1] Vgl. O. Cullmann, Die Christologie des Neuen Testaments, Tübingen 1958, 134–136; F. Hahn, Christologische Hoheitstitel. Ihre Geschichte im frühen Christentum, Göttingen ²1964, 218–225.

dieser einmalige, unvertauschbare Jesus von Nazareth ist zugleich der von Gott gesandte Christus, das heißt der vom Geist gesalbte Messias, die eschatologische Erfüllung der Geschichte, das endgültige Heil der Welt. Das Bekenntnis zu Jesus Christus ist also zugleich auf eine geradezu ärgerliche Weise konkret und auf eine unüberbietbare Weise universal. Das Bekenntnis zu Jesus Christus begründet sowohl die Bestimmtheit, Unverwechselbarkeit und Unterschiedenheit des Christlichen wie dessen universale Offenheit und weltweite Verantwortung. Die ungelösten Probleme der Ekklesiologie können darum nur im Rahmen einer erneuerten Christologie gelöst werden. Sie allein kann der Kirche dazu verhelfen, ihre Universalität und ihre (im ursprünglichen Sinn des Wortes verstandene) Katholizität zurückzugewinnen, ohne dabei die Torheit des Kreuzes zu verleugnen und damit die eigentliche Provokation des Christlichen aufzugeben.

Die grundlegendste Aufgabe einer heutigen Theologie ist es also, bewusst zu machen, dass die Christologie *die* entscheidende Aufgabe der Theologie ist, denn Christologie ist nichts anderes als die möglichst gewissenhafte Auslegung des Bekenntnisses zu Jesus dem Christus. Die Frage ist also, wie eine solche Christologie, die heutigen Anforderungen gerecht wird, aussehen könnte. Dazu seien im Folgenden in keineswegs erschöpfender Weise drei Gesichtspunkte vorgetragen. Ihre Absicht ist es, eher Aufgaben zu formulieren als schon parat liegende Antworten zu geben.

I. Narrative Christologie

Aus dem Ansatz bei dem Bekenntnis zu Jesus dem Christus folgt als erste Aufgabe heutiger Christologie: Christologie als Geschichte, oder – wem die Formel etwas sagt – narrative Christologie (Johann Baptist Metz). Mit dem genannten Ansatz ist die Christologie auf eine ganz bestimmte Geschichte und auf ein einmaliges Geschick verwiesen. Sie ist weder aus den Bedürfnissen des Menschen noch aus denen der Gesellschaft, weder anthropologisch noch soziologisch ableitbar. Sie hat vielmehr eine konkrete Erinnerung wachzuhalten und zu vergegenwärtigen. Sie muss also fragen: Wer war dieser Jesus von Nazareth? Was wollte er? Welches war seine Botschaft, sein Verhalten, sein Geschick? Was war (mit einem ebenso anregenden wie missverständlichen Begriff gefragt) seine ›Sache‹? Wie ist aus dem Jesus, der nicht sich selbst, sondern die nahe gekommene Herrschaft Gottes verkündete, der verkündigte und geglaubte Christus geworden?

Wollen wir diese Fragen entsprechend der heute gegebenen Problemstellung angehen und beantworten, dann werden wir mit den komplizierten und dornigen, für viele Christen zunächst so schockierenden Problemen der modernen historischen Forschung, der Frage nach dem historischen Jesus, der Frage nach der Entstehung des Osterglaubens und der Frage nach der frühesten christologischen Bekenntnisbildung konfrontiert. Diese durch Hermann Samuel Reimarus, David Friedrich Strauß, William Wrede, Albert Schweitzer, Rudolf Bultmann aufgeworfenen Fragen sind weder pure Ausflüchte des Unglaubens noch für den Glauben an Jesus Christus und für die systematische Christologie rein äußerlich und belanglos. Sie stellen sich unausweichlich, wenn man die ärgerliche Konkretheit des Christusglaubens ernst nimmt. Sobald man dies versucht, gibt es keine sturmfreie Zone eines vermeintlichen ›reinen‹ Glaubens.

Mit diesem geschichtlichen Ausgangspunkt ist der Christologie ein doppelter Fluchtweg verstellt. Zunächst ist eine reine Christologie ›von oben‹ ausgeschlossen, die mit einem nicht mehr hinterfragbaren Christus-Kerygma oder Christus-Dogma einsetzt. Kerygma und Dogma der Kirche verkünden ja *Jesus* als den Christus, und die Evangelien tragen ihre Botschaft in der Form eines Berichtes vor.[2] Damit ist ein dem Kerygma und dem Dogma vorgegebenes Sachkriterium genannt. Durch diese Bindung an konkrete Geschichte unterscheidet sich der christliche Glaube grundsätzlich von antiken Mythen und Apotheosen wie von modernen Ideologien. Der christliche Glaube beansprucht wirklich geschehene Geschichte zu deuten, und bis heute ist es die geschichtliche Gestalt Jesu, die ihn immer wieder neu glaubwürdig und überzeugend macht. Franz von Assisi beweist dies ebenso wie das gegenwärtige, weit über die Kirchen hinausreichende Interesse an dem »Bruder Jesus« (Schalom Ben-Chorin). Auf der anderen Seite

---

[2] Hier ist die »neue Frage nach dem historischen Jesus« systematisch aufzugreifen. Sie wurde vor allem durch E. Käsemann, E. Fuchs aufgeworfen und dann auf protestantischer Seite aufgegriffen von G. Bornkamm, H. Braun, J. Jeremias, G. Ebeling, F. Gogarten, J. M. Robinson u. a., auf katholischer Seite von J. R. Geiselmann, A. Vögtle, H. Schürmann, F. Mußner, H. Küng, J. Blank, R. Pesch u. a. Vgl. W. Kasper, Jesus im Streit der Meinungen, in diesem Band o. S. 65–79.

wäre es falsch, im Gegenzug gegen eine einseitige Christologie ›von oben‹ eine ebenso einseitige Christologie ›von unten‹ zu konzipieren. Der irdische Jesus verstand sich nie ›von unten‹. Er verstand sich aus einer Sendung ›von oben‹, als Bote und Zeichen der kommenden Herrschaft Gottes, als Sohn dessen, den er in exklusiver Weise seinen Vater nannte. *Diese* »Sache Jesu«[3], das endgültige Kommen der Herrschaft Gottes seines Vaters, konnte nach seinem gewaltsamen Tod nur dann weiterverkündet werden, wenn man überzeugt war, dass Jesus am Kreuz nicht gescheitert ist, dass Gott ihm vielmehr auch im Tod die Treue gehalten hat, so dass er nun für immer in der Herrschaft Gottes lebt und seine ›Sache‹ durch seinen Tod hindurch in unerwartet neuer Weise in Erfüllung gegangen ist. Ohne Ostern wäre er ein unschuldig Ermordeter mehr, wäre der Glaube leer (vgl. *1 Kor 15,14*), wäre nicht nur seine Person, sondern auch seine ›Sache‹ tot, und keine Kunst der Hermeneutik könnte sie zu neuem Leben erwecken.

Ausgangspunkt der Christologie ist also der irdische *und* der erhöhte Christus, besser: die *eine* Geschichte, das *eine* Geschick und der *eine* Weg, der Jesus Christus zum Kreuz und zur Auferweckung führte.[4] Eine solche als Erinnerung der Geschichte und des Geschicks Jesu verstandene Christologie schlägt einen Weg ein, der jenseits der Alter-

---

[3] Dieser Begriff von W. Marxsen wurde vor allem von K. Schäfer, F. J. Schierse, J. Nolte, N. Greinacher aufgegriffen, jedoch meist einseitig als die »Sache« einer von »Liebe bestimmten Freiheit« verstanden unter Auslassung oder Umgehung der Reich-Gottes-Botschaft Jesu. Zusammenfassend: J. Nolte, Die Sache Jesu und die Zukunft der Kirche. Gedanken zur Stellung von Christologie und Ekklesiologie, in: F. J. Schierse (Hg.), Jesus von Nazareth, Mainz 1972, 214–233; kritisch W. Kasper, Die Sache Jesu. Recht und Grenzen eines Interpretationsversuches, in diesem Band o. S. 51–64; ders., Der Glaube an die Auferstehung Jesu vor dem Forum historischer Kritik, in diesem Band o. S. 98–116, bes. 101–107; ders., Einmaligkeit und Universalität Jesu Christi, in diesem Band o. S. 117–132.

[4] Völlig missverstanden wurde dieser Ansatz von R. Pesch in seiner Kontroverse um die Entstehung des Osterglaubens, in: ThQ 153 (1973), bes. 273 f.276. Wie R. Pesch statt beim Gesamtgeschick Jesu einseitig bei dem vom irdischen Jesus selbst gestifteten Glauben als dem neuen Anfang einzusetzen (ebd. 272.274.276), ist schon allein deswegen verkehrt, weil die frühesten Schichten die Begriffe »Glaube« und »glauben« nicht auf die Person Jesu und seine Botschaft, sondern vornehmlich auf seine Vollmacht, Wunder zu tun, beziehen (M. Hengel, ebd. 260 f.). Gerade die ntl. Geschichte des Begriffs »Glaube« ist ein Zeichen dafür, dass ein Ansatz beim historischen Jesus allein nicht ausreicht. Vgl. meine o. Anm. 3 genannten kritischen Beiträge.

nativen liegt, welche die gegenwärtige Theologie so sehr irritieren. Sie kann dabei zurückgreifen auf eines der ältesten christologischen Modelle der Schrift und der frühen Tradition, die sogenannte Zwei-Stufen-Christologie, die von Christus »gemäß dem Fleisch« und von Christus »gemäß dem Geist« sprach (vgl. *Röm 1,3f.*). Sie lebte später noch lange weiter in der Christologie der beiden Stände, dem Stand der Erniedrigung und dem Stand der Erhöhung, beziehungsweise in der Theologie der Mysterien des Lebens Jesu, wie sie nach Thomas von Aquin noch bis in die Zeit der Barockscholastik eifrig betrieben wurde. In der gegenwärtigen Theologie ist den hier vorgeschlagenen Weg der Neubegründung der Christologie schon sehr früh der Tübinger Dogmatiker Josef Rupert Geiselmann in seinem Buch *Jesus der Christus*[5] gegangen. Auch wenn die historischen Einzelheiten dieses Versuchs inzwischen überholt sind, ist die Grundidee seines Ansatzes nach wie vor gültig. Heute machen unter veränderten Fragestellungen Wolfhart Pannenberg, Jürgen Moltmann, Eberhard Jüngel den Versuch, die Christologie aus der Korrelation von historischem Jesus und verkündigtem Christus neu zu begründen.

Eine erneuerte Christologie hätte also auszugehen von Leben und Werk, von Verkündigung und Verhalten Jesu. Sie hätte aufzuzeigen, wie dieses Auftreten Jesu verstanden werden muss als die überbietende Erfüllung des Alten Testaments. Sie kann weiter aufzeigen, wie Botschaft und Verhalten Jesu einen Vollmachtsanspruch implizieren, der so einmalig und unüberbietbar ist, dass die nachösterlichen Bekenntnisse nichts anderes sind als der Versuch, ihn in der neuen Situation ausdrücklich ins Wort zu fassen und gläubig zu beantworten. Auferweckung und Erhöhung Jesu müssen also verstanden werden als die überbietende Erfüllung von Leben und Werk des irdischen Jesus. Das nachösterliche Bekenntnis macht offenkundig, was verborgen bereits im irdischen Leben Jesu anbrach: das Kommen der Herrschaft der Liebe Gottes. Was Jesus ontisch lebte, Dasein ganz aus Gott und ganz für die andern, wurde später ontologisch entfaltet.[6] Die

[5] J. R. Geiselmann, Jesus der Christus, Stuttgart 1951; ders., Jesus der Christus I. Die Frage nach dem historischen Jesus, München 1965.

[6] Vgl. W. Kasper, Einführung in den Glauben, in: WKGS 5, 15–172, hier: 54–61; ders., Jesus und der Glaube, in diesem Band u. S. 534–551. Dieser indirekte Zugang zur Gottessohnschaft Jesu wurde systematisch als »Dialektik der Sohnschaft« besonders von W. Pannenberg, Grundzüge der Christologie, Gütersloh

rückhaltlose Hinwendung Jesu zu Gott setzt ja die Hinwendung und Selbstmitteilung Gottes voraus. Das spätere Dogma von der Menschwerdung Gottes, von seinem Eingehen in unsere konkrete Geschichte ist also die präzise Zusammenfassung dieser einen Geschichte Jesu, seinem Leben, seinem Sterben und seiner Auferstehung.

In dieser umfassenden Perspektive werden wir heute die Menschwerdung Gottes in Jesus Christus nicht mehr als ein bloß punktuelles Ereignis am Anfang des Lebens Jesu verstehen, sondern als ein zwar ein für alle Mal geschehenes Ereignis, das jedoch in sich nochmals eine Geschichte enthält,[7] die erst im Tod und in der Auferweckung Jesu ihre innere Vollendung erfährt. In der Menschwerdung ist also die ganze Geschichte unseres Menschseins, Geburt und Tod, Suchen und Finden, Freud und Leid, von Gott angenommen und erlöst. Wir werden deshalb heute unbefangener, als es der Schultradition möglich war, von einem Weg Jesu, von seinem Unterwegssein auch in der Erkenntnis des Willens des Vaters,[8] von seinem Glauben[9] sprechen müssen. Nur so können wir festhalten, dass Jesus Christus, die Sünde allein ausgenommen, uns in allem gleich geworden (vgl. *Hebr 4,15; 2,17f.; 5,7ff.*) und so zum Anfänger und Vollender des Glaubens *(Hebr 12,2)* geworden ist.

1964, 345–349 entfaltet und von D. Wiederkehr, Entwurf einer systematischen Christologie, in: MySal 3/1, 530–550 breit entfaltet.

[7] Vgl. B. Welte, Zur Christologie von Chalcedon, in: Auf der Spur des Ewigen, Freiburg – Basel – Wien 1965, bes. 452–458; D. Wiederkehr, Entwurf einer systematischen Christologie (wie Anm. 6), 518–530 u. ö.

[8] Vgl. K. Rahner, Dogmatische Erwägungen über das Wissen und Selbstbewußtsein Christi, in: Schriften zur Theologie, Bd. 5, Einsiedeln – Zürich – Köln 1962, 222–245; H. Riedlinger, Geschichtlichkeit und Vollendung des Wissens Christi (QD 32), Freiburg i. Br. 1966.

[9] Vgl. G. Ebeling, Jesus und Glaube, in: Wort und Glaube, Bd. 1, Tübingen 1960, 203–254; H. U. von Balthasar, Fides Christi, in: Sponsa Verbi. Skizzen zur Theologie, Bd. 2, Einsiedeln 1960, 45–79; W. Thüsing, Jesus als der »Glaubende«, in: K. Rahner/W. Thüsing, Christologie – systematisch und exegetisch (QD 55), Freiburg – Basel – Wien 1972, 211–226.

II. Christologie in einem universalen Horizont

Die einmalige Geschichte und das einmalige Geschick Jesu haben zugleich eine universale Bedeutung. Das führt uns zur zweiten Aufgabe heutiger Christologie: Sie muss Christologie in einem universalen Horizont sein. Auch wenn sie nicht *aus* den Bedürfnissen des Menschen oder der Gesellschaft abgeleitet werden kann, verlangt ihr universaler Anspruch doch, dass sie *angesichts* der Fragen und der Bedürfnisse der Menschen und in Entsprechung (Analogie) zu den Problemen der Zeit bedacht und verantwortet wird. Die Erinnerung an Jesus und die christologische Tradition müssen deshalb als lebendige Tradition verstanden und in schöpferischer Treue bewahrt werden. Nur so kann lebendiger Glaube entstehen.

Dieser universale Horizont kommt schon in der Verkündigung Jesu zum Ausdruck. Zentraler Inhalt und Gesamtrahmen seiner Verkündigung war die nahe gekommene Herrschaft Gottes. Sie war für den damaligen Juden Inbegriff der Hoffnung auf Gottes Gerechtigkeit für die Armen, Unterdrückten und Schwachen, seines Friedens (schalom) für alle Völker. Jesu Person und sein Auftreten war vorwegnehmendes, vergegenwärtigendes Zeichen dieser Herrschaft Gottes. So konnte Jesus nach Ostern als der Christus, als der endgültige messianische Heilbringer verkündet werden. Dieser universale eschatologische Horizont verbietet die vor allem in der Scholastik aufgekommene Trennung zwischen der Christologie, als einer Lehre über Christus an sich, und der Soteriologie, als Lehre vom Werk Christi. Eine Christologie, die Anhalt bei Jesus selbst sucht, kann deshalb nie als Lehre ›an sich‹, auch nicht als eine rein innerliche Botschaft ›für mich‹ entfaltet werden. Sie muss entfaltet werden in Entsprechung zu den grundlegenden Menschheitsfragen: der Frage nach Gerechtigkeit, Friede und Freiheit. In ihr geht es um das Heil des Menschen und der Welt, um den Sinn der Geschichte überhaupt.

Dieser eschatologische Horizont ging der Christologie schon bald verloren. In der Welt des Hellenismus musste die universale Bedeutung der Christusgeschichte in neuer Weise entfaltet werden. Nicht die Frage nach dem Sinn der Geschichte, sondern die Frage nach Sinn und Einheit des Kosmos, philosophisch gesprochen: die metaphysische Urfrage nach dem Sein des Seienden stand im Vordergrund. An die Stelle der Zwei-Äonen- und der Zwei-Stufen-Christologie trat so die metaphysisch bestimmte Zwei-Naturen-Christologie. Das eigentliche Problem war jedoch nicht so sehr die Hellenisierung als die damit verbundene Enteschatologisierung des Glaubens, der Verlust seiner geschichtlichen Dynamik und seiner Zukunftsperspektive.[10] Innerhalb eines Denkens, dessen Gottesbild vorwiegend durch die Unveränderlichkeit und die Leidensunfähigkeit, dessen Menschenbild aber vom Streben nach Unsterblichkeit bestimmt war, konnte die ursprüngliche eschatologische Spannung und die geschichtliche Dynamik nicht mehr voll durchgehalten werden. In der Theologie wurde es sogar schon bald schwierig, von einer wirklichen Mensch*werdung* Gottes, und fast unmöglich, von einem Leiden und Sterben Gottes zu sprechen.[11] Der durchschnittlichen Volksfrömmigkeit dagegen erschien Jesus Christus oft als ein auf Erden wandelnder Gott, seine Menschheit als eine Art Verkleidung und Staffage, als ein bloßes Instrument, dessen sich Gott bediente, um auf der Erde nach dem Rechten zu sehen, nachdem es vom Himmel aus offenbar nicht ging.[12] Die Christologie drohte so fast um ihren inneren Sinn gebracht zu werden. Denn in Abwandlung eines bekannten Axioms der Kirchenväter muss man sagen: Wenn Gott nicht wirklich in unsere Geschichte eingegangen ist, sind wir auch in unserer Geschichte nicht erlöst.

Trotz dieser nicht geringen Probleme war die Hellenisierung des Christusglaubens an sich nichts Illegitimes, wie die liberale Theologie mit Adolf von Harnack meinte; sie entsprach dem universalen Anspruch und dem missionarischen Charakter des Christentums.[13] Sie

---

[10] Hier liegt das berechtigte Anliegen der »konsequent eschatologischen« Richtung von A. Schweitzer, J. Weiß und des sonst recht einseitigen Werkes von M. Werner, Die Entstehung des christlichen Dogmas, Tübingen ^{2}1953. Neuerdings wurden diese Fragen wieder aufgegriffen von J. Moltmann. Vgl. dazu: A. Schilson, Christologie im Präsens, Freiburg 1974, 100 ff.

[11] Vgl. W. Elert, Der Ausgang der abendländischen Christologie, Berlin 1957; H. Küng, Menschwerdung Gottes. Eine Einführung in Hegels theologisches Denken als Prolegomena zu einer künftigen Christologie, Freiburg – Basel – Wien 1970, 622–646.

[12] Vgl. F. X. Arnold, Seelsorge aus der Mitte der Heilsgeschichte, Freiburg 1956, 28–34; K. Rahner, Zur Theologie der Menschwerdung, in: Schriften zur Theologie, Bd. 4, Einsiedeln – Zürich – Köln 1960, 144 f.149 f.152.

[13] Zur heutigen Debatte um das Problem der Hellenisierung vgl. A. Grillmeier, Hellenisierung-Judaisierung des Christentums als Deuteprinzipien der Geschichte des kirchlichen Dogmas, in: Schol 33 (1958) 321–355.528–558; ders., Die alt-

war das aggiornamento von damals. Auch heute kann der universale Charakter des Christentums nicht anders entfaltet werden als in Entsprechung zu den Grundfragen der Metaphysik, der Frage nach dem Einen und Ganzen der Wirklichkeit. Das bedeutet nicht, dass wir als Christen auf eine bestimmte geschichtliche Ausprägung der Metaphysik, etwa auf die aristotelisch-thomanische Metaphysik, festgelegt wären. Im Gegenteil, so wie es damals eine legitime Hellenisierung des Glaubens gab, kann es heute, da wir am Ende einer vorwiegend abendländisch-europäischen und am Anfang einer weltweiten Geschichte des Christentums stehen, eine legitime Enthellenisierung des Christentums geben. In dieser Situation kann der christliche Glaube seine Identität nicht mehr ungebrochen in den traditionellen Glaubensformulierungen finden. Das heißt nicht, dass er sie über Bord werfen könnte und dürfte, wohl aber, dass sie einer neuen Aneignung bedürfen.[14] Hier liegen eine entscheidende Wurzel der gegenwärtigen Krise und zugleich eine vordringliche Aufgabe der Christologie heute.

Vor allem Karl Rahner[15] hat dieser Aufgabe durch eine anthropologisch gewendete Christologie zu entsprechen versucht. Der Mensch der Neuzeit stellt die Frage nach dem Sinn der Wirklichkeit im Ganzen als Frage nach sich und seinem Ort in der Wirklichkeit. Bedeutung und Fruchtbarkeit dieses Ansatzes sind unbestreitbar. Die grundsätzliche Frage ist aber, ob der transzendentale Ansatz der gegenwärtigen Problemstellung genügen kann. Es gibt ja nie *den* Menschen; es gibt den Menschen nur im Plural von Ich – Du – Wir, und es gibt auch dieses Plurale tantum nur innerhalb eines Ensembles von geschichtlichen Bedingungen und Verflechtungen, innerhalb derer ihm die Sinnfrage in ganz bestimmter Weise vorgehalten oder auch vorenthalten wird, innerhalb deren ihm aber zumal heute auch die allerverschiedensten Antworten auf diese Frage angeboten werden. Von dieser konkreten geschichtlichen Situation des Menschen haben wir auszugehen, wenn wir den Glauben an Jesus Christus in einer

---

kirchliche Christologie und die moderne Hermeneutik, in: ThBer 1, 109–161; B. Welte (Hg.) Zur Frühgeschichte der Christologie (QD 51), Freiburg 1970.

14 Vgl. K. Rahner, Chalcedon – Ende oder Anfang?, in: A. Grillmeier/H. Bacht (Hg.) Das Konzil von Chalcedon. Geschichte und Gegenwart, Bd. 3, Würzburg 1954, 3–49 (abgedruckt in: Schriften zur Theologie, Bd. 1, Einsiedeln – Zürich – Köln 1954, 169–222).

15 Vgl. A. Schilson, Christologie im Präsens (wie Anm. 10), 80 ff.

heute verständlichen Weise darlegen wollen. Wir dürfen nicht beim transzendentalen Ansatz Immanuel Kants und des frühen Johann Gottlieb Fichte stehenbleiben, sondern müssen den weiteren Weg des Denkens mitvollziehen, wie ihn Friedrich Wilhelm Joseph Schelling und Georg Wilhelm Friedrich Hegel und unter den Nachhegelianern einerseits Karl Marx, andererseits Ernst Troeltsch, Wilhelm Dilthey, Martin Heidegger, Hans-Georg Gadamer in Richtung auf ein geschichtliches Wirklichkeitsverständnis gegangen sind.

Nach den Worten des Zweiten Vatikanischen Konzils stehen wir heute am Übergang zu einer neuen Epoche der Menschheitsgeschichte. Es handelt sich um einen Übergang von einer mehr statischen zu einer mehr dynamisch-geschichtlichen Sicht der Ordnung der Gesamtwirklichkeit und zu einem wachsenden Bewusstsein von der globalen Verflechtung und von der Solidarität aller Menschen.[16] In dieser Situation muss der eschatologisch-geschichtliche Horizont der biblischen Christologie erneut von Bedeutung werden. Innerhalb eines geschichtlichen Wirklichkeitsverständnisses gewinnt die Frage nach Heil und Erlösung als »Sehnsucht nach dem ganz Anderen« (Max Horkheimer) neu an Aktualität. Angesichts der geschichtlichen Situation ist es ja die Frage, wie in dieser uns alle umfassende und bestimmende Geschichte des Leidens, der Ungerechtigkeit und der Schuld ein neuer Anfang, der wieder Hoffnung eröffnet, möglich ist. Die Frage nach dem Sinn der Geschichte kann angesichts der Geschichte des Leidens und des Unsinns offenbar nur vom Standpunkt der Erlösung aus beantwortet werden.[17]

Innerhalb einer geschichtlich gewordenen Welt ist die Geschichte Jesu als dieser neue Anfang zur Geltung zu bringen. Das Menschsein Jesu ist die in die Geschichte gekommene neue Möglichkeit eines Menschseins für die anderen. Die Solidarität Jesu aber ist nach der Schrift die Daseins- und Gegenwartsweise der Solidarität des Gott-mit-uns (Emanuel). Gott als Gott-mit-uns begreifen bedeutet Ab-

16 Vgl. GS 5 f.

17 T. W. Adorno, Minima Moralia, Frankfurt a. M. 1951, 333: »Philosophie, wie sie im Angesicht der Verzweiflung einzig noch zu verantworten ist, wäre der Versuch, alle Dinge so zu betrachten, wie sie vom Standpunkt der Erlösung aus sich darstellten. Erkenntnis hat kein Licht, als das von der Erlösung her auf die Welt scheint: alles andere erschöpft sich in Nachkonstruktionen und bleibt ein Stück Technik.«

schied nehmen vom unbewegten Beweger und den Versuch unternehmen, den Gott der Geschichte, wie ihn die Schrift bezeugt, im theologischen Denken wieder ernst zu nehmen und »Gottes Sein im Werden« (Eberhard Jüngel) zu denken. Gottes *Sein* im Werden zu denken ist etwas anderes, ja das Gegenteil davon, Gott als einen werdenden Gott, der sich erst entwickelt und die Fülle seines Seins erst einholt, zu verstehen. »Gottes Sein im Werden« lässt sich nur denken, wenn man Gottes Sein als souveräne Freiheit in der Liebe begreift.[18] Das Wesen der Liebe ist es ja, dass sie gerade im Sein beim Andern, mit dem Andern und für den Andern ganz bei sich selbst ist. Weil Gott, so wie er durch Jesus Christus offenbar wird, die Liebe ist *(1 Joh 4,8)*, offenbart er gerade darin sein göttliches Wesen, dass er ganz für uns, mit uns und bei uns ist. »Gottes Sein ist im Werden« bedeutet also, dass Gott in sich Liebe ist, in der Sprache der dogmatischen Tradition, dass er trinitarisch ist. Die Trinitätslehre ist die letzte Voraussetzung wie das letzte Erkenntnisziel jeder Christologie. Eine Christologie ohne Trinitätslehre dagegen fällt haltlos in sich zusammen.[19]

Das Bekenntnis zu Gott, der durch Jesus Christus als Vater, Sohn und Geist offenbar geworden ist, ist alles andere als eine leere Spekulation, die für die Praxis folgenlos bleibt. Im Gegenteil, dieses Bekennt-

---

[18] Vgl. W. Kasper, Krise und Neuanfang der Christologie im Denken Schellings, in diesem Band o. S. 25–50.

[19] Zur Einheit von heilsgeschichtlicher Offenbarung und immanenter Trinität vgl. K. Rahner, Der dreifaltige Gott als Urgrund der Heilsgeschichte, in: MySal II, bes. 327 ff. Diese Einheit scheint mir von P. Schoonenberg aufgegeben zu sein. Denn anders könnte er die Frage, ob Gott, der in der Heilsgeschichte dreieinig ist, auch in sich trinitarisch ist, nicht zunächst als unbeantwortbar offenlassen, sie aber dann doch dahingehend beantworten, dass der Unterschied zwischen Vater, Sohn und Geist »heilsökonomisch personal«, »innergöttlich aber höchstens modal« zu nennen ist. Vgl. zuletzt P. Schoonenberg, Trinität – Der vollendete Bund. Thesen zur Lehre vom dreipersönlichen Gott, in: Orien 37 (1973) 115–117. Wenn Schoonenberg diese Thesen damit begründet, dass uns das Verhältnis zwischen Gottes Unveränderlichkeit und seiner freien Selbstbestimmung nicht zugänglich ist, dann ist dieses Argument eher an einer philosophischen Erkenntnistheorie und Gotteslehre als an der eschatologischen Selbstoffenbarung und Selbstmitteilung Gottes in Jesus Christus orientiert. Die eschatologische Endgültigkeit des Christusgeschehens schließt es nämlich aus, dass Gott sich in Jesus Christus nicht vorbehaltlos mitgeteilt hat und dass er sich gleichsam hinter Christus zurückgehalten hätte. Vgl. Schilson, Christologie im Präsens (wie Anm. 10), 115 ff.

nis besagt, dass der Sinn von Sein Liebe ist. Dies bedeutet aber eine Revolution im Seinsverständnis gegenüber der antiken Metaphysik, für die das In-sich-Sein der Substanz als das Höchste und das Für-andere-Sein der Relation als das Geringste, der Autarkie als die wahre Freiheit und Dienst als Sklaverei galt. Dies bedeutet aber auch eine Revolution gegenüber dem in der Neuzeit üblich gewordenen Denken im Schema von Herrschaft und Knechtschaft, von Emanzipation und Unterdrückung. Revolutionen können lediglich neue Herrschaftsverhältnisse an die Stelle der alten setzen; sie kehren die Verhältnisse nur um, können sie aber nicht grundlegend ändern. Jesus Christus bedeutet einen völlig neuen Anfang. Jesus Christus bedeutet eine Umwertung der Werte, wie man sie sich radikaler nicht denken kann. Damit wird deutlich, in welcher Weise gerade eine Christologie, die bei ihren Leisten bleibt und sich nicht leichtfertig jeder Mode anschließt, in einem viel tieferen und umfassenderen Sinn gesellschaftskritisch sein kann als Theologien, die sich lauthals als solche deklarieren. Sie kann in kritisch-befreiender Weise eingehen auf die gestellten Fragen, ohne in falscher Anpassungskosmetik in den Bann vorgegebener Fragestellungen und Antworten zu geraten. Eine solche Christologie ist freilich nicht zu billigen Tagespreisen zu haben. Sie ist nur möglich in schöpferischer Auseinandersetzung mit der großen Fragen der klassischen wie der neuzeitlichen Tradition philosophischen Denkens.

III. Christologie und Pneumatologie

Mit dem bisher Gesagten ist die wohl wichtigste, aber auch schwierigste Aufgabe, die der Christologie heute gestellt ist, noch nicht genannt. Wenn unser Ansatz bei dem Bekenntnis zu Jesus dem Christus auch nur annähernd richtig ist, dann stellt sich jetzt abschließend die Frage, wie denn die einmalige Geschichte Jesu zugleich universale Bedeutung haben kann. Wie geschieht diese Vermittlung? Was macht Jesus zum Christus? Die Antwort der Schrift lautet: Jesus ist der Christus als der mit dem Heiligen Geist Gesalbte. Ohne vom Geist und »im Geist« von Jesus Christus zu reden, wäre nach der Schrift ein ohnmächtiger Versuch (vgl. *1 Kor 12,3*), eine Christologie ohne Pneumatologie, ein aussichtsloses Unterfangen. Diese pneumatologische Dimension der Christologie ist in der Schultheologie weitgehend verkümmert, wenn sie nicht ganz ausfällt, und diese Geistvergessenheit der herkömmlichen Theologie ist mit ein entscheidender Grund ihrer weitgehenden geistlichen Unfruchtbarkeit. Die Wiederentdeckung der pneumatologischen Dimension stellt uns deshalb vor die wohl wichtigste und weitreichendste Umorientierung in der Christologie.[20]

In der traditionellen Theologie ist der Heilige Geist, sofern über sein heilsgeschichtliches Werk überhaupt nachgedacht und sofern über ihn nicht nur bei der Lehre von den innergöttlichen Relationen gehandelt wird, derjenige, der das Werk Jesu Christi in der Kirche und in der Geschichte weiterführt und universalisiert. Der Geist ist also gleichsam das ausführende Organ Christi und als solches diesem ganz untergeordnet; er ist ganz an die Stiftung Christi, die Kirche, gebunden und weitgehend kirchlich domestiziert. Die Bindung des Geistes an den Buchstaben der Schrift, wie sie sich demgegenüber oft in der reformatorischen Tradition findet, stellt lediglich eine Variante dieser Konzeption dar. Gegen diese Institutionalisierung des Geistes protestierten die Schwärmer aller Jahrhunderte. Oft machten sie jedoch umgekehrt die Freiheit des Geistes, der weht, wo er will, zum Prinzip und ließen dessen christologische Rückbindung außer Acht. Damit drohte die einmalige und unüberholbare Bedeutung Christi verdunkelt zu werden. Christus wurde dann zum Inbegriff, Symbol, Repräsentant oder Vorbild eines geisterfüllten Menschseins. Eine solche Geistchristologie konnte selbstverständlich offen sein für die Wirksamkeit des Geistes in allen Religionen und Kulturen, in Wissenschaft und Kunst. Aber damit wurde aus der einmaligen Christusgeschichte ein allgemeines Christusprinzip; über der Universalität ging die geschichtliche Konkretheit verloren.

Ein Ausweg aus diesem Dilemma ist nur möglich, wenn man beachtet, dass es in der Schrift zwei Aussagereihen über das Verhältnis

---

[20] Dazu ausführlich W. Kasper, Geest – Christus – Kerk, in: B. Brand (Hg.), Leven uit de geest: theologisce peilingen aangeboden aan Edward Schillebeeckx (FS E. Schillebeeckx), Hilversum 1974, 46–64; zudem sei auf die Beiträge zur Pneumatologie von H. de Lubac, H. U. von Balthasar, H. Volk, H. Mühlen, auf protestantischer Seite von K. Barth (vor allem ab Kirchliche Dogmatik IV/2), H. Berkhof, P. Tillich verwiesen. Von besonderer Bedeutung ist die leider viel zu wenig beachtete orthodoxe Tradition, die in der Gegenwart u. a. von V. Lossky, S. Bulgakov, P. Evdokimov vertreten wird. Aus dem anglikanischen Bereich sei auf J. G. Davies verwiesen.

von Christus und Geist gibt, deren Verhältnisbestimmung freilich nicht ganz einfach ist. Vor allem in den Evangelien wird Jesus als Träger des schon im Alten Testament wirksamen und für die messianische Endzeit in seiner Fülle verheißenen Geistes (*Joel 2,28f.; Apg 2,17f.*) verkündet: Er ist gezeugt aus dem heiligen Geist (*Mt 1, 18.20; Lk 1,35*), getauft und zum messianischen Amt eingesetzt durch den Geist (*Mk 1, 10* par.), er wirkt in der Kraft des Geistes, der Geist ruht auf ihm (*Lk 4,14.18* u.ö.), am Kreuz bringt er sich im heiligen Geist dem Vater als Opfer dar (*Hebr 9,14*), schließlich wird er auferweckt durch die Macht des Geistes (*Röm 1,4*), er wird dadurch selbst zu einem »lebenspendenden Geist« (*1 Kor 15,45*). Der Geist wird hier verstanden als Gottes lebenspendende und alles ordnende Schöpfungs- und Geschichtsmacht, die von Anfang an (vgl. *Gen 1,2*) überall am Werk ist, wo Neues entsteht, und die alle Wirklichkeit auf ihr eschatologisches Ziel, auf das »Gott alles in allem« (*1 Kor 15,28*), hinführt und hindrängt. Die Christologie scheint an diesen Stellen fast eine Funktion der Pneumatologie zu sein, und es überrascht nicht, dass eine solche Geistchristologie schon bald in den Verdacht des Adoptianismus kam.

An dieser Stelle setzt die zweite Aussagereihe ein. Hier ist Jesus Christus in so einmaliger, radikaler und unüberbietbarer Weise Existenz und Sendung aus dem heiligen Geist, dass in ihm das eschatologische Ziel der Wirksamkeit des Geistes bereits erreicht ist. In ihm ist schon jetzt Gott »alles in allem«. Die weitere Wirksamkeit des Geistes kann deshalb nur noch darin bestehen, die übrige Wirklichkeit in diese eschatologische Wirklichkeit Jesu Christi zu integrieren. Unter diesem zweiten Aspekt ist der Geist der Geist Christi (*Röm 8,9*; vgl. *Phil 1,19*) beziehungsweise der Geist des Sohnes (*Gal 4,6*), ja »der Herr ist der Geist« (*2 Kor 3,17*). Durch den Geist sind wir »in Christus«, »Leib Christi« (*1 Kor 12,13*). Die Aufgabe des Geistes ist es darum, an Christi Wort und Werk zu erinnern (*Joh 14,26; 16,13f.*) und Christus gegenwärtig zu machen. Dies geschieht jedoch nicht auf eine gesetzliche, sondern auf prophetisch-charismatische Weise, nicht nach dem Buchstaben, sondern in Freiheit (vgl. *2 Kor 3,6–18*). Der Geist achtet gleichsam auf die Fremdprophetie der Welt; er entspricht dem Harren und Sehnen der Schöpfung und ihrem Sich-ausstrecken nach der Freiheit der Söhne Gottes (vgl. *Röm 8,19–28*). Der Geist macht uns das Künftige kund (*Joh 16,13*) und lehrt uns noch größere Werke, als

Christus sie getan hat *(Joh 14,12)*; er ist die Verheißung (*Lk 24,49* u.ö.) und das Angeld dieser Verheißung *(2 Kor 1,22; Eph 1,14)*. Wir können auch sagen: Durch Christus ist das endgültig und unüberbietbar Neue gekommen, der Geist stellt es uns immer wieder neu in seiner Neuheit zur Verfügung; er ist der offene Raum des je Neuen.[21]

Was ist also der Geist? Offensichtlich ist er Gott selbst in seinem sich selbst überbietenden und verströmenden schöpferischen Wirken nach außen (griechische Tradition) und zugleich das innerste Wesen Gottes (lateinische Tradition).[22] Der Geist ist Gott als sich selbst übertreffende, sich selbst überbietende, als überfließende und verströmende Liebe, die eben bei sich ist, indem sie sich mitteilt und wegschenkt. Der Geist ist deshalb die eigentliche Vermittlung zwischen Gott und Mensch in Jesus Christus (gratia unionis) wie zwischen Jesus Christus und uns (gratia capitis). Hat man dies einmal verstanden, dann wird erst verstehbar, wie Christus im Geist ganz für den Vater und ganz für die Menschen dasein kann, wie er ganz partikulär den Weg Israels vollenden und ganz universal den Weg zu allen Völkern weisen kann, wie er als dieser einmalige geschichtliche Jesus von Nazareth zugleich der universale Christus sein kann, der derselbe ist »gestern und heute und in Ewigkeit« *(Hebr 13,8)*. Es wird verstehbar, wie die Kirche ganz der Botschaft Christi treu und doch auch ganz offen sein kann für die Fragen der Zeit, wie sie ganz Institution und ganz Charisma sein kann. Es wird aber auch verständlich, dass diese Synthese, nach der sie gegenwärtig unter vielen Krisen sucht, nur gelingen kann aus einer wahrhaft geistlichen Erneuerung.

Wir werden zugeben müssen, dass wir mit einer solchen Pneuma-Christologie noch in den allerersten Anfängen stecken. Das hat vielerlei Gründe. Die Abwehr des Schwärmertums wurde bereits genannt. Die theologischen Ansätze, die es für eine Pneuma-Christologie in der Schrift und in der frühen Überlieferung gibt, wurden schon bald aufgegeben, weil sie für die aufkommende Logos-Christologie des Adoptianismus verdächtig waren. Seither sind sie in der westlichen Tradition eigentlich nur noch in der Geistphilosophie des deutschen Idealismus und in der liberalen Theologie aufgegriffen worden, frei-

---

[21] Vgl. H. U. von Balthasar, Improvisation über Geist und Zukunft, in: Spiritus creator. Skizzen zur Theologie, Bd. 3, Einsiedeln 1967, 153.

[22] Vgl. ders., Der Unbekannte jenseits des Wortes, in: ebd., 97 f.

lich dort in einer Weise, die orthodox denkende Theologen eher verschreckte als ermutigte.[23]

Am geschichtsmächtigsten wurde eine Theologie des Geistes entwickelt und ein ganzes Zeitalter des Heiligen Geistes proklamiert in der Bewegung des 13. Jahrhunderts, die um den Namen des Joachim von Fiore kreist. Hier wurde ein »drittes Reich« erwartet, die neuzeitliche Fortschrittsgläubigkeit und der Geschichtsmessianismus grundgelegt, der heute wohl am mächtigsten im Marxismus fortlebt.[24] Das Zeitalter des Geistes wird hier also in Emanzipation von Jesus Christus und als Fortschritt über Christus hinaus erwartet. Damit war der Enthusiasmus als geschichtsmächtige Größe endgültig aus den Großkirchen ausgewandert. Er flackerte in der Neuzeit christlich nur noch in kleinen Gruppen, die sich am Rand der gesellschaftlichen wie der kirchlichen Entwicklung befanden, auf. Erst neuerdings gibt es in der sogenannten neuen Pfingstbewegung wieder geistliche Gemeinschaften innerhalb der Großkirchen, die freilich gesellschaftlich vorerst noch eine Art Subkultur darstellen und wenig wirksam werden.

Eine pneumatologisch entworfene Christologie brauchte nach dem bisher Gesagten alles andere als weltfremd und weltflüchtig zu sein. Gerade sie müsste und könnte all das Berechtigte aufgreifen, das in innerkirchlichem wie außerkirchlichem Schwärmertum und Messianismus lebendig ist. Sie könnte und müsste sich aber auch einlassen auf eine kritische Auseinandersetzung mit den geistigen und gesellschaftlichen Strömungen der Gegenwart. Sie müsste Jesus Christus als die unüberholbare und doch je neu »im Geist« zu ergreifende Fülle der Zeit *(Gal 4,4)* zu erweisen suchen.

Für eine solche Neubegründung der Christologie wäre vieles zu lernen von den Denkern des deutschen Idealismus, mehr als von Hegel, vom späteren Fichte und Schelling. Sie haben versucht, den letzten Sinn von Sein als Liebe zu denken. Aber im letzten verblieb ihre Geistphilosophie doch wieder im Bann der Logosphilosophie, der durchschaubaren Logik und Dialektik.[25] Ein neues Bedenken dessen, was

---

[23] Vgl. J. Ternus, Chalcedon und die Entwicklung der protestantischen Theologie. Ein Durchblick von der Reformation bis zur Gegenwart, in: Grillmeier/Bacht (Hg.), Das Konzil von Chalcedon (wie Anm. 14), 531–611, hier: 544 f.556 f.

[24] Vgl. K. Löwith, Weltgeschichte und Heilsgeschehen. Die theologischen Voraussetzungen der Geschichtsphilosophie, Stuttgart ^{4}1961, 136–147.

[25] Vgl. W. Kasper, Das Absolute in der Geschichte. Philosophie und Theologie

Geist Christi heißt, müsste dem gegenüber wieder den Sinn schärfen für den negativen Ausgang und das Scheitern aller reinen Dialektik und hinführen zur docta ignorantia jenes bleibenden Geheimnisses, in das hinein sich unser Leben und alle Geschichte verliert. Der Geist ist ja »Der Unbekannte jenseits des Wortes« (Hans Urs von Balthasar), die den bloßen Buchstaben und die bloße Institution mit »pneumatischem Sinn« (Henri de Lubac) überbietend erfüllende Wirklichkeit. Christologie, wie sie hier als Aufgabe gestellt wird, könnte dann sagen, dass das dunkle Geheimnis unseres Lebens kein Absturz ins Leere und ins Nichts ist, dass sein Dunkel vielmehr gleichsam wie das Negativ und die andere Seite einer konkreten und doch alles umfassenden unbegreiflichen, alles Erwarten übertreffenden Liebe ist. Christologie, die sich so versteht, wäre nicht nur Lehre von Christus, sondern zugleich Einweisung in die Nachfolge Christi, die geschieht »im Geist«. Erst solchem geisterfüllten Tun der Wahrheit kann sich die Wahrheit Christi voll erschließen *(Joh 3,21)*. Doch darüber wäre eigens zu handeln.

---

der Geschichte in der Spätphilosophie Schellings (WKGS 2), Freiburg i.Br. 2010; ders., Krise und Neuanfang der Christologie im Denken Schellings (wie Anm. 18).

Christologie von unten?
Kritik und Neuansatz gegenwärtiger Christologie

Wo immer Theologie bei ihren Leisten bleibt und nicht Allotria treibt, versteht sie sich als Verantwortung des christlichen Glaubens. Sie hat zwei Bezugspunkte: den überlieferten Glauben an Jesus Christus und den Menschen, der in seiner jeweiligen geschichtlichen Situation diesen Glauben als sein Heil und sein Leben verstehen soll. Theologie ist also ein Übersetzungsprozess, bei dem Tradition und Interpretation eine Einheit bilden.[1]

Über die Ergebnisse dieser Übersetzung in der Theologie der Gegenwart gehen die Meinungen freilich auseinander. Wo die einen die Gefahr der Auflösung des Glaubens durch Anpassung an das moderne Denken sehen, befürchten die andern die Gefahr seiner Erstarrung durch einen Rückzug ins kirchliche Getto. Im Hintergrund des ekklesiologischen Streits um eine mehr offene oder eine mehr geschlossene Gestalt der Kirche stehen unterschiedliche Christologien. Berufen sich die einen auf den Menschen Jesus von Nazareth, der ganz für die andern da war und sich bis in den Tod für sie engagierte, so die andern auf den erhöhten und transzendenten Herrn, dem alle Vollmacht gegeben ist und der seine Apostel zur vollmächtigen Verkündigung und Spendung der Sakramente sendet. Die Krise in der Kirche ist also letztlich christologischer Art und kann nur durch eine vertiefte christologische Besinnung gelöst werden.[2]

---

[1] Vgl. W. Kasper, Die Methoden der Dogmatik. Einheit und Vielfalt, in: WKGS 7, 585–622; K. Lehmann, Die dogmatische Denkform als hermeneutisches Problem. Prolegomena zu einer Kritik der dogmatischen Vernunft, in: ders., Die Gegenwart des Glaubens, Mainz 1974, 34–53.

[2] Für die exegetische und historische Begründung des Folgenden sei auf W. Kasper, Jesus der Christus (WKGS 3), Freiburg i. Br. 2007, verwiesen. Einen umfassenden Überblick über die gegenwärtige christologische Diskussion gibt

Freilich in der eben charakterisierten simplen Form ist die Alternative theologisch naiv und unhaltbar. Die bisherigen Referate haben gezeigt: *Das* christologische Grundthema der Schrift ist die Einheit von irdischem Jesus und erhöhtem Christus, *das* christologische Grundmotiv der Tradition die Einheit von wahrer Gottheit und wahrer Menschheit. Das eine kann nicht gegen das andere ausgespielt werden. Das Grundproblem, vor dem wir theologisch stehen, ist also die Art, *wie* wir die Einheit zwischen dem Jesus der Geschichte und dem Christus des Glaubens, zwischen seiner Menschheit und seiner Gottheit ›verständlich‹ machen können. In dieser Frage trennen sich die traditionelle Christologie ›von oben‹ und die moderne Christologie ›von unten‹.

I. Die Problemstellung in der liberalen Theologie

Die traditionelle Christologie geht aus von dem Grundaxiom der Menschwerdung Gottes, näherhin der Menschwerdung des ewigen, »eingeborenen« Sohnes Gottes. Sie setzt damit nicht nur den Glauben an Gott, sondern auch den Glauben an den dreifaltigen Gott und an die Präexistenz des Sohnes Gottes voraus. In diesem Sinn war und ist sie Christologie ›von oben‹, Abstiegs- und Inkarnationschristologie. Freilich war sie nicht so hybrid, dass sie meinte, sie könne sich auf den Standpunkt Gottes stellen und von da aus spekulieren. Sie war sich vielmehr bewusst, dass wir das ›Oben‹ nur durch die geschichtliche Offenbarung Gottes in Jesus Christus, also durch das ›Unten‹ erkennen können. Man wusste zu unterscheiden zwischen der Seinsordnung (ratio essendi), in der das trinitarische Sein Gottes in sich (immanente Trinität) seiner Offenbarung (ökonomische Trinität) vorausgeht, und der Erkenntnisordnung (ratio cognoscendi), in der das theologische Erkennen – wie jedes andere menschliche Erkennen auch – beim Sichtbaren ansetzt, um darin das Unsichtbare zu erfahren. »In der sichtbaren Gestalt lässt du uns den unsichtbaren Gott erkennen« (Weihnachtspräfation). Insofern sind Christologie ›von oben‹ und Christologie ›von unten‹ für die klassische kirchliche Christologie kein

A. Schilson/W. Kasper, Christologie im Präsens. Kritische Sichtung neuer Entwürfe, Freiburg i. Br. 1974.

sich ausschließender Gegensatz, was in der Diskussion fast durchweg übersehen wird.

Das Problem kommt erst in den Blick, wenn man die Frage nicht rein formal nach dem Ausgangspunkt, sondern inhaltlich nach dem Einheitsgrund von Gottheit und Menschheit in Jesus Christus stellt. Die christologische Tradition nahm das Axiom von der Menschwerdung *Gottes* ernst, sah in Gott beziehungsweise in der zweiten göttlichen Person den tragenden Grund, das subiectum (hypostasis) der Einheit, und antwortete mit der Lehre von der hypostatischen Union, dass die menschliche Natur Jesu vermittelst der zweiten göttlichen Person (Hypostase) in die Einheit mit der göttlichen Natur aufgenommen wird. Die Einheit wurde also trinitarisch ›von oben‹ begründet. Die Trinitätslehre war hier eine Art transzendentaltheologische Voraussetzung für die Christologie. Weil Gott in sich trinitarisch ist und Einheit und Vielheit umgreift, hat er die Möglichkeit, eine menschliche Natur ›unvermischt und ungetrennt‹ in sich aufzunehmen.

Diese klassische christologische Konzeption stellt schon rein denkerisch eine spekulative Leistung ersten Grades dar, die man nicht mit ein paar schnell hingeworfenen kritischen Bemerkungen abtun kann. Sie hat jedoch auch einen existentiellen, oder besser: einen soteriologischen Sinn und nicht ein rein intellektuell-spekulatives Interesse. Hinter dieser Konzeption steht nämlich ein Verständnis der Wirklichkeit, in dem nicht Gott, sondern der Mensch das Problem ist. Der Mensch als Sünder, der dem Tod verfallen ist, kann sein Heil nur finden, wenn er in Gott Grund und Halt findet, wenn er letztlich eins mit Gott wird. Innerhalb dieser altkirchlichen Erlösungsvorstellung kann die Einheit von Gott und Mensch in dem einen Mittler Jesus Christus nicht anders als ›von oben‹, das heißt von Gott her begründet werden. Die altkirchliche Christologie ›von oben‹ steht und fällt also mit der altkirchlichen Lehre von der Erlösung. Sie gibt ihr ihre existentielle Begründung, sie macht uns diese aber heute auch zum Problem.

Seit dem Beginn der Neuzeit vollzog sich ein tiefgreifender Wandel im Wirklichkeits- und Selbstverständnis des Menschen. Nun ist der Mensch kein Problem, Gott aber in jeder Hinsicht problematisch. Der Mensch wird nun zur Grundlage aller Gewissheit und zum Ausgangspunkt und Bezugspunkt des gesamten Wirklichkeitsverständnisses. Diese anthropologische Wende musste in der Konsequenz auch zu einer christologischen Wende führen.

Im Einzelnen kann man mit Reinhard Slenczka[3] drei Motive nennen, die zur modernen Christologie ›von unten‹ geführt haben:

1. Die historische Motivation: Aus dem Befremden und der Distanz gegenüber der bisherigen Tradition wurde eine historisch-kritische Beschäftigung mit ihr möglich. So wurde seit Hermann Samuel Reimarus und Gotthold Ephraim Lessing das Verhältnis zwischen dem Jesus der Geschichte und dem Christus des Glaubens zum Problem, das durch David Friedrich Strauß erneut zur Diskussion gestellt wurde. In der liberalen Theologie kam es dann vor allem durch Adolf von Harnack zu der Debatte um die Hellenisierung des ursprünglichen Christusglaubens und seine Überfremdung durch die hellenistische Metaphysik.[4] Davon geblieben ist bis heute die These, in der christologischen Tradition sei an die Stelle des lebendigen Gottes der Geschichte der ›apathische‹ Gott Platons getreten. Ein Neuentwurf der Christologie unter Rückgriff auf das Ursprungszeugnis der Schrift war deshalb angezeigt.

2. Die christologische Motivation: In der liberalen Christologie ›von unten‹ besonders in der Schule von Albert Ritschl ging es keineswegs darum, den historischen Jesus gegen den Christus des Glaubens auszuspielen. Im Gegenteil, die Anwendung der historisch-kritischen Methode war letztlich dogmatisch motiviert. Man wollte gegen die Auflösung des Christusglaubens in eine allgemeine Idee (David Friedrich Strauß, Bruno Bauer) oder in eine Mythe (Arthur Drews) das vere homo zur Geltung bringen. Es geht also nicht um eine Substitution des christologischen Dogmas, sondern um dessen historische Interpretation. Dahinter stand:

---

[3] Vgl. R. Slenczka, Geschichtlichkeit und Personsein Jesu Christi. Studien zur christologischen Problematik der historischen Jesusfrage, Göttingen 1967, 128 ff.

[4] Die von Harnack aufgestellten Thesen werden in manchen Entwürfen der Christologie ›von unten‹ bis heute ziemlich unkritisch übernommen, obwohl sie von der ernsthaften Forschung längst aufgegeben sind. Denn 1. ging es in der altkirchlichen Dogmengeschichte nicht um ein spekulatives, sondern um ein soteriologisches Anliegen, das sich nur sekundär in schöpferischer Umprägung hellenistischer Kategorien bediente, und 2. war diese kritische Anknüpfung eine hermeneutische Notwendigkeit in der damaligen Situation. Sie war gleichsam das aggiornamento von damals. Vgl. A. Grillmeier, Hellenisierung – Judaisierung des Christentums als Deuteprinzipien der Geschichte des kirchlichen Dogmas, in: Schol 33 (1958) 321–355.528–558; ders., Die altkirchliche Christologie und die moderne Hermeneutik, in: ThBer 1, 109–161.

3. Die hermeneutisch-apologetische Motivation: Es geht der liberalen Theologie um eine Begründung des Glaubens gegenüber dem Unglauben, um den Nachweis, dass der Glaube kein leeres Phantasiegebilde ist und sich auf verifizierbare Tatsachen und Sachverhalte stützt. Man will den Glauben also dem modernen Menschen mit modernen Mitteln nahebringen, das Unverständliche begreiflich und das Erstarrte lebendig machen. Dies konnte entsprechend der neuzeitlichen Wende zur Subjektivität nicht mehr auf dem Weg der bisherigen Christusontologie, sondern nur noch auf dem Weg einer Art Christuspsychologie geschehen. Im irdischen Menschen Jesus, besonders in seinem inneren Leben, sollte sein Gottsein erfahrbar und in einem ästhetischen Akt gleichsam anschaubar werden.

Von solchen Motiven bewegt, will Ritschl »die Gottheit Christi als ein an seinem Wirken offenbares Attribut verstehen«. »Erst müssen wir Christi offenbare Gottheit nachweisen können, ehe wir auf seine ewige Gottheit reflektieren.«[5] Die Aussagen über den Erhöhten wie den Präexistenten müssen »ihren Maßstab in der geschichtlichen Gestalt seines Lebens finden. Also muß die Gottheit oder die Weltherrschaft Christi in bestimmten Zügen seiner zeitlichen Existenz begriffen werden.«[6] Ähnlich heißt es bei dem Links-Ritschlianer Wilhelm Herrmann: »Wir, die wir die Erlösung bei Jesus suchen, dürfen uns auch nicht etwa unterfangen dieselben hohen Dinge von Jesus zu glauben, wie sie (sc. die Jünger) als Erlöste von ihm geglaubt haben. Das hieße, von oben anfangen und das zum Grund der Erlösung machen, was eine Frucht der Erlösung ist. Wir sollen nicht selber emporklettern wollen. Sondern wir sollen uns wie damals die Jünger treffen und emporheben lassen durch das, was uns in unserer Lage als etwas zweifellos Wirkliches berührt«[7].

Fassen wir zusammen, worum es in der modernen Christologie ›von unten‹ ursprünglich geht:

1. Das Programm der Christologie ›von unten‹ versteht sich als der Versuch, den Glauben an Jesus Christus unter den Voraussetzungen des neuzeitlichen Denkens neu zugänglich und verständlich zu machen.

---

[5] A. Ritschl, Die christliche Lehre von der Rechtfertigung und Versöhnung, Bd. 3, Bonn [4]1895, 337.

[6] Ebd., 383.

[7] W. Herrmann, Der Verkehr des Christen mit Gott, Tübingen [7]1920, 64.

Es handelt sich also um einen epochalen Neuansatz, der nur sekundär an älteren theologischen Entwürfen (neutestamentliche Erhöhungschristologie, verschiedene Formen des Adoptianismus, die Homo-assumptus-Christologie, die Austauschchristologie Luthers u. a.) anknüpft.

2. Entsprechend dem mit der neuzeitlichen anthropologischen Wende gegebenen wissenschaftlichen Methodenbewusstsein versucht die Christologie ›von unten‹ die Frage nach dem Ausgangspunkt, dem Grunddatum und dem Maßstab des Christusglaubens reflexer zu stellen als die christologische Tradition. Ihr Ansatz ist das ›Leben Jesu‹, und insofern ist sie ›Leben-Jesu-Theologie‹. Die Verdrängung von Kreuz und Auferstehung aus ihrer im Neuen Testament zentralen und fundamentalen Bedeutung hat sie dabei mit der klassischen Inkarnationschristologie gemeinsam.

3. In der Leben-Jesu-Theologie geht es (wenigstens bei ihren klassischen Vertretern) keineswegs um eine entwicklungsgeschichtliche, psychologisierende Biographie Jesu. Es geht vielmehr um *das* christologische Grundproblem: die Frage nach der Einheit von Gott und Mensch in Jesus Christus in einer Person. Die Grundfrage an die Christologie ›von unten‹ lautet deshalb: Handelt es sich um die *menschliche* Person Jesu, die uns Gott als Person offenbart, oder handelt es sich um die zweite *göttliche* Person, die sich in Jesu Menschheit offenbart? Wie kann also das Dogma des Konzils von Chalcedon neu verständlich gemacht werden?

II. Die Diskussion in der protestantischen Theologie

Scharfen Widerspruch gegen die liberale Christologie ›von unten‹ meldete zunächst Martin Kähler an. In seinem berühmten Vortrag *Der sogenannte historische Jesus und der geschichtliche, biblische Christus* bezeichnete er bereits 1892 die ganze »Leben-Jesu-Bewegung« als einen Holzweg.[8] Geschichtlich wirksam wurde dieser Widerspruch freilich erst durch die Dialektische Theologie nach dem Ersten Weltkrieg und der durch ihn ausgelösten Krisenstimmung und Erschütterung der

---

8 Vgl. M. Kähler, Der sogenannte historische Jesus und der geschichtliche, biblische Christus (1892), neu hg. v. E. Wolf, München ³1961, 18.

neuzeitlichen »Selbstgewissheit«. In seinem Vortrag *Die dogmatische Prinzipienlehre bei Wilhelm Herrmann* (1925) schreibt Karl Barth: »Die orthodoxe Christologie ist ein aus der Höhe von 3000 m steil abfließendes Gletscherwasser; damit kann man etwas schaffen. Die Herrmannsche Christologie, so wie sie dasteht, ist der hoffnungslose Versuch, eine stehende Lagune mittelst einer Handpumpe auf dieselbe Höhe zu treiben. Das geht eben nicht.«[9]

Warum geht das nicht? Barth begründet seine Kritik zunächst durch einen Rekurs auf das christologische Dogma. Die Person Jesu, in der wir Gott erfassen, ist die Person des Logos, sodass »es abgesehen vom Logos eine ›Person‹ Jesu überhaupt nicht gibt«[10]. In der *Kirchlichen Dogmatik* ergänzt Barth dieses dogmatische Argument durch ein für seine Theologie charakteristisches theologisches Sachargument. Das ebionitische »Emporidealisieren« der Persönlichkeit Jesu ist deshalb unmöglich, weil Gott nur durch Gott offenbar werden kann. Der Erkenntnisgrund für die Gottheit Jesu ist darum nicht eine Art ästhetische Schau seiner Menschheit, sondern allein das Wort Gottes.[11] Dass es sich bei dieser sogenannten Neoorthodoxie um alles andere als um einen naiven Rückfall in ein vorneuzeitliches Denken handelt, macht die wohl ausführlichste Auseinandersetzung mit der Christologie ›von unten‹ bei dem Barth-Schüler Otto Weber deutlich.[12] Die liberale Theologie wird hier im Anschluss an Ernst Troeltsch als in sich unhaltbare Vermittlungstheologie bezeichnet. Sie muss ja voraussetzen, dass das ›Unten‹ für das ›Oben‹ transparent ist; das aber ist ein Postulat der idealistischen Geschichtsphilosophie. Wird dagegen die Endlichkeit des Menschen ernst genommen, dann muss auch gelten: finitum non capax infiniti, dann kann Gott für uns nur Kraft seiner Selbstoffenbarung bekannt sein, und diese Selbstoffenbarung Gottes ist dann nicht nur die vollendende Bestätigung des Menschen, sondern auch das Gericht über alle Versuche des Menschen, sich ›von unten‹ Gottes zu bemächtigen.

Diese Kritik von Karl Barth, Emil Brunner, Hans Joachim Iwand, Otto Weber und anderen machte sich auf seine Weise auch Rudolf

---

9 K. Barth, Die dogmatische Prinzipienlehre bei Wilhelm Herrmann, in: ZZ (1925) 274.

10 Ebd.

11 Vgl. ders., Kirchliche Dogmatik I/1, Zollikon – Zürich 1952, 422 ff.

12 Vgl. O. Weber, Grundlagen der Dogmatik, Bd. 2, Neukirchen 1962, 20 ff.

Bultmann in seinen frühen Auseinandersetzungen mit der liberalen Theologie und den Jesusbüchern von Martin Franz Dibelius, Emmanuel Hirsch, Johannes Weiß und anderen zu eigen. Die Konzeption von der Persönlichkeit Jesu als Offenbarungsträger, die »durch eine Art ästhetischer Anschauung farbig gemacht wird«[13], läuft auch nach ihm auf einen idealistischen Geschichtspantheismus hinaus[14] und auf eine »Bruderschaft von Rationalismus und Pietismus«[15].

Von Gott kann nur aus dem Glauben an das Kerygma die Rede sein. Deshalb kann Bultmann schließlich sagen: »Wie es in Jesu Herzen ausgesehen hat, weiß ich nicht und will ich nicht wissen.«[16] Freilich, Bultmanns Kritik richtet sich auch gegen die nach seiner Meinung objektivierende Redeweise des Chalcedonense.[17] Bultmann vermag von seinen Voraussetzungen her nur noch von einer paradoxen Identität von Gott und Mensch in Jesus Christus zu sprechen. Die Gottheit Christi erweist sich in dem Geschehen, »in das wir dadurch gestellt sind, dass die Predigt erklingt, die ihn als die uns erschienene Gnade Gottes verkündigt«[18]. Es geht hier nicht um sein metaphysisches Wesen an sich, sondern um seine Bedeutsamkeit für den Menschen, für den Glauben.[19] So verstandenes Kerygma und so verstandener Glaube lassen sich selbstverständlich nicht historisch verifizieren und legitimieren.[20] Mit einer Christologie ›von unten‹ schien es damit endgültig vorbei zu sein.

Doch Ernst Käsemanns berühmter Vortrag über *Das Problem des historischen Jesus* (1953) veränderte die theologische Landschaft schnell und gründlich. Es folgten Ernst Fuchs, Günther Bornkamm, Hans Conzelmann und andere. Dieser neuen, nachbarthschen und nachbultmannschen Ära protestantischer Theologie ging es keineswegs in

---

13 R. Bultmann, Zur Frage der Christologie (1927), in: Glaube und Verstehen, Bd. 1, Tübingen [4]1961, 98.

14 Vgl. ders., Die liberale Theologie und die jüngste theologische Bewegung, in: ebd., 5.7.

15 Ders., Zur Frage der Christologie, in: ebd., 98.

16 Ebd., 101.

17 Vgl. ders., Das christologische Bekenntnis des ökumenischen Rates (1951/52), in: Glaube und Verstehen, Bd. 2, Tübingen [3]1961, 257.

18 Ebd., 256.

19 Vgl. ebd., 252.

20 Vgl. ders., Das Verhältnis der urchristlichen Christusbotschaft zum historischen Jesus, Heidelberg 1960, 12 ff.

erster Linie um neue exegetisch-historische Einsichten. Was die Frage authentischer Jesuslogien angeht ging Käsemann nicht wesentlich über Bultmanns *Geschichte der synoptischen Tradition* hinaus. Wenn Käsemann »die genuin liberale Frage nach dem historischen Jesus«[21] wieder aufgriff, dann mit dem theologischen Argument, nur so könne gewahrt werden, dass das eschatologische Ereignis »keine neue Idee und kein Kulminationspunkt in einem Entwicklungsprozeß« ist,[22] und nur so könne einem neuen Doketismus und Mythos gewehrt werden.[23] Auf diese Gefahr wurde auch von Systematikern aufmerksam gemacht. Von ganz anderen Voraussetzungen her hatte ja Hans Urs von Balthasar bereits 1951 bei Barth eine idealistische Denkform aufgewiesen.[24] Ähnliches zeigte Wolfhart Pannenberg 1961 hinsichtlich des für Barth zentralen Begriffs der Selbstoffenbarung Gottes.[25] Die »theologische Relevanz des Historischen«[26] und das Thema »Offenbarung als Geschichte« (Pannenberg) wurden damit zu einem dringenden Problem.

In der so veränderten theologischen Situation machte sich vor allem Pannenberg erneut zum Befürworter einer Christologie ›von unten‹.[27] Er konnte sich dabei auf einen breiten Konsens innerhalb der protestantischen Theologie berufen, der von Werner Elert, Paul Althaus, Emil Brunner (in seiner *Dogmatik*), Carl Heinz Ratschow bis zu Friedrich Gogarten und Gerhard Ebeling reicht. Hinter diesen Namen stehen sehr unterschiedliche theologische Entwürfe. Wir beschränken uns hier auf Pannenberg, der den wohl bedeutendsten und geschlossensten Entwurf einer dogmatischen Christologie, die ganz bewusst ›von unten‹ ausgeht, vorgelegt hat. Pannenberg will so wenig wie Käsemann ins Fahrwasser der liberalen Theologie zurück. Er weiß um die Untrennbarkeit von Tradition und Interpretation und will deshalb

---

21 E. Käsemann, Das Problem des historischen Jesus, in: Exegetische Versuche und Besinnungen, Bd. 1, Göttingen 1960, 189.

22 Ebd., 200.

23 Vgl. ebd., 203.

24 Vgl. H. U. von Balthasar, Karl Barth. Darstellung und Deutung seiner Theologie, Köln ²1962, 210 ff.

25 Vgl. W. Pannenberg u. a., Offenbarung als Geschichte, Göttingen 1961, 7 ff.

26 E. Käsemann, Sackgassen im Streit um den historischen Jesus, in: Exegetische Versuche und Besinnungen, Bd. 2, Göttingen 1964, 31.

27 Vgl. W. Pannenberg, Grundzüge der Christologie, Gütersloh 1964, 26 ff.

nicht den historischen Jesus gegen das Kerygma ausspielen. Ausdrücklich begründet er seine Christologie ›von unten‹ darum auch nicht allein im irdischen Leben Jesu, sondern in dessen Gesamtgeschick, also unter Einbeziehung der Auferstehung. Auf diesem Weg gelingt es ihm faktisch, die gesamte kirchliche Christologie (mit Ausnahme einiger sekundärer Züge wie etwa die Jungfrauengeburt) ›von unten‹ zu rekonstruieren. Die Versöhnung von Glaube und historischer Vernunft scheint nun endlich gelungen zu sein.[28]

Gewissermaßen einen Gegenentwurf hat Jürgen Moltmann in *Der gekreuzigte Gott. Das Kreuz Christi als Grund und Kritik christlicher Theologie* vorgelegt.[29] Der Untertitel macht die Grenze von Pannenbergs Ansatz deutlich. Das Kreuz und die Auferstehung werden in der Christologie ›von unten‹ zwar nicht geleugnet, sie verlieren aber ihre für die Christologie systembildende Funktion. Um seiner Konzeption treu bleiben zu können ist Pannenberg gezwungen, die Auferstehung zu einem (unter bestimmten hermeneutischen Voraussetzungen) historisch aufweisbaren Ereignis zu machen. Auch wenn sie dabei für ihn (anders als etwa für Willi Marxsen) nicht nur ein Interpretament, sondern eine Realität darstellt, so kommt ihr doch gegenüber dem irdischen Vollmachtsanspruch Jesu eine nur bestätigende Funktion zu. Sie hat nur eine formale, noetische Bedeutung, sie ist aber nicht eine »selbständige, neue Tat Gottes«, die als solche gegenüber dem Anspruch des irdischen Jesus ein Novum darstellt und diesen in überbietender Weise erfüllt.[30] Die kritische Frage an jede Christologie ›von unten‹ ist darum nicht allein, ob sie an der Realität der Auferweckung festhält, sondern noch viel mehr, welchen Stellenwert sie ihr gibt und wie sie das Verhältnis von Kreuz und Auferweckung beziehungsweise von irdischem Jesus und auferwecktem Christus im Einzelnen bestimmt.

---

28 Auf die problemreiche Verhältnisbestimmung von Glaube und Geschichte bei W. Pannenberg kann in diesem Zusammenhang nicht eingegangen werden. Vgl. J. M. Robinson/J. B. Cobb (Hg.), Theologie als Geschichte, Neuland in der Theologie, Bd. 3, Zürich – Stuttgart 1967; J. Berten, Geschichte – Offenbarung – Glaube. Eine Einführung in die Theologie Wolfhart Pannenbergs, München 1970.

29 München 1972, bes. 86 ff.

30 Vgl. K. Barth, Kirchliche Dogmatik IV/I, 330 ff.; dazu: B. Klappert, Die Auferweckung des Gekreuzigten, Neukirchen 1971.

Versteht man die Auferweckung Jesu als eine einmalige und unableitbare Tat Gottes, durch die der Anspruch Jesu in überbietender Weise in Erfüllung gegangen ist, dann reicht der Ansatz der Christologie ›von unten‹, die wir bisher kennengelernt haben, nicht aus. Denn eine solche Tat Gottes kann weder aus dem Anspruch des irdischen Jesus (so Rudolf Pesch) noch aus dem an sich vieldeutigen Faktum des leeren Grabes erschlossen werden (so Pannenberg). Die Sieghaftigkeit des Anspruchs Jesu in der Auferweckung kann dann nur durch die Selbstoffenbarung des Auferstandenen an seine Jünger in der Geschichte zur Geltung kommen. Das bedeutet aber, dass die apostolische Verkündigung ein konstitutives Element am Christusgeschehen selber ist. In diesem (allerdings nur in diesem) Sinn kann man, mit Karl Rahner Bultmann aufgreifend, sagen, Jesus sei ins Glaubenszeugnis seiner Jünger hinein auferstanden.[31] Oder mit Heinrich Schlier: »Nur in seiner Proklamation ist die neue Wirklichkeit präsent.«[32] Da es sich um eine neue Wirklichkeit handelt, um die Wirklichkeit der neuen Schöpfung, ist ihre Verkündigung nicht nur die bestätigende Wiederholung der Botschaft des irdischen Jesus, sondern deren schöpferische Vergegenwärtigung im Geist; sie ist nicht toter Buchstabe, sondern lebendiger Geist, nicht Gesetz, sondern Evangelium. Demgegenüber scheint mir auch noch die neue Christologie ›von unten‹ in der Gefahr eines geistlosen Rückfalls in jüdisch-gesetzliches Denken und in einen Rabbinismus von ipsissima verba et facta Jesu zu stehen. Käsemann hat in seinen *Sackgassen im Streit um den historischen Jesus* mit der ihm eigenen Nachdrücklichkeit vor dieser Gefahr einer aufklärerischen Modifikation des solus Christus gewarnt.[33]

So ergeht an die Christologie »von unten« nicht nur die dogmatische Frage nach der Einheit und Unterschiedenheit von Gottheit und Menschheit in einer Person, sondern auch die bibeltheologische Frage nach der Einheit und Unterschiedenheit vom irdischen Jesus und dem im Geist gegenwärtigen, auferweckten Christus. Die Christologie ›von

---

[31] Vgl. K. Rahner/W. Thüsing, Christologie – systematisch und exegetisch (QD 55), Freiburg i. Br. 1972, 38.

[32] H. Schlier, Kerygma und Sophia. Zur neutestamentlichen Grundlegung des Dogmas, in: Die Zeit der Kirche. Exegetische Aufsätze und Vorträge, Freiburg i. Br. ^{2}1958, 230.

[33] Vgl. E. Käsemann, Sackgassen im Streit um den historischen Jesus (wie Anm. 26), 40.

unten‹ steht in der Gefahr, die bleibende Gegenwart Jesu Christi im Geist zwar nicht unbedingt zu leugnen, aber doch in ihrem systematischen Stellenwert unterzubewerten. Gewarnt hat Käsemann freilich auch vor der gegenteiligen Gefahr des Enthusiasmus, bei dem Jesus ins Kerygma hinein aufersteht, wo also das Kerygma der Kirche an die Stelle Jesu tritt[34] und »das Prae des Christus vor den Seinigen«[35] nicht mehr gewahrt ist. Gegen dieses katholisierende »credo in ecclesiam« war sein Vorstoß ebenfalls gerichtet.[36] Die Frage geht jetzt also an die katholische Theologie. Inwiefern ist ihr eine kritische Rückfrage nach dem historischen Jesus möglich? Wie löst sie das Problem der Übersetzung des ursprünglichen Christusglaubens in die Fragestellungen der Gegenwart hinein?

III. Neuansätze in der katholischen Theologie

Die Voraussetzungen der katholischen Theologie unterscheiden sich von denen der protestantischen nicht nur theologie- und geistesgeschichtlich, sondern – zumindest in ihrer herkömmlichen Gestalt – auch prinzipiell durch die konstitutive Bindung an die kirchliche Tradition, vor der sich jeder Neuansatz, will er nicht in den Verdacht der Neuerung kommen, verantworten muss. An solchen Neuansätzen ist gegenwärtig kein Mangel. Sie kommen alle darin überein, dass das Dogma von Chalcedon für sie nicht mehr einfach den selbstverständlichen Ausgangspunkt und Rahmen der Christologie darstellt, sondern – bei grundsätzlicher Anerkennung seiner Legitimität – innerhalb eines neuen Entwurfs neu zur Sprache gebracht und damit auch neu interpretiert wird. Das ist grundsätzlich legitim, ja notwendig, da die Tradition im theologischen Sinn des Wortes kein Arsenal steriler Sätze darstellt, sondern eine in der Kirche gelebte und lebendig geglaubte Wirklichkeit ist, die über sich selbst hinaus- und in das Geheimnis Gottes hineinweist. Wie Rahner in seinem grundlegenden Artikel *Chalcedon – Ende oder Anfang?* gezeigt hat, muss man von die-

34 Vgl. ebd., 59.
35 Ebd., 67.
36 Vgl. ebd., 62.

ser Tradition sagen: »Sie bewahrt ihre Bedeutung, sie bleibt gerade lebendig, indem sie erklärt wird.«[37]

Erste Ansätze zu einer Christologie ›von unten‹ finden sich bereits bei Père Déodat de Basly und der von ihm ausgelösten, in den 50er Jahren des 20. Jahrhunderts sehr lebhaften Diskussion um Bewusstsein, Selbstbewusstsein und existentiellem Selbststand des Menschen Jesus[38] bis hin zu Piet Schoonenberg, der das Schema von Chalcedon umkehrt und von einer menschlichen Person Jesu spricht, in der Gott gegenwärtig ist.[39] Als große Anregung auch für die Christologie erwies sich dann die Konzeption von Pierre Teilhard de Chardin, der die Christologie in einen universalen aufsteigenden Evolutionsprozess einordnete, der von der Kosmogenese, zur Bio- und Anthropogenese bis zur Christogenese führt.[40] Die Christologie ›von unten‹ erscheint hier als großangelegte Alternative zur klassischen Christologie ›von oben‹, deren Zwei-Naturen-Lehre jetzt als statisch und ungeschichtlich kritisiert wird. Im Folgenden lassen wir diese beiden, heute im Grunde bereits einer früheren theologischen Epoche angehörenden Neuansätze beiseite und beschränken uns bewusst auf zwei jüngere repräsentative Entwürfe innerhalb der deutschsprachigen Theologie: auf das Programm einer Christologie ›von unten‹, wie es Karl Rahner und Hans Küng vorgelegt haben.

Beide setzen – bei aller Anerkennung der grundsätzlichen Legitimität der chalcedonischen Christologie ›von oben‹ – ein mit einer Kritik an deren Einseitigkeiten und Gefahren. Während Küng dabei auf die protestantische Kritik seit Friedrich Schleiermacher und Albert Ritschl zurückgreift,[41] befürchtet Rahner beim ›durchschnitt-

---

[37] In: A. Grillmeier/H. Bacht (Hg.), Das Konzil von Chalcedon. Geschichte und Gegenwart, Bd. 3, Würzburg ²1962, 4.

[38] Vgl. den Überblick bei J. Ternus, Das Seelen- und Bewußtseinsleben Jesu. Problemgeschichtlich-systematische Untersuchung, in: Grillmeier/Bacht (Hg.), Das Konzil von Chalcedon (wie Anm. 37), 81–237, bes. 136 ff.208 ff.

[39] Vgl. P. Schoonenberg, Ein Gott der Menschen, Einsiedeln 1969, 70 ff.; ders., Trinität – der vollendete Bund. Thesen zur Lehre vom dreipersönlichen Gott, in: Orien 37 (1973) 115–117.

[40] Vgl. Schilson/Kasper, Christologie im Präsens (wie Anm. 2), 72 ff.157 f.

[41] Vgl. H. Küng, Christ sein, München 1974, 121 ff.612 Anm. 23; vgl. auch die Vorarbeiten in: H. Küng, Menschwerdung Gottes. Eine Einführung in Hegels theologisches Denken als Prolegomena zu einer künftigen Christologie, Freiburg i. Br. 1970, 522 ff.

lichen‹ kirchlichen Glaubensbewusstsein eine monophysitische und monosubjektivistische Verkürzung der Menschheit Jesu, durch die diese zu einer bloßen Livrée der Gottheit wird, was letztlich zu einem mythologischen Missverständnis führen muss.[42] Im Vordergrund stehen jedoch bei Rahner und bei Küng die pastorale Sorge und das Bemühen, den in seiner traditionellen Gestalt dem heutigen Menschen unverständlich gewordenen Christusglauben neu zugänglich zu machen. Die Alternative zur traditionellen Christologie heißt für beide: Christologie ›von unten‹. Beide verstehen darunter jedoch etwas recht Verschiedenes. Während für Rahner die Christologie ›von unten‹ eine Christologie ›von oben‹ notwendig impliziert, scheint bei Küng die Christologie ›von oben‹ nur noch eine (grundsätzlich legitime, aber von ihm nicht in seinen Entwurf eingebrachte) Möglichkeit neben seiner Christologie ›von unten‹ zu sein.

Bei Rahner findet sich das Programm einer Christologie ›von unten‹ erst in seinen jüngsten Schriften. In einem Interview aus Anlass seines 70. Geburtstags sagte er: »Ich glaube, man könnte meiner Christologie tatsächlich eher die Frage stellen, die ich aber nicht selber beantworten kann, weil ich es nicht so genau weiß, ob ich nicht von einer, wie ich es nenne, Deszendenzchristologie in den letzten Jahren mehr und mehr zu einer bescheideneren, nüchterneren, weniger spekulativen Aszendenzchristologie übergegangen bin.«[43] Diese Frage ist in der Tat nicht ganz einfach zu beantworten, weil Rahner seinen ›neuen‹ christologischen Ansatz unterschiedlich beschreibt und benennt.

Er spricht zunächst von einer Aszendenzchristologie, »wie sie an vielen Stellen des Neuen Testaments noch greifbar ist« und die ausgeht »von der Einheit des (historisch greifbaren) Anspruchs Jesu und der Erfahrung seiner Auferstehung«.[44] Er spricht aber auch von einer »Bewusstseinschristologie«, die ausgeht von der im Gehorsam vollzogenen radikal vollendeten Herkünftigkeit von Gott und Übereignetheit an Gott und die sich nach ihm in die klassische Christologie

[42] Dieser Vorwurf kehrt oft wieder, vgl. u.a. Schriften zur Theologie, Bd. 1, 176 Anm. 3, 177 Anm. 1; Bd. 3, 40 f.; Bd. 4, 152; Bd. 5, 204; Bd. 9, 219.

[43] Gnade als Mitte menschlicher Existenz. Ein Gespräch mit und über Karl Rahner aus Anlaß seines 70. Geburtstages, in: HerKorr 28 (1974) 87.

[44] Rahner/Thüsing, Christologie (wie Anm. 31), 47.

rückübersetzen lässt. Er grenzt diese Bewusstseinschristologie jedoch ab von der »Neuauflage der nestorianischen ›Bewährungs‹-Christologie« in der protestantischen Theologie zu Beginn unseres Jahrhunderts, die faktisch häretisch war, weil sie rationalistisch die christologischen Inhalte aus einer nur menschlichen Wirklichkeit ableitete.[45] Außerdem spricht Rahner von einer »heilsgeschichtlichen Christologie«, die ausgeht von der schlichten »Erfahrung des Menschen Jesus mit dem Ende seines Schicksals in der Auferstehung. Diesem begegnet der Mensch in seiner Existenznot, in seiner Heilsfrage, und erfährt an Jesus, dass das von ihm nicht manipulierbare Geheimnis des Menschen … in der Liebe Gottes geborgen ist.«[46] Sein Ansatz bedeutet deshalb »die faktische, aber als solche geglückt erfahrene Einheit einer transzendentalen Erfahrung (transzendentale Christologie, transzendentale Auferstehungshoffnung) und einer ihr korrespondierenden geschichtlichen Erfahrung«.[47] So überrascht es nicht, dass Rahner schließlich dort, wo er ausdrücklich von einer »Christologie ›von unten‹« spricht, diese mit seiner von Anfang an entworfenen transzendentalen Christologie gleichsetzt,[48] also mit jener »suchenden« und »anonymen Christologie«, die »der Mensch in seinem Dasein, wenn er es entschlossen annimmt, eigentlich schon immer … treibt«.[49]

Um diese verstreuten Ansätze von Rahners Christologie ›von unten‹ tiefer zu verstehen, muss man also auf seine transzendentale Christologie zurückgreifen. Die transzendentale Christologie Rahners bestimmt den Menschen als »die arme Verwiesenheit auf ein Geheimnis der Fülle«. Wenn nun Gott diese menschliche Natur als die seine annimmt, dann ist diese »schlechthin dort angekommen, wohin sie kraft ihres Wesens immer unterwegs ist«. Die Menschwerdung Gottes ist daher »der einmalig höchste Fall des Wesensvollzugs der menschlichen Wirklichkeit«.[50] Die »Idee Christi« beziehungsweise eines absoluten Heilbringers ist »das gegenständliche Korrelat der transzenden-

---

45 Ebd., 63 f.

46 K. Rahner, Die zwei Grundtypen der Christologie, in: Schriften zur Theologie, Bd. 10, 229.

47 Rahner/Thüsing, Christologie (wie Anm. 31), 47.

48 Ebd., 65.

49 Ebd., 60.

50 K. Rahner, Zur Theologie der Menschwerdung, in: Schriften zur Theologie, Bd. 4, 140 f.

talen Struktur des Menschen«.[51] Christologie erweist sich deshalb »als sich selbst transzendierende Anthropologie und diese als defiziente Christologie«.[52] Vergleicht man diese älteren Aussagen Rahners mit seinen jüngeren Aussagen über die Aszendenzchristologie, so ergibt sich, dass sich die Grundstruktur seiner Christologie völlig durchgehalten hat. Das Neue an Rahners Christologie ›von unten‹ ist lediglich, dass sie nicht mehr so abstrakt und formal argumentiert, sondern die menschlichen wie die christologischen Phänomene konkreter benennt und darum weniger argumentativ-spekulativ als appellativ vorgeht und fragt: »Herr, zu wem sollten wir gehen? Du hast Worte ewigen Lebens.«[53]

Es ist völlig unbestreitbar, dass Rahners Christologie wie seine Theologie überhaupt unzähligen Menschen den Glauben an Jesus Christus neu erschlossen hat und dass die gesamte katholische Theologie Rahner viele Anstöße verdankt, hinter die sie nicht mehr zurückgehen darf. Dennoch wäre einem philosophischen und theologischen Denker vom Rang Rahners nichts weniger gemäß als eine Art Rahner-Scholastik. Einen Denker ehrt man, indem man denkt. Eine gründliche Auseinandersetzung mit Rahners Christologie »von unten« käme jedoch einer Auseinandersetzung mit dem gesamten philosophisch-theologischen Denkansatz Rahners gleich. Das kann und braucht in diesem Zusammenhang nicht geleistet werden; darüber hat die inzwischen sehr umfangreiche Rahnerliteratur hinreichend Klarheit geschaffen.[54] Wir beschränken uns auf zwei kritische Fragen:

1. Zum transzendentalen Ansatz. Man darf die Kritik am transzendentalen Ansatz Rahners nicht falsch ansetzen. Man sollte ihn nicht, wie es öfters geschieht, gegen einen personal-dialogischen oder einen mehr soziologisch-politischen Ansatz ausspielen. Bekanntlich kann Rahner diese Ansätze relativ mühelos in sein Denken einbringen, weil ja auch nochmals nach der transzendentalen Möglichkeitsbedingung intersubjektiver Bezüge gefragt werden kann und muss. Umgekehrt

---

51 K. Rahner, Probleme der Christologie heute, in: Schriften zur Theologie, Bd. 1, 207.

52 Ebd., 184 Anm. 1.

53 Vgl. Rahner/Thüsing, Christologie (wie Anm. 31), 60ff.

54 Vgl. vor allem H. U. von Balthasar, E. Simons, A. Gerken, K. Fischer, B. van der Heijden, C. Fabro und die bei Kasper, Jesus der Christus (wie Anm. 2), 90 Anm. 42 genannte Literatur.

reflektiert Rahner – zumindest in seinen späteren Schriften – auf die geschichtliche und damit intersubjektive Vermitteltheit der transzendentalen Fragestellung.[55] Es ist ihm deshalb auch niemals eingefallen, seine Christologie rein apriori, unter auch nur methodischer Abstraktion von der konkreten Begegnung mit Jesus Christus zu deduzieren.[56] Das Problem besteht jedoch in der Art und Weise wie Transzendentalität und Geschichte bei Rahner ins Verhältnis gesetzt werden. Rahner bestimmt ihr Verhältnis als das einer gegenseitigen Korrespondenz. Bei dieser Verhältnisbestimmung ist die Frage: Kann hier die Geschichte über das bloße Faktum hinaus, dass sich die transzendentale Idee eben in Jesus Christus verwirklicht hat, eigentlich noch etwas Neues bringen? Doch ist damit die Geschichte noch ernst genommen? Folgt daraus nicht eine Metaphysizierung des Christusgeschehens, wie Rahner sie in seiner Theorie von den anonymen Christen vorzunehmen scheint?

Im Grunde liegt hier bei Rahner ein idealistisches Denkmodell vor, in dem Sein und Bewusstsein identisch sind.[57] Deshalb kann aus der Frage des Menschen nach dem Absoluten auch die Antwort abgeleitet werden. Doch wenn man die Endlichkeit des menschlichen Geistes ernst nimmt, dann ist er zwar konstitutiv auf das Unendliche verwiesen, aber dieses Unendliche entzieht sich ihm doch auch zugleich, der Mensch kann es nie völlig eindeutig machen. Die Wesenslinien des Menschen lassen sich nicht ausziehen, auch nicht auf Jesus Christus hin. Der Mensch bleibt zuletzt eine Frage, ein Fragment, ein Torso, ein Geheimnis. Die Geschichte dagegen ist die nie voll in die Reflexion einholbare Konkretisierung und Determinierung, ja oft genug die Durchkreuzung der Fragen wie der Antworten des Menschen. Geschichte und Geschick Jesu müssen in dieser Perspektive als die un-

---

55 Vgl. Gnade als Mitte menschlicher Existenz (wie Anm. 43), 83 f.

56 Vgl. Rahner, Probleme der Christologie heute (wie Anm. 51), 207; Gnade als Mitte menschlicher Existenz (wie Anm. 43), 87.

57 Selbstverständlich gilt das Axiom »ens et verum convertuntur« für jedes philosophische Denken in der metaphysischen Tradition. Die Frage ist aber, wie es im Einzelnen verstanden wird. Nach Thomas v. Aquin handelt es sich um eine convenientia, assimilatio, correspondentia, conformitas (Quaestiones disputatae de Veritate q. 1 a. 1 c. a.), die sich bei Gott, beim Menschen und in den Dingen je analog verwirklicht (ebd., a. 2 c. a.). Diese Analogie scheint bei Rahner nicht genügend beachtet zu sein.

ableitbare Konkretisierung und Determinierung des Menschen verstanden werden.[58] Die historische Frage, die geschichtliche Erinnerung, das Narrative (Johann Baptist Metz) gewinnen erst so ihren theologischen Rang.

2. Zum christologischen Ansatz ›von unten‹. Kommt schon der transzendentale Ansatz ›von unten‹ von sich aus nicht ans gewünschte Ziel, dann ebensowenig, wie Wilhelm Thüsing gezeigt hat, die neutestamentliche Aszendenzchristologie, so wie Rahner sie versteht. Der Anspruch des irdischen Jesus ist nämlich Ausdruck seiner Sendung »vom Vater«, sein Gehen zum Vater ist zugleich Gabe des Vaters. So enthält die neutestamentliche Aufstiegschristologie ein unaufgebbares Element der Abstiegschristologie. Thüsing spricht von einer »Theozentrik in der aufsteigenden Linie«.[59] Diese Theozentrik stellt nach ihm die Grundstruktur jeder biblischen Christologie dar.[60] Doch dabei geht es der Schrift nicht primär um das innerchristologische Problem des Verhältnisses von Gottheit und Menschheit, sondern um das theozentrische Motiv des Verhältnisses Jesu zu »seinem Vater«. Dieses personal-dialogische Moment der Relation auf den Vater fällt bei Rahner aus.[61] Deshalb entwirft Rahner nach Thüsing ähnlich wie Hegel eine rein präsentische Christologie. Doch allein von dieser personalen Relation her könnte eine Trinitätslehre entwickelt werden.[62] An dieser Stelle setzt neben der bibeltheologischen Kritik die systematisch-theologische Kritik von Wolfhart Pannenberg und Dietrich Wiederkehr ein, die neuerdings vor allem durch Bert van der Heijden aufgegriffen wurde.[63] Heijden zeigt, wie der Ausfall der personal-relational-dialogischen Kategorien in der Christologie zu deren Ausschal-

---

58 Die hier gegebene Verhältnisbestimmung von natürlicher und heilsgeschichtlicher Offenbarung geht zurück auf J. E. Kuhn, Einleitung in die katholische Dogmatik, Tübingen ²1859, 228 ff. Vgl. Kasper, Jesus der Christus (wie Anm. 2), 47 f.91 f.287 f.397 ff.

59 Rahner/Thüsing, Christologie (wie Anm. 31), 117 ff.166.

60 Vgl. ebd., 144 ff.163.275 f. u. ö.

61 Vgl. ebd., 105 f.133 ff.297 f. u. ö.

62 Vgl. ebd., 226.

63 Vgl. W. Pannenberg, Grundzüge der Christologie (wie Anm. 27), 336 ff.; D. Wiederkehr, Entwurf einer systematischen Christologie, in: MySal 3/1, 554 ff.; B. van der Heijden, Karl Rahner. Darstellung und Kritik seiner Grundposition, Einsiedeln 1973, 406 ff.

tung in der Trinitätslehre Rahners führt[64], wo Rahner bekanntlich nicht mehr von drei Personen, sondern von drei distinkten Subsistenzweisen sprechen will.[65] Mit einer solchen Abstraktion wird aus dem Heilsgeheimnis der Trinitätslehre ein bloßes Denkgeheimnis; die Trinität verliert ihre Bedeutung für die praktische Frömmigkeit. Kann man denn zu einem solchen Begriffsgötzen noch beten?

Für unseren Zusammenhang entscheidend ist, dass der Ansatz Rahners dazu führt, dass er seine Christologie nicht in der Relation von Vater und Sohn, sondern als einmaligen Höhepunkt des Schöpfer-Geschöpf-Verhältnisses entwickelt.[66] Die Frage an diesen für Rahner entscheidenden Ansatz ist ähnlich wie die an seinen transzendentalen Ansatz. Beides Mal geht es darum, ob damit das Einmalige und Neue der Geschichte Jesu hinreichend zur Geltung gebracht werden kann. Kann denn mit diesem Ansatz die qualitative Einmaligkeit der hypostatischen Selbstmitteilung Gottes in seinem Sohn gegenüber der gnadenhaften Selbstmitteilung Gottes im Geist gewahrt werden? Konkret mit von Balthasar gefragt: Wieso sollte es auf diese Art »der auf vollkommene, makellose Weise transzendierende Mensch Maria nicht ebenso bis zu einem Gottmenschen bringen?«[67] Oder abstrakt mit van der Heijden gefragt: Wenn das Verhalten Jesu zu Gott kreatürlich ist, kann man dann noch sagen, dass Jesus der Logos ist, oder muss man dann nicht sagen, dass der Logos auf unüberbietbar einmalige

---

64 Vgl. Heijden, Karl Rahner (wie Anm. 63), 424 ff.

65 Vgl. K. Rahner, Der dreifaltige Gott als transzendenter Urgrund der Heilsgeschichte, in: MySal 2, 342 ff.350 ff.364 ff.385 ff., bes. 389 ff. Rahners terminologischer Vorschlag statt von drei Personen von drei distinkten Subsistenzweisen zu sprechen, ist vor allem durch die Sorge bestimmt, der Personbegriff führe zu einem unausgesprochenen, aber »subkutan« sehr massiven Tritheismus. Diese Sorge ist berechtigt. Nur fragt sich, ob nicht jede orthodoxe Trinitätslehre, die überhaupt eine reale Distinktion in Gott annimmt, diesem Missverständnis ausgesetzt ist. Das gilt auch von Rahners Entwurf, sofern die Begriffe ›distinkt‹ und ›Subsistenz‹ mehr sein sollen als eine distinctio rationis. Wenn aber irgendeine Realdistinktion in Gott angenommen werden muss, dann können bei der Identität von Sein und Bewusstsein in Gott (vgl. oben Anm. 57) drei distinkte Bewusstseinsweisen in Gott nicht ausgeschlossen werden, wie Rahner dies zu tun scheint. Dass dabei der Personbegriff in der Trinitätslehre nur analoge Anwendung finden kann, ist selbstverständlich (vgl. dazu unten im 4. Abschnitt).

66 Vgl. Rahner, Probleme der Christologie heute (wie Anm. 51), 182 ff.

67 H. U. von Balthasar, Herrlichkeit. Eine theologische Ästehtik, Bd. III/2/2, Einsiedeln 1969, 147.

und endgültige Weise mit ihm geeint ist?[68] Kommt also Rahner bis zu dem Gedanken der hypostatischen Union oder nur bis zu dem eines eschatologischen Propheten?[69]

Diese Fragen klingen etwas spitzfindig und scheinen wenig pastorale Bedeutung zu haben. Um ein pastorales Anliegen geht es den Vertretern der Christologie ›von unten‹ jedoch. Doch van der Heijden fragt wohl nicht zu Unrecht, ob es bei der »müden Indifferenz vieler Menschen heute, die meinen, dass das explizite Christentum und das lebendige ... Verhältnis zu Jesus letztlich doch nicht besonders wichtig seien«[70], nicht auch pastoral dringlich ist, das Spezifische des Christentums deutlicher zu machen, als es offenbar der Theologie Rahners, die dauernd in der Gefahr ist in Anthropologie umzuschlagen, gelingt. Damit das explizite Christentum nicht in Mythologie abgleitet, ist also genauer nach dem unterscheidend Christlichen zu fragen. Die alte dogmatische Frage nach der einen Person Jesu Christi wird damit erneut aktuell als Frage nach dem spezifisch Christlichen.

Haargenau an dieser Stelle und mit dieser Frage nach dem spezifisch und unterscheidend Christlichen setzt der zweite repräsentative Entwurf einer Christologie ›von unten‹ ein, wie ihn Küng in seinem Werk *Christ sein* nach den Vorarbeiten in seinem Hegelbuch vorgelegt hat. Das unterscheidend Christliche ist ihm Jesus Christus, also eine »ganz bestimmte, unverwechselbare und unauswechselbare Person mit einem ganz bestimmten Namen«. »Anonymes Christentum ist

---

68 Heijden, Karl Rahner (wie Anm. 63), 436f.

69 Die Charakterisierung Jesu als eschatologischen Propheten findet sich bei Rahner öfters. So etwa: »Wo aber in einem konkreten Menschen in der Geschichte das nicht mehr rückgängig zu machende Wort der Selbstzusage Gottes als der absoluten Zukunft der Geschichte gegeben ist und geglaubt wird, da ist jene Einheit von Gott und Mensch gegeben und geglaubt, die der christliche Glaube in der ›hypostatischen Union‹ bekennt« (Schriften zur Theologie, Bd. 10, 214.). Sie kann in dieser Form m.E. auch nicht durch die Ausführungen von F. Mußner, Ursprünge und Entfaltung der neutestamentlichen Sohn-Christologie, in: L. Scheffczyk (Hg.), Grundfragen der Christologie heute (QD 72), Freiburg i.Br. 1975, 77–113 gerechtfertigt werden, da Jesus nach dem Neuen Testament die Kategorien des Prophetischen zugleich gesprengt und überboten hat. Vgl. Kasper, Jesus der Christus (wie Anm. 2), 156ff.; ähnlich allerdings an anderen Stellen auch Rahner, Schriften zur Theologie, Bd. 10, 229; ders., Art. Inkarnation, in: SM II, 833f. Zur Sache vgl. Heijden, Karl Rahner (wie Anm. 63), 408ff.

70 Heijden, Karl Rahner (wie Anm. 63), 453.

für den, der bei beiden Worten etwas denkt, eine con-tradictio in adiecto: ein hölzernes Eisen.«[71] Das Programm einer Christologie ›von unten‹ ergibt sich bei diesem Ansatz eigentlich von selbst. Es bedeutet für Küng eine Christologie »vom konkreten geschichtlichen Jesus her«, das heißt »vom wirklichen Menschen Jesus, seiner geschichtlichen Botschaft und Erscheinung, seinem Leben und Geschick, seiner geschichtlichen Wirklichkeit und geschichtlichen Wirkung auszugehen, um nach dieses Menschen Jesus Verhältnis zu Gott, seiner Einheit mit dem Vater zu fragen«[72].

Wenn Küng diese Christologie ›von unten‹ der klassischen Christologie ›von oben‹ gegenüberstellt, dann bedeutet dies für ihn keine grundsätzliche Bestreitung von deren Legitimität. Das Dogma von Chalcedon bietet für ihn darum Leitlinien für jede künftige Neuinterpretation;[73] deshalb will Küng am christologischen Dogma keine Abstriche machen.[74] Letzter Maßstab ist ihm freilich nicht das Dogma, sondern der wirkliche Jesus, zu dessen Erkenntnis uns die historisch-kritische Methode das Instrument in die Hand gegeben hat.[75] Doch Küngs Interesse richtet sich nicht auf den »Jesus, wie er wirklich war«, sondern auf Jesus, »wie er uns hier und heute begegnet«, von Interesse ist, »was er uns im gegenwärtigen Horizont von Mensch und Gesellschaft maßgebend zu sagen hat. Insofern lassen sich der ›geschichtliche Jesus‹« und der ›Christus des Glaubens‹ nicht als zwei verschiedene Größen auseinanderdividieren«[76]. Noch weniger will Küng historisch beweisen, dass Gott durch Jesus gesprochen hat; ein solcher Glaube gründet letztlich nicht auf wissenschaftlichen Beweisen, er stützt sich allein auf Gott selbst.[77] Diese These unterscheidet Küngs Christologie ›von unten‹ klar und eindeutig von entsprechenden liberalen Entwürfen.

Um was geht es also nach allen diesen negativen Abgrenzungen in positiver Hinsicht? »Nach dem Neuen Testament ist das eine nicht ohne das andere: Kein Jesus von Nazareth, der nicht als der Christus

---

[71] Küng, Christ sein (wie Anm. 41), 118.
[72] Ebd., 125.
[73] Vgl. ebd., 123 f.
[74] Vgl. ebd., 440.
[75] Vgl. ebd., 148.
[76] Ebd., 152.
[77] Vgl. ebd., 155; vgl. 434.440.458 u. ö.

Gottes verkündet wird. Kein Christus, der nicht mit dem Menschen Jesus von Nazareth identisch ist. Also weder eine untheologische Jesulogie noch eine ungeschichtliche Christologie«, keine Interpretation, bei der Jesus »nur Gott« ist, noch eine, bei der er »nur Mensch« ist. Will man nach diesen negativen Abgrenzungen »in aller Fehlbarkeit eine zeitgemäße positive Umschreibung der alten Formel ›wahrer Gott und wahrer Mensch‹ versuchen«, so kann man sagen: »Die ganze Bedeutsamkeit des Geschehens in und mit Jesus von Nazareth hängt daran, dass in Jesus – der den Menschen als Gottes Sachwalter und Platzhalter, Repräsentant und Stellvertreter erschien und als der Gekreuzigte zum Leben erweckt von Gott bestätigt wurde – für die Glaubenden der menschenfreundliche Gott selber nahe war, am Werk war, gesprochen hat, gehandelt hat, endgültig sich geoffenbart hat.«[78] Solche und ähnliche Formulierungen kehren immer wieder und haben deshalb als für Küng wesentliche Aussagen zu gelten.[79]

Es wird wohl allgemein anerkannt, dass Küngs *Christ sein* Wesentliches dazu beitragen kann, dass das Christentum dem heutigen Menschen wieder als eine ›gute Sache‹ verstehbar und lebbar erscheint. Im Folgenden geht es jedoch nicht um eine Gesamtwürdigung dieses Buches. Auch nicht die Aussagen über Jesus Christus und die Christologie insgesamt stehen zur Debatte. Es geht vielmehr in der vom Thema her gegebenen begrenzten Perspektive lediglich um den christologischen Ansatz ›von unten‹. Zu diesem Ansatz sollen im Folgenden im Interesse der Sache zwei Fragen gestellt werden. Sie sind jedoch nur verständlich, wenn man sieht, dass sie auf dem Hintergrund eines breiten methodischen wie sachlichen Konsenses stehen. Zu diesem Konsens gehört auch, wie eingangs bereits angedeutet wurde, dass die Christologie nicht deduktiv ›von oben‹ aus der Trinitätslehre abgeleitet werden kann, sondern dass man von der geschichtlichen Offenbarung Gottes in Jesus Christus ausgehen muss, um sich durch Jesus Christus im Geist zum Vater führen zu lassen. Erst aus dieser heilsgeschichtlichen Trinitätslehre kann sich in historisch-methodischer Hinsicht die immanente Trinitätslehre ergeben. Doch auch diesen Konsens vorausgesetzt, ergeben sich noch zwei Fragen:

1. Zum Ansatz der Christologie ›von unten‹. Kann denn Küng sei-

---

78 Ebd., 339 f.

79 Vgl. ebd., 427.434 f. u. ö.

nen Ansatz ›von unten‹ sowohl faktisch wie prinzipiell überhaupt konsequent durchhalten? Kann er ihn faktisch durchhalten, wenn er sagt, der Glaube werde nicht historisch bewiesen, sondern allein von »Gott selbst, wie er für die Glaubenden durch Jesus Christus gesprochen hat«, verbürgt?[80] Die Frage ist dann sofort: Wie kommt es zu diesem Glauben? Kommt hier nicht auf eine nicht ganz geklärte, vielleicht auch auf eine nicht ganz klärbare Weise faktisch ein Element einer Theologie ›von oben‹ dazwischen? Und ist dieses faktische Element einer Theologie ›von oben‹ nicht prinzipiell notwendig, sobald man der Auferstehung Jesu den ihr nach dem Neuen Testament gebührenden Platz für die Begründung der Christologie gibt? Jede Theologie der Auferweckung als einer Tat Gottes, an der Küng ja mit Nachdruck festhält, ist nur als pure Christologie ›von oben‹ zu denken. Sie ist die schöpferische Tat Gottes, der das ruft, was nicht ist, damit es sei (vgl. *Röm 4,17*). Wenn es also um die Frage der Begründung des Glaubens an den irdischen Jesus und erst recht an die Botschaft von der Auferweckung Jesu geht, reicht der Zugang ›von unten‹ nicht aus. Die für den heutigen Menschen schwierige Frage ist vielmehr, wie im ›unten‹ ein ›oben‹ erscheinen kann. Für die Frage der Glaubensbegründung erweist sich die Alternative ›von unten‹ oder ›von oben‹ demnach erneut als unangemessen.

Doch vermutlich handelt es sich in dieser Frage nur um eine mehr oder weniger verbale Differenz. Das eigentliche Problem kommt, wie bereits die Auseinandersetzung mit Pannenberg ergab, erst zutage, wenn man ernst damit macht, dass wir für den Glauben an die Auferweckung Jesu auf das Zeugnis der apostolischen Kirche angewiesen sind. Damit ist mehr gemeint als die methodologische Anweisung, bei der historischen Rekonstruktion vom apostolischen Zeugnis im Neuen Testament auszugehen, was angesichts der Quellenlage im Grunde selbstverständlich ist. Gemeint ist vielmehr, dass der Christusglaube konstitutiv und bleibend fides ex auditu ist *(Röm 10,17)*. Vollmächtiges Kerygma und – in anderer Weise – verbindliches Dogma der Kirche, kurzum alles, was man im theologischen Sinn des Wortes als Tradition bezeichnet, erhalten so eine konstitutive Bedeutung für den christologischen Ansatz als solchen und für das theologische Denken überhaupt. An dieser Stelle setzt die Auseinandersetzung mit dem

---

[80] Ebd., 155.162.

theologischen Denken von Küng an; hier geht es um den sachlichen Kern der Unfehlbarkeitsdebatte.[81] Es geht hier in einem sehr fundamentalen und umfassenden Sinn um die Kirchlichkeit der Theologie. Kirchlichkeit soll dabei nicht im Sinn der persönlichen existentiellen Einstellung zur Kirche, sondern in dem methodologisch-hermeneutischen Sinn als Frage nach dem Stellenwert und der Verbindlichkeit des kirchlichen Glaubenszeugnisses für die Christologie verstanden werden.

2. Zum Inhalt der Christologie ›von unten‹. Wenn Jesus Christus, wie Küng mit Nachdruck herausstellt, wahrer Gott und wahrer Mensch ist, dann stellt sich unweigerlich die Frage nach der Einheit von Gottheit und Menschheit. Sie mag, wie Küng betont, in logische Aporien hineinführen, umgehen lässt sie sich, wenn man wie Küng am vere Deus und am vere homo festhält, nicht. Dies ist beileibe nicht nur eine neugierige spekulative Frage; es geht vielmehr ganz konkret darum, zu wissen: Wer war er denn nun eigentlich? Ein Mensch, in dem und durch den Gott gnädig und menschenfreundlich handelnd gegenwärtig war und ist?, oder Gottes »eingeborener Sohn«, der »unvermischt und ungetrennt« in und durch die Menschheit Jesu wirkt? Es geht also um die klassische dogmatische Frage nach der Person Jesu. Sie hat mit hellenistischem Denken nur sehr sekundär etwas zu tun.[82] Sie ist nämlich, wie vor allem Alois Grillmeier gezeigt hat, gar nicht so bibelfern, wie es zunächst scheint.[83] Denn nicht erst dem späten Johannesprolog, sondern bereits dem vorpaulinischen Christuslied im *Philipperbrief (2,6–11)* geht es der Sache nach um die Identität des einen Subjekts, das von Ewigkeit her »bei Gott« beziehungsweise »in der Dimension Gottes« ist und das in der Zeit »Fleisch wird« und Knechtsgestalt annimmt. Die über alles entscheidende Frage: Wer ist Jesus Christus eigentlich?, führt also schon nach sehr frühen biblischen Texten zur Frage nach der Präexistenz.

---

[81] Vgl. die Aufsätze von Y. Congar, C. Colombo, G. H. Tavard, A. Duttes, O. Semmelroth u. a. in: H. Häring/J. Nolte (Hg.), Diskussion um Hans Küng »Die Kirche«, Freiburg i. Br. 1971. Dort (175 ff.307 ff.) auch die Antwort von H. Küng.

[82] Vgl. oben Anm. 4.

[83] Vgl. A. Grillmeier, Die theologische und sprachliche Vorbereitung der christologischen Formel von Chalkedon, in: ders./H. Bacht, Das Konzil von Chalkedon, Bd. 1, Würzburg 1951, 5–202, bes. 9 ff.30 ff.; vgl. auch Kasper, Jesus der Christus (wie Anm. 2), 338 ff.

Küng gibt sich redlich Mühe, die nicht einfachen biblischen Präexistenzaussagen verständlich zu machen. Sie sind nach ihm »primär funktional und nicht physisch oder metaphysisch« zu verstehen. Sie wollen unter anderem sagen, dass es von Ewigkeit keinen anderen Gott gibt als den, der sich in Jesus manifestiert hat, und dass deshalb Jesus seine universale Bedeutung und seinen Ursprung nicht aus der Geschichte allein, sondern von Gott her hat.[84] Die Einheit von Vater, Sohn und Geist ist deshalb im Sinn einer ökonomischen Trinitätslehre als »Offenbarungsgeschehen und Offenbarungseinheit« zu verstehen. Küng sagt durchaus, dass er damit keine abschließende Trinitätslehre aufstellen will, aber so, wie die Sätze dastehen, gewinnt man den Eindruck, dass nach ihm zwar der Gott Jesu Christi, nicht aber der Sohn Gottes präexistent ist. Die Gegenprobe auf diese Interpretation sind Küngs Aussagen zur Mariologie, besonders über das Bekenntnis des Konzils von Ephesus zu Maria als Gottesgebärerin. Nach Küng handelt es sich hier um eine »historisch wie sachlich sehr problematische Entwicklung«[85], »als ob Gott geboren werden könnte und nicht vielmehr ein Mensch, in welchem als Gottessohn Gott selbst für den Glauben offenbar ist«.[86] Das ist für jeden, der die überlieferten Formeln des kirchlichen Bekenntnisses kennt, eine höchst befremdende Formulierung.

Ich kann angesichts solcher Aussagen vorläufig nur Fragen stellen: Worum handelt es sich bei dieser Christologie ›von unten‹? Handelt es sich um eine bloße Offenbarungschristologie für den Glauben ähnlich der Christologie Bultmanns? Oder handelt es sich um eine Christologie der Gegenwart Gottes in der menschlichen Person Jesu, ähnlich wie bei Schoonenberg? In beiden Fällen würde ich die weitere Frage stellen: Wie kann dann der für die Schrift wie für die Tradition zentrale Gedanke der Inkarnation noch festgehalten werden? Bei dieser Frage geht es nicht mehr um spekulative Feinschmeckereien, sondern um das tägliche Brot des christlichen Glaubens. Denn mit dem Gedanken der Inkarnation steht und fällt die konkrete Leibhaftigkeit des Heils. Deshalb wäre ich für eine genaue Exegese von *Joh 1,14* (λόγος σὰρξ ἐγένετο) dankbar. Küng hat wie wenige sonst gegen den grö-

[84] Vgl. Küng, Christ sein (wie Anm. 41), 437f.
[85] Ebd., 449.
[86] Ebd., 450.

ßeren Teil der Tradition völlig zu Recht die Leidensfähigkeit Gottes nachdrücklich herausgestellt. Warum soll Gott dann aber nicht auch geboren werden können? Hat bei Küng am Ende nicht doch wieder der apathische Gott Platons den Sieg über den biblischen Gott der Geschichte davongetragen? Es scheint so, denn anders könnte er die Behandlung des Inkarnationsmotivs nicht unter der Überschrift »Deutungen des Ursprungs« abhandeln, womit offensichtlich eine theologisch mögliche, aber nicht eine dogmatisch verbindliche Deutung gemeint ist, eine Deutung, die Küng nicht in seinen eigenen Entwurf einbringen kann. Hat Küngs Christologie damit nicht ein grundlegendes Motiv des Neuen Testaments ausgeschaltet? Das sind Fragen und keine Antworten oder gar Thesen, die einen Kollegen verketzern sollen. Im Gegenteil, die Fragen werden *hier* gestellt, weil sie innerhalb der Theologie und zwischen Kollegen diskutiert und einer Klärung entgegengeführt werden sollten.

IV. Thesen zur Grundlegung der Christologie

Auch wenn die bisherige Analyse der gegenwärtigen Christologie nur teilweise richtig sein sollte, hat sie eine Aporie herausgestellt. Das Programm einer Christologie ›von unten‹ als Programm einer situationsgerechten Übersetzung des zentralen Inhalts des christlichen Glaubens hat sich in den bisher vorliegenden Entwürfen weder was seinen Ansatz noch was seinen Inhalt, nämlich die Frage nach der Person Jesu, angeht als tragfähig erwiesen, um das unterscheidend Christliche zur Geltung zu bringen. Das kann freilich nicht heißen, dass wir nun wieder ungestört im alten Trott weitermachen. Die Probleme, die zur Christologie ›von unten‹ geführt haben, und die Fragen, die sie an die alte Christologie ›von oben‹ stellt, sind damit ja noch nicht aus der Welt geschafft. Es bleibt vor allem die Grundfrage, wie wir in einer heute verständlichen und vollziehbaren Weise von Jesus Christus so sprechen können, dass die Identität des christlichen Glaubens gewahrt und doch seine Relevanz deutlich wird.

Nachdem ich nun lange genug mit Steinen auf andere geworfen habe, wird es deshalb Zeit und entspricht es der Fairness, dass ich mich selbst ins Glashaus setze und meinen eigenen christologischen Versuch zur Diskussion stelle. Dies kann nur thesenhaft und darum unvermeidlich abstrakt, verkürzt und missverständlich geschehen.[87] Es handelt sich um drei Thesen, von denen die erste und zweite den Rahmen einer solchen Christologie angeben sollen. Die dritte These, die hier allein etwas breiter entfaltet werden kann, soll das Thema behandeln, um das es in den bisherigen Ausführungen ging.

1. Der *Ausgangspunkt* und Rahmen der Christologie ist das Bekenntnis der kirchlichen Gemeinschaft: »Jesus ist der Christus.« Christologie ist nichts anderes als die gewissenhafte Auslegung dieses Bekenntnisses. Sie setzt an bei einer Phänomenologie des in der Kirche gelebten und bezeugten Glaubens.

2. Der *Inhalt* der Christologie ist nicht einfach mit diesem Ausgangspunkt identisch. Das kirchliche Bekenntnis ruht nicht in sich selbst, sondern hat seinen vorgegebenen Inhalt und seine Norm in Jesus dem Christus. Der Inhalt der Christologie ist also der irdische Jesus wie der erhöhte Christus des Glaubens. Damit ist sowohl ein einseitiger Jesuanismus wie eine einseitige Kerygma- und Dogma-Christologie ausgeschlossen. Nicht das chalcedonische Modell der Einheit von wahrer Gottheit und wahrer Menschheit, sondern die Einheit von irdischem Jesus und erhöhtem Christus bildet den Rahmen der Christologie, innerhalb dessen das Dogma von Chalcedon erst sachgemäß entfaltet werden kann als eine gültige Interpretation der Geschichte und des Geschicks Jesu Christi.

3. Das zentrale christologische *Problem* ist darum nach wie vor die Einheit von Gott und Mensch in Jesus Christus, konkret die Frage: Wer ist Jesus Christus? An dieser Frage versagen die meisten Christologien ›von oben‹, weil sie mit der Lehre von der An- und Enhypostasie (sowie sie diese konkret verstehen) die Menschheit Jesu verkürzen. An ihr versagen aber auch die meisten Christologien ›von unten‹, weil sie nur noch sagen können, dass in Jesus Christus Gott erscheint, nicht aber dass er der Sohn Gottes ist. Ihr gemeinsamer Fehler besteht darin, dass sie die Frage abstrakt stellen, indem sie nach der Einheit von Gottheit und Menschheit fragen, was notorisch in unlösbare Aporien führt. Die Schrift dagegen stellt diese Frage konkret; sie spricht nicht von der Einheit von Gottheit und Menschheit, sondern von der personalen Einheit Jesu mit »seinem Vater«. Darin wird – wie Pannenberg

87 Zur Begründung und Entfaltung im Einzelnen vgl. Kasper, Jesus der Christus (wie Anm. 2).

und Wiederkehr gezeigt haben[88] – indirekt Jesu Einheit mit dem Logos offenbar, weil die Selbstmitteilung des Vaters an Jesus, das ist der Logos, die Möglichkeitsbedingung der Einheit Jesu mit dem Vater ist. Die personalen und relationalen Kategorien sind also als Wesensaussagen und die Wesensgemeinschaft als personaler und relationaler Vollzug auszulegen. Ontologische und funktionale Christologie können unmöglich gegeneinander ausgespielt werden. Das bedeutet:

a) Es ist auszugehen von dem einmaligen personalen Verhältnis zwischen Jesus und »seinem Vater«, in dem Jesus radikale Herkünftigkeit aus dem Vater und radikale Übereignetheit an den Vater ist. Die spätere Christologie ist im Grunde die ontologische Auslegung dieses ontischen Verhältnisses.

b) In diesem Verhältnis Jesu zum Vater und des Vaters zu Jesus wird eschatologisch endgültig offenbar, wer Gott ist. Deshalb gehört dieses Verhältnis ins ewige Wesen Gottes hinein. Die Präexistenz des Sohnes ergibt sich notwendig aus dem eschatologischen Charakter des Christusgeschehens. Gott ist also von Ewigkeit her relational. Selbstverständlich kann eine solche Aussage nur gemacht werden, wenn man sich der Analogie jedes Sprechens über das Geheimnis Gottes im Klaren ist. Der Begriff der Relation und der Person kann deshalb nie univok auf Gott übertragen werden, sondern nur in einer Weise, in der die Unähnlichkeit je größer ist als die Ähnlichkeit mit kreatürlichen Sachverhalten.

c) Die Selbstmitteilung des Vaters an Jesus erschöpft sich nicht in dieser Relation, sondern weitet sich in der Freiheit des Geistes aus, um diejenigen, die sich zu Jesus Christus bekennen, daran teilhaben zu lassen. Im Geist kommt das Christusgeschehen erst zu seiner eschatologischen Vollendung in der Geschichte. Deshalb gehört auch der Geist als die eschatologische Selbstoffenbarung Gottes in das ewige Wesen Gottes hinein. Analog zur heilsgeschichtlichen Offenbarung erweist sich der Geist innergöttlich sozusagen als Überschuss und Überschwang in der Relation zwischen Vater und Sohn, auf Grund dessen sich die Relation zwischen Vater und Sohn nicht in sich erschöpft, sondern die Möglichkeit hat, sich nach außen nicht nur zu

---

[88] Vgl. Pannenberg, Grundzüge der Christologie (wie Anm. 27), 345ff.; Wiederkehr, Entwurf einer systematischen Christologie (wie Anm. 63), 506ff.550ff.; Kasper, Jesus der Christus (wie Anm. 2), 338ff.

offenbaren, sondern auch sich nach außen zu erweitern, das heißt etwas Neues, Nicht-Göttliches und damit Geschöpfliches hervorzubringen und dieses doch unter Wahrung seines geschöpflichen Eigenstandes »unvermischt und ungetrennt« in die Relation zwischen Vater und Sohn aufzunehmen. Die Trinitätslehre ist also die Zusammenfassung wie die Voraussetzung der Christologie, die mit dieser steht und fällt.[89]

d) Im heilsgeschichtlichen Verhältnis von Vater, Sohn und Geist wird also ›von unten‹ das immanente Wesen Gottes offenbar. Umgekehrt erweist sich das immanente Verhältnis von Vater, Sohn und Geist als transzendentaltheologische Voraussetzung der heilsgeschichtlichen Offenbarung. Weil sich Gott durch Jesus Christus im Geist eschatologisch-endgültig offenbart, als der er ist, ist die ökonomische Trinität identisch mit der immanenten Trinität.[90] Doch diese Identität ist keine starre Gleichheit. In der ökonomischen Trinität tritt Gott ein in den Bereich des Geschöpflichen und damit des Nichtgöttlichen. Die Menschwerdung Gottes ist deshalb nicht nur die Offenbarung, sondern auch eine neue, das heißt kreatürliche Weise der Verwirklichung des innergöttlichen Verhältnisses von Vater und Sohn. Die Freiheit zu dieser unvermischten und ungetrennten Annahme des Menschen hat

---

[89] Die Trinitätslehre, die sich aus diesem Ansatz ergibt, entspricht mehr dem östlichen als dem westlichen Modell. Sie geht nicht wie Augustinus und in dessen Gefolgschaft Petrus Lombardus und Thomas v. Aquin ›metaphysisch‹ von dem einen Wesen Gottes aus, um innerhalb dieses einen Wesens die Dreifaltigkeit zu entwickeln, sie geht vielmehr ›heilsgeschichtlich‹ von der Offenbarung des Vaters durch Christus im Geist aus, um dann deren wesensmäßige Einheit zu denken. Die Konzeption von K. Rahner könnte in dieser Perspektive als Radikalisierung der westlichen metaphysischen Trinitätslehre verstanden werden, die in der Gefahr steht, zu einer bloßen Spekulation zu werden, die heilsgeschichtlich folgenlos bleibt. Zur Frage vgl. Kasper, Jesus der Christus (wie Anm. 2), 382 ff.

[90] Vgl. Rahner, Der dreifaltige Gott als transzendenter Urgrund der Heilsgeschichte (wie Anm. 65), 327 ff. Das ungeklärte Problem der These Rahners »Die ›ökonomische Trinität‹ ist die immanente Trinität« liegt freilich in der Frage, wie man dieses »ist« zu verstehen hat. Wenn die mit diesem »ist« ausgesagte Identität nicht zugleich eine Differenz einschließt, dann wird entweder die Geschichtlichkeit der Inkarnation und die Eigenständigkeit der menschlichen Natur Jesu oder aber die Transzendenz und Freiheit Gottes geleugnet. Es wird also entweder monophysitisch die Geschichte von Gott ›aufgesogen‹ oder aber modalistisch Gott der Geschichte ausgeliefert.

Gott im Geist. Gerade innerhalb eines trinitarischen Ansatzes der Christologie kann also gewahrt werden, dass die Person des Logos nicht der Ersatz der menschlichen Personalität Jesu ist, sondern deren einmalige Bestimmung und überbietende Erfüllung.[91]

Die *zusammenfassende* These lautet also: Die Christologie ist nicht abstrakt innerhalb der Relation von Gottheit und Menschheit oder von Schöpfer-Geschöpf, sondern konkret innerhalb der Relation zwischen Vater und Sohn zu entwickeln. Sie hat »im Geist« die Freiheit sich in die Schöpfung hinein auszuweiten und Jesus Christus in seiner Kreatürlichkeit »unvermischt und ungetrennt« in sich aufzunehmen. Die Alternative zur traditionellen Christologie wie zu den behandelten modernen Neuansätzen ist darum eine trinitarisch und letztlich pneumatologisch begründete Christologie. Die Entfaltung einer Pneumatologie gehört zu den wichtigsten Aufgaben gegenwärtiger systematischer Theologie. Sie kann auch das legitime Anliegen der Christologie ›von unten‹ aufgreifen, weil wir ja »im Geist« durch Jesus Christus zum Vater geführt werden und weil dieser Geist überall in der Natur und in der Geschichte am Werk ist, wo diese seufzend und hoffend sich ausstreckt und dem Reich der Freiheit entgegenharrt, das in der Freiheit Jesu im Verhältnis zu seinem Vater endgültig angebrochen ist.[92] Eine pneumatologisch bestimmte Christologie kann deshalb die Alternative zwischen der Christologie ›von oben‹ und der Christologie ›von unten‹ überholen und dabei beiden ihr relatives Recht lassen.

Eine solche trinitarisch und pneumatologisch bestimmte Christologie ist keine müßige, für die Praxis folgenlose Spekulation. Wenn die Relation zwischen Vater und Sohn *die* eschatologische Wirklichkeit ist, die durch den Geist zur universalen Auswirkung kommt, dann bedeutet dies eine grundlegende Neubestimmung des Wirklichkeitsverständnisses. Freiheit in der Liebe erweist sich als der Sinn von Sein. Aristotelisches Substanzdenken, das die relatio als ens minimum bestimmt, ist damit ebenso korrigiert wie neuzeitliches Emanzipationsdenken im Schema von Herrschaft und Knechtschaft. Beiden stellt das Christentum die (analog zu verstehende) personale Relation zwischen

---

91 Vgl. dazu Kasper, Jesus der Christus (wie Anm. 2), 363 ff. und das oben in Anm. 58 Gesagte.

92 Vgl. dazu Kasper, Jesus der Christus (wie Anm. 2), 378 ff.397 ff.

Vater und Sohn als *das* Grundmodell für das Verständnis der Wirklichkeit gegenüber.[93] Was ein solcher Entwurf eines christlichen Weltverständnisses und einer Weltpraxis in der Relation zwischen der freisetzenden Liebe des Vaters und der ihr antwortenden sohnhaften Freiheit in Gehorsam und stellvertretendem Dienst konkret bedeutet, wäre in der Soteriologie zu entfalten. Hier sollte nur noch deutlich gemacht werden, dass eine Christologie, die sich um ihre Identität müht, um ihre Relevanz nicht besorgt zu sein braucht. Ohne christliche Identität freilich gibt es auch keine Relevanz. Aufzuzeigen dass und wie beides in Jesus Christus zur Einheit gebracht ist, ist die gewiss nicht leichte, aber schöne Aufgabe der Christologie, durch deren Lösung ein Ausweg aus der gegenwärtigen Aporie gefunden werden kann.

[93] Vgl. die Andeutungen bei Kasper, Jesus der Christus (wie Anm. 2), 132 ff.138 f.277 ff.287 ff.317 ff.330 ff.

Alter Christusglaube und neue Christologie

Eine der erfreulichsten Erscheinungen gegenwärtiger Theologie besteht darin, dass die Christologie wieder ins Zentrum gerückt ist. Nachdem in den letzten zehn Jahren vor allem die Kirche im Mittelpunkt des theologischen Interesses stand, besinnt man sich gegenwärtig wieder stärker auf das Eigentliche, auf Mitte und Grund des Christlichen: Jesus Christus. Nur von dieser Mitte her ist eine Erneuerung der Kirche für den Dienst an der Welt möglich. Bemerkenswert ist freilich nicht nur die gegenwärtige Wende *zur* Christologie, sondern ebenso die Wende *innerhalb* der Christologie. Keine der jüngsten Veröffentlichungen[1] stellt nämlich einfachhin eine Neuauflage der klassischen, christologischen Traktate dar. Man spricht von einer »Christologie von unten«, einer anthropologisch gewendeten Christologie, einer Christologie des Lebens Jesu und von einer geschichtlich orientierten Christologie. Wir wollen uns im Folgenden diesen vier Tendenzen zuwenden und uns jeweils fragen: Wie verhalten sich alter Christusglaube und neue Christologie?

I. Christologie von unten

Christologie von unten, das ist zunächst ein Schlagwort, unter dem die einzelnen Autoren, die sich dazu geäußert haben, höchst Unterschiedliches verstehen. Zunächst geht es der Christologie von unten darum, die Glaubenssituation, in der sich die meisten Menschen heute befinden, ernst zu nehmen. In dieser Situation kann man den Glauben an

---

[1] Es geht im Folgenden vor allem um die christologischen Entwürfe von K. Rahner, H. U. v. Balthasar, B. Welte, D. Wiederkehr, P. Schoonenberg, E. Schillebeeckx, H. Küng, W. Kasper u. a.

den dreifaltigen Gott nicht mehr selbstverständlich voraussetzen. Man kann deshalb nicht mehr unvermittelt »oben« einsetzen, um dann »nur« noch die Menschwerdung der zweiten göttlichen Person zu bedenken. Die Christologie von unten will einsetzen bei der Erfahrung Jesu als eines wahren Menschen und damit zugleich bei der Erfahrung, die wir mit unserem Menschsein machen. Anders als in menschlicher Weise können wir das an uns ergehende Wort Gottes ja gar nicht erfassen und verstehen. Deshalb geht es in der Christologie von unten um Verstehens- und Erfahrungszugänge zum Glauben an Jesus Christus.

Eine solche von unten nach oben aufsteigende Christologie legt sich jedoch nicht nur von der gegenwärtigen pastoralen Situation her nahe. Sie kann sich auch auf die sehr alte biblische Erhöhungschristologie berufen. Diese wirkt bis heute in der römischen Liturgie weiter. In der Liturgie werden wir ja »in der Gemeinschaft des Heiligen Geistes durch Christus zum Vater« geführt. Erst später hat man diese heilsgeschichtliche Doxologie durch die trinitarische ersetzt und nicht mehr formuliert: »Ehre sei dem Vater durch den Sohn im Heiligen Geist«, sondern: »Ehre sei dem Vater und dem Sohn und dem Heiligen Geist«. Man erreichte dadurch zwar eine größere Verdeutlichung des trinitarischen Bekenntnisses, aber man nahm damit auch in Kauf, dass die wahre Menschheit Jesu und ihre Heilsbedeutung oft verdunkelt und verkannt wurden. Jesus wurde in der Volksfrömmigkeit oft zu einem auf Erden wandelnden Gott; seine Menschheit war dann nur noch die äußere Erscheinung, wenn nicht gar die Verkleidung Gottes. Eine solche einseitige Theologie von oben ist fatal, denn nur wenn und weil Jesus Christus uns in allem gleich ist, die Sünde allein ausgenommen, kann er uns in allem Erlösung bringen. Die wahre Menschheit Jesu ist also das Sakrament unserer Erlösung, das heißt sie ist nicht nur Erscheinung und Verkleidung, sondern Zeichen und zugleich wirksame Ursache des Heils, Zugang, Medium, Ort unserer Gottesbegegnung. So lässt sich die heutige Christologie von unten auch im Licht der großen dogmatischen Tradition der Kirche rechtfertigen.

Wie es eine einseitige Christologie von oben gibt, gibt es freilich auch einseitige Entwürfe einer Christologie von unten. Für sie wird die menschliche Gestalt Jesu zu einem bloßen Transparent, zu einem bloßen Zeichen und Symbol des Göttlichen. Das von der kirchlichen Tradition unter Berufung auf die Schrift festgehaltene wahre Gottsein Jesu dagegen wird weitgehend als späterer Gemeindeglaube weginterpretiert. Ein solcher Jesuanismus wäre aber ein entseeltes, entleertes Christentum und ein Glaube, dem das Herz ausgeschnitten ist. Wäre Jesus Christus nämlich bloßer Mensch, wenngleich ein vorbildlicher, auf Gott hin offener und transparenter Mensch, dann könnte er uns nur Menschliches geben, Menschliches mit seiner Bedingtheit und Fraglichkeit. Unsere tiefste Not, die Not der Sünde und des Todes könnte er nicht von uns nehmen. Die Erlösung von der Macht des Todes ist nur Gott, dem Herrn über Leben und Tod, möglich.

Es kann sich also in der heutigen Christologie von unten von vornherein nicht darum handeln, sich von der klassischen Christologie von oben zu emanzipieren und in einer Art Urzeugung eine völlig neue Christologie von unten zu produzieren. Eine legitime Christologie von unten setzt vielmehr eine recht verstandene Christologie von oben voraus. Um was es deshalb allein geht, ist eine erfahrungsmäßige, sozusagen fundamentaltheologische Grundlegung der klassischen Christologie. Es geht um Verstehenszugänge zur traditionellen Christologie von oben. Um nicht mehr aber auch nicht um weniger. Das Grundproblem ist daher: In welcher Weise und in welchem Umfang kann und muss man die Substanz der alten Christologie von oben durch den Ansatz von unten erschließen und in ihn einbringen? In der Beantwortung dieser Frage scheiden sich gegenwärtig die Geister. Verständlicherweise spitzt sich das Problem zu in der Frage der Präexistenz Jesu Christi und damit in der Frage der Trinität. Präexistenz und Trinität sind ja der deutlichste Ausdruck für die Christologie von oben. Die Frage, der wir uns stellen müssen, lautet deshalb: Wie können wir von der Trinität und von der Präexistenz Jesu Christi heute so sprechen, dass diese grundlegenden dogmatischen Wahrheiten nicht nur irgendwie für wahr gehalten werden, sondern dass es zum Verstehen kommt, dass sie menschliches und christliches Leben wecken und erschließen, dass sie wieder Antwort sind auf die Fragen und Ängste, Konflikte und Hoffnungen in unserer Lebenswelt? Dieser Aufgabe, die durch eine recht verstandene Christologie von unten gestellt wird, will sich zunächst die anthropologisch gewendete Christologie zuwenden.

II. Anthropologisch gewendete Christologie

Die anthropologische Interpretation des Glaubens darf nicht verwechselt werden mit einer anthropologischen Reduktion, die den Glauben auf die Maße des heute Zumutbaren und Plausiblen zurechtschneidert und für die Jesus Christus im Ergebnis nur noch Chiffre, Symbol, Gleichnis oder Exempel des allgemeinen Menschlichen, ein Ausdruck eines gelungenen und geglückten Menschseins, einer Art Mitmenschlichkeit, oder ein Impuls, Inspirator, Katalysator und Animator zu einer die Welt vermenschlichenden Praxis ist. Solche entmythologisierenden Formen gibt es heute auch im katholischen Bereich, allerdings mehr im theologischen Unterholz (Joseph Ratzinger) als in der wissenschaftlich ernstzunehmenden Theologie. Von »Unterholz« zu reden ist deshalb berechtigt, weil diese Art von Theologie letztlich unter dem Strich bleibt. Sie setzt nämlich voraus, dass wir je schon wissen, was der Mensch ist und wessen er bedarf. Aber können wir die Kenntnis des allgemeinen Menschlichen einfach voraussetzen und Jesus Christus nur noch als dessen Symbol begreifen? Erschließt uns nicht jede menschliche Begegnung das Menschsein auf neue Weise? Müssen wir nicht damit rechnen, daß Jesus Christus nicht nur Antwort auf unsere Fragen ist, sondern uns auch zugleich neue Fragen stellt, Fragen, die unsere vermeintlichen Antworten selbst in Frage stellen? Die anthropologische Reduktion des Glaubens erweist sich hier als eine Art Ideologie.

Um zu einer legitimen anthropologischen Interpretation des Glaubens zu kommen, müssen wir ausgehen von der Frage: Was ist der Mensch? Seit den Anfängen des abendländischen Denkens bis zur heutigen Anthropologie hält sich die Überzeugung durch, dass ein Mensch nur dann zur vollen Menschlichkeit seines Menschseins findet, wenn er sich dieser Frage nach sich selbst stellt. Der Mensch ist nicht einfach vorhanden, er kann es offensichtlich nicht unterlassen, sich Gedanken über sich selbst zu machen und nach dem Sinn seines Daseins zu fragen. Er ist sich selbst gegeben und aufgegeben, sich selbst überantwortet und zugelastet. In dieser Frage nach sich selbst, nach seinem Ursprung, Ziel, dem Sinn seines Leidens und Sterbens weist der Mensch letztlich in ein Geheimnis hinein. Er ist nicht einfach durch feststellbare Fakten und definierbare Sachgesetzlichkeiten determiniert, sein Leben ist vielmehr ein Weg ins Offene, ein Wagnis, in ein dunkles, letztlich nicht ergründbares Geheimnis hinein. In dieser Offenheit und Nichtabschließbarkeit des Menschseins ist die Freiheit des Menschen begründet.

Dieses Geheimnis ist etwas anderes als die vielen noch ungelösten Probleme, mit denen wir uns jeden Tag herumschlagen müssen, die wir aber im Prinzip sukzessiv lösen können. Es ist aber auch nicht etwas neben dem Normalen und Begreifbaren, sozusagen ein irrationaler Rest, sondern etwas, das alles andere umgreift, das Ganze unseres Daseins bestimmt und im Tod das Ganze unseres Daseins bedroht. Der Mensch als ganzer ist sich also letztlich ein undurchdringliches Geheimnis, eine Frage, auf die er sich selbst keine Antwort geben kann. Denn würde er sie selbst geben und das Rätsel seines Menschseins auflösen, wären auch sein Menschsein und seine Freiheit aufgelöst. Wir haben das Ganze unseres Menschseins also immer nur im Fragment, in einzelnen Zeichen und Symbolen. Der Mensch ist aufgrund seiner Daseinsverfassung wesentlich auf der Suche nach dem endgültigen Symbol, nach einem endgültigen Zeichen des Heils. Er ist der homo viator.

In dieser Situation verweist uns die gesamte christliche Tradition auf Jesus Christus als das endgültige Heilszeichen. Hier liegt vor allem der Ansatz der Christologie von Karl Rahner. Er definiert Jesus Christus als den einmalig höchsten Fall des Wesensvollzugs der menschlichen Wirklichkeit, als Realsymbol und Ursakrament des Menschen. In ihm ist das, worauf unser Menschsein je schon hinaus will, was es aber aus sich selbst nie erreichen kann, auf geschichtlich unableitbare Weise Wirklichkeit geworden. Das unendliche Geheimnis unseres Daseins, das wir in der religiösen Sprache als Gott bezeichnen, das sich uns aber sonst immer entzieht, das wir nicht selbst begreifen und ergreifen können, ist hier in den Bereich unseres Menschseins eingetreten, ist selbst Mensch geworden. Das kann man selbstverständlich nicht im strikten Sinn beweisen. Man kann aber auf Jesus Christus hinweisen und an den andern appellieren, indem man ihn fragt, ob er in der Gestalt Jesu Christi nicht die Erfüllung dessen zu erkennen vermag, worauf sein Leben je schon angelegt ist. Der Vorteil dieser anthropologisch gewendeten Christologie besteht demnach darin, dass die Rede von der Menschwerdung Gottes in Jesus Christus nicht wie ein Meteor von einem fremden Stern erscheint, nicht als etwas völlig Unassimilierbares und Fremdes dasteht, mit dem wir nichts anfangen können, sondern als die einmalige und aus uns selbst unerreichbare Erfüllung unserer menschlichen Wirklichkeit.

Freilich muss man auch die Grenzen dieser anthropologisch gewendeten Christologie klar sehen. Das Menschsein ist in seiner radikalen Offenheit die Grammatik, deren sich Gott bedient, um sein endgültiges Wort, ja sich selbst auszusagen und uns zuzusagen. Aber so wenig man aus den Regeln der Grammatik ein Gedicht ableiten kann, so wenig aus der Anthropologie die Christologie. Diese ist vielmehr eine *unableitbare* Verdichtung unseres Menschseins; sie buchstabiert das Alphabet unseres Menschseins neu. Die anthropologisch gewendete Christologie kann und muss deshalb dieses Alphabet klären und damit dem heutigen Menschen Verstehenszugänge zum Glauben erschließen. Sie kann alle Möglichkeiten der Phänomenologie und Philosophie in Dienst nehmen, um auf die Frage und das Geheimnis, das sich der Mensch selber ist, hinzuweisen. Dann aber kehrt sich die Fragestellung um. Es gilt nicht mehr vom allgemeinen und unbestimmten Wesen des Menschen her Jesus Christus zu bestimmen, sondern von dem konkreten Menschen Jesus Christus her unser Menschsein neu bestimmen zu lassen. Die anthropologisch gewendete Christologie ist nur die Einweisung in den geschöpflichen Status eines Hörers des Wortes. Sobald sie diesen Zugang eröffnet hat, muss sie sich selbst transzendieren und sich der ›Sache‹ zuwenden, das heißt die konkrete Gestalt, die Geschichte und das Geschick Jesu Christi explizieren und als glaubwürdige Antwort auf die Frage, die sich der Mensch selbst ist, herausstellen. Aus der anthropologisch gewendeten Christologie wird damit die Theologie des Lebens Jesu.

III. Christologie als Theologie des Lebens Jesu

Das Leben Jesu war in der christlichen Frömmigkeitsgeschichte schon immer ein bevorzugter Gegenstand der christlichen Betrachtung. Eine Theologie des Lebens Jesu ist also etwas Legitimes. Allerdings ist die Betrachtung des Lebens Jesu für uns heute durch die moderne historisch-kritisch arbeitende Exegese in vieler Hinsicht schwieriger geworden. Wir wissen heute, dass wir es in den Evangelien nicht mit einer Biographie Jesu, sondern mit Glaubenszeugnissen der ersten Gemeinden und der Evangelisten zu tun haben. Die Evangelien sind keine neutralen Berichte, sondern engagierte Glaubenszeugnisse. Die kerygmatische Theologie auf der protestantischen Seite, vor allem Rudolf Bultmann, hat daraus den Schluss gezogen, der Glaube sei am irdischen Jesus überhaupt nicht interessiert, es komme ihm nur auf den erhöhten, im verkündigten Wort wirksam gegenwärtigen Herrn an. Diese These ist jedoch von den Schülern Bultmanns ziemlich allgemein aufgegeben worden. Schon in den 50er Jahren des 20. Jahrhunderts kam es zu der »neuen Frage« nach dem historischen Jesus (Ernst Käsemann, Ernst Fuchs, Günther Bornkamm, Hans Conzelmann u. a.). Man weiß heute wieder: der Glaube würde zum bloßen Mythos, hätte er keinen Anhalt am irdischen Jesus.

1. Direkte – indirekte Christologie

Bei der Frage: Wer ist Jesus Christus?, was beanspruchte er zu sein?, ging man traditionellerweise von den einzelnen Christustiteln aus, also von der Frage, ob Jesus beansprucht habe, der Messias, der Sohn Gottes, der Knecht Gottes und anderes zu sein. Dieser Ausgangspunkt bei einzelnen Christustiteln ist bei der gegenwärtigen exegetischen Situation sehr schwierig, wenn nicht unmöglich geworden. Die meisten Exegeten sind der Meinung, diese Christustitel seien nicht Aussagen des irdischen Jesus selbst, sondern Glaubensbekenntnisse der nachösterlichen Kirche. Diese Feststellung hat schon viel Unruhe verursacht. Zu Unrecht! Die moderne Exegese hat nämlich nicht nur die bisherige ›direkte Christologie‹ des irdischen Jesus problematisch gemacht, sie hat zugleich eine im Grunde viel eindrucksvollere ›indirekte Christologie‹ des irdischen Jesus eröffnet. Damit ist gemeint: Der Anspruch Jesu geht aus seiner ganzen Art, zu lehren, zu wirken, sich zu verhalten, indirekt hervor.

Aus den verschiedenen Möglichkeiten, diese indirekte Christologie aufzuweisen, wählen wir hier nur eine aus. Wir gehen von dem aus, was die Mitte und das eigentliche Geheimnis des Lebens Jesu ausmacht, von seinem Verhältnis zu »seinem Vater«. Es kann kaum bestritten werden, dass Jesus Gott als »Abba« angeredet hat und dass diese Gottesanrede gegenüber dem Alten Testament und dem Judentum ein Novum darstellt. Dabei fällt auf, dass Jesus diese Anrede in einem exklusiven Sinn gebraucht hat. Nie schließt er sich mit seinen

Jüngern in dieser Anrede zusammen. Immer heißt es entweder »mein Vater« oder »euer Vater«. Daraus folgt: Auch wenn Jesus für sich den Titel »Sohn« oder »Gottessohn« nicht gebraucht hat beziehungsweise nicht gebraucht haben sollte, so ist sein Verhältnis zum Vater doch das des einen und des einzigen Sohnes, der uns erst zu Söhnen Gottes macht. Erst von diesem Zentrum des Wirkens Jesu aus kann man sein übriges Auftreten richtig verstehen, besonders seine Zuwendung zu den Ausgestoßenen, zu den Armen und Sündern. Hier geht es nicht primär um soziale Aktionen, sondern darum, dass Jesus diesen Menschen die bedingungslose Liebe Gottes verkündet und bringt. Indem er sie in Gemeinschaft mit sich aufnimmt, nimmt er sie zugleich in die Gemeinschaft mit Gott auf. Die vielbesprochenen Sündermähler Jesu, die in der Tat zum Urbestand der Jesusüberlieferung gehören, sind eine Vorfeier der eschatologischen Gottesherrschaft, hängen also zusammen mit Jesu indirektem Anspruch, der Sohn Gottes zu sein, der uns zu Söhnen Gottes macht. Jesus bringt und lebt also die Freiheit der Söhne Gottes, die frei und Söhne nur sein können, wenn sie in Gott ihren Herrn und Vater anerkennen. Mitmenschlichkeit ist der Lebensraum und die Konsequenz seiner Botschaft, Gottes Herrschaft in der Liebe aber ihr Grund und ihre Mitte.

Über all dies besteht in der gegenwärtigen Exegese ein weitgehender Konsens, der als Grundlage für die systematische Theologie insgesamt völlig ausreicht. Der Christusglaube der Schrift und der Tradition hat beim historischen Jesus selbst seinen Anhalt. Dennoch dürfen wir uns mit dieser Feststellung nicht begnügen. Eine Christologie, die sich nur als Theologie des Lebens Jesu versteht beziehungsweise narrative Vergegenwärtigung dessen sein will, was in Jesu *irdischem* Leben in Erscheinung getreten ist, reicht nicht aus. Sie lässt aus, was nicht nur nach Paulus, sondern auch nach den Synoptikern die eigentliche Mitte und der Grund des Christlichen ist: Kreuz und Auferweckung Jesu.

2. Mitte der Christologie: Kreuz und Auferweckung Jesu

Das Kreuz ist nämlich schon bei den Synoptikern nicht nur die Konsequenz von Jesu mutigem Auftreten gegen die pharisäische Gesetzlichkeit und noch weniger bloß das Ergebnis eines politischen Ränkespiels zwischen jüdischem Synedrium und römischer Besatzungsmacht. Nach jüdischer Vorstellung gehören zum Kommen der Herrschaft Gottes der eschatologische »peirasmos«, die eschatologischen Drangsale. Diese hat Jesus in seinem Leiden auf sich genommen. Durch ihn ist Gottes Leben in der Gestalt des Todes, sein Reichtum in der Gestalt der Armut, seine Fülle in der Gestalt der Leere, seine Macht in der Gestalt menschlicher Ohnmacht in der Geschichte angebrochen. Gott ist in Jesus Christus ganz eingegangen in die conditio humana, so dass es nunmehr keine menschliche Situation mehr gibt, die grundsätzlich gottlos und gottfern wäre. Die Auferweckung Jesu als der Anbruch des neuen Äons ist gleichsam die andere Seite des so verstandenen Kreuzesgeschehens. Sie besagt, dass Jesu gehorsamer Weg in den Tod die geschichtliche Gestalt des endgültigen Kommens Gottes zu uns war. Jesu restlose Selbsthingabe an den Willen des Vaters ging sozusagen nicht ins Leere hinein, sondern wurde vom Vater angenommen, so dass Jesus nun bleibend bei Gott lebt und von Gott her in neuer Weise, in der Weise Gottes, bei uns und mit uns ist.

In den einigermaßen ernst zu nehmenden theologischen Entwürfen wird die Auferstehungsbotschaft zwar nicht einfach geleugnet. Sie wird jedoch oft nur als Bestätigung Gottes für den irdischen Jesus betrachtet. Sie besagt dann nur noch, dass Jesu irdischer Botschaft, seinem irdischen Auftreten, Leben und Sterben endgültige Bedeutung und bleibende Normativität zukommt. Damit wird die Bedeutung der Auferstehung Jesu für den Ansatz der Christologie unterbewertet. Es wird verkannt, dass die Auferstehung nicht nur eine legitimierende, sondern eine *konstituierende* Bedeutung hat. Die Auferstehung bestätigt ja nicht nur den irdischen Jesus, sondern sie bringt seine Botschaft und sein ganzes Auftreten in einer überbietend neuen Weise zur Erfüllung, sie setzt eine neue Wirklichkeit, aufgrund derer Jesu Person und Werk im Heiligen Geist in neuer Weise in der Kirche gegenwärtig ist. Diese neue Gegenwart geschieht im Kerygma wie in der Feier der Eucharistie. Die Bekenntnisaussagen sind deshalb nicht nur eine Reflexion zweiten oder dritten Grades auf das, was im irdischen Jesus widerfahren ist, sondern ein ursprünglicher Ausdruck des Glaubens an den im Geist gegenwärtigen Christus. Das bedeutet: Sosehr die Christologie Anhalt braucht und gewissermaßen ein Kriterium hat am irdischen Leben Jesu, sowenig kann sie reduziert werden auf eine Theologie des irdischen Jesus, für die die Auferstehung nur noch die formale Legitimation darstellt. Wo diese Schwerpunktverlagerung vorgenommen wird, wird dem biblischen Christusglauben das Herz herausgeschnitten. Die Christologie kann deshalb nur aus der wechselseitigen Entsprechung (Analogie) des irdischen Jesus und des erhöhten Christus entfaltet werden. Kreuz und Auferstehung sind in ihrer Einheit und Unterscheidung die Mitte der Christologie.

3. Neuer Ansatz der Christologie

Geht man also aus von dem Gehorsam Jesu gegenüber seinem Vater, der in Kreuz und Auferstehung seine Vollendung gefunden hat, dann ergibt sich ein neuer Ansatz der Christologie, der zugleich die klassischen christologischen Formeln in sich aufheben kann. In seinem Gehorsam und in seiner Liebe ist Jesus nämlich radikale Herkünftigkeit vom Vater und radikales Übereignetsein an ihn. In diesem Gehorsam ist er nichts aus sich, aber alles aus Gott und für Gott. So ist er ganz Hohl- und Leerform für Gott. In seinem Gehorsam ist er das Da-sein von Gottes sich selbst mitteilender Liebe. Die radikale Hinwendung Jesu zum Vater setzt nämlich die vorgängige Zuwendung des Vaters, die Selbstmitteilung Gottes an Jesus voraus, eine Selbstmitteilung, die nicht irgendwie äußerlich zum Sein Jesu hinzukommt, sondern Jesus in seinem ganzen Sein konstituiert und dieses Sein Jesu als reine Antwort, als reine Relationalität vom Vater her und zum Vater hin bestimmt. Der Weg Jesu »von unten« zum Vater wird also ermöglicht, getragen durch den zuvorkommenden Weg des Vaters zu Jesus, durch Gottes Selbstmitteilung, die wir meinen, wenn wir von der zweiten göttlichen Person sprechen.

Dieser christologische Ansatz kann einerseits die sachliche Gültigkeit und bleibende Verbindlichkeit der traditionellen Christologie aufzeigen. Denn in seinem Gehorsam ist Jesus ja ganz Mensch und zugleich ganz Da-sein von Gottes sich selbst mitteilender Liebe, der Sohn Gottes. Dieser Ansatz bestätigt aber nicht nur die traditionelle Christologie, er kann uns auch das Geheimnis Jesu in ursprünglicherer Weise wieder zugänglich machen. Die abstrakte Zwei-Naturen-Lehre hat ja das Christusgeheimnis dem existentiellen Glaubensvollzug oft sehr entfremdet. Aus dem Heilsgeheimnis drohte oft ein Denkgeheimnis zu werden, das für den persönlichen Glauben mehr oder weniger belanglos zu sein schien und von vielen Gläubigen nicht mehr verstanden wurde. Wird nun deutlich, dass die klassische Zwei-Naturen-Lehre nichts anderes ist, als der Versuch, mit Hilfe von Denkmitteln der klassischen Metaphysik das innerste Lebensgeheimnis Jesu auszudrücken, seine radikale menschliche Hingabe an den Willen des Vaters, die getragen und ermöglicht ist von der Hingabe des Vaters an Jesus, dann verliert die Christologie den fatalen Eindruck, bloße Spekulation zu sein.

IV. Christologie in einer geschichtlichen Perspektive

Weil Jesus Christus die endgültige Offenbarung Gottes wie des Menschen ist, beansprucht seine einmalige Geschichte universale Geltung. Um dieses universalen Anspruchs seiner einmaligen Geschichte willen muss die Kirche seine Geschichte und sein Geschick immer wieder neu erzählen und vergegenwärtigen. Um der Universalität des Anspruchs Jesu willen kann diese Vergegenwärtigung nicht eine bloße Wiederholung des ursprünglichen biblischen Zeugnisses sein. Die ursprüngliche Tradition kann nur auf dem Weg lebendiger Interpretation bewahrt werden.

Diese Einsicht in die Geschichtlichkeit der christlichen Botschaft von Jesus Christus erschließt uns die Bedeutung der Dogmengeschichte. Sie ist der Versuch der Übersetzung der biblischen Botschaft in die jeweilige Sprache und Problemstellung einer Zeit. Als das Christentum den jüdisch-palästinensischen Raum verließ, musste es seine Sache notwendig in der Sprache der hellenistischen Welt zum Ausdruck bringen. Das geschieht bereits in den späteren Schriften des Neuen Testamentes und wird in der nachkanonischen Literatur weitergeführt. Es ist deshalb völlig verfehlt, wenn Adolf von Harnack die altkirchliche Dogmenentwicklung als Hellenisierung des biblischen Christentums abgetan hat und wenn ihm dies heute manche Autoren nachreden. Vor allem Alois Grillmeier hat in mühevoller historischer Detailarbeit aufgezeigt, dass die Väter von Nikaia und Chalkedon, wenn sie Begriffe der griechischen Philosophie wie Wesen, Natur, Hypostase und andere gebrauchten, nicht aristotelice, sondern piscatorie, das heißt pastoral gedacht haben. Sie haben sich von der Sache her notwendig der Sprache der Zeit bedient, um die überlieferte Glaubenslehre gegenüber häretischen Verfälschungen klar und eindeutig zum Ausdruck zu bringen. Sie haben die Begrifflichkeit der hellenistischen Philosophie benutzt, um die christliche Botschaft in ihrer Situation verständlich aussagen zu können. Sie haben diese Begrifflichkeit aber zugleich an der Bibel und an der kirchlichen Tradition gemessen, um von dort her deren innere Logik aufzusprengen. So war etwa die Unterscheidung von Wesen und Hypostase (Person) im hellenistischen Denken in keiner Weise vorbereitet. Sie ist das Ergebnis der Beschäftigung mit den Gegebenheiten der christlichen Tradition. Erst das Christentum hat das naturhaft-wesenhafte Denken der Antike zugunsten eines mehr personalen Denkens durchbrochen. Nikaia und Chalkedon sind deshalb nicht der Durchbruch des Hellenismus im Christentum, sondern eher der Durchbruch des Christentums im Bereich des Hellenismus.

Man muss sich also von einer simplen Auffassung der Hellenisierung des Christentums frei machen und anerkennen, dass die altkirchlichen Konzilien in der Sprache der hellenistischen Philosophie die Sache der Bibel mit erstaunlicher Treffsicherheit wiedergeben. Auf der anderen Seite muss man aber doch auch sehen, dass sich die Denk- und Sprachform der altkirchlichen Konzilien von der biblischen Christologie unterscheidet. Die Sprache ist aber nie eine rein äußerliche Angelegenheit. Sprache und Sache hängen jeweils zusammen. In der altkirchlichen Christologie geschieht ein Übergang von den mehr ereignishaften, geschichtlichen Kategorien der Bibel zu dem mehr naturhaft-wesenhaften Denken der hellenistischen Metaphysik. Das metaphysische Denken ist dadurch charakterisiert, dass es nicht nach dem geschichtlich Einmaligen, sondern nach dem beständigen Was-Bestand, dem Wesen einer Sache fragt. Dieses metaphysische Wesensdenken ist heute jedoch an sein Ende gekommen. Das Zweite Vatikanische Konzil spricht von einem Übergang von einer mehr statischen Sicht der Ordnung der Gesamtwirklichkeit zu einem mehr evolutiven, dynamischen und geschichtlichen Denken. Dieses geschichtliche Denken steht in gewissem Sinn dem biblischen Denken näher als die griechische Metaphysik. Unsere gegenwärtige Situation ist nicht nur Krise, sondern auch Chance. Wir stehen damit vor einer ähnlichen Aufgabe wie die altkirchlichen Konzilien: Wir müssen den überlieferten Glauben dadurch in eine neu heraufziehende Epoche einbringen, dass wir ihn neu sagen und eben dadurch treu bewahren.

1. Notwendigkeit eines christologischen Wirklichkeitsverständnisses

Damit steht eine gewaltige Aufgabe vor uns, mit deren Lösung wir erst am Anfang stehen. Die anvisierte geschichtlich-orientierte Christologie kann jedoch nicht darin bestehen, die traditionellen ontologischen Aussagen einfach durch funktionale Aussagen zu ersetzen und von Jesus nur als dem Beauftragten, Sachwalter, Repräsentant oder Stellvertreter Gottes zu sprechen. Diese funktionalen Aussagen sind selbstverständlich nicht falsch; sie können sogar vielen Menschen einen ersten Zugang zu Jesus Christus erschließen. Sie dürfen aber keine Letztaussagen sein. Dazu bleiben sie viel zu sehr an der Oberfläche hängen. Die Bedeutung Jesu, seine Funktion also, hinge nämlich buchstäblich in der Luft, würde sie nicht im Sein und Wesen Jesu begründet. Es genügt nicht zu sagen, was Jesus für uns bedeutet, im Glauben müssen wir auch wissen, wer er *ist.* Nur wenn in ihm Gott selbst in unser menschlich Fleisch und Blut eingegangen ist, kann er uns erlösen aus der Endlichkeit und Todverfallenheit unseres Menschseins. Gerade die so wesenhaft klingenden Aussagen vom wahren Gott-Sein Jesu haben also eine ›soteriologische Sinnspitze‹, gerade sie sind in einem recht verstandenem Sinn funktional. Die Aufgabe kann also nicht sein, ontologische Aussagen durch funktionale zu ersetzen, sondern solche christologische Wesensaussagen zu entwickeln, die an der Person und Funktion Jesu Christi selbst abgelesen sind. Es gilt also eine naturhafte Wesensontologie in eine geschichtliche und personale Ontologie zu transformieren.

Das Wesen der Person besteht ganz allgemein darin, dass sie sich eben dadurch findet, dass sie sich an andere verliert und verschenkt. Person verwirklicht sich in der Liebe. Zu dieser Freiheit in der Liebe kommt sie aber nur, wenn sie zuerst von anderen Liebe erfährt. Nur wenn sie als Person von anderen angenommen wird, kommt sie zu ihrer eigenen Freiheit. Person gibt es konkret nur in Interpersonalität und Relationalität. In diesem Bezogensein auf andere erfährt die Person aber auch ihre Bedrohung. Das endgültige Heil der Person ist nur dann möglich, wenn sie absolut angenommen und bejaht ist, wenn sie absoluter Liebe begegnet, die stärker ist als der Tod. Dies ereignet sich in Jesus Christus, der sich in seinem Verhältnis zum Vater auf einmalige, absolute und endgültige Weise angenommen erfährt, eine Annahme, die sich in Kreuz und Auferstehung bewährt und in die wir durch die Sendung des Geistes einbezogen werden. In diesem Sinn ist Jesus Christus der neue Mensch, der uns das Menschsein in neuer Weise ermöglicht. In Jesus Christus geht uns endgültig auf, dass der Sinn unseres Seins die Liebe ist.

Jesus Christus erschließt uns aber nicht nur den Sinn unseres Seins als Liebe, er erschließt uns auch Gottes Sein als sich selbst mitteilende Liebe. In Jesus Christus wird ja Gott endgültig offenbar als der, der er von Ewigkeit ist. Die sich in Jesus Christus selbst mitteilende Liebe Gottes gehört also ins ewige Wesen Gottes hinein. Gott ist von Ewigkeit her der Vater, der sich im Sohn selbst mitteilt, und der im Geist die Freiheit, den inneren Überfluss der Liebe hat, um sich in der Zeit durch den Geist der Schöpfung mitzuteilen und die Kreatur aus ihrem Harren und Seufzen zur Freiheit der Söhne Gottes zu befreien. Die Trinitätslehre ist also keine abstrakte Spekulation. Sie ist nichts anderes als die Explikation dessen, was in Jesus Christus und in seinem Geist in der Geschichte geschehen ist. Sie besagt, dass Gott sich selbst mitteilende Liebe ist. Diese Aussage, dass Gott Freiheit in der sich selbst entäußernden Liebe ist, besagt zugleich, dass Freiheit, die sich in der Liebe entäußert, der letzte Grund und der tiefste Sinn der Wirklichkeit überhaupt ist. Durch Jesus Christus und sein Verhältnis zum Vater wird dieser tiefste Sinn in einer einzigartigen und unüberbietbaren Weise offenbar. In Jesus Christus und seinem Verhältnis zum Vater wird uns deshalb das Grundmodell des christlichen Wirklichkeitsverständnisses geschenkt. Eine in diesem Sinn ontologisch entfaltete Christologie ist also der Schlüssel zu einem neuen und tieferen Verständnis des Menschseins in der Welt. Es besagt, dass man sich loslassen muss, um sich zu finden, und dass man sich loslassen kann, weil man von der je größeren Liebe Gottes je schon gefunden und betroffen ist.

Damit stehen wir am Schluss unseres Durchgangs durch die wichtigsten Tendenzen der jüngsten Christologie. Wir können zusammenfassend die These aufstellen, die als Frage bereits am Anfang angeklungen ist: Eine legitime Christologie von unten setzt eine eindeutige Christologie von oben voraus; auch eine geschichtlich orientierte Theologie bedarf einer ontologischen Fundierung; eine Christologie von unten muss, wenn sie konsequent sein will, zu trinitarischen Aussagen durchstoßen.

Neuansätze gegenwärtiger Christologie

Die christologische Thematik ist in der gegenwärtigen systematischen Theologie hoch im Kurs. Nachdem in den letzten zehn Jahren nach dem Konzil die Erneuerung der Kirche für den Dienst an der Welt von heute im Vordergrund des theologischen Interesses stand, besinnt man sich gegenwärtig wieder stärker auf das Eigentliche, auf Mitte und Grund des Christlichen: Jesus Christus. Nur von dieser Mitte her ist eine Erneuerung der Kirche für den Dienst an der Erneuerung der Welt möglich.

Eine ganze Reihe von Neuveröffentlichungen ist zu nennen. Nach den immer wieder neu aufgenommenen christologischen Vorstößen Karl Rahners,[1] den wichtigen vorwärtsweisenden Diskussionsbeiträgen Bernhard Weltes,[2] dem groß angelegten christologischen Entwurf Hans Urs von Balthasars[3] und der zusammenfassenden Darstellung Dietrich Wiederkehrs[4] sind jüngst innerhalb weniger Monate allein

---

1 Zusammenfassend in: K. Rahner/W. Thüsing, Christologie – systematisch und exegetisch (QD 55), Freiburg – Basel – Wien 1973; K. Rahner, Grundkurs des Glaubens. Einführung in den Begriff des Christentums, Freiburg – Basel – Wien ^{9}1977.

2 B. Welte, Die Lehrformel von Nikaia und die abendländische Metaphysik, in: B. Welte (Hg.), Zur Frühgeschichte der Christologie (QD 51), Freiburg – Basel – Wien 1970, 100–117; ders., Homoousios hemin. Gedanken zum Verständnis der theologischen Problematik der Kategorien von Chalcedon, in: ders., Auf der Spur des Ewigen, Freiburg – Basel – Wien 1965, 429–458; ders., Die Krisis der dogmatischen Christusaussagen, in: ders., Zeit und Geheimnis. Philosophische Abhandlungen zur Sache Gottes in der Zeit der Welt, Freiburg – Basel – Wien 1975, 292–318.

3 H. U. von Balthasar, Herrlichkeit. Eine theologische Ästhetik, Bd. III/2, 2: Theologie – Neuer Bund, Einsiedeln 1969.

4 D. Wiederkehr, Entwurf einer systematischen Christologie, in: MySal III/1, 477–646.

im Raum der deutschsprachigen katholischen Theologie drei größere Darstellungen der Christologie erschienen (Hans Küng, Edward Schillebeeckx, Walter Kasper).[5] Gleichzeitig mit diesen systematisch-theologischen Veröffentlichungen legte Alois Grillmeier die Summe seiner jahrzehntelangen dogmen- und theologiegeschichtlichen Forschungen zur Christologie vor.[6]

Auch aus dem außerdeutschen Sprachraum liegen bedeutsame christologische Neuentwürfe vor. Neben dem Niederländer Piet Schoonenberg[7] und dem schon genannten Edward Schillebeeckx sei vor allem auf Christian Duquoc,[8] Leonardo Boff,[9] José Ignacio González Faus[10] verwiesen. Wie sehr die christologischen Fragen auch in der gegenwärtigen protestantischen Theologie wieder in Fluss geraten sind, zeigt unter anderem ein grundlegender Artikel von Wolfhart Pannenberg,[11] in dem er seine eigene frühere Position wesentlich weiterentwickelt. Bei dieser Aktualität der Fragestellung ist es nicht zu verwundern, dass sich unabhängig voneinander sowohl die deutschsprachigen katholischen Neutestamentler[12] als auch die deutschsprachigen katholischen Dogmatiker und Fundamentaltheologen (die letzteren gleich dreimal)[13] auf ihren Arbeitstagungen mit Grundfragen der Christologie befassten.

Es ist die Aufgabe dieses Beitrags, einen kritischen Überblick über

---

[5] H. Küng, Christ sein, München 1974; E. Schillebeeckx, Jesus. Die Geschichte von einem Lebenden, Freiburg – Basel – Wien ³1975; W. Kasper, Jesus der Christus, Mainz ⁵1976 (Neudruck: WKGS 3, Freiburg i. Br. 2007).

[6] A. Grillmeier, Mit ihm und in ihm. Christologische Forschungen und Perspektiven, Freiburg – Basel – Wien 1975.

[7] P. Schoonenberg, Ein Gott der Menschen, Zürich – Einsiedeln – Köln 1969; ders., Trinität – der vollendete Bund. Thesen zur Lehre vom dreipersönlichen Gott, in: Orien 37 (1973) 115–117; ders., Christologische Diskussion heute, in: ThPQ 123 (1975) 105–117.

[8] C. Duquoc, Christologie, essai dogmatique, 2 Bde., Paris 1968–74; ders., Jésus, homme libre. Esquisse d'une christologie, Paris 1974.

[9] L. Boff, Gesù Cristo Liberatore, Assisi 1973.

[10] J. I. González Faus, La humanidad nueva. Ensayo de cristología, 2 Bde., Santander 1975.

[11] W. Pannenberg, Christologie und Theologie, in: KuD 21 (1975) 159–175.

[12] Vgl. K. Kertelge (Hg.), Rückfrage nach Jesus (QD 63), Freiburg – Basel – Wien 1974.

[13] Vgl. Welte (Hg.), Zur Frühgeschichte der Christologie (wie Anm. 2); L. Scheffczyk (Hg.), Erlösung und Emanzipation (QD 61), Freiburg – Basel –

den gegenwärtigen Stand der Diskussion zu geben, die verschiedenen Tendenzen zu sichten und auf diese Weise in die Sache der Christologie selbst einzuführen. Es sollen nacheinander vier Tendenzen gegenwärtiger Christologie herausgestellt werden.

I. Christologie von unten

Bemerkenswert und erstaunlich ist nicht nur die gegenwärtige Wende *zur* Christologie, sondern noch mehr die Wende *innerhalb* der Christologie. Keine der genannten Christologien stellt nämlich einfachhin eine Neuauflage der klassischen christologischen Traktate dar. Bei allen teilweise beträchtlichen Unterschieden haben sie weithin unabhängig voneinander eine Wende von der bisherigen ›Christologie von oben‹ zu einer ›Christologie von unten‹ vollzogen. Das sind Schlagworte, unter denen die genannten Autoren höchst Unterschiedliches verstehen und die – wie noch zu zeigen sein wird – unzureichend sind, um die gegenwärtige Problemstellung angemessen zu verstehen.

Zunächst geht es der Christologie ›von unten‹ darum, die Glaubenssituation, in der sich die meisten Menschen gegenwärtig befinden, ernst zu nehmen. In der gegenwärtigen Situation kann man den Glauben an den dreifaltigen Gott nicht mehr ›selbstverständlich‹ voraussetzen; man kann deshalb nicht mehr unvermittelt ›oben‹ einsetzen, um dann ›nur‹ noch die Menschwerdung der zweiten göttlichen Person zu bedenken. In der gegenwärtigen Situation, in der das Sprechen vom Geistigen ganz allgemein und von Gott im Besonderen zum Problem geworden ist, empfiehlt sich vielmehr der umgekehrte Weg, sozusagen ›unten‹ bei der menschlichen Gestalt Jesu Christi anzusetzen, um so »im Sichtbaren das Unsichtbare anschauen« zu lassen (Weihnachtspräfation). Wir müssen also einsetzen bei der Erfahrung Jesu als eines wahren Menschen und damit zugleich bei der Erfahrung, die wir mit unserem Menschsein machen. Anders als in menschlicher Weise können wir das an uns ergehende Wort Gottes gar nicht erfassen und verstehen. Deshalb geht es in der Christologie ›von unten‹ um Verstehens- und Erfahrungszugänge zum Glauben an Jesus Christus.

Wien 1974; L. Scheffczyk (Hg.), Grundfragen der Christologie heute (QD 72), Freiburg – Basel – Wien 1975.

Eine solche von ›unten‹ nach ›oben‹ aufsteigende Christologie legt sich nicht nur von der gegenwärtigen pastoralen Situation her nahe. Sie kann sich auch auf die biblische Erhöhungschristologie[14] und vor allem auf die römische Liturgie berufen. Das hat schon vor Jahrzehnten Josef Andreas Jungmann aufgezeigt.[15] Karl Adam, der bedeutende Christologe in der ersten Hälfte des 20. Jahrhunderts, ist ihm darin gefolgt.[16] In der Liturgie werden wir ja seit den Anfängen bis heute betend »in der Gemeinschaft des Heiligen Geistes durch Christus zum Vater« geführt. Später, in der Zeit des Arianismus, wurde diese heilsgeschichtliche Doxologie durch eine trinitarische ersetzt. Man meinte, durch die heilsgeschichtliche Gebetsform würde die Gleichwesentlichkeit des Sohnes mit dem Vater verdunkelt. Man wagte deshalb nicht mehr zu sagen: »Ehre sei dem Vater durch den Sohn im Heiligen Geist«, sondern man formulierte: »Ehre sei dem Vater und dem Sohn und dem Heiligen Geist.« Man erreichte dadurch zwar eine größere Verdeutlichung des trinitarischen Bekenntnisses, aber man nahm damit auch in Kauf, dass die wahre Menschheit Jesu und ihre Heilsbedeutung oft verdunkelt und verkannt wurde. Jesus wurde in der Volksfrömmigkeit oft zu einem auf Erden wandelnden Gott; seine Menschheit war oft nur noch die äußere Erscheinung, wenn nicht gar die Verkleidung Gottes. Eine solche, die wahre Menschheit Jesu vernachlässigende Christologie kann das Geheimnis unserer Erlösung nicht mehr wahren. Denn nur wenn und weil Jesus Christus uns in allem gleich ist, die Sünde allein ausgenommen, kann er uns in allem Erlösung bringen. Die wahre Menschheit Jesu ist also das Sakrament unserer Erlösung, das heißt, sie ist nicht nur Erscheinung und Verkleidung, sondern sie ist Zeichen und zugleich wirksame Ursache des Heils, Zugang, Medium, Ort unserer Gottesbegegnung. Auch von der großen dogmatischen Tradition her legt sich also eine Christologie ›von unten‹ nahe.

Wenn wir uns in der gegenwärtigen pastoralen Situation auf das

---

[14] Vgl. R. Schnackenburg, Christologie des Neuen Testaments, in: MySal III/1, 227–384, hier 256 ff.

[15] J. A. Jungmann, Die Stellung Christi im liturgischen Gebet, Münster ²1962.

[16] K. Adam, Durch Christus unseren Herrn, in: ders., Christus unser Bruder, Regensburg 1950, 46–80; vgl. F. X. Arnold, Das gottmenschliche Prinzip der Seelsorge, in: ders., Seelsorge aus der Mitte der Heilsgeschichte. Pastoraltheologische Durchblicke, Freiburg i. Br. 1956, 27–50.

ursprüngliche biblische und liturgische Sprechen zurückbesinnen, dann dürfen wir freilich nicht übersehen, dass das Programm einer Christologie ›von unten‹ in der liberalen protestantischen Theologie längst in einer Weise entworfen und durchexerziert wurde, die uns bei diesem Unternehmen zur äußersten Vorsicht mahnt. Dort wurde die menschliche Gestalt zu einem bloßen Transparent des Göttlichen; das von der kirchlichen Tradition festgehaltene wahre Gott*sein* Jesu wurde dagegen weitgehend als späterer Gemeindeglauben erklärt.[17] Man sollte die manchmal fast pietistische Frömmigkeit, die hinter dieser liberal-protestantischen Christologie ›von unten‹ stand, nicht verkennen; ebenso wenig darf man das ernste apologetische Interesse übersehen, das darauf zielte, das alte christologische Dogma in der gewandelten Situation der Neuzeit neu zu erschließen. Dennoch führt kein Weg daran vorbei zu sagen: Dieser »Jesuanismus ist ein entleertes, entseeltes Christentum und ein Glaube, dem das Herz ausgeschnitten ist«[18]. Wäre Jesus Christus bloßer Mensch, wenngleich ein vorbildlicher, auf Gott hin offener und transparenter Mensch, dann könnte er uns nur Menschliches geben, Menschliches mit seiner Bedingtheit und Fraglichkeit. Unsere tiefste Not, die Not der Sünde und des Todes, könnte er nicht von uns nehmen. Die Erlösung von der Macht des Todes ist nur Gott, dem Herrn über Leben und Tod, möglich.

Es ist deshalb verständlich und berechtigt, dass die Antimodernistenerklärung Papst Pius X. ähnliche beziehungsweise damals als ähnlich verstandene Meinungen im katholischen Bereich scharf verurteilte.[19] Die erneuerte protestantische Theologie, besonders die Karl Barths, war in ihrem Urteil nicht weniger eindeutig. Barth urteilt: »Die orthodoxe Christologie ist ein aus der Höhe von 3000 m steil abfließendes Gletscherwasser; damit kann man etwas schaffen. Die Herrmannsche Christologie, so wie sie dasteht, ist der hoffnungslose Versuch, eine stehende Lagune mittelst einer Handpumpe auf dieselbe Höhe zu treiben. Das geht eben nicht.«[20] Warum geht das nicht? Deshalb, weil der Mensch aus eigener Kraft den Weg von unten nach

---

17 Vgl. W. Kasper, Christologie von unten? Kritik und Neuansatz gegenwärtiger Christologie, in diesem Band o. S. 150–180.

18 K. Adam, Jesus Christus, Düsseldorf ^{8}1949, 17.

19 Vgl. DH 3427–38.

20 K. Barth, Die dogmatische Prinzipienlehre bei W. Herrmann, in: ZZ (1925) 274.

oben nicht gehen kann. Der Weg von unten nach oben kann nur Antwort sein auf die Zuwendung Gottes von oben.

Wenn heute dennoch von protestantischen wie von katholischen Theologen erneut der Versuch einer Christologie ›von unten‹ gemacht wird, so handelt es sich im Wesentlichen um eine gegenüber der liberalen Theologie neue Christologie ›von unten‹. Nach allem bisher Gesagten kann es sich in einer theologisch sinnvollen und verantwortlichen ›neuen‹ Christologie ›von unten‹ von vornherein nicht darum handeln, sich von der klassischen Christologie ›von oben‹ zu emanzipieren und in einer Art Urzeugung eine völlig neue Christologie ›von unten‹ zu produzieren. Eine legitime Christologie ›von unten‹ setzt vielmehr eine recht verstandene Christologie ›von oben‹ voraus. Um was es also allein geht, ist eine erfahrungsmäßige, sozusagen fundamentaltheologische Grundlegung der klassischen Christologie. Es geht in einer recht verstandenen Christologie ›von unten‹ um Verstehenszugänge zur traditionellen Christologie ›von oben‹. Um nicht mehr, aber auch um nicht weniger. Das Grundproblem ist deshalb: In welcher Weise und in welchem Umfang kann und muss man die Substanz der alten Christologie ›von oben‹ durch den Ansatz ›von unten‹ erschließen und in ihn einbringen? In der Beantwortung dieser Frage scheiden sich die Geister. Verständlicherweise spitzt sich diese Frage zu in der Deutung der Menschwerdung Gottes, der Präexistenz und (eng damit verbunden) der Trinität. Wie kann man von diesen ›hochdogmatischen‹ Wahrheiten heute in einer verstehbaren und verantwortlichen Weise sprechen? Wie kann man so davon sprechen, dass man sie nicht nur für wahr hält, sondern dass sie menschliches und christliches Leben wecken und erschließen? Auf diese Fragen will die anthropologisch gewendete Christologie eine erste Antwort geben.

II. Anthropologisch gewendete Christologie

Wir sahen: Die Krise, in die die traditionelle Christologie geraten ist, hängt mit der viel umfassenderen geistigen Krise der Gegenwart, mit der Krise des Sprechens von Gott zusammen. In dieser geistigen Situation kann die Rede von der Menschwerdung Gottes, von der Geburt Jesu von der Jungfrau Maria, seinem stellvertretenden Sühnetod, seiner Auferstehung am dritten Tag, seiner Himmelfahrt und seiner

Wiederkunft leicht als Relikt eines vergangenen mythologischen Weltbildes erscheinen, mit dem wir in unserer modernen wissenschaftlich und technisch orientierten Welt nichts mehr anzufangen wissen. Im Unterschied zum neuzeitlichen Denken ist es nämlich für die mythologische Denkweise charakteristisch, Göttliches und Menschliches nicht klar zu unterscheiden, sondern in Unkenntnis der wirklichen innerweltlichen Ursachen des Geschehens an deren Stelle wunderbare göttliche Eingriffe zu setzen. Dass hier für jeden denkenden Menschen Schwierigkeiten bestehen, kann gar nicht bestritten werden. Es handelt sich nicht nur um ein intellektuelles, sondern auch um ein existentielles Nicht-mehr-verstehen-und-mitvollziehen-Können der überlieferten christlichen Botschaft. Sie kann für viele keine Antwort mehr sein auf die Fragen und Ängste, Konflikte und Hoffnungen unserer Lebenswelt.

Diese Situation stellt eine ernste pastorale und theologische Herausforderung dar. Denn der christliche Glaube unterscheidet sich vom Aberglauben dadurch, dass er als ein menschlicher Akt frei verantwortet, in intellektueller Redlichkeit und Verantwortung gesetzt wird. Es gibt den Glauben nur im Medium eines menschlichen Verstehens. Ein *bloßer* Autoritätsglaube oder ein reiner Köhlerglaube sind nicht Höchstformen, sondern Zerrformen des Glaubens. Das Glaubenszeugnis der Kirche muss darum jeweils so artikuliert werden, dass es menschlich verstehbaren Sinn eröffnet und in einen Sinnzusammenhang mit den übrigen Fragen eines Menschen gebracht werden kann. Das ist gemeint, wenn man von einer anthropologischen Interpretation des Glaubens spricht.

Beginnen wir also mit der Frage: Was ist der Mensch? Seit den Anfängen des abendländischen Denkens bis zur heutigen Anthropologie hält sich die Überzeugung, dass ein Mensch nur dann zur vollen Menschlichkeit seines Menschseins findet, wenn er sich dieser Frage stellt. Es macht nämlich den Unterschied des Menschen zum Tier aus, dass er nicht instinktsicher in eine bestimmte Umwelt eingepasst, sondern weltoffen ist. Mit seinem Sein ist der Sinn seines Seins nicht mitgesetzt. Der Mensch ist das, »nichtfestgestellte Tier« (Friedrich Nietzsche). Er ist frei, über den Sinn seines Seins zu entscheiden; er ist sich selbst überantwortet, sich selbst zugelastet. Aufgrund seiner Freiheit ist der Mensch aber auch nie abschließend objektivierbar und definierbar. Jeder Akt der Erkenntnis, in dem wir einen einzelnen endlichen Gegenstand als endlichen erkennen, ist nur möglich, weil wir »irgendwie« um ein Unendliches wissen. Jeder endliche Begriff steht also im Horizont eines unendlichen Vorgriffs, den wir nie ganz auf den Begriff bringen können; jeder Akt der Erkenntnis weist uns also auf ein letztes Geheimnis hin. Diese Grundstruktur unserer Erkenntnis ist zugleich der Grund unserer Freiheit. Die Bindung an das Unendliche macht uns ja erst frei gegenüber dem einzelnen; denn nur im Horizont des Ganzen kann der einzelne Gegenstand in seiner Relativität, Kontingenz und Nichtnotwendigkeit deutlich werden. Anders ausgedrückt: Freiheit ist nur möglich, wenn wir hinsichtlich der personalen Grundausrichtung des Menschen nicht durch feststellbare Fakten und definierbare Sachgesetzlichkeiten determiniert sind, sondern wenn unser Leben ein Weg ins Offene, ein Wagnis in ein dunkles, letztlich nicht ergründbares Geheimnis hinein ist.

Dieses Geheimnis ist aber ›etwas‹ anderes als die vielen noch ungelösten Probleme, mit denen wir uns jeden Tag herumzuschlagen haben, die wir aber im Prinzip sukzessiv lösen können. Es ist auch nicht ›etwas‹ neben dem Normalen und Begreifbaren, sozusagen ein irrationaler Rest, sondern ›etwas‹, das alles andere erst ermöglicht, alles andere umgreift, das das Ganze unseres Daseins durchstimmt und im Tod das Ganze unseres Daseins bedroht. Der Mensch als ganzer ist sich also letztlich ein undurchdringliches Geheimnis, eine Frage, auf die er sich selbst keine Antwort geben kann. Es gibt zwar ›Knotenpunkte‹ menschlicher Existenz, in denen das Ganze aufleuchtet. Aber auch hier hat der Mensch das Ganze seines Menschseins nur im Fragment, in einzelnen symbolischen Verdichtungen, in einzelnen Erfahrungen, die auf das Ganze hin transparent sind, ohne dieses jedoch jemals abschließend einfangen zu können. Die sakramentale Struktur des Glaubens, von der vorhin die Rede war, ist dem Menschen also gewissermaßen auf den Leib geschnitten. Denn aufgrund seiner Daseinsverfassung ist der Mensch wesentlich auf der Suche nach dem endgültigen Symbol, nach einem endgültigen Zeichen des Heils.

In dieser Situation verweist uns die gesamte christliche Tradition auf Jesus Christus als dem endgültigen Heilszeichen. Man spricht gegenwärtig oft von Jesus Christus als dem eschatologischen Menschen, dem letzten Adam und neuen Menschen, und man entwirft eine Christologie von Jesu menschlicher Transzendenz und seiner menschlichen Endvollendung. Mit Recht weist jedoch Schillebeeckx darauf hin, dass der Begriff »menschliche Transzendenz« nicht so problemlos ist, wie es scheint.[21] Denn dieser Begriff scheint vorauszusetzen, dass wir genau wissen, was ›Menschheit‹ und was transzendierende Menschheit ist. Aber unser Menschsein realisiert sich aufgrund seiner Offenheit auf ein unauslotbares Geheimnis hin auf höchst vielfältige Weise, so dass wir nie a priori, sondern immer nur a posteriori, von konkreten geschichtlichen Verwirklichungen des Menschseins her bestimmen können, was Menschsein konkret besagt. Wollen wir daher Jesus verstehen, dann müssen wir zwar von unserem Vorverständnis des Menschseins, von unseren menschlichen Fragen und Erfahrungen ausgehen, aber wir müssen ebenfalls damit rechnen, dass Jesus uns etwas qualitativ Neues über unser Menschsein zu sagen hat. Er ist nicht nur Antwort auf unsere Frage, sondern stellt uns auch neue Fragen, Fragen, die unsere vermeintlichen Antworten in Frage stellen.

Die legitime, ja notwendige anthropologische Interpretation ist deshalb zu unterscheiden von einer rationalistischen anthropologischen Reduktion, die den Glauben auf die Maße des heute Zumutbaren und Plausiblen zurechtschneidert und für die Jesus Christus im Ergebnis nur noch eine Chiffre, ein Symbol, ein Gleichnis oder ein Exempel des Allgemein-Menschlichen, ein Ausdruck eines gelungenen und geglückten Menschseins, eine Art Mitmenschlichkeit oder ein Impuls, Inspirator, Katalysator und Animator zu einer die Welt vermenschlichenden Praxis ist. Solche entmythologisierenden Formen gibt es heute auch im katholischen Bereich, allerdings mehr im theologischen Unterholz (Joseph Ratzinger) als in der wissenschaftlich ernst zu nehmenden Theologie. Die Paradoxie dieser Art von Entmythologisierung liegt nämlich darin, dass sie dialektisch in ihr Gegenteil umschlägt und in letzter Konsequenz Jesus zum Mythos des ewigen Menschen erklärt. Aber wissen wir denn je abschließend, was der Mensch ist? Können wir also die Kenntnis des Allgemein-Menschlichen einfach voraussetzen und Jesus Christus nur noch als dessen Symbol begreifen?

Karl Rahner, der im deutschen Sprachraum das Programm einer anthropologisch gewendeten Christologie in besonders profilierter Weise vertritt, ist in dessen Durchführung denn auch wesentlich differenzierter als die eben angedeuteten Positionen. Vor allem in eini-

[21] Schillebeeckx, Jesus (wie Anm. 5), 527–533.

gen jüngeren Veröffentlichungen scheint er möglichen Missverständnissen und gelegentlichem Missbrauch seiner Position dadurch entgehen zu wollen, dass er deutlicher als bisher sagt, Jesus Christus sei nicht nur der »einmalig höchste Fall des Wesensvollzugs der menschlichen Wirklichkeit«[22], sondern Realsymbol und Ursakrament des Menschen,[23] das heißt nicht nur Chiffre und Symbol dessen, worauf unser Menschsein je schon angelegt ist, sondern zugleich wirksames Zeichen, das jenes endgültige Menschsein erst ermöglicht und verwirklicht, ja selber ist. Deshalb lehnt es Rahner entschieden ab, die Christologie a priori aus der Anthropologie abzuleiten;[24] vielmehr forderte er, »die theologische Anthropologie einmal auch von der Christologie her zu entwerfen«[25]. Die Christologie ist für ihn nicht nur das Ende und die Vollendung, sondern – vom Ende her – auch der Anfang der Anthropologie.

Damit stehen wir vor dem entscheidenden Punkt, auf den in diesem Zusammenhang alles ankommt: Das Menschsein ist in seiner radikalen Offenheit die Grammatik, deren sich Gott bedient, um sein endgültiges Wort, ja sich selbst auszusagen und uns zuzusagen. Aber sowenig man aus den Regeln der Grammatik ein Gedicht ableiten kann, sowenig aus der Anthropologie die Christologie. Diese ist vielmehr eine unableitbare ›Verdichtung‹ unseres Menschseins; sie buchstabiert das Alphabet unseres Menschseins neu. Die anthropologisch gewendete Christologie kann und muss deshalb dieses Alphabet klären und damit dem heutigen Menschen Verstehenszugänge zum Glauben erschließen. Sie kann mit allen Möglichkeiten der Phänomenologie und Philosophie auf die Frage und das Geheimnis, das sich der Mensch selber ist, hinweisen. Dann kehrt sich aber die Fragestellung um. Es gilt nicht mehr vom allgemeinen und unbestimmten Wesen des Menschen her Jesus Christus zu bestimmen, sondern von dem konkreten Menschsein Jesu Christi her unser Menschsein neu bestimmen zu lassen. Die anthropologisch gewendete Christologie ist nur Einweisung in den geschöpflichen Status eines Hörers des Wortes. Wir dür-

---

[22] K. Rahner, Zur Theologie der Menschwerdung, in: Schriften zur Theologie IV, Einsiedeln – Zürich – Köln 1960, 137–155, hier: 142.

[23] Ders., Probleme der Christologie von heute, in: Schriften zur Theologie I, Einsiedeln – Zürich – Köln 1954, 169–222, hier: 204.

[24] Ebd., 207.

[25] Ebd., 205.

fen in einer Christologie ›von unten‹ nicht nur ausgehen vom Menschsein im Allgemeinen; diese kann nur eine erste Eröffnung des Zugangs, der Fragestellung sein. Im Entscheidenden gilt es auszugehen vom konkreten Menschsein Jesu Christi. Die Christologie ›von unten‹ wird damit zur Theologie des Lebens Jesu.

III. Christologie als Theologie des Lebens Jesu

Das Leben Jesu war in der christlichen Frömmigkeitsgeschichte schon immer ein bevorzugter Gegenstand der christlichen Betrachtung, man denke nur an Franz von Assisi oder an die Bedeutung, die der Betrachtung der Lebensgeheimnisse Jesu in den Exerzitien des Ignatius von Loyola zukommt. Eine Leben-Jesu-Theologie ist also etwas grundsätzlich Legitimes.

Allerdings ist diese Betrachtung des Lebens Jesu für uns heute durch die moderne historisch-kritisch arbeitende Exegese in vieler Hinsicht schwieriger geworden. Wir wissen heute, dass wir es in den Evangelien nicht mit einer Lebensbeschreibung (Biographie) Jesu, sondern mit Glaubenszeugnissen der ersten Gemeinden und der Evangelisten zu tun haben. Die Evangelien sind keine neutralen Quellen, sondern engagierte Glaubenszeugnisse. Sie schauen von Ostern und Pfingsten, aber auch von den Erfahrungen der ersten christlichen Gemeinden her auf das irdische Leben Jesu zurück und versuchen es aus dieser Rückschau zu deuten und in der neuen Situation nach Ostern zu vergegenwärtigen. Die kerygmatische Theologie auf protestantischer Seite, vor allem Rudolf Bultmann, hat daraus den Schluss gezogen, der Glaube sei am irdischen Jesus überhaupt nicht interessiert, ihm komme es nur auf den erhöhten, im verkündigten Wort wirksam gegenwärtigen Herrn an.[26]

Seit die Schüler Bultmanns die Frage nach dem historischen Jesus neu stellten, ist diese These heute ziemlich allgemein aufgegeben.[27]

---

[26] Vgl. R. Bultmann, Das Verhältnis der urchristlichen Christusbotschaft zum historischen Jesus, in: ders., Exegetica. Aufsätze zur Erforschung des NT, Tübingen 1967, 445–470.

[27] Man denke an die durch E. Käsemann, E. Fuchs, G. Bornkamm, H. Conzelmann, H. Braun, J. M. Robinson u. a. aufgeworfene Frage nach dem historischen Jesus.

Man weiß wieder: Der Glaube würde zum bloßen Mythos, hätte er keinen Anhalt am irdischen Jesus. Gott wirkt ja auch und gerade in Jesus Christus auf eine menschlich und geschichtlich vermittelte Weise. In Jesu Menschheit begegnet uns die Menschenfreundlichkeit Gottes; sie ist das Sakrament unseres Heils. Nimmt man diese Heilsbedeutung der Menschheit Jesu ernst, dann kommt der historischen Rückfrage nach der Botschaft, dem Wirken, Auftreten und dem Selbstanspruch Jesu nicht nur historische, sondern auch theologische Bedeutung zu. Eine heutige Christologie ›von unten‹ kann also nicht an den Ergebnissen der historisch-kritischen Bibelarbeit vorbeigehen. Sie darf diese nicht nur als Bestätigung heranziehen, sondern muss ihr eine konstitutive Bedeutung im Rahmen der theologischen Glaubensbegründung zuerkennen – so mühsam und so schwierig dies oft sein mag! Dieses Unternehmen ist jedoch längst nicht so aussichtslos, wie es manchmal scheint. Im Gegenteil, in der katholischen und protestantischen Exegese hat sich – trotz der immer möglichen verschiedenen Beurteilung der Authentizität einzelner Worte und Taten Jesu – inzwischen ein ziemlich breiter Konsens herausgebildet, der als Grundlage für die systematische Theologie insgesamt völlig ausreicht. Von der wissenschaftlich betriebenen Exegese her gesehen ist zu Resignation und Skepsis kein Anlass.[28] Das Pamphlet von Rudolf Augstein *Jesus Menschensohn*[29] ist von der wissenschaftlichen Kritik entsprechend als das herausgestellt worden, was es in Wirklichkeit ist: ein tendenziöses Machwerk.

Dieser neue Konsens auf der exegetisch-historischen Ebene hat inzwischen zu einem Frontenwechsel in der systematischen Theologie geführt. Es ist zu einer Wende gekommen von einer extremen Kerygmatheologie zu einer ebenso extremen Theologie des Lebens Jesu. Zählte vor einiger Zeit nur der erhöhte, im Kerygma präsente Herr, so jetzt nur noch der irdische Jesus. Die Auferstehung Jesu wird in den theologisch einigermaßen ernst zu nehmenden Entwürfen zwar nicht einfach geleugnet. Sie wird jedoch oft nur noch als Bestätigung Gottes für den irdischen Jesus betrachtet. Sie besagt dann, dass Jesu irdischer Botschaft, seinem irdischen Auftreten, Leben und Sterben endgültige Bedeutung und bleibende Normativität zukommt.

---

[28] So G. Bornkamm, Jesus von Nazareth, Stuttgart 1956, 21.

[29] R. Augstein, Jesus Menschensohn, München – Gütersloh – Wien 1972.

Hier liegt das Grundproblem der Christologie von Schillebeeckx. Schillebeeckx versteht die Christologie als Theologie des Lebens Jesu, als narrative Vergegenwärtigung dessen, was in Jesu irdischem Leben in Erscheinung getreten ist.[30] Die späteren christologischen Bekenntnisse sind demgegenüber nur Reflexionen zweiten oder gar dritten Grades.[31] In dieser an liberal-protestantische Entwürfe des 19. Jahrhunderts erinnernden Konzeption wird der Stellenwert der Auferstehung für den Ansatz der Christologie verkannt. Es wird verkannt, dass die Auferweckung eine neue, ja die eschatologisch-endgültige Machttat Gottes an Jesus ist und dass sie als solche eine neue Wirklichkeit setzt, durch die der irdische Jesus so bestätigt wird, dass sein irdisches Auftreten in überbietender Weise erfüllt und seine Person und sein Werk im Heiligen Geist in neuer Weise in der Kirche vergegenwärtigt wird. Diese neue Gegenwart geschieht im Kerygma, im Bekenntnis und damit auch im Dogma, das deshalb nicht nur eine second-order-Aussage, sondern einen ursprünglichen Ausdruck des Christusglaubens darstellt. Wird die Auferstehung aber nur noch in ihrer formal-legitimierenden Bedeutung gesehen, wird sie auch inhaltlich entleert. Die Auferstehung besagt dann einfach: Jesus lebt. Das leere Grab als reales Zeichen für diesen Glauben und die Erscheinungen des Auferstandenen als Begründung dieses Glaubens werden ausgeschaltet. Wenn aber unsere Glaubensaussagen in keiner Weise mehr unsere normale Erfahrungswirklichkeit berühren, dann werden sie spiritualisiert; sie sind dann in der Konsequenz von einem ideologischen Überbau nicht mehr zu unterscheiden. Die geradezu emphatische verbale Behauptung der Auferstehung geht dann in eins mit der weitgehenden Entleerung ihres Realitätsgehaltes.

Das bedeutet: Sosehr die Christologie Anhalt braucht und gewissermaßen *ein* Kriterium hat am irdischen Leben Jesu, so wenig kann

---

30 Schillebeeckx, Jesus (wie Anm. 5), 37–41. Es ist freilich nicht leicht, das vielschichtige Werk von Schillebeeckx gerecht zu beurteilen. Was unsere Frage angeht, so stellt Schillebeeckx in einem späteren Kapitel die Bedeutung von Ostern nachhaltig heraus (vgl. ebd., 571 ff.), freilich nicht ohne schwer auszugleichende Spannungen zu seinen früheren Aussagen und zum Gesamtansatz des Buches. Die Schwierigkeit einer gerechten Beurteilung wird von vielen Rezensenten herausgestellt. Vgl. K. H. Neufeld, Spuren von Jesus?, E. Schillebeeckx' »Geschichte von einem Lebenden«, in: StZ 101 (1976) 689–702, bes. Anm. 5–7.

31 Schillebeeckx, Jesus (wie Anm. 5), 485.499.579.593.596.

sie reduziert werden auf eine Theologie des irdischen Jesus, für die die Auferstehung nur noch die formale Legitimation darstellt. Wo diese Schwerpunktverlagerung vorgenommen wird, wird dem biblischen Christusglauben das Herz herausgeschnitten. Seine Mitte ist nämlich das Bekenntnis zur Heilsbedeutung des Kreuzes, zur Auferweckung Jesu wie zu seiner wirksamen Gegenwart im Heiligen Geist. Die Christologie kann deshalb nur aus der wechselseitigen Entsprechung (Analogie) des irdischen Jesus und des erhöhten Christus entfaltet werden.[32] Kreuz und Auferstehung sind in ihrer Einheit und Unterscheidung die Mitte der Christologie.

Diese etwas langen grundsätzlichen Ausführungen waren in der gegenwärtigen Situation notwendig, um Ort und Stellenwert unserer eigenen historischen Rückfrage nach der menschlichen Gestalt Jesu zu verdeutlichen. Wir nehmen jetzt den Faden wieder auf und wenden uns der Frage zu, in welcher Weise der Mensch Jesus in einer Christologie ›von unten‹, die die Ergebnisse der gegenwärtigen Exegese ernst nimmt, Ursakrament Gottes und des Menschen sein kann.

Traditionellerweise geht man von einzelnen Christustiteln aus, also von der Feststellung, Jesus habe beansprucht, der Messias (Christus), der Sohn Gottes, der Knecht Gottes unter anderem zu sein. Dieser Ausgangspunkt bei einzelnen Christustiteln ist in der gegenwärtigen exegetischen Situation sehr schwierig, wenn nicht unmöglich. Die meisten Exegeten sind der Meinung, diese Christustitel seien nicht Aussagen des irdischen Jesus selbst, sondern Glaubensbekenntnisse der nachösterlichen Kirche. Diese Feststellung hat schon viel Unruhe verursacht. Zu Unrecht! Die moderne Exegese hat nämlich nicht nur die bisherige direkte Christologie des irdischen Jesus problematisch gemacht, sie hat zugleich eine im Grunde viel eindrucksvollere indirekte Christologie des irdischen Jesus eröffnet. Damit ist gemeint: Der Anspruch Jesu geht aus seiner ganzen Art, zu lehren, zu wirken, sich zu verhalten, indirekt hervor.[33]

Aus den verschiedenen Möglichkeiten, diese indirekte Christologie

---

[32] Vgl. B. Klappert, Die Auferstehung des Gekreuzigten. Der Ansatz der Christologie K. Barths im Zusammenhang der Christologie der Gegenwart, Neukirchen 1971.

[33] Diese indirekte Christologie wird von allen in Anm. 27 genannten Autoren vertreten.

aufzuweisen, wählen wir hier allein eine aus. Wir gehen aus von dem, was die Mitte und das eigentliche Geheimnis des Lebens Jesu ausmacht, von seinem Verhältnis zu »seinem Vater«.[34] Es kann kaum bestritten werden, dass Jesus Gott als ›Abba‹ anredete und dass diese Gottesanrede gegenüber dem Alten Testament und dem Judentum ein Novum darstellt. Dabei fällt auf, dass Jesus diese Anrede in einem exklusiven Sinn gebraucht hat. Nie schließt er sich mit seinen Jüngern in dieser Anrede zusammen. Immer heißt es entweder »mein Vater« oder »euer Vater«. Daraus folgt: Auch wenn Jesus für sich den Titel Sohn oder Gottessohn nicht gebraucht hat, so ist sein Verhältnis zum Vater doch das des einen und des einzigen Sohnes, der uns erst zu Söhnen Gottes macht. Dieses Verhältnis des einen Sohnes zu seinem Vater wird in der Schrift beschrieben als gegenseitige Erkenntnis (vgl. *Mt 11,27*). Dieses wechselseitige Erkennen ist kein bloß intellektueller Vorgang, sondern das viel umfassendere Geschehen eines gegenseitigen personalen Verbundenseins in der Liebe. In diesem Verhältnis des Gehorsams und der Liebe ist Jesus radikale Herkünftigkeit vom Vater und radikales Übereignetsein an ihn. In diesem Gehorsam ist er nichts aus sich, aber alles aus Gott und für Gott. So ist er ganz Hohl- und Leerform für Gott; gerade in seinem Gehorsam ist er Dasein von Gottes sich selbst mitteilender Liebe. Diese radikale Hinwendung Jesu zum Vater setzt aber die vorgängige Zuwendung des Vaters, die Selbstmitteilung Gottes an Jesus voraus, eine Selbstmitteilung, die nicht irgendwie äußerlich zum Sein Jesu hinzukommt, sondern Jesus in seinem ganzen Sein konstituiert und dieses Sein Jesu als reine Antwort, als reine Relationalität vom Vater her und zum Vater hin bestimmt.

Dieses Sein Jesu vom Vater her und zum Vater hin ruht aber nicht in sich. Jesus ist in seiner ganzen Person das Dasein der Liebe Gottes für die andern, Epiphanie, Sakrament der Liebe Gottes für uns. Sein Sein begründet seine Sendung und seine Heilsbedeutung. Wesen und Funktion lassen sich hier gar nicht trennen, sie bedingen sich gegenseitig. In Kreuz und Auferstehung Jesu kommt deshalb nicht nur Jesu Einheit mit dem Vater zu ihrem Höhepunkt und zu ihrer Vollendung. Durch Kreuz, Auferstehung und Geistsendung wird die Relation zwi-

---

[34] Vgl. vor allem G. Schrenk/G. Bertram, Art. πατήρ, in: ThWNT V, 946–1017; J. Jeremias, Abba, in: ders., Abba. Studien zur neutestamentlichen Theologie und Zeitgeschichte, Göttingen 1966, 15–67.

schen Jesus und seinem Vater sozusagen offen und frei, um alle, die an Jesus Christus glauben und sich auf seinen Sohnesgehorsam und seinen Sohnesdienst einlassen, in seine Sohnschaft einzubeziehen, sie zu Söhnen Gottes zu machen, die im Geist ebenfalls ›Abba‹ sagen dürfen und alle anderen als Brüder annehmen sollen.

Aus der gedrängten Darstellung dessen, was die Mitte und was das eigentliche Geheimnis des Lebens, Sterbens und der Auferweckung Jesu ausmacht, ergibt sich: Die ganze nachösterliche Sohneschristologie ist der Sache nach nichts anderes als eine gewissenhafte Auslegung des Sohnesgehorsams Jesu, eine Explikation von Jesu Relation zu seinem Vater. Denn in der wechselseitigen Relation des irdischen Jesus zu seinem Vater kommt in eschatologisch-endgültiger Weise Gott selbst zur Geltung: der Gehorsam Jesu und sein verzehrender Dienst bis in den Tod sind also die konkrete Offenbarungsgestalt Gottes in der Geschichte. In Jesu irdischem Verhältnis zu seinem Vater und in unserer Teilhabe daran im Heiligen Geist wird das ewige Wesen Gottes offenbar. Hier wird endgültig offenbar, dass Gott derjenige ist, der von Ewigkeit her in der Relation von Vater, Sohn und Geist ist. So steht das spätere christologische Dogma in einer tiefen sachlichen Kontinuität mit dem, was die Mitte und das Geheimnis des Lebens Jesu ausmacht.

In dieser Sicht der Dinge konvergieren heute ein großer Teil der christologischen Neuentwürfe. Von katholischer Seite sind in erster Linie von Balthasar und Rahner zu nennen, von protestantischer Seite Pannenberg. Von diesen sind in verschiedener Weise Wiederkehr, Schillebeeckx, Kasper und andere abhängig. Bei dieser bemerkenswerten Konvergenz darf aber auch ein anderes nicht übersehen werden. Der Ansatz bei der Abba-Erfahrung Jesu bedeutet nicht nur eine Rechtfertigung des klassischen christologischen Dogmas, sondern in einem gewissen Sinn zugleich eine Korrektur und eine Weiterführung der traditionellen Christologie ›von oben‹. Was die Schrift als personales Verhältnis Jesu zu seinem Vater beschreibt, das wurde in der späteren Tradition zwar mit Recht ontologisch expliziert; dabei wurden die ontologischen Aussagen aber immer mehr verselbständigt. An die Stelle der personalen Relation zwischen Jesus und seinem Vater trat immer mehr das Verhältnis von göttlicher und menschlicher Natur. Diese abstrakte Fragestellung führte in viele kaum lösbare Aporien. Schlimmer als die theologischen Aporien war, dass das

Christusgeheimnis durch die abstrakt-spekulative Fragestellung dem existentiellen Glaubensvollzug immer mehr entfremdet wurde. Aus dem Heilsgeheimnis drohte ein Denkgeheimnis zu werden, das für den persönlichen Glauben des Christen mehr oder weniger belanglos zu sein schien und zunehmend nicht mehr verstanden wurde.

Die neue Christologie ›von unten‹ geht nicht mehr von dem Verhältnis von zwei Naturen aus, sie geht vielmehr aus von der personalen Relation Jesu zu seinem Vater und versteht die spätere Zwei-Naturen-Lehre als deren begriffliche Interpretation. Sie kann damit einerseits die sachliche Gültigkeit und bleibende Verbindlichkeit dieser Interpretation aufweisen und deren Aporien überwinden. Sie kann damit aber auch das Geheimnis Jesu Christi dem gläubigen Verstehen wieder ursprünglicher zugänglich machen. Unser Glaube an Jesus Christus wird wieder neu verstehbar nicht als bloßes Fürwahrhalten, sondern als Eingelassenwerden in Jesu innerste Haltung, seinen Gehorsam gegenüber seinem Vater und seinen Dienst für die Menschen. Die Christologie vermeidet damit den fatalen Eindruck, bloße Spekulation zu sein; sie wird zur Begründung der christlichen Ethik und Spiritualität. Es wird zugleich deutlich, in welcher Weise wir an der Tradition des Christusglaubens festzuhalten haben: Nicht indem wir sie wie eine tote Münze weitergeben, sondern indem wir sie sowohl von ihren Ursprüngen wie von den heutigen Fragen her tiefer verstehen und als lebendige Tradition begreifen und weiterbezeugen. Das führt uns zum letzten Problemkreis unserer Überlegungen, zur Frage, wie wir die christologische Tradition heute verantwortlich auslegen können.

IV. Christologie in einer geschichtlichen Perspektive

Wir haben im letzten Abschnitt herauszustellen versucht, wie in Jesus Christus in eschatologisch-endgültiger Weise das Wesen Gottes und das Wesen des Menschen erschlossen wird. Weil Jesus Christus die eschatologisch-endgültige Offenbarung Gottes wie des Menschen ist, beansprucht seine einmalige Geschichte universale Geltung. Um dieses universalen Anspruchs seiner einmaligen Geschichte willen muss die Kirche seine Geschichte immer wieder neu erzählen und vergegenwärtigen. Um der Universalität des Anspruchs Jesu willen kann diese

Vergegenwärtigung nicht eine bloße Wiederholung des ursprünglichen biblischen Zeugnisses sein. Die ursprüngliche Tradition kann nur auf dem Weg der lebendigen Interpretation bewahrt werden. Bloße Repetition wäre dagegen in Wirklichkeit eine Depravation; aus dem Evangelium würde ein totalitäres Gesetz, aus dem Christentum eine neue Form des Rabbinismus. Die Vergegenwärtigung Jesu Christi schließt deshalb ein ständiges aggiornamento ein; sie ist nur in einer geschichtlichen Weise möglich.

Diese Einsicht in die Geschichtlichkeit der christlichen Botschaft wirft ein neues Licht sowohl auf die dogmengeschichtliche Entwicklung als auch auf unsere heutige Aufgabe. Wir wenden uns zunächst der Bewertung der Dogmengeschichte zu. Bekanntlich hat um die Jahrhundertwende der liberale Dogmengeschichtler Adolf von Harnack die altkirchliche Dogmenentwicklung als Hellenisierung des biblischen Christentums bezeichnet.[35] Das Dogma ist ihm ein Werk des griechischen Geistes auf dem Boden des Evangeliums. Diese These kann im Licht der heutigen Forschung in dieser undifferenzierten Weise unmöglich länger aufrechterhalten werden. Vor allem Alois Grillmeier hat in mühevoller historischer Detailarbeit aufgezeigt, dass die Väter von Nikaia und Chalkedon, wenn sie Begriffe der griechischen Philosophie, wie ›Wesen‹, ›Natur‹, ›Hypostase‹ und andere, gebrauchten, nicht »aristotelice«, sondern »piscatorie«, das heißt pastoral und kerygmatisch, gedacht haben.[36] Sie haben sich der philosophischen Sprache nur bedient, um die überlieferte Glaubenslehre und -praxis gegenüber häretischen Verfälschungen klar und eindeutig zum Ausdruck zu bringen. Sie haben sich der Begrifflichkeit der hellenistischen Philosophie bedient, um die christliche Botschaft in ihrer Situation verständlich aussagen zu können. Sie haben diese Begrifflichkeit aber zugleich an der Bibel und an der älteren kirchlichen Tradition gemessen, um von dort her deren innere Logik aufzusprengen. Die Hellenisierung von Nikaia und Chalkedon ist zugleich eine Enthellenisierung des Christentums gegenüber dessen akuter hellenis-

---

[35] Vgl. A. von Harnack, Lehrbuch der Dogmengeschichte, Bd. 1, Freiburg – Leipzig [5]1931, 19 f.

[36] A. Grillmeier, »Piscatorie« – »Aristotelice«. Zur Bedeutung der Formel in den seit Chalkedon getrennten Kirchen, in: ders., Mit ihm und in ihm (wie Anm. 6), 283–300.

tischer Überfremdung durch die Irrlehren des Arius und Eutyches. Was heute manchmal an dogmengeschichtlicher Kritik an den Konzilien von Nikaia, Konstantinopel, Ephesus und Chalkedon vorgebracht wird, fällt in seiner Undifferenziertheit hinter den Stand der Forschung zurück[37] und verrät im Grunde ein statisches, ungeschichtliches Verständnis des Christentums, das davon ausgeht, dieses könne auf dem doch auch geschichtlich bedingten Stand der biblischen Sprechweise stehenbleiben.

Die durch die dogmengeschichtliche Forschung eröffnete tiefere Einsicht in die Geschichtlichkeit des Glaubens stellt uns nun aber vor neue Aufgaben: Wir müssen uns in unserer veränderten geschichtlichen Situation die altkirchlichen Dogmen neu aneignen. Wir dürfen die Christologie ›von unten‹ nicht nur biblisch entfalten, sondern müssen sie auch spekulativ ›auf den Begriff‹ bringen. Wir müssen in unserer Situation etwas Ähnliches versuchen, wie es die Kirche im vierten und fünften Jahrhundert getan hat.

Dieser Aufgabe ist vor allem Welte in einigen sehr anregenden Beiträgen nachgegangen.[38] Welte geht aus von einem doppelten epochalen geschichtlichen Umbruch. Zunächst beschreibt er den epochalen Unterschied zwischen der biblischen Christologie, die das Wesen Jesu Christi bezeugt, indem sie seine Geschichte erzählt, und der dogmatischen Christologie, die das Christusbekenntnis nicht wie die Bibel mit ereignishaften Kategorien deutet, sondern mit Begriffen wie ousia (Wesen), physis (Natur), hypostasis (Selbstand). Diesen Begriffen liegt eine ganz bestimmte Denkform zugrunde, die man als metaphysisch bezeichnet. Das metaphysische Denken ist dadurch charakterisiert, dass es nach dem beständigen, umschreibbaren und deshalb definierbaren Was-Bestand, dem Wesen einer Sache, fragt. Auch wenn die altkirchlichen Konzilien selbst kein unmittelbares metaphysisches Interesse hatten, kann man doch nicht bestreiten, dass im Gefolge von Nikaia und Chalkedon die Metaphysik Einzug hielt in die Theologie. Dieses metaphysische Wesensdenken ist jedoch heute an sein Ende

---

37 Vgl. A. Grillmeier, Jesus von Nazaret – im Schatten des Gottessohnes?, in: H. U. von Balthasar u. a. (Hg.), Diskussion über H. Küngs »Christ sein«, Mainz 1976, 60–82; A. Grillmeier, Zur Einzigartigkeit Jesu Christi, in: ThPh 51 (1976) 196–243.

38 Vgl. Anm. 2.

gekommen. Damit stehen wir vor dem zweiten epochalen Umbruch. Die Rede vom Ende der Metaphysik ist vieldeutig. Sie meint bei Welte das Ende einer bestimmten Metaphysik, nämlich der Metaphysik, die Sein als Wesen-Sein und nicht als Geschehen und Ereignis deutet. Ähnlich sieht das Zweite Vatikanische Konzil unsere Epoche in einem Übergang von einer mehr statischen Sicht der Ordnung der Gesamtwirklichkeit zu einem mehr evolutiven, dynamischen und geschichtlichen Denken.[39] Die Geschichte ist deshalb heute unser größtes Problem.[40]

Welte will in dieser nachmetaphysischen Situation die christologischen Dogmen nicht einfach über Bord werfen, sondern sie »verwinden«, das heißt sie unter Bewahrung ihrer echten Substanz in eine neue Ebene des Verständnisses wenden. Er bestreitet also nicht ihre inhaltliche Kontinuität mit dem Neuen Testament. Ihm geht es vor allem um die Denkform, in der diese Inhalte gedacht werden. Er intendiert eine Rückübersetzung der metaphysischen Wesensaussagen auf die Ebene der biblischen Ereignisaussagen. Die Bibel verkündigt Jesus Christus ja, indem sie seine Geschichte erzählt; im Erzählen seiner Geschichte stellt sich heraus, wer er ist. Seine Geschichte ist seine Wesensgeschichte.[41] Dieses geschichtliche Reden von Jesus Christus liegt uns heute wesentlich näher als das metaphysische Sprechen. Als Grundproblem einer Christologie ›von unten‹ stellt sich jetzt die Frage: Wie können wir eine geschichtliche Christologie konzipieren, und wie können wir in eine solche geschichtlich konzipierte Christologie das Sachanliegen der metaphysisch bestimmten klassischen Christologie einbringen?

Wenn wir die Frage so stellen, wird deutlich: Es geht bei der heutigen Christologie ›von unten‹ um weit mehr als um ein innertheologi-

39 GS 5.

40 Vgl. G. Krüger, Freiheit und Weltverantwortung. Aufsätze zur Philosophie der Geschichte, Freiburg i. Br. 1958, 97.

41 Vgl. H. Schlier, Die Anfänge des christologischen Credo, in: Welte (Hg.), Zur Frühgeschichte der Christologie (wie Anm. 2), 13–59, bes. 47. Hier liegt das Berechtigte im Ansatz der narrativen Christologie bzw. Theologie von J. B. Metz. Vgl. J. B. Metz, Erlösung und Emanzipation, in: Scheffczyk (Hg.), Erlösung und Emanzipation (wie Anm. 13), 120–140; J. B. Metz, Kleine Apologie des Erzählens, in: Conc(D) 9 (1973) 334–341. Siehe dazu auch W. Kasper, Systematisch-theologische Neuansätze, in: ThQ 156 (1976), 55–61, bes. 57–61.

sches oder gar um ein rein akademisches Phänomen. Die gegenwärtige christologische Wende steht im Zusammenhang eines umfassenderen kulturellen Umbruchs. Die abendländische Synthese von Christentum und Griechentum ist irgendwie an ihr Ende gekommen. Wir können auch so sagen: Das Ende des konstantinischen Zeitalters wirkt sich heute nicht nur kirchenpolitisch, sondern auch dogmatisch aus. Diese Krise ist zugleich ein Kairos. Sie ermöglicht dem Christentum nicht nur eine neue, universalere Ausprägung, sie macht es nicht nur (im ursprünglichen Sinn des Wortes) katholischer, sondern auch origineller im Sinn von ursprünglicher; sie ermöglicht eine Rückbesinnung auf den Ursprung und eine Erneuerung aus der Kraft dieses Ursprungs.

Mit dieser gewaltigen Aufgabe stehen wir gegenwärtig erst am Anfang. Keine der eingangs genannten Christologien kann beanspruchen, das Problem schon gelöst zu haben. Vermutlich ist eine solche Lösung so wie damals auch heute nicht ohne schwere Auseinandersetzungen möglich. Wir beschränken uns im Folgenden auf die geraffte Darstellung von zwei Lösungsversuchen und beschließen dann unseren Überblick mit einem Ausblick auf einen eigenen möglichen Lösungsansatz.

Wir beginnen mit dem Versuch, den Küng vorgelegt hat. Bereits in seinem Hegelbuch hat er die traditionelle, seiner Meinung nach bei Georg Wilhelm Friedrich Hegel aufgipfelnde Wesenschristologie einer ausführlichen Kritik unterzogen.[42] Sein Buch *Christ sein* will deshalb den Neuansatz einer metadogmatischen, geschichtlich orientierten Christologie von unten, das heißt einer Christologie vom konkreten Menschen Jesus her, wagen.[43] Küng charakterisiert Jesu Verhältnis zu Gott mit einer Vielzahl von Begriffen und Bildern, die die Bedeutung Jesu Christi für heute besser verständlich machen als die traditionellen Formeln. Er nennt Jesus: Beauftragter, Bevollmächtigter, Anwalt, Sprecher, Sachwalter, Botschafter, Treuhänder, Vertrauter, Freund, Repräsentant, Platzhalter, Stellvertreter Gottes. Küng will damit sowohl die wahre Gottheit wie die wahre Menschheit Jesu wah-

---

42 H. Küng, Menschwerdung Gottes. Eine Einführung in Hegels theologisches Denken als Prolegomena zu einer künftigen Christologie, Freiburg – Basel – Wien 1970, bes. 522 ff.
43 Vgl. Küng, Christ sein (wie Anm. 5), 125.

ren.[44] Unbezweifelbar hat er mit diesem Versuch vielen Menschen einen neuen Zugang zu Jesus Christus erschlossen. Das soll man dankbar anerkennen. Trotzdem entbehrt dieser Versuch nicht einer gewissen Zweideutigkeit. Die traditionellen Präexistenzaussagen und – eng damit verbunden – die traditionelle Trinitätslehre werden zwar nirgends direkt geleugnet. Aber es wird auch vermieden, sie unzweideutig positiv zu lehren. Von der menschgewordenen Person des ewigen Logos ist nirgends die Rede. Diese Unentschiedenheit bringt die Rede von der wahren Gottheit und Menschheit ins Zwielicht einer in ihren ontologischen Voraussetzungen nicht ganz geklärten Neuinterpretation. Küng interpretiert nämlich die traditionelle Wesenschristologie funktional: Der wahre Mensch Jesus ist für uns im Glauben des einen wahren Gottes wirkliche Offenbarung.[45] In der Person Jesu begegnet Gott, manifestiert sich Gott für den, der glaubt. Das kann man so und so verstehen. Eindeutigkeit wäre nur möglich durch eine klare Entscheidung zwischen einem unitarischen und einem trinitarischen Gottesverständnis. Doch diese Entscheidung bleibt letztlich offen. In der dadurch bedingten Vieldeutigkeit und Offenheit ist es letztlich begründet, daß Küngs *Christ sein* die unterschiedlichsten Reaktionen hervorgerufen hat, von begeisterter Zustimmung bis zu vernichtender Kritik.

Das Grundproblem, vor das uns dieser Neuentwurf stellt, ist das Verhältnis zwischen den traditionellen Wesensaussagen und dem hier intendierten geschichtlich-funktionalen Denken in der Christologie. Ist Jesus Christus der Sohn Gottes, oder bedeutet er nur Gottes Dasein für uns? Was heißt dann aber »Bedeutung«, »Funktion«?[46] Will man den Anforderungen nicht nur des Glaubens, sondern auch des Den-

[44] Ebd., 427.439 f.

[45] Ebd., 434.

[46] Die Begriffe Funktion und funktional werden in der gegenwärtigen Theologie sehr oft gebraucht. Eine Begriffserklärung dieser ursprünglich mathematischen, in der philosophischen Tradition dann stark neukantianisch geprägten sowie soziologisch bedeutsamen Begriffe findet jedoch kaum statt. Vgl. H. G. Steiner u. a., Art. Funktion, in: HWP II, 1138–1143; C. Thiel, Art. Funktion, in: HPhG I, 510–519. Die theologische Diskussion müsste bei der Bedeutung des »pro me« und »pro nobis« einsetzen, das für die Christologie insgesamt konstitutiv ist, ohne indes daraus ein Prinzip einer neukantianischen Reduktion zu machen. Vgl. H. J. Iwand, Wider den Mißbrauch des »pro me« als methodisches Prinzip in der Theologie, in: EvTh 14 (1954) 120–125.

kens gerecht werden, muss man sagen: Auch eine Funktion *ist* ›etwas‹; ihr kommt Sein zu. Wäre sie in keiner Weise mehr im Sein begründet, dann wäre sie nichts. Die Heilsbedeutung Jesu für uns im Glauben wäre dann eine reine Projektion unserer Heils- und Erlösungssehnsucht. Alles am Christentum würde sich dann auflösen in eine große Fiktion, in eine neue Form des Doketismus und der Gnosis. Alles hängt deshalb daran, dass wir bekennen: Jesus Christus *ist* wahrer Gott, in ihm ist Gott selbst eingegangen in unser menschliches Fleisch und Blut, denn nur Gott selbst kann uns erlösen aus der Endlichkeit und Todesverfallenheit unseres Menschseins. Gerade die ontologisch klingenden Aussagen haben also eine soteriologische Sinnspitze, gerade sie sind in einem recht verstandenen Sinn funktional.

Es ist deshalb sowohl philosophisch wie erst recht theologisch unhaltbar, die alte ontologische Christologie und eine neue funktionalgeschichtliche Christologie gegeneinander auszuspielen. Es kommt vielmehr darauf an, die Wirklichkeit der Geschichte auf ihren ontologischen Grund hin zu bedenken, näherhin eine Ontologie zu entwerfen, die sich nicht wie die traditionelle Metaphysik im Horizont der physis, sondern der Geschichte und des Ereignisses bewegt, also Metaphysik in Metahistorik[47] zu transformieren. Theologisch genauer gesagt: Es gilt, die Geschichte Jesu auf ihren ontologischen Grund in der Trinität hin zu bedenken und eine trinitarische Ontologie zu entwerfen.[48]

Ein Stück weit in diese Richtung führt ein zweiter bedeutender Entwurf einer geschichtlich orientierten Christologie ›von unten‹, wie er in den jüngeren Äußerungen von Schoonenberg vorliegt.[49] Schoonenberg will von der konkreten Geschichte Jesu ausgehen; nur in ihr kann sich uns Gottes Wesen erschließen. Er will dabei wie viele protestantische und katholische Theologen der Gegenwart den naturhaft-statischen Gottesbegriff der Tradition überwinden und Gott als Gott der Geschichte denken. Dieser Problemstellung kann man nur zustimmen. Anders ist es mit der Lösung, die Schoonenberg diesem Problem gibt. Sie läuft nämlich darauf hinaus, dass Gott erst durch Jesus Chris-

---

47 Vgl. M. Müller, Existenzphilosophie im geistigen Leben der Gegenwart, Heidelberg ^{3}1964, 250 ff.
48 Vgl. K. Hemmerle, Thesen zu einer trinitarischen Ontologie, Einsiedeln 1976.
49 Vgl. Anm. 7.

tus trinitarisch wird, während er in sich höchstens in einem modalen Sinn als trinitarisch bezeichnet werden kann. Dies ist, wie Schillebeeckx mit Recht sagt, ein unvollziehbarer Gedanke.[50] Der eschatologische Charakter der Christus-Offenbarung verlangt vielmehr zu sagen: In Jesus Christus offenbart sich Gott endgültig als der, der er ist; er offenbart sich als derjenige, der in sich trinitarisch ist, der in sich Leben und Geschehen ist. Nur weil Gott in sich Leben und Geschehen ist, kann er sich in der Geschichte als der lebendige Gott der Geschichte offenbaren. Darum gibt es keine heilsgeschichtliche Trinität ohne immanente Trinität. Die immanente Trinität ist die transzendentaltheologische Voraussetzung des heilsgeschichtlichen Wirkens Gottes.

Freilich fängt mit dieser Kritik das Problem erst an. Die Frage ist nämlich, was die Geschichte, besonders die Geschichte Jesu für Gott bedeutet. Inwiefern kann es für Gott etwas Neues in der Geschichte geben? Dies sind Fragen, die in der gegenwärtigen Theologie keineswegs schon hinreichend beantwortet sind. Hier ist noch viel Arbeit zu leisten, um eine Christologie in geschichtlicher Perspektive zu entwerfen. Weithin fehlen noch die angemessenen philosophischen Kategorien, um dieses Problem zu lösen. Eine kritisch vollzogene Rezeption der Philosophie des deutschen Idealismus, besonders der von Hegel entwickelte Begriff der Person, könnte ein wichtiger Schritt auf diesem Weg sein. Denn Person besagt nach Hegel Relation der Liebe. Das Wesen der Person besteht darin, dass sie sich eben dadurch selbst findet, dass sie sich an andere verliert und verschwendet.[51] Gerade im Sich-Einlassen auf das je Neue geschichtlicher Begegnung ist die Person sie selbst. Zu dieser Freiheit in der Liebe kommt sie aber nur, wenn sie diese von anderen erfährt. Nur wenn sie als Person von anderen angenommen wird, wird sie in ihre Freiheit freigesetzt. Person ›gibt‹ es konkret nur in Interpersonalität, die Einheit und Vielheit umgreift; die Person hat ihr Sein in ihrer Relation zu anderen und damit auch in der Geschichte. In der Geschichte erfährt die Person aber auch ihre Bedrohung. Sie wird nicht nur in der Geschichte, sie vergeht auch in und mit der Geschichte. Heil in der Geschichte ist nur möglich, wenn der Person in der Geschichte absolute Annahme, absolute Liebe be-

50 Schillebeeckx, Jesus (wie Anm. 5), 593.

51 Vgl. G. W. F. Hegel, Vorlesungen über die Philosophie der Religion II/2 (ed. G. Lasson), Hamburg 1929, 60 f.71 f.75.80.

gegnet, die stärker ist als der Tod. Dies ereignet sich in Jesus Christus, der sich in seinem Verhältnis zum Vater auf einmalige, absolute und endgültige Weise angenommen erfährt, eine Annahme, die sich in Kreuz und Auferstehung bewährt und in die wir durch die Sendung des Geistes einbezogen werden. In diesem Sinn ist Jesus Christus der neue Mensch, der uns das Menschsein in neuer Weise ermöglicht.

Auf diese Weise erschließt uns Jesus Christus Gott auf eine unerwartet neue Weise als Gott der Menschen und der Geschichte, dessen Sein im Werden ist.[52] Gottes Sein ist im Werden, meint etwas anderes als einen werdenden Gott. Ein werdender Gott, also ein Gott, der erst im Verlauf einer Geschichte zu sich selbst kommt, ist ein Ungedanke. Gott kann nicht werden. Das ewige Sein Gottes, wie es in Jesus Christus offenbar wird, ist dennoch nicht starre Unbeweglichkeit, sondern reines Leben, das Leben einer sich selbst mitteilenden Liebe, die in ihrer Überfülle überschäumt und darin die Möglichkeit hat, sich an das andere seiner, an die Welt zu entäußern, um eben in dieser radikalen Selbstentäußerung bis in den Tod seine Herrlichkeit zu offenbaren. Das aber meinen wir, wenn wir sagen: Gott ist von Ewigkeit her Vater, der sich im Sohn selbst mitteilt und im Geist die Freiheit, den inneren Überfluss dieser Liebe hat, so dass er sich in der Zeit im Geist der Schöpfung mitteilen kann, um seine Kreatur aus ihrem Harren und Seufzen zur Freiheit der Söhne Gottes zu befreien. Jesus Christus aber ist in einmaliger Weise der Sohn, in dem und durch den wir zu Söhnen berufen werden. In ihm wird offenbar, dass in Gott höchstmögliche Einheit zugleich größtmögliche Freiheit und Eigenständigkeit besagt.

So ist die Trinität die Grammatik der Selbstmitteilung Gottes in der Geschichte. Sie ist eben keine reine Spekulation. Im Gegenteil: Die Aussage, dass Gott reine Freiheit in der sich selbst entäußernden Liebe ist, besagt ja gerade, dass Freiheit, die sich in der Liebe entäußert, der letzte und tiefste Sinn der Welt ist. Durch Jesus Christus und sein Verhältnis zum Vater wird dieser tiefste Sinn in einer einzigartigen und unüberbietbaren Weise offenbar. In Jesus Christus und seinem Verhältnis zum Vater wird uns deshalb das Grundmodell unseres Wirklichkeitsverständnisses geschenkt. Indem wir uns im Glau-

---

[52] Vgl. W. Maas, Unveränderlichkeit Gottes. Zum Verhältnis von griechisch-philosophischer und christlicher Gotteslehre, München – Paderborn – Wien 1974.

ben auf Jesus Christus einlassen, werden auch wir zu Söhnen Gottes, wird uns im Geist die christliche Freiheit zuteil, die sich auswirkt im Dienst einer sich selbst entäußernden Liebe. Nachfolge Jesu und trinitarisches Bekenntnis gehören also zusammen. Dies wird nirgends so deutlich wie bei der Taufe, wo wir im Namen des Vaters, des Sohnes und des Geistes Jesus Christus gleichgestaltet und zu einem Leben aus dem Geist berufen werden.

Am Schluss unseres Durchgangs durch die wichtigsten Tendenzen der jüngsten Christologie können wir die These aufstellen, die als Frage bereits am Anfang angeklungen ist: Eine legitime Christologie ›von unten‹ setzt eine eindeutige Christologie ›von oben‹ voraus; auch eine geschichtlich orientierte Theologie bedarf einer ontologischen Fundierung. Eine Christologie ›von unten‹ muss, wenn sie konsequent sein will, zu trinitarischen Aussagen durchstoßen. Was die Ansätze einer Christologie ›von unten‹ erbringen, ist zunächst eine konkrete Hinführung zur klassischen Christologie. Ausgehend von den Erfahrungen unseres Menschseins, der konkreten Gestalt des Lebens Jesu und der heutigen philosophischen Neuorientierung geht uns dabei in der sichtbaren Gestalt Jesu das unsichtbare Wesen Gottes auf. Es geht in diesen Neuansätzen also um eine fundamentaltheologische Grundlegung der kirchlichen Christologie. Es geht in der Christologie ›von unten‹ aber nicht nur um eine Rechtfertigung, sondern auch um eine sachgemäße Weiterführung der bisherigen Christologie. In der sichtbaren Gestalt Jesu leuchtet uns das unsichtbare Wesen Gottes wieder in ursprünglicher Weise als Gott der Geschichte auf. Indem wir von der Geschichte Jesu als der sakramentalen Gestalt der Selbstoffenbarung Gottes ausgehen, kommen wir dazu, Gott selbst als Geschehen sich selbst mitteilender Liebe zu denken, was letztlich nur trinitarisch möglich ist.

Die neuen Fragen in der gegenwärtigen Christologie mögen manchen verunsichern. Sie bergen aber auch die Chance, uns den Glauben an Jesus Christus neu und tiefer anzueignen. Am Ende stellen uns alle diese vielen Fragen immer wieder vor die eine Frage, auf deren Beantwortung in unserem Leben alles ankommt: Wohin sollen wir sonst gehen? Wo sind sonst solche Worte des Lebens? Denn Größeres, Tieferes und Umfassenderes, als uns hier gesagt wird, kann uns nicht gesagt werden, kann es nicht geben. Die Einheit von Gott und Mensch in Jesus Christus ist als das maximum contractum (Nikolaus von Kues) und das universale concretum, das, worüber hinaus nichts Größeres gedacht, ja sie ist größer als alles, was gedacht werden kann (Anselm von Canterbury): die Fülle der Zeit.

Neuansätze gegenwärtiger Christologie – Vertiefung

I. *Die gegenwärtige Christologie von unten*

1. Problemstellung

Wer die Entwicklung der katholischen Theologie seit 1970 auch nur einigermaßen mitverfolgt hat, wird eine entscheidende Akzentverlagerung festgestellt haben.[1] Während das Jahrzehnt nach dem Zweiten Vatikanischen Konzil vorwiegend ekklesiologisch geprägt war, wandte sich die katholische Theologie seit Beginn der siebziger Jahre hauptsächlich der christologischen Thematik zu. Die Frage: »Was haltet ihr von Jesus Christus?«, mit deren Beantwortung das Christsein steht und fällt, trat in den Mittelpunkt der theologischen Diskussion. Es kam zu einer Besinnung auf den Grund und die Mitte der Kirche.

---

[1] Literaturhinweise: A. Grillmeier, Mit ihm und in ihm. Christologische Forschungen und Perspektiven, Freiburg – Basel – Wien 1975; ders., Jesus der Christus im Glauben der Kirche, Bd. 1: Von der apostolischen Zeit bis zum Konzil von Chalcedon (451), Freiburg – Basel – Wien 1979; E. Jüngel, Gott als Geheimnis der Welt. Zur Begründung der Theologie des Gekreuzigten im Streit zwischen Theismus und Atheismus, Tübingen 1977; W. Kasper, Jesus der Christus (WKGS 3), Freiburg i. Br. 2007; H. Küng, Christ sein, München 1974; J. Moltmann, Der gekreuzigte Gott. Das Kreuz Christi als Grund und Kritik christlicher Theologie, München 1973; W. Pannenberg, Grundzüge der Christologie, Gütersloh 1964; K. Rahner, Grundkurs des Glaubens. Einführung in den Begriff des Christentums, Freiburg – Basel – Wien 1976; ders./W. Thüsing, Christologie – systematisch und exegetisch (QD 55), Freiburg – Basel – Wien 1972; J. Sauer (Hg.), Wer ist Jesus Christus?, Freiburg – Basel – Wien 1977; L. Scheffczyk (Hg.), Grundfragen der Christologie heute (QD 72), Freiburg – Basel – Wien 1975, E. Schillebeeckx, Jesus. Die Geschichte von einem Lebenden, Freiburg – Basel – Wien 1974; ders., Christus und die Christen. Die Geschichte einer neuen Lebenspraxis, Freiburg – Basel – Wien 1977; A. Schilson/W. Kasper, Christologie im Präsens. Kritische Sichtung neuer Entwürfe, Freiburg – Basel – Wien 1974.

Diese theologische Akzentverlagerung hat inzwischen auch einen kirchenamtlichen Niederschlag gefunden. Während die Antrittsenzyklika von Papst Paul VI., *Ecclesiam suam* (1964), ekklesiologisch, in gewisser Hinsicht sogar ekklesiozentrisch ausgerichtet war, trägt die Antrittsenzyklika von Papst Johannes Paul II., *Redemptor hominis* (1979), einen ausgesprochen christozentrischen Charakter.

Dieser Wandel des Interesses ist selbstverständlich auch unter ökumenischem Gesichtspunkt höchst bedeutsam. Denn das Bekenntnis zu Jesus dem Christus ist der gemeinsame Grund und die gemeinsame Mitte aller Kirchengemeinschaften, die sich als christlich bezeichnen. Von ihm her müssen sie ihr Leben gestalten und sich immer wieder erneuern. Nur von der Christologie her können auch die ökumenisch noch offenen Fragen der Ekklesiologie ihre Antwort finden.

Bemerkenswert an der jüngsten Entwicklung der katholischen Theologie ist jedoch nicht nur die Wende *zur* Christologie, sondern ebenso sehr die Wende *innerhalb* der Christologie. Keiner der in den letzten Jahren erschienenen christologischen Entwürfe stellt einfachhin eine Neuauflage der neuscholastischen Schulbuch-Christologien dar. Bei allen teilweise beträchtlichen Unterschieden im Einzelnen und bei allen dadurch ausgelösten Kontroversen haben sie weithin unabhängig voneinander eine Wende von der traditionellen Christologie von oben zu einer Christologie von unten vollzogen. Der Begriff ›Christologie von unten‹ ist inzwischen freilich schon fast zu einem Schlagwort geworden. Fragt man nämlich die einzelnen Autoren, was sie jeweils unter der Christologie von unten verstehen, dann erhält man höchst unterschiedliche Antworten. Man kann darunter verstehen: eine Christologie vom Menschen und von den menschlichen Erfahrungen her – eine Christologie vom irdischen Jesus beziehungsweise vom historischen Jesus her – eine Christologie im Horizont einer aufsteigenden evolutiven Weltsicht – eine Christologie im Horizont menschlicher Befreiungsbewegungen und anderes.

Diesen unterschiedlichen Neuansätzen ist jedoch im Wesentlichen ein Dreifaches gemeinsam:

1. Eine anthropologische Ausrichtung. Die christologischen Neuansätze gehen aus von der Glaubenssituation, in der sich gegenwärtig die meisten Menschen in unserer modernen, weithin säkularisierten Zivilisation befinden. Gott ist für das herrschende gesellschaftliche Bewusstsein weithin keine Frage mehr. Das Wort Nietzsches, wonach

Gott tot ist, gilt vielen als zutreffende kulturdiagnostische Chiffre. In dieser Situation sind die großen christologischen Formeln von Nikaia, Konstantinopel, Chalkedon für die meisten Menschen zu einer unverständlichen Fremdsprache geworden und unter Mythologie- und Ideologieverdacht geraten. In einer Situation, in der das Sprechen von Gott zu einem schweren Problem geworden ist, kann man in der Christologie nicht mehr unvermittelt ›oben‹ beim dreifaltigen Gott ansetzen und ›nur‹ noch das ›Herabsteigen‹, die Menschwerdung, der zweiten göttlichen Person bedenken. Es empfiehlt sich vielmehr der umgekehrte Weg, nämlich ›unten‹ bei den menschlichen Erfahrungen anzusetzen, um – wie es in der Weihnachtspräfation heißt – im Sichtbaren das Unsichtbare aufleuchten zu lassen. Ein bekanntes Wort Immanuel Kants abwandelnd, könnte man sagen: Glaubensaussagen ohne Glaubenserfahrung sind leer, Glaubenserfahrungen ohne Glaubensaussagen aber sind blind. Daraus folgt, dass die christologischen Glaubensaussagen in Entsprechung gebracht werden müssen zu den Erfahrungen, Fragen und Erkenntnissen der Menschen. Oder um es mit dem Zweiten Vatikanischen Konzil zu sagen: Sie müssen in Relation gesetzt werden zu den ›Zeichen der Zeit‹. Aus diesem Grund muss die mittelalterliche Trennung der Christologie von der Soteriologie, also von der Heilsbedeutung Jesu Christi, überwunden werden. Es gilt – ein biblisches und reformatorisches Anliegen aufgreifend – das ›Pro nobis‹ des Christusgeschehens zur Geltung zu bringen.

2. Zur anthropologischen Ausrichtung kommt die bibeltheologische Erneuerung. Sie bewahrt die anthropologische Orientierung davor, dass Jesus Christus zu einer Chiffre, zu einem Symbol oder Vorbild eines geglückten und gelungenen Menschseins wird (wie es in einigen säkularisierten Christologien der Gegenwart der Fall ist). Eine solche anthropologische Reduktion der Christologie verkennt, dass der Christusglaube auf das ein für alle Mal ereignete Christusgeschehen bezogen ist. Er lässt sich deshalb in kein vorgegebenes anthropologisches, metaphysisches, sprachphilosophisches, soziologisches oder anderes Schema einpassen, sondern muss sich am biblischen Zeugnis von Jesus Christus orientieren. Die neuere katholische Theologie hat deshalb seit der Bibelbewegung in der ersten Hälfte unseres Jahrhunderts die wichtigsten Ergebnisse und Methoden der historischen Bibelforschung rezipiert, und sie vertritt heute im Anschluss an das Zweite Vatikanische Konzil, dass die Auslegung der Bibel die

Seele der gesamten Theologie, die Schrift also die norma normans non normata aller Glaubensaussagen ist.

Rezipiert ist damit auch, dass die Bibel ihre Botschaft von Jesus Christus im Erzählen der Geschichte Jesu verkündigt. Günther Bornkamm hat bereits 1956 in seinem bekannten Jesus-Buch von den Evangelien geschrieben: »Im Erzählen der Geschichte von einst verkünden sie, wer er ist, nicht wer er war.«[2] In der neutestamentlichen Briefliteratur begegnen wir neben der Abstiegschristologie einer womöglich älteren Erhöhungschristologie, in deren Mitte nicht die Menschwerdung, sondern Kreuz, Auferstehung und Erhöhung Jesu Christi stehen. In der Heilsgeschichte zeigt sich das Wesen des Heilsbringers. Mit Heinrich Schlier gesprochen: Die Geschichte des Heilsbringers Jesus Christus ist zugleich seine Wesensgeschichte. Diese Einsichten biblischer Theologie verlangen nach einer Neustrukturierung der Christologie im Sinn einer Christologie von unten, das heißt einer Christologie, die von der Geschichte Jesu Christi ausgeht, oder – wie man neuerdings oft sagt – einer erzählenden (narrativen) Christologie.

3. Die Orientierung an der Bibel einerseits und am heutigen Menschen andererseits führt zu einem geschichtlichen Verständnis der christologischen Tradition und des christologischen Dogmas, zu einem Verständnis der Tradition als eines Prozesses der lebendigen Auslegung, der Übersetzung und der Vergegenwärtigung des ursprünglichen biblischen Zeugnisses in die sich verändernden geschichtlichen Situationen hinein. Dieses geschichtliche Verständnis brach sich vor allem anlässlich der 1500-Jahr-Feier des Konzils von Chalkedon (451–1951) Bahn. Karl Rahner schrieb damals einen programmatischen Aufsatz: *Chalkedon – Ende oder Anfang?*[3] Er legte dar, das jede Konzilsdefinition das Ende und das Ergebnis einer Diskussion, den Sieg und die Eindeutigkeit der Wahrheit bedeutet, dass sie aber zugleich der Anfang ist für neue Fragen und für tiefere Einsichten. Rahner sprach von der Selbsttranszendenz jeder Formel. »Nicht weil sie falsch, sondern gerade weil sie wahr ist«[4], muss sie stets neu

---

[2] G. Bornkamm, Jesus von Nazareth, Stuttgart [10]1975.

[3] K. Rahner, Chalkedon – Ende oder Anfang?, in: A. Grillmeier/H. Bacht (Hg.), Das Konzil von Chalkedon: Geschichte und Gegenwart, Bd. 3: Chalkedon heute, Würzburg [5]1979, 3–49.

[4] Ebd., 3.

bedacht werden; »sie bleibt gerade lebendig, indem sie erklärt wird«[5]. Dieses geschichtliche Verständnis der dogmatischen Tradition ist inzwischen durch die Eröffnungsrede des Zweiten Vatikanischen Konzils von Papst Johannes XXIII., durch das Konzil selbst und durch die Erklärung der römischen Glaubenskongregation *Mysterium ecclesiae* bestätigt worden. Sie bedeutet keine Relativierung der dogmatischen Tradition, sondern deren Fruchtbarmachung für die Gegenwart. Die Herausarbeitung der Geschichtlichkeit war deshalb vor allem in der französischen katholischen Theologie verbunden mit einer Erneuerung der patristischen Tradition.

Auch aus der Besinnung auf die allen Kirchen gemeinsame altkirchliche Tradition ergeben sich Gesichtspunkte für die Neuorientierung in der Christologie. Die altkirchliche Liturgie betet in ihren Doxologien und Orationen »in der Gemeinschaft des Heiligen Geistes durch Jesus Christus« zum Vater. Auch hier haben wir es mit einer Bewegung von unten nach oben zu tun. Erst in den christologischen Auseinandersetzungen des vierten und fünften Jahrhunderts trat diese heilsökonomische Sicht zurück zugunsten der Betonung der Gleichwesentlichkeit mit dem Vater. Das Konzil von Chalkedon hielt zwar wegen der Gleichwesentlichkeit mit dem Vater (homooúsios tô patrí) die Gleichwesentlichkeit mit uns Menschen (homooúsios hemîn) fest, doch in der Volksfrömmigkeit wurde Jesus oft zu einem auf Erden wandelnden Gott. Seine Menschheit wurde oft nur noch als die äußere Erscheinung, wenn nicht gar als die Verkleidung Gottes verstanden. Eine solche die wahre Menschheit vernachlässigende Christologie kann jedoch das Geheimnis unserer Erlösung ebenso wenig wahren wie die Vernachlässigung der wahren Gottheit. Denn nur wenn Jesus Christus uns in allem gleich ist, die Sünde allein ausgenommen, kann er uns in allem Erlösung bringen. Die wahre Menschheit ist deshalb in der Perspektive der Kirchenväter das Sakrament, das heißt das Zeichen und Werkzeug unserer Erlösung; sie ist wirksames Zeichen, Zugang, Ort, Medium unserer Gottesbegegnung. So legt sich auch von der großen dogmatischen Tradition her eine Christologie von unten nahe. Sie kann und muss Einseitigkeiten des durchschnittlichen christologischen Bewusstseins korrigieren und den Reichtum der Tradition für die Gegenwart neu erschließen.

---

5 Ebd., 4.

2. Durchführung

Nach der Darstellung einiger wesentlicher Problemstellungen gegenwärtiger Christologie wenden wir uns nun deren konkreter Durchführung zu. Dabei ist eine Auswahl unerlässlich. Wir beginnen mit der anthropologisch gewendeten Christologie von unten, wie sie vor allem von Rahner vertreten wird, und gehen dann über zur Christologie vom irdischen Jesus her, wie sie – wenngleich mit Unterschieden – vor allem von Hans Küng und Edward Schillebeeckx repräsentiert wird. Dabei gehen wir nicht auf die Einzelheiten dieser Entwürfe ein, sondern referieren deren Sachanliegen mit eigenen Worten.

1. Anthropologisch gewendete Christologie. Die anthropologisch gewendete Christologie von unten beginnt im Grunde mit der Frage: Was ist der Mensch? Seit den Anfängen des abendländischen Denkens bis zur heutigen Anthropologie hält sich die Überzeugung, dass ein Mensch nur dann zur vollen Menschlichkeit seines Menschseins findet, wenn er sich dieser Frage stellt. Es macht nämlich den Unterschied des Menschen zum Tier aus, daß er nicht instinktsicher in eine bestimmte Umwelt eingepasst, sondern weltoffen ist. Mit seinem Sein ist der Sinn seines Seins nicht mitgesetzt. Der Mensch ist das »nicht festgestellte Tier« (Friedrich Nietzsche). Er ist frei, über den Sinn seines Seins zu entscheiden. Er ist sich in Freiheit selbst überantwortet. Aufgrund seiner Freiheit ist der Mensch auch nie abschließend definierbar. Jeder Akt der Erkenntnis, in dem wir einen einzelnen Gegenstand als endlichen erkennen, ist nur möglich, weil wir ›irgendwie‹ um ein Unendliches wissen. Jeder endliche Begriff steht also im Horizont eines unendlichen Vorgriffs, den wir nie voll auf den Begriff bringen können. Jeder Akt der Erkenntnis weist uns also auf ein letztes Geheimnis hin. Diese Offenheit ist zugleich der Grund unserer Freiheit. Allein die Bindung an das Unendliche macht uns frei gegenüber dem endlichen einzelnen; erst im Horizont des unendlichen Geheimnisses wird der einzelne Gegenstand in seiner Relativität, Kontingenz und Nichtnotwendigkeit deutlich. So ist der Mensch in seiner alltäglichen Erfahrung ein Wesen der Transzendenz. Er erfährt sein Leben als einen Weg ins Offene, als ein Wagnis in ein dunkles, letztlich nicht ergründbares Geheimnis hinein. Was so meist unthematisch und unreflex der Alltagserfahrung zugrunde liegt, kann in besonderen Erschließungssituationen (disclosure situations) in die Helle des

Bewusstseins durchbrechen und zur bewussten Frage nach dem Sinn des Daseins werden.

Was ist dieses Geheimnis? Es ist ›etwas‹ anderes als die vielen noch nicht gelösten Probleme, mit denen wir uns jeden Tag herumzuschlagen haben, die wir aber im Prinzip sukzessiv lösen können. Es ist deshalb auch nicht die Lösung für die Fragen, für die uns der Verstand gegeben ist. Es ist auch nicht ›etwas‹ neben dem Normalen und Begreifbaren, sozusagen ein irrationaler Rest oder ein sakraler Sonderbereich. Es ist ›etwas‹, das alles andere umgreift und ermöglicht, das Ganze unseres Daseins durchstimmt und im Tod das Ganze des Daseins bedroht. Der Mensch als ganzer ist sich selbst also ein undurchdringliches Geheimnis, eine Frage, auf die er sich selbst keine Antwort geben kann. Rahner definiert ihn deshalb als »die arme Verwiesenheit auf das Geheimnis der Fülle«[6].

Aus dieser ›condition humaine‹ lässt sich die christologische Antwort nicht ableiten, wohl aber lässt sie sich angesichts dieser Situation als sinnvoll und als unableitbare Erfüllung der Hoffnung, die der Mensch ist, erweisen. Die Menschwerdung Gottes ist in dieser Perspektive »der einmalig höchste Fall des Wesensvollzugs der menschlichen Wirklichkeit«; Jesus Christus ist das Realsymbol und das Ursakrament des Menschen. In ihm offenbart – wie sich das Zweite Vatikanische Konzil ausdrückt – Gott dem Menschen den Menschen. Von Jesus Christus her wird darum das unergründliche Geheimnis des Menschen, werden vor allem Leid, Schuld und Tod hell. Diese christologische Antwort auf die Frage und die Hoffnung, die der Mensch nicht nur hat, sondern selber ist, kann niemand andemonstriert werden. Möglich ist nur der Appell und die Frage, ob in Jesus Christus nicht das geschenkt wird, was jeder in seinem Leben je schon sucht. Es geht also nicht um eine deduktive und demonstrative Rede, sondern um eine evokative, appellative und performative Sprache. An dieser Stelle wird die Grenze der anthropologisch gewendeten Christologie von unten deutlich. Das Menschsein ist in seiner radikalen Offenheit sozusagen die Grammatik, deren sich die Christologie bedient. Aber sowenig man aus den Regeln der Grammatik ein Gedicht ableiten kann, sowenig aus der Anthropologie die Christologie. Die Christologie ist vielmehr die einmalige und unableitbare ›Verdichtung‹ unseres

6 Rahner, Grundkurs des Glaubens (wie Anm. 1), 215.

Menschseins. Sie ist die einmalige und unableitbare Bestimmung der unbestimmten Offenheit unseres Menschseins. Jesus Christus ist deshalb nicht nur eine Chiffre, ein Symbol oder ein Exempel des Allgemein-Menschlichen, gleichsam der Mythos des ewigen Menschen. Er ist eine ganz bestimmte, unverwechselbare und unauswechselbare Person mit einem bestimmten Namen. Damit kehrt sich die bisherige Fragestellung um. Es gilt nun nicht mehr, vom allgemeinen und unbestimmten Wesen des Menschen her Jesus Christus zu bestimmen, sondern vom konkreten Menschen Jesus Christus her unser Menschsein bestimmen zu lassen.

2. Christologie vom irdischen Jesus her. Der Betrachtung der Lebensgeheimnisse Jesu kam in der christlichen Frömmigkeitsgeschichte – man denke an Franz von Assisi, an die Devotio moderna, an das Exerzitienbüchlein des Ignatius von Loyola – schon längst eine wichtige Rolle zu, als man in der liberalen Theologie von ganz anderen Voraussetzungen her daran ging, eine Leben-Jesu-Theologie zu entwerfen. Sie ist aus vielfältigen, hier nicht im Einzelnen zu erörternden Gründen zu Beginn des 20. Jahrhunderts zusammengebrochen. Die Bultmann-Schule zog daraus den Schluss, der Glaube sei am irdischen Jesus überhaupt nicht interessiert, ihm komme es nur auf den im Kerygma gegenwärtigen Herrn an. In den fünfziger Jahren kam es dann durch Ernst Käsemann, Ernst Fuchs, James McConkey Robinson und andere zur neuen Frage nach dem historischen Jesus. Man erkannte, dass das Kerygma zum bloßen Mythos würde, hätte es keinen Anhalt am irdischen Jesus. Man ging sogar noch einen Schritt weiter und erklärte den historisch rekonstruierten irdischen Jesus zum normativen und kritischen Gegenüber für die Christusverkündigung der Kirche.

Diese Problemstellung wurde in unterschiedlicher Weise von vielen katholischen Theologen aufgegriffen. Sie konnten auf einen inzwischen erreichten breiten Konsens der Exegeten zurückgreifen. Es gelang ihnen, die Gestalt Jesu, seine Art, zu reden und sich zu verhalten, lebendig darzustellen und aktuell zu machen und dadurch Jesus und seine Sache, die Botschaft von der Herrschaft Gottes, neu zum Leuchten zu bringen. Sie konnten deutlich machen, dass in der Mitte des Christentums nicht eine Lehre, eine Moral oder gar ein kirchliches oder gesellschaftliches System steht, sondern eine konkrete Person mit einem bestimmten Namen. An ihr muss sich alles kritisch messen lassen, was mit dem Anspruch des Christlichen auftritt. Das heißt konkret: Christliche Verkündigung und christliche Praxis müssen geprägt sein von Jesu Ruf der Freiheit; sie müssen einen frei machenden Charakter haben.

Doch schon Käsemann hat auf die Sackgassen hingewiesen, in die die Frage nach dem historischen Jesus führt. Es sind vor allem hermeneutische Probleme, die sich hier stellen. Wir greifen hier nur zwei und diese nur andeutungsweise heraus. 1. Können wir uns heute nach fast zweitausend Jahren Kirchen-, Theologie- und Dogmengeschichte nochmals in die Situation der ersten Jünger Jesu stellen? Hat nicht die hermeneutische Diskussion der letzten Jahrzehnte die Bedeutung des Vorverständnisses und der Tradition herausgestellt, und hat nicht die moderne Wissenssoziologie aufgezeigt, dass jedes menschliche und auch jedes wissenschaftliche Erkennen an Kommunikations- und Konsensprozesse gebunden ist? Die oft so emphatisch herausgestellte Orientierung am Ursprünglichen und die darin implizierte Überzeugung von der Leistungskraft der historisch-kritischen Methode zur Feststellung des maßgeblich Christlichen bedürfte also erst noch genauerer hermeneutischer Reflexion.

2. Diese allgemein-hermeneutischen Gesichtspunkte können durch theologische Gesichtspunkte noch verstärkt werden. Der Glaube an Jesus Christus bezieht sich ja nicht nur auf den irdischen Jesus, sondern auf den irdischen Jesus, der als der auferweckte Christus im Heiligen Geist bleibend in der Kirche präsent ist. Dem auferweckten und erhöhten Jesus Christus begegnen wir aber nur durch das Zeugnis von ihm gesandter Zeugen. Der Glaube ist also auf vollmächtig verkündigtes Kerygma angewiesen. Deshalb begegnen uns im Neuen Testament schon sehr früh, schon vor der Abfassung der Evangelien, verbindliche Bekenntnisformulierungen. So lässt sich nicht nur allgemein-hermeneutisch, sondern auch theologisch begründen, dass das Zeugnis der kirchlichen Glaubensgemeinschaft der Ort ist, von dem aus Christologie und Theologie allgemein erst möglich sind. Die Theologie kann diesen Kirchenbezug kritisch reflektieren, sie kann sich von ihm aber nie grundsätzlich emanzipieren. Der innerweltlichen Unableitbarkeit des Christusgeschehens entspricht es, dass der Christusglaube dem Menschen zugesprochen, dass er ihm bezeugt und mit Vollmacht verkündet wird.

Damit kommt die Christologie von unten in ihrer zweiten Gestalt als Christologie vom irdischen Jesus her an derselben Stelle an ihre Grenzen, wo auch die anthroprologisch gewendete Christologie von unten überschritten werden musste. Wir schließen deshalb mit einigen Reflexionen auf die Grenzen und die Ergänzungsbedürftigkeit der neueren Christologie von unten. Damit schaffen wir die Voraussetzungen für unseren eigenen christologischen Entwurf, der die Christologie von unten als Zugang zur klassischen Christologie von oben versteht.

3. Grenzen

Karl Barth hat in einem Aufsatz über die dogmatische Prinzipienlehre bei Wilhelm Hermann, einem Hauptvertreter der liberalen Theologie, die das Programm der Christologie von unten erstmals aufstellte, das Problem folgendermaßen charakterisiert: »Die orthodoxe Christologie ist ein aus der Höhe von 3000 m steil abfließendes Gletscherwasser; damit kann man etwas schaffen. Die Hermannsche Christologie, so wie sie dasteht, ist der hoffnungslose Versuch, eine stehende Lagune mittels einer Handpumpe auf dieselbe Höhe zu treiben. Das geht eben nicht.«[7] Warum geht das nicht? Nach Barth deshalb, weil der Mensch aus eigener Kraft den Weg von unten nach oben gar nicht gehen kann. Der Weg von unten nach oben kann nur die Antwort sein auf die Zuwendung Gottes von oben. Diese Feststellung entspricht der bereits aufgewiesenen Dialektik der menschlichen Existenz. Der Mensch ist eine Frage, auf die er sich selbst keine Antwort geben kann. Die von unten unableitbare Antwort von oben ist deshalb für das ›Unten‹ des Menschen nichts Fremdes, nichts Übergestülptes und nichts Heteronomes, sondern die innerste Erfüllung des Menschen. Theonomie ist nicht Heteronomie, sondern Grund und Erfüllung menschlicher Autonomie.

Beachtet man diese Dialektik des Menschen, dann erscheint die klassische Christologie von oben weit weniger naiv und unkritisch, als es zunächst scheinen mochte. Sie entspringt sogar einer höchst kritischen Sicht des Menschen. Sie respektiert Größe und Elend des

---

[7] K. Barth, Die dogmatische Prinzipienlehre bei W. Herrmann, in: Vorträge und kleinere Arbeiten. 1922–1925 (Karl Barth Gesamtausgabe 3), 545–603, hier: 595.

Menschen (Blaise Pascal). Die Größe des Menschen, die darin besteht, dass er über alles Endliche hinaus ist und allein in Gott Grund und Ziel seines Lebens findet. Sein Elend, weil der Mensch sich diese Erfüllung nicht selbst geben kann. Er ist Existenz im Empfang, verdankte Existenz. Allein in der sich selbst mitteilenden Liebe Gottes findet der Mensch sein Heil. Die Einheit von Gott und Mensch in dem einen Heilsbringer Jesus Christus kann deshalb gar nicht anders als von oben, das heißt von Gott her, begründet werden. Nur so ist Jesus Christus Realsymbol, Sakrament des Menschen.

Die alte Christologie von oben war freilich nicht so hybrid, dass sie meinte, sie könne sich auf den Standpunkt Gottes stellen und von da aus spekulieren. Sie war sich durchaus bewusst, dass wir Gott nur durch seine Offenbarung in der Schöpfung und in der Geschichte erkennen können. Sie wusste also zu unterscheiden zwischen der Seinsordnung und der Erkenntnisordnung. In der Ordnung des Seins (ratio essendi) geht das trinitarische Sein Gottes (immanente Trinität) der Offenbarung (ökonomische Trinität) voran. In der Erkenntnisordnung dagegen (ratio cognoscendi) geht das theologische Erkennen – wie jedes andere Erkennen – vom Sichtbaren und Erfahrbaren aus, um darin das Geheimnis Gottes zu bezeugen. Damit war für die klassische Christologie – was in der Diskussion fast durchweg übersehen wird – der Unterschied zwischen der Christologie von oben und der Christologie von unten kein sich ausschließender Gegensatz. Die Christologie von unten ist vielmehr der einzig mögliche Zugang zur Christologie von oben. Ohne die Christologie von oben aber verliert die Christologie von unten allen Sinn und alle Bedeutung.

Lassen Sie mich diesen ersten Teil mit einer doppelten Schlussfolgerung beenden. 1. Heutige Christologie und heutige Theologie ganz allgemein muss die Fragen und Erfahrungen des heutigen Menschen und die Probleme, die uns durch die modernen Wissenschaften gestellt werden, voll und ganz ernst nehmen. 2. Eine Antwort kann die Theologie nur dann geben, wenn sie sich zugleich auf ihre eigenen Quellen und Ursprünge besinnt und sie für die Gegenwart fruchtbar macht. Nur eine aus ihren ureigensten Wurzeln lebende Kirche kann auch Kirche für die andern, Kirche für unsere Zeit sein und die frei machende Botschaft von Jesus Christus bezeugen. Eine Kirche und eine Theologie, die so um ihre eigene Identität weiß, braucht sich um ihre Relevanz für die Menschen keine Sorge machen. In der Sinnkrise unserer säkularisierten Gesellschaft kann sie in Jesus Christus dem Menschen Grund und Sinn seines Daseins neu erschließen.

II. Neubegründung der Christologie von oben

Nach der Behandlung einiger methodischer Fragen der Christologie sollen nunmehr die Fragen der inhaltlichen Neubegründung der Christologie im Vordergrund stehen. Selbstverständlich darf dabei nicht ein vollständiger christologischer Entwurf erwartet werden. Wir begrenzen uns auf einige wesentliche Fragen der gegenwärtigen Diskussion. Wir gehen dabei nach einem relativ simplen Schema vor und behandeln zunächst einige Fragen der biblischen Grundlegung, dann der dogmengeschichtlichen Auslegung des biblischen Zeugnisses und schließlich einige Perspektiven heutiger Neugestaltung. Ich halte mich also an die geschichtliche Methode der katholischen Tübinger Schule, die die Überlieferungsgeschichte als Selbstauslegung der ›Sache‹ des christlichen Glaubens versteht. Diese geschichtliche Methode wurde durch das letzte Konzil aufgegriffen; sie hat damit die neuscholastische Methode endgültig abgelöst.

1. Zur biblischen Grundlegung

Traditionellerweise geht die Christologie in ihrer biblischen Grundlegung von einzelnen Christustiteln aus. Sie beginnt also gewöhnlich mit der Feststellung, Jesus habe beansprucht, der Messias (Christus), der Sohn Gottes, der Knecht Gottes und anderes zu sein. Dieser Ausgangspunkt ist in der gegenwärtigen exegetischen Situation (zumindest im deutschen Sprachraum) problematisch, wenn nicht unmöglich geworden. Die meisten Exegeten im deutschen Sprachraum sind der Meinung, diese Christustitel seien nicht Aussagen des irdischen Jesus selbst, sondern Glaubensbekenntnisse der nachösterlichen Kirche. Dieselben Exegeten, die die bisherige direkte Christologie des irdischen Jesus in Frage stellen, indem sie behaupten, Jesus habe nicht sich, sondern die Herrschaft Gottes, die das Heil der Menschen ist, verkündet, haben jedoch in der Zwischenzeit eine im Grunde viel eindrucksvollere indirekte beziehungsweise implizite Christologie beim irdischen Jesus aufgewiesen. Damit ist gemeint: Der Anspruch Jesu geht aus seiner ganzen Art, zu verkündigen, zu wirken, sich zu verhalten, indirekt hervor. Jesus verkündet nicht nur die Herrschaft Gottes; in seinem Reden und Handeln, in seiner ganzen Person ist Gott selbst heilschaffend, freimachend, vergebend, versöhnend gegenwärtig. In gewissem Sinn kann man mit Origenes sagen, Jesus sei die Herrschaft Gottes in Person (autobasileia).

Es gibt verschiedene Möglichkeiten, diese indirekte Christologie aufzuweisen. Wir wählen hier die wichtigste aus, indem wir von dem ausgehen, was die Mitte und das eigentliche Geheimnis des Lebens Jesu ausmacht: sein Verhältnis zu »seinem« Vater. Erst von da her kann man seine Mitmenschlichkeit, sein Sein-für-die-andern, seine Pro-Existenz angemessen verstehen. Die Hinwendung zu Gott als Vater und die Hinwendung zum Mitmenschen als Bruder gehören für Jesus ja unlösbar zusammen. Das Christsein lässt sich deshalb weder in reine Innerlichkeit noch in reine Mitmenschlichkeit auflösen.

Es ist allgemein anerkannt, dass Jesus Gott als ›abba‹ angeredet hat und dass die Art, wie Jesus diese Gottesanrede gebraucht, sowohl gegenüber dem Alten Testament als auch gegenüber dem Judentum ein Novum darstellt. In diesem ›abba‹ kommt das Neue seiner Rede von Gott als einem Gott der Menschen zum Ausdruck. In ihm spricht sich aber auch Jesu eigenes Gottesverhältnis aus. Es fällt nämlich auf, dass Jesus diese Anrede in einem exklusiven Sinn gebraucht hat. Nie schließt er sich mit seinen Jüngern in dieser Anrede zusammen. Immer heißt es entweder »mein Vater« oder »euer Vater«. Daraus folgt: Auch wenn Jesus für sich den Titel Sohn oder Gottessohn nicht gebraucht hat, so ist sein Verhältnis zum Vater doch das des einen und des einzigen Sohnes, der uns erst zu Söhnen macht. Erst in ihm und durch ihn haben wir Zugang zu Gott als Vater; erst durch ihn wird uns der Mitmensch als unser Bruder erschlossen. Die Vater-Sohn-Beziehung Jesu ruht also nicht in sich; sie hat Heilsbedeutung für uns. Sie ist die Grundlage der Versöhnung des Menschen mit Gott und der Menschen untereinander.

In diesem einmaligen und unübertragbaren und zugleich für alle bedeutsamen Abba-Verhältnis Jesu sehen viele gegenwärtige Theologen in indirekter und impliziter Weise den Grund der gesamten Christologie. Ich nenne vor allem Karl Rahner und Hans Urs von Balthasar, Wolfhart Pannenberg, Dietrich Wiederkehr, Edward Schillebeeckx, Karl Lehmann. Denn dieses Abba-Verhältnis ist das Verhältnis gegenseitiger Erkenntnis, das heißt gegenseitigen personalen Verbundenseins in der Liebe und Hingabe. In diesem Verhältnis ist Jesus in Gehorsam und Liebe radikale Herkünftigkeit vom Vater und radikales Übereignetsein an ihn. Er ist nichts aus sich, aber alles aus Gott. Er ist ganz Hohl- und Leerform für Gott. In seiner personalen Hingabe ist er ganz Dasein von Gottes schenkender und sich selbst mitteilender Liebe. Die Hinwendung Jesu zum Vater setzt deshalb die Zuwendung des Vaters an ihn voraus. Diese Selbstmitteilung des Vaters kommt aber nicht äußerlich zum Sein Jesu hinzu, sie konstituiert Jesus in seinem ganzen Sein, so dass Jesu Sein reine Antwort, reine Relationalität vom Vater her und auf ihn hin ist. Gerade in seinem personalen menschlichen Gehorsam ist er die personale Selbstmitteilung Gottes.

Aus der gedrängten Darstellung dessen, was die Mitte und das eigentliche Geheimnis des Lebens Jesu ausmacht, ergibt sich: Die ganze nachösterliche Sohneschristologie ist der Sache nach nichts anderes als eine gewissenhafte Auslegung des Sohnesverhältnisses Jesu. In der wechselseitigen Relation Jesu zu seinem Vater wird eschatologisch-endgültig offenbar, wer Gott ist: Derjenige, der von Ewigkeit her in der Relation von Vater und Sohn ist; derjenige, der von Ewigkeit her Liebe ist; derjenige, der von Ewigkeit auf den Menschen hin ist. So steht das spätere christologische Dogma in einer tiefen sachlichen Kontinuität zu dem, was die Mitte und das Geheimnis des Lebens Jesu ausmacht. Jesus selbst ist es, der uns zur christologischen Explikation nötigt. Die Christologie ist die konsequente Exegese des Lebens und des Auftretens Jesu von Nazareth.

Der Ansatz bei der Abba-Erfahrung Jesu bedeutet jedoch nicht nur eine Rechtfertigung des klassischen christologischen Dogmas, sondern zugleich eine gewisse Korrektur von dessen Einseitigkeiten. Was nämlich die Schrift als personales Verhältnis zwischen Jesus und seinem Vater beschreibt, das wurde später – wie gleich noch zu zeigen sein wird – mit Recht ontologisch expliziert und interpretiert. An die Stelle der personalen Relation trat die Frage nach dem Verhältnis von göttlicher und menschlicher Natur. Diese abstrakte, von der antiken Philosophie bestimmte Fragestellung führte in viele kaum lösbare Aporien. Sie führte vor allem dazu, dass das Christusgeheimnis dem existentiellen Glaubensvollzug immer mehr entfremdet wurde. Aus einem Heilsgeheimnis drohte ein Denkgeheimnis zu werden, das für den persönlichen Glauben des einfachen Christen mehr oder weniger belanglos zu sein schien und zunehmend nicht mehr verstanden wurde. Der Ansatz bei der Abba-Erfahrung Jesu kann nicht nur die sachliche Gültigkeit und die bleibende Verbindlichkeit der dogmengeschichtlichen Interpretation aufweisen. Er kann das zentrale Dogma der Christenheit zugleich dem gläubigen Verstehen wieder zugänglich machen. Er kann aufzeigen, dass die Christologie nicht abstrakte Spekulation, sondern Einweisung in die Nachfolge ist, kein bloßes Fürwahr-Halten von Glaubenssätzen, sondern auch Begründung eines neuen Menschseins, das lebt aus dem Glauben an Gott und im Dienst für die Menschen. Die Theologie ist hier unmittelbar mit der Spiritualität und mit der christlichen Praxis verbunden. Aus einer solchen Christologie ergeben sich Ansätze zu »alternativen Lebensformen«, nach denen heute viele junge Menschen fragen: zu einem Leben, dem es nicht um das ›Haben‹, sondern um das Geben geht, zu einem Leben in Einfachheit, im Dienst, zu einem Leben aus Glauben, Hoffnung und Liebe.

Mit dem zuletzt Gesagten ist schon deutlich geworden, in welcher Weise wir an der dogmatischen Tradition festzuhalten haben: Nicht indem wir sie wie eine tote Münze weitergeben, sondern indem wir sie von der Schrift und von den Fragen der Gegenwart her fruchtbar machen und lebendig bezeugen. Damit stehen wir bereits beim nächsten Problemkreis unserer Überlegungen.

2. Zur dogmengeschichtlichen Begründung

Die Dogmengeschichte beginnt nicht erst nach dem Neuen Testament, sondern im Neuen Testament selbst. Schon sehr früh begegnen uns hier christologische Bekenntnisformeln: »Jesus ist der Kyrios«, »Jesus ist der Christus«, »Jesus ist der Sohn Gottes«. Schon sehr früh begegnen uns hier auch Aussagen einer Christologie von oben. Man denke etwa an das bereits vorpaulinische Christuslied in *Phil 2,6–11* oder an die wohl auch vorpaulinischen Sendungsformeln in *Gal 4,4* und *Röm 8,3*. Die Aussagen des Johannesprologs sind also die späte Entfaltung frühester Christologie. Die heilsgeschichtliche Christologie von unten diente von Anfang an dem Ziel, zu sagen, was Gott ›von oben‹ zu unserem Heil in der Geschichte getan hat. Das Neue Testament richtet dieses eine Zeugnis jedoch je nach den sich wandelnden geschichtlichen Situationen in vielfältiger Weise aus. In diesem Sinn gibt es bereits im Neuen Testament eine Dogmen- beziehungsweise Bekenntnisgeschichte, die mit dem Abschluss des Kanons selbstverständlich nicht zu Ende ist, sondern immer wieder neu aktualisiert werden muss.

Der Weg vom biblischen Zeugnis zum altkirchlichen Dogma ist nicht nur eine Repetition oder eine logische Explikation. Es handelt sich um eine – im ursprünglichen Sinn des Wortes verstandene – Über-Setzung in einen neuen Kulturkreis mit einer neuen Sprache und mit neuen Denkformen. Die Bibel denkt vorwiegend geschichtlich, die hellenistische Welt dagegen fragt nach dem bleibenden Wesen, das der Geschichte zugrunde liegt, sie denkt metaphysisch. Dieses metaphysische Denken hielt nunmehr Einzug in die Theologie und in das Dogma der Kirche: in dem homooúsios des Konzils von Nikaia (325), in der Lehre von den zwei Naturen (phýseis) und der einen Person (hypóstasis, prósopon) des Konzils von Chalkedon (451). So kam es zu den großen Glaubensbekenntnissen der alten Kirche, die seither alle Kirchen des Ostens und des Westens verbinden. Sie gehören zu den stärksten Klammern der Christenheit. Die hier unternommene Synthese von biblischer Botschaft und griechischem Denken ist einer der wesentlichen Grundpfeiler abendländisch-europäischer Kultur.

Die neuzeitlichen Aufklärungs- und Emanzipationsprozesse führten zur Infragestellung dieser bisher gemeinsamen Basis. Der liberale Dogmengeschichtler Adolf von Harnack hat die altkirchliche Dogmenentwicklung bekanntlich als Hellenisierung des biblischen Christentums bezeichnet. Das Dogma ist ihm ein Werk des griechischen Geistes auf dem Boden des Evangeliums. Dieses Verdikt ist noch immer weit verbreitet. Es lässt sich im Licht heutiger theologie- und dogmengeschichtlicher Forschung jedoch in dieser Undifferenziertheit unmöglich länger aufrechterhalten. Ich verweise neben vielen anderen vor allem auf die Forschungen von Alois Grillmeier, der aufgezeigt hat, dass die Kirchenväter nicht »aristotelice«, sondern »piscatorie«, das heißt pastoral, gedacht haben. Sie haben sich der neuen Sprache und ihrer Denkform bedient, um den in dieser Sprache auftretenden Irrtümern entgegentreten und die christliche Botschaft in ihrer Situation verständlich machen zu können. Anders als die Irrlehren des Arius, Eutyches und anderer haben sie diese neue Begrifflichkeit aber an der Bibel und an der älteren Tradition gemessen, um von dort her ihre innere Logik aufzusprengen. So ist etwa die für das christologische Dogma grundlegende Unterscheidung zwischen Natur und Person (Hypostase) nicht in der hellenistischen Philosophie vorbereitet, sondern das Ergebnis christlicher Reflexion, die gegenüber der akuten Hellenisierung durch die Irrlehren eher eine Enthellenisierung darstellt. Anders ausgedrückt: Die Dogmengeschichte der alten Kirche ist das aggiornamento von damals. Sie war eine hermeneutische Notwendigkeit, kein Schwächeanfall des Christentums, sondern Zeugnis seiner geschichtlichen Dynamik und schöpferischen Kraft in der Durchdringung einer ganzen Kultur, ein Modell dafür, was uns heute in ähnlicher Weise aufgetragen ist: nicht schwächliche Anpassung und Einordnung, sondern schöpferische Verwandlung.

Zwei Motive der christologischen Dogmenentwicklung, wie sie sich im Licht heutiger Forschung darstellt, verdienen besonders genannt zu werden. 1. Die soteriologische Motivation. Einem Mann wie Athanasius ging es nicht um Spekulation. Er erkannte vielmehr: Wenn Jesus nicht wahrer Gott ist, dann hat er uns auch nicht erlöst. Wäre Jesus nur ein Mensch oder ein sonstiges Geschöpf, wenngleich ein ganz und gar vollkommenes Geschöpf, dann könnte er uns nur Menschliches und Geschöpfliches geben. Dann wären wir in unserer eigentlichen Not, der Not der Schuld und des Todes, nicht erlöst. Eine Christologie und ein Christentum, die sich nicht mehr zur wahren Gottheit Jesu Christi bekannten, wären eine Christologie und ein Christentum, denen das Herz herausgerissen wäre. 2. Die rationale Motivation. Dem Christen ist aufgetragen, allen Menschen Rechenschaft zu geben von seiner Hoffnung *(1 Petr 3,15)*. Sektiererische Gettomentalität muss ihm fremd sein. Er hat eine Hoffnung zu bezeugen und muss sich deshalb verantworten vor dem universalen Forum der Vernunft. Er muss sich folglich einlassen auf philosophisches Denken, nicht um sich ihm zu unterwerfen, sondern um darin die Wahrheit des Glaubens zur Geltung zu bringen. Die alte Kirche hatte dazu den Mut. Auch deshalb kommt ihren Bekenntnisformeln bleibende Gültigkeit zu.

Freilich: Auch in der Dogmengeschichte gibt es kein Gewinnkonto ohne ein entsprechendes Verlustkonto. Das Geheimnis Jesu Christi ist immer reicher und tiefer als jede noch so gelungene dogmatische Formel. Die altkirchlichen Bekenntnisse konnten nicht den ganzen Reichtum des biblischen Zeugnisses einfangen. Die metaphysische Denk- und Sprachform konnte vor allem die personale, geschichtliche und eschatologische Dimension biblischer Christologie nicht hinreichend zum Ausdruck bringen. So stehen wir heute vor der Aufgabe, unter Wahrung des positiven Ertrags der Dogmengeschichte das Ursprungszeugnis der Schrift für unsere Epoche neu zu vergegenwärtigen. Dabei geht es nicht darum, die Tradition abzubrechen und damit auch die Gemeinschaft mit der Ökumene aufzugeben, sondern sie zu erneuern und zu vergegenwärtigen.

3. Zur heutigen Neubegründung

Unsere Epoche ist nach den Worten des Zweiten Vatikanischen Konzils charakterisiert durch einen Übergang, der sich unter vielen Konflikten und Spannungen abspielt, von einer mehr statischen Sicht der Ordnung der Gesamtwirklichkeit zu einer mehr evolutiven, dynamischen und geschichtlichen Sicht. Geschichte bedeutet, dass die Wirklichkeit nicht ein vorgegebener heiliger Kosmos ist, sondern eine dem Menschen zur schöpferischen Gestaltung aufgegebene Größe. Der Mensch machte sich seit Beginn der Neuzeit zum Herrn der Wirklichkeit, um sie in einem wahrhaft gigantischen Unternehmen nach seinen Bedürfnissen und Plänen umzugestalten. Er hat dabei viele humanitäre Fortschritte erzielt. Aber heute am Ende der Entwicklung steht er da wie der Zauberlehrling, der die Geister nicht mehr loswird, die er zuerst gerufen hat. Unsere wissenschaftlich-technische Zivilisation droht uns über den Kopf zu wachsen, sie gerät uns aus der Kontrolle, wird zu einem Schicksal zweiter Ordnung. Wir erfahren heute wieder neu die Endlichkeit, die Ohnmacht und die Kontingenz des Menschen. Wir erfahren sie vor allem, wenn wir uns daran machen, eine gerechtere gesellschaftliche Ordnung aufzubauen. Immer wenn wir gegen Unrecht und Gewalt angehen, stehen wir selbst unter den Bedingungen des Ungerechten. Oft müssen wir selbst Gewalt anwenden und tragen damit den Keim neuen Unrechts, neuer Verbitterung in die angestrebte Ordnung hinein. Wir bewegen uns also in einem Teufelskreis. Soll die Hoffnung des Menschen nicht umsonst sein, dann muss ein aus den Bedingungen der Geschichte nicht ableitbarer neuer Anfang der Gerechtigkeit und der Versöhnung gesetzt werden. Wir können uns nicht selbst erlösen, Erlösung muss geschenkt werden.

Innerhalb eines geschichtlichen Denkens und angesichts seiner akuten Krise in der Gegenwart erhält die biblische Botschaft von der in Jesus Christus geschenkten Erlösung, von dem in ihm neu gesetzten Anfang, eine ganz neue Aktualität. Gerade die Christologie von oben ist die Antwort auf die Frage, die ›de profundis‹, von unten, gestellt ist. Dabei bringt uns die geschichtliche Art zu fragen der geschichtlichen Denkform der Bibel wieder viel näher, als es dem hellenistischen Denken möglich war. Die gegenwärtige Krise kann auch ein Kairos sein, um die Christologie in einer geschichtlichen und personalen Perspektive zu entwickeln. Wir stehen hier erst am Anfang, aber ich meine doch, dass es ein hoffnungsvoller Anfang ist. Nur ein paar Schritte auf diesem noch längst nicht abgeschlossenen Weg zum Ziel können hier angedeutet werden.

1. Eine Christologie in geschichtlicher Perspektive ist eine personale Christologie. Damit ist nicht eine personalistisch verengte Christologie gemeint, vielmehr ist ein Personbegriff vorausgesetzt, der den ganzen Menschen nach Leib und Geist und den konkreten Menschen in seinen physiologischen, biologischen und soziologischen Bezügen meint. Das Wesen der Person aber besteht darin, dass sie sich dadurch selbst findet, dass sie sich an andere verliert und verschenkt. Person kommt durch geschichtliche Begegnung zu sich selbst. Person ist Relation, die sich in der Liebe erfüllt. Zu dieser Freiheit in der Liebe kommt die Person nur, wenn sie Liebe von anderen erfährt. Nur wenn sie als Person von anderen angenommen wird, wird sie in ihre Freiheit eingesetzt. In der Geschichte erfährt die Person jedoch nicht nur ihre Ermöglichung, sondern auch ihre Bedrohung. Sie wird nicht nur in der Geschichte, sie vergeht auch in und mit der Geschichte. Ihr begegnet nicht nur Annahme, sondern auch Zurückweisung und Hass. Heil in der Geschichte ist nur möglich, wenn der Person in der Geschichte absolute Annahme, absolute Liebe begegnet, die stärker ist als der Tod. Dies ereignet sich in Jesus Christus, der sich in seinem Verhältnis zum Vater auf einmalige, absolute und endgültige Weise angenommen erfährt und diese Annahme durch seinen Geist weiterschenkt. Jesus Christus ist der neue Mensch, der uns das Menschsein neu erschließt und ermöglicht.

Doch Jesus Christus erschließt uns nicht nur endgültig, was der

Mensch ist, er erschließt uns auch eschatologisch-endgültig, wer Gott ist: Gott als sich selbst mitteilende Liebe. Dieses Gottesverständnis unterscheidet sich radikal von dem des Aristoteles, für den Gott der unbewegte Beweger ist, der von allen liebend erstrebt wird, der aber selbst nicht liebt. Der griechische Gott thront unbewegt und teilnahmslos über den Schrecken der Geschichte, er ist leidensunfähig. Der Gott Jesu Christi ist der Gott der Geschichte, er lässt sich bewegen vom Leiden seiner Kreatur, er entäußert sich selbst in die Geschichte hinein, geht ein ins Leiden und selbst ins Sterben. *Gottes Sein ist im Werden*[8] (Eberhard Jüngel). Diese These meint aber etwas anderes als einen werdenden Gott. Ein werdender Gott, der sich erst in der Geschichte und durch die Geschichte verwirklicht, ist ein Ungedanke. Wird Werden als Ausdruck des Mangels und der Unerfülltheit verstanden, dann muss man sagen: Gott kann nicht werden. Aber es gibt noch ein anderes Werden, das nicht dem Mangel, sondern der Fülle entspringt, der Fülle des Lebens und der Liebe. So wird uns Gott in Jesus Christus erschlossen. Weil er unverlierbare Fülle des Lebens ist, kann er in die Geschichte hinein sich entäußern, selbst in den Tod eingehen und ebenso in paradoxer Gestalt seine Herrlichkeit offenbaren. Damit sprengt er die Bande des Todes auf. Seit Gott uns ganz gleich geworden ist, gibt es keine Situation mehr, die grundsätzlich gottlos und gottfern wäre. Weil Gott Überfülle des Lebens und der Liebe in sich ist, kann er Leben für uns und sich selbst mitteilende Liebe für uns sein.

Mit diesen Aussagen haben wir im Grunde erreicht, was wir der Sache nach meinen, wenn wir von Gott als Vater, Sohn und Geist sprechen. Wir meinen damit, dass Gott in sich Leben und Liebe ist, dass er von Ewigkeit der Gott ist, der sich in der Geschichte des Seufzens und Harrens seiner Kreatur erbarmen kann und will. Das innertrinitarische Sein Gottes ist sozusagen die transzendental-theologische Möglichkeitsbedingung der Erlösung, die Grammatik der Selbstmitteilung Gottes in der Geschichte. Sie ist keine Spekulation, sondern die konsequente Exegese der Selbstoffenbarung Gottes in Jesus Christus. Sie ist Inbegriff und Zusammenfassung der Erlösungsbotschaft des Neuen Testaments.

---

[8] E. Jüngel, Gottes Sein ist im Werden. Verantwortliche Rede vom Sein Gottes bei Karl Barth. Eine Paraphrase, Tübingen 1965.

2. Eine Christologie in geschichtlicher Perspektive ist eine universale Christologie. Eine solche universale Christologie, die die gesamte Schöpfung von Jesus Christus her und auf ihn hin versteht, begegnet uns im Neuen Testament vor allem im Johannesprolog sowie im Epheser- und Kolosserbrief. In der Tradition wurde sie vor allem von Irenäus in seiner Anakephalaiosis-Lehre großartig entfaltet. Gewöhnlich ist uns diese universale Christologie heute aber sehr fremd geworden. Wir haben unseren Christus-Glauben isoliert von unserem Verständnis der weltlichen Wirklichkeit. Wir sind damit den Menschen die authentische christliche Sinnperspektive für ihr Verständnis der Welt und für ihre Praxis in der Welt schuldig geblieben. Die Christologie, wie wir sie eben angedeutet haben, kann eine Hilfe sein, die universalen Bezüge des Christus-Glaubens zurückzugewinnen und einen Beitrag zu seiner Entprivatisierung zu leisten.

Denn wenn Gott in Jesus Christus Freiheit in sich selbst entäußernder Liebe und wenn Jesus Christus nach der Schrift der Sinngrund aller Wirklichkeit ist, dann bedeutet dies, dass Freiheit, die sich in Liebe selbst entäußert, der letzte und tiefste Sinn der Welt ist. Liebe ist dann der Sinn des Seins. Alles, was ist, findet darin seine Erfüllung, dass es sich überschreitet, sich selbst wegschenkt. In Jesus Christus und in seinem Verhältnis zu seinem Vater und zu uns wird uns also das Grundmodell und Paradigma des christlichen Wirklichkeitsverständnisses geschenkt. Theologisch formuliert: Jesus Christus ist das Sakrament Gottes für die Welt. Er ist das universale concretum, das heißt, er ist eine konkrete einmalige Person mit einem ganz bestimmten Namen, in der und durch die zugleich das universale Heil der Welt geschenkt wird. Indem wir uns im Glauben auf ihn einlassen und durch ihn zu Söhnen Gottes werden, werden wir ausgesandt zum universalen Dienst, zu einem Leben aus der Freiheit, die sich in der Liebe vollendet. Trinitarisches Glaubensbekenntnis und Nachfolge haben also sehr wohl etwas miteinander zu tun. Das eine ist ohne das andere nicht zu denken. Wo beides geschieht, da geschieht Antizipation der eschatologischen Vollendung. Glaube, Liebe und Hoffnung bilden darum eine unlösbare Einheit. Sie sind zusammen der dreieine Grundvollzug christlicher Existenz.

Dass das trinitarische und christologische Bekenntnis auch politisch nicht folgenlos ist, wurde bereits in den christologischen Auseinandersetzungen des vierten und fünften Jahrhunderts deutlich.

Erik Peterson hat in dem bekannten Aufsatz *Der Monotheismus als politisches Problem*[9] eindrücklich darauf hingewiesen, dass der antike Monotheismus beziehungsweise Monarchianismus zugleich ein politisches Programm beinhaltet hat: ›Ein Gott – ein Reich – ein Kaiser‹. Die christliche Trinitätslehre war deshalb nach Peterson ein Aufstand in der metaphysischen und in der politischen Ordnung. Sie hat das monolithische Einheitsdenken aufgesprengt und hat nicht von ungefähr immer wieder neue Auseinandersetzungen um die Freiheit der Kirche vom Staat, aber auch um die Freiheit des Staates von der Kirche, positiv formuliert: um eine freie Kirche in einem freien Staat, ausgelöst. Denn trinitarische Einheit ist Einheit in der Vielfalt und damit in der Freiheit. Diese Perspektive hat selbstverständlich auch für die Einheit der Kirche weitreichende Konsequenzen, Konsequenzen, die in der katholischen Kirche lange Zeit verkannt wurden und erst durch das letzte Konzil wieder mit Nachdruck zur Geltung gebracht worden sind. Die Einheit der Kirche kann im Sinn des Neuen Testaments und der alten Kirche nur eine communio-Einheit oder, wie man heute oft sagt: eine konziliare Einheit verschiedener Ortskirchen sein. So ergibt sich von der Christologie her auch ein Modell der Einheit, des Friedens und der Versöhnung der Menschen und der Völker.

Über all dies und vieles andere müsste im Einzelnen lange nachgedacht werden. Die knappen, vielleicht zu knappen Bemerkungen, die hier dazu möglich waren, hatten nur den Sinn, andeutungsweise zu konkretisieren, was universale Christologie in einer geschichtlichen Perspektive bedeutet. Sie sollten nochmals deutlich machen, dass eine aus den biblischen Ursprüngen und aus der Tradition erneuerte und dem heutigen Menschen verpflichtete Christologie dem einzelnen Christen wie der Kirche insgesamt ihren Ort und ihre Aufgabe in der heutigen Welt zuweist.

Fragen wir deshalb abschließend und zusammenfassend nochmals: Warum Christologie? Warum Glauben an Jesus Christus und Glaubensreflexion über Jesus Christus? Die Antwort ist keine andere als die im sechsten Kapitel des Johannesevangeliums: Wohin sollten wir sonst gehen? Wo sind sonst solche Worte des Lebens?

---

[9] E. Peterson, Der Monotheismus als politisches Problem, in: ders., Theologische Traktate, München 1951, 45–147.

Christologie und Ökumene
Überlegungen anlässlich der Vorstellung der bulgarischen Ausgabe von »Jesus der Christus«

I. Einführung

Es ist für mich eine Freude, Ihnen heute die bulgarische Übersetzung eines meiner Bücher, nämlich *Jesus der Christus* vorstellen zu dürfen. Ich möchte diese Gelegenheit nutzen, um allen, die sich um diese Übersetzung bemüht haben, dem Verlag und dem Übersetzer, und allen, welche diese Veranstaltung ermöglicht haben, meinen verbindlichen Dank auszusprechen.

Zugleich möchte ich meiner Freude darüber Ausdruck geben, dass ich heute schon zum dritten Mal in Bulgarien zu Besuch sein kann und dass ich zum zweiten Mal an der Universität sprechen darf, die mir vor zwei Jahren den ›Doktor der Theologie ehrenhalber‹ verliehen hat. Ich habe es immer als eine große Auszeichnung und keineswegs als eine Selbstverständlichkeit empfunden, diese Ehre von einer orthodoxen Fakultät empfangen zu haben. Besonders groß ist meine Freude darüber, dass zwischen der orthodoxen Kirche in Bulgarien und der römisch-katholischen Kirche seit dem Besuch von Papst Johannes Paul II. in diesem Land im Jahr 2002 ein Klima herrscht, das solche Begegnungen und einen solchen theologischen Austausch ermöglicht.

Diese Buchvorstellung ist ein positives Zeichen für das Zusammenwachsen unserer Kirchen wie für das Einswerden Europas. Wenn die Theologie bei diesem Prozess eine Vorreiterrolle einnimmt, dann liegt das in bester europäischer Tradition. Denn im Mittelalter und bis weit in die Neuzeit herein waren die Universitäten und dabei nicht zuletzt die theologischen Fakultäten eine der stärksten Klammern Europas. Es würde mich deshalb freuen, wenn der heutige Tag und diese Buchvorstellung ein weiterer Schritt wäre, um diese gute europäische Tradition wieder zu erneuern. Wenn es eines Namens bedarf, um die Einheit Europas und die Grundlage europäischer Kultur zu bezeichnen, dann ist es der Name Jesus Christus, dessen Person und dessen Werk in diesem Buch zur Darstellung kommen.

II. Jesus Christus und die Einheit der Kirche

Auch Bücher haben ihre Geschichte. Dieses Buch *Jesus der Christus* ist hervorgegangen aus meiner ersten Vorlesung, welche ich vor mehr als 40 Jahren als junger Professor im Wintersemester 1964/65 an der Universität Münster gehalten habe, also zu einer Zeit, da die Studenten von heute noch nicht einmal geboren waren. Ich habe diese Vorlesung später immer wieder gehalten; in Münster, in Tübingen, in Jerusalem und in Rom. Dabei ist kein Stein auf dem anderen geblieben; denn ich habe das Manuskript mehrfach gründlich überarbeitet. Der Weg von der ersten Vorlesung bis zur ersten Veröffentlichung 10 Jahre später im Jahr 1974 war lang und arbeitsreich.

Es war damals bei uns in Westeuropa eine überaus interessante und theologisch fruchtbare Periode. Es war die Zeit unmittelbar nach dem Zweiten Vatikanischen Konzil, das am 8. Dezember 1965 zu Ende gegangen ist. Dies war eine Zeit großen Enthusiasmus und großer Erwartungen. Die Theologie stand in der öffentlichen Wahrnehmung hoch im Kurs. Auch unter ökumenischem Aspekt war es eine Zeit des Aufbruchs. Am vorletzten Tag des Konzils wurden in Rom und Konstantinopel gleichzeitig die Bannurteile von 1054 aus dem Gedächtnis der Kirche getilgt. Bereits ein Jahr zuvor waren sich der Papst, damals Papst Paul VI., und der damalige ökumenische Patriarch Athenagoras auf dem Ölberg in Jerusalem seit Jahrhunderten zum ersten Mal wieder begegnet. Es bestand der allgemeine Eindruck, dass im Verhältnis zwischen der Orthodoxie und der katholischen Kirche eine neue Zeit angebrochen war, und in der Tat, in den letzten Jahrzehnten ist vieles in Bewegung gekommen.

In der Theologie beschäftigte man sich damals in erster Linie mit Fragen der Kirche. Denn das Thema der Kirche stand im Mittelpunkt des Konzils. Die vielfältige Thematik des Konzils drehte sich um die Kirche nach innen (ecclesia ad intra): ihr Wesen, ihre Liturgie und ihre Ämter, und die Kirche nach außen (ecclesia ad extra): die Frage des Verhältnisses der Kirche zu den anderen Kirchen, zu den anderen Religionen und zur heutigen Welt.

Aber schon bald merkte man: Die Kirche und die Einheit der Kirche ist zwar ein eminent wichtiges Thema; aber wir werden damit doch nur dann weiter vorankommen, wenn wir das Fundament sichern, auf dem das Haus der Kirche und der ökumenischen Annäherung gebaut ist. Dieses Fundament heißt: Jesus Christus. Der Apostel Paulus sagt es uns mit letzter Klarheit: »Einen anderen Grund kann niemand legen als den, der gelegt ist: Jesus Christus« *(1 Kor 3,11)*. Er ist – wiederum nach der Heiligen Schrift – der Eckstein, mit dem alles andere steht und fällt *(Mt 21,42; 1 Petr 2,6f.)*.

Jesus Christus ist das gemeinsame Fundament aller Kirchen. Die christologischen Dogmen verbinden insbesondere die Kirche in Ost und West. Deshalb müssen wir von ihnen ausgehen, wenn wir in der Ökumene nicht auf Sand, sondern auf festen Felsengrund aufbauen und dem Ziel der sichtbaren Einheit aller Christen näher kommen wollen.

III. Der geschichtliche Kontext

Die Notwendigkeit, sich auf dieses Fundament zu besinnen, ergab sich vor allem, als 1968 die sogenannte Studentenrevolution ausbrach. Im Grunde war es keine Studentenrevolution, sondern eine Art Kulturrevolution, welche sich überall in der westlichen Welt von San Francisco bis Frankfurt, in Paris wie in Berlin zeigte. An der Universität – ich war in diesen wilden Jahren zwei Mal Dekan – war es wegen der vielen Proteste und Demonstrationen eine sehr schwierige und ungemütliche Zeit. Was damals geschah, war im Grunde ein neuer Schub der Emanzipation von den christlichen und von den humanistischen Grundlagen und Grundwerten Europas. Von dieser neuen Welle der Säkularisierung hat sich die westliche Welt bisher kaum wieder erholt.

In dieser Situation erschienen in den 70er Jahren des 20. Jahrhunderts etwa zeitgleich mit *Jesus der Christus* verschiedene Veröffentlichungen zur Christologie, die allerdings recht verschieden waren: Ich nenne neben meinem eigenen Buch nur zwei: Hans Küngs bekanntes Buch *Christ sein* und von Eduard Schillebeeckx *Jesus*. Alle versuchten auf jeweils ihre Art einem unsicher gewordenen Publikum das Fundament und Zentrum des christlichen Glaubens neu darzulegen, zu begründen und verständlich zu machen.

Seit 1974 ist *Jesus der Christus* in vielen Auflagen und in vielen Sprachen erschienen. Ich hoffe, dass das Buch ein bisschen beigetragen hat zur Orientierung im Glauben, zur Einheit der Kirchen und zur Befestigung der christlichen Fundamente Europas.

IV. Jesus der Christus

Das Buch geht von zwei schlichten Grundannahmen aus. Die erste: Jesus Christus ist immer derselbe, gestern, heute und in Ewigkeit *(Hebr 13,8)*; so ist auch der Glaube an Jesus Christus immer derselbe. Wir können heute also keine andere Christologie erfinden als diejenige, welche auf dem Grund des Zeugnisses der Heiligen Schrift von den ersten Konzilien der damals noch einen Christenheit gelehrt worden ist. Wir müssen uns also auf den Boden der ökumenischen Konzilien von Nikaia (325), Konstantinopel (381), Ephesus (431) und Chalkedon (451) sowie den folgenden Konzilien des ersten Jahrtausends stellen. Sie sind das gemeinsame Erbe der Christenheit in Ost und West; sie bekennen sich zu dem einen Herrn Jesus Christus, der wahrer Gott und wahrer Mensch ist.

Dieses Bekenntnis ist die gemeinsame Basis aller Kirchen, die sich der ökumenischen Bewegung des 20. Jahrhunderts angeschlossen haben, geworden, und es verbindet bis heute vor allem die orthodoxen Kirchen mit der katholischen Kirche. Wenn irgendwo, dann haben wir es hier mit dem gemeinsamen Erbe der ungeteilten Kirche des ersten Jahrtausends zu tun.

Es kam eine zweite Einsicht hinzu. Es genügt nicht, die überlieferte Lehre von Jesus Christus nur zu wiederholen. Die Theologie muss vielmehr – wie es in der Heiligen Schrift heißt – Rechenschaft (apologia) geben von der Hoffnung, welche in uns ist *(1 Petr 3,15)*. Apologia bedeutet, dass wir den Logos, das heißt den Grund unserer Hoffnung darlegen müssen und dass wir dies tun müssen in Auseinandersetzung und im Dialog mit den Fragen, Nöten und Kritiken, welche uns begegnen.

Es handelt sich vor allem um die Probleme, welche uns seit der neuzeitlichen Aufklärung gestellt werden. Diese Fragen waren in der ersten Hälfte des 20. Jahrhunderts etwas in den Hintergrund getreten, kamen aber nach 1968 wieder mit Macht zu Tage. Dieselben Fragen stehen in anderer Form auch hinter der atheistischen Propaganda und Erziehung durch die kommunistischen Regime in Osteuropa und sie lassen sich in einer Zeit der universalen Kommunikation nach dem Fall der Berliner Mauer nicht von Osteuropa abschirmen. Wir müssen also in West- wie in Osteuropa den Mut haben, uns mit diesen Problemen zu befassen.

Denn die Tradition ist keine tote, versteinerte Größe. Man gibt den Glauben nicht weiter wie eine tote Münze von Hand zu Hand, wobei die Münze immer mehr abgegriffen wird. Die Tradition ist eine lebendige Tradition; sie wird von Herz zu Herz weitergegeben. Sie muss also das Herz und den Verstand der Menschen von heute treffen. Einer der frühen, uns gemeinsamen Kirchenväter, Irenäus von Lyon, sagte, es sei der Heilige Geist, welcher die eine und selbe Überlieferung stets jung und frisch erhält. Letztlich ist es der Heilige Geist, der Jesus Christus und die Botschaft von ihm immer wieder neu gegenwärtig macht. Er ist die Seele der lebendigen Tradition von Jesus Christus.

Indem ich von der lebendigen Tradition spreche, habe ich auch schon verraten, aus welcher theologischen Schule ich stamme. Es ist die katholische Tübinger Schule des 19. Jahrhunderts, deren berühmtester Vertreter Johann Adam Möhler war. Er ist zusammen mit John Henry Newman einer der Wegbereiter der kirchlichen Erneuerung im 20. Jahrhundert und des Zweiten Vatikanischen Konzils. Er war es auch, der die Grundlagen für die heutige ökumenische Theologie gelegt hat. Möhler hat übrigens auch eine beachtliche Ausstrahlung auf slawische, besonders russisch-orthodoxe Denker wie Aleksej Stepanovič Chomjakov, Georges Florovsky und Vladimir Sergeevič Solovjev ausgeübt. Er war schon damals ein Brückenbauer zwischen Ost und West.

V. Lebendiger Glaube

Wenn wir heute die Frage nach Jesus Christus im Sinn einer lebendigen Tradition stellen, dann begegnen wir im Grunde zwei Problemkreisen: die Probleme, welche durch die moderne historisch-kritische Methode aufgeworfen worden sind und die grundsätzlichen Probleme die das moderne Denken, genauer: die moderne Philosophie uns stellt. Bei beiden Auseinandersetzungen geht es nicht darum, den Glauben an das heutige Denken anzupassen, sondern allein darum, den einen und selben Glauben heute lebendig zu machen.

Die historisch-kritischen Probleme begegnen uns vor allem in der modernen Bibelauslegung, besonders in der historischen Leben-Jesu-Forschung. Sie hat oft – wie es Gotthold Ephraim Lessing formuliert hat – einen breiten Graben gezogen zwischen dem sogenannten historischen Jesus und dem Christusglauben der Urgemeinde, wie er uns vor allem bei Paulus und bei Johannes begegnet. Für sie war der irdische Jesus – wie übrigens für viele heutige Zeitgenossen wieder – ein guter und frommer Mensch, ein Menschenfreund, ein Prophet, für viele auch ein Sozialreformer und ähnliches, aber nicht der Sohn Gottes so wie dieser Titel in der Tradition der Kirche verstanden wird.

Das Buch *Jesus der Christus* will zeigen: Wir brauchen vor der historisch-kritischen Methode keine Angst zu haben. Sie ist kein Teufelswerkzeug. Sie kann uns sogar helfen, die Heilige Schrift und den Christusglauben besser und tiefer zu verstehen, und man kann diese Methode einsetzen, um die genannten Theorien zu widerlegen und als haltlos zu erweisen. Man kann also zeigen, dass der Christusglaube auf einem guten historischen Fundament steht.

Zu den historischen Problemen kommen die grundsätzlichen Fragen, welche die moderne Philosophie uns stellt. Bei dieser Auseinandersetzung bezieht sich *Jesus der Christus* nicht so sehr auf die angelsächsische Philosophie, sondern auf die deutsche philosophische Tradition, besonders die Philosophie des deutschen Idealismus (Immanuel Kant, Johann Gottlieb Fichte, Friedrich Wilhelm Joseph Schelling, Georg Wilhelm Friedrich Hegel), aus der durch eine Umkehrung im Denken auch der Marxismus hervorgegangen ist. Außerdem geht es um die Philosophie des Existenzialismus, welche den Hintergrund bildet für die von Rudolf Bultmann hervorgerufene Debatte um die Entmythologisierung und existentiale Interpretation des Neuen Testaments. Gerade diese letztere Debatte wurde bei uns in den 50er und 60er Jahren des 20. Jahrhunderts lebhaft und kontrovers geführt.

Die Auseinandersetzung mit allen diesen Fragen ist nicht leicht; aber sie macht auch Freude, wie wahre und ernsthafte Theologie immer Freude macht, und nur die Theologie ist ernst, die auch Freude macht. Man kann nämlich durch ernsthafte Auseinandersetzung die Argumente gegen den Glauben als haltlos entkräften, und man kann tiefer in die Schönheit und in das Geheimnis des Glaubens eindringen, so wie es schon Paulus getan hat und wie es die Kirchenväter ebenfalls getan haben. Wir brauchen dazu nur eines, nämlich denselben Mut, den die Kirchenväter der ersten Jahrhunderte bewiesen haben, als sie sich mit den philosophischen Problemen ihrer Zeit auseinandergesetzt haben.

Die Auseinandersetzung von damals hat den Glauben nicht verfälscht, sondern im Gegenteil vertieft. So wenig es damals um eine Hellenisierung des Christusglaubens ging, kann es heute um eine billige Modernisierung des Glaubens gehen. Es geht vielmehr darum, den ganzen Reichtum des Geheimnisses Jesu Christi zu erkennen und den Christusglauben in seiner ganzen Schönheit zum Leuchten zu bringen.

VI. Interreligiöser Dialog

Natürlich ist die Zeit seit dem Erscheinen von *Jesus der Christus* vor nunmehr 40 Jahren nicht stehen geblieben. Es sind neue Probleme hinzugekommen, welche dieses Buch noch nicht ausdrücklich behandeln konnte. Ich will hier nur auf eines dieser Probleme und auf die wohl ernsteste Herausforderung eingehen, vor der wir heute stehen. Es handelt sich um die religionspluralistische Theorie, die von dem sogenannten postmodernen Denken ausgeht.

Ich kann das Problem in diesem Zusammenhang nur pauschal und vereinfacht darstellen. Im Hintergrund steht die unbestreitbare Erfahrung, dass das Christentum heute vielfältigen anderen Religionen und Kulturen begegnet. Die Vertreter der anderen Religionen und Kulturen leben nicht nur in fernen Ländern; sie leben sehr oft mitten unter uns. Das gilt vor allem von den Muslimen. Wir sind also darauf angewiesen, in friedlicher Weise mit ihnen zusammenzuleben und nach Möglichkeit in einen Dialog mit ihnen einzutreten.

Das taten auch die Kirchenväter, die von ›logoi spermatikoi‹, das heißt von Samenkörnern der Wahrheit in den damaligen heidnischen Religionen sprachen, während sie von Jesus Christus sagten, dass in ihm der Logos in der ganzen Fülle erschienen sei. Auf dieser Grundlage lädt auch das Buch *Jesus der Christus* zu einem Dialog mit den anderen Religionen ein. Es versucht Jesus Christus als die Mitte und den Zielpunkt der Menschheitsgeschichte herauszustellen.

Die Vertreter des postmodernen Religionspluralismus gehen einen anderen Weg. Für sie ist das friedliche Zusammenleben und der Dialog zwischen den Religionen nur möglich, wenn keine Religion einen absoluten Anspruch erhebt, wenn vielmehr alle anerkennen, dass es in allen Religionen zwar Wahrheiten gibt, dass es aber nicht die eine wahre Religion gibt. Nach diesem Denken muss deshalb an die Stelle des sogenannten christlichen Absolutheitsanspruchs die Theorie vom Pluralismus der Religionen und damit ein Relativismus aller Religionen treten. Es gibt nach dieser Theorie Wahrheiten im Plural, aber nicht die eine Wahrheit.

Es ist offensichtlich, dass hinter dieser pluralistischen Theorie eine heute weit verbreitete Mentalität des Relativismus steht. Sie ist für die Theologie, besonders für die Christologie eine enorme Herausforderung. Denn sie stellt nicht nur den Glauben an Jesus Christus als den einen Mittler zwischen Gott und den Menschen *(1 Tim 2,5)* in Frage, sondern auch den Glauben an den einen wahren Gott selbst. Die postmoderne Mentalität trifft die Mitte des christlichen Glaubens ins Mark und stellt das Fundament in Frage, auf dem die Kirche steht. Deshalb sagen wir Ja zum Dialog mit den anderen Religionen; aber wir können diesen Dialog nicht auf der Grundlage des Religionspluralismus und unter Preisgabe des Christusglaubens führen.

Wenn wir an der Einzigkeit und an der Universalität der Person und der Heilsbedeutung Jesu Christi festhalten, dann bleiben wir dem Zeugnis der Heiligen Schrift treu: »Ein Herr, ein Glaube, eine Taufe, ein Gott und Vater aller« *(Eph 4,4–5)*. Mit dem Bekenntnis zu dem einen Gott, dem einen Herrn Jesus Christus und dem einen, alle Glaubenden verbindenden Heiligen Geist treten wir für die Einheit der Menschheit ein, in der die Menschen aus allen Völkern und Kulturen nach einem und demselben Bild und Gleichnis Gottes geschaffen sind *(Gen 1,27)* und alle dazu bestimmt sind, dem Bild des Sohnes Gottes gleichgestaltet zu werden *(Röm 8,29)*, damit Gott am Ende »alles in allem« sein wird *(1 Kor 15,28)*.

Man kann die Frage auch umdrehen und fragen, wie ein Dialog überhaupt möglich sein soll, wenn es nicht die eine alle verbindende Wahrheit gibt. Nur wenn es den einen Gott und die eine Wahrheit Gottes gibt, können die Konflikte im friedlichen Dialog ausgetragen werden und ein »Zusammenstoß der Kulturen« (Samuel P. Huntington) vermieden werden. So zeigt sich neu: Der eine Jesus Christus ist unser Friede *(Eph 2,14)*; bei ihm gibt es keine Fremden; alle dürfen Hausgenossen des einen Gottes sein *(Eph 2,20)*. In dem einen Herrn Jesus Christus will Gott alles zusammenfassen *(Eph 1,10)* und alles versöhnen *(Kol 1,20)*. Wir sollten also die friedenstiftende und dialogfördernde Bedeutung der Christologie nicht verkennen. Ihr kommt gerade heute hohe aktuelle Bedeutung zu.

VII. Theologie als Glaubenswissenschaft

Noch ein letztes ist mir wichtig. Die Theologie ist nicht ohne intellektuelle Anstrengung möglich. Aber die Theologie darf nicht nur eine intellektuelle Angelegenheit und ein intellektuelles Vergnügen sein. Die Theologie ist eine Glaubenswissenschaft; sie setzt nicht nur den kirchlichen, sondern auch den persönlichen Glauben voraus. So wenig es eine Theologie ohne einen wachen Geist gibt, so wenig kann es eine Theologie geben ohne ein offenes Herz und ein Leben, das sich um persönliche Heiligung müht. Es geht in der Theologie also nicht nur darum, was die Kirche glaubt; es geht auch um meinen persönlichen Glauben und mein Leben aus dem Glauben.

Die Spiritualität, die hinter diesem Buch steht, ist – wie könnte es anders sein – in erster Linie die Spiritualität der westlichen Tradition. Es ist die Spiritualität der Nachfolge Christi wie sie uns etwa beim heiligen Franz von Assisi, beim heiligen Ignatius von Loyola und bei vielen anderen Heiligengestalten begegnet.

In der Zwischenzeit habe ich von der orthodoxen Theologie und von der orthodoxen Spiritualität noch viel dazu gelernt. Dabei haben mir zwei wichtige Anliegen geholfen, die sich in diesem Buch finden, ohne dass ich damals schon sehr viel über orthodoxe Spiritualität gewusst hätte: die Bedeutung der Pneumatologie und die pneumatologische Christologie, welche für dieses Buch grundlegend ist, und die eng damit verbundene patristische Lehre von der ›Theiosis‹, der Vergöttlichung des Menschen.

Denn zentral für die Christologie ist der Grundsatz des Irenäus von Lyon, dass Gott Mensch wurde, damit wir Menschen vergöttlicht werden. Dieser Grundsatz findet sich wieder bei dem großen Vorkämpfer der Orthodoxie, bei Athanasius von Alexandrien, bei den großen kappadokischen Kirchenvätern, bei Basilius, Gregor von Nazianz, Gregor von Nyssa, bei Maximos Confessor und Gregor von Palamas. Er ist zur Grundlage der ostkirchlichen Aszetik und Mystik geworden. Er hat auch in der westlichen Theologie und Mystik, bei Augustinus, Bernhard von Clairvaux und neben vielen anderen auch noch bei Martin Luther ein breites Echo gefunden.

Ich bin fest überzeugt: Ost und West haben bei aller Verschiedenheit dennoch in ihrem Christusglauben ein tragfähiges gemeinsames Fundament. Die meisten Unterschiede, welche zwischen Ost und West bestehen, sind im Letzten nicht kontradiktorisch, sondern komplementär; sie schließen sich nicht gegenseitig aus, sondern können sich gegenseitig ergänzen und bereichern.

Wenn wir uns heute deshalb nach langen Jahrhunderten der Trennung um die Wiederannäherung und um die volle Einheit zwischen Ost und West bemühen, dann erstreben wir keine uniformistische Einheit, sondern eine Einheit, in welcher alle legitimen Verschiedenheiten Platz haben. Es geht um eine Einheit – wie es Papst Johannes Paul II. formuliert hat – ohne gegenseitige Aufsaugung und ohne gegenseitige Vermischung. Es geht um eine Einheit nach dem Urbild der Trinität, in der wir den einen Gott in drei Personen und die drei Personen in dem einen Gott anbeten. Dieses Bekenntnis zum dreieinigen Gott und die Gemeinschaft mit ihm verbinden uns zutiefst.

So verbinde ich mit dieser bulgarischen Ausgabe meines Buches die Hoffnung, dass sie dazu beitragen möge, dass die Christen in Ost und West wieder voll eins werden und dass das Gebet Jesu am Vorabend vor seinem Leiden und Sterben in Erfüllung geht, »dass alle eins seien«, »damit die Welt glaube« *(Joh 17,21)*.

Christologie in trinitätstheologischer Perspektive

Wer ist Jesus Christus für uns heute?
Zur gegenwärtigen Diskussion um die Gottessohnschaft Jesu

Die Frage »Für wen haltet ihr Christus? Wer ist er?« galt im Christentum schon immer als die entscheidende Frage.[1] Nicht erst in der späteren Geschichte, schon im Neuen Testament gibt es auf diese Frage die allerverschiedensten Antworten. Jesus hat im Neuen Testament viele Namen. Man nennt ihn den Christus (Messias), den Propheten, den Menschensohn, den Gottesknecht, den Hohen Priester, den Heiland, den Herrn (Kyrios), den Gottessohn. Offensichtlich reicht kein einzelner Titel aus, um zu sagen, wer Jesus ist. Jesus ist der Mann, der alle Schemen sprengt. Um dieses alle Schemen Sprengende auszudrücken, hat sich im Neuen Testament ein Titel gegenüber allen anderen immer mehr durchgesetzt; er hat sich offensichtlich am angemessensten und fruchtbarsten erwiesen: Jesus der Sohn Gottes.[2] Der Apostel Paulus kann seine ganze Botschaft zusammenfassen in die Formel:

---

1 Einen umfassenderen Überblick über die gegenwärtige christologische Diskussion versuchte der Verfasser zu geben in dem Aufsatz: Einmaligkeit und Universalität Jesu Christi, in diesem Band o. S. 117–132. Dort sind auch die neuesten Literaturberichte zur Christologie genannt. Vgl. A. Schilson/W. Kasper, Christologie im Präsens, Freiburg i. Br. 1974. Auf neuerliche Angriffe gegen einige christologische Aussagen in meiner Einführung in den Glauben, Mainz ^{3}1973 (Neudruck in: WKGS 5, 15–172), möchte ich im Folgenden nur implizit eingehen. Der Charakter dieser Kritik lässt eine sachlich-weiterführende Auseinandersetzung kaum erhoffen. Von einer »Einführung in den Glauben« kann man im Übrigen weder vom Thema noch von der literarischen Gattung her eine vollständige Christologie erwarten. Wieviel oder wie wenig meine eigenen Auffassungen mit den von der Kritik unterstellten Thesen zu tun haben, mag der Leser selbst beurteilen. Vgl. E. Hesse, in: Entscheidung. Blätter katholischen Glaubens 1973/IX, Nr. 46, 6–12; P. Hacker, in: Der Fels 5 (1974) 82 f.

2 Das hat vor allem H. Schlier aufgezeigt (Die Anfänge des christologischen Credo, in: ders. [Hg.], Zur Frühgeschichte der Christologie [QD 51], Freiburg – Basel – Wien 1970, 13–58).

»Evangelium Gottes von seinem Sohn« (*Röm 1,3.9*; vgl. *1 Kor 1,19; Gal 1,15*). Das Bekenntnis zur Gottessohnschaft Jesu gilt seither als das ›unterscheidend Christliche‹. Zwar sprechen auch andere Religionen von Göttersöhnen und Inkarnationen. Das Christentum kann die Heilsfrage, die darin steckt, aufgreifen. Aber es verbindet mit seinem Bekenntnis zur Gottessohnschaft Jesu einen eschatologischen Anspruch, der besagt, dass Gott sich in Jesus von Nazareth ein für alle Mal, einzigartig, unvertauschbar, endgültig und unüberbietbar geoffenbart und mitgeteilt hat. Mit diesem Bekenntnis zu Jesus als dem Sohn Gottes steht und fällt der christliche Glaube.

Dieses Bekenntnis ist in seiner ärgerlichen Konkretheit wie in seinem universalen Anspruch eine Herausforderung, ja ein Skandal, den keine Verkündigung und Theologie verharmlosen oder unterschlagen darf (vgl. *1 Kor 1,23*). Doch gerade *wegen* seines universalen Anspruchs muss dieses Bekenntnis auch immer wieder neu in die sich wandelnden Situationen hinein übersetzt werden. Dies geschieht, wie wir gesehen haben, schon im Neuen Testament und setzt sich fort in der Dogmen- und Theologiegeschichte der Kirche. Der Christ ist ja verpflichtet, allen Menschen Rechenschaft zu geben von seiner Hoffnung (vgl. *1 Petr 3,15*). Die gegenwärtige Theologie darf sich deshalb nicht damit begnügen, das überlieferte Bekenntnis nur zu wiederholen. Nicht weil es falsch, sondern gerade weil es wahr und verpflichtend ist, muss sie es lebendig erklären und in die Problemstellungen der Zeit übersetzen.

Über die Ergebnisse dieser Überlegungen gehen die Meinungen in der Kirche weit auseinander. Die innerkirchlichen Auseinandersetzungen scheinen sich gegenwärtig immer mehr auf das *christologische* Problem zuzuspitzen. Jürgen Moltmann hat darauf aufmerksam gemacht, dass hinter einem mehr gesellschaftskritisch und revolutionär ausgerichteten und einem mehr kirchlich orientierten Christentum unterschiedliche Christologien stehen. Orientiert sich das erstere mehr an dem irdischen Jesus, so das zweite mehr an dem transzendenten erhöhten Christus.[3] Hier befinden wir uns also offensichtlich im Zentrum der gegenwärtigen Krise. Von den vielen Randfragen kirchlicher Erneuerung sind wir damit zum zentralen Punkt vorgestoßen, an dem

[3] Vgl. J. Moltmann, Der gekreuzigte Gott. Das Kreuz Christi als Grund und Kritik christlicher Theologie, München 1972, 18 f.105.

sich alles entscheidet. Es geht um die vor allem von Dietrich Bonhoeffer gestellte Frage: Wer ist Jesus Christus für uns heute?[4]

Im Folgenden sollen die wichtigsten Positionen innerhalb der gegenwärtigen katholischen Theologie dargestellt und in Auseinandersetzung mit ihnen eigene Überlegungen zur Frage der Gottessohnschaft Jesu vorgetragen werden. Selbstverständlich können dabei nicht alle christologischen Fragen behandelt werden. Vieles was hier nur andeutungsweise gesagt werden kann, wird in den folgenden exegetischen, historischen und homiletischen Beiträgen weiter ausgeführt und vertieft werden.

I. Entmythologisierung des Christusglaubens?

Der geläufigste und zugleich grundlegendste Einwand gegen das überlieferte Bekenntnis zu Jesus als dem Sohn Gottes lautet, hier liege ein letzter Rest eines unaufgeklärten mythologischen Denkens vor. Für ein mythologisches Denken und Empfinden war der Schritt vom Menschlichen zum Göttlichen leichter zu vollziehen als für uns heute. Das Göttliche war gleichsam die Tiefendimension aller Wirklichkeit, die alles mit einem numinosen Glanz erfüllt. Überall, in jeder Begegnung und in jedem Ereignis konnte es plötzlich epiphan werden. So wurden damals normales menschliches Maß überragende Genies (Staatslenker, Philosophen) als göttlich und als Gottessöhne verehrt. Dem strengen biblischen Monotheismus war eine solche Vermischung von Göttlichem und Menschlichem zutiefst fremd. Trotzdem wird man nicht leugnen können, dass sich in das landläufige und durchschnittliche Christentum oft solche mythologischen Vorstellungen eingeschlichen haben. Die Menschheit Jesu erscheint hier oft als bloße Verkleidung und Staffage, hinter der Gott spricht und handelt. Dass Jesus ein voller und ganzer Mensch mit einer menschlichen Geistseele und einem menschlichen Willen war, wie es amtliche kirchliche Lehre ist, kommt in diesen Vorstellungen nicht zur Geltung. Doch nicht nur die menschliche Seite wird in diesem mythologischen Missverständnis verkürzt, es kommt auch zu einer Verkennung der Unfassbarkeit und Geheimnishaftigkeit Gottes. Der Glaube an die Menschwerdung Got-

---

[4] Vgl. D. Bonhoeffer, Widerstand und Ergebung, München 1962, 178 f.

tes erscheint als eine Verräumlichung und Verzeitlichung Gottes und wird deshalb etwa von Karl Jaspers als der Versuch kritisiert, Gott dingfest, greifbar und verfügbar zu machen.

Es ist keine Frage, dass das Programm der Entmythologisierung gegenüber solchen mythologischen Missverständnissen ein legitimes Anliegen vertritt. Das ist solange der Fall, als eine solche Entmythologisierung den Glauben nicht eliminieren, sondern sachgemäß interpretieren will. Die konkrete Verwirklichung dieses Programms geht jedoch meist weit über dieses legitime Anliegen hinaus. Rudolf Bultmann, der das Entmythologisierungsprogramm in unserem Jahrhundert als erster aufgestellt hat, möchte zwar am eschatologischen Heilshandeln Gottes in Jesus festhalten. Das Bekenntnis ›Jesus ist der Sohn Gottes‹ ist für ihn jedoch keine Aussage über die göttliche Natur Jesu, sondern über seine Bedeutsamkeit im Glauben. Die Verkündigung vom Heilshandeln Gottes durch Jesus Christus ist eine Anrede und ein Entscheidungsruf, die im Glauben ein neues Selbstverständnis ermöglichen: ein Leben nicht aus dem Verfügbaren und Vorhandenen, sondern aus der Zukunft und aus der Liebe.[5] Andere Theologen sehen auch in der von Bultmann noch festgehaltenen Rede vom Handeln Gottes einen mythologischen Rest. Für sie ist Jesus das Symbol, die Chiffre, das Modell eines authentischen Menschseins, das sich nicht als Leistung, sondern als Geschenk versteht (Fritz Buri, Schubert Miles Ogden, Karl Jaspers, Dorothee Sölle, Paul Matthews van Buren). Die Christologie wird dann zur Variablen der Anthropologie (Herbert Braun).

Eine solche entmythologisierte Christologie hat inzwischen auch in der katholischen Theologie Eingang gefunden. Nach Hubertus Halbfas findet »diese Geschichte der Selbstfindung des Menschen in dem ihn darin tragenden Gott ihre – in unserem geschichtlichen Raum – unüberbietbare Verdichtung in Jesus von Nazareth«. Wir dürfen die Offenbarung Gottes in Jesus von Nazareth jedoch »nicht als etwas kategorial anderes gegenüber außerbiblischen Offenbarungen ver-

---

[5] Vgl. u. a. R. Bultmann, Das christologische Bekenntnis des ökumenischen Rates, in: Glaube und Verstehen, Bd. 2, Tübingen [5]1968, 246–261. Zu R. Bultmanns Christologie siehe vor allem G. Hasenhüttl, Der Glaubensvollzug. Eine Begegnung mit Rudolf Bultmann aus katholischem Glaubensverständnis, Essen 1963.

stehen«[6]. Nach Karl-Heinz Ohlig beruht das Bekenntnis, »daß in Jesus göttliche Offenbarung zum Ereignis geworden ist«, »in der immer neu ratifizierten Erfahrung, dass in ihm das, was der Mensch ist, sein kann und fast nicht für sich hoffen zu dürfen glaubte, offenbar wurde«[7]. Noch radikaler ist die These von Josef Nolte, die Person Jesu sei »die Tat-Sache, das Sinn-Bild, das Wahr-Zeichen und der Bedeutungsträger einer von Liebe bestimmten Freiheit« und als solche die zwischenzeitliche, pädagogisch-symbolische Konkretion eines bleibenden Wahrheitswertes.[8]

Damit scheint der letzte Rest des Mythologischen aus dem Gottessohn-Bekenntnis getilgt. Doch es scheint nur so. In Wirklichkeit wird Jesus damit zum ›Mythos des ewigen Menschen‹. Eine radikale Entmythologisierung schlägt offensichtlich in ihr Gegenteil um. Es ist deshalb die Frage, ob nicht die biblische und kirchliche Christologie der Zweiheit in der Einheit von Gott und Mensch ein legitimes ideologie- und mythologiekritisches Motiv enthält, das man nicht ungestraft preisgeben kann. Dazu kommt, dass eine dermaßen radikal durchgeführte Entmythologisierung weder die Einmaligkeit noch die Universalität der Bedeutung Jesu festhalten kann und so die Grundlagen des biblischen Zeugnisses verlässt. Wo man dennoch an Jesus als dem endgültigen Modell des Menschseins festhält, da muss eine solche Option letztlich irrational erscheinen. Will man beide Konsequenzen vermeiden, dann muss man die Frage stellen, wie wir uns heute in intellektuell redlicher Weise die biblischen und traditionellen Aussagen so zu eigen machen können, dass diese dabei nicht entleert, sondern vielmehr in ihrer wahren Bedeutung zur Geltung kommen. Dieser Frage wendet sich vor allem die anthropologisch gewendete Christologie von Karl Rahner zu.

---

6 H. Halbfas, Fundamentalkatechetik, Düsseldorf 1968, 222 f.

7 K. H. Ohlig, Jesus, Entwurf zum Menschsein, Stuttgart 1974, 100.

8 J. Nolte, Bedeutungschristologie, in: WuW 28 (1973) 327. Dazu vom Verfasser: Einmaligkeit und Universalität Jesu Christi (wie Anm. 1), 124 ff. Erst nach Abschluss der vorliegenden Untersuchung erschien F. Schupp, Auf dem Weg zu einer kritischen Theologie (QD 64), Freiburg i. Br. 1974, wo das Problem der Entmythologisierung mit Hilfe analytischer Verfahren nochmals mehr grundsätzlich aufgegriffen wird. Wegen dieses grundsätzlichen Charakters bedürfen die recht folgenreichen Thesen dieses Buches jedoch einer gründlicheren Diskussion, als es in diesem Zusammenhang möglich ist.

II. Anthropologisch gewendete Christologie

Rahner kommt (im deutschen Sprachraum vor allem neben Bernhard Welte und Joseph Ratzinger) das unbestreitbare Verdienst zu, eine Christologie angesichts der Herausforderung und auf der Höhe des neuzeitlichen Bewusstseins entworfen zu haben.[9] Er nennt sie eine transzendentale Christologie, die er neuerdings zum Programm einer Christologie ›von unten‹ beziehungsweise einer Aszendenzchristologie weitergebildet hat. Rahner spricht auch von einer suchenden Christologie, einer anonymen Christologie, die jeder Mensch, der sich ganz auf sein Menschsein einlässt, implizit treibt. Dabei geht es selbstverständlich nicht darum, Jesus Christus apriori, das heißt unter auch nur methodischem Absehen von der konkreten Begegnung mit ihm zu deduzieren. Ausgangspunkt ist für ihn vielmehr die Phänomenologie unserer faktischen Christusbegegnung, so wie diese in den Kirchen verstanden wird. Das Anliegen ist aber, zu zeigen, wie man als denkender Christ vor sich und vor anderen (und eigentlich noch mehr: für andere) diesen faktisch gelebten Christusglauben so explizieren

---

[9] K. Rahner, Probleme der Christologie von heute, in: Schriften zur Theologie I, Einsiedeln [7]1964, 169–222; ders., Die ewige Bedeutung der Menschheit Jesu für unser Gottesverhältnis, in: Schriften zur Theologie III, Einsiedeln [6]1964, 47–60; ders., Zur Theologie der Menschwerdung, in: Schriften zur Theologie IV, Einsiedeln [4]1964, 137–155; ders., Dogmatische Fragen zur Osterfrömmigkeit, in: ebd., 157–172; ders., Die Christologie innerhalb einer evolutiven Weltanschauung, in: Schriften zur Theologie V, Einsiedeln [2]1964, 183–221; ders., Dogmatische Erwägungen über das Wissen und Selbstbewusstsein Christi, in: ebd., 222–245; ders., Geheimnisse des Lebens Jesu, in: Schriften zur Theologie VII, Einsiedeln 1966, 123–220; ders., Der eine Mittler und die Vielfalt der Vermittlungen, in: Schriften zur Theologie VIII, Einsiedeln 1967, 218–235; ders., Kirchliche Christologie zwischen Exegese und Dogmatik, in: Schriften zur Theologie IX, Einsiedeln 1970, 197–226; ders., Christologie im Rahmen des modernen Selbst- und Weltverständnisses, in: ebd., 227–241; ders., Auf der Suche nach Zugängen zum Verständnis des gottmenschlichen Geheimnisses Jesu, in: Schriften zur Theologie X, Einsiedeln 1972, 209–214; ders., Bemerkungen zur Bedeutung der Geschichte Jesu für die katholische Dogmatik, in: ebd., 215–226; ders., Die zwei Grundtypen der Christologie, in: ebd., 227–238; ders., Ich glaube an Jesus Christus (ThMed 21), Einsiedeln 1968; ders., Jesus Christus, in: SM II, 920–957; ders., Grundlinien einer systematischen Christologie, in: K. Rahner/W. Thüsing, Christologie – systematisch und exegetisch. Arbeitsgrundlagen für eine interdisziplinäre Vorlesung (QD 55), Freiburg – Basel – Wien 1972, 15–78.

kann, dass er verstehbar wird. Dies muss schon deshalb möglich sein, weil Gott sich in der Offenbarung menschlicher Sprache bedient, die nur dort etwas offenbar macht, wo sie beim Hörer ankommt und von ihm verstanden wird; in der Menschwerdung Gottes wird vollends unser Menschsein als Ganzes zur Grammatik der Selbstaussage und Selbstmitteilung Gottes.

Rahner beschreitet verschiedene Wege, um die transzendentalen Verstehensbedingungen des Christusglaubens darzulegen. Sie laufen aber immer wieder auf das eine hinaus: Der Mensch ist keine in sich geschlossene Größe, die man in eine fertige Definition fassen kann. Der Mensch ist »die zu sich gekommene Undefinierbarkeit«, »die arme Verwiesenheit auf ein Geheimnis der Fülle«. Wenn Gott diese menschliche Natur als die seine annimmt, dann ist diese »schlechthin dort angekommen, wohin sie kraft ihres Wesens immer unterwegs ist«. Die Menschwerdung Gottes ist daher »der einmalig höchste Fall des Wesensvollzugs der menschlichen Wirklichkeit«[10]. Dass dies gerade bei Jesus von Nazareth geschieht, kann nicht nochmals argumentativ aufgewiesen werden. Hier kann man nur noch an den andern appellieren und fragen, ob ihm nicht hier in einer Weise wie sonst nirgends das begegnet, womit man leben und sterben kann.

Man kann das Verdienst dieser (hier nur sehr verkürzt und undifferenziert dargestellten) anthropologisch gewendeten Christologie Rahners nicht hoch genug einschätzen. Sie hat vielen Menschen einen neuen Zugang zum Glauben eröffnet; sie hat der katholischen Theologie aber auch Anschluss verschafft an die hermeneutische Diskussion der Gegenwart. Doch einen Denker ehrt man, indem man denkt. Eine Rahner-Scholastik würde Karl Rahner am wenigsten gerecht. Deshalb gebietet gerade der Respekt vor Rahners Leistung eine weiterführende Kritik, auch wenn wir diese hier wieder nur sehr verkürzt andeuten können.[11]

---

10 Rahner, Zur Theologie der Menschwerdung (wie Anm. 9), 140 f.

11 Aus der inzwischen umfangreichen Rahner-Literatur sei genannt: H. Vorgrimler, Karl Rahner. Leben – Denken – Werke, München 1963; E. Simons, Philosophie der Offenbarung in Auseinandersetzung mit »Hörer des Wortes« von Karl Rahner, Stuttgart 1966; A. Gerken, Offenbarung und Transzendenzerfahrung, Düsseldorf 1969; P. Eicher, Die anthropologische Wende. Karl Rahners philosophischer Weg vom Wesen des Menschen zur personalen Existenz, Fribourg 1970; K. Lehmann, Karl Rahner, in: H. Vorgrimler/R. van der Gucht (Hg.), Bahn-

Der Verdacht, der einen bei der Lektüre der Werke Rahners immer wieder überfällt, ist, ob hier im Grunde nicht zu viel bewiesen werden soll. Wenn man die Christus-Idee als Ganze (wenn auch erst nachträglich zur Christus-Begegnung) transzendental ableiten kann, dann fragt man sich, ob die Geschichte über das bloße Faktum, dass sich diese Idee eben in Jesus von Nazareth verwirklicht hat, eigentlich noch etwas Neues bringen kann. Doch ist damit die Geschichte, besonders die Geschichte unseres Heils, hinreichend ernst genommen? Folgt aus dieser Einebnung von Transzendentalität und Geschichte nicht eine Metaphysizierung des Christusgeschehens und des Christentums, wie Rahner sie in seiner Theorie von den anonymen Christen vollzieht? Geht man diesem Einwand nach, dann stößt man auf die Feststellung, dass das Denken Rahners in seinen letzten Grundlagen in hohem Maß dem idealistischen Identitätsdenken verhaftet bleibt und infolgedessen Denken und Sein allzu spannungslos zur Deckung bringt. Nun ist der menschliche Geist zwar konstitutiv offen für das unendliche Sein, aber als endlicher Geist kann er dieses Unendliche nie einholen. So ist er, was Rahner mehrfach höchst eindrucksvoll beschrieben hat, konstitutiv auf ein bleibendes Geheimnis verwiesen; darin ist er auch sich selbst ein undurchdringliches Geheimnis. Der Mensch bleibt am Ende eine offene Frage. Er kann darum auch die sich schneidenden Wesenslinien seines Daseins nicht auf Jesus Christus als seiner einmaligen und höchsten Vollendung hin ausziehen. Er kann höchstens eine gewisse Konvergenz dieser seiner Wesenslinien aufzeigen, muss aber bekennen, dass sie in Jesus Christus in einer völlig unerwarteten und alles menschliche Hoffen überbietenden Weise geschichtlich zur Deckung gebracht sind.

Anders als Rahner orientieren wir uns nicht so sehr an der Apologetik Maurice Blondels als an der von Blaise Pascal, der wohl am eindringlichsten Größe und Elend des Menschen beschrieben hat.[12] Der Mensch ist das Wesen, das aufgrund seiner Freiheit über alles Bestehende hinausragt. Der Geist des Menschen ist nach Thomas von

---

brechende Theologen (BTZJ 4), Freiburg i. Br. 1970, 143–181; B. van der Heijden, Karl Rahner. Darstellung und Kritik seiner Grundpositionen, Einsiedeln 1973; K. Fischer, Der Mensch als Geheimnis. Die Anthropologie Karl Rahners (ÖF.S 5), Freiburg i. Br. 1974; C. Fabro, La svolta antropologica di Karl Rahner, Milano 1974.

[12] Zum Folgenden vgl. die kleine Schrift des Verfassers: Geheimnis Mensch, Mainz 1973.

Aquin *quodammodo omnia;* die moderne Anthropologie spricht stattdessen oft von der Weltoffenheit des Menschen (Max Scheler, Arnold Gehlen, Helmuth Plessner). Es würde dem Menschen deshalb am allerwenigsten entsprechen, ihn dermaßen zu ›entmythologisieren‹, dass er unentrinnbar in seine Endlichkeit eingesperrt bleibt. Zum Menschen gehören der Durst und die Sehnsucht nach dem Ganzen, dem Letzten und dem Unendlichen. Aber eben in dieser ›Selbstüberbietung‹ bleibt der Mensch ein *endliches Wesen.* Ja gerade weil und indem er um das Unendliche weiß, kann er seine Endlichkeit als solche erfahren und an ihr leiden. Leiden im eigentlichen Sinn kann nur der Mensch. So erfährt der Mensch gerade im Leiden, gleichsam wie im Negativ, seine Transzendenz als die grundsätzliche Nichteinholbarkeit seiner Existenz. In dieser Kontrasterfahrung tut sich ihm die »Sehnsucht nach dem ganz Anderen« (Max Horkheimer) auf. In seiner Leidenserfahrung ist der Mensch also getragen von einem Vorverständnis und einer Hoffnung auf Erlösung und Heil, das grundsätzlich nicht aus dem Menschen und aus der Welt ableitbar ist, ja das wir uns in keiner Weise »ausdenken« können. Nur im Horizont dieser eschatologischen Hoffnung ist das christologische Bekenntnis verstehbar. Das Glaubwürdige und Überzeugende an Jesus Christus ist, dass er nicht nur die Größe des Menschen zu ihrer Erfüllung bringt, sondern dass in ihm auch das Elend und das Agonale menschlicher Existenz auf unendliche Weise angenommen ist. Dies gibt der Gestalt Jesu für den, der sich im Glauben auf sie einlässt, eine innere Evidenz und Plausibilität (Hans Urs von Balthasar), die sich jeder rein argumentativen Vermittlung entzieht, die aber auch von jedem blinden Glaubensgehorsam weit entfernt ist. Wohin sollten wir sonst gehen, wer hat sonst solche Worte ewigen Lebens? (vgl. *Joh 6,68*).

III. Sohn Gottes und die Frage nach dem historischen Jesus

Die Auseinandersetzung mit der transzendentalen Christologie Rahners zeigte, dass eine rein spekulative Begründung und Interpretation des Gottessohn-Bekenntnisses nicht ausreicht. Die anthropologischen Überlegungen verweisen uns auf die geschichtliche Frage nach Jesus. Wir müssen also fragen: Wer war dieser Jesus, was sagte er von sich selbst, in welcher Weise verstand er sich als der Sohn Gottes? Das zwingt die Christologie heute zur Auseinandersetzung mit der zunächst in der protestantischen Theologie (Ernst Käsemann, Ernst Fuchs, Hans Conzelmann, Günther Bornkamm, Willi Marxsen, James McConkey Robinson, Gerhard Ebeling, Eberhard Jüngel u.a.) aufgebrochenen, von der katholischen Theologie (Josef Rupert Geiselmann, Anton Vögtle, Franz Mußner, Heinz Schürmann, Josef Blank, Rudolf Pesch, Hans Küng u.a.) jedoch sehr rasch aufgegriffenen neuen Frage nach dem historischen Jesus.[13] Diese zunächst historische Frage hat eine hohe theologische Relevanz. Denn hätte der Glaube an Jesus Christus als dem Sohn Gottes keinen Anhalt beim irdischen Jesus selbst, dann würde er sich kaum unterscheiden von damals üblichen Apotheosen berühmter Verstorbener. Der Glaube wurde dann letztlich zur Mythologie und Ideologie. Jede sprachliche Aussage ist ja nur so lange sinnvoll, als sie Wirklichkeit beschreibt und deutet. Letztlich geht es bei der historischen Frage nach Jesus also um die Realität der Menschwerdung selbst. Gerade wer die Realität der Menschwerdung ernst nimmt, darf den historischen Fragen nicht ausweichen und in die sturmfreie Zone eines vermeintlich reinen Glaubens flüchten.

Diese Aufgabe bringt die Christologie beim gegenwärtigen Stand der exegetischen Forschung (zumindest was die deutsche Situation angeht) in erhebliche Bedrängnis. Wenn wir ehrlich sind, müssen wir unumwunden sagen, dass der irdische Jesus entsprechend unserer heutigen historischen Einsicht nicht sich, sondern die nahe gekommene Herrschaft Gottes verkündet hat. Unmittelbar forderte er Glauben nicht an sich, sondern an Gott und seine Herrschaft in der Liebe. Deshalb hat er aller historischen Wahrscheinlichkeit nach die später so reichlich auf ihn angewandten Hoheitstitel nicht auf sich angewandt.[14] Nur von dem Menschensohn-Wort können wir mit ziemlicher Sicherheit sagen, dass es auf Jesus selbst zurückgeht. Aber dieses dunkle Rätselwort war eher eine Verhüllung als eine direkte Offen-

---

[13] Vgl. den Überblick des Verfasser: Jesus im Streit der Meinungen, in diesem Band o. S. 65–79.

[14] Vgl. die weithin maßgeblich gewordene Untersuchung von F. Hahn, Christologische Hoheitstitel. Ihre Geschichte im frühen Christentum, Göttingen [2]1964; von katholischer Seite sei verwiesen auf: J. Gnilka, Jesus Christus nach den frühen Zeugnissen des Glaubens, München 1970, 159–174; W. Thüsing, in: Rahner/Thüsing, Christologie – systematisch und exegetisch (wie Anm. 9), 182–211; K. H. Schelkle, Theologie des Neuen Testaments II, Düsseldorf 1973, 192–232.

barung seines Anspruchs. Adolf von Harnack hat aus solchen Beobachtungen den Schluss gezogen: »Nicht der Sohn, sondern allein der Vater gehört in das Evangelium, wie es Jesus verkündigt hat, hinein.« Harnack bekennt: »Ich vermag mich in die Christologie nicht zu finden; darum ist diese Predigt nicht für mich.«[15] Heute ist aus ähnlichen Überlegungen heraus oft von der ›Sache Jesu‹ (Marxsen) die Rede. Man versteht darunter oft eine von Liebe bestimmte Freiheit (Nolte), für die die Person Jesu ein Symbol beziehungsweise ein Impuls war. Das Gottessohnprädikat ist dann nur eine Legitimationsformel für diese ›Sache Jesu‹.[16]

Eine solche Interpretation ist schon rein exegetisch nicht zu halten. Einmal: Die ›Sache‹ Jesu war nicht die Mitmenschlichkeit, sondern das Kommen der Herrschaft Gottes. Sie schließt die Nächstenliebe wesentlich ein; diese ist jedoch nicht die Mitte, sondern der Lebensraum von Jesu Botschaft.[17] Zum andern: Innerhalb dieses Gesamtrahmens des Auftretens und der Verkündigung Jesu findet sich zwar keine direkte und ausdrückliche, wohl aber eine indirekte und implizite Christologie. Sie enthält nicht weniger als die spätere explizite Christologie; im Gegenteil, sie hat einen ›Überschuss‹, den keine spätere Christologie je voll eingeholt hat. Wir können diese indirekte Christologie hier nur andeutungsweise anhand der Verkündigung, des Verhaltens und der Gottesrede Jesu aufzeigen.

Die Verkündigung Jesu trägt zunächst Züge eines jüdischen Rabbi, Propheten und Weisheitslehrers. Dennoch trifft letztlich keine dieser Charakterisierungen bei ihm zu. Er redet nicht wie ein Rabbi, der das Wort Gottes im Gesetz nur auslegt. Anders als die Rabbinen gibt Jesus mit der Formel »Ich aber sage euch« (*Mt 5,21* u.ö.) nicht nur eine Interpretation des Wortes Gottes im Alten Testament, sondern er überbietet das alttestamentliche Wort; er bringt das eschatologisch-endgültige Wort Gottes. Er spricht auch anders als ein Prophet, der sich jeweils auf ein an ihn ergangenes Wort Gottes beruft: »So spricht

15 A. von Harnack, Das Wesen des Christentums (GTBS 27), München 1964, 92.

16 Zusammenfassend J. Nolte, Die Sache Jesu und die Zukunft der Kirche, in: F. J. Schierse (Hg), Jesus von Nazareth, Mainz 1972, 214–233. Kritisch dazu vom Verfasser: Die Sache Jesu. Recht und Grenzen eines Interpretationsversuchs, in diesem Band o. S. 51–64.

17 Vgl. E. Käsemann, Der Ruf der Freiheit, Tübingen ^{5}1972, 42–48; R. Schnackenburg, Gottes Herrschaft und Reich, Freiburg i.Br. 1959.

der Herr.« Bei Jesus findet sich niemals eine solche Formulierung, er spricht in eigenem Namen Gottes Wort: »Amen, ich aber sage euch« (*Mt 5, 18* u.ö.). Jesus spricht in eigener Vollmacht; er weiß sich offenbar als Gottes sprechenden Mund.[18] Deshalb spricht er auch anders als ein Weisheitslehrer. Zwar enthalten seine Parabeln viel menschliche Erfahrungsweisheit, sie *sprengen* jedoch immer wieder alle normale Erfahrung und sprechen von höchst Unwahrscheinlichem, noch nie Dagewesenem. So sind sie ein Hinweis auf das Geheimnis des Gottesreiches (vgl. *Mk 4, 11*). Sie wollen das Geheimnis der Gottesherrschaft jedoch nicht nur beschreiben, sondern konkret ansagen: Jesus selbst ist dieses Geheimnis. Jesus verkündet die Gottesherrschaft nicht nur; er bringt sie. »Wenn ich mit dem Finger Gottes die Dämonen austreibe, dann ist die Herrschaft Gottes zu euch gekommen« *(Lk 11,20)*. Noch mehr: Jesus ist nicht nur der Bote und der Bringer der Gottesherrschaft; er ist ihr Geheimnis. »Selig die Augen, die sehen, was ihr seht« *(Mt 13,6)*. Jesus ist Gottes Herrschaft in Person. Durch ihn spricht und handelt Gott selbst.

Diese indirekte Christologie wird noch deutlicher, wenn wir von der Verkündigung Jesu übergehen zu seinem Verhalten. Die Solidarität Jesu mit den Sündern und mit den Ausgestoßenen gehört zu den historisch gesichertsten Tatbeständen der Jesusüberlieferung. Sie hat unmittelbar jedoch wenig zu tun mit Gesellschaftskritik, Gesellschaftsreform (so Adolf Holl) oder gar Revolution (so Joel Carmichael).[19] Jesus erweist sich hier auch nicht in erster Linie als ein freier Mann, dessen Freiheit auf andere ansteckend und befreiend wirkt (so van Buren). Man kann dieses Verhalten Jesu nur verstehen im Zusammenhang mit seiner Verkündigung der kommenden Herrschaft Gottes. In seinen Mählern mit den Sündern nimmt er das eschatologische Mahl vorweg. Die Gemeinschaft mit Jesus bedeutet also vorweggenommene Gemeinschaft mit Gott. So handelt er wie einer, der an Gottes Stelle steht.[20] Das kommt auch in seinem Entscheidungsruf und in seinen Nachfolgeworten zum Ausdruck. Wer seinen Ruf

---

[18] Vgl. E. Käsemann, Das Problem des historischen Jesus, in: Exegetische Versuche und Besinnungen, Bd. 1, Göttingen 1960, 206–212.

[19] Vgl. dazu M. Hengel, War Jesus Revolutionär? (CwH 110), Stuttgart 1970; ders., Gewalt und Gewaltlosigkeit. Zur »politischen Theologie« in neutestamentlicher Zeit (CwH 118), Stuttgart 1971.

[20] Vgl. E. Fuchs, Zur Frage nach dem historischen Jesus, Tübingen 1960, 152–167.

ablehnt, der wird auch von Gott verworfen (vgl. *Lk 12,8*). Die Bindung der ihm nachfolgenden Jünger an seine Person geht deshalb weit über das bei den Rabbinenschülern übliche Maß hinaus. Wer ihm nachfolgt, muss alles, selbst Kopf und Kragen, riskieren. Diese Nachfolge kommt einem Bekenntnis zu Jesus gleich.[21] Dieser Entscheidungsruf impliziert eine ganze Christologie.[22]

Ein letzter Hinweis für eine indirekte Christologie ergibt sich aus seiner Gottesanrede »*Abba*-Vater«.[23] Dass hier authentische Überlieferung vorliegt, kann kaum bestritten werden. Eigentümlich ist jedoch, dass sich Jesus in seinem Verhältnis zum Vater nie mit den anderen zusammenschließt. Nie heißt es »unser Vater«, sondern immer entweder »mein Vater« oder »euer Vater«. Auch beim »Vater unser« heißt es »so sollt ihr beten« *(Mt 6,9)*. Dieser auffallende Sprachgebrauch geht durch alle Schichten der Überlieferung hindurch bis zu der klassischen Formel im vierten Evangelium »mein und euer Vater« *(Joh 20,17)*. Diese Unterscheidung geht der Sache nach auf Jesus selbst zurück. Deshalb ist es sachlich letztlich nicht so entscheidend, ob er sich ausdrücklich selbst als Sohn oder Gottessohn bezeichnet hat. Aus seinem Sprachgebrauch ergibt sich auch so völlig eindeutig, dass er beansprucht hat, in einem ganz und gar einmaligen und unübertragbaren Verhältnis zu Gott seinem Vater zu stehen. Er ist der Sohn schlechthin, der alle anderen erst zur Sohnschaft befreit, wenn sie Gott als ihren Herrn und Vater anerkennen.

Mit dieser Botschaft vom Kommen der Herrschaft Gottes seines Vaters in und durch sein Kommen, Auftreten und Verkündigen geriet Jesus in Konflikt mit praktisch allen einflussreichen Gruppen seiner Zeit. Sein gewaltsamer Tod war die Konsequenz seines Auftretens[24].

---

[21] Vgl. M. Hengel, Nachfolge und Charisma, Berlin 1968.

[22] Vgl. R. Bultmann, Theologie des NT, Tübingen 1954, 44.

[23] Vgl. J. Jeremias, Abba, Göttingen 1966; W. Marchel, Abba, Père!, Rom 1971.

[24] Vgl. H. Kessler, Die theologische Bedeutung des Todes Jesu. Eine traditionsgeschichtliche Untersuchung, Düsseldorf 1970, 231; ders., Erlösung als Befreiung, Düsseldorf 1972, 23. Zu der letzteren Schrift vgl. die Stellungnahme des Verfassers: Erlösung und Befreiung. Anmerkungen zur Auseinandersetzung um ein Buch von Hans Kessler, in diesem Band u. S. 371–375. Es ist mir unverständlich, wie E. Hesse und P. Hacker, u. a. völlig aus der Luft gegriffene Spekulationen über angebliche Gutachten des Verfassers im »Fall Kessler« anstellen können, ohne diese öffentliche Stellungnahme auch nur zur Kenntnis zu nehmen.

Da er seine Sache so unlösbar an seine Person gebunden hatte, musste dieser Tod alles in Frage stellen. Mit dieser Person schien auch seine Sache tot zu sein. Seine Sache konnte nicht weitergehen, wie man gegenwärtig oft etwas leichtsinnig sagt, wenn seine Person nicht in neuer Weise dabei war. Wäre er in und durch seinen Tod nicht in die Herrschaft Gottes eingegangen, wäre seine Botschaft durch seinen Tod gegenstandslos geworden. Jesus wäre dann nicht Grund zur Hoffnung, sondern im Grunde ein unschuldig Ermordeter mehr und so eher Grund zu Resignation und Skepsis. Ohne die Botschaft von der Auferweckung[25] bliebe der Glaube grundlos und leer (vgl. *1 Kor 15,14.17*). Die Auferweckung bedeutet in dieser Perspektive, dass in und durch Jesu Tod der neue Äon Wirklichkeit geworden ist. Was indirekt und verborgen schon in seinem irdischen Leben gegeben war, ist nun zu seiner Erfüllung gekommen. Nun konnte ausdrücklich und öffentlich verkündet werden: Er ist der Sohn Gottes.

Bevor wir auf die Bedeutung des Gottessohn-Prädikats eingehen, soll zusammenfassend dargestellt werden, was sich aus dieser Begründung des Gottessohn-Bekenntnisses für sein sachliches Verständnis ergibt:

1. Jesus ist nicht nur der Träger und das Sinnbild einer von ihm ablösbaren Idee, nicht nur der Impuls zu einer neuen Praxis und nicht nur das Angebot zu einem neuen Selbstverständnis im Glauben. Person und Sache lassen sich bei Jesus nicht trennen. Deshalb gibt es kein Christentum ohne Bekenntnis zu Jesus, kein Christentum ohne Christologie.

2. Das alles andere zusammenfassende Bekenntnis zu Jesus Christus lautet: Jesus ist der Sohn Gottes. Dieses Bekenntnis der nachösterlichen

---

25 Zu den schwierigen Fragen der Entstehung des Auferstehungsglaubens vgl. ThQ 153 (1973) Heft 3. R. Pesch hat in seiner Antwort (ebd.) meinen Beitrag verschiedentlich völlig missdeutet. Es geht mir keineswegs um eine Kerygmatheologie, vielmehr möchte ich die Christologie im Gesamtgeschick Jesu, also beim irdischen Jesus und beim erhöhten Christus begründen. Eben deshalb widerspreche ich seinem ins entgegengesetzte Extrem tendierenden Versuch, allein beim irdischen Jesus anzusetzen und den Osterglauben nur als Reflexion des beim irdischen Jesus schon gegebenen impliziten Glaubens zu begreifen. Dies wird, wie P. Stuhlmacher, M. Hengel (ebd.) und H. Küng (in: ThQ 154 [1974] Heft 2) gezeigt haben, weder dem Glaubensverständnis des irdischen Jesus noch den österlichen Erscheinungsaussagen des NT gerecht.

Gemeinde hat Anhalt im Auftreten und in der Verkündigung Jesu selbst. Es steht dort im Zusammenhang mit der Botschaft vom Kommen der eschatologischen Herrschaft Gottes und der Botschaft vom Kommen des neuen Äon in der Auferstehung Jesu. Es will in diesem Zusammenhang sagen: Jesus ist die Herrschaft Gottes, die Gerechtigkeit und Liebe Gottes in Person; er ist der neue Anfang, die neue Schöpfung. Die Gottessohn-Aussage hat deshalb nicht nur einen christologischen, sondern auch einen soteriologischen Sinn. Sie muss verkündet werden als Gottes rettende Antwort auf die großen Fragen des Menschen, die Frage nach Vergebung der Schuld, nach Heil, Gerechtigkeit, Leben, Liebe, neuer Welt. »Gott war in Christus und versöhnte die Welt mit sich« *(2 Kor 5, 19)*.

3. Das Bekenntnis zur Gottessohnschaft Jesu bringt zur Sprache, was uns in der Wirklichkeit Jesu begegnet. Zur Wirklichkeit Jesu gehört aber sein irdisches Leben wie sein Tod und seine Auferweckung. Die Christologie kann darum nicht auf eine reine Jesulogie reduziert werden; sie muss vielmehr entfaltet werden als Antwort auf das Gesamtgeschick Jesu. Wenn es deshalb in der Theologie darum geht zu sagen, was mit dem Gottessohnprädikat gemeint ist, dann genügt es nicht, diesen Begriff als solchen zu explizieren. Eine solche rein begriffliche Analyse wäre (im schlechten Sinn des Wortes verstandene) Scholastik. Es gilt also nicht nur mit dem Gottessohn-Bekenntnis zu sagen, wer Jesus wirklich ist; es gilt auch umgekehrt von der Wirklichkeit Jesu her zu zeigen, was dieser (religionsgeschichtlich auch sonst sich findende) Titel in Wahrheit meint. Hier liegt die entscheidende Korrektur einer mehr geschichtlich orientierten Theologie gegenüber einer einseitig spekulativ verfahrenden Theologie. Rechte Verkündigung und Theologie hat deshalb nicht nur orthodoxe Formeln zu erklären, sondern mit deren Hilfe eine konkrete Wirklichkeit zu erschließen und vermittelst der Bekenntnisformel zur Begegnung mit dem wirklichen und lebendigen Jesus Christus selbst hinzuführen.

IV. Die Auseinandersetzung um die Präexistenzaussagen

Das soeben formulierte Programm nimmt das berechtigte Anliegen einer Christologie ›von unten‹ auf. Während die traditionelle Christologie beim dreifaltigen Gott und bei der Menschwerdung der zweiten göttlichen Person einsetzte, versucht man heute einer solchen Deszendenz-Christologie beziehungsweise einer Christologie ›von oben‹ oft eine Aszendenz- beziehungsweise Erhöhungs-Christologie gegenüberzustellen.[26] Eine solche Christologie ›von unten‹ hat innerhalb der katholischen Theologie in Piet Schoonenberg ihren entschiedensten und zugleich radikalsten Vertreter gefunden.[27]

Schoonenberg geht zunächst von demselben Grundsatz aus, von dem auch unsere bisherigen Darlegungen geleitet waren: »Unser ganzes Denken bewegt sich von der Wirklichkeit her auf Gott hin und kann sich niemals in der umgekehrten Richtung bewegen … Wir schließen in keiner Hinsicht von der Trinität auf Christus und den uns geschenkten Geist, sondern immer umgekehrt.« Das bedeutet für Schoonenberg, dass »der Inhalt der göttlichen Präexistenz Christi nur von seinem irdischen und verherrlichten Leben her zu bestimmen ist«[28]. Immer wieder beruft er sich auf den von Rahner aufgestellten

---

[26] Der Begriff Christologie ›von unten‹ wird in sehr vielfältigem Sinn gebraucht. Man kann darunter verstehen eine Christologie, die vom Menschen allgemein ausgeht (so Rahner), oder eine Christologie, die von dem Menschen Jesus ausgeht (so Küng). Weder Rahner noch Küng ziehen aus diesem Ausgangspunkt jedoch die Konsequenzen, die Schoonenberg zieht. Man kann unter einer Christologie ›von unten‹ aber auch die Erhöhungs-Christologie des Neuen Testaments oder die im 2. Jh. daraus manchmal abgeleitete Bewährungs- und Adoptionschristologie verstehen. Es ist die Frage, ob sich mit einem dermaßen vorbelasteten und vieldeutigen Begriff theologisch sinnvoll arbeiten lässt. Vgl. K. Rahner, Die zwei Grundtypen der Christologie (wie Anm. 9); ders., Grundlinien einer systematischen Christologie (wie Anm. 9), 47.51 f.55–68; H. Küng, Menschwerdung Gottes (ÖF.S 1), Freiburg – Basel – Wien 1970, 557–610. Zur Diskussion in der protestantischen Theologie vgl. W. Pannenberg, Grundzüge der Christologie, Gütersloh ²1966, 26–31.

[27] Vgl. P. Schoonenberg, Ein Gott der Menschen, Zürich – Einsiedeln – Köln 1969, bes. 85–96; ders., in: K. Rahner/J. B. Metz/P. Schoonenberg u. a., Die Antwort der Theologen, Düsseldorf 1968, 48–50; ders., Trinität – Der vollendete Bund. Thesen zum dreipersönlichen Gott, in: Orien 36 (1972) 115–117. Im Zusammenhang mit Schoonenbergs Thesen steht die Erklärung der Glaubenskongregation über Gottessohnschaft und Trinität, in: AAS 64 (1972) 237–241 (dt. Übers. in: HK 26 [1972] 228–229). Zu Schoonenberg vgl. bes. K. Reinhardt, Die menschliche Transzendenz Jesu Christi, in: TrThZ 80 (1971) 273–289; Schilson/Kasper, Christologie im Präsens (wie Anm. 1); vgl. auch unten Anm. 42.

[28] Schoonenberg, Trinität – Der vollendete Bund (wie Anm. 27), 115.

Grundsatz: »Die ›ökonomische‹ Trinität ist die ›immanente‹ Trinität und umgekehrt.«[29]

Aus diesem an sich richtigen Prinzip zieht Schoonenberg jedoch eine recht einseitige Konsequenz. Er meint nämlich, dass wir die Frage, ob Gott auch abgesehen von seiner heilsgeschichtlichen Selbstmitteilung trinitarisch ist, weder bejahen noch verneinen können. Wie wenig diese Stimmenthaltung jedoch faktisch durchzuhalten ist, zeigt Schoonenberg später selber, wenn er sagt: »Der Unterschied zwischen dem Vater, Sohn und Geist ist also heilsökonomisch personal zu nennen, innergöttlich aber höchstens modal«[30]. Schoonenberg bezeichnet jetzt entgegen seiner ursprünglichen Zurückhaltung die modalistische Trinitätslehre als wahr, insoweit sie sich auf das innergöttliche Sein in sich bezieht.[31] Der Widerspruch zu den selbst aufgestellten Prinzipien ist eklatant.

Sucht man nach der Begründung für diese in sich widersprüchlichen Thesen, dann ergibt sich, dass sie im Grunde in einem philosophischen Apriori gründen. Der Rückschluss von der heilsgeschichtlichen Offenbarung der Trinität auf die innergöttliche Trinität wäre nach Schoonenberg nämlich nur dann möglich, »wenn das Verhältnis zwischen Gottes Unveränderlichkeit und seiner freien Selbstbestimmung zugänglich wäre. Weil das nicht der Fall ist, bleibt die Frage unbeantwortet und unbeantwortbar und scheidet damit als sinnlos aus der Theologie aus«[32]. Das ist offensichtlich eine erkenntnistheoretische philosophische Überlegung.

Doch die Theologie hat nicht von einer solchen ›Kritik der reinen Vernunft‹ auszugehen, sondern von dem neutestamentlichen Zeugnis, wonach Gott uns in Jesus Christus auf eschatologisch-endgültige Weise sein innerstes Wesen und Geheimnis geoffenbart hat. Das bedeutet, dass es für den Glauben kein dunkles Geheimnis Gottes ›hinter‹ seiner Offenbarung gibt. Gott offenbart sich in Jesus Christus vielmehr rückhaltlos und endgültig als der, der er ist: »Gott ist die Liebe« *(1 Joh 4,7.16)*. Wenn also Gott sich in Jesus Christus eschatologisch-endgül-

---

29 K. Rahner, Der dreieinige Gott als transzendenter Urgrund der Heilsgeschichte, in: MySal II, 328.

30 Schoonenberg, Trinität – Der vollendete Bund (wie Anm. 27), 116.

31 Ebd., 117.

32 Ebd., 115.

tig als sich selbst mitteilende Liebe offenbart, dann ist die Selbstmitteilung Gottes zwischen dem Vater und dem Sohn das ewige Wesen Gottes selbst.

Dieser Weg von der Christologie ›von unten‹ zu einer Präexistenz- und Deszendenz-Christologie ›von oben‹ findet sich bereits im Neuen Testament. Dabei ist die Präexistenz-Christologie[33] jedoch nicht, wie es oft dargestellt wird, ein erst spätes Produkt der theologischen Reflexion. Sie findet sich bereits in dem vorpaulinischen Christuslied in *Phil 2, 5–11*. Paulus selbst spricht von der Sendung des Sohnes bereits in einer formelhaft geprägten Weise (vgl. *Röm 8,3; Gal 4,4*). Noch deutlicher sind die Aussagen des vierten Evangeliums (vgl. *Joh 1,1f.14.18; 8,58; 10,30* u.ö.). Bereits das Neue Testament setzt also voraus, dass Jesus nicht aus dem Zusammenhang der innerweltlichen und geschöpflichen Wirklichkeit stammt, sondern der wesenhafte Sohn Gottes von Ewigkeit her ist. Letztlich ist die Frage der Präexistenz jedoch eine Frage der innergöttlichen Trinität. Sie ist nichts anderes als eine Auslegung des Satzes, in dem sich alles zusammenfassen lässt, was Jesus von Gott geoffenbart hat: »Gott ist die Liebe.« Die innere theologische Begründung der Trinitätslehre liegt darum nicht so sehr in einzelnen biblischen Hinweisen (vgl. *Mt 28,19; 1 Kor 12,4–6; 2 Kor 13,13*), sondern im eschatologischen Charakter des Christusgeschehens und seiner Vergegenwärtigung im Geist insgesamt. »Wir begegnen dem trinitarischen Schema ... überall da, wo man die Fülle und den Reichtum christlicher Erfahrung ordnend zu deuten sucht.«[34] Das Bekenntnis zur innergöttlichen Trinität ist deshalb die knappste und präziseste Zusammenfassung dessen, was in Jesus Christus für uns geschehen ist, nämlich, dass Gott als rückhaltlos sich selbst mitteilende Liebe erschienen ist. Das trinitarische Bekenntnis ist im Grunde ›die‹ Kurzformel des christlichen Glaubens überhaupt.

Kant hat einmal geäußert, mit der Lehre von der Trinität lasse sich

[33] Zum Sinn der ntl. Präexistenzaussagen vgl. bes. Hahn, Christologische Hoheitstitel (wie Anm. 14), 315–319; E. Schweizer, Zur Herkunft der Präexistenzvorstellungen bei Paulus, in: Neotestamentica. Deutsche und englische Aufsätze 1951–1963, Zürich – Stuttgart 1963, 105–109; W. Thüsing, in: Rahner/Thüsing, Christologie – systematisch und exegetisch (wie Anm. 9), 243–256.

[34] F. J. Schierse, Die neutestamentliche Trinitätsoffenbarung, in: MySal II, 128.

nichts Praktisches machen.[35] Viele haben ihm dies seither nachgesprochen und über Bord geworfen, was die zusammenfassende Wesensbestimmung des Christlichen ausmacht. Denn aus dem Bekenntnis, dass Gott die Liebe ist, folgt, dass die Liebe der letzte Sinn aller Wirklichkeit ist. Die Präexistenzaussage führt daher mit innerer Konsequenz zu der Aussage, dass alles durch Christus und auf ihn hin geschaffen ist (vgl. *1 Kor 8,6; Kol 1,16f.; Hebr 1,2; Joh 1,3.10f.*). Das Grundgesetz aller Wirklichkeit ist deshalb ein christologisches: Wer sein Leben liebt, verliert es, wer es hingibt, wird es gewinnen (vgl. *Mk 8,35; Lk 9,24; Joh 12,15*). Die Präexistenz-Christologie ermöglicht also eine universale Christologie. In ihr findet von Liebe bestimmte Freiheit erst ihre eigentliche Begründung.

Dieses christliche Wirklichkeitsverständnis bedeutet eine Revolution im Wirklichkeitsverständnis, wie man sie sich größer kaum denken kann.[36] Das Höchste ist jetzt nicht mehr wie in der griechischen Metaphysik die in sich stehende, sich selbst genügende Substanz, sondern Sein für die andern und mit den andern. Die Folge ist eine Revolution im Gottesverständnis: Gott ist jetzt nicht mehr der unbewegte Beweger, sondern vielmehr der Gott, dessen Wesen Leben und Liebe ist und der deshalb auch der Gott der Menschen und der Gott der Geschichte sein kann. Die zeitliche Dimension, die im Begriff Präexistenz etwas ungelenk zum Ausdruck kommt, macht ihn in einer biblischen Perspektive eben nicht verdächtig, sondern lässt ihn als theologisch angemessen erscheinen. Es ist damit auf seine Weise gesagt, dass »Gottes Sein im Werden« ist (Jüngel), dass Gott der Gott der Geschichte ist, der Gott-mit-uns, der Gott, der mit den Leidenden nicht nur Mitleid hat, sondern selbst mitleidet.[37]

---

[35] Vgl. I. Kant, Der Streit der Fakultäten, in: Werke in sechs Bänden (ed. W. Weischedel), Bd. 6, Darmstadt 1964, 303.

[36] Vgl. dazu vom Verfasser: Krise und Neuanfang der Christologie im Denken Schellings, in diesem Band o. S. 25–50. Wesentliche Anregungen verdanke ich dabei dem Werk von H. U. von Balthasar.

[37] Auf die vielfältigen Versuche in der katholischen (K. Rahner, H. Küng, H. Mühlen, W. Kasper) wie in der protestantischen (K. Barth, W. Pannenberg, J. Moltmann, E. Jüngel) Theologie, die These von der Unveränderlichkeit Gottes neu zu bedenken und zu einem geschichtlichen Gottesverständnis zu kommen, kann hier nicht eingegangen werden. Hingewiesen sei jedoch noch auf die politischen Konsequenzen des trinitarischen Gottesverständnisses. Vgl. dazu E. Pe-

Das christologisch geprägte Wirklichkeitsverständnis bedeutet auch eine Umkehrung gegenüber dem neuzeitlichen Wirklichkeitsverständnis, das im Schema von Herrschaft und Knechtschaft, von Entfremdung und Emanzipation denkt. Nicht das Verhältnis von Herr und Knecht, sondern das Verhältnis von Vater und Sohn ist das christliche Modell, um Geschichte zu verstehen und zu gestalten. Diese These bedeutet in unserer »vaterlosen Gesellschaft« (Alexander Mitscherlich) kein geringes Problem.[38] Es wäre deshalb einer Überlegung wert, welche Konsequenzen sich daraus für ein vertieftes Verständnis von Freiheit und Autorität ergeben. Doch dazu müssen wir zuvor den Sinn der christologischen Sohnesaussage noch besser klären.

V. Recht und Grenzen ontologischer Aussagen in der Christologie

Die Präexistenz-Christologie hat nochmals gezeigt, wie untrennbar bei Jesus Christus das Wesen seiner einmaligen Person und seine universale Bedeutung ist. Damit wird das gegenwärtig so oft aufgerissene Dilemma zwischen einer ›funktionalen‹ und einer ›essentialen‹ *Christologie* von vornherein zu einem Scheinproblem.[39] Das bedeutet, dass sich die Christologie nicht darauf beschränken darf, nur das An-sich-Sein Jesu zu betonen, ohne zu zeigen, was dieses für uns bedeutet. Das ist nicht nur eine pastorale Notwendigkeit, sondern auch eine grundsätzliche Aufgabe. Das Wesen einer Sache beziehungsweise einer Person wird nämlich erst in und durch ihre Bedeutung für andere offenbar und kann davon gar nicht abgelöst werden. Umgekehrt würde eine Christologie, die nur noch die Bedeutsamkeit Jesu für den Glauben oder für die Praxis darlegen wollte, buchstäblich in der Luft hängen. Sie wäre nicht mehr zu unterscheiden von bloßer Projektion; sie

---

terson, Der Monotheismus als politisches Problem, in: Theologische Traktate, München 1951, 45–147.

[38] Vgl. dazu J. B. Metz, Kirchliche Autorität im Anspruch der Freiheitsgeschichte, in: J. B. Metz/J. Moltmann/W. Oelmüller, Kirche im Prozess der Aufklärung, München 1970, 74–79.

[39] Eine ausgesprochen funktionale Christologie findet sich außer bei R. Bultmann (vgl. oben Anm. 5) und den Vertretern einer Christologie der ›Sache Jesu‹ (vgl. oben Anm. 16) unter ganz anderen Vorzeichen bei O. Cullmann, Die Christologie des Neuen Testaments, Tübingen [2]1958, 243.336.

müsste als ein bloßes Postulat, als eine Ideologie und als Illusion erscheinen. Dazu kommt, dass die universale Bedeutung des Christusgeschehens gar nicht anders sachgemäß zur Sprache gebracht werden kann, denn durch die Kategorien der Metaphysik, die nicht nach diesem oder jenem Seienden, sondern nach dem Sein der Wirklichkeit insgesamt fragt.

Aus alledem ergibt sich, dass der Christ sozusagen von Glaubens wegen zum metaphysischen Denken verpflichtet ist. Das bedeutet nicht die Verpflichtung auf eine ganz bestimmte, etwa die aristotelisch-thomanische Metaphysik. Es ist sogar das Ergebnis unserer bisherigen Überlegungen, dass sich der letzte Sinn von Sein erst von Jesus Christus her erschließt. Der nähere Sinn der Wesensaussagen in der Christologie darf deshalb nicht apriorisch aus einer bestimmten Philosophie abgeleitet werden. Er ergibt sich aus der Geschichte und aus dem Geschick Jesu selbst.

Wir müssen also nochmals vom konkreten Existenzvollzug Jesu selbst ausgehen, um von dorther den näheren Sinn der Wesensaussagen in der Christologie zu erheben. Neuerdings versucht man oft, den Existenzvollzug Jesu zusammenfassend mit dem biblischen Begriff zu umschreiben, der das Verhältnis zwischen Gott und Mensch am umfassendsten beschreibt: Glauben.[40]

Das Neue Testament redet zwar nur einmal ausdrücklich vom Glauben Jesu (vgl. *Hebr 12,2*). Implizit reden die Evangelien davon im Grunde jedoch auf jeder Seite, wenn sie vom Gehorsam Jesu sprechen, und wenn sie Jesus als die überbietende Erfüllung des Alten Bundes bezeichnen. Die Grundhaltung des alttestamentlichen Menschen gegenüber Gott ist ja der Glaube als ein rückhaltloses Setzen, ein Trauen und Bauen auf Gott. Ein solches Festmachen der Existenz in Gott gibt dem Menschen Halt und Grund (vgl. *Jes 7,9*). Von dieser Haltung des Glaubens bei Jesus ist indirekt dort die Rede, wo Jesus die Macht, Wunder zu wirken, dem Glauben zuspricht. »Dem, der glaubt, ist alles möglich« *(Mk 9,23)*. Wenn Jesus dann anschließend das Wunder wirkt, bezeichnet er sich damit indirekt als den Glauben-

[40] Zum Glauben Jesu vgl. H. U. von Balthasar, Fides Christi, in: Sponsa Verbi. Skizzen zur Theologie II, Einsiedeln 1960, 45–79; G. Ebeling, Jesus und Glaube, in: Wort und Glaube, Bd. 1, Tübingen 1960, 203–254; W. Thüsing, in: Rahner/Thüsing, Christologie – systematisch und exegetisch (wie Anm. 9), 211–226.

den schlechthin. Glaube wird hier aber definiert als Teilnahme an der Allmacht Gottes.

Gerade weil der Glaube nichts aus sich und alles aus Gott sein will, ist er ganz Leerform und Hohlform für Gottes wirkmächtige Gegenwart. Wer so glaubt wie Jesus, in dem ist Gott schon jetzt »alles in allem« *(1 Kor 15,28)*, in dem ist Gottes eschatologische Herrschaft Wirklichkeit geworden.

Diese Aussage wäre zutiefst missverstanden, wollte man sie so verstehen, dass die Zuwendung Gottes zu Jesus die Antwort auf die Hinwendung Jesu zum Vater ist. Es verhält sich strikt umgekehrt. Das Kommen der Gottesherrschaft ist nach dem Zeugnis des Neuen Testaments Gottes souveräne Tat; hier geht alle Initiative von Gott aus. Doch Gott handelt nicht auf mirakulöse Weise am Menschen vorbei und über den Kopf des Menschen hinweg; er handelt auf menschlich-geschichtliche Weise, er handelt in und durch menschlichen Gehorsam hindurch. Die gehorsame Hinwendung Jesu zum Vater ist also die *Antwort* auf Gottes Zuwendung zu ihm. So ist Jesus ganz und radikale Herkünftigkeit von Gott und daraus entspringende radikale Übereignetheit an Gott. Er ist ganz Existenz im Empfang. Er existiert in allen Dimensionen seines Daseins, also auch von allem Anfang an, ganz und gar aus Gottes sich selbst mitteilender Liebe. Er ist nichts neben, vor oder außer dieser Selbstmitteilung der Liebe Gottes.

Was sich aus dem irdischen Existenzvollzug Jesu indirekt ergibt, musste nach Ostern ausdrücklich zur Sprache gebracht werden. Dabei musste man, was Jesus ontisch lebte, ontologisch explizieren.[41] Die ontische Existenz Jesu aus Gott und für Gott musste jetzt ontologisch entfaltet werden als Subsistenz Jesu in der sich selbst mitteilenden Liebe Gottes. In der biblischen und theologischen Tradition ist diese sich selbst mitteilende Liebe Gottes der Sohn Gottes, die zweite gött-

---

[41] Vgl. zu diesem Ansatz auch Rahner, Probleme der Christologie von heute (wie Anm. 9), 192–194; ders., Grundlinien einer systematischen Christologie (wie Anm. 9), 63f. (wobei Rahner freilich von seinem transzendental-philosophischen Denkansatz her die Begriffe ontisch und ontologisch in einem anderen Sinn gebraucht, als es hier geschieht); außerdem H. U. von Balthasar, Zwei Glaubensweisen, in: Spiritus Creator. Skizzen zur Theologie III, Einsiedeln 1967, 89f.; ders., Herrlichkeit III/2, Einsiedeln 1969, bes. 118–149; J. Ratzinger, Einführung in das Christentum, München 1968, 163.182–184; Pannenberg, Grundzüge der Christologie (wie Anm. 26), 345–361.

liche Person. In ihr und durch sie hat der Mensch Jesus seine konkrete Existenzweise. Damit erweist sich das spätere Dogma, das sagt, Gott sei Mensch geworden, die Menschheit Jesu habe ihre Subsistenz in der zweiten göttlichen Person, sie existiere nur in und durch ihre Aufnahme in die Einheit mit Gott (ipsa assumptione creatur) als höchst präzise und bleibend gültige Nachzeichnung des ontischen Existenzvollzugs Jesu selbst.[42] Dieses Dogma bringt das in Geschichte und Geschick Jesu offenbare Wesen Jesu gültig zur Sprache. Wir können das christologische Dogma jedoch nur dann richtig verstehen, wenn wir es in den Gesamtzusammenhang der Geschichte Jesu hineinstellen. Im Vordergrund steht hier nicht das innerchristologische ontologische Verhältnis der Menschheit Jesu zur zweiten göttlichen Person, sondern das personale Verhältnis Jesu als des Sohnes zum Vater. Das innerchristologische ontologische Problem ergibt sich erst indirekt; es ist die innere Voraussetzung des personalen Verhältnisses Jesu zum Vater.[43]

Daraus ergeben sich für das rechte Sprechen von der Gottessohnschaft Jesu in Verkündigung und Theologie zwei Folgerungen:

1. Die Verkündigung hat sich nicht in erster Linie auf der Ebene der dogmatischen und theologischen Reflexionsaussagen über die innere christologische Konstitution Christi zu bewegen. Diese Aussagen dürfen selbstverständlich nicht geleugnet oder verdunkelt werden. Aber im Vordergrund hat nicht das Verhältnis der Menschheit Jesu zu seiner Gottheit, sondern das Verhältnis Jesu zum Vater zu stehen. Dieses ist ein Verhältnis des Gehorsams, der Hingabe und der Liebe. Es muss also in personalen und relationalen Kategorien beschrieben werden. Die ontologischen Kategorien dienen mehr der Absicherung und dem

---

[42] Hier liegt eine weitere Grenze der Christologie Schoonenbergs. Schoonenberg vertritt eine Christologie der Gegenwart Gottes im Menschen Jesus, so dass nicht die göttliche Hypostase des Logos die menschliche Natur Jesu, sondern umgekehrt die menschliche Person Jesu das in ihr gegenwärtige Wort Gottes trägt (vgl. Ein Gott der Menschen [wie Anm. 27], 92–96.97–100). Inzwischen scheint er diese Vorstellung aber korrigiert zu haben (vgl. Schoonenberg, Trinität – Der vollendete Bund [wie Anm. 27], 116).

[43] Diese indirekte Weise des Sprechens von der innerchristologischen Konstitution Christi hat vor allem W. Pannenberg herausgestellt (vgl. Grundzüge der Christologie [wie Anm. 26], 345–349). Dieser Gedanke wurde von D. Wiederkehr aufgegriffen und breit ausgeführt (Entwurf einer systematischen Christologie, in: MySal III/1, 506–540).

rechten Verständnis dieser Primäraussagen. Das kommt auch darin zum Ausdruck, dass sich das Dogma von Chalcedon im Unterschied zum Dogma von Nikaia und Konstantinopel nicht mehr als Bekenntnis, sondern als rechte Lehre vom Bekenntnis versteht.[44] Konsequenterweise ist es nicht mehr wie das Nicaeno-Constantinopolitanum in die Liturgie eingegangen. Diese ›lex orandi‹ kann sicher in dem Sinn zur ›lex praedicandi‹ werden, dass die Lehre von der hypostatischen Union mehr regulativ als konstitutiv in die Verkündigung einzugehen hat, während das Bekenntnis zur Gottessohnschaft Jesu als Aussage, mit der der christliche Glaube steht und fällt, zur Geltung zu bringen ist.

2. Die Verkündigung hat nicht nur auf die Einheit von Jesus und Gott, sondern ebenso auf die Unterschiedenheit und das Gegenüber zwischen Jesus und dem Vater sowie auf den bleibenden Unterschied zwischen Jesu Menschheit und seiner Gottheit zu achten. In der Aussage »Jesus ist Gottessohn« oder »Jesus ist Gott« hat die Kopula ›ist‹ eine ganz spezifische Bedeutung. Es handelt sich hier um eine andere Art der Identitätsaussage, als wenn wir etwa sagen »Peter ist ein Mensch«. Zwischen Peter und Mensch besteht eine differenzlose Realidentität. Diese Realidentität kann zwischen Jesus und Gott nicht ausgesagt werden. Das heißt nicht, dass die Einheit zwischen Jesus und Gott weniger eng ist. Im Gegenteil, gerade weil es sich um die höchstmögliche Einheit handelt, die Einheit in der Liebe, eröffnet sie zugleich einen Raum höchster Freiheit. Die Liebe ist ja jene Einheit, die die Freiheit nicht nur bewahrt, sondern zur höchsten Erfüllung bringt. Deshalb kann man als christologisches Grundgesetz formulieren, »daß hier Eigenstand und radikale Nähe in gleicher Weise auf ihren einmaligen, qualitativ mit anderen Fällen inkommensurablen Höhepunkt kommen«[45]. Dieses Grundgesetz begründet den eigentlichen Unterschied zwischen Christusglauben und Mythos, der Göttliches und Menschliches nicht trennt, sondern vermischt. Positiv besagt dieses Grundgesetz, dass sich die Liebe christologisch als der Sinn des Seins erweist. Gottessohnschaft bedeutet unter diesem Gesichtspunkt Freiheit aus der Macht der sich selbst mitteilenden Liebe des Vaters.

---

44 Während es in Nikaia und Konstantinopel heißt »wir glauben« (DH 125; 150), sagt das Konzil von Chalcedon »wir lehren« (DH 301).

45 Rahner, Probleme der Christologie von heute (wie Anm. 9), 183.

In Jesus von Nazareth ist eine menschliche Geschichte und ein menschliches Geschick auf eine absolute, einmalige und endgültige, aber auch auf eine menschlich-geschichtliche, das heißt durch einen freien menschlichen Gehorsam vermittelte Weise hineingenommen in das Leben Gottes selbst. Hier ist das ›Eschaton‹ aller Geschichte angebrochen. In dieses ›Eschaton‹ werden wir einbezogen durch den Geist Christi, der uns zu Söhnen macht, indem er uns dem Bild dessen gleichgestaltet, der der Sohn schlechthin ist (vgl. *Röm 8,15.29*). Auf diese Weise wird Gott am Ende durch seinen Sohn und im Heiligen Geist »alles in allem« sein *(1 Kor 15,28)*. Allein in diesem eschatologischen Horizont ist das Bekenntnis zur Gottessohnschaft Jesu theologisch verstehbar. Es steht im Zusammenhang des Kommens der eschatologischen Herrschaft Gottes und der Hoffnung auf das Kommen der eschatologischen Freiheit der Söhne Gottes. Das Bekenntnis zur Gottessohnschaft Jesu ist deshalb Ausdruck der Überzeugung des Glaubens, dass Gott sich in Jesus Christus des Harrens und Seufzens seiner gequälten Kreatur angenommen hat. Dieses Bekenntnis ist Ausdruck des Glaubens, dass die Zeit der Knechtschaft im Vergehen ist, weil mit Christus das Reich der Freiheit der Söhne endgültig begonnen hat. Es ist Ausdruck der Überzeugung, dass allein die Anerkennung des Gottseins Gottes die Menschlichkeit des Menschen begründen kann. Jesus Christus ist dabei jedoch nicht nur Symbol und bleibendes Maß dieser Freiheit, sondern auch deren *einmaliger* Grund und deren *einmalige* Verwirklichung. Er ist der Sohn Gottes schlechthin.

Christologie und Pneumatologie
Die Pneumatologie als Aufgabe heutiger Theologie

I. Neuerwachtes Interesse

Bis vor kurzem beherrschte die Theologie der Entmythologisierung und der Säkularisierung in ihren verschiedenen Spielarten das theologische Feld. Es ging ihr um die rationale Verantwortung des christlichen Glaubens angesichts der veränderten geschichtlichen Situation. Dieses Anliegen ist keineswegs erledigt. Die fides quaerens intellectum ist, wie Edward Schillebeeckx immer wieder eingeschärft hat, das Grundanliegen jeder sich selbst recht verstehenden Theologie. Doch das Verstehen, um das es der Theologie wie allen anderen Wissenschaften geht, ist als menschliches Verstehen eine durch und durch geschichtliche Größe. Deshalb ist es eine Herausforderung für die wissenschaftliche Theologie, wenn gegenwärtig wieder mehr als bisher das Interesse an unmittelbarer religiöser Erfahrung laut wird und sich in einem unerwarteten, teilweise befremdlichen, aber auch verheißungsvollen Aufbrechen geistlicher Bewegungen ausdrückt.

Die Theologie gerät durch diese veränderte Situation freilich in nicht geringe Verlegenheit. Die Misere, die bereits Johann Sebastian Drey zu Beginn des letzten Jahrhunderts in seinem Aufsatz *Revision des gegenwärtigen Zustandes der Theologie* aufgewiesen und die Georg Wilhelm Friedrich Hegel in bis heute nicht übertroffener Weise scharf analysiert hat, nämlich die Entfremdung zwischen dem dialektischen und dem mystischen Element, dauert im Prinzip unverändert fort. Das Verhältnis von Christologie und Pneumatologie ist ein Aspekt dieses Problems des Verhältnisses von Glaube und Erfahrung.

Die Pneumatologie ist ein weithin vergessenes Gebiet der katholischen Theologie. Auch den Texten des Zweiten Vatikanischen Konzils wurde von nichtkatholischen Beobachtern ein einseitiger Christomonismus und die Vernachlässigung der pneumatologischen Dimension vorgeworfen. Es heißt, der Geist sei hier nur eine Funktion Christi; er diene dazu, Wort und Werk Jesu Christi zur universalen Auswirkung und zur subjektiven Aneignung zu bringen. Die Folgen dieser einseitigen Konzeption seien vor allem in der Lehre und in der Praxis der Kirche verstanden, die starr an das Gesetz Christi gebunden ist. Kurzum, es stehe der institutionelle Aspekt im Vordergrund, während der charismatische und prophetische Aspekt nicht voll zum Zuge komme.

Yves Congar hat nachgewiesen, dass dieser Vorwurf in solcher Einseitigkeit nicht zutrifft. Heribert Mühlen, Gérard Philips, Christian Möller, Henri Cazelles und andere sind den pneumatologischen Aussagen des Konzils nachgegangen. Dennoch, das Unbehagen bleibt. Es zeigt sich hier wie in vielen anderen Fragen, dass die Texte des Konzils eher ein Anstoß und ein Anfang als ein Abschluss und eine fertige Antwort sind. Die nachkonziliare Theologie hat die charismatische Dimension der Kirche nachdrücklich herausgestellt, ohne jedoch ihr Verhältnis zu den institutionellen Strukturen befriedigend bestimmen zu können.

Wenn wir uns diesem Problem, ausgehend von einer Verhältnisbestimmung von Christologie und Pneumatologie erneut zuwenden, dann geht es dabei nicht nur um ein innerkirchliches, oder gar ein innertheologisches oder gar ein bloß spirituelles Anliegen. Nicht umsonst hat die westliche Trinitätslehre ihren lehramtlichen Abschluss auf dem Vierten Laterankonzil (1215) in der letzten großen Auseinandersetzung mit dem Schwärmertum, mit der Geschichtstheologie des Joachim von Fiore gefunden. Joachim prophezeite ein Zeitalter des Geistes und einen heilsgeschichtlichen Fortschritt über die Zeit Christi hinaus. Diese innerkirchlich abgewiesene geschichtlich orientierte Trinitätslehre wurde in der Folge zur Grundlage des neuzeitlichen Geschichtsdenkens, des Fortschrittglaubens und des innerweltlichen Heilsmessianismus. Die Vollendung der Geschichte wird jetzt erwartet und militant erkämpft in der Emanzipation von Jesus Christus und der christlichen Vorgeschichte. Geistesgeschichtlich führt die Linie über den württembergischen Pietismus zur Geist- und Geschichtsphilosophie des deutschen Idealismus und von dort zum Marxismus. Politisch geht der Weg über Cola di Rienzo bis zum Faschismus (der Duce als novus dux Joachims) und bis zu dem grauenvollen Traum eines dritten Reiches im deutschen Nationalsozialismus.

Damit dürfte deutlich sein, wo eine Theologie, die die Auseinandersetzung mit den großen geistigen und gesellschaftlichen Kräften der Neuzeit nicht nur so obenhin vollziehen möchte, ansetzen muss: bei einer neuen Verhältnisbestimmung von Christologie und Pneumatologie. Hier fallen theologisch die Entscheidungen über die innerkirchliche Erneuerung, wie über das Verhältnis von Kirche und Gesellschaft. Es ist einfach nicht wahr, wenn Kant behauptet, mit der Trinitätslehre lasse sich »nichts fürs Praktische machen«. Die Trinitätslehre war, wie Erik Peterson gezeigt hat, von Anfang an auch ein eminent politisches Problem und sie ist es heute nicht weniger.

II. Geschichtliche Perspektiven

Es ist notwendig, mit ein paar geschichtlichen Bemerkungen zu beginnen, denn die Geschichte der Pneumatologie ist nicht annähernd so gründlich erforscht und bekannt wie die der Christologie. Die klassischen Werke der Dogmengeschichte geben darüber meist nur sehr allgemeine Auskünfte. Hier ist noch viel historische Arbeit zu leisten. Ein entscheidendes Motiv der geschichtlichen Entwicklung, ja Unterentwicklung liegt aber auf der Hand. Die Auseinandersetzung mit dem Enthusiasmus hat schon sehr früh die Frage nach den objektiven Kriterien des Glaubens, vor allem das Christusbekenntnis in den Vordergrund gerückt. Dies wird bereits bei Paulus deutlich. Seine Theologie muss, wenigstens wenn man Ernst Käsemann folgen darf, weithin antienthusiastisch verstanden werden. Er schärft ein: »Keiner, der aus dem Geist Gottes redet, sagt: Jesus sei verflucht! Und keiner kann sagen: Jesus ist der Herr!, – wenn er nicht aus dem heiligen Geist redet« *(1 Kor 12,3)*. Das Christusbekenntnis wird hier zum entscheidenden Kriterium für die ›Unterscheidung der Geister‹. Eine von der Christologie isolierte Pneumatologie ist damit von vornherein ausgeschlossen. Freilich ist bei Paulus ebenso deutlich, dass es keine Christologie ohne Pneumatologie geben kann. Ohne ›im Geist‹ von Jesus Christus sprechen zu wollen, wäre nach der Schrift ein ohnmächtiger Versuch.

Die gegenseitige Durchdringung von Christologie und Pneumatologie, oft bis zur Nichtunterscheidbarkeit beider, dauert bei den frühen Vätern an. Wir finden bei ihnen eine ausgesprochene Pneuma-Christologie. Nach Friedrich Loofs stellt sie das älteste christologische

Modell dar. Sie wird aber schon bald von der immer mehr bestimmend werdenden Logos-Christologie verdrängt, der die Pneuma-Christologie des Adoptianismus verdächtig war. Das lässt sich sehr schön studieren an der abnehmenden Bedeutung, welche die Perikope von der Herabkunft des Geistes bei der Taufe Jesu für die Christologie nach dem Konzil von Nikaia (325) hat. Zum Tragen kam jetzt immer mehr die Deutung der Tauf-Perikope, die bereits bei einem der ersten Vertreter der Logos-Christologie, bei Justin vorliegt: Die Herabkunft des Geistes geschah lediglich als öffentlicher Erweis des Geistes, den Jesus aufgrund der Menschwerdung des Logos bereits besaß.

Ein zweiter Gesichtspunkt ergibt sich aus der Entwicklung der Trinitätslehre. Die Definition der Gleichwesentlichkeit des Sohnes mit dem Vater[1] durch das Konzil von Nikaia (325) führte zwar zur klareren Erkenntnis der Gleichwesentlichkeit des Geistes. Denn wenn der Geist nicht Gott ist, kann er uns, wie Athanasius und Basilius geltend machen, auch nicht mit Gott versöhnen und dem Bild des Sohnes gleichgestalten. Aber das Bekenntnis des Ersten Konzils von Konstantinopel (381) zum Geist als »Herrn und Lebensspender«[2] ist nicht annähernd so präzis wie die entsprechenden christologischen Formulierungen von Nikaia. Auch in der späteren Vätertheologie blieb die Lehre vom Geist sehr offen; in Ost und West bildeten sich unterschiedliche Theologoumena heraus. Während die Griechen vornehmlich vom Ausgang des Geistes vom Vater durch den Sohn sprachen, setzte sich im Westen seit Augustin die Rede vom Ausgang des Geistes vom Vater *und* vom Sohn (filioque) durch. Niemand stieß sich an dieser unterschiedlichen Sprechweise. Zum Bruch kam es darüber erst viel später durch eine Wolke von Missverständnissen, wie durch ein wachsendes Unverständnis für die unterschiedliche Gesamtmentalität, die hinter den unterschiedlichen Formeln stand. Heute weiß man wieder, dass beide Formeln in der Sache gar nicht so weit auseinander liegen. Aber es ist bezeichnend, dass der Osten bis heute das lateinische filioque und die dann sich äußernde Bindung des Geistes an den Sohn verantwortlich macht für den einseitigen westlichen Christozentrismus und die daraus abgeleitete sehr stark institutionell geprägte Ekklesiologie bis hin zum Anspruch des Papstes, vicarius Christi zu

---

[1] DH 125.

[2] DH 150.

sein. Ausgangspunkt der westlichen Trinitätslehre waren im Anschluss an Tertullian, Augustinus und später an Petrus Lombardus nicht die einzelnen trinitarischen Personen und ihr heilsgeschichtliches Wirken, sondern das eine Wesen Gottes, das in sich dreifaltig ist. Das angemessene Vorstellungsmodell für dieses Trinitätsverständnis ist der Kreis: der Vater zeugt den Sohn, der Geist aber ist die gemeinsame Liebe von Vater und Sohn (filioque). Im Geist schließt sich also der Kreis des innertrinischen Lebens. Der Geist ist sozusagen das Innerste und Verborgenste Gottes. Alles Wirken nach außen ist in dieser Konzeption allen drei göttlichen Personen gemeinsam. Diese Konzeption führte dazu, dass die Bedeutung der Trinität aus der Heilsgeschichte in die Metaphysik verlagert wurde.

So kam es in der Folge, wie Joseph Ratzinger formuliert, »zu einer Zerreißung in theologische Metaphysik einerseits und Geschichtstheologie auf der anderen Seite«. »Die Lehre von der Kirche wie die Lehre vom Heiligen Geist haben dadurch gleichermaßen gelitten. Kirche wurde nun nicht mehr pneumatisch-charismatisch, sondern ausschließlich von der Menschwerdung her, allzu irdisch geschlossen verstanden und schließlich ganz von den Machtkategorien westlichen Denkens her ausgelegt. Auf diese Weise wurde aber auch die Lehre vom Heiligen Geist ortlos; soweit sie nicht in reiner Erbaulichkeit ein kümmerliches Dasein weiterfristete, war sie in die allgemeine Trinitätsspekulation aufgesogen und damit praktisch ohne Funktion für das christliche Bewusstsein«.

Anders verhält es sich mit der östlichen Trinitätslehre. Ihr Ausgangspunkt ist nicht das eine Wesen Gottes, sondern der Vater. Er allein ist ho theos. Nicht nur der Sohn auch der Geist geht unmittelbar aus ihm hervor, wenngleich der Hervorgang des Geistes durch den des Sohnes bedingt ist. Der Geist ist gleichsam das Überschäumende, Überfließende der im Sohn offenbaren Liebe; so ist er die Offenbarung des Wesens des Sohnes, so wie der Sohn das Wesen des Vaters offenbart. Im Geist drängt die im Sohn offenbare Liebe nochmals über sich hinaus; im Geist drängt sie nach außen, zu weiterer Offenbarung Gottes. Der Geist ist hier sozusagen das Äußerste Gottes. Durch ihn wirkt Gott darum auch in der Schöpfung und in der Geschichte.

Beide Konzeptionen haben ihre spezifische Gefahren. Der westliche »Filioquismus« kann zu einem einseitigen Christozentrismus führen. Die Kirche wird dann einseitig von der Inkarnation her als

Christus prolongatus, als le Christ répandu (J. B. Bossuet), als fortlebender Christus (Johann Adam Möhler) verstanden. Ihr Ziel ist dann die Einwurzelung in der Welt und die Durchdringung der Welt bis hin zur Versuchung nach Beherrschung der Welt. Die östliche Konzeption dagegen kann zu einer relativen Verselbständigung des Geistes gegenüber dem Sohn führen, zu einer Mystik, die sich zwar nicht weltfeindlich und antiinstitutionell, aber oft genug doch indifferent gegenüber der Kirche als Institution und gegenüber der Welt verhält. Droht der römisch-katholischen Kirche die Gefahr einer weltlichen Verklärung, einer weltlichen theologia gloria, so der Ostkirche die einer himmlischen Verklärung, einer Glorie des Himmels auf Erden. Die östliche Liturgie versteht sich daher nicht so sehr als Vergegenwärtigung des irdischen Heilswerkes Christi, denn als Vergegenwärtigung der himmlischen Liturgie. Am Ende droht damit auch der ostkirchlichen Trinitätslehre, dass sie nicht heilsgeschichtlich, sondern übergeschichtlich gedacht ist.

Die Konsequenzen des Bruchs zwischen Ost und West zeigen sich am deutlichsten in der Sakramentenlehre und in der Folge in der Reformation. Das führt uns zu einem dritten Motiv in der geschichtlichen Entwicklung. Die alte Kirche – auch des Westens – kannte eine ausgesprochen pneumatologische Auffassung der Sakramente, besonders der Eucharistie. Die Epiklese, die Anrufung und die Herabrufung des Geistes auf die Gaben von Brot und Wein ist dafür ein wichtiges liturgisches Zeugnis. Die Heiligung der Gaben von Brot und Wein war nach dieser Vorstellung Werk des Heiligen Geistes. Dieses geistliche Verständnis wurde in den frühmittelalterlichen Abendmahlsstreitigkeiten im Sinn eines rein spirituellen Verständnisses missverstanden. Derselbe Humbert von Silva Candida, der 1054 den Bruch mit Konstantinopel vollzog, leitete ein streng christologisches Eucharistieverständnis ein. Betont wurden jetzt die Stiftungsworte: »Das ist mein Leib«, »das ist mein Blut«. Betont wurde die objektive Wirksamkeit dieser Worte ›ex opere operato‹; betont wurde die objektive Vergegenwärtigung Christi durch den Amtspriester. Das alles führte zur wohl größten Wende, den die katholische Ekklesiologie je erfuhr, zum Übergang von der Welt der Väter, für die die Sakramente ein Handeln des Geistes Gottes waren, das sich auf geheimnisvoller Weise sichtbarer Zeichen bediente, zur mittelalterlichen und neuzeitlichen Kirche und Theologie, die eher an der Struktur der sakramentalen Zeichen selbst interessiert war und so zu einer gewissen Verrechtlichung und Verdinglichung führte.

Was Folge des Bruchs zwischen Rom und Konstantinopel war, führte in weiterer Konsequenz zum Bruch zwischen Rom und Wittenberg. Die reformatorische Theologie protestierte gegen alle ›theologia gloriae‹ und proklamierte eine radikale ›theologia crucis‹. Doch das kritisch gegen jede menschliche und kirchliche Eigenmächtigkeit gewandte solus Christus in der Rechtfertigungslehre steht in der Gefahr, dass aus der Christozentrik geradezu ein Christomonismus wird. Der Sohn und der Geist werden dann zu Erscheinungsweisen des einen Gottes. Eine solche modalistische Gefahr wird bei Luther immerhin deutlich, sie liegt heute tendenziell bei Karl Barth vor; akut wurde sie bei Friedrich Schleiermacher und manchen ihm heute wieder mehr als noch vor zehn Jahren folgenden protestantischen Theologen. Damit ist die westliche Tradition geradezu ins Extrem getrieben. Die protestantische Pneumatologie bietet deshalb auch kaum einen Ausweg aus dem Dilemma. Gegen Rom betont Luther zwar die Freiheit des Geistes; gegen die Schwärmer die Bindung des Geistes an Gottes äußerliche Wort und Sakrament. Die Position zwischen Rom und den Schwärmern konnte die Reformation nie voll klären. Die Geschichte der protestantischen Theologie und Kirche ist weithin ein Schwanken und eine Auseinandersetzung zwischen diesen beiden Polen.

Damit dürfte deutlich geworden sein, welch hohe ökumenische Bedeutung einer Neuorientierung der Pneumatologie zukommt. Nicht umsonst hat Lukas Vischer jüngst als ein wichtiges Element zur Annäherung der getrennten Kirchen die Erneuerung der Epiklese in allen Kirchen vorgeschlagen. In der Epiklese geht es ja nicht nur um eine liturgische Frage, sondern darum, wie sich die Kirche und ihre Ämter ›im Geist‹ verstehen. Die reformatorische Position hat ihr Recht und ihre Größe als kritisches Korrektiv. Ihr ›solus Christus‹ und ihr darin begründetes ›sola scriptura‹ zwingt uns, hinter alle Spekulation auf die Ursprünge zurückzugehen und nach der geschichtlichen Weise der Offenbarung Gottes durch Christus im Heiligen Geist zu fragen, um von dorther einen neuen Ansatz zu versuchen.

III. Versuch eines Neuansatzes in der Schrift

Wenn wir in der Schrift nach einem Ausweg aus dem Dilemma suchen, dann müssen wir bei der heilsgeschichtlichen Offenbarung Gottes selbst ansetzen. In der Schrift wird lediglich der Vater als ho theos bezeichnet. Er ist Ausgangspunkt und Ziel allen Geschehens. Er offenbart sich im Kommen seines Sohnes. Die sich selbst mitteilende Liebe Gottes im Sohn strömt auf uns über im Heiligen Geist *(Röm 5,5)*. Die gelegentlichen trinitarischen Formeln, die sich schon in der Schrift finden, sind nichts anderes als eine zusammenfassende Beschreibung dieser heilsgeschichtlichen Erfahrung. Fragen wir nun genauer nach dem Verhältnis von Christus und Geist, dann begegnen wir in der Schrift zwei, auf den ersten Blick konträr zu einander verlaufenden Aussagereihen, und das ganze schwierige Problem einer sachgemäßen Verhältnisbestimmung von Christologie und Pneumatologie kann auf die Frage gebracht werden, wie sich diese beiden Aussagereihen verhalten.

Die erste Aussagereihe liegt vor allem in den Evangelien vor. Sie ist geprägt vom alttestamentlichen Geistverständnis. Der Geist ist Gottes Schöpfungs- und Geschichtsmacht. Er ist gleichsam Gottes beseelender lebenspendender Atem, der durch die ganze Schöpfung geht und von allem Anfang an (vgl. *Gen 1,2*) alles ordnet, lenkt und belebt.

Die Vätertheologie des Ostens wie des Westens betont diese Wirksamkeit des Geistes in der Schöpfung unablässig. Durch seinen Geist wirkt Gott vor allem in der Geschichte, der Geist erweckt und befähigt charismatisch einzelne Männer zu außerordentlichen Taten. Qui locutus est per prophetas!

Der erwartete Messias gilt als der Geistträger schlechthin *(Jes 11,2)*. Überhaupt wird für die Endzeit eine allgemeine Ausgießung des Geistes erwartet *(Joel 2,28f.; Apg 2,17f.)*. Der Geist ist die Macht und Kraft, der die neue Schöpfung, das neue Herz und den neuen Menschen hervorbringt *(Ez 36,26f.; Ps 51,12)*. Durch ihn wird unter Seufzen das Harren und Sehnen der Kreatur, die sich ausstreckt nach dem Kommen des Reiches der Freiheit der Söhne Gottes, erfüllt *(Röm 8,19–28)*. Dieser Geist ruht nach dem Neuen Testament in besonderer Weise auf Jesus Christus. Er ist gezeugt aus dem heiligen Geist *(Mt 1,18.20; Lk. 1,35)*, bei der Taufe wird er durch den Geist in sein messianisches Amt eingesetzt (*Mk 1,10* par.), er wirkt in der Kraft des

Geistes (*Mk 1,12; Mt. 12,28; Lk 4,14.18* u.ö.), am Kreuz bringt er sich im heiligen Geist dem Vater als Opfer dar (*Hebr 9,14*), schließlich wird er auferweckt durch die Macht des Geistes (*Röm 1,4; 8,11*), er wird dadurch selbst zu einem »lebenspendenden Geist« (*1 Kor 15,45*).

Die Christologie scheint an diesen Stellen fast eine Funktion der Pneumatologie zu sein. Der Geist ist hier die alles umgreifende und schöpferische und neuschöpferische Macht Gottes in der Welt, die Macht, die auch Jesus Christus als den neuen Adam hervorbringt und in der Kraft dieser Macht sein Heilswerk tut. Diese Pneuma-Christologie kann sehr leicht den Zusammenhang von Schöpfung und Erlösung und damit die universale Bedeutung Christi wahren. Sie kann im Glauben verstehbar machen, dass der Geist Christi ›anonym‹ überall, in allen Religionen, aber auch in Kultur, Kunst, Wissenschaft am Werk ist. Damit kann sie viel ungezwungener als dies sonst der Fall ist ›erklären‹, in welcher Weise Gott das Heil aller Menschen, auch der Nichtchristen, in wirksamer Weise will. Wilhelm Thüsing hat deshalb als Exeget mit Recht darauf hingewiesen, dass der Versuch von Karl Rahner mit Hilfe seiner transzendentalen Methode der Christologie eine universale Weite zu geben, um so auch den christologischen Absolutheitsanspruch »verständlich« zu machen, biblisch seine Entsprechung hat in der Pneumatologie.

So gut die Pneuma-Christologie die Universalität des Anspruchs und der Bedeutung Jesu Christi wahren kann, so sehr steht sie doch auch in Gefahr, seine Einmaligkeit aus dem Auge zu verlieren und die einmalige Person Jesu Christi als besonderen Träger und Symbol eines allgemeinen Christusprinzips zu erklären. So wird verständlich, dass sie schon bald nachdem die christologische Lehrentwicklung in der alten Kirche einsetzte, des Adoptianismus verdächtig erschien und durch die Logos-Christologie verdrängt wurde. Zum Zug kam jetzt die zweite Aussagereihe der Schrift über das Verhältnis von Christologie und Pneumatologie. Unter diesem zweiten Gesichtspunkt ist der Geist der Geist Christi (*Röm 8,9*; vgl. *Phil 1,19*) beziehungsweise der Geist des Sohnes (*Gal 4,6*); ja »der Herr ist der Geist« (*2 Kor 3,17*). Der Geist ist die gegenwärtige Wirklichkeit, die Ausstrahlungskraft des erhöhten Christus. Durch den Geist und »im Geist« sind wir »in Christus« (beide Aussagen sind für Paulus austauschbar); »im Geist« sind wir »Leib Christi« (*1 Kor 12,13*). Die Aufgabe des Geistes ist es, an Wort und Werk von Jesus Christus zu erinnern (*Joh 14,26; 16,13f.*)

und Jesus erinnernd gegenwärtig zu machen. Nach diesen Stellen hat der Geist an die einmalige und endgültige Bedeutung Christi zu erinnern. Auf diese Weise kann die Einmaligkeit von Jesus Christus überzeugend festgehalten werden. Doch nun droht die gegenteilige Gefahr. Die Pneumatologie erscheint zumindest auf den ersten Blick fast als eine Funktion der Christologie. Der Geist scheint, und nicht wenige von der Religionsgeschichte herkommende Ausleger haben es so verstanden, als eine Art unpersönliche Kraft, ein Fluidum und Medium, eine Funktion oder mehr philosophisch gedacht, als ein Prinzip. Offensichtlich ist es in der Schrift so jedoch nicht gemeint. Nach der Schrift geschieht die Vergegenwärtigung Jesu Christi durch den Geist gerade nicht nach der Weise des toten Buchstaben, sondern in Freiheit *(2 Kor 3,6–18)*, nicht auf gesetzliche Weise, sondern in prophetisch-charismatischer Weise. Der Geist erinnert nicht nur an Christus, er macht auch das Künftige kund *(Joh 16,13)* und lehrt uns so, noch größere Werke zu tun als Christus sie getan hat *(Joh 14,12)*. Er ist die Verheißung (*Lk 24,49* u.ö.) und das Angeld dieser Verheißung *(2 Kor 1,22; Eph 1,14)*. Wir können auch sagen: Durch Christus ist das endgültig und unüberbietbar Neue gekommen, der Geist stellt uns dieses Neue immer wieder neu in seiner Neuheit zur Verfügung; er ist der offene Raum des je Neuen.

Schaut man genauer zu, dann bilden die beiden Ansätze in der Schrift eine einzige große Bewegung. Sie geht aus von Gott, und findet ihren Höhepunkt in der Fülle der Zeit durch Jesus Christus. In Christus ist Gott schon jetzt »alles in allem« *(2 Kor 15,28)*. Die weitere Wirksamkeit des Geistes kann nur noch darin bestehen, die Wirklichkeit Jesu Christi zu universalisieren beziehungsweise alle Wirklichkeit in ihm zu integrieren und so nach dem Gesetz der überbietenden Erfüllung, der Schöpfung in Jesus Christus und der Wirklichkeit Christi in der Wirksamkeit des Geistes. Das Thema vom Überfluss ist das eigentliche Thema der Heilsgeschichte (Joseph Ratzinger). Wir müssen diesem Thema systematisch nun noch etwas genauer nachgehen. Aus dem eschatologischen Charakter dieser Offenbarung Gottes durch Jesus Christus folgt nämlich die Notwendigkeit, dass Gott sich hier endgültig und unüberbietbar offenbart als der, der er ist.

In diesem Sinn sagt die Schrift: »Gott ist die Liebe« *(1 Joh 4,16)*. Als diese sich selbst mitteilende Liebe hat Gott sich durch Christus endgültig erwiesen. Das besagt, dass Gott im Sohn von Ewigkeit her sich selbst mitteilende Liebe ist, und dass diese Liebe im Geist sich von Ewigkeit her ihres eigenen Überflusses, ihrer eigenen Freiheit inne wird. Im Geist »ersieht« Gott die Möglichkeit einer ihn selbst überschreitenden und überbietenden Geschichte. Der Geist ist in Gott gleichsam die transzendentale Möglichkeitsbedingung der Schöpfung und der Geschichte. Der Geist ist also die sich selbst überbietende und übertreffende Liebe. Er ist die überschäumende Freude und das Ergötzen, die Faszination (Heribert Mühlen) des Vaters an seinem Sohn. Er ist damit zugleich das innerste Wesen (lateinische Tradition) wie das sich überbietende und verströmende Äußerste Gottes (griechische Tradition). Hier besteht in der Sache kein ausschließender Gegensatz, sondern eine innere Einheit, die man so formulieren kann: Es ist die Freiheit, die Freude und der Glanz der Liebe, dass sie gerade dann bei sich ist, indem sie beim anderen und für den anderen da ist.

Das führt uns zu einer neuen Analogieformel: Bei aller Freiheit je größere Treue, bei aller Sendung je größere Sammlung, bei aller Aktion je größere Kontemplation, bei aller Universalität je größere Konkretheit, bei allem Überfluss je größerer Verzicht (Kenosis), bei allem Enthusiasmus je größere Nüchternheit, gerade sie gehört zur »Unterscheidung der Geister« *(1 Kor 14,1f.19)*. In dieser Analogia caritatis könnten Ost und West sich treffen. Damit könnte auch in kritischer und schöpferischer Weise weitergedacht werden, was Hegel als konkrete Idee und als die Dialektik der Liebe zu denken versuchte. Es wäre aber das hinzuzunehmen, was bei Hegel fehlt: das je Größere des Überflusses an Freiheit, den Liebe bedeutet. Dieser Überfluss verhindert, dass es – wie bei Georg Wilhelm Friedrich Hegel und Karl Marx – zu einer Identität von Freiheit und Notwendigkeit, von Idee und Wirklichkeit kommt. Die Beachtung der pneumatologischen Dimension sprengt alle reine Logik und Dialektik, ohne dass alles aufgeht in dionysischen rauschhaften Überschwang. Im Geist ist der Logos aufgehoben, das heißt in überbietender Weise zur Erfüllung gebracht.

IV. Eine neue Geist-Christologie

Bereits die bisherigen Überlegungen zeigen, wie eine vertiefte Pneumatologie helfen könnte, manche Aporien der traditionellen Christologie zu lösen. Hat man nämlich einmal die Analogia caritatis verstanden, wonach Liebe gerade dadurch frei ist, dass sie ganz beim Andern ist, dann wird auch verständlich, wie Jesus dieser eine, konkrete, unvertauschbare Mensch zugleich der universale Christus sein kann, der derselbe ist »gestern und heute und in Ewigkeit« *(Hebr 13,8)*. Es wird verstehbar, wie Jesus ganz partikulär den Weg Israels vollenden, nur zum Haus Israel gesandt sein kann *(Mt 15,24)* und wie er zugleich ganz universal den Weg zu allen Völkern weisen kann *(Mt 28,19)*. Es wird verstehbar, wie Jesus Christus als Herr und Haupt seiner Kirche dieser gegenüber sein kann und wie er doch zugleich in und durch seine Kirche fortleben und fortwirken kann. Dies alles ist möglich »im Geist«.

Versuchen wir einer solchen Geist-Christologie etwas weiter nachzudenken, dann werden wir auf zwei Stichworte der Schultheologie verwiesen: gratia unionis und gratia capitis. Sie entsprechen den beiden Aussagereihen des Neuen Testaments über das Verhältnis von Geist und Christus. Unter dem Stichwort der gratia unionis geht es um die Konstitution der gottmenschlichen Wirklichkeit Christi durch die Kraft des Heiligen Geistes. Unter dem Stichwort der gratia capitis geht es um die Universalisierung der Wirklichkeit Jesu Christi als dem Haupt seines Leibes.

Wir gehen zunächst davon aus, dass die Vereinigung mit der göttlichen Natur für die menschliche Natur eine einmalige Gnade bedeutet, die zugleich Urbild und Prinzip aller Begnadung ist. Diese Begnadung der menschlichen Natur durch die Einheit mit Gott nennt die Vätertheologie bildhaft »Salbung«. Die traditionelle Theologie schreibt diese Salbung meist dem Logos zu; allein der Logos ist ja Mensch geworden. Dennoch sprechen die Schrift und viele Väter von einer Salbung Jesu durch den Geist *(Jes 61,4; Lk 4,21; Apg 10,30)*. Beides kann offensichtlich nur durch eine vertiefte Verhältnisbestimmung von Logos und Pneuma verbunden werden. Fasst man das Pneuma als die sich selbst überbietende, nach außen drängende Freiheit Gottes in seiner sich selbst mitteilenden Liebe, dann ist der Geist zwar innertrinitarisch der Zeugung des Sohnes nachgeordnet, heilsgeschichtlich dagegen ist er die Voraussetzung und der Ermöglichungsgrund, gleichsam der Wegbereiter der Menschwerdung des Logos. Im Geist und durch den Geist führt Gott ja die Schöpfung ihrer eschatologischen Vollendung entgegen, die in Jesus Christus schon angesprochen ist. Der Geist ist es also, der in Jesu den neuen Adam und das neue Ebenbild Gottes schafft. Lukas formuliert diesen Sachverhalt äußerst präzise: Weil Jesus in unvergleichlicher Weise von Maria durch den Geist empfangen wird, *deshalb* wird er Sohn Gottes heißen *(Lk 1,35)*.

Der Geist schafft also in einem neuen Schöpfungsakt die menschliche Natur, die der Logos annimmt. Er gibt dieser menschlichen Natur die Offenheit, aufgrund derer sie ganz Hohlform und Leerform für die Selbstmitteilung Gottes ist. Durch die neu schaffende Wirksamkeit des Geistes findet Gott in Jesus den Partner, den er sonst bei den Menschen nicht gefunden hat. Die Heiligung der Menschheit Jesu durch den Geist und seine Gaben ist also nicht, wie es die Schultheologie darstellt, eine akzidentelle Folge der Heiligung durch den Logos, sondern umgekehrt deren Voraussetzung.

Auf die innere Geschichte, die das Verhältnis von Logos und Pneuma in Christus in Taufe, Verklärung, Tod, Auferweckung hat, kann hier nicht eingegangen werden. Wir gehen gleich zur Geistsendung über. Die Heiligung der Menschheit Jesu ist ja Urbild und Prinzip der Heiligung der gesamten Menschheit. Diese Universalisierung der Wirklichkeit Jesu Christi geschieht nach der Schrift durch den Geist. Doch es genügt nicht zu sagen, Aufgabe des Geistes sei es, Person und Werk Jesu zu vergegenwärtigen. Soll der Geist nicht zum Funktionär Christi werden, muss man zumindest sagen: der Geist vergegenwärtigt Jesu in seiner Geisterfülltheit und Geistgewirktheit. Das heißt aber zu Ende gedacht: Die Gnade Christi ist der Geist selber. Die meisten Theologen haben sich jedoch beeilt, dieser Aussage hinzuzufügen, dieses begnadete Wirken werde dem Geist nur zugeschrieben (appropriiert). Nur wenige Theologen nehmen unter beträchtlichen Denkanstrengungen eine persönliche (sogenannte nichtappropriierte) Einwohnung des Geistes an (Dionysius Petavius, Louis Thomassin, Carlo Passaglia, Matthias Joseph Scheeben, Heribert Schauf). Doch nur dann, wenn der Geist selbst in seinem personalen Eigenstand die Gnade Christi ist, kann die relative Eigenständigkeit der Aneignung des Werkes Christi zur Geltung gebracht werden. Nur dann ist der Geist derjenige, der gerade in der Bindung an Person und Werk Jesu Christi freimacht. Der Geist ist dann der »Unbekannte jenseits des Wortes« (Hans Urs von Balthasar), dessen Wirken niemand gängelt, nicht mit Rezepten und nachschlagbaren Fahrplänen ausstattet, sondern in den Raum der Freiheit stellt. Im Geist lässt sich daher auch die Kirche als Institution der Freiheit begreifen.

V. Kirche im Heiligen Geist

Wir können zu diesem Thema abschließend nur noch zwei Thesen formulieren, ohne sie im Einzelnen begründen zu können.

Erstens: In der Kirche ist nicht die charismatische Dimension innerhalb des Rahmens der institutionellen Struktur zu sehen. Es sind vielmehr umgekehrt die institutionellen Strukturen als Konsequenz, als Zeichen und Materialisationen der Sendung des Geistes zu begreifen. Die charismatische Dimension ist Grund und Wurzel der Kirche als Institution.

Diese These kann durch einen Hinweis auf den Anfang der Kirche illustriert werden. Es besteht heute ein weitgehender Konsens darüber, dass man die Entstehung der Kirche nicht direkt auf ein Einsetzungswort des historischen Jesus zurückführen kann. Die Sammlung zur Kirche geschah nach Ostern »im Geist«; aber sie geschah so, dass der Geist dabei an Wort und Werk des irdischen Jesus und an den vorösterlichen Jüngerkreis anknüpfte. Die Kontinuität zwischen Christus und der Kirche ist also primär durch den Geist vermittelt; die historische Sukzession ist dafür ein Zeichen, sie ist nicht die Sache selbst. Daraus ergeben sich Recht wie Grenzen der institutionellen Elemente der Kirche. Dass dies Konsequenzen haben könnte für das Verständnis der successio apostolica und für die Frage der gegenseitigen Anerkennung der Ämter, liegt auf der Hand.

Zweitens: Der Geist ist nicht nur Grund und Wurzel, sondern auch die Frucht der Wirksamkeit der Kirche, ihrer Sakramente und Ämter. Die charismatische Dimension ist nicht ein akzidenteller Zusatz, der – wo man ihn nicht von vornherein als gefährlich ansieht – vielleicht wünschenswert, aber nicht unbedingt notwendig ist, weil die ›objektiven‹ Strukturen nötigenfalls auch ohne sie funktionieren. Ohne geistliche Fruchtbarkeit sind die kirchlichen Strukturen tot.

Die Repraesentatio Christi geschieht nicht aufgrund des nackten Amtes, sondern als typologische Verwirklichung des Geistes Christi, forma facta gregis ex animo *(1 Petr 5,3)*. Es gibt das nackte Amt, die nackte Autorität und Struktur nur als äußersten Grenzfall. Für Paulus ist sie nur eine Eventualität und Drohung *(Phlm 8; 2 Kor 13,2.10)*. Ähnliches ist von den Sakramenten zu sagen. Die Tradition sprach von einem geistlichen Empfang. Sie hat diesen fruchtbaren Empfang aber gewöhnlich dem Geist nur zugeschrieben (appropriiert), nicht den Geist selbst als die Frucht der Sakramente bezeichnet. Die Erlösungsfrucht blieb damit merkwürdig abstrakt und unlebendig. Man sprach von Wiedergeburt, Rechtfertigung und Heiligung; aber ist damit ausgeschöpft, was die Schrift das »Erfülltwerden vom Heiligen Geist« nennt? Wenn wir der ganzen Breite der Schriftaussagen über den Geist gerecht werden wollen, dann müssen wir auch das Überbietende und Überschäumende der charismatischen Dimension ernst nehmen. Hier liegt sicher ein berechtigtes Anliegen der Schwärmer. Sie mahnen die Kirche, den Geist nicht auszulöschen *(1 Thess 5,19)*. Denn die sind Söhne Gottes, die vom Geist umgetrieben werden *(Röm 8,14)*. Ohne diese charismatische Dimension fehlt der Kirche etwas Wesentliches an ihrer Fülle.

Erneuerung der Kirche kann nur geistliche Erneuerung sein. Die Theologie hat dazu ihren Beitrag zu leisten, indem sie den Geist zu Verstande bringt. Es fehlen uns ja noch weitgehend die angemessenen Kategorien um ›Pneuma‹ im Unterschied zu Logos und Nous überhaupt zu denken. Diese Ausführungen wollten mehr eine Aufgabe stellen als bereits eine fertige Lösung formulieren. Höchstens Lösungsansätze für eine Theologie des Geistes sind in kritischer Anknüpfung an Hegels Geistphilosophie deutlich geworden. Gelingt es, hier weiterzukommen, dann könnte dies ein Beitrag sein zu einer neuen Spiritualität, die davon ausgeht, dass der Geist, der im Herzen Jesu lebendig ist, die überbietende Erfüllung des Geistes ist, der unter Seufzen und Drängen, unter Suchen und Fragen in unseren Herzen lebendig ist. Er drängt uns nicht aus der Welt heraus, weder zu einer Flucht nach oben oder zu einer Flucht nach vorn. Er, der überall in der Schöpfung wirkt, drängt uns mit der Welt zusammen nach vorn dem Reich der Freiheit der Söhne Gottes entgegen zu einer Freiheit, die ihre Erfüllung findet im Dienst der Liebe, aber auch im Fest der Freude, die den Ausbruch der neuen Schöpfung feiernd vorwegnimmt und so Zeichen der Hoffnung sein kann für das Kommen des Reiches der Freiheit, das unsere Hoffnung ist und das der Geist auch uns heraufführen will.

»Einer aus der Trinität ...«
Zur Neubegründung einer spirituellen Christologie in trinitätstheologischer Perspektive

I. Das Dogma von Chalkedon unter Anklage

Das Glaubensbekenntnis des Vierten allgemeinen Konzils zu Chalkedon im Jahr 451 gehört ohne Zweifel zu den großen Formeln der Christenheit. Dieses Bekenntnis zu Jesus Christus, wahrer Gott und wahrer Mensch in einer Person, gilt als zusammenfassende lehrhafte Auslegung des Christusgeheimnisses. In Gestalt eines Dogmas gibt es das Kerygma der Heiligen Schrift wieder: »Und das Wort ist Fleisch geworden« *(Joh 1,14)*. Nicht selten sieht man in diesem Dogma darüber hinaus eine zusammenfassende Wesensbestimmung des Christlichen überhaupt. Man spricht von einem gott-menschlichen Prinzip, das, ausgehend von seiner urbildlichen Verwirklichung in Jesus Christus, sich in analoger Weise spiegelt im Geheimnis der Kirche, die »in einer nicht unbedeutenden Analogie dem Mysterium des fleischgewordenen Wortes ähnlich« ist.[1] So bringt dieses Dogma das Urskandalon des Christlichen zum Ausdruck: Gott in Menschengestalt, Gott am Kreuz (vgl. *1 Kor 1*).

Deshalb darf es nicht überraschen, dass gerade das Dogma von Chalkedon »zu einer Art Reizwort« (Peter Stockmeier) und »geradezu zu einem roten Tuch« (Gerhard Ebeling) geworden ist. Bereits im Johannesevangelium wird der Einwand formuliert: »Du, der du ein Mensch bist, machst dich zu Gott« *(Joh 10,33)*. Dem Echo dieses Einwands begegnen wir in der alten Kirche immer wieder: bei Kelsos,

---

[1] LG 8. Vgl. dazu Y. Congar, Dogme christologique et Ecclésiologie. Vérité et limites d'un parallèle, in: A. Grillmeier/H. Bacht (Hg.), Das Konzil von Chalkedon. Geschichte und Gegenwart, Bd. 3, Würzburg 1954, 239–286; F. X. Arnold, Das gottmenschliche Prinzip der Seelsorge und die Gestaltung der christlichen Frömmigkeit, in: ebd., 287–340.

Julian dem Apostaten, Porphyrios. Ihnen erschien das Glaubensbekenntnis der Kirche als ein großer Rückfall hinter die Aufklärung der Philosophen und die philosophische Überwindung des Polytheismus, des Köhlerglaubens, wonach Götter in Menschengestalt erscheinen.[2] Mutatis mutandis begegnet uns heute eine ähnliche Kritik, sei es vom Standpunkt eines philosophischen Glaubens (Karl Jaspers), welcher dem Dogma von Chalkedon eine Vergegenständlichung des seinem Wesen nach ungegenständlichen Gottes zum Vorwurf macht. Ähnlich hat erst jüngst John Hick vom Standpunkt der Sprachphilosophie aus vom Mythos vom fleischgewordenen Gott gesprochen.[3]

Auch innerhalb der Kirche und der Theologie war und ist Chalkedon ein Stein des Anstoßes. Ähnlich wie dieses Dogma im fünften und sechsten Jahrhundert die Christenheit in chalkedonische und nichtchalkedonische Kirchen (Kopten, Jakobiten, Armenier, Äthiopier) gespalten hat, ist auch die heutige Theologie über Chalkedon geteilter Meinung. Man hat sogar gesagt, in der heutigen Theologie werde Chalkedon der Prozess gemacht.[4] Der Grund ist freilich weniger die Tatsache, dass man dieses Dogma als Herausforderung versteht, sondern eher im Gegenteil, dass man es im Grunde oft gar nicht mehr versteht und als für den heutigen Menschen irrelevante und unverständliche Spekulation abtut. Schon Martin Luther, der dieses Dogma prinzipiell bejahte, fragte: »Christus hat zwei Naturen. Was geht das mich an?« Nicht was Jesus Christus in sich ist, sondern was er für mich und für uns bedeutet, war ihm wichtig.[5] Philipp Melanchthon und noch mehr der Pietismus folgten ihm darin. Die liberale Theologie nahm diese Kritik bereitwillig auf und konzentrierte sich seit Friedrich Schleiermacher auf die Kritik des metaphysischen, essentialisti-

---

2 Vgl. A. Grillmeier, Moderne Hermeneutik und altkirchliche Christologie. Zur Diskussion um die chalkedonische Christologie heute, in: ders., Mit ihm und in ihm. Christologische Forschungen und Perspektiven, Freiburg 1975, 489.

3 J. Hick (Hg.), Wurde Gott Mensch? Der Mythos vom fleischgewordenen Gott, Gütersloh, 1979.

4 B. Sesboüé, Le procès contemporain de Chalcédoine. Bilan et perspectives, in: RSR 65 (1977) 45–79.

5 M. Luther, Predigt 520 vom 14. Mai 1525, in: WA 16, 228 f. Vgl. P. Melanchthon, Loci communes (1521) introd.: »hoc est Christum cognoscere beneficia eius cognoscere, non, quod isti docent, eius naturas, modos incarnationis contueri«, in: WW II/1 (ed. R. Stupperich), Gütersloh 1952, 7.

schen Denkens.[6] Adolf von Harnack meinte, die kahlen, negativen Bestimmungen dieses Dogmas »entbehren des warmen, konkreten Gehaltes; sie machen aus der Brücke, die dem Gläubigen sein Glaube ist, aus der Brücke von der Erde zum Himmel eine Linie, die schmaler ist als das Haar, auf dem die Bekenner des Islam einst in das Paradies einzugehen hoffen«.[7] Es ist nicht schwer, in der gegenwärtigen Theologie viele in die gleiche Richtung zielende Aussagen zu finden – bei protestantischen wie bei katholischen Theologen. Fast überall ist von der Aporie der sogenannten Zwei-Naturen-Lehre die Rede, bei Paul Tillich, Karl Rahner, Wolfhart Pannenberg, Piet Schoonenberg, Hans Küng, Dietrich Wiederkehr und vielen anderen.[8]

Als das eigentliche Ärgernis gilt heute freilich nicht so sehr das Christusdogma als vielmehr die Kirche und ihr Dogma, das beansprucht, in geschichtlich bedingter Weise Allgemeingültiges und Endgültiges von Gott aussagen zu können.[9] In der Tat wissen wir heute aufgrund eingehender historischer Forschung weit besser als früher um das Menschliche und allzu oft allzu Menschliche und Zeitgebundene, das auch bei der Ausbildung des Dogmas von Chalkedon eine Rolle spielte: Rivalitäten zwischen großen Bischofssitzen, zwischen Alexandrien und Antiochien, aber auch zwischen Konstantinopel und Rom, kaiserlicher Macht und Druck der kaiserlichen Kommissare, welche dem Konzil die Formulierung eines neuen Bekenntnisses fast aufzwingen mussten, Schulstreitigkeiten, Mönchsgezänk und vieles andere mehr. Dabei hat der in Chalkedon nach vielen Widerständen nur mühsam erreichte Kompromiss gar nicht lange gehalten. Er war sofort wieder Gegenstand neuen Streits, und er konnte erst durch die

---

[6] F. Schleiermacher, Der christliche Glaube 2, § 96 (ed. M. Redeker), Berlin 1960, 48–58.

[7] A. von Harnack, Lehrbuch der Dogmengeschichte II, Freiburg i. Br. – Leipzig ³1894, 397.

[8] Einzelnachweise bei Sesboüé, Le procès contemporain de Chalcédoine (wie Anm. 4). Vgl. auch C. Schönborn, »Aporie der Zweinaturenlehre«. Überlegungen zur Christologie von Wolfhart Pannenberg, in: FZPhTh 24 (1977) 428–445, und die Antwort von W. Pannenberg, Zur »Aporie der Zweinaturenlehre«. Brief an Christoph von Schönborn, in: FZPhTh 25 (1978) 100–103.

[9] Grillmeier, Moderne Hermeneutik und altkirchliche Christologie (wie Anm. 2), 89 f. Genau dies war die Grundfrage in der von H. Küng ausgelösten Unfehlbarkeitsdebatte.

wiederum bis heute umstrittene sogenannte neuchalkedonische Interpretation auf dem nächsten allgemeinen Konzil in Konstantinopel (553) unter höchst unerfreulichen, ja beschämenden Umständen durchgesetzt werden. Die Frage scheint berechtigt: Wie kann etwas so Gewordenes und Zeitgebundenes auftreten mit dem Anspruch der Unfehlbarkeit und bleibender Gültigkeit? Wie kann überhaupt Absolutes in der Geschichte anders als in relativer und vorläufiger Weise zu Wort kommen?

Doch gerade diese Fragen machen deutlich, dass die Frage, die hinter dem Dogma von Chalkedon steht, bei allen inzwischen eingetretenen Horizontverschiebungen der Sache nach auch heute noch unsere Frage ist. Es ist die Frage nach Einheit und Unterschiedenheit von Gott und Mensch, nach der Stellung und Bedeutung des Menschlichen im Christlichen. Es geht um die endgültige Bedeutung der Menschheit Christi für unser Heil und um die Bedeutung unserer menschlichen Geschichtlichkeit für die Heilsvermittlung. Diese Fragen bildeten bekanntlich auch den Kern der Kontroversen mit den Reformatoren im 16. Jahrhundert.[10] Wir können also festhalten, dass es in Chalkedon in einer Einzelfrage, die heute vielen abstrakt, welt- und bibelfern vorkommen mag, offensichtlich um das rechte Verständnis des Ganzen des christlichen Glaubens geht. Es geht um die Wesensbestimmung des Christlichen und um das Humanum im Christianum.

Wir wollen diese theologische Grundfrage hier nicht abstrakt und allgemein erörtern. Wir wollen vielmehr die Antwort eruieren und interpretieren, welche das Konzil von Chalkedon vor mehr als 1500 Jahren gegeben hat. Ein paar interessante Ergebnisse der neueren Forschung geben dafür wichtige neue Aufschlüsse, welche die Grundlage für eine heutige Neuinterpretation von Chalkedon sein können.

---

10 Vgl. Congar, Regards et réflexions sur la christologie de Luther, in: Grillmeier/Bacht (Hg.), Das Konzil von Chalkedon (wie Anm. 1), 457–486; ders., Martin Luther. Sa foi, sa réforme, Paris 1983, 105–134; M. Lienhard, Martin Luthers christologisches Zeugnis. Entwicklung und Grundzüge seiner Christologie, Göttingen 1980 (Luther témoin de Jésus-Christ, Paris 1973); T. Beer, Der fröhliche Wechsel und Streit. Grundzüge der Theologie Martin Luthers, Einsiedeln 1980.

II. Einige Lehren aus der neueren historischen Forschung

Die Problemstellung, vor der Chalkedon dogmen- und theologiegeschichtlich stand, ist bekannt und es genügt, sie hier nur knapp zu resümieren. Die beiden ersten allgemeinen Konzilien von Nikaia (325) und Konstantinopel (381) haben mit ihrem Bekenntnis den zentralen Inhalt des Kerygmas des Neuen Testaments verbindlich interpretiert: Der ewige Sohn Gottes, eines Wesens mit dem Vater, ist für uns und um unseres Heiles willen in der Zeit Mensch geworden. Dieses bis heute gültige liturgische Bekenntnis brauchte in Chalkedon nicht ergänzt zu werden; es enthielt in nuce den ganzen christlichen Glauben.[11]

Eine genauere Interpretation war jedoch notwendig geworden, weil sich hinsichtlich der Bestimmung der Menschwerdung zwei theologische Modelle gegenüberstanden, die – ins Extrem getrieben – beide den inneren Sinn des Bekenntnisses zerstörten und damit ins häretische Abseits gerieten: das Logos-sarx-Schema der Alexandriner mit der Betonung der Einheit von Gott und Mensch, und das Logos-anthropos-Schema der Antiochener mit dem Akzent auf der Unterscheidung von Gottheit und Menschheit in Christus.[12] Als diese Unterscheidungschristologie durch einige Äußerungen des Nestorios ins Zwielicht gebracht wurde,[13] stellte das Konzil von Ephesus (431) fest, dass ›ein und derselbe‹ von Ewigkeit her Sohn Gottes und in der Zeit Mensch geworden ist, dass Maria also mit Recht Gottesgebärerin

[11] Zum nicäno-konstantinopolitanischen Bekenntnis vgl. J. N. D. Kelly, Altchristliche Glaubensbekenntnisse. Geschichte und Theologie, Göttingen 1972; K. Lehmann, Dogmenhermeneutik am Beispiel der klassischen Christologie, in: B. Casper (Hg.), Jesus – Ort der Erfahrung Gottes. Mit Beiträgen von B. Casper u.a. (FS B. Welte), Freiburg 1976, 180–209; sowie den Literatur- und Forschungsüberblick von W. D. Hauschild, Grundprobleme altkirchlicher Dogmengeschichte, in: Beihefte zu EvTh 28 (1984) 4–32, bes. 25–32.

[12] Zu diesen beiden Modellen vgl. Grillmeier, Die theologische und sprachliche Vorbereitung der christologischen Formel von Chalcedon, in: A. Grillmeier/H. Bacht (Hg.), Das Konzil von Chalkedon, Bd. 1, Würzburg 1951, 67 ff.; ders., Jesus der Christus im Glauben der Kirche I, Freiburg 1979.

[13] Zur Neubewertung des Nestorios vgl. ders., Das Scandalum oecumenicum des Nestorios in kirchlich-dogmatischer und theologiegeschichtlicher Sicht, in: Grillmeier, Mit ihm und in ihm (wie Anm. 2), 245–282; ders., Jesus der Christus im Glauben der Kirche I (wie Anm. 12), 707 ff.

(Theotokos) genannt werden kann.[14] Die Unionsformel von 433 dagegen war wieder mehr aus dem Geist der Antiochener, aber mit Zustimmung der Alexandriner formuliert und hielt die Unterschiedenheit von Gottheit und Menschheit in der Einheit beider fest.[15] Genau diese Unterscheidung in der Einheit bestritt nun aber der fromme, theologisch aber naive Mönch Eutyches. Er meinte, die Menschheit Jesu gehe in der Gottheit auf wie ein Tropfen Milch im Meer. Die Frage war also, ob Christus nur aus zwei Naturen vor der Menschwerdung oder aber auch in zwei Naturen nach der Menschwerdung existiert.

Der lateinische Westen war an dieser Diskussion zunächst kaum beteiligt. Doch der Mangel an Tiefe der Spekulation wurde bis zu einem gewissen Grad ausgeglichen durch größere Klarheit in der Distinktion der Begriffe. Denn seit Tertullian war im Westen die Unterscheidung zwischen natura und persona geläufig;[16] Augustinus hat sie in eigenständiger Weise erneuert.[17] Auf diese Tradition konnte Papst Leo der Große in seinem bekannten Lehrschreiben an den Patriarchen Flavian zurückgreifen und damit zumindest auf der Ebene der Formulierung einen Kompromiss erreichen. Man ging aus von dem Bekenntnis zu ›ein und demselben‹ Sohn, unserem Herrn Jesus Christus, und man wiederholte dieses Bekenntnis zur Einheit in der Mitte und am Ende des Textes. Man fügte aber hinzu, dass innerhalb dieser Einheit der Unterschied der beiden Naturen bewahrt wird. Sie sind unvermischt und unverwandelt, aber auch ungetrennt und ungesondert. Jesus Christus ist also wahrer Gott und wahrer Mensch in einer Person und Hypostase.[18]

Bis vor kurzem sah man in dieser Formel von Chalkedon einen Sieg der westlichen Theologie, wie sie vor allem bei Leo dem Großen zum Ausdruck kam. Oft erblickte man darüber hinaus im Dogma von

---

14 DH 250 f.

15 DH 272.

16 Zu Tertullian vgl. R. Cantalamessa, La christologia di Tertulliano (Par. 18), Freiburg 1962; Grillmeier, Jesus der Christus im Glauben der Kirche (wie Anm. 12), 241–257.

17 Zu Augustinus vgl. W. Geerlings, Christus Exemplum. Studien zur Christologie und Christusverkündigung Augustins (TThSt 13), Mainz 1978; Grillmeier, Jesus der Christus im Glauben der Kirche (wie Anm. 12), 594–604.

18 DH 301 f.

Chalkedon eine Art dialektischen trennungschristologischen Gegenschlag zur einheitschristologischen Stellungnahme von Ephesus und wollte dann im Zweiten Konzil von Konstantinopel (533) wieder die neuchalkedonische Einheitschristologie[19] den Sieg davontragen sehen. Erst dieses Konzil brachte ja die voll ausgeprägte Lehre von der hypostatischen Union, wonach die menschliche Natur Jesu in der Hypostase des Logos subsistiert,[20] und es brachte diese Christologie ›von oben‹ auf die bizarr klingende Formel der skytischen Mönche: »Einer aus der heiligen Trinität hat im Fleisch gelitten«[21]. Diese dialektische Betrachtung der Dogmengeschichte konnte dann zu dem Missverständnis Anlass geben, als ließe sich von Chalkedon aus eine Christologie ›von unten‹ begründen, die man dann der voll ausgeprägten kirchlichen Lehre von der hypostatischen Union entgegensetzen könne.[22]

[19] Die neuere Forschungssituation bezüglich des Neuchalkedonismus wäre in diesem Zusammenhang ein eigenes weiteres wichtiges Thema, auf das hier jedoch nicht auch noch eingegangen werden kann. Eine vorzügliche Zusammenfassung und Bewertung der Diskussion findet sich bei A. Grillmeier, Der Neu-Chalkedonismus, in: ders., Mit ihm und in ihm (wie Anm. 2), 371–385. Danach steht die neuchalkedonische Interpretation von Chalkedon so, wie sie sich auf dem 2. allgemeinen Konzil von Konstantinopel (533) und in der folgenden Tradition, im Westen besonders durch den Einfluss des Thomas v. Aquin durchgesetzt hat (im Unterschied zu der der Vermittlung dienenden vorübergehenden zeitbedingten doppelgleisigen Terminologie der neuchalkedonischen Theologie im engeren historischen Sinn) in eindeutiger Kontinuität zu Chalkedon, besonders wenn dieses Konzil im Licht der hier zu referierenden neueren Forschung interpretiert wird.

[20] DH 424–430.

[21] Vgl. DH 424; 432. Zu dieser Formel vgl. A. Lachenschmid, Theopaschismus, in: LThK² 10, 83; J. Meyendorff, Le Christ dans la théologie byzantine, Paris 1969, 91–120; A. M. Ritter, Dogma und Lehre der Alten Kirche, in: HDThG I, 274 ff.

[22] So P. Schoonenberg, Der Gott der Menschen, Einsiedeln 1969, 52 ff. Wesentlich vorsichtiger K. Rahner, Jesus Christus – Sinn des Lebens, in: ders., Schriften zur Theologie 15, 206–216, bes. 220 ff. Die von K. Rahner gegebene Charakterisierung des Neuchalkedonismus ist historisch gesehen ungenau. Dogmatisch und systematisch gesehen, liegt an dieser Stelle freilich exakt der Unterschied zur Christologie von H. U. von Balthasar und in Konsequenz daraus der Kern des Unterschieds in der Trinitätslehre. Wenn die hier vorgetragenen dogmengeschichtlichen Einsichten zutreffen, wird man nicht umhin können, dem dogmatischen Ausgangspunkt Balthasars zuzustimmen. Die in hohem Maß durch die Mystik von Adrienne von Speyr bestimmte spekulative Ausgestaltung dieser dogmatischen Vorgegebenheiten, besonders die von der Sophiologie von S. Bul-

Diese Konstruktionen sind durch die neueren Forschungen widerlegt.[23] Es sind vor allem die glänzenden Untersuchungen von André Halleux, welche die Beurteilung des Konzils von Chalkedon auf eine neue Basis stellen. Halleux konnte auf ältere Forschungen zurückgreifen; seine Ergebnisse sind inzwischen sowohl von katholischen For-

---

gakow und letztlich von Hegel beeinflusste Eintragung der heilsökonomischen Kenosis in die immanente Trinität selbst, müsste freilich eigens diskutiert werden. Zur hier anstehenden Frage vgl. H. U. von Balthasar, Theodramatik IV, Einsiedeln 1983, 11, und die Bemerkungen von W. Breuning und W. Löser, in: W. Breuning (Hg.), Trinität. Aktuelle Perspektiven der Theologie (QD 101), Freiburg 1984, 18.26 ff.

23 Literatur zum christologischen Dogma von Chalkedon: M. Richard, L'introduction du mot ›hypostase‹ dans la théologie de l'incarnation, in: MSR 2 (1945) 5–32.243–270; A. Grillmeier/H. Bacht, Das Konzil von Chalkedon. Geschichte und Gegenwart, 3 Bde., Würzburg 1951–54 (wichtig für unseren Zusammenhang vor allem die Beiträge von A. Grillmeier, U. Ortiz de Urbina, C. Möller, K. Rahner); R. von Seilers, The Council of Chalcedon. A Historical and Doctrinal Survey, London 1953; H. M. Diepen, Le Trois Chapitres au concile de Chalcédon, in: MSR 11 (1954) 89–92; ders., Douze dialogues de Christologie ancienne, Rom 1960; H. Dörrte, Ὑπόστασις (Hypostasis). Wort- und Bedeutungsgeschichte, in: NAWG.PH (1955) 35–92; E. L. Fortin, The Definitio Fidei of Chalkedon and its Philosophical Sources, in: StPatr V/3 (= TU 80), Berlin 1962, 489–498; P. T. Camelot, Ephesus und Chalkedon (GÖK 2), Mainz 1963; T. Sagi-Bunic, »Duo perfecta« et »duae naturae« in definitione dogmatica Chalcedonensi: Laur. 5 (1964) 3–70.203–244.321–362; ders., »Deus perfectus et homo perfectus« a Concilio Ephesino (a. 431) ad Chalcedonense (a. 451), Rom 1965; J. Liébaert, Christologie, in: HDG III/1a; R. Cantalamessa, Tertullian et la formule christologique de Chalcédoine, in: StPatr 9,3 (= TU 94), Berlin 1966, 139–150; J. I. González Faus, La discussión holandese sobre Calcedonia, in: SelTeol (1972) 168–182; ders., Relectura de Calcedonia, in: ebd. 183 ff.; Grillmeier, Mit ihm und in ihm (wie Anm. 2); J. Sanna, Indicazioni per una interpretazione del dogma di Calcedonia, in: Miscellanea Lateranense 50/51, Rom 1975, 226–253; A. de Halleux, La définition christologique à Chalcédoine, in: RTL 7 (1976) 3–23.155–170; R. Marlé u. a., in: RSR 65 (1977); Hick (Hrsg.), Wurde Gott Mensch? (wie Anm. 3); Grillmeier, Jesus der Christus im Glauben der Kirche (wie Anm. 12); P. Stockmeier, Das Konzil von Chalkedon, in: J. Blank/G. Hasenhüttl (Hg.), Glaube an Jesus Christus, Düsseldorf 1980, 102–116; P. Schoonenberg, Denken über Chalkedon, in: ThQ 160 (1980) 295–305; L. Abramowski, Drei christologische Untersuchungen, Berlin 1981; L. R. Wickham, Art. Chalkedon, in: TRE 7, 668–675; B. Sesboüé, Jésus-Christ dans la tradition de l'Eglise. Pour une actualisation de la christologie de Chalcédoine, Paris 1982; A. M. Ritter, Dogma und Lehre in der alten Kirche, in: HDThG I, bes. 261–270.

schern (vor allem Alois Grillmeier) als auch von protestantischen Autoren (Adolf Martin Ritter, Luise Abramowski) rezipiert worden.

Halleux hat aufgrund einer eingehenden Text- und Quellenanalyse aufgezeigt, dass sich in der Definition des Konzils im Grunde nur ganze zwei wörtliche Anführungen aus dem Lehrschreiben Leos finden. Der übrige Text dagegen setzt sich mosaikhaft aus rein ostkirchlichen Formeln zusammen, vor allem aus dem Zweiten Brief Kyrills an Nestorius und aus der Unionsformel von 433, so wie diese in dem die Union besiegelnden Brief des Kyrill an den Patriarchen Johannes von Antiochien interpretiert wurde. Selbst die eindeutig auf Leo zurückgehende Formel, nach der in der Einheit die Eigentümlichkeit jeder Natur gewahrt bleibt, wurde einer ›cyrillisation stilistique‹ unterzogen. Daraus folgt, dass die christologische Formel von Chalkedon ein ziemlich homogenes östliches, ja ein überwiegend kyrillisches Bekenntnis darstellt, freilich mit einem leoninischen ›Stachel im Fleisch‹ (Ritter).

Dieses Ergebnis zeigt erstens, dass die Kontinuität der kirchlichen Lehrentwicklung viel größer ist, als man bisher meist annahm. Das gilt sowohl von der Kontinuität zwischen Ephesus und Chalkedon als auch von der Kontinuität zwischen Chalkedon und dessen neuchalkedonischer Interpretation durch Konstantinopel. Das bedeutet, dass es nicht länger möglich ist, Chalkedon gegen Ephesus und Konstantinopel auszuspielen und im Sinn einer einseitigen Christologie ›von unten‹, das heißt einer vom Menschen Jesus ausgehenden Christologie, zu interpretieren. Wie in Nikaia-Konstantinopel und in Ephesus geht es auch in Chalkedon um eine Christologie, die ›oben‹ beim ewigen Sohn Gottes einsetzt, der als ›ein und derselbe‹ in der Zeit Mensch geworden ist.

Zweitens: Der Ausgangspunkt beim überlieferten Symbolum und die dreimalige Betonung der Einheit in Jesus Christus macht die Charakterisierung des Dogmas von Chalkedon als ›Zwei-Naturen-Lehre‹ problematisch.[24] Wenn aber die Lehre von den zwei Naturen nur ein Kommentar zum Symbolum ist, kann man auch dem Einwand entgegnen, die abstrakte chalkedonische Formel lasse alle heilsgeschichtlichen Bezüge vermissen. Denn Chalkedon versteht sich ja als Inter-

[24] So mit Recht E. Schlink, Ökumenische Dogmatik. Grundzüge, Göttingen 1983, 533.

pretation des heilsgeschichtlichen Symbolums von Nikaia-Konstantinopel, als eine Interpretation, deren Sinn es eben ist, dessen menschlich-geschichtliche Dimension zu wahren und zu verteidigen. Das Konzil will und braucht die heilsgeschichtliche und eschatologische Dimension also nicht auszuführen, da alles Nötige im Symbolum gesagt ist, es will und muss das dort Gesagte aber schützen gegen Lehren, die es innerlich aushöhlen und entwerten. Damit verbleibt die chalkedonische Christologie grundsätzlich innerhalb der trinitarischen Perspektive des Symbolums.[25]

Drittens: Die gegenüber den bisherigen Lehraussagen stärkere Akzentuierung der wahren Menschheit Jesu ist mit dem bisher Gesagten alles andere denn als belanglos abgetan. Im Gegenteil, sie bedeutet einen revolutionären Durchbruch durch das hellenistische Denken. Denn die Vermischung von Gottheit und Menschheit, wie sie Eutyches vollzog, entsprach ganz hellenistischem Geist und stand in scharfem Gegensatz zum christlichen Geist mit seiner Betonung der qualitativen Transzendenz zwischen Gott und Mensch. Für die Bibel ist es ja grundlegend, dass der Mensch nicht Gott *(Ez 28,1–9)* und dass Gott kein Mensch ist *(Num 23,19; 1 Sam 15,29; Hos 11,9)*. Jede Art von göttlich-menschlichem Mischwesen oder Zwischenwesen ist auf christlicher Grundlage undenkbar. Chalkedon sagt also ähnlich wie Nikaia in hellenistischer Begriffssprache etwas ganz und gar Unhellenistisches, ja Antihellenistisches. So ist Chalkedon mit seiner Unterscheidung von Gottheit und Menschheit eben keine Hellenisierung des Christentums, sondern dessen Enthellenisierung.[26] Das Konzil stellte an die Stelle der hellenistischen Natursymbiose und Natursynthese von Gott und Mensch das spezifisch christliche Modell der Gott-Mensch-Verhältnisbestimmung.

Diese Aufgabe hat Chalkedon sachlich mit großer Klarheit gelöst. Es gelang dem Konzil jedoch noch nicht, seine Antwort auch voll auf den Begriff zu bringen. Die Begriffe Natur und Hypostase wurden

---

[25] Die trinitarische Perspektive des Symbolums hat vor allem H. de Lubac, Credo. Gestalt und Lebendigkeit unseres Glaubensbekenntnisses, Einsiedeln 1975, neu herausgestellt und gegen die enge christozentrische Interpretation von O. Cullmann, Die ersten christlichen Glaubensbekenntnisse (ThSt[B] 15), Zollikon – Zürich 1949, verteidigt.

[26] So Grillmeier, Moderne Hermeneutik und altkirchliche Christologie (wie Anm. 2), 538–540.

damals noch keineswegs in dem späteren technischen Sinn verstanden. Die endgültige Klärung dieser Begriffe gelang erst Männern wie Boethius und Leontios von Byzanz. Das Zweite Konzil von Konstantinopel konnte darauf zurückgreifen. Doch um welchen Preis? Denn wird durch die Lehre von der Enhypostasie die menschliche Natur Jesu Christi nicht des Wesentlichsten, nämlich ihres Personseins, beraubt? Wird dadurch die menschliche Natur nicht geradezu geköpft? Ist außerdem jeder Versuch, die wahre Menschheit und die wahre Gottheit in einer Person zusammenzudenken, nicht letztlich in sich widersprüchlich, bestenfalls Ausdruck eines reinen Paradoxes?

An dieser Stelle hilft ein zweites wichtiges Ergebnis der Forschung der letzten Jahre weiter. Luise Abramowski[27] hat, frühere Hinweise aufgreifend, sehr materialreich aufgezeigt, dass die Formel des Konzils von der ἀσύγχυτος ἕνωσις, von der ›unvermischten Einheit‹ beziehungsweise ›Vereinigung‹, aus der Philosophie des Neuplatonismus stammt. Vor allem bei Proclos dient die Formel von der ›unvermischten Einheit‹ beziehungsweise ›Vereinigung‹ zur Lösung des Problems, wie die Wirklichkeit aus dem Einen hervorgehen, an seiner Fülle teilhaben und zu ihm zurückkehren kann und wie dabei doch die Unterschiedenheit des Vielen gegenüber dem Einen festgehalten werden kann.[28] Die Grundthese lautete: Jedes Verursachte verharrt in seiner Ursache, geht aber auch aus ihr hervor und findet wiederum seine Erfüllung, indem es zu seinem Ursprung zurückkehrt. Hier gilt also ein ›unvermischt geeint‹ wie ein ›unzertrennlich geschieden‹. Dieses Vermittlungsschema wurde von den Vätern schon bald aufgegriffen, um nicht nur die Einheit von Leib und Seele im Menschen, sondern auch das Wesen des einen Mittlers Jesus Christus theologisch zu deuten. In ihm geschieht ja die Vermittlung zwischen Gott und Welt zu einer einmaligen Einheit, die das Menschsein in seine geschöpfliche Eigenständigkeit freigibt und es zugleich zu seiner höchstmöglichen Erfüllung bringt.

In der Formel von Chalkedon haben wir es also nicht mit einem bloßen ad hoc geschlossenen Kompromiss, mit rein negativen Aussagen oder mit einem bloßen Paradox zu tun. In den vier vielzitierten

---

27 Vgl. Anm. 23.

28 Vgl. bes. W. Beierwaltes, Proclos. Grundzüge seiner Metaphysik (PhA 24), Frankfurt a.M. 1965.

negativen Adjektiven ›unvermischt, unverwandelt, ungetrennt und ungesondert‹ kommt vielmehr in christlicher Transformation eine philosophisch durchdachte Idee zum Ausdruck. Ja, in diesen Formeln wird das philosophische Grundproblem schlechthin, das Verhältnis von Einheit und Vielheit beziehungsweise Identität und Differenz, aus der Sicht des christlichen Glaubens einer Antwort entgegengeführt. Deshalb besteht auch die Behauptung zu Recht, die Lehre von der Enhypostasie der Menschheit Christi bedeute keinen Mangel, sondern eine letzte Vollkommenheit der Menschheit Jesu. Die höchstmögliche Einheit mit Gott amputiert und reduziert nicht das Menschsein, sondern bringt es zu seiner wahren und ganzen Erfüllung. Dadurch entsteht kein Dualismus oder Parallelismus von zwei Naturen, sondern eine unvermischte Einheit von Gott her, welche das Menschliche zugleich in sein Eigenes freigibt.

An dieser Stelle fügt sich ein drittes Ergebnis der dogmen- und theologiegeschichtlichen Forschung an. Es betrifft das sechste Allgemeine und Dritte Konzil von Konstantinopel (680/1). Obwohl erst dieses Konzil die christologische Lehrentwicklung zum Abschluss bringt und obwohl Chalkedon erst von diesem Ende her voll verständlich wird, wurde das Dritte Konstantinopolitanum bisher in der Theologie doch meist recht stiefmütterlich als eine Art Anhängsel zu Chalkedon und mehr oder weniger scholastische, binnenchristologische Ausformung der dortigen sogenannten Zwei-Naturen-Lehre zur Lehre von den zwei Willen und zwei Wirkweisen in Christus betrachtet. Erst seit wir über die hinter diesem Konzil stehende großartige Theologie von Maximos Confessor und seine christlich geprägte personale Metaphysik beziehungsweise Kosmologie genauer Bescheid wissen,[29] konnte Joseph Ratzinger das tiefere Anliegen dieses Konzils wieder verdeutlichen.[30]

Das Konzil hält zwar klar an zwei physischen, das heißt aus den beiden Naturen entspringenden Willen und Wirkweisen in Jesus

[29] Vgl. H. U. von Balthasar, Kosmische Liturgie. Das Weltbild Maximos' des Bekenners, Einsiedeln 1961; L. Thunberg, Microcosm and Mediator. The Theological Anthropology of Maximus the Confessor, Lund 1965; J. Meyendorff, Le Christ dans la théologie byzantine, Paris 1969, 177–206; A. Riou, Le monde et l'église selon Maxime le Confesseur (ThH 22), Paris 1973.

[30] J. Ratzinger, Schauen auf den Durchbohrten. Versuche zu einer spirituellen Christologie, Einsiedeln 1984, 33–37.

Christus fest, aber es sieht den menschlichen Willen ebenso eindeutig dem göttlichen im Gehorsam so untergeordnet, dass sein menschlicher fleischlicher Wille der eigene Wille des göttlichen Logos genannt wird und es ist. Das Konzil beruft sich dafür auf *Joh 6,38:* »Ich bin vom Himmel herabgestiegen, nicht um meinen Willen zu tun, sondern den meines Vaters, der mich gesandt hat.« Hier nennt der Logos den fleischlichen Willen seinen eigenen; aber obwohl der menschliche Wille vergöttlicht ist, ist er nicht aufgehoben.[31] Maximos Confessor unterschied zwischen den zwei physischen Willen, die den beiden Naturen zugehören, und dem einen gnomischen Willen, der eine Proprietät der Person ist.[32] Das ist wiederum kein symmetrisches Nebeneinander, vielmehr wird ein Ineinander in Freiheit behauptet. Die Aufnahme des menschlichen Wollens in den Willen Gottes zerstört die menschliche Freiheit nicht, sondern entbindet sie und setzt sie frei.

Der eigentliche Fortschritt des Dritten Konzils von Konstantinopel dürfte aber darin liegen, dass es die ontologische Problemstellung nicht mehr nur natural, sondern primär freiheitlich und personal denkt. Damit wird uns am Ende der Antike und am Ausgang der Väterzeit der Weg gewiesen für eine neuzeitliche Rezeption der von diesem Konzil zusammengefassten altkirchlichen Christologie.

III. Systematische Perspektiven einer Christologie in trinitarischer Perspektive

Mit dem zuletzt Gesagten haben wir den Schritt von der historischen Analyse zur heutigen systematischen Darlegung bereits getan. Dieser Schritt ist aufgrund des bisher Gesagten sogar zwingend notwendig. Denn das Dogma von Chalkedon selbst basiert auf dem Prinzip der lebendigen Tradition. Es versteht sich als die interpretierende Weiterführung des gemeinsamen Glaubens der Kirche, so wie er im nicänokonstantinopolitanischen Bekenntnis maßgeblich formuliert wurde.

31 DH 556.

32 H. G. Beck, Die frühbyzantinische Kirche, in: HKG II/2, 41. Zum Gesamthintergrund vgl. W. Elert, Der Ausgang der altkirchlichen Christologie, Berlin 1957, bes. 230–257.

Dieses ist seinerseits die zusammenfassende, verbindliche Interpretation der Heiligen Schrift. Die Kontroversen vor und nach Chalkedon machten jedoch klar, dass die weiterführende Interpretation die Bedingung der rechten Tradition ist, während die bloße Repetition in einer veränderten Situation die Tradition entweder dem Missverständnis oder gar dem baren Unverständnis ausliefert. So bekennt sich das Konzil also zum Prinzip der lebendigen Tradition, in der Tradition und Interpretation eine Einheit bilden.

Das bedeutet freilich auch: Chalkedon und Konstantinopel III sind nicht nur Ende, sondern auch Anfang einer weiterführenden Diskussion. Nicht weil die Lehre dieser Konzilien falsch wäre, sondern weil sie wahr ist, muss sie als eine offene, sich selbst transzendierende Formel betrachtet werden, die in die je größere und tiefere Wahrheit einführt.[33] Das Dogma der alten Kirche lässt sich also nicht in simpler, fundamentalistischer Weise als Richtschnur der Orthodoxie benützen. Die Orthodoxie ist kein fixer Standpunkt, sondern ein Weg, den die Kirche und den man mit der Kirche geht. Wir dürfen heute zwar nicht von dem Weg der alten Kirche abgehen, aber wir können auch nicht auf ihm stehenbleiben, wir müssen diesen Weg weitergehen, freilich ›eodem sensu‹, in derselben Sinnrichtung.[34]

Die große Leistung des altkirchlichen Dogmas, besonders des Dogmas von Chalkedon, war es, dass es allen hellenistischen Vergöttlichungstendenzen zum Trotz das Skandalon des ›logos sarx egeneto‹ festgehalten und so die wahre Menschlichkeit und Geschichtlichkeit Jesu gewahrt hat. Unsere heutige Aufgabe ist der damaligen genau entgegengesetzt und nicht weniger schwierig. Für uns steht im Unterschied zu damals die Menschheit Jesu fest. Unsere Gefahr ist nicht eine falsche Vergöttlichung, sondern eine einseitige Vermenschlichung, ein mehr oder weniger auf die Maße des rein Menschlichen reduziertes Christusbild. Die Frage, vor der wir heute stehen, lautet deshalb: Wie können wir angesichts eines weitverbreiteten Atheismus so von Jesus Christus reden, dass in ihm Gott neu und überzeugend zur Sprache kommt? Wie können wir also die Einheit von Gott und Mensch ›heutig‹ denken?

---

[33] Vgl. K. Rahner, Probleme der Christologie von heute, in: Schriften zur Theologie I, Einsiedeln 1954, 169 f.

[34] vgl. DH 3020.

Die Neuzeit stellt die Gottesfrage – wenn überhaupt – nicht mehr im Horizont der Kosmologie, sondern der Anthropologie. Der Mensch ist für uns der Ausgangspunkt, um nach dem Sinn des Ganzen zu fragen, auch um die Frage nach Jesus Christus zu stellen. Das ist der Grund, weshalb seit Friedrich Schleiermacher vor allem die naturhaften Kategorien von Chalkedon kritisiert wurden und weshalb Schleiermacher selbst seinen eigenen Weg der Neuinterpretation nicht auf dem Boden der Metaphysik, sondern auf dem der neuzeitlichen Subjektivität gesucht hat. Er geht nicht vom Gottsein Jesu, sondern von der besonderen Kräftigkeit des Gottes*bewusstseins* Jesu aus als dem eigentlichen Sein Gottes in Jesus.[35] Dieser Versuch hat schon immer den Verdacht der Verschleierung erregt. Der Ausgangspunkt bei der menschlichen Subjektivität ist nämlich nur dann in der Lage, das Dogma von Chalkedon unzweideutig neu auszusagen, wenn es nicht nur mit Bewusstseins-, sondern auch mit Seinskategorien interpretiert wird. Gefordert ist also, ausgehend vom Standpunkt der neuzeitlichen Subjektivität die ontologische Frage neu zu stellen.[36]

Eine solche Vermittlung von neuzeitlicher Subjektivitätsphilosophie und klassischer Ontologie kann vor allem mit Hilfe des Personbegriffs versucht werden.[37] Denn zur menschlichen Person gehört einerseits, dass sie einmalig in sich und für sich selbst existiert, und andererseits, dass sie offen ist für die Wirklichkeit insgesamt. Die moderne Anthropologie (Arnold Gehlen, Helmuth Plessner, Max Scheler u.a.) spricht von der Weltoffenheit als dem Distinctivum des Menschen. Mit Martin Heidegger formulierend können wir auch sagen: Der Mensch ist Da-Sein; in ihm ist das Sein als solches da; sein je einmaliges Bewusstsein ist Bei-sich-Sein des Seins.[38] Diese Offenheit

---

[35] Schleiermacher, Der christliche Glaube 2, § 94 (wie Anm. 6), 43 ff.

[36] Dies war das Anliegen wie auch das große Verdienst von K. Rahner, dem ich mich hier von Anfang an verbunden wusste. Vgl. W. Kasper, Das Absolute in der Geschichte. Philosophie und Theologie der Geschichte in der Spätphilosophie Schellings, Mainz 1965 (Neudruck: WKGS 2, Freiburg i. Br. 2010). Eine Kritik, welche nur den Ausgang von der neuzeitlichen Subjektivität zum Gegenstand hat und dies als Idealismus kritisiert, verkennt dieses ontologische Anliegen und die Tatsache, dass damit die Position des Realismus eingenommen wird.

[37] Vgl. M. Müller, Existenzphilosophie im geistigen Leben der Gegenwart, Heidelberg ³1964, 160 ff.

[38] Vgl. M. Heidegger, Sein und Zeit, Tübingen ⁹1960, 15 ff.

macht das Rast- und Ruhelose der menschlichen Person aus; sie ist ständig unterwegs, weil sie aufgrund ihrer unendlichen Offenheit in nichts Endlichem ihre endgültige Erfüllung finden kann. Allein durch die Begegnung mit Gott, der Fülle aller Wirklichkeit, erlangt die unbestimmte Offenheit des Menschen ihre letzte Bestimmung, ihre Erfüllung und Vollendung. Der Zugang ›von unten‹ führt also zu einer ›Kehre‹ im Denken, weil die ›von unten‹ gestellte Frage des Menschen nur ›von oben‹, von Gott her, ihre letzte Antwort finden kann. Die sich selbst um ein Unendliches übersteigende (Blaise Pascal) menschliche Ek-sistenz besitzt sich nur im Verdanken; sie ist verdankte Existenz.

Auf der Grundlage solcher Überlegungen wird es verständlich und auch legitim, dass viele gegenwärtige Theologen zur Neuinterpretation von Chalkedon nicht mehr bei der Frage nach dem Verhältnis der beiden Naturen in Jesus Christus ansetzen, sondern bei dem, was nach dem Zeugnis aller Evangelien die Mitte von Leben und Person Jesu ausmacht; seine personale Kommunikation mit dem Vater.[39] Es ist in der historischen Forschung allgemein anerkannt, dass Jesus Gott in einer ganz einmaligen Intensivität als abba angeredet hat und dass er diese personale Einheit bis in seinen Todesgehorsam durchgehalten hat *(Mk 14,36)*.[40] Die Tatsache, dass Paulus die Gebetsanrede Jesu im

---

[39] Dieser Neuansatz findet sich übereinstimmend, wenngleich im Einzelnen mit unterschiedlichen Akzenten. Am grundsätzlichsten und ausführlichsten bei W. Pannenberg, Grundzüge der Christologie, Gütersloh 1964, 335 ff.; außerdem bei Rahner, Probleme der Christologie von heute (wie Anm. 33), 181 f.; ders., in: K. Rahner/W. Thüsing, Christologie – systematisch und exegetisch. Arbeitsgrundlage für eine interdisziplinäre Vorlesung (QD 55), Freiburg i. Br. 1972, 28 ff.; W. Kasper, Jesus der Christus (WKGS 3), Freiburg i. Br. 2007, 249 ff.; ders., Der Gott Jesu Christi (WKGS 4), Freiburg i. Br. 2008, 279 ff.; H. U. von Balthasar, Theodramatik II/2, Einsiedeln 1978, 136 ff.; D. Wiederkehr, Entwurf einer systematischen Christologie, in: MySal III/1, 566 ff.; ders., in: MySal ErgBd., 220 ff.; Ratzinger, Schauen auf den Durchbohrten (wie Anm. 30), 15 ff.

[40] J. Jeremias, Abba. Studien zur neutestamentlichen Theologie und Zeitgeschichte, Göttingen 1966. Für das Durchhalten des abba-Verhältnisses auch im Sterben Jesu ist vor allem die Deutung des Verlassenheitsrufes »Mein Gott, mein Gott, warum hast du mich verlassen?« (Mk 15,34) wichtig. Da es sich hier um ein Zitat des Anfangs von Ps 22 handelt, darf dieses Wort nicht als Ausdruck von Verzweiflung interpretiert, sondern muss als Ausdruck des Vertrauens verstanden werden. »Im Dunkel der ›Gottesverlassenheit‹ wendet er sich im Gebet an Gott« (R. Pesch, Das Markusevangelium. Teil II, Freiburg 1977, 495). Sehr hilf-

ursprünglichen aramäischen Sprachgebrauch überliefert (vgl. *Röm 8, 15; Gal 4, 6*), zeigt, dass hier ein besonders heiliges Wort der Überlieferung und eine Erinnerung an Jesu ureigensten Sprachgebrauch vorliegt. Dabei ist interessant, dass sich Jesus in dieser Anrede niemals mit seinen Jüngern zusammenfasst. Er sagt immer ›mein Vater‹ oder ›euer Vater‹. Seine Vaterbeziehung ist also einmalig und unübertragbar. Er ist der Sohn in einem einmaligen Sinn; wir sind Söhne und Töchter Gottes nur durch ihn (vgl. *Mt 11,27*), durch Teilhabe an seinem Geist (vgl. *Röm 8, 15; Gal 4, 6*).[41]

Die spätere christologische Lehrentwicklung lässt sich als Interpretation dieser Mitte im Leben und Sterben Jesu verstehen. Denn im Bezug Jesu zu seinem Vater existiert Jesus ganz aus dem Vater und ganz auf ihn hin. Er ist nichts aus sich, aber alles aus dem Vater. Er ist verdankte Existenz schlechthin; er verdankt sich in einmaliger Weise mit allem, was er ist, dem Vater.[42] Er existiert nur dadurch, dass der Vater ihm alles schenkt, was er selbst hat und ist, nämlich seine Gottheit. So ist Jesus einerseits dem Vater in Gehorsam und Liebe gegenüber und damit von ihm unterschieden, andererseits ist er aber auch vergegenwärtigendes Bild, Ikone Gottes; er spricht und handelt an Gottes Stelle. Er ist in Gestalt menschlichen Gehorsams Gottes Da-Sein in der Geschichte; der menschliche Gehorsam ist zugleich der Gehorsam des Sohnes Gottes. Denn in dieser Einheit in der Unterschiedenheit und Unterschiedenheit in der Einheit ist er die eschatologische Offenbarung Gottes wie die eschatologische Erfüllung des Menschen. In ihm wird in eschatologischer Endgültigkeit mitten in der Zeit offenbar, wer Gott von aller Ewigkeit her ist: Relation, sich selbst schenkende Liebe zwischen Vater und Sohn, in die durch den Geist aufgenommen zu werden der Mensch von Ewigkeit her bestimmt ist und seine wahre Seligkeit ausmacht.

---

reich die Deutung von H. Gese, Psalm 22 und das Neue Testament. Der älteste Bericht vom Tode Jesu und die Entstehung des Herrenmahles, in: ders., Vom Sinai zum Zion. Alttestamentliche Beiträge für biblische Theologie, München 1974, 180–201.

41 Der pneumatologische Aspekt kann hier leider nicht ausführlich entfaltet werden. Vgl. Kasper, Jesus der Christus (wie Anm. 39), 372 ff.377 ff.; ders., Der Gott Jesu Christi (wie Anm. 39), 322 ff.; Balthasar, Theodramatik II/2 (wie Anm. 39), 167 ff.

42 Vgl. vor allem Joh 5, 20; 8, 26–28.38.40; 15, 15; 17, 8.11 f.22.

Unsere These lautet also: In der personalen abba-Relation Jesu und in seiner darin ausgesprochenen, im Gehorsam übernommenen zeitlichen Sendung durch den Vater wird die ewige Relation des Sohnes zum Vater und damit in indirekter Weise das ewige Gottsein des Sohnes (Präexistenz) und das trinitarische Geheimnis insgesamt offenbar. Die ganze nachösterliche Christologie und Trinitätslehre ist deshalb die Interpretation und Explikation dessen, was Mitte und Grund des Lebens, Wirkens und Sterbens Jesu war: seine einmalige personale Beziehung zu Gott, seinem Vater. Die fälschlicherweise so genannte Zwei-Naturen-Christologie steht im Dienst und im größeren Rahmen der personalen, letztlich trinitarischen Relation von Vater und Sohn. Thomas von Aquin hat diesen Zusammenhang von Christologie und Trinitätslehre bestens begriffen, wenn er die zeitliche missio des Sohnes durch den Vater als die ökonomische Gestalt seiner ewigen processio vom Vater bezeichnet.[43] So gilt nach der für unsere Ohren etwas bizarr klingenden Formel aus dem Theopaschitenstreit des sechsten Jahrhunderts: »Einer aus der heiligen Trinität hat im Fleisch gelitten.«

Damit ist die Trinität gnoseologisch (quoad nos) eine Konsequenz der Christologie;[44] darin besteht das legitime Anliegen der Christologie ›von unten‹, wonach wir im Sichtbaren das Unsichtbare erkennen (Weihnachtspräfation). Ontologisch gesehen (in se), ist jedoch die Trinität die transzendental-theologische Voraussetzung der Christologie; darin besteht das bleibend gültige Anliegen der Christologie ›von oben‹.[45] Die trinitarische Einheit in relationaler Verschiedenheit von Vater, Sohn und Geist ist gleichsam die Grammatik und die Möglichkeitsbedingung der ›unterschiedenen Einheit‹ von Gott und Mensch in Jesus Christus. Die trinitarische und christologische Formel von der je größeren Unterschiedenheit und Eigenständigkeit bei je größerer Einheit ist darüber hinaus das Grundmodell für die christliche Be-

---

43 Vgl. Thomas v. Aquin, S.th. I q. 43 a. 1.

44 Diese enge Zusammengehörigkeit von Christologie und Trinitätslehre hat im Anschluss an M. Schmaus und K. Rahner vor allem W. Breuning, dem diese Zeilen gewidmet sind, schon früh betont. Vgl. W. Breuning, Trinitätslehre, in: H. Vorgrimler/R. van der Gucht, Bilanz der Theologie im 20. Jahrhundert, Bd. 3, Freiburg 1970, 21–36; ders., Art. Gott/Trinität, in: NHThG 2, 133–149.

45 Dazu vgl. W. Kasper, Neuansätze gegenwärtiger Christologie, in diesem Band o. S. 195–221, hier 197–200; ders., Neuansätze gegenwärtiger Christologie – Vertiefung, in diesem Band o. S. 222–243, hier 222–226.

stimmung des Gott-Welt- beziehungsweise Gott-Mensch-Verhältnisses.[46] Die Liebe wird damit zum Sinn des Seins.

Diese Neuinterpretation der altchristlichen Christologie wirft noch viele Fragen nach dem Sein, Bewusstsein und Personsein Jesu auf, auf die hier nicht eingegangen werden kann.[47] Wir beschränken uns hier auf eine ihrer Konsequenzen. Sie hat den Vorteil, dass sie die soteriologische und spirituelle Dimension des christologischen Dogmas für uns wieder neu verständlich macht. Dieses soteriologische Anliegen war in den Auseinandersetzungen vor, in und nach Chalkedon entscheidend. Es ist schlicht falsch, wenn Harnack behauptet, dieses Dogma sei im Tiefsten irreligiös.[48] Ganz im Gegenteil, bei der Verteidigung der wahren Menschheit Jesu griff Leo der Große auf das alte Prinzip zurück, wonach das nicht erlöst werden kann, was von Jesus Christus nicht angenommen ist (Quod non est assumptum, non est sanatum).[49] Leo wollte die Eigenständigkeit der wahren menschlichen Natur Jesu um der vollen Menschlichkeit des Heils willen wahren. Das aber heißt: Die Vergöttlichung des Menschen – das hohe Ideal griechischer Philosophie und Theologie – ist seine wahre Vermenschlichung; umgekehrt besteht die volle Menschlichkeit des Menschen in seiner Vergöttlichung. Das sacrum commercium, die gegenseitige Teilgabe von Mensch und Gott, ist darum die Mitte des Christlichen.[50]

Diese soteriologische und spirituelle Intention des Dogmas von Chalkedon wurde später immer weniger verstanden. Aus einem Heilsgeheimnis wurde immer mehr ein Denkgeheimnis. Dabei verrannte man sich in der Tat oft in unlösbare Aporien. Aus dieser Aporie kann eine personologische Neuinterpretation heraushelfen. Sie besagt, dass die Einheit in Jesus Christus keine Natursymbiose, sondern die qualitativ einmalige und höchstmögliche personale Einheit und Gemeinschaft von Gott und Mensch ist. Damit ist sie Urbild und Quellgrund unserer Gemeinschaft mit Gott. Durch Glaube und Taufe werden wir

---

46 Vgl. Rahner, Probleme der Christologie von heute (wie Anm. 33), 183.

47 Vermutlich lässt sich die neuscholastische festgefahrene Frage des menschlichen Bewusstseins Jesu in einer Christologie, welche vom abba-Verhältnis Jesu ausgeht, viel ungezwungener lösen, als dies in der Tradition der Fall war.

48 Harnack, Lehrbuch der Dogmengeschichte II (wie Anm. 7), 397.

49 Vgl. dazu A. Grillmeier, Art. Quod non assumptum – non sanatum, in: LThK^2 8, 954–956.

50 Vgl. H. U. von Balthasar, Theodramatik III, Einsiedeln 1980, 224ff.

ja Jesus Christus gleichgestaltet und so ›eingelassen‹ in seine innerste Haltung, in seinen Gehorsam gegenüber dem Vater und in seine hingebende Liebe gegenüber den Menschen. Eine solche Christologie vermeidet den fatalen Eindruck, bloße Spekulation zu sein; sie wird zur Begründung der christlichen Ethik und Spiritualität, für die Kontemplation und Aktion eine Einheit bilden und in der das restlose Sichverdanken sich auswirkt in nicht-aus-sich-selbst-sein wollender Demut, in Gehorsam, geistlicher Armut, Geduld. Im Grunde könnte man alle Früchte des Geistes nennen (vgl. *Gal 5,22f.*). Ausgangspunkt, Mitte und Ziel dieser Spiritualität ist wie bei Jesus selbst das Gebet, das ›in der Gemeinschaft des Heiligen Geistes‹ nicht nur persönliches abba-Sagen sein kann, sondern gemeinsames Sprechen des ›Unser Vater‹ sein muss.[51]

Eine solche spirituelle Christologie ist kein Ausweichen vor den weltlichen Fragen des Christseins. Wenn für eine solche Christologie Theonomie und Autonomie keine Gegensätze sind, wenn vielmehr vollkommene Gemeinschaft und Freundschaft mit Gott menschliche und christliche Freiheit begründet, dann wird das christologische Dogma zur Grundlage eines neuen christlichen Humanismus.

An dieser Stelle werden die Kontroversen um das altchristliche Dogma heute in völlig überraschender Weise neu aktuell. Allzu lange haben kirchliches Lehramt und katholische Theologie, ausgehend von der Theonomie des Christlichen, die neuzeitliche Autonomie bestritten und bekämpft.[52] Das Zweite Vatikanische Konzil bedeutet in dieser wie in vielen anderen Fragen eine Wende. Heute schlägt freilich das Pendel oft schon wieder in die entgegengesetzte Richtung aus. Man versucht oft nicht nur eine Christologie ›von unten‹, sondern auch eine Anthropologie und Ethik ›von unten‹. Man geht dann aus von der Autonomie des Menschen und versteht die Theonomie mehr

---

[51] Wesentliche Anregungen zu einer solchen trinitarischen Spiritualität bei K. Hemmerle, Thesen zu einer trinitarischen Ontologie, Einsiedeln 1976. Einen Überblick und eine wesentliche Anregung zur weiteren Diskussion bringt L. Oeing-Hanhoff, Trinitarische Ontologie und Metaphysik der Person, in: Breuning (Hg.), Trinität (wie Anm. 22), 143–182.

[52] Vgl. W. Kasper, Autonomie und Theonomie. Zur Ortsbestimmung des Christentums in der modernen Welt, in: H. Weber/D. Mieth (Hg.), Anspruch der Wirklichkeit und christlicher Glaube. Probleme und Wege theologischer Ethik heute (FS Alfons Auer), Düsseldorf 1980, 17–41.

oder weniger als deren letztlich formal bleibenden Horizont, aber nicht als deren inhaltliche Konkretisierung. Das Christentum hat dann inhaltlich nichts Eigenes zum Humanum beizutragen.

Die Richtung, in die uns die alte Kirche weist, ist eine andere. Danach setzt erst die Theonomie die Autonomie frei, und sie ist zugleich die inhaltliche Bestimmung der unbestimmt offenen menschlichen Autonomie. Dies ist die Position des letzten Konzils: »Tatsächlich klärt sich nur im Geheimnis des fleischgewordenen Wortes das Geheimnis des Menschen wahrhaft auf ... Christus, der neue Adam, macht eben in der Offenbarung des Geheimnisses des Vaters und seiner Liebe dem Menschen den Menschen selbst voll kund und erschließt ihm seine höchste Berufung«[53]. »Wer Christus, dem vollkommenen Menschen, folgt, wird auch selbst mehr Mensch«[54].

Das Verhältnis von Christologie und Anthropologie kann in dreifacher Weise näher bestimmt werden: als Bejahung all dessen, was wahrhaft, wahr, gut und schön am Menschen ist (via positionis) – als prophetische Kritik an allen menschlichen und mitmenschlichen Entfremdungen (via negationis) – und schließlich als schöpferische Überbietung des rein menschlich Möglichen und ebendarin als Vollendung und Erfüllung des Menschen in Gott (via eminentiae).[55] Aus diesem dreifachen Bezug von Christologie und Anthropologie ergibt sich der spezifisch christliche Beitrag zu einer menschlicheren Welt, zu einer Zivilisation der Liebe. Der eigentliche Beitrag der christologischen Lehrentwicklung der alten Kirchen und ihrer Neuinterpretation im Licht heutiger Schrift- und Weltauslegung ist nämlich eine trinitarische Ontologie der Person und deren Vollendung in der Liebe.

---

53 GS 22; vgl. 21; 41.

54 GS 41.

55 Vgl. W. Kasper, Christologie und Anthropologie, in diesem Band u. S. 379–406.

Brief zum Thema »Jungfrauengeburt«

Lieber Mitbruder,

Du hast mir einen langen Brief geschrieben und mir alle Deine Schwierigkeiten dargelegt, die Du mit dem Glaubensartikel »geboren von der Jungfrau Maria« hast. Du bist mit diesen Problemen nicht allein. Viele Mitbrüder haben mir in den letzten Wochen, wo so viel Unsinniges und Falsches zu diesem Thema über die Medien lief, gesagt, sie könnten mit dieser Glaubenswahrheit nichts anfangen und möchten sie lieber auf sich beruhen lassen. Manche lassen sogar das Wort von der Jungfrau Maria aus, wenn sie den Kanon der Messe sprechen. Von den Schwierigkeiten vieler Gläubigen, denen dieses Thema auch mit bestem Willen kaum mehr zu vermitteln ist, ganz zu schweigen.

Solche Glaubensschwierigkeiten sind im Leben eines heutigen Christen eigentlich unvermeidlich. Sie haben im Glauben sogar ihr Recht, solange jedenfalls, als einer seine augenblickliche eigene Einsicht oder auch Nichteinsicht nicht verabsolutiert und er sich grundsätzlich offen hält für das größere Ganze der kirchlichen Glaubensgemeinschaft. Solche Schwierigkeiten können auch Wachstumsprozesse sein. Haben wir denn nicht schon öfters die Erfahrung gemacht, dass uns nach einer mehr oder weniger langen Periode der Unsicherheit und des Fragens plötzlich neue Einsichten und Gewissheiten zugewachsen und alte Wahrheiten ganz neu aufgegangen sind? Schlimm ist es eigentlich nur, wenn man meint, man sei mit einer Wahrheit des Glaubens endgültig fertig.

Ich habe nicht die Absicht, Dir in diesem Brief die Jungfrauengeburt theologisch zu beweisen. Wie sollte ich auch? Ich möchte Dir aber ein wenig von meiner eigenen Geschichte mit diesem Thema erzählen. Vielleicht hilft Dir dies ein Stück weiter.

In meiner Jugend- und Studentenzeit – das war noch lange vor dem Konzil – hatte ich, wie wohl die meisten katholischen Christen damals, eigentlich keine ernsthaften Probleme mit dieser Frage. Wir glaubten es halt, machten uns aber über den tieferen Sinn auch nicht weiter Gedanken. Als dann nach dem Konzil so vielerlei scheinbar neue Fragen plötzlich aufbrachen – in Wirklichkeit waren die Fragen längst da, man hatte sie nur verdrängt – fand auch ich mich mit den exegetischen und grundsätzlichen Problemen konfrontiert. In guter Tübinger Tradition wollte ich die Sache im Blick auf die einhellige kirchliche Überlieferung nicht bestreiten, wie mir Joseph Ratzinger, der damals noch Professor war, einmal vorwarf. (Inzwischen haben wir uns längst darüber verständigt.) Aber ich ließ das Ganze zunächst einmal eine Weile offen.

Doch je länger, je mehr empfand ich, dass dies für einen Dogmatikprofessor kein endgültiger Standpunkt sein kann. Vollends wollte ich beim Zelebrieren der Eucharistie ehrlich vor der Gemeinde stehen. So marschierte ich eines Tages in die Universitätsbibliothek und holte mir so ziemlich alles, was es damals dazu gab. Ich erinnere mich noch sehr gut der beiden ziemlich hohen Stapel Bücher, welche daraufhin auf meinem Schreibtisch landeten. Dann schloss ich mich für zwei Wochen mehr oder weniger ein. Ich habe in dieser Zeit viel gelernt; aber ich kann nicht sagen, dass ich am Ende wirklich klüger geworden bin. Am Schluss musste ich ziemlich ernüchtert feststellen: Rein historisch lässt sich so oder so wenig beweisen. Die traditionelle Auffassung wurde durch die historische Kritik zwar in Frage gestellt; aber diese Kritik kann, wenn sie wirklich kritisch ist, auch nicht einfach das Gegenteil beweisen. Das Ergebnis war also zunächst ein Remis.

Viel später habe ich die Gründe für die Nichtentscheidbarkeit dieser Frage mit den bloßen Mitteln der historisch-kritischen Exegese in äußerster Konzentration in den Entwurf für den *Katholischen Erwachsenenkatechismus* hineingeschrieben. Da diese Seiten bei den folgenden Überarbeitungen im Großen und Ganzen stehen geblieben sind, kannst Du dort auf den Seiten 174–176 alles Wesentliche nachlesen.

Nun ist die historisch-kritische Methode in der heutigen Theologie zwar wichtig; das Konzil verpflichtet uns Theologen sogar darauf. Aber sie ist, wie wir aus der gegenwärtigen hermeneutischen Diskussion wissen, längst nicht alles. Die Bibel ist ja, auch wenn man sie mit den Mitteln der Literar-, Form-, Redaktionsgeschichte auf die damaligen literarischen Gattungen hin abhört und entsprechend interpretiert, grundsätzlich offen für die Interpretation, welche die kirchliche Tradition den Berichten bei Matthäus und Lukas von allem Anfang an und in völligem Konsens gegeben hat. Dies ist im Übrigen nicht nur die Tradition der katholischen Kirche und der orthodoxen Kirchen, sondern auch die noch selbstverständliche Überzeugung der Reformatoren. Alle Kirchen verbindet das gemeinsame Credo mit dem »natus ex Maria virgine«.

Nun sagt man heute oft, und auch Du hast dies in Deinem Brief angedeutet, seit der Aufklärung sei für uns eine neue Situation entstanden, in welcher wir die Tradition nicht mehr unbefragt übernehmen können. Das klingt irgendwie plausibel. Als ich freilich während der jüngsten, übrigens mehr als oberflächlich geführten Diskussionen an einem Abend gerade etwas freie Zeit hatte und mir – dieses Mal aus meiner eigenen Bibliothek – die frühen Kirchenväter heranholte, da wurde ich zu meiner eigenen Überraschung eines Besseren belehrt. Natürlich kannten sie noch nicht unsere heutigen verfeinerten Methoden. Aber vieles von dem, was heute manche Leute als den letzten Schrei der Forschung ausgeben, war auch ihnen schon bekannt. Ihre jüdischen und heidnischen Gegner hielten ihnen nämlich bereits recht triumphalistisch vor, dass das hebräische Wort »alma« in *Jes 7,14* ja gar nicht mit »Jungfrau«, sondern mit »junge Frau« zu übersetzen sei und dass dies in der griechischen Übersetzung des Symmachus und des Theodotion im Unterschied zu der von den Christen gebrauchten Septuaginta auch geschehen sei. Das weitere Argument, dass auch die heidnischen Mythen von Jungfrauengeburten zu berichten wissen, war für diese Gegner der Christen ohnedies ein gefundenes Fressen. Aus purer Naivität und Unaufgeklärtheit kann die Glaubensüberlieferung von der Jungfrauengeburt also nicht entstanden sein. Unter diesem Aspekt befinden wir uns heute in keiner grundsätzlich anderen Situation als die Christen früherer Jahrhunderte.

In anderer Hinsicht hat sich die Situation freilich in dramatischer Weise geändert. Schaut man sich nämlich die Geschichte der neuzeitlichen Bestreitung der Jungfrauengeburt etwas genauer an, dann merkt man sehr schnell, dass es im Grunde gar nicht die vermeintlich neuen historisch-kritischen Einsichten waren, welche den Ausschlag gaben, sondern neue weltanschauliche Positionen, die sich der historischen Mittel bedienten. Dies kannst Du leicht in dem trotz vieler Mängel im Detail glänzend geschriebenen fünfbändigen *Geschichte der neueren evangelischen Theologie* von Emmanuel Hirsch – einem einzigen groß angelegten Plädoyer für die Theologie der Aufklärung und für die liberale Theologie – nachlesen. Die ganze moderne Wunderkritik ist nämlich bei Baruch de Spinoza und den englischen Deisten grundgelegt. Sie bekennen sich nicht mehr zu dem lebendigen Gott der Geschichte, wie ihn die Bibel bezeugt, sie lehren vielmehr einen pantheistisch oder deistisch verstandenen Gott (wenn Du hier der Kürze halber diese etwas pauschalen Charakterisierungen erlaubst). In diesen Systemen gibt es nur noch die natürliche Ordnung der Dinge, und sie ist zugleich die göttliche Ordnung. Du siehst, das alles ist weit weg vom biblischen Zeugnis von dem Gott, der konkret, leibhaftig und geschichtlich handelt und hilft. Hier dagegen ist die Welt ein geschlossenes System, aus dem es keinen Ausweg gibt.

Aber will das Neue Testament mit der Jungfrauengeburt, so wie Matthäus und Lukas sie berichten und wie die kirchliche Überlieferung sie versteht, nicht gerade sagen: Gott hat mit der Geburt Jesu Christi einen aus den Gesetzen der Welt nicht ableitbaren, ganz neuen Anfang gesetzt und in einer Situation, in der die Menschen aus eigener Kraft keinen Ausweg mehr wussten, neu Hoffnung begründet?

Du wirst mir antworten, und Du schreibst es auch in Deinem Brief, dass Du das christologische Glaubensbekenntnis zu Jesus als dem neuen Adam und dem Sohn Gottes keineswegs bestreitest. Aber Du fragst, ob es dazu auch des mariologischen Glaubensartikels bedarf. Du hast sicherlich insoweit recht: Nicht die Mariologie, sondern die Christologie ist das Zentrum unseres Glaubens.

Diese Einsicht scheint mir für die heutige Verkündigung von grundlegender Bedeutung zu sein. Mehr als bisher müssen wir uns angesichts der Glaubenssituation, in der sich die meisten Menschen in unserer Gesellschaft befinden, auf das Grundlegende und Wesentliche konzentrieren. Deshalb halte ich es für völlig verkehrt, ja für unverantwortlich, die vielen Gerade-noch-Christen oder praktisch Schon-nicht-mehr-Christen, aus denen die Mehrheit der Fernsehzuschauer besteht, unvermittelt mit subtilen mariologischen Fragen zu konfrontieren. Damit stellt man die falschen Probleme am falschen Ort, und man bugsiert andere Menschen in völlig inadäquate Entscheidungssituationen hinein. Wie soll man denn jemandem die Jungfrauengeburt »plausibel« machen, für den nicht zuvor Gott und Jesus Christus eine lebendige Wirklichkeit sind? Nichts ist freilich auch leichter und billiger, als diese Wahrheit vor einem solchen Publikum mit ein paar flapsigen Bemerkungen hoffnungslos lächerlich zu machen. Kurzum: Die Mariologie und insbesondere die Jungfrauengeburt ist eine aus der Christologie abgeleitete Wahrheit, wie Karl Rahner gezeigt hat. Ja sie ist ein Aspekt der Christologie und nur in diesem Zusammenhang sinnvoll und verständlich zu machen.

Dieser Zusammenhang ist, worauf die Theologen immer wieder hinweisen, nicht im streng logischen Sinn zu beweisen; aber er ist alles andere als beliebig oder zufällig. Dies war die zweite Einsicht, welche mir vor Jahren beim Studium der neuzeitlichen Bestreitung der Jungfrauengeburt aufgegangen ist. Meist setzt die Dogmenkritik bei sogenannten sekundären Wahrheiten wie Engel, Dämonen oder Jungfrauengeburt ein, um dann am Ende die Gottessohnschaft Jesu selbst in Frage zu stellen. Karl Barth, der größte protestantische Theologe des 20. Jahrhunderts, der selbst in der liberalen Theologie zu Beginn des Jahrhunderts groß geworden ist und der diese deshalb bestens kannte, nennt in dem Kapitel seiner *Kirchlichen Dogmatik*, das mit »Das Wunder der Weihnacht« überschrieben ist, die Jungfrauengeburt ähnlich wie das leere Grab ein von der gemeinten Sache unablösbares Zeichen der wahren und wirklichen Menschwerdung Gottes. Es kommt dieser Wahrheit sozusagen ein Wächteramt für die Christologie zu.

Das alles waren, wie Du siehst, für mich einzelne Gedankenschritte, die mich dazu brachten, die Jungfräulichkeit Marias nicht nur als ein zeitbedingtes Vorstellungsmodell, sondern als ein leibhaftiges Zeichen der innerweltlich unableitbaren Gnade Gottes in Jesus Christus ernst zu nehmen. Das Wort »biologische Jungfräulichkeit«, das dafür seit geraumer Zeit in Mode gekommen ist, mag ich freilich gar nicht. Das Wort »leiblich« klingt für mich von vornherein ganzheitlicher; es ordnet die biologische Dimension in die personale Ganzheit und in die Gesamtgestalt des Glaubens Marias ein. Dieses ganzheitliche Verständnis haben manche Kirchenväter, wie Dir sicherlich bekannt ist, dadurch zum Ausdruck gebracht, dass sie das »natus ex Maria virgine« durch ein »conceptus ex auditu« interpretierten, das heißt empfangen aufgrund des Hörens auf das Wort Gottes. Sie meinten damit: Weil Maria ganz und ungeteilt auf das Wort Gottes hörte und sich ganz und gar darauf einließ, konnte dieses durch den Heiligen Geist in ihr Fleisch annehmen. Als ganz auf das Wort Hörende und dieses ganz

Annehmende hat Maria Gottes ewiges Wort in ihrem Schoß empfangen. Du wirst zustimmen: Dieses ganzheitliche Verständnis von Maria als der Prophetin ist himmelweit entfernt von den mythologischen Analogien; hier atmet genuin biblischer Geist.

Dieses ganzheitliche Verständnis verbietet es auch, die Jungfräulichkeit Marias bei der Geburt selbst *(virginitas in partu)* physiologisch im Einzelnen zu fixieren. Karl Rahner hat dazu bereits im 4. Band seiner *Schriften zur Theologie* alles Nötige gesagt, und die katholische Theologie hat dies, soweit ich feststellen konnte, widerspruchlos angenommen. Selbst ein so traditioneller, aber auch ein durch und durch solider Dogmatiker wie Ludwig Ott schreibt in seinem *Grundriß katholischer Dogmatik:* »Die nähere Bestimmung, worin die jungfräuliche Unversehrtheit in der Geburt nach der physiologischen Seite besteht, gehört nicht zum Glauben der Kirche.« Einzelne Kirchenväter und Theologen haben darüber zwar uns teilweise abstrus anmutende Spekulationen angestellt. Doch daran ist kein katholischer Christ gebunden. Er darf vielmehr annehmen: »Nicht der physiologische Vorgang der Geburt war anders; vielmehr war dieses Geschehen vom personalen Mitvollzug her ein Zeichen des Heils und des Geheiltseins des Menschen«[1].

Bei den genannten phantastischen Ausmalungen der Geburt Jesu hat, das kann man kaum bestreiten, neben mancher Unkenntnis bezüglich der physiologischen Zusammenhänge von Zeugung und Geburt sicherlich auch ein Gutteil unverarbeiteter Sexualität eine Rolle gespielt. Mit diesem Aspekt des Problems habe ich mich freilich erst jüngst etwas auseinandergesetzt. Denn so plausibel die Ableitung von Sexualneurosen, patriachalischer Sexualunterdrückung und dergleichen für das heutige Publikum sein mag, sowenig legt sich eine solche Ableitung der Ursprünge dieses Glaubensartikels insgesamt von den Quellen her nahe. Ganz im Gegenteil, die frühen Kirchenväter wandten sich mit einem Artikel gegen eine doketische Christologie, welche die wahre Leiblichkeit des Heilsgeschehens leugnete und zu einem bloßen Schein (dokema) erklärte. Gegen diese spiritualistische Auffassung wollten die Kirchenväter das schöpfungsmäßige Gutsein wie das Erlöstsein auch des Leibes und insbesondere der Sexualität gegen

---

[1] Katholischer Erwachsenenkatechismus. Das Glaubensbekenntnis der Kirche, hg. v. der Deutschen Bischofskonferenz, Kevelaer u. a. 1985, 177.

deren gnostische Verleumdung verteidigen. Deshalb kam ihnen alles darauf an, dass Jesus auch biologisch gelebt hat und gestorben ist. Die heute manchmal so emphatisch aufgestellte These, es gehe um Theologie und nicht um Biologie, wäre ihnen deshalb recht leibfeindlich vorgekommen.

So kann man den Spieß auch umdrehen und sagen: Wenn heute viele ursprünglich realistisch gemeinte Aussagen nur noch als zeitbedingtes Vorstellungsmodell, als Chiffre, Symbol oder als Interpretament gedeutet werden, dann erhebt der alte Doketismus erneut sein Haupt. Wer verdrängt hier eigentlich: derjenige, welcher die leibhaftige Zeichenhaftigkeit der Jungfrauengeburt ernst nimmt, oder derjenige, welcher sie als nur-symbolisch deutet? Kommt also dem alten Glaubensartikel von der Jungfrauengeburt heute nicht wieder ganz neu ein Wächteramt zu im Dienst an einer realistischen Auffassung von unserem Heil in Jesus Christus?

Lieber Mitbruder, ich vermag nicht abzuschätzen, wie weit Dich dieser mein eigener Weg zu überzeugen vermag. Deshalb zum Schluss noch eine kleine Episode. In der Zeit, da ich selbst meine offenen Fragen hatte, fuhr ich einmal in meinem Auto zusammen mit Karl Rahner von Münster nach Frankfurt und wieder zurück. Wir konnten so richtig über Gott und die Welt philosophieren. In einer Autobahnraststätte hat es uns dann bei der Jungfrauengeburt erwischt. Ich fragte Karl Rahner, was er davon halte. Seine Antwort war klar und eindeutig. Er hielt es für theologischen Leichtsinn, positiv zu erklären, die Jungfrauengeburt sei sicher nichts anderes als ein zeitbedingtes Verstehensmodell für das, was eigentlich gemeint ist. Aber, so sagte er mit seinem brummigen Charme, wenn einer das nicht glauben kann und wenn er daraus keinen Spektakel macht, weil er sich für tausendmal klüger hält als die gesamte übrige Kirche Gottes, dann soll man ihn in Ruhe lassen. Ich halte dies noch heute für eine kluge Regel für das pastorale Handeln.

Mir hat es in der Folge freilich keine Ruhe gelassen, und ich muss Dir gestehen, dass mir seither die inneren Reichtümer der Mariologie auch persönlich immer mehr aufgegangen sind. Hätte ich heute nochmals eine Christologie zu schreiben, würde ich der Mariologie sicher nicht nur eine längere Fußnote, sondern ein eigenes Kapitel widmen. Bis es dahin kommt, muss ich aber zunächst meinen eigenen Weg noch ein Stück weiter gehen. Als Theologe ist man nie fertig.

Gottes Gegenwart in Jesus Christus
Vorüberlegungen zu einer weisheitlichen Christologie

I. Das Anliegen

Die Frage der Gegenwart oder der Abwesenheit Gottes ist eine der erregendsten Fragen unserer Epoche. Maßgebende Denker der Gegenwart sprechen vom Fehl Gottes (Martin Heidegger), von Gottesfinsternis (Martin Buber), ja vom Tod Gottes (Friedrich Nietzsche). Am eindringlichsten haben Friedrich von Schiller und Friedrich Hölderlin den Verlust des Göttlichen in der modernen Welt dichterisch beschrieben.[1] Mit Recht wurde darauf hingewiesen, dass die Frage nicht lautet, ob Gott ist, sondern wo Gott ist.[2] Das bloße Dass Gottes, seine bloße Existenz zu behaupten oder zu bestreiten, ist eine abstrakte Frage. Konkret wird es erst, wenn man fragt, wo und wie Gott ist, wo er uns sozusagen auf den Leib rückt. Nicht »Existiert Gott?«, sondern »Wohin ist Gott?« fragt deshalb Nietzsche.[3]

Georg Wilhelm Friedrich Hegel hat diese Frage in seiner Jugendschrift *Glauben und Wissen* (1802)[4] in einen umfassenden geistes- und kulturgeschichtlichen Zusammenhang eingeordnet. Der Ort der Ge-

---

[1] Vgl. F. von Schiller, Die Götter Griechenlands, in: WW I, München ²1960, 163–173 (wobei in der 2. Fassung die Kritik des Christentums gemildert ist); Der Spaziergang, in: ebd., 228–234; F. Hölderlin, Brot und Wein, in: WW II, Stuttgart 1953, 94–99; Der Einzige (bes. 3. Fassung), in: ebd., 161–172; Griechenland (bes. 1. Fassung), in: ebd., 263–268.

[2] Vgl. E. Jüngel, Gott als Geheimnis der Welt. Zur Begründung der Theologie des Gekreuzigten im Streit zwischen Theismus und Atheismus, Tübingen 1977, 63ff.

[3] F. Nietzsche, Die fröhliche Wissenschaft, in: WW II (ed. Schlechta), München 1955, 127.

[4] G. W. F. Hegel, Glauben und Wissen oder die Reflexionsphilosophie der Subjektivität in der Vollständigkeit ihrer Formen als Kantische, Jacobische und Fichtesche Philosophie, in: WW I (ed. Glockner), 279–293.

genwart Gottes ist in der Religionsgeschichte der Menschheit der Tempel. Der Tempel ist der von allem Weltlichen ausgegrenzte heilige Ort, an dem die Gottheit real präsent ist, wo sie verehrt wird und wo sie im Gebet angerufen werden kann. Der Tempel war Zentrum und Achse der Welt, Treffpunkt von Himmel, Erde und Unterwelt.[5] Diese allgemein-religiöse Vorstellung wurde nun aber nach Hegels Überzeugung durch das »Prinzip des Nordens«, oder wie er auch sagt, durch das »des Protestantismus« oder der »Subjektivität« zerstört.[6] Mit diesen Begriffen ist für Hegel alles ausgesagt, was für ihn den Geist der Neuzeit ausmacht. Charakteristisch für die Neuzeit ist, dass sich der Mensch zum Ausgangs- und Mittelpunkt der Welt macht; er zieht alles vor das Forum seiner Vernunft, so dass selbst der »Streit der Philosophie gegen Positives, Wunder und dergleichen für etwas Abgetanes und Obskures gehalten wird«[7]. Die Folge ist, dass das Göttliche ganz aus dem Raum aller weltlichen Erfahrung verbannt und zu etwas rein Jenseitigem wird. Es wird unanschaubar, unerfahrbar, hohl und leer, und es verflüchtigt sich schließlich zum reinen Nichts, so dass Gott schließlich totgesagt werden kann. Wo Gott so weltlos wird, wird die Welt gottlos. Sie wird zur reinen Dingwelt, der heilige Hain zu bloßen Hölzern, das Götterbild zum bloßen Ding.[8] Die Welt wird prosaisch, leer und banal; sie erscheint selbst als nichtig. Es gibt kein Oben und Unten, und die Frage nach dem Wozu findet in diesem Nihilismus aller Werte keine Antwort mehr. Wo ist nun Gott? Nach Hegel gilt: »Die Religion baut im Herzen des Individuums ihre Tempel und Altäre«[9]. Gott ist nur noch Gegenstand des Sehnens und Ahnens. Es kommt zur reinen Gefühlsreligion des unglücklichen Bewusstseins, welche nicht nur der Wirklichkeit nicht standhält, sondern sich selbst bald in Nichts auflöst.[10]

Damit dürfte über eineinhalb Jahrhunderte später auch unsere

---

[5] Vgl. M. Eliade, Die Religionen und das Heilige. Elemente der Religionsgeschichte, Salzburg o.J., 415–437; ders., Kosmos und Geschichte. Der Mythos der ewigen Wiederkehr, Düsseldorf 1953, 11–23.

[6] Hegel, Glauben und Wissen (wie Anm. 4), 281.

[7] Ebd., 279.

[8] Ebd., 282.

[9] Ebd., 281.

[10] Vgl. G. W. F. Hegel, Phänomenologie des Geistes (ed. Hoffmeister), 158 ff.; ders., Vorlesungen über die Philosophie der Religion (ed. Lasson), Bd. 1, 11 ff.

heutige Situation noch in vielem gültig beschrieben sein. Die moderne Aufklärung und die aus ihr gewachsene technologische Weltsicht haben Gott unanschaulich gemacht. Die Welt ist dadurch weltlich und eindimensional geworden. Was übrig blieb und sich neuerdings wieder deutlicher zeigt, ist eine vage romantische und sentimentale Gefühlsreligion, heute oft als neue Religiosität bezeichnet. Doch sie ist mehr elegisch trauernde Nostalgie und Rückzug in eine idyllische Nische der Gesellschaft als gegenwärtige und die Gesellschaft bestimmende Realität. Sie bleibt meist diffus und unbestimmt, so dass sie die Antwort auf die Frage: Wo ist Gott? nicht sein kann.

Hegel hat in seiner Religionsphilosophie ehrlich mit dem Problem der Konkretheit Gottes in der modernen Welt gerungen.[11] Seine Antwort bleibt jedoch letztlich zweideutig. Uns geht es nicht um Hegels Lösungsversuch, sondern um die Antwort der Bibel. Sie soll uns zur Grundlage und Wegweisung werden für eine christliche Deutung der »Zeichen der Zeit« und für die christliche Antwort auf die Frage dieser Zeit.

Bei diesem Versuch machen wir zunächst eine überraschende Feststellung. Auf den ersten Blick findet sich nämlich in der biblischen, besonders in der prophetischen Tradition der Bibel eine ähnliche Infragestellung der Gegenwart Gottes im Tempel sowie des Tempelkultes wie in der Neuzeit. Man kann von einer gewissen Ethisierung der Religion bei den Propheten sprechen. Zudem finden sich schon im Frühjudentum (besonders bei Philo) Tendenzen zu einer stark spiritualisierenden Deutung, die auch im Neuen Testament ihren Niederschlag gefunden haben. Nicht selten haben sich darum neuzeitliche Denker (Georg Wilhelm Friedrich Hegel, Ernst Troeltsch, Michael Weber u. a.) als Vollstrecker solcher biblischen Ansätze verstanden bis hin zur Reklamation des Wortes vom Tod Gottes als einer christlichen Aussage. Die moderne Theologie hat diese Sicht in ihrer Weise aufgegriffen. Dies geschah grundlegend in der ganz christozentrisch angelegten Theologie des früheren und mittleren Karl Barth mit seiner radikalen Zurückweisung jeder natürlichen Theologie. Diese ist

[11] Ders., Vorlesungen über die Philosophie der Religion (wie Anm. 10), 40 f., zeigt gegen die Vernunfttheologie der Aufklärung, dass die christliche Religion etwas Bestimmtes ist und dass dieser bestimmte Inhalt sich im Credo der Kirche ausdrückt.

nach Barth ein menschliches Gemach, Hybris und Unglaube, eine Götzenfabrik. Der moderne Atheismus bringt das atheistische Wesen der natürlichen Religion nur zum Vorschein; er plaudert sozusagen deren Geheimnis aus.[12] Die nachbarthianische Säkularisierungstheologie hat diese Ansätze weiter ausgeführt.[13] Nach ihr ist die neuzeitliche entgötterte, säkularisierte Welt nicht etwa – wie früher oft behauptet wurde – Abfall, sondern strukturelle Verwirklichung des Christlichen, das nunmehr befreit von paganen und religiösen Vorstellungen in seiner ganzen Reinheit erstrahlen kann. Im Unterschied zur konservativen Abfallstheorie geht es dieser progressiven Säkularisierungsthese nicht um ein restauratives Zurück in die Vergangenheit, sondern um entschlossene Zuwendung und Öffnung zur heutigen Welt.

Die Unkosten dieser auf den ersten Blick faszinierenden Konzeption sind freilich hoch. Der Christusglaube gerät damit in eine gefährliche Isolierung. Jesus Christus wird letztlich zum Ersatz des totgesagten Gottes. In letzter Konsequenz laufen solche Theorien auf den Versuch Marcions hinaus, die Heilsgeschichte von der Schöpfung abzukoppeln und so Gottes Gegenwart in der Geschichte des Heils, besonders in Jesus Christus, loszulösen von seiner wirksamen Gegenwart in der Schöpfungswirklichkeit. Durch diese Emanzipation aus den Zusammenhängen der Welt wird jedoch der heilsgeschichtliche Glaube selbst unanschaulich; er erscheint letztlich illusionär. Am Ende muss er sich zu der marcionitischen Vorstellung von einem rein jenseitigen, fremden, unerkannten und unbekannten Gott verflüchtigen.[14] Das Christentum löst sich dann am Ende entweder wie in der Gott-ist-tot-Theologie, die inzwischen selber tot ist, auf, oder es wird zur reinen Ethik einer bestimmten sozialen und politischen Praxis.

Aus dieser knappen Analyse ergibt sich eine drängende theologische Aufgabe: Der oft vergessene Zusammenhang von Schöpfung und Christologie wird zu einem vorrangigen Thema gegenwärtiger Theo-

---

12 Vgl. K. Barth, Kirchliche Dogmatik I/2, Zollikon – Zürich [5]1960, 305–397, bes. 324 ff. 350 ff.

13 Vgl. dazu die zusammenfassende Darstellung von U. Ruh, Säkularisierung als Interpretationskategorie, Freiburg i. Br. 1980; ders., Säkularisierung, in: CGG 18, 59–100.

14 Vgl. das noch immer lesenswerte Buch von A. von Harnack, Marcion. Das Evangelium vom fremden Gott, Leipzig 1921 (Neuauflage: Darmstadt 1960).

logie.[15] Es geht dabei um nichts weniger als um das Verhältnis von christlichem Glauben und menschlicher Kultur. Die Bibel hat dieses Thema vor allem in ihrer Weisheitstradition behandelt. Es dürfte deutlich sein, dass es sich dabei um kein rein akademisch-theologisches Problem handelt; es geht um den Ort des Christlichen in der Welt von heute, um die Frage, wo und wie heute Gottes Gegenwart erfahrbar ist.

II. Biblische Grundlagen

Es lässt sich leicht sagen, dass die genannten säkularisierungstheologischen Thesen einer recht selektiven Lektüre der Schrift entspringen und durch die neuere exegetische Forschung heute als überholt gelten dürfen. Die recht holzschnittartige, ja simple Gegenüberstellung von biblischem und allgemein-religiösem beziehungsweise griechischem Denken muss inzwischen sowohl aufgrund eines genaueren Studiums der Religionsgeschichte und griechischen Philosophie wie der Schrift viel differenzierter gesehen werden.[16] Man muss sich endlich von dem alteingesessenen Vorurteil lösen, die Begegnung und Durchdringung zwischen der ursprünglich »reinen« Schrift und dem zeitgenössischen religiösen beziehungsweise philosophischen Denken setze erst nach der Zeit der Schrift ein und sei deshalb als Abfall von der Schrift zu bewerten. In Wirklichkeit findet diese Durchdringung schon in der Schrift selbst statt. Das lässt sich nicht nur an den Schöpfungsaussagen und den Aussagen über die Gotteserkenntnis in und aus der Schöpfung aufweisen, sondern vor allem an der Biblischen Weisheitstradition.

Es ist bezeichnend, dass ausgerechnet Gerhard von Rad, der in seiner *Theologie des Alten Testaments* so betont den geschichtlichen Cha-

---

[15] Darauf hat vor allem J. Ratzinger oft hingewiesen, zuletzt: Am Anfang schuf Gott. Vier Predigten über Schöpfung und Fall, München 1986; ähnlich L. Bouyer, Das Wort ist der Sohn. Der Weg der Christologie, Einsiedeln 1976, 14–17. In dem Werk von Bouyer finden sich viele interessante Hinweise auf eine Weisheitschristologie.

[16] Darauf hat u. a. C. Colpe ausdrücklich hingewiesen in seinem Beitrag: Von der Logoslehre des Philon zu der des Clemens von Alexandrien, in: Kerygma und Logos (FS C. Andresen), Göttingen 1979, 89–107, hier 89 f.

rakter des Alten Testaments herausgestellt hat, am Ende mit Nachdruck wieder auf die Weisheitsüberlieferungen des Alten Testaments hingewiesen hat.[17] Sie finden sich nicht nur in der Weisheitsliteratur im engeren Sinn, sondern auch in den geschichtlichen Büchern (Josephs-, Mose-, David- und vor allem Salomoüberlieferung) wie in den prophetischen Schriften. Sie haben vielfältige Spuren in der neutestamentlichen Weisheits- und in der johanneischen Logoschristologie hinterlassen.[18] Es handelt sich also um eine durchgängige biblische Traditionslinie und nicht um irgendein Detailphänomen.

Interessant daran ist ein Doppeltes: Die Zusammenhänge mit der Weisheitsüberlieferung der umliegenden Völker liegen auf der Hand.[19] Eine durchaus aufgeklärte, weltliche und universalistische Weltsicht tritt uns hier entgegen.[20] Es wäre jedoch völlig verkehrt, daraus zu schließen, in der Weisheitsliteratur hätte sich Israel kritiklos dem allgemeinreligiösen oder dem hellenistischen Denken geöffnet. Das Gegenteil ist der Fall. Besonders bei Jesus Sirach[21] und nachher wieder bei Paulus[22] wird im Namen und im Zeichen der Weisheit

---

[17] G. von Rad, Weisheit in Israel, Neukirchen – Vluyn 1970. Weitere Untersuchungen: H. H. Schmid, Wesen und Geschichte der Weisheit. Eine Untersuchung zur altorientalischen und israelitischen Weisheitsliteratur, Berlin 1966; B. L. Mack, Logos und Sophia. Untersuchungen zur Weisheitstheologie im hellenistischen Judentum, Göttingen 1973; M. Küchler, Frühjüdische Weisheitstraditionen. Zum Fortgang weisheitlichen Denkens des frühjüdischen Jahweglaubens, Fribourg – Göttingen 1979; O. Kaiser, Der Mensch unter dem Schicksal. Studien zur Geschichte, Theologie und Gegenwartsbedeutung der Weisheit, Berlin 1985.

[18] A. Feuillet, Jésus et la sagesse divine d'après les évangiles synoptiques, in: RB 62 (1965) 161–196; P. E. Bonnard, La sagesse en personne annoncée et venue: Jésus Christ, Paris 1966; F. Christ, Jesus Sophia. Die Sophia-Christologie bei den Synoptikern (AThANT 57), Zürich 1970; M. Hengel, Der Sohn Gottes. Die Entstehung der Christologie und die jüdisch-hellenistische Religionsgeschichte, Tübingen 1975, 78–89.116–120.

[19] Besonders Spr 22,17–23,11 ist eng verwandt mit dem ägyptischen Weisheitsbuch des Amenemope.

[20] Rad, Weisheit in Israel (wie Anm. 17), 83 ff.

[21] M. Hengel, Judentum und Hellenismus. Studien zu ihrer Begegnung unter besonderer Berücksichtigung Palästinas bis zur Mitte des 2. Jahrhunderts vor Christus, Tübingen ^{2}1973, 284 ff.

[22] H. Schlier, Kerygma und Sophia. Zur neutestamentlichen Grundlegung des Dogmas, in: Die Zeit der Kirche. Exegetische Aufsätze und Vorträge I, Freiburg i. Br. 1956, 206–232; U. Wilckens, Kreuz und Weisheit, in: KuD 3 (1957) 77–108; ders., Weisheit und Torheit. Eine exegetisch-religionsgeschichtliche Unter-

mit den in Israel beziehungsweise in die Kirche eingedrungenen hellenistischen beziehungsweise gnostischen Strömungen der Kampf aufgenommen und die Weisheit strikt für Israel und das Gesetz beziehungsweise für Jesus Christus in Anspruch genommen. Hier liegt also jenseits von verängstigtem Rückzug ins Getto oder kopfloser Flucht nach vorne durch geschickte Anpassungsstrategien eine dritte Weise der Auseinandersetzung mit den jeweiligen »modernen« Strömungen vor.

Doch bevor wir diese großen Linien ausziehen, wollen wir etwas am Detail bleiben und die Frage der Gegenwart Gottes in der Welt unserem Ausgangspunkt entsprechend anhand der biblischen Aussagen über den Tempel studieren. Die engen Zusammenhänge mit der Weisheitsüberlieferung werden am Ende deutlich werden.

Ohne Zweifel ist für das Alte Testament der Tempel der Ort der Gegenwart Gottes unter seinem Volk.[23] Dies geht vor allem aus den beiden Berichten über den Tempelbau und die Einweihung des Tempels unter Salomo hervor *(1 Kön 6–8; 2 Chr 3–7)*. Dort kann seine Herrlichkeit und seine Hilfe immer wieder konkret erfahren werden. Besonders eindrucksvoll ist die Tempelvision des Propheten Jesaja: Der dreifach heilige und erhabene und transzendente Gott erfüllt mit seiner Herrlichkeit die ganze Erde, den Tempel aber erfüllt er mit dem Saum seines Gewandes (vgl. *Jes 6,1–4*). Transzendenz und Immanenz Gottes, Universalität und konkretes Wohnen an einem Ort sind in dieser Tempeltheologie miteinander verbunden. Vor allem im Spät- (besser: Früh-) Judentum wird so der Tempel als Mittelpunkt der Welt, als Nabel des Weltalls verstanden.[24] Von einer grundsätzlichen Tempel- und Kultkritik kann im Alten Testament also keine Rede sein.

Dennoch finden sich bei den Propheten religionsgeschichtlich betrachtet geradezu revolutionäre Aussagen gegen einen veräußerlichten Tempelkult (vgl. *Jes 1,10–17; Am 5,21–23* u.ö.). Statt Rindern, Stieren, Lämmern und Böcken wird Gutes tun und Recht üben, Ein-

---

suchung zu 1 Kor 1 und 2 (BHTh 26), Tübingen 1959; R. Baumann, Mitte und Norm des Christlichen. Eine Auslegung von 1. Korinther 1,1–3,4 (NTA NF 5), Münster 1968.

23 Zum Folgenden vgl. besonders Y. Congar, Das Mysterium des Tempels. Die Geschichte der Gegenwart Gottes von der Genesis bis zur Apokalypse, Salzburg 1960.

24 Vgl. ebd., 95ff.

treten für Waisen und Witwen gefordert (vgl. *Jes 1,17; Am 4,24; Mi 6,8*). »Barmherzigkeit will ich, nicht Schlachtopfer; Gotteserkenntnis statt Brandopfer« (*Hos 6,6*; vgl. *Mt 9,13; 12,7*). Das wahre Opfer ist das Opfer des Lobes, des Gehorsams gegen Gottes Willen (vgl. *Ps 47,7–10; 50,7–14; 69,31f.; 141,2; Spr 15,8; 21,27; Sir 35,2–4*), »ein zerknirschter Geist und ein zerschlagenes Herz« *(Ps 51,19)*.

Jesus steht in dieser prophetischen Tradition der Verinnerlichung und Verwesentlichung. Der Sabbat ist um des Menschen willen da *(Mk 2,27)*. Beim Gottesdienst geht es ihm um das Herz des Menschen (vgl. *Mk 7,19.21*). Am deutlichsten kommt seine Kritik am Tempel in der Perikope von der Tempelreinigung zum Ausdruck. Sie wird uns vor allem von vier Evangelisten mit teilweise wichtigen Unterschieden berichtet (*Mk 11,15–29* par.; *Joh 2,14–18*). Gemeinsam ist aber allen Berichten, dass sich mit dieser Tempelszene der Konflikt mit den damaligen Autoritäten im Judentum tödlich zuspitzt (vgl. *Mk 14,57* par.; *15,29* par.). Das alles zeigt, dass dieser Perikope eine zentrale Stellung für Jesu Botschaft, seinen Anspruch und sein Geschick zukommt.

Im Einzelnen hat die Perikope von der sogenannten Tempelreinigung schon viele und manchmal recht phantastische Deutungen erfahren.[25] Manche Ausleger wollten darin eine Art paramilitärischer Aktion und einen revolutionären Akt sehen, um so Jesus geistig und politisch in die Nähe der Zeloten zu rücken. Eine solche Deutung widerspricht aber dem Ganzen der Verkündigung und des Verhaltens Jesu, vor allem seinem Gebot der Nächstenliebe bis hin zur Feindesliebe. Bei einer genaueren Analyse kann man in der genannten Perikope drei Dimensionen feststellen. Erstens: reformerischen religiösen Eifer gegen die Profanisierung des Tempels durch Geschäftemacherei und äußeren Betrieb. Zweitens: prophetischen Protest und prophetische Zeichenhandlung, welche auf den wahren Gottesdienst in Gerechtigkeit, Liebe, Gehorsam, Treue »im Geist und in der Wahrheit« *(Joh 4,24)* dringen. Zur Verinnerlichung kommt die Universalisierung; der Tempel soll ein Haus des Gebets für alle Völker sein (vgl. *Jes 56,7*). Es sollen also die bisherigen Unterschiede zwischen Juden und Heiden, rein und unrein, heilig und profan fallen. Damit deutet sich auch schon die entscheidende dritte, die messianische Dimension an. Jesus

---

[25] Vgl. ebd., 116 ff.

greift die alttestamentliche und jüdische Erwartung eines messianischen beziehungsweise eschatologisch neuen, nicht von Menschen gemachten Tempels (vgl. *Ez 40–44; Tob 13,17f.*) und eines neuen Jerusalems auf, über dessen Bewohner der Geist der Gnade und des Gebets ausgegossen wird (vgl. *Sach 12,10*) und welches das Ziel der Wallfahrt aller Völker sein wird (vgl. *Jes 2,1–5; 60,1–22, Mi 4,1–3*). Nicht umsonst stellt sich sofort die Frage nach der Vollmacht Jesu. Ist er der kommende Messias, und wie kann er sich ausweisen?

Die Antwort Jesu bei den Synoptikern ist dilatorisch. Anders bei Johannes. Der vierte Evangelist schaut bereits von Kreuz und Auferstehung zurück und erkennt: Jesus spricht vom Tempel seines Leibes *(Joh 2,21)*; er selbst ist der neue Tempel. Denn in ihm wohnt das Wort Gottes auf leibhaftige Weise *(Joh 1,14)*. Näherhin deutet Johannes das Wort Jesu auf dessen gekreuzigten und auferstandenen Leib; der am Kreuz dahingegebene Leib Christi ist ihm der einzig wahre Tempel, der Ort der Gegenwart Gottes. Jesus Christus ist ja das Lamm Gottes *(Joh 1,36)* und als solches die eschatologische Erfüllung der Tempelopfer.

Das übrige Neue Testament nimmt diese Botschaft auf. Es bezeichnet Jesus Christus nicht nur als den neuen Eckstein (*Mk 12,10* par.; *Apg 4,11; 1 Petr 2,7*), es sagt von ihm auch, dass in ihm die Fülle der Gottheit leibhaftig wohnt (*Kol 2,9;* vgl. *1,19; 2 Kor 5,19*). Mit seiner Lebenshingabe am Kreuz hat er die alttestamentlichen Opfer ein für alle Mal erfüllt (*Hebr 10,4–10*). So ist für das Neue Testament allein Jesus Christus der Ort der Gegenwart Gottes und zugleich der Ort der vollkommenen eschatologisch-endgültigen Verherrlichung Gottes.

Mit dieser Antwort wird deutlich: Im Entscheidenden geht es dem Alten wie dem Neuen Testament nicht um Spiritualisierung, nicht um Auflösung alles Konkreten in allgemeinmenschliche Religiosität und Ethik, sondern im Gegenteil um christologische (und ekklesiologische) Konkretisierung.[26] Doch diese führt nicht zu einer christologischen Engführung, sondern zu einer Christologie in universaler Perspektive. Das Neue Testament will sagen: Was als allgemeinmenschliche Religiosität und Ethik existiert und was im Alten Testament sich in besonderer Weise im Tempelkult und den daraus folgen-

---

[26] Vgl. ebd., 141 f.; H. Schürmann, Neutestamentliche Marginalien zur Frage der Entsakralisierung, in: Der Seelsorger 38 (1968) 38–48.89–104.

den Heiligkeitsvorstellungen verdichtete, das findet in Jesus Christus seine einmalig konkrete endgültige Verwirklichung, welche in ihrer leibhaftig geschichtlichen Konkretheit ein für alle Mal gültig ist.

Mit dieser Idee einer fortschreitend sich konkretisierenden, ja sich inkarnierenden Verwirklichung des Heilsplans Gottes nimmt das Neue Testament Vorstellungen auf, welche ganz der alttestamentlichen Weisheitsliteratur entsprechen. Diese spricht von der Weisheit Gottes, welche sich überall und unter allen Völkern in den Ordnungen der Wirklichkeit und in den geschichtlichen Erfahrungen der Menschen widerspiegelt. Da alle Weisheit vom Herrn kommt und seine Gabe ist (vgl. *Sir 1; Weish 7, 7–21* u. ö.), ist der Anfang der Weisheit die Furcht des Herrn *(Sir 1, 14; Spr 1, 7; Ps 111, 10)*. »Begehrst du Weisheit, so halte die Gebote« *(Sir 1, 26)*. Wo also begegnet die Weisheit anders als im Gesetz und Kult? Diese Identifikation von Weisheit und Gesetz ist im Alten Testament längst vorbereitet (vgl. *Dtn 4, 6; Ps 1; 119*). Ausdrücklich vollzogen wird sie von Jesus Sirach. In seinem berühmten Lob der Weisheit sucht die Weisheit unter allen Völkern einen Ort und eine Ruhestätte; sie findet ihren Ort aber nur in Jerusalem auf dem Zion *(Sir 24, 4–19)* und im Gesetz (*24, 23–34;* vgl. *38, 34–39, 2; Bar 3, 9–4, 4; Ijob 28*). So wird also die Weisheit, das Ur- und Ordnungsprinzip der von Gott geschaffenen Welt,[27] mit der Tora gleichgesetzt. Das führt im Frühjudentum zu einem geradezu ontologischen Toraverständnis.[28] Das Studium des Gesetzes wird zur wahren Philosophie.[29]

Die Nähe wie die Differenz zur griechischen Philosophie ist damit gleichermaßen deutlich. Deutlich ist freilich auch, dass es für die Bibel kein Neben- und erst recht kein Gegeneinander von ›natürlicher‹ Theologie und Offenbarungstheologie gibt. War der Gott Israels der Schöpfergott, dann war die Erfahrung der Schöpfungsordnung Erfahrung Jahwes.[30]

Israel erfuhr freilich auch, dass die Weisheit Gottes in der Welt kein Gehör findet. Nur in Israel, im Gesetz und im Kult, kommt sie

---

[27] Hengel, Judentum und Hellenismus (wie Anm. 21), 289.

[28] Ebd., 311.

[29] Ebd., 295 ff.

[30] H. Gese, Der Johannesprolog, in: Zur biblischen Theologie. Alttestamentliche Vorträge, München 1977, 174.

zur Geltung. Nach dem äthiopischen Henoch zieht sich die Weisheit sogar in den Himmel zurück, um erst in der Offenbarung des Menschensohns wieder zu erscheinen.[31] Von diesen Aussagen ist der Schritt zum Logoslied im Johannesprolog nicht weit.[32] Nach diesem Lied ist der Logos in aller Schöpfung als Licht und Leben am Werk; in Jesus Christus aber wohnt *(Joh 1, 1–18)* er in Fülle. Dieses Bekenntnis ist die äußerste und letzte Konkretisierung der in der Weisheitsliteratur angebahnten Identifizierung von Weisheit und Heilsgeschichte. Jesus Christus ist die universale Weisheit in Person. Er ist der Weg, die Wahrheit und das Leben *(Joh 14, 6)*.

Die Aussage des Johannesprologs steht im Neuen Testament nicht isoliert da. Schon Rudolf Bultmann hat auf die synoptische Tradition hingewiesen, welche Jesus als Weisheitslehrer darstellt[33] wie auf das charakteristisch Neue, das »über Volksweisheit und Volksfrömmigkeit« hinausgeht und doch ebenso wenig spezifisch schriftgelehrt-rabbinisch oder jüdisch-apokalyptisch ist. »Also wenn irgendwo, so muß hier das Charakteristische der Verkündigung Jesu zu finden sein«[34]. Inzwischen ist die neutestamentliche Exegese diesen Fragen weiter nachgegangen. Sie hat bei Jesus selbst eine indirekte beziehungsweise implizite Weisheitschristologie entdeckt. Das gilt vor allem von dem Wort: »Hier ist mehr als Salomo« *(Mt 12, 42)*. In dieser Steigerungsformel kommt das gegenüber dem Alten Testament eschatologisch Überbietende des Anspruchs Jesu zum Ausdruck.[35] Nicht umsonst wirft die vollmächtige Verkündigung die Frage auf: »Was ist das für eine Weisheit, die ihm gegeben ist?« *(Mk 6, 2)*. In der Logienquelle

---

31 Hen(aeth) c. 37; 42; 49. Vgl. E. Kautzsch, Die Apokryphen und Pseudepigraphen des Alten Testamentes, Bd. 2, Darmstadt 1962, 262 ff.

32 Vor allem H. Gese (vgl. Der Johannesprolog [wie Anm. 30], 173–201) hat diesen Zusammenhang gut dargestellt. Vgl. auch mit derselben Stoßrichtung: Der Messias, in: ebd., 128–151; Natus ex virgine, in: Vom Sinai zum Zion, München 1974, 130–146.

33 R. Bultmann, Geschichte der synoptischen Tradition, Göttingen [4]1958, 73–113. Wesentlich weiterführend: R. Riesner, Jesus als Lehrer. Eine Untersuchung zum Ursprung der Evangelien-Überlieferung (WUNT 2.R.7), Tübingen 1984.

34 Ebd., 110.

35 Vgl. F. Mußner, Ursprünge und Entfaltung der neutestamentlichen Sohneschristologie. Versuch einer Rekonstruktion, in: L. Scheffczyk (Hg.), Grundfragen der Christologie heute (QD 72), Freiburg i. Br. 1975, 82 f.

wird diese indirekte Weisheitschristologie weiter entfaltet (*Mt 23,24; Lk 11,49*; vgl. *7,31–35*).[36]

Paulus hat diese Ansätze aufgegriffen und Jesus Christus, den Gekreuzigten, als »Gottes Kraft und Gottes Weisheit« verkündet (*1 Kor 1,24*; vgl. *30*); in ihm ist die verborgene Weisheit Gottes offenbar geworden (vgl. *2,6–9*).[37] Die Hymnen von der Schöpfungsmittlerschaft Jesu Christi und von seiner kosmologischen Bedeutung bringen denselben Gedanken in anderer Weise zur Geltung (*1 Kor 8,6; Kol 1,15–20; Hebr 1,2; Joh 1,1–14*).[38]

Die Heilsgeschichte ist folglich nicht bestimmt vom Gesetz der Spiritualisierung, sondern von dem der Konkretisierung. Die Heilsgeschichte geht nicht den Weg der Abstraktion, ihr geht es vielmehr um Anschaulichkeit, Erfahrbarkeit, Wahrnehmbarkeit und konkrete Sagbarkeit. Der konkrete Jesus von Nazareth ist der Ort, an dem das Menschlich-Allgemeine seine qualitativ einmalige Verwirklichung findet. Er ist das concretum universale. Diese Antwort schließt die anderen Formen von Gottes Gegenwart nicht aus; sie führt also nicht zu einer weltlichen Welt. Im Gegenteil, sie erschließt die anderen Formen und ermöglicht sie neu. Jesus Christus ist, wie Nikolaus von Kues sagte, die coincidentia aller Dimensionen; er ist in seiner Person die universalis contractio aller Wirklichkeit.[39] So bedeutet die christologische Antwort nicht Rückzug aus der Welt, sie drängt vielmehr auf eine neue Durchdringung von Glauben und Denken, Glaube und Kultur; sie führt zu einer weisheitlichen Sicht aller Wirklichkeit.

Die Frage ist freilich: Wie ist die biblisch bezeugte, christologisch vermittelte Gegenwart Gottes in der Welt von heute erfahrbar, wie ist sie vor allem denkbar? Welche Konsequenzen ergeben sich aus dieser biblischen Perspektive?

---

36 Vgl. o. Anm. 18. Außerdem P. Hoffmann, Studien zur Theologie der Logienquelle (NTA NF 8), Münster 1972; A. Polag, Die Christologie der Logienquelle, Neukirchen – Vluyn 1977.

37 Vgl. o. Anm. 22.

38 Vgl. W. Kasper, Jesus der Christus (WKGS 3), Freiburg i. Br. 2007, 280–291.

39 Nicolaus von Kues, De docta ignorantia III, 2.

III. Heutige Herausforderungen

Das Thema der Weisheit gehört nicht zu den bevorzugten Themen gegenwärtiger Diskussion. Fast scheint es obsolet geworden und in Vergessenheit geraten zu sein. Der ursprüngliche Sinn und die Bedeutung der Weisheit müssen erst wieder freigelegt und erschlossen werden. Dabei kann hilfreich sein, dass die Weisheit im Sinn des Alten Testaments wie des frühen Griechentums ja nichts mit einer weltfernen und weltabgewandten Einstellung und mit grüblerisch versponnenen Spekulationen zu tun hat. Weisheit meint zunächst Lebenserfahrung und daraus entspringende Lebenstüchtigkeit. Solche Lebensweisheit setzt aus Erfahrung gewonnene Urteilsfähigkeit, Augenmaß, Blick für das Wesentliche und für das Ganze voraus. Wirklich weise ist deshalb – biblisch gesprochen – nur, wer Ehrfurcht hat vor Gott und von Gott her beurteilt (vgl. *Ps 111, 10; Spr 1, 7; 9, 10; Sir 1, 14*), oder – in der Sprache der abendländischen Tradition – wer alles von den höchsten und letzten Gründen her beurteilt.[40] Weise ist also, wer alle Dinge in der rechten Weise zu ordnen und gut zu lenken versteht. Deshalb kann Thomas von Aquin, Aristoteles zitierend, sagen, die Aufgabe des Weisen sei das Ordnen.[41] Dies ist nur möglich im Blick auf die Wahrheit der Wirklichkeit. Sie ist nach Thomas das letzte Ziel des Universums, und die Weisheit besteht vor allem in ihrer Betrachtung.[42]

Sobald man in dieser Weise den ursprünglichen Sinn von Weisheit wieder freilegt, stellt man fest: Auch wenn das Thema der Weisheit heute nicht sehr im Vordergrund steht, so hat es doch nichts von seiner Aktualität verloren. Ganz im Gegenteil, gerade der weitgehende Verlust dieses Themas macht dieses so aktuell. Noch deutlicher: Der Verlust der weisheitlichen Dimension ist die eigentliche Krise der Gegenwart. Diese besteht, anders formuliert, in der Krise der Metaphysik und in dem damit gegebenen Verlust der Frage nach der dem Leben Ordnung und Sinn verleihenden Wahrheit. Das führte zu einer weitgehenden Instrumentalisierung der Vernunft und zur Eingrenzung der Wahrheitsfrage auf positivistisch zu begründende Richtigkeiten

---

40 Aristot. metaph. I, 2, 981 b; Thomas v. Aquin, S.th. II/II q. 45 a. 1.

41 Thomas v. Aquin, S.c.g. I, 1.

42 Ebd.

oder biologische, technologische, ökonomische, politische Nützlichkeit. Das erste Opfer dieser Reduktion ist der Mensch und seine je einmalige, unveräußerliche und unantastbare Würde, der Mensch, der nirgends nur Mittel zum Zweck, sondern ein Zweck an sich selbst ist. Angesichts der geradezu ins Gigantische gestiegenen technischen Möglichkeiten stellt sich heute die Frage nach sinnvollen, das heißt humanen Zielen überaus dringend. Hatte man freilich früher vollkommene Ziele, aber nur unvollkommene Möglichkeiten ihrer Realisierung, so ist uns heute fast alles möglich, aber wir haben nur sehr unvollkommene und sehr verworrene Wert- und Zielvorstellungen.[43]

Auf diesem Hintergrund sagte das Zweite Vatikanische Konzil: »Unsere Zeit braucht mehr als die vergangenen Jahrhunderte diese Weisheit, damit humaner wird, was Neues vom Menschen entdeckt wird. Es gerät nämlich das künftige Geschick der Welt in Gefahr, wenn nicht weisere Menschen entstehen«[44]. Angesichts der radikalen Infragestellung des Gottesglaubens und der weit verbreiteten Erfahrung der Abwesenheit Gottes hat das Zweite Vatikanische Konzil freilich gut daran getan, nicht mehr in erster Linie bei der Möglichkeit der natürlichen Gotteserkenntnis anzusetzen. Ohne dies in irgendeiner Weise in Frage zu stellen, setzt das Konzil im Anschluss an die Schrift angesichts der gegenwärtigen Krise beim Fundament und Zentrum des christlichen Glaubens, bei Jesus Christus an.[45] Jesus Christus wird so für das Konzil der Schlüssel für das rechte Verständnis der Welt und des Menschen.[46] Das Konzil insinuiert also eine christologische Weisheitskonzeption und eine weisheitliche Christologie. Aus diesem Grund empfiehlt das Konzil auch keine enggeführte heilsgeschichtliche Theologie, sondern – was nachher oft übersehen wurde – eine zwar christologisch konzentrierte, aber doch universale Theologie. Sie soll davon ausgehen, dass das Geheimnis Christi die gesamte Menschheitsgeschichte durchzieht.[47] Damit will das Konzil eine Theologie, die zwar christologisch zentriert, die aber zugleich uni-

---

[43] So A. Einstein, zitiert nach J. Moltmann, Perspektiven der Theologie. Gesammelte Aufsätze, München – Mainz 1986, 285.

[44] GS 15; vgl. 57.

[45] GS 21–23.

[46] GS 10; 45.

[47] OT 15.

versal ausgerichtet ist und im Dialog steht mit den religiösen, geistigen, kulturellen, politischen Strömungen der Zeit. In diesem Sinn proklamiert das Konzil eine christologisch begründete, weltoffene Katholizität.

Diese konziliare Öffnung hat in den letzten 20 Jahren zu manchen Missverständnissen und manchmal zum undifferenzierten Einströmen weltlichen Denkens und weltlicher Weisheit in die Kirche geführt. Die rechte »Unterscheidung der Geister« ist nicht immer gelungen. Dies hat unter anderem seinen Grund darin, dass die christologische Begründung und der christologische Maßstab der Öffnung zur Welt nicht klar genug im Blick war. Einer Weisheitschristologie kommt also eine grundlegende Funktion zu für eine rechte Ortsbestimmung des Christentums und der Kirche in der Welt von heute.

IV. Zwei Ansatzpunkte

Bei der Aufgabe, welche der Theologie damit gestellt ist, kann diese an eine reiche Überlieferung anknüpfen. Die christliche Tradition kennt vielfältige Entwürfe einer Weisheitschristologie. Die größten Denker der Theologie haben sich darum bemüht: Origenes, Augustinus, Maximus Confessor, Bonaventura, Nikolaus von Kues, um nur ein paar wenige zu nennen.[48] Die geschichtstheologischen Entwürfe in der Tübinger Schule stehen ebenfalls in dieser Tradition. Aus der gegenwärtigen Theologie sind vor allem Karl Rahner und Hans Urs von Balthasar zu nennen.[49] Dies alles auch nur andeutungsweise zu behandeln, würde den Rahmen dieser Vorüberlegungen sprengen. Es geht uns hier nicht um einen ausgeführten und ausgefeilten Entwurf, sondern

---

48 Zur älteren Tradition: G. Kretschmar, Studien zur frühchristlichen Trinitätstheologie (BHTh 21), Tübingen 1956, bes. 27ff. Überblick über spätere Entwürfe: K. Pfleger, Die verwegenen Christozentriker, Freiburg 1964. Von besonderer Bedeutung ist der Begriff Weisheit (sophia) für die Sophia-Lehre von Solovjev, Bulgakov, Berdjajev u. a. geworden. Obschon diese Quellen an einen christlichen Pantheismus denken, besteht doch die Gefahr, Philosophie und Theologie miteinander in einer Art Gnosis zu verschmelzen. Vgl. den Überblick bei B. Schultze, in: W. Nyssen u. a. (Hg.), Handbuch der Ostkirchenkunde, Bd. 1, Düsseldorf 1984.

49 Vgl. dazu W. Löser, »Universale concretum« als Grundgesetz der oeconomia revelationis, in: HFTh 2, 108–121.

um Vorüberlegungen zu einem Thema, das auszuführen noch viele Anstrengungen erforderlich machen wird.

Einen ersten Hinweis entnehmen wir der Tradition, näherhin Augustinus.[50] Mehrfach, besonders in seinen Confessiones, beschreibt Augustinus seinen Weg zum Glauben. Es ist ein Weg der Suche nach Wahrheit und Weisheit. Nach seiner Abkehr vom Manichäismus wandte er sich zunächst der Skepsis der sogenannten Akademie zu. Er kam zu der Überzeugung, man müsse an allem zweifeln, und der Mensch sei nicht imstande, etwas Wahres zu erfassen.[51] Diese Zweifel, ja diese Verzweiflung an der Wahrheit, besonders an letzten Wahrheiten, mutet uns heute wiederum ganz modern an. Doch Augustinus war ein zu wahrheitsdürstender Geist, um bei dieser resignativen Einstellung stehen zu bleiben. Die Beschäftigung mit dem Neuplatonismus und ein großes Erleuchtungserlebnis führten ihn wieder aus dieser Skepsis heraus.[52] Er erfuhr, dass die Weisheit über alles Geschaffene hinaus liegt.[53] Er berichtet uns über diese Erfahrung ganz in der Sprache des Neuplatonismus; es handelt sich um ein blitzartiges Innewerden und ein geistiges Berühren der ungewordenen ewigen Wahrheit.[54] Doch auch dies konnte noch nicht die endgültige Antwort sein. Augustinus wird sich alsbald bewusst, dass der esoterische und elitäre Weg des philosophischen Aufstiegs nicht der allgemeine Weg zur Wahrheit und Weisheit sein kann. Es gibt zu viele äußere Abhaltungen und verbreitete Irrtümer, geistige Blindheit und Schwerfälligkeit, als dass der schwierige Weg der Philosophie der allgemeingültige sein könnte. So findet Augustinus die Weisheit endgültig erst, da er seinen Hochmut, sein Hoch-hinaus-Wollen aufgibt und demütig wird, da er im Glauben Jesus Christus als den Mittler zwischen Gott und den Menschen anerkennt. Jesus Christus ist ihm nunmehr nicht nur Lehrer der Weisheit, sondern die Wahrheit in Person.[55]

---

50 Zum Folgenden vgl. J. Ratzinger, Volk und Haus Gottes in Augustins Lehre von der Kirche (MThS II,7), München 1954, 13–35.

51 Aug. conf. V, 10, 19.

52 Ebd., VII, 10, 96; 17, 23.

53 Ebd., IX, 10, 24.

54 Ebd., VII, 17; IX, 10. Ähnlich Plot. enn. VI, 9, 31f., in: Schriften I (ed. Harder), 185.

55 Ebd., VII, 18, 24.

Ähnliche Gedankengänge finden wir etwa auch bei Origenes[56] oder bei Thomas von Aquin.[57] Immer beschreiben sie die gleiche paradoxe Grundsituation des Menschen. Der Mensch strebt in seinem Suchen nach Wahrheit letztlich über sich hinaus auf eine Erfüllung hin, welche er philosophisch zwar in schwacher, aber stets gefährdeter Weise antizipieren und gleichsam von außen berühren kann, die er sich aber in letzter Gewissheit und in ihrer ganzen Fülle nicht selbst geben kann. Er muss sich diese Erfüllung demütig schenken lassen. In dieser Haltung des Glaubens wird die Haltung der Skepsis im doppelten Sinn des Wortes aufgehoben: Sie wird einerseits überwunden, andererseits wird aber gleichzeitig ihr bleibendes Recht gewahrt und die der menschlichen Vernunft gesetzten Grenzen anerkannt. Aus der Infragestellung menschlicher Weisheit wird die demütige Annahme der in Jesus Christus geschichtlich konkret gewordenen Weisheit. Jesus Christus, der die Wahrheit in Person ist, erweist sich so als die immer schon vom Menschen erstrebte, aber letztlich unerreichbare und unableitbare Erfüllung des menschlichen Wahrheitsstrebens.

Diese Denkfigur entspricht durchaus dem biblischen Weisheitsdenken. Dieses ist am Ende, deutlich fassbar bei Hiob und Kohelet, selbst skeptisch geworden. Der umfassende Ordnungs- und Seinszusammenhang aller Dinge wurde angesichts der Unlösbarkeit des Theodizeeproblems fragwürdig.[58] Heute, am Ende der Neuzeit, hat diese Skepsis noch viel grundsätzlichere Dimensionen angenommen. Seit dem Zusammenbruch der idealistischen Systeme ist sich die Vernunft der Unvordenklichkeit ihrer eigenen Faktizität und der unableitbaren Positivität der Wirklichkeit ganz neu bewusst geworden.[59] Heidegger hat konsequenterweise die Theoontologie, die Ineinssetzung von Gott und Sein, grundsätzlich in Frage gestellt.[60] Seither ist auch der Theologie die geschichtliche Positivität und die unaufhebbare Geheimnishaftigkeit der biblischen Offenbarung deutlicher be-

---

56 Vgl. Orig. Cels. I, 9 f. (PG 11, 671–676).

57 Vgl. Thomas v. Aquin, S.th. I q. 1 a. 1 ad 1; S.c.g. I c. 3–5.

58 Vgl. H. Gese, Die Krisis der Weisheit bei Koheleth, in: ders, Vom Sinai zum Zion, München 1974, 168–179; Die Frage nach dem Lebenssinn: Hiob und die Folgen, in: ZThK 79 (1982) 161–179.

59 Vgl. H. M. Scheidinger, Nachidealistische Philosophie und christliches Denken, Freiburg i. Br. 1985.

60 M. Heidegger, Identität und Differenz, Pfullingen 1957.

wusst geworden. Dies geschah freilich oft um den Preis einer Isolierung der Offenbarungswahrheit von der allgemein-menschlichen Wahrheitsfrage und führte zur Preisgabe des weisheitlichen Anliegens von Schrift und Tradition. So ist es die weiterhin unerledigte Aufgabe der Theologie, die Offenbarung, konkret: das Christusereignis, in seiner ganzen Einmaligkeit und Unableitbarkeit festzuhalten und es eben darin zum Schlüssel für die Interpretation des Ganzen der Wirklichkeit zu machen, um so aufzuzeigen, dass und wie in Jesus Christus die sonst diffusen Linien der Wirklichkeit zusammenlaufen. Biblisch gesprochen: Es gilt, Jesus Christus als den Schlussstein zu erweisen, welcher das Ganze der Wirklichkeit zusammenhält.

Doch wie kann und soll dies heute geschehen? Mit dieser Frage kommen wir zu einer zweiten Vorüberlegung für eine weisheitliche Christologie. War der Gesprächspartner der neuzeitlichen Theologie der aufgeklärte gebildete Ungläubige, so ist der Gesprächspartner der heutigen Theologie der leidende Mensch.[61] Die Frage: Wo ist Gott? stellt sich heute angesichts des Leidens und des Grauens, angesichts von Ausbeutung und Unterdrückung, Schuld und Angst, Krankheit und Sterben, Verfolgung und Ausgestoßensein. Alle diese Erfahrungen unverschuldeten und ungerechten Leidens sind für die meisten Menschen ein existentiell viel stärkeres Argument gegen den Gottesglauben als alle erkenntnis- und wissenschaftstheoretischen, alle religions- und ideologiekritischen und sonstigen philosophischen Argumente. Sie sind der Fels des Atheismus (Georg Büchner). Viele meinen, nach dem Grauen von Auschwitz sei es nicht mehr länger möglich, von einem zugleich allmächtigen und gütigen Gott zu sprechen.

Der ganze Ernst dieser Fragestellung wird erst deutlich, wenn man sich klarmacht, dass es sich bei diesen vielfältigen Leidenserfahrungen nicht um bloße Rand- und Restphänomene des Daseins, sozusagen um die Schattenseite des Menschen, um Nebenprodukte der Evolution und dergleichen handelt. Es geht vielmehr um die konkrete conditio humana. Mit Recht sagt Nietzsche, es bestimme fast die Rangordnung, wieviel Menschen leiden können.[62] Leidensfrage und Gottes-

---

[61] Vgl. dazu W. Kasper, Der Gott Jesu Christi (WKGS 4), Freiburg i. Br. 2008, 262–269.

[62] F. Nietzsche, Jenseits von Gut und Böse (1886), in: WW II (wie Anm. 3), 744; ders., Nietzsche contra Wagner, in: ebd., 1057.

frage gehören also wesentlich und unlösbar zusammen. Es ist eines der Verdienste der Theologie der Befreiung, diesen Zusammenhang verstanden und von dorther eine Christologie der Armen und für die Armen versucht zu haben. Aber auch die vielfältigen gegenwärtigen Versuche, die Frage nach dem Leiden und Mitleiden Gottes neu und vertieft zu stellen, gehören in diesen Zusammenhang. Alle diese Ansätze sind noch nicht zu einem voll befriedigenden Abschluss gekommen; sie weisen auf künftige wichtige Aufgaben der Theologie. Eine der wichtigsten Aufgaben wird sein, eine Kreuzestheologie, das heißt eine Kenosis-Christologie zu entwerfen, die zugleich eine Theologie der Weisheit des Kreuzes ist, und so ganz im Sinn des Apostels Paulus das (von Ostern nicht zu trennende) Kreuz Christi neu als Inbegriff der Offenbarung der Weisheit Gottes zu begreifen.

Die gegenwärtige evangelische Theologie hat diesen Weg im Anschluss an Martin Luthers theologia crucis beschritten.[63] Es ist berechtigt, dass sie dabei den Skandal und den paradoxen Charakter des Kreuzes deutlich zum Ausdruck bringt; sie tut dies indes dadurch, dass sie Kreuzestheologie und sogenannte natürliche Theologie oft in Gegensatz zueinander bringt. Dies erklärt eine gewisse Zurückhaltung der katholischen Theologie gegenüber diesen Versuchen. Die katholische Theologie wird die Weisheit des Kreuzes als wirkliche und wahre Weisheit, als Wahrheit über die Welt zur Geltung bringen, ohne diese gekreuzigte Weisheit in das Schema weltlicher Weisheit einzupassen und einzuebnen und sie dadurch zu entleeren. Das Kreuz ist ein Absurdissimum, ein gekreuzigter Gott kommt einem Selbstmord der Vernunft gleich.[64] Die theologia crucis ist deshalb die Form christlicher Ideologiekritik, welche alles in sich geschlossene und sich verabsolutierende Denken aufsprengt. Aber auch als solche Krisis und Kritik weltlicher Weisheit muss sie als Gottes größere und umfassendere Weisheit sagbar und verstehbar sein. Sie muss als paradoxe, gleichsam gekreuzigte Erfüllung menschlicher Weisheit deutlich werden.

---

[63] Zu erinnern ist vor allem an die Entwürfe von E. Jüngel, Gott als Geheimnis der Welt (wie Anm. 2), Tübingen 1977; J. Moltmann, Der gekreuzigte Gott. Das Kreuz Christi als Grund und Kritik christlicher Theologie, München 1972. Von katholischer Seite: W. Kern, Das Kreuz Jesu als Offenbarung Gottes, in: HFTh 2, 187–221.

[64] F. Nietzsche, Jenseits von Gut und Böse (wie Anm. 63), 610.

Dazu gibt es schon in der idealistischen Theologie gute Ansätze, auch wenn diese dort nachträglich immer wieder spekulativ überspielt worden sind. Am berühmtesten sind Hegels verschiedene Versuche, den Satz, dass Gott tot ist, denkerisch zu bewältigen.[65] Das Ergebnis war bei Hegel freilich ein spekulativer Karfreitag, eine ewig notwendige Versöhnung, womit der Skandal des Kreuzes preisgegeben war. Weniger bekannt, aber theologisch mindestens ebenso interessant sind Friedrich Wilhelm Joseph Schellings Versuche einer universalgeschichtlichen Deutung des Kreuzes. Sie sind für uns auch deshalb interessant, weil sie sich in vielem mit der eingangs erwähnten Analyse von Schiller und Hölderlin berühren.[66]

Nach Schelling verstand das Altertum Offenbarung als Darstellung und Epiphanie des Göttlichen im Endlichen. Nicht erst die Moderne, schon das Christentum hat diese antike Gotteswelt zerstört. Das Christentum versteht nämlich das Universum nicht im Zeichen der Natur, sondern im Zeichen der Freiheit und der Freiheitspraxis, das heißt der Geschichte. In Jesus Christus geschieht die Offenbarung nicht in einer ruhenden, schönen Gestalt, sondern im Zerbrechen aller Gestalt; das Geschehen des Sich-Aufopferns am Kreuz wird zur Manifestation des Göttlichen. So ist das Kreuz gleichsam der Regenbogen einer zweiten Sintflut.[67] Damit sucht Schelling die Gegenwart Gottes nicht in der Natur, sondern in der Freiheit und in ihrem Vollzug zu denken und das Kreuz als Wunder der Liebe zu verstehen.[68] Jesus Christus ist damit zugleich Höhepunkt der alten Götterwelt wie der Anfang einer neuen Welt. Auch er verendlicht das Göttliche, aber er nimmt die Menschheit nicht in ihrer Hoheit, sondern in ihrer Niedrigkeit an. »Das Niedrigste ward zum Höchsten, das Kreuz, das Zeichen der tiefsten Schmach, ward zum Zeichen der Welteroberung.«

---

65 Hegel ist darauf mehrfach und in unterschiedlicher Akzentuierung zu sprechen gekommen: Glauben und Wissen (wie Anm. 4), 433; Phänomenologie des Geistes (wie Anm. 10), 431–433; Jenaer Realphilosophie (ed. Hoffmeister), 266–269; Religionsphilosophie, in: ebd. II, 157–168.

66 Zum Folgenden F. W. J. Schelling, Philosophie der Kunst (1802–5), in: WW III, 438–465; vgl. dazu W. Kasper, Das Absolute in der Geschichte. Philosophie und Theologie der Geschichte in der Spätphilosophie Schellings (WKGS 2), Freiburg i. Br. 2010, 132 ff.521–531.

67 Schelling, Philosophie der Kunst (wie Anm. 67), 449.

68 Ebd., 445.

Seine Vergegenwärtigung erfährt die Offenbarung deshalb in symbolischen sakramentalen Handlungen, im Leben und besonders im Kultus der Kirche, der für Schelling ein lebendiges Kunstwerk ist.[69]

Daraus ergibt sich: In einer sich freiheitlich verstehenden, geschichtlich und säkular gewordenen Welt ist das Kreuz die adäquate Form der Gegenwart Gottes. Die sich in Liebe hingebende und entäußerte Freiheit ist der Ort, an dem Gott heute erfahren werden kann. Das Kreuz und die Kreuzesnachfolge in der Liebe sind so die wahre Weisheit. Ein Wahrheitskriterium im üblichen Sinn für das Kreuz kann es freilich nicht geben, weil sich im Wort vom Kreuz erst entscheidet, was der Mensch, die Welt und was Wahrheit ist. Das Kreuz ist das Richtmaß des Denkens und nicht umgekehrt. Eine Theologie des Kreuzes wird deshalb immer auch eine gekreuzigte Theologie sein.[70] Aufgezeigt werden kann freilich, dass das Richtmaß des Kreuzes in tiefer Entsprechung steht zur conditio humana. Solche Kreuzesweisheit dient nicht dazu, das Elend des Menschen zu sanktionieren; sie will dem Menschen vielmehr in seinem Elend seine Würde bewusst machen, ja sie ihm neu zurückgeben. So weist sie uns ein in die Kreuzesnachfolge und in den Dienst der Liebe. Denn die Liebe, die sich des leidenden Bruders annimmt, ist unabweisbares praktisches Zeichen der Wahrheit, dass wir aufgrund des Kreuzes übergegangen sind vom Tod zum Leben (vgl. *1 Joh 3,14*). In diesem Sinn ist eine Weisheitschristologie nicht nur eine Frage der Theorie, sondern ebenso der christlichen und kirchlichen Praxis.

V. Einige Schlussfolgerungen

Aus beiden Aspekten eines weisheitschristologischen Ansatzes ergeben sich abschließend ein paar Schlussfolgerungen, die freilich mehr Perspektiven und Aufgaben denn Antworten sind und die auch keineswegs einen Anspruch auf Vollständigkeit erheben:

Zuerst ist zu sagen: Die in Jesus Christus menschgewordene Weisheit ist die konkrete Erscheinung, das Realsymbol und Wahrzeichen der Weisheit der Welt; sie ist dies als deren positive Bejahung, deren

[69] Ebd., 454.

[70] K. Rahner, Art. Theologia crucis II, in: $LThK^2$ 10, 61.

Krisis und Durchkreuzung und als deren überbietende Erfüllung.[71] Deshalb ist Gottes Weisheit in Jesus Christus nicht nur eine Chiffre, eine Objektivierung und Verdichtung der zunächst anonymen Weisheit der Welt. Das Wort, das Jesus Christus ist, ist ein Wort, welches das, was es sagt, wirkt; es ist kein informatives, sondern ein performatives, ein schöpferisches Wort. Als schöpferisches Wort führt es nicht zu einer weltlichen Welt, sondern zu einer Durchdringung der Welt mit neuem Licht und neuem Leben. Erst von Jesus Christus her gehen uns der letzte Sinn und die letzte Erfüllung des Menschseins auf. Nur von Jesus Christus her werden Mensch und Welt letztlich verstehbar und bestehbar. So erlaubt eine weisheitliche Christologie eine christliche Interpretation der Welt, eine christliche Weltanschauung.[72]

Ein Zweites kann hinzugefügt werden: Sowenig Jesus Christus aus der Wahrheit und Weisheit der Welt ableitbar ist, sowenig lässt sich aus einer Weisheitschristologie die Weltweisheit direkt ableiten. Die Christologie ist kein axiomatisches System, aus dem man deduzieren kann, sie ist ein Licht, in dem man die Welt und die ihr aufgrund der Schöpfung eigene Weisheit besser sehen und tiefer verstehen kann. Eine weisheitliche Christologie wird also die weisheitliche und das heißt auch die rationale Struktur der Wirklichkeit und deren recht verstandene Autonomie wahren und sogar verteidigen. So ergibt sich aus einer weisheitlichen Christologie eine dialogische Verhältnisbestimmung von Kirche und Welt: Die Welt fragt aufgrund der ihr eigenen Weisheit über sich hinaus; sie stellt damit eine Frage, auf die allein Gottes Weisheit die letzte und vollgültige Antwort ist. Diese kann und muss sich wiederum an den Phänomenen der Welt bewähren. Es liegt auf der Hand, dass dieses dialogische Verhältnis nicht zuletzt für die Wahrheitsfindung in ethischen Fragen von Bedeutung ist.[73]

---

[71] Zu dieser dreifachen Verhältnisbestimmung: W. Kasper, Christologie und Anthropologie, in diesem Band u. S. 379–406.

[72] Weltanschauung wird hier verstanden im Sinn von R. Guardini, der darin seine Lebensaufgabe sah. Vgl. seine Berliner Antrittsvorlesung: Vom Wesen katholischer Weltanschauung (1923). Mit einem Nachwort von H. Fries, Basel 1953.

[73] Vgl. dazu W. Kasper, Autonomie und Theonomie. Zur Ortsbestimmung des Christentums in der modernen Welt, in: H. Weber/D. Mieth (Hg.), Anspruch der Wirklichkeit und christlicher Glaube, Düsseldorf 1980, 36–41; ders., Theologische Bestimmung der Menschenrechte im neuzeitlichen Bewusstsein von

Zum Schluss noch ein letzter Gesichtspunkt: Die Ausführungen über eine Weisheitschristologie wären höchst unvollständig, wenn abschließend nicht wenigstens noch angedeutet würde, dass nach dem Zeugnis der Schrift die in Jesus Christus ein für alle Mal erschienene vielfältige Weisheit Gottes in der Kirche und in ihrer Verkündigung ihren konkreten Ort hat (vgl. *Eph 3,10*). Die Kirche ist das Zelt der Wahrheit und Weisheit Gottes in der Welt. Sie ist der Tempel Gottes aus lebendigen Steinen (vgl. *Eph 2,20–22; Kol 2,9; 1 Petr 2,4–8*). In ihr und durch sie muss also Gottes Gegenwart in der Welt erfahrbar sein; in ihr und durch sie muss die Welt weisheitlich ausgelegt werden.[74] Die Kirche ist Sakrament, das heißt Zeichen und Werkzeug des Heils und damit auch der Weisheit Gottes für die Welt. Sie ist – nochmals mit Schelling gesprochen – ein lebendiges Kunstwerk, in dem Gottes Weisheit in realsymbolischer Weise gegenwärtig ist und aufleuchtet. Die Konsequenzen einer Weisheitschristologie für eine weisheitliche Auslegung und Praxis in der Welt dürfen deshalb nicht nur an dem sichtbar werden, was die Kirche sagt, sie müssen vor allem deutlich werden an dem, was sie ist und was sie tut. Vor allem ihre Liturgie, in der Kreuz und Auferstehung Jesu Christi vergegenwärtigt werden, ist Ort realsymbolischer Gegenwart Gottes in der Welt. So ist weder die äußere Natur noch die fromme Innerlichkeit, sondern das Leben der kirchlichen communio der Ort der Gegenwart Gottes, welche Licht und Kraft ist für das Leben der Welt.

Freiheit und Geschichte, in: J. Schwartländer (Hg.), Modernes Freiheitsethos und christlicher Glaube, München 1981, 297–301. Diese Andeutungen werden entfaltet in der Tübinger Dissertation von W. Thönissen, Das Geschenk der Freiheit. Untersuchungen zum Verhältnis von Dogmatik und Ethik, Mainz 1988.

[74] Der Entfaltung dieses biblischen Gedankens bei Augustinus diente die Untersuchung von Ratzinger, Volk und Haus Gottes in Augustins Lehre von der Kirche (wie Anm. 51), bes. 36–38.169–184.237–254.

Das Kreuz als Offenbarung der Liebe Gottes

I. Theologie des Kreuzes angesichts der Leidensgeschichte der Welt

»Gott ist Liebe« – diesen Satz aus dem Ersten Johannesbrief *(1 Joh 3,8.16)* hat Papst Benedikt XVI. zum Thema seiner ersten Enzyklika gemacht. Damit hat die Enzyklika der Theologie die Aufgabe gestellt, die Gotteslehre unter diesem zentralen biblischen Gesichtspunkt neu zu durchdenken und sie neu zu deklinieren. Denn der Satz »Gott ist Liebe« ist eine Herausforderung, nicht nur weil Aristoteles genau diesen Satz entschieden ausschloss, weil er der Überzeugung war, dass alle Gott lieben, Gott selbst aber nicht liebt; er ist der unbewegte Beweger.[1]

Der Satz, dass Gott Liebe ist, ist noch aus einem zweiten Grund eine Herausforderung. Spätestens seit Gottfried Wilhelm Leibniz, Immanuel Kant, Georg Wilhelm Friedrich Hegel und Friedrich Nietzsche ist diese Aussage mit der Frage konfrontiert, ob und wie sie angesichts des Leidens in der Welt verantwortbar ist. Papst Benedikt XVI. selbst hat angesichts des unermesslichen Leids und des himmelschreienden Unrechts, das sich mit dem Namen Auschwitz verbindet, die Frage gestellt: »Wo war Gott in jenen Tagen? Warum hat er geschwiegen? Wie konnte er dieses Übermaß von Zerstörung, diesen Triumph des Bösen dulden?« »Warum hast du geschwiegen? Warum konntest du dies alles dulden?«[2]

Das Theodizeeproblem,[3] also die Frage, wie unverschuldetes Leiden

---

[1] Aristot. metaph. XI, 1072 b.

[2] Ansprache im Konzentrations- und Vernichtungslager Auschwitz-Birkenau am 28. Mai 2006.

[3] Vgl. den konzentrierten Überblick bei T. Pröpper/M. Striet, Art. Theodizee, in: LThK^3 9, 1396–1398; G. Neuhaus, Frömmigkeit der Theologie. Zur Logik der offenen Theodizeefrage (QD 202), Freiburg i. Br. 2003.

mit der Existenz eines gütigen und zugleich allmächtigen Gottes vereinbart werden kann, ist das schwierigste Problem der Gotteslehre, viel schwieriger als all die erkenntnistheoretischen Anfragen und Einwände. Das Leiden ist der Fels des Atheismus, hat Georg Büchner gesagt, und Stendhal hat zynisch geäußert, die einzige Entschuldigung für Gott bestehe darin, dass er nicht existiert. Fjodor Michailovič Dostojewski, Albert Camus und viele andere haben die Frage eindringlich thematisiert. Denn – so der Einwand – entweder ist Gott gütig aber nicht allmächtig und er kann dem Unrecht nicht wehren; dann ist er nicht Gott. Oder er ist allmächtig aber nicht gütig, und er will dem Unrecht nicht wehren; dann ist er ein böser Dämon. Die Theologie nach Auschwitz hat diese Frage nochmals verschärft. Vertreter dieser Theologie haben erklärt, nach Auschwitz sei es nicht mehr möglich, von einem allmächtigen und zugleich gütigen Gott zu sprechen.[4]

Das Thema, das uns beschäftigt, ist also keineswegs ein abstraktes, rein akademisches Thema. Es ist höchst existentiell und trifft ins Mark des christlichen Glaubens. Es konfrontiert den Gottesglauben mit dessen atheistischer Negation in seiner existentiell schwergewichtigsten Form. Nach den fürchterlichen Erfahrungen des 20. Jahrhunderts wie denen, die sich zu Beginn des 21. Jahrhunderts schon deutlich abzeichnen, können wir die Frage nach Gott und die Frage nach dem Sinn unverschuldeten Leidens nicht mehr auseinander halten. Beide Fragen können nur zusammen thematisiert und diskutiert werden.[5]

Die Heilige Schrift selbst weist uns, ganz anders als Aristoteles, schon in den ältesten Schichten des Alten Testaments auf diesen Zusammenhang hin. Sie weiß, dass Gott ein barmherziger Gott ist, der angesichts des Elends des Menschen von Mitleid bewegt wird (*Ex 34,6f.* u. a.). Eindrucksvoll heißt es beim Propheten Hosea: »Mein Herz kehrt sich um in mir, mein Mitleid lodert auf« *(Hos 11,8)*. Jüdische Theologie kann deshalb vom leidenschaftlichen Einsatz, ja geradezu vom Pathos Gottes für seine Schöpfung und für sein Volk sprechen. Gott thront nicht unbewegt über den Schrecknissen der Welt. Gott ist

---

4 Besonders H. Jonas, Der Gottesbegriff nach Auschwitz, Frankfurt a.M. 1987. Vgl. den Überblick über die Theologie nach Auschwitz bei J. B. Metz, Art. Auschwitz II, in: LThK³ 1, 1260 f.

5 Vgl. W. Kasper, Der Gott Jesu Christi (WKGS 4), Freiburg i.Br. 2008, 262–269; J. B. Metz, Landschaft in Schreien, Mainz 1995.

von Leid und Freud des Menschen betroffen. Er reagiert darauf mit Freude oder Trauer, Zustimmung oder Empörung, Liebe oder Zorn.[6] Auch Jesus reagiert mit Zorn und Trauer auf die Verstocktheit des Herzens *(Mk 3,5)*. Er wird von Mitleid gerührt *(Mt 9,36)*. Es ergreift ihn Furcht und Angst, er ist bis zu Tode betrübt *(Mk 14,33f.)*. Am Ende schreit er am Kreuz seine Gottverlassenheit hinaus *(Mk 15,34)*.

Der Gott des Alten und des Neuen Testaments ist kein apathischer Gott wie der des Aristoteles.[7] Er ist kein Gott, den menschliches Leid nichts angeht. Er ist ein – im wörtlichen Sinn verstanden – sympathischer Gott, ein Gott, der mit uns leidet (συμπαθεῖν). Er ist der Immanuel, der Gott mit uns *(Jes 7,14; Mt 1,23)*.

Dennoch hatte das Alte Testament mit der Antwort auf die Frage nach dem Warum des unverschuldeten Leidens einen langen Weg zu durchschreiten. Das Buch Hiob spielt am Ende der Entwicklung nochmals alle Antworten durch, führt sie ad absurdum und kommt zu dem Ergebnis: Mit Gott kann man nicht rechten. Schweigen und Verstummen sind angesichts des uns unergründlichen Geheimnisses Gottes die einzig mögliche Antwort *(Ijob 42)*. Auch das Neue Testament gibt uns keine theoretische Antwort. Aber es greift das im Alten Testament dunkle Bild vom leidenden Gottesknecht auf *(Jes 53)* und verweist damit auf das Leiden und Sterben Jesu, des unschuldigsten aller Menschen. Fast triumphierend stellt es dann fest: Wenn Gott seinen eigenen Sohn nicht schonte, dann kann uns nichts trennen von der Liebe Gottes, weder Leben noch Tod *(Röm 8,31–39)*. Es ist deshalb bezeichnend, dass der Satz, dass Gott Liebe ist, im Kontext des Kreuzes steht *(1 Joh 4,8f.)*.

Das Zweite Vatikanische Konzil hat in der Pastoralkonstitution *Gaudium et spes* gespürt, wie diese Aussage unsere Gottesvorstellung revolutioniert und erklärt: »Durch Christus und in Christus also wird das Rätsel von Schmerz und Tod hell, das uns außerhalb des Evangeliums überwältigt«[8].

Mit dem Hinweis auf das Kreuz Jesu ist für den, der glaubt, eine existentielle Antwort gegeben, die theologische Herausforderung ist

---

[6] A. J. Heschel, The Prophets, New York – Evanston 1955; P. Kuhn, Gottes Selbsterniedrigung in der Theologie der Rabbinen, München 1968.

[7] Aristot. metaph. 1073 a.

[8] GS 22.

damit jedoch keineswegs erledigt. Im Gegenteil, die Fragen brechen an dieser Stelle ganz neu auf. Denn menschlich gesprochen ist das Kreuz eine Torheit (μωρία) und ein Ärgernis (σκάνδαλον: *1 Kor 1,21.23; 2,14*). Die Frage ist ja: Wie sollen wir das Kreuz als Offenbarung der Liebe Gottes verstehen? Ist es nicht vielmehr Zeichen eines grausamen, zornigen und gewaltsamen Gottes, der einen Sündenbock braucht und das Opfer seines eigenen Sohnes als Preis der Versöhnung will?

Angesichts des Kreuzes stößt die Theologie an eine Grenze, welche weit über das hinausgeht, was die theologische Tradition in der negativen Theologie dachte. In dieser Tradition konnte Anselm von Canterbury sagen, Gott sei das, worüber hinaus nichts Größeres gedacht werden kann (id quo maius cogitari nequit),[9] und er steigerte diesen seinen Gedanken nochmals, indem er formulierte, Gott sei größer als alles, was gedacht werden kann (quiddam maius quam cogitari possit).[10] Doch angesichts des Kreuzes stößt die Theologie nicht nur an die Grenzen ihres eigenen Denkens. Angesichts der Unbegreiflichkeit und Unableitbarkeit des Handelns Gottes am Kreuz stößt sie auch an die Grenzen dessen, was sie als die Wirklichkeit Gottes zu denken vermochte.

Das Kreuz kreuzigt unsere menschlichen Begriffe von Gott. Ein Gott am Kreuz, ein Gott, der leidet und der stirbt, ist das Gegenteil dessen, was wir normalerweise unter Gott verstehen. Das Kreuz stellt eines der grundlegenden Axiome des traditionellen metaphysischen Verständnisses von Gott infrage. Denn für die metaphysische Gottesvorstellung war die Unveränderlichkeit und Leidensunfähigkeit (ἀπάθεια) Gottes ein fast selbstverständlich vorausgesetztes Apriori.[11]

---

[9] Anselm von Canterbury, Proslogion, cap. 2.

[10] Ebd., cap. 15.

[11] Vgl. G. L. Prestige, Dieu dans la pensée patristique, Paris 1955, 28–31; H. Küng, Menschwerdung Gottes. Eine Einführung in Hegels theologisches Denken als Prolegomena zu einer künftigen Christologie, Freiburg i. Br. 1970, 622–631.637–670; H. Mühlen, Veränderlichkeit Gottes als Horizont einer künftigen Christologie. Auf dem Weg zu einer Kreuzestheologie in Auseinandersetzung mit der altkirchlichen Christologie, Münster 1970; W. Maas, Unveränderlichkeit Gottes. Zum Verhältnis von griechisch-philosophischer und christlicher Gotteslehre (PaThSt 1), München 1974. Wichtig sind freilich die Differenzierungen von H. U. von Balthasar, Theodramatik IV. Das Endspiel, Einsiedeln 1983, 194–201.

Nicht nur Aristoteles, auch die großen Meister der scholastischen Theologie schlossen aus, dass Gott vom Leiden Jesu und vom Leiden des Menschen betroffen sein kann, denn – so ihr Argument – reale Relationen bestehen nur von der Kreatur auf Gott hin, aber wegen der Seinsvollkommenheit Gottes nicht von Gott auf die Kreatur hin.[12] Das Leiden der Kreatur kann darum Gott nicht betreffen. Gott kann nicht leiden.[13] Man wird fragen: Sind also die biblischen Aussagen über das Mitleid Gottes, die für die Schrift zentral sind, am Ende nur metaphorisch zu verstehen?

Einige Kirchenväter und Theologen haben es gewagt, Gott und das Leiden zusammenzudenken und vom Leiden, ja vom Sterben Gottes zu sprechen.[14] Doch schon erhebt sich die nicht weniger bedrängende Gegenfrage: Wenn wir das Kreuz ernst nehmen und vom Leiden und Sterben Gottes sprechen, müssen wir dann nicht konsequent sein und auch vom Tod Gottes sprechen? Hegel hat das mit einem alten Kirchenlied getan. Nietzsche hat dann die Botschaft, dass Gott tot sei, gegen das Christentum ins Feld geführt.[15] Die Gott-ist-tot-Theologie in den 60er- und beginnenden 70er-Jahren des 20. Jahrhunderts meinte diese Aussagen ausschlachten und das Christentum atheistisch interpretieren zu können. Diese Eintagsfliege ist inzwischen verdientermaßen selbst tot.[16] Doch das Problem bleibt. Denn nicht wenige Zeitgenossen sind der Meinung, angesichts des namenlosen Leids und Unrechts in der Welt eine Abwesenheit, eine Ohnmacht, zumindest ein Schweigen Gottes feststellen zu können. Sie meinen, von Gott geht kein Leben mehr aus, Gott oder zumindest die Botschaft von Gott ist tot.

Das Kreuz als Antwort auf die Frage nach Gott angesichts des unverschuldeten Leidens in der Welt ist also alles andere als eine eingängige und gefällige Antwort. Im Gegenteil, es ist eine höchst anstößige,

---

[12] Thomas v. Aquin, De Potentia q. 7 a. 8–11; ders., S.th. I q. 13 a. 7.
[13] Thomas v. Aquin, S.th. I q. 25 a. 1; III q. 16 a. 4; q. 46 a. 12 u. a.
[14] Vgl. H. U. von Balthasar, Mysterium paschale, in: MySal III/2, 133–326, hier: 143–149; ders., Theodramatik IV (wie Anm. 11), 199; Kasper, Der Gott Jesu Christi (wie Anm. 5), 306 ff.
[15] G. W. F. Hegel, Vorlesungen über die Philosophie der Religion (ed. Glockner), Bd. 16, 306 f.; F. Nietzsche, Die fröhliche Wissenschaft (ed. Schlechta), Bd. 2, 126–128. Vgl. E. Jüngel, Der Tod des lebendigen Gottes, in: ZThK 65 (1968) 55–137
[16] A. Seigfried, Art. Gott-ist-tot-Theologie, in: LThK³ 4, 953 f.

zu weiterem theologischen Nachdenken herausfordernde Antwort. Als Grund der Theologie ist das Kreuz zugleich die Kritik der Theologie. Es fordert zu einer Neubestimmung dessen heraus, was wir, wenn wir von Gott sprechen, mit Gott meinen.

II. Geschichtlicher und ökumenischer Kontext

Beim Blick auf die ältere und die jüngere Geschichte unserer Frage begegnen uns verschiedene Typen der Kreuzestheologie. Die Kirchenväter des zweiten und dritten Jahrhunderts verstanden das Kreuz auf dem Boden des Neuen Testaments als ein Ärgernis. Nach Tertullian ist das Christentum die Religion des Kreuzes.[17] Die frühen Kirchenväter ließen das Paradox, dass der leidensunfähige Gott gelitten hat, einfach stehen.[18] Bedeutende Kirchenväter wie Athanasius, Hilarius von Poitiers und andere redeten ohne Zögern vom leidenden und gekreuzigten Gott; Tertullian kann sogar vom »Deus mortuus« sprechen.[19] Noch im theopaschitischen Streit des sechsten Jahrhunderts sagten die skytischen Mönche: »Einer aus der Trinität hat gelitten.« Das fünfte allgemeine Konzil hat diese Aussage bestätigt.[20]

Doch nach der Konstantinischen Wende galt: »In diesem Zeichen wirst du siegen«. Das Kreuz war kein Ärgernis und kein Skandal mehr; jetzt trat das Motiv des sieghaften Kreuzes in den Vordergrund. Bereits bei Gregor von Nazianz finden wir die Formel »das unbesiegbare Siegeszeichen des Kreuzes«[21]. Am bekanntesten ist die Hymne des Venantius Fortunatus aus dem sechsten Jahrhundert »Vexilla regis prodeunt, fulget crucis mysterium – Des Königs Fahne schwebt empor, das Kreuz tritt aus der Nacht hervor.« Dem entsprach die Darstellung des Kreuzes noch in der romanischen Kunst und seine Aufhängung im Triumphbogen des Chorraums der Kirche.

Im Mittelalter entwickelte sich seit Bernhard von Clairvaux eine Kreuzesfrömmigkeit, bei der das Mitleiden mit der menschlichen

17 Tert. apol. 16, 6.

18 Ign. Polyc. III, 2; Eph. III, 2; Iren. haer. IV, 20, 4; Tert. carn. V, 4; adv. Marc. II, 16, 3; 27, 7.

19 Tert. adv. Marc. II, 16, 3.

20 DH 432.

21 Greg. Naz. or. 45, 21.

Schwachheit und dem Leiden Jesu im Mittelpunkt stand. Die Stigmata des Franz von Assisi brachten diese Identifizierung mit dem Leiden Jesu exemplarisch zum Ausdruck. In der spätmittelalterlichen Devotio moderna sollte der Mensch durch die erinnernde Betrachtung der Passion zur imitatio Christi, zur Nachahmung und zum Mitleiden mit Christus und zur Kreuzesnachfolge bewegt werden. Charakteristisch dürften Thomas von Kempens *De imitatione Christi* und *De passione Christi* sein.[22] Diese Christusfrömmigkeit brachte einen neuen Bildtypus des Kreuzes hervor: den gotischen Kruzifixus mit Dornenkrone und oft drastischem Ausdruck des Leidens. In einer Zeit, da in Europa die Pest umging, bedeutete der Blick auf den Schmerzensmann am Kreuz Trost in all der Not.

Die mittelalterliche Kreuzesfrömmigkeit, die in der Herz-Jesu-Frömmigkeit der Neuzeit weiterwirkte, bringt die soteriologische, exemplarische und spirituelle Bedeutung des Kreuzes eindrucksvoll zum Ausdruck. Was dabei jedoch ausfällt, ist die – im engeren Sinn des Wortes verstandene – theologische Bedeutung des Kreuzes. Reflektiert wird die Bedeutung des Kreuzes für das Selbstverständnis des Menschen, aber nicht die Bedeutung des Kreuzes für das Gottesverständnis selbst. Der traditionelle griechisch-metaphysische Rahmen bleibt, von wenigen Ausnahmen abgesehen, unangetastet bestehen.

Einen Neuansatz bedeutet Martin Luthers Kreuzestheologie.[23] Luther spricht von einer theologia paradoxa. Danach ist nicht der ein wahrer Theologe, der das unsichtbare Wesen Gottes durch die geschaffene Wirklichkeit erkennt, sondern der, welcher das, was von Gottes Wesen sichtbar und der Welt zugewandt ist, durch sein Leiden und Kreuz begreift.[24] »Ergo in Christo crucifixo est vera theologia et cognitio Dei«[25]. Das Kreuz allein ist Inhalt der Theologie und der Predigt: »Crux sola est nostra theologia«[26]. Diese ›theologia crucis‹ stellt Luther der ›theologia gloriae‹ der Scholastik gegenüber. Gott kann

---

22 Vgl. U. Köpf, Art. Kreuz IV, in: TRE 19, 753–756; E. M. Faber, Art. Kreuzestheologie, in: LThK[3] 6, 453 f.

23 Luthers Kreuzestheologie findet sich bereits in der Heidelberger Disputation von 1518, in: WA 1, 353–365; sie durchzieht dann das Gesamtwerk des Reformators. Vgl. W. von Loewenich, Luthers Theologia crucis, München 1929.

24 WA 1, 354.

25 Ebd., 362.

26 WA 5, 176, 32 f.

nach ihm nur auf dem Weg des Kreuzes wahrhaft erkannt werden. Weil der Sünder alles verkehrt hat, hat Gott seinerseits alles umgekehrt und das Kreuz zum Heilsweg gemacht. Am Kreuz ist er »sub contrario absconditus«[27]. »Gott gegen Gott für den Menschen« – »Der gnädige Gott gegen den zornigen Gott uns zugute«, so wurde die Kreuzestheologie Luthers bisweilen charakterisiert und zusammengefasst.

Luthers Kreuzestheologie hat Geschichte gemacht, nicht nur in der Theologie, auch in der Philosophie. In Hegels dialektischer Philosophie hat sie eine bedeutende spekulative Fortentwicklung erfahren.[28] Nach Hegel kommt Gott als das absolute Subjekt durch seine Selbstunterscheidung zu sich selbst. Gottesgeschichte und Weltgeschichte sind dabei nicht klar unterschieden. Das bedeutet aus theologischer Sicht eine tiefe Zweideutigkeit. Bedeutsam wurde für die Theologie trotzdem, wie Hegel damit die Deutung des Kreuzes mit der Gotteslehre verbunden hat. Damit hat er für die neuzeitliche Entwicklung der evangelischen Theologie einen wichtigen Anstoß gegeben.[29] In Anknüpfung und Widerspruch zu Hegel kam es in der neueren evangelischen Theologie bei Karl Barth, Jürgen Moltmann und Eberhard Jüngel[30] zu einer Kreuzestheologie, welche dem Ansatz Luthers insofern treu blieb, als sie sich von der natürlichen, metaphysisch orientierten Theologie abgrenzt. Für diese Theologen ist das Kreuz, und letztlich allein das Kreuz, Ausgangspunkt der Gotteserkenntnis, ja Ort der Selbstdefinition Gottes. Diesen theologischen Neuansätzen

---

27 WA 56, 392.

28 G. W. F. Hegel, Phänomenologie des Geistes (ed. Hoffmeister), 539–548; ders., Vorlesungen über die Philosophie der Religion (wie Anm. 15), 277–308.

29 Auf diese Weiterführung in der Kenosischristologie im 16./17. und im 19. Jahrhundert kann hier ebenso wenig eingegangen werden wie auf die Lutherrenaissance in der ersten Hälfte des 20. Jahrhunderts, etwa bei P. Althaus, H. Vogel u. P. Brunner. Vgl. dazu W. Pannenberg, Grundzüge der Christologie, Göttingen 1964, 317–334. Ebenso muss hier die englischsprachige Kenosistheologie, besonders in der Prozesstheologie, außer Betracht bleiben. Vgl. dazu Balthasar, Theodramatik IV (wie Anm. 11), 201 Anm. 4; 211–213.

30 K. Barth, Kirchliche Dogmatik IV/1, Zollikon – Zürich 1953, § 59, 171–210; J. Moltmann, Der gekreuzigte Gott. Das Kreuz Christi als Grund und Kritik christlicher Theologie, Gütersloh 1972; E. Jüngel, Gott als Geheimnis der Welt. Zur Begründung der Theologie des Gekreuzigten im Streit zwischen Theismus und Atheismus, Tübingen 1977.

liegt eine Verhältnisbestimmung von Gott und Mensch wie von Glaube und Vernunft zugrunde, welche keinen Raum lässt für die menschliche Mitwirkung. Das gilt schon hinsichtlich der menschlichen Natur und der menschlichen Akte Jesu Christi wie für das von der Gnade ermöglichte Mittun des Menschen beim Heilsprozess.[31] Das Entweder-Oder in Luthers Kreuzestheologie ist der Hintergrund seiner Ablehnung menschlicher Mitwirkung bei der Rechtfertigung des Sünders. Deshalb ist Luthers Kreuzestheologie von grundlegender Bedeutung für das ökumenische Gespräch über die Rechtfertigungslehre. Auch wenn wir inzwischen eine Übereinstimmung in Grundfragen der Rechtfertigungslehre erreicht haben, so bleiben an dieser Stelle doch noch Fragen offen, die wir im Horizont der Kreuzestheologie diskutieren müssen.

Einen anderen und eigenen Weg schlägt die neue russisch-orthodoxe Theologie in der ersten Hälfte des 20. Jahrhunderts ein. Ihr Sitz im Leben ist die orthodoxe Liturgie, in der das Kreuz weit mehr im Mittelpunkt steht als wir dies auf westlicher Seite meist annehmen. Ein weiterer Gesichtspunkt kommt als Hintergrund hinzu: Die neuere russisch-orthodoxe Kreuzestheologie ist geprägt von der Leidenserfahrung, ja von der Leidensfähigkeit des russischen Menschen und vom kenotischen Verständnis menschlicher Existenz, wie es besonders in den Romanen von Dostojewski zur Darstellung kommt.[32] Verschiedene Namen sind zu nennen: Vladimir Sergeevič Solovjev, Michail Michajlovič Tarejev und, theologisch am bedeutendsten, Sergej Nikolaevič Bulgakov.[33] Der letztere sieht die ganze Heilsökonomie durch die Synkatabasis (Kondeszendenz; Herablassung) Gottes charakterisiert. Sie beginnt bereits mit der Schöpfung und kommt in der Inkarnation und am Kreuz zu ihrem Höhepunkt. Sowohl in der Schöpfung wie bei der Erlösung gibt Gott Raum für eine andere nichtgöttliche Wirklichkeit. Jedes Mal geschieht eine Selbstbeschränkung Gottes. Die kenoti-

---

[31] Y. Congar, Regards et réflexions sur la christologie de Luther, in: A. Grillmeier/H. Bacht (Hg.), Das Konzil von Chalkedon. Geschichte und Gegenwart, Bd. 3, Würzburg 1959, 457–486; H. Blaumeiser, Art. Kreuzestheologie II, in: LThK[3] 6, 455 f.

[32] T. Špidlík, Die russische Idee. Eine andere Sicht des Menschen, Würzburg 2002, 48 f.

[33] S. Bulgakov, Du Verbe incarné, Paris 1943; ders., L'Épouse de L'Agneau, Lausanne 1984.

sche Struktur der Heilsökonomie ist grundgelegt und wird ermöglicht durch das innertrinitarische Verhältnis der drei göttlichen Personen. Indem diese sich einander in Liebe mitteilen, geben sie gleichzeitig wechselseitig einander Raum. Bulgakov kann sogar von einer innertrinitarischen Selbstopferung sprechen, die im Kreuz Jesu Christi zur geschichtlichen Darstellung kommt.[34] Dieser Entwurf macht deutlich, wie viel es im ökumenischen Dialog von dem Reichtum der orthodoxen Spiritualität und Theologie zu lernen gibt. An der Großartigkeit dieses Entwurfs kann kein Zweifel bestehen. Freilich darf auch die Gefahr nicht übersehen werden. Diese grandiose Einheitsschau läuft nämlich Gefahr, dass die geschichtliche Unableitbarkeit und Anstößigkeit des Kreuzes aus dem Blick gerät und dass die Theologie unversehens in Sophiologie umschlägt.[35] Die Sophia wird hier zu einer suprachristologischen Größe, so dass das historische Kreuz auf Golgotha nur die historische Erscheinung und Übersetzung eines metaphysischen Golgatha ist.[36]

Während die lutherische Position zu einem aut-aut von Kenosis und Logos neigt und die Kenosis gegen den Logos stellt, so neigen die genannten russisch-orthodoxen Theologen ähnlich wie Hegel dazu, den Logos spekulativ als Kenosis zu verstehen und damit die sich geschichtlich ereignete Kenosis am Kreuz im Grunde ihrer unableitbaren konstitutiven Bedeutung zu entleeren. Das erklärt, weshalb in der gegenwärtigen russischen-orthodoxen Kirche erhebliche Reserven gegenüber dieser Theologie bestehen.

Auch in der katholischen Theologie der Gegenwart gibt es aufgrund einer relecture der Schrift wie der patristischen Tradition sowie angeregt durch die genannten orthodoxen Theologen wie durch Grundeinsichten der Theologie Martin Luthers Ansätze zu einer Kreuzestheologie. Verschiedene Namen wären zu nennen,[37] am bedeutsamsten ist sicherlich der Entwurf von Hans Urs von Balthasar.[38] Auf

---

34 Zusammenfassende Darstellung bei Špidlík, Die russische Idee (wie Anm. 32), 83–88.

35 Zum Verständnis der Alleinheitsvision der Sophiologie vgl. ebd., 351–376.

36 Diese Kritik bei Balthasar, Mysterium paschale (wie Anm. 14), 152 f.

37 S. P. Breton, E. Przywara, K. Rahner, H. Küng, J. Galot, H. Mühlen; vgl. W. Kasper, Jesus der Christus (WKGS 3), Freiburg i. Br. 2007, 251–255.272–279; ders., Der Gott Jesu Christi (wie Anm. 5), 311–316.

38 Balthasar, Mysterium paschale (wie Anm. 14), 133–326; ders., Theodramatik

ihn werden wir uns nachher bei der systematischen Darstellung weitgehend stützen.

Zuvor stellen wir jedoch die Frage: Wo steht die katholische Theologie in dieser Diskussion grundsätzlich? Die lutherische Kreuzestheologie gilt – typologisch betrachtet – als paulinisch, die orthodoxe Kreuzestheologie wird gewöhnlich als johanneisch bezeichnet. Welches ist das Spezifikum katholischer Kreuzestheologie? Dazu die These, welche nachher im Einzelnen zu begründen sein wird: Die katholische Kreuzestheologie ist primär synoptisch und kann – wie gleich noch zu zeigen sein wird – als petrinisch bezeichnet werden. Sie geht aus vom geschichtlichen Kreuz und seiner biblischen Interpretation und sucht im geschichtlichen Kreuz dessen Logos zu ergründen. Insofern ist sie Theologie ›von unten‹. Sie stellt weder die Kenosis gegen den Logos, noch versteht sie den Logos spekulativ als Kenosis. Sie sucht vielmehr nach dem Logos in der am Kreuz sich geschichtlich ereigneten Kenosis und fragt so nach der im Kreuz offenbaren Liebe Gottes.

III. Biblische Grundlagen im Stellvertretungsgedanken

Die soeben formulierte These veranlasst uns, in einem zweiten Schritt die biblischen Grundlagen zu erweitern. Der Tübinger Exeget Martin Hengel hat in seiner Schrift *Der unterschätzte Petrus* überraschender Weise gute Gründe dafür genannt, dass die synoptische Tradition durch Vermittlung des Petrusschülers Markus weitgehend auf Petrus zurückgeht. Hengel stellt seine Theologie sogar der des Paulus als äquivalent an die Seite.[39] Nach der Deutung von Hengel geht auch die synoptische Deutung des Kreuzes mit Hilfe des Stellvertretungsgedankens mit einiger Wahrscheinlichkeit maßgeblich auf Petrus zurück. Der Stellvertretungsgedanke der alttestamentlichen Gottesknechtstheologie *(Jes 52,13–53,12)* ist schon für das irdische Auftreten Jesu grundlegend, angefangen von der Taufe am Jordan *(Mt 3,15)* über die Leidensweissagungen *(Mk 10,45)* bis zu den Abendmahlsberichten *(Mk 14,24; Mt 26,28; Lk 22,19f.; 1 Kor 11,24)*, die das Kreuzes-

III. Die Handlung, Einsiedeln 1980, 297–309; ders., Theodramatik IV (wie Anm. 11), 191–243.

[39] M. Hengel, Der unterschätzte Petrus, Tübingen 2006.

geschehen als stellvertretenden Tod interpretieren. Ausgehend von der petrinisch geprägten synoptischen Tradition ist der Stellvertretungsgedanke dann in die paulinische *(2 Kor 5,21; Gal 3,13)* wie in die johanneische *(Joh 3,16; 10,11; 12,24f.; 15,13)* Tradition eingegangen. Stellvertretung ist also ein Schlüsselbegriff aller Evangelien und des ganzen Neuen Testaments. So liegt es nahe, den Stellvertretungsgedanken zum bibeltheologischen Ausgangspunkt der Kreuzestheologie zu machen. Er scheint das lösende Wort für unser Problem zu sein.[40]

Der Stellvertretungsgedanke kommt im Neuen Testament in der Formel »für euch«, »für uns«, »für die vielen« zum Ausdruck.[41] Diese Formel hat im Neuen Testament eine dreifache Bedeutung. Sie besagt, dass Jesus sein Leben »anstelle von« uns Sündern hingegeben hat. Wir als Sünder sind dem Tod verfallen und können uns nicht mehr selber helfen. In dieser Situation ist Gott für uns eingesprungen und hat stellvertretend für uns den Fluch der Sünde, Tod und Gottesverlassenheit auf sich genommen. In dieser ersten Bedeutung meint die Formel Gottes Selbsteinsatz. Sie bedeutet ebenso, dass Jesus für uns und »für die vielen« sein Leben hingegeben hat. Sie meint dann Jesu Lebenshingabe für uns und zu unseren Gunsten, seine Proexistenz. Schließlich kann die Formel bedeuten, dass Jesus dies alles »wegen« uns und aus Mitleid mit uns getan hat. Stellvertretung bedeutet also, dass Gott anstelle des Sünders tritt, dass ein ›Platztausch‹ geschieht. Gott tut dies wegen seiner überreichen Barmherzigkeit und Liebe. Er tut es für uns und zu unseren Gunsten, er tritt für uns ein, stirbt an unserer Stelle, damit wir leben. Jesus nimmt den letzten Platz ein, um für uns bei Gott Platz zu machen. Die Kenosis ist die Daseinsform der Liebe unter den Bedingungen der Sünde.[42] Sie endet freilich nicht im Nichts. Sie zielt vielmehr auf die im ursprünglichen Sinn des Wortes verstandene Wieder-gut-machung und auf die Wiederherstellung der von Gott gewollten Ordnung.[43]

Der Stellvertretungsgedanke ist auch ins apostolische Glaubens-

---

[40] So auch Pannenberg, Grundzüge der Christologie (wie Anm. 29), 327, der im Übrigen der Kenosistheologie kritisch gegenüber steht.

[41] Vgl. H. Riesenfeld, Art. ὑπέρ, in: ThWNT 8, 510–518.

[42] K.-H. Menke, Art. Stellvertretung. IV. Spirituell, in: LThK³ 9, 951–956, hier: 955.

[43] Der Ausdruck »Wieder-gut-machung« wird hier in einem umfassenderen

bekenntnis eingegangen. Dort bekennen wir: »Propter nostram salutem descendit de caelis«. Die Kirchenväter haben den Gedanken der Stellvertretung mit der Idee vom commercium, vom fröhlichen Tausch aufgegriffen und weitergeführt. Auf seine kürzeste Formel gebracht wird gesagt: Gott ist Mensch geworden, er ist ganz in die conditio humana eingetreten, damit wir in allem vergöttlicht werden.[44]

Stellvertretung ist also ein theologischer Schlüsselbegriff.[45] Sie drückt ein durchgehendes Strukturgesetz aus. Es ist das Gesetz des Samenkorns: »Das Weizenkorn muss sterben, um fruchtbar zu werden« *(Joh 12,24)*. Es ist das Gesetz des alles Verlassens um das Hundertfache zu gewinnen *(Mk 10,28)*. Es ist besonders das Gesetz der Liebe. Nur indem sie sich hingibt und ganz für den anderen da ist, kommt sie zu sich selbst. Das Weggeben, um zu gewinnen *(Mk 8,35; Mt 10,39; 16,25; Lk 9,34; 17,33; Joh 12,25)* ist das Grundgesetz der Liebe wie der Freundschaft *(Joh 15,13)*. Es ist das Gesetz Christi: Einer trage des anderen Last *(Gal 6,2)*.

In diesem großen Zusammenhang ist der Verlassenheitsschrei Jesu am Kreuz *(Mk 15,34)* zu verstehen.[46] Der Schrei »Mein Gott, warum hast du mich verlassen?« ist Ausdruck der tiefsten Selbstentäußerung Jesu und seiner rückhaltlosen Solidarität mit uns. Er nimmt wirklich unsere Gottesverlassenheit und die Gottesfinsternis der Welt auf sich. Doch dieses Zitat des Anfangs von *Ps 22* bedeutet nach jüdischem Verständnis die Zitation des gesamten Psalms. Dieser beginnt mit der Klage der Verlassenheit, er endet aber mit der sieghaften Gewissheit, in der Treue Gottes geborgen zu sein. Darum lässt der Verlassenheitsschrei Jesu keine irgendwie atheistische Deutung zu. Er sagt nicht, dass Jesus sozusagen sein Gottsein aufgegeben hat. Im Gegenteil, er besagt, dass Gott auch noch in der dunkelsten Nacht der Gottesfins-

---

Sinn verstanden als in der Satisfaktionstheorie des Anselm von Canterbury. Vgl. dazu Kasper, Jesus der Christus (wie Anm. 37), 326–330.

[44] Grundgelegt schon bei Paulus 2 Kor 8,9, ausdrücklich formuliert bei Iren. haer. III, 19, 1, maßgeblich für die Christologie bei Athan. incarn. 54. Vgl. von Balthasar, Theodramatik III (wie Anm. 38), 226–230; E. M. Faber, Art. Commercium, in: LThK^3 2, 1274 f.

[45] K.-H. Menke, Stellvertretung. Schlüsselbegriff christlichen Lebens und theologische Grundkategorie, Freiburg i. Br. ^{2}1997; ders., Art. Stellvertretung I–IV (wie Anm. 42); E. M. Faber, Der Selbsteinsatz Gottes, Würzburg 1995.

[46] Vgl. H. Gese, Psalm 22 und das Neue Testament, in: ZThK 65 (1968) 1–22.

ternis, in die ein Mensch geraten kann und in der wir uns in der Gegenwart in besonderer Weise befinden, rettend und heilend da ist. Er ist auch noch in dieser Situation der Gott, der da ist *(Ex 3,15)*, der Gott mit uns. Lukas hat darum das harte Wort von der Gottverlassenheit bei Markus richtig interpretiert, wenn es bei ihm heißt: »Vater, in deine Hände lege ich meinen Geist« *(Lk 23,46)*. Bei Johannes finden wir vollends die sieghafte Aussage: »Es ist vollbracht« *(Joh 19,30)*.

Auch die Aussage von der Kenosis im Hymnus des *Philipperbriefs (Phil 2,7;* vgl. *2 Kor 8,9; Hebr 2,9)* ist in diesem Sinn zu interpretieren.[47] Kenosis (lateinisch: exinanitio) meint Ausleerung, Preisgabe, Verzicht, Entäußerung. Durch seine Selbstentäußerung tritt Jesus, der in der Gestalt (μορφή) Gottes war, freiwillig an die Stelle von uns Sündern, die wir dem Schicksal des Todes unterworfen sind und insofern Sklaven sind. So nimmt Jesus die Gestalt (μορφή) des Sklaven an. Indem er dies jedoch nicht schicksalhaft notwendig, sondern freiwillig und im Gehorsam bis zum Tod am Kreuz tut, nimmt er dem Tod seinen Stachel *(1 Kor 15,55)*, er befreit vom Fluch und von der Sklaverei des Todes und befreit uns zum neuen Leben. Die Selbstentäußerung geht wiederum nicht ins Leere und ins Nichts, sie ist der Weg zur Erhöhung und zur Einsetzung Jesu als Kyrios, das heißt als neuer Weltherrscher. Sein Tod ist der Tod des Todes und die Befreiung zum neuen Leben. Jesu Selbstentäußerung wird so zum Sieg des Lebens über den Tod, der Freiheit über die schicksalhafte Notwendigkeit, der Liebe über den Hass.[48] Augustinus hat korrekt und prägnant interpretiert, wenn er schreibt: »Sic se exinanivit: formam servi accipiens, non formam Dei ammitens, forma servi accessit, non forma Dei discessit.«[49] Nur weil Gott in der Erniedrigung gegenwärtig und wirksam ist, kann er an anderer Stelle sagen: »Vom Tod getötet, tötet er den Tod.«[50] »Mortem nostram moriendo destruxit« heißt es in der Liturgie. So wird verständlich, dass für Paulus das Kreuz das Geheimnis der

---

47 Zur Deutung vgl. E. Käsemann, Kritische Analyse von Phil 2,5–11, in: ders., Exegetische Versuche und Besinnungen, Bd. 1, Göttingen 1960, 51–95; J. Gnilka, Der Philipperbrief (HThK 10/3), Freiburg i.Br. 1968, 112–131; R. Schnackenburg, Christologie des Neuen Testaments, in: MySal III/1, 227–388, hier: 309–322; von Balthasar, Mysterium paschale (wie Anm. 14), 143–158.

48 Vgl. Kasper, Jesus der Christus (wie Anm. 37), 238 ff.

49 Aug. serm. IV, 5.

50 Aug. in Joh XII, 10 f.

Weisheit Gottes *(1 Kor 1,7–25; 2,6–10; 2 Kor 13,4)* und dass das Wort vom Kreuz Inbegriff der Heilsbotschaft *(1 Kor 1,18; 2,2)* ist. In den späteren Schriften des Neuen Testaments erhält das Kreuz sogar eine kosmische Dimension. Durch das Kreuz ist alles (τὰ πάντα) versöhnt worden *(Kol 1,20)*. Nach der *Offenbarung des Johannes* ist das geschlachtete Lamm das Licht des Kosmos *(Offb 21,23)*.

Nach dem Neuen Testament steht die Kenosis also nicht gegen den Logos, sie richtet den Logos vielmehr neu auf. Der Logos ist andererseits nicht dialektisch spekulativ als Kenosis zu deuten. Vielmehr erschließt erst die Kenosis des Kreuzes den vollen Sinn des Logos. Es deutet ihn als Logos der Liebe und sagt, dass die Liebe der Sinn des Seins ist. Mit dieser Aussage haben wir bereits den Schritt zu einer systematischen Entfaltung der Kreuzestheologie getan.

IV. Systematische Entfaltung der Kenosischristologie

Nach dem Neuen Testament ist im Abstieg Jesu wie in seiner Erhöhung Gott selbst am Werk. Gott offenbart sich in seinem Sohn *(Joh 3,16; 1 Joh 4,9f.; Röm 5,8; 8,32)*. Im irdischen Jesus und am Kreuz Jesu wird die Herrlichkeit Gottes sichtbar (*Joh 1,14* u.a.) und seine Liebe offenbar (*Röm 5,8f.; 8,32; Joh 3,16f.* u.a.). Am Kreuz wird uns darum Gott selbst als Liebe erschlossen *(1 Joh 3,8.16)*. Gott offenbart in der Heilsökonomie also nicht ›etwas‹; er offenbart sich selbst.[51] Wenn wir Offenbarung als Selbstoffenbarung verstehen, dann ist die Wirklichkeit Gottes nicht ›etwas‹ ›hinter‹ seiner Offenbarung. Vielmehr ist Gott in seiner Offenbarung präsent. Die am Kreuz offenbare Liebe Gottes macht also Gott selbst als Liebe offenbar. Am Kreuz offenbart er sich als der, dessen Wesen Liebe ist. Mehr abstrakt formuliert: In der durch Kreuz und Auferstehung offenbaren ökonomischen Trinität wird die immanente Trinität offenbar.[52]

---

[51] DV 2.

[52] K. Rahner hat das Grundaxiom aufgestellt: »Die ›ökonomische‹ Trinität ist die immanente und umgekehrt« (ders., Bemerkungen zum dogmatischen Traktat »De Trinitate«, in: Schriften zur Theologie, Bd. IV, Zürich – Einsiedeln – Köln 1960, 115); ders., Der dreifaltige Gott als transzendenter Urgrund der Heilsgeschichte, in: MySal II, 328. Zur Problematik Kasper, Der Gott Jesu Christi (wie Anm. 5), 420–425; von Balthasar, Theodramatik III (wie Anm. 38), 297–305.

Um Gottes trinitarisches Wesen tiefer zu verstehen, können wir darum vom Wesen der Liebe ausgehen.[53] Augustinus hat diesen Ausgangspunkt angedacht,[54] aber ihn dann nicht weiter verfolgt. Im Vordergrund steht bei ihm wie im mainstream der theologischen Tradition die Analyse des Erkenntnisaktes.[55] In der gegenwärtigen Theologie setzte sich dieser Ansatz durch. Angeregt durch die Analysen bei Johann Gottlieb Fichte, Friedrich Wilhelm Joseph Schelling, Georg Wilhelm Friedrich Hegel und besonders im dialogischen Personalismus jüdischer Herkunft, bei Martin Buber und – wesentlich radikaler – bei Emmanuel Levinas, ist der Ansatz beim Phänomen der Liebe vorherrschend geworden.

Ausgangspunkt des theologischen Nachdenkens über die Trinität ist heute meist Gottes Selbstmitteilung. Doch Liebe, die sich selbst mitteilt, um eins mit dem anderen zu werden, meint nicht Verschmelzung. Wahre Liebe saugt den anderen nicht auf, sie benützt ihn auch nicht zur eigenen Selbstfindung und Selbsterfüllung. Die Liebe hat keine dialektische, wohl aber eine dialogische Struktur. Sie bedeutet Einssein mit dem anderen unter Wahrung der eigenen Identität wie der Identität des anderen. Oder noch deutlicher formuliert: Wahre Liebe wahrt nicht nur die eigene Identität und die Identität des anderen, sie bringt beide auch zur Erfüllung und zur Vollendung. Wer sein Leben hingibt, wird es gewinnen. Zur Einheit in der Liebe gehört also die Anerkennung der Differenz. Liebe bedeutet Selbstunterscheidung und Selbstbegrenzung. Sie kann sich zurücknehmen; sie setzt den anderen frei und anerkennt das Anderssein des anderen. Sich in Liebe schenken bedeutet ein gegenseitiges Sich-Raum-geben, bedeutet damit auch Verzicht. Liebe und Leiden, ja Liebe und Tod gehören, wie die große Dichtung schon immer wusste, zusammen.

So können wir die Aussage, dass Gott Liebe ist, so interpretieren: Gott ist er selbst, indem er ganz für den anderen da ist. Gott kann als Liebe nicht anders gedacht werden denn als Selbstunterscheidung in sich selbst. Die Trinitätslehre ist darum nicht, wie man immer wieder

---

[53] Zum Folgenden Kasper, Der Gott Jesu Christi (wie Anm. 5), 312–316; wesentlich weitergeführt bei G. Greshake, Der dreieine Gott. Eine trinitarische Theologie, Freiburg i.Br. 1997.

[54] Aug. trin. VIII, 10: »Ecce tria sunt, amans et quod amatur et amor.«

[55] Vgl. Kasper, Der Gott Jesu Christi (wie Anm. 5), 340ff.

meint, ein Einwand gegen den Monotheismus. Der eine Gott, der Liebe ist, kann gar nicht anders als trinitarisch gedacht werden. Trinität ist konkreter Monotheismus.[56]

Trinität ist der einzige Monotheismus, der angesichts des Leidens denkerisch wie existentiell haltbar ist. Denn Gott vom Kreuz her trinitarisch denken, bedeutet Gott so zu denken, dass in ihm selbst Raum ist für das andere seiner selbst. Gott ist – ganz anders als sich viele einen allmächtigen Gott vorstellen – absolut gewaltlos; er ist in einem Wesen Zulassung. Gott verdrängt nichts und niemand. Er selbst lässt sich sogar aus der Welt hinausdrängen und er erscheint schwach und ohnmächtig in der Welt.[57] Gott ist in sich selbst kenotisch. Balthasar spricht von der Ur-Kenosis und einer »Trennung« in Gott selbst.[58] Aber in dieser seiner kenotischen Existenzweise gibt er sich nicht auf, in ihr wird er nicht ein anderer, in ihr entgöttlicht er sich nicht selbst. In dieser kenotischen Existenz ist er als er selbst. Wie das Kreuz die Offenbarung von Gottes innertrinitarischer Liebe ist, so ist umgekehrt die innertrinitarische Liebe Gottes der innere Ermöglichungsgrund von Gottes Mitleid bis hin zum Tod am Kreuz. Origenes hat diese Voraussetzung klar formuliert: »Primus passus est, deinde descendit. Quae est ista, quam pro nobis passus est, passio? Caritatis est passio.«[59] So ist das Kreuz das Äußerste, das Gott in seiner sich selbst wegschenkenden Liebe möglich ist; es ist das »id quo maius cogitari nequit«.

Diese These bedeutet eine wahre metaphysische Revolution.[60] Denn damit sind die Relationen nicht mehr eine nur akzidentelle Wirklichkeit, während die in sich und für sich stehende Substanz die eigentliche Wirklichkeit ist. Ebenso wenig ist das in sich und für sich seiende neuzeitliche Subjekt die Letztwirklichkeit. Es sind nun die Re-

---

[56] Ebd., 408 f. 445 ff. 467 f. Zur Aktualität dieser Frage angesichts der gegenwärtigen Monotheismusdebatte vgl. M. Striet, Monotheismus und Kreuz, in: IKaZ 32 (2003) 273–284.

[57] So das viel zitierte Wort von D. Bonhoeffer, Widerstand und Ergebung, München 1970, 394.

[58] Balthasar, Mysterium paschale (wie Anm. 14), 152 f.

[59] Orig. hom. in Ez. VI, 8.

[60] Vgl. J. Ratzinger, Einführung in das Christentum, München 1968, 142–150; K. Hemmerle, Thesen zu einer trinitarischen Ontologie, Einsiedeln 1976; Kasper, Der Gott Jesu Christi (wie Anm. 5), 445. 472; Greshake, Der dreieine Gott (wie Anm. 53), 457–460.

lationen, welche die Subsistenz der trinitarischen Personen begründen. Gott ist in sich relational und kann darum in Relation zu uns treten. Dass er der Gott für uns und mit uns ist, offenbart sein innerstes Wesen.

Auf diesem Hintergrund stellt sich die Frage des Leidens Gottes, welche für die theologische Tradition so schwierig war, neu. Leiden kann für Gott, darin ist der traditionellen Theologie völlig recht zu geben, kein passives Widerfahrnis sein. Wenn Gott leidet, dann leidet er auf göttliche Weise. Solch göttliches Leiden ist nicht Ausdruck eines Mangels, sondern Ausdruck souveräner freier Selbstbestimmung. Gott wird nicht passiv vom Leiden der Kreatur betroffen, er lässt sich betreffen. Deshalb bildet Gottes Allmacht keinen Gegensatz zu seiner Liebe. Seine Allmacht erweist sich in der Liebe, denn es ist Allmacht, wie schon Søren Kierkegaard zeigte, sich zurücknehmen zu können, ohne sich dabei aufzugeben. Gottes Allmacht ist die Allmacht seiner Liebe, die ja eben darin, dass sie sich zurücknimmt, sie selbst ist und sich als sie selbst erweist.[61]

Der sympathische Gott, wie er am Kreuz offenbar wird, ist die Antwort auf die Theodizeefrage.[62] Diese Antwort besagt: Gott ist den Leidenden und Sterbenden, den Millionen von Gequälten, Gemarterten, Erschlagenen nicht fern. Gott ist mit ihnen und bei ihnen; er leidet mit ihnen. Diese Aussage wäre falsch verstanden, würde man sie als Verherrlichung oder Vergöttlichung des Leidens verstehen. Gott vergöttlicht das Leiden nicht, er erlöst es, indem er es von innen verwandelt. Er schafft das Leiden nicht ab, aber er verwandelt es auf Hoffnung hin. Das Kreuz ist ja der Weg zur Auferstehung und Verklärung. Leiden und Sterben sind nicht das letzte Wort. Die Kenosischristologie weist über sich hinaus zur österlichen Erhöhungs- und Verklärungschristologie. Wir sind, so sagt es die Schrift, auf Hoffnung hin erlöst *(Röm 8,20.24; 1 Petr 1,3)*.

---

[61] S. Kierkegaard, Die Tagebücher 1834–1855, München 1949, 239 f.; K. Barth, Kirchliche Dogmatik II/1, Zollikon – Zürich [4]1958, 597; T. Pröpper, Art. Allmacht III, in: LThK[3] 1, 416.

[62] Kritisch zu dieser Position Balthasars: K. Rahner, Jesus Christus – Sinn des Lebens, in: Schriften zur Theologie, Bd. 15, Zürich – Einsiedeln – Köln 1983, 206–216, hier: 211 f.; P. Imhof/H. Biallowons (Hg.), Karl Rahner im Gespräch, Bd. 1, München 1982, 245 f.

V. Ausblick auf eine heutige christliche Spiritualität

Wir sagten bereits: Kenosistheologie ist keine abstrakte Spekulation. Sie steht auf dem Hintergrund der Theodizeefrage und der Menschheitsfrage nach dem Sinn von Leiden und Sterben. Sie hat, wie ebenfalls bereits angeklungen ist, Bedeutung für das ökumenische Gespräch. Die Bedeutung für das interkulturelle und interreligiöse Gespräch, vor allem für die Begegnung mit der buddhistischen Spiritualität und ihrer Vorstellung vom Nirwana, müsste eigens behandelt werden.[63]

In diesem Zusammenhang möchte ich abschließend lediglich ein paar Bemerkungen zur Bedeutung für eine heutige christliche Spiritualität machen.[64] Es gibt eine Reihe von großen Gestalten, welche die Bedeutung des Stellvertretungsgedankens herausstellen und Stellvertretung als grundlegendes Leitbild für heutige Spiritualität und für eine missionarische Erneuerung der Kirche exemplarisch bezeugen: Therese von Lisieux, Charles de Foucauld, Edith Stein, Maximilian Kolbe, Dietrich Bonhoeffer, Oscar Romero und viele andere. Sie sind in unterschiedlicher Weise in die Nacht der Kreuzesverlassenheit Jesu eingetaucht worden und haben diesen Weg als solidarische Teilhabe an der Gottesfinsternis der Welt auf sich genommen. Die dunkle Nacht, die Wüstenerfahrung, der letzte Platz waren für sie nicht ein Eingehen in ein irgendwie geartetes sinnloses Nichts. Sie haben sie in aktiver Proexistenz für die anderen durchgetragen und so das Licht Gottes auch noch in der äußersten Finsternis aufscheinen lassen.

Auch für den heutigen Christen gibt es keinen anderen Weg. In der westlichen Welt leidet er heute nicht unter brutaler antichristlicher Gewalt, wohl aber lebt er in und mit einer Welt, welche Gott nicht oder kaum kennt, ihn sogar so wenig kennt, dass sie zu einem bewussten Atheismus nicht einmal mehr Anlass sieht. Sie ist gegenüber Gott gleichgültig geworden. Sie ist zu einer Wüste geworden, zu einer Nacht, in der alle Kühe schwarz sind, in der es keine Orientierung, kein oben und kein unten mehr gibt. In dieser Welt kann die Kirche

---

63 Eine Kreuzestheologie in diesem Kontext findet sich bei K. Kitamori, Theologie des Schmerzes Gottes, Göttingen 1972.

64 Dazu H. Schürmann, Jesu ureigener Tod. Exegetische Besinnungen und Ausblick, Freiburg i. Br. 1975, 130–155.

nicht mehr als eine mächtige Institution auftreten und das Kreuz als weltliches Siegeszeichen vor sich hertragen. Vielmehr wird der Christ die Ohnmacht des Kreuzes erfahren und darin das Dunkel der anderen solidarisch mittragen und doch in dieser Nacht das Licht des Glaubens, der Hoffnung und der Liebe stellvertretend für sie hüten und bezeugen. Eine solche christliche Präsenz als aktive Proexistenz könnte die Aufgabe von heute und morgen sein. Maria ist Inbegriff und Typus einer solchen kenotischen Existenz. Sie war die demütige Magd, die Gott Raum gab, zuerst in ihrem Herzen und dann in ihrem Fleisch. Sie hat die Hoffnung durchgetragen bis unter das Kreuz. Sie tat es für uns. Sie sagte ›Ja‹ anstelle des ganzen Menschengeschlechts. Sie ist Typus aktiver Proexistenz und als solche die Morgenröte einer neuen Welt.

Christologie und Soteriologie

Erlösung und Befreiung

Anmerkungen zur Auseinandersetzung um ein Buch von Hans Kessler

›Freiheit‹ ist ein Grundwort der Neuzeit, ein Begriff, der gerade wegen seiner Vieldeutigkeit immer wieder neu Faszination auslöst und in kritischen Umbruchssituationen, wie wir sie auch heute erleben, eruptive Sprengkraft besitzen kann. Säkularisierte Heilserwartung lebt in ihm fort. Die christliche Verkündigung muss, will sie nicht an den Menschen und ihren Problemen vorbeireden, solche Fragen und Anliegen aufgreifen. Schon Paulus hat die durch Jesus Christus geschenkte Erlösung als Freiheit von Sünde, Tod und Gesetz verkündet. Die gegenwärtig besonders in Lateinamerika einflussreiche Theologie der Befreiung möchte solche Gedanken aufgreifen und in der extremen Situation der Armut und der Unterdrückung, die in diesem Kontinent teilweise herrschen, aktualisieren.

Es liegt auf der Hand, dass solche Versuche der Anknüpfung nicht ohne Gefahr sind; die christliche Erlösungsbotschaft könnte leicht rein innerweltlich verstanden und zu einem politischen Programm umgedeutet und damit ihres eigentlichen Gehaltes beraubt werden. Deshalb kann es nie um eine bloße Anpassung gehen. Worum es sich allein handeln kann, ist eine ›Anknüpfung im Widerspruch‹.

I. Das Gespräch mit dem modernen Bewusstsein

In dem viel diskutierten und teilweise heftig umstrittenen Buch *Erlösung als Befreiung*[1] unterzieht sich der junge Frankfurter Theologe Hans Kessler dieser Aufgabe. An der Frankfurter Universität und in der Frankfurter Schule (Max Horkheimer, Theodor W. Adorno, Jürgen

[1] H. Kessler, Erlösung als Befreiung, Düsseldorf 1972.

Habermas) spielt der Gedanke der Emanzipation des Menschen eine besondere Rolle. In dieser Atmosphäre kann ein Theologe gar nicht umhin, das Verhältnis der christlichen Botschaft von der Erlösung mit dem modernen Bewusstsein zu konfrontieren. Der bekannte Würzburger Philosoph Heinrich Rombach bescheinigt Kessler dafür »nicht nur das Sensorium, sondern auch die wissenschaftliche Potenz«[2].

Ausgehend von heutigen Erfahrungen der Entfremdung und Verstrickung, will Kessler einen Zugang zum christlichen Verständnis der Erlösung bahnen. Manche Kritiker, die offenbar nur ein paar Abschnitte seines Buches gelesen haben, argwöhnten in verschiedenen Artikeln in der *Deutschen Tagespost* und neuerdings im *Fels* eine »ungeheuerliche Umdeutung« des Erlösungsgeheimnisses. So kam es zu einer temperamentvollen, teilweise freilich auch unfairen Auseinandersetzung. Sie galt wohl von Anfang an weniger Kessler selbst als dem Limburger Bischof, der Kessler die kirchliche Lehrerlaubnis erteilt hat. Die Glaubenskommission der Deutschen Bischofskonferenz griff den ›Fall‹ auf; sie stellte kritische Fragen, sah jedoch, wie Karl Rahner in der *Frankfurter Allgemeinen Zeitung* zustimmend berichtete, keinen Anlass, das Buch wegen Häresie zu verurteilen.

Inzwischen hat Kessler unmissverständlich klargestellt, dass er zwar an innerweltlichen Erfahrungen ansetzen, dass er aber nicht bei ihnen stehen bleiben will.[3] Er will zeigen, dass eine rein innerweltliche Erlösung gar nicht denkbar ist. Ein rein emanzipatorisches Denken verbleibt, wie es wörtlich in Kesslers Buch heißt, »im Bereich der Funktionalität und Zweckrationalität«[4], es wird eindimensional. Deshalb gilt: »Emanzipation lebt und zehrt von Erlösung. Diese ist ihr tragender Grund und ihre verborgene Intention«[5]. Kessler will also die spezifisch theologische Dimension der Erlösung wahren.

Selbstverständlich kann man fragen, ob ihm die Auseinandersetzung mit dem emanzipatorischen Freiheitsverständnis der ›Frankfurter Schule‹ in allem gelungen ist. Johann Baptist Metz und Joseph

---

[2] H. Rombach, Religionsphänomenologie. Ansatz und Wirkung von M. Scheler bis H. Kessler, in: ThPh 48 (1973) 477–493, hier: 490.

[3] H. Kessler, Erlösung als Befreiung? Zu einer Kontroverse, in: StZ 191 (1973) 849–853.

[4] Kessler, Erlösung als Befreiung (wie Anm. 1), 121.

[5] Ebd., 126; vgl. 102–115.

Ratzinger haben bei aller Anerkennung im Unterschied zu Heinrich Rombach in dem Berichtband von der letzten Tagung der deutschsprachigen Dogmatiker mit dem bezeichnenden Thema *Emanzipation und Erlösung*[6] solche kritischen Fragen gestellt. Doch welcher andere Theologe hat es bisher schon geschafft, die christliche Erlösungslehre in redlicher Auseinandersetzung mit den heutigen, wirklich nicht leichten Problemen in völlig überzeugender Weise zur Sprache zu bringen? Auch Theologen vom Rang eines Metz und Ratzinger bieten dazu in dem genannten Berichtband vorerst nur Ansätze und einzelne Fragmente. Das Grundanliegen und der Ausgangspunkt von Kessler bleiben deshalb gerechtfertigt und verdienen Anerkennung, auch wenn die Auseinandersetzung mit dem gegenwärtigen Emanzipationsverständnis noch umfassender geleistet werden muss.

II. Der befreiende Gott Jesu

Das Ziel der kleinen Schrift ist nicht eine umfassende Erlösungs*lehre*, schon gar nicht eine *neue* Erlösungslehre, sondern ein tieferes *Verständnis*, besser eine Hinführung zur Erlösungs*wirklichkeit* selbst: die Geschichte und das Geschick von Jesus Christus, seine Menschwerdung, sein irdisches Leben und Wirken, sein gehorsamer Tod, seine Auferweckung und sein Weiterwirken im Heiligen Geist. Aus dieser Gesamtgeschichte der Erlösung greift Kessler *bewusst* nur *einen* Gesichtspunkt heraus, der meist vergessen wird, heute aber wieder wichtig sein könnte: das Leben und Wirken des irdischen Jesus. Person und Auftreten Jesu haben heute für viele Menschen, auch für solche, die außerhalb der christlichen Kirchen stehen, eine große Überzeugungskraft; von dorther haben viele Heilige, man denke neben vielen anderen nur an Franz von Assisi und Charles de Foucault, ihre Inspiration erhalten. So vertritt Kessler auch in diesem Punkt ein berechtigtes Anliegen. Er steht damit auf dem Boden einer breiten Strömung der ›nachbultmannschen‹ Theologie und ihrer von Ernst Käsemann angeregten, auch innerhalb der katholischen Theologie (Josef Rupert Gei-

[6] J. B. Metz, Erlösung und Emanzipation, in: L. Scheffczyk (Hg.), Erlösung und Emanzipation (QD 61), Freiburg i.Br. 1973, 120–140, hier: 124; J. Ratzinger, Vorfragen zu einer Theologie der Erlösung, in: ebd., 141–155, hier: 152.

selmann, Heinz Schürmann, Anton Vögtle, Franz Mußner, Josef Blank, Rudolf Pesch u.a.) aufgegriffenen »neuen Frage« nach dem historischen Jesus.

Freilich hat Kessler es zunächst versäumt, sein legitimes Teilanliegen deutlich genug in das Ganze einzuordnen. Manche Formulierungen seines Buches können, wenn sie aus dem Zusammenhang gerissen werden, den Eindruck erwecken, als wolle er die Heilsbedeutung der Menschwerdung und des Kreuzesopfers sowie das durch Auferstehung und Geistsendung geschenkte ›neue Sein‹ leugnen und die Heilsbedeutung Jesu auf eine bloße Vorbildfunktion beschränken. Dies alles sind Grundgegebenheiten, mit denen der christliche Erlösungsglaube steht und fällt. Inzwischen hat Kessler aber klargestellt, was dem aufmerksamen und einigermaßen wohlwollenden Leser seines Buches von vornherein deutlich war, dass er von alledem nichts bestreiten will; ja Kessler hat selbst im neuesten Heft der *Stimmen der Zeit*[7] eine recht ansprechende theologische Deutung der in seinem Buch vermissten Aspekte vorgelegt. Außerdem hat er seine ursprüngliche übertriebene historische Skepsis in der Frage, ob Jesus selbst seinen Tod als heilsbedeutsam voraussah (nicht ob er es in Wirklichkeit war!), durch Heinz Schürmann belehrt, etwas zurückgenommen. Soviel Dialogbereitschaft sollte manche unsachliche Kritik endlich zum Schweigen bringen!

III. Kesslers Buch: Ein beachtenswerter Beitrag

Es sollte nach diesen Klarstellungen nicht mehr länger missverständlich sein, wenn Kessler Erlösung bestimmt als die Erfahrung und Gewissheit unbedingten Angenommenseins durch Gott, die von Jesus her aufbricht, als die Geborgenheit in einer absoluten Liebe, als Teilhabe am Gottesverhältnis Jesu,[8] ein Beschenktsein, das zur Freiheit befreit und zur Liebe drängt.[9] Im Übrigen hat schon Karl Rahner

---

[7] H. Kessler, Erlösung als Befreiung? Inkarnation, Opfertod, Auferweckung und Geistesgegenwart Jesu im christlichen Erlösungsverständnis, in: StZ 192 (1974) 3–16.

[8] Vgl Kessler, Erlösung als Befreiung (wie Anm. 1), 88–90.

[9] Vgl. ebd., 90–93.

Gnade als Freiheit[10], später Gisbert Greshake *Gnade als konkrete Freiheit*[11] und ich selbst »Gnade als Freiheit zur Liebe«[12] bestimmt; für Ernst Käsemann ist das Evangelium *Der Ruf der Freiheit*[13]. Schließlich stand die gesamte letzte deutschsprachige Dogmatikertagung unter dem Thema »Erlösung und Emanzipation«. Man muss Kesslers These »Erlösung als Befreiung« also in einem größeren gegenwärtigen Problemzusammenhang sehen.

Natürlich lassen auch die neuerlichen Ausführungen von Kessler nochmals Rückfragen zu. Manches, was er kritisch zur Tradition (etwa zu Anselm von Canterbury) sagt, kann man auch positiver sehen. Aber bei welcher anderen Veröffentlichung wären solche Fragen nicht möglich? Wer könnte schon in einem einzigen kleinen Buch oder gar in einem einzigen Aufsatz die ganze Breite und Tiefe des Erlösungsgeheimnisses ausloten?

Auch wenn es unveräußerliche Grundgegebenheiten des Glaubens gibt, sind wir alle, als Einzelne wie die Kirche insgesamt, immerzu unterwegs, deren Reichtum und deren Fülle tiefer zu verstehen und in unserem Leben besser zu verwirklichen. Dabei kann es, sofern die verbindliche gemeinsame Basis nicht verlassen wird, durchaus verschiedene Ausgangspunkte und verschiedene Akzentuierungen geben. Doch jede Theologie der Erlösung, die heutigen Anforderungen standhalten soll, muss sich in kritischer Weise mit den Fragen moderner Befreiungs- und Emanzipationstheorien auseinandersetzen.

Statt in liebloser Weise gegeneinander zu polemisieren, sollten wir uns deshalb gegenseitig helfen, diese nicht einfachen Aufgaben in positiv weiterführender Weise zu lösen. Die Schrift von Hans Kessler ist dazu *ein* beachtenswerter Beitrag.

---

10 K. Rahner, Gnade als Freiheit. Kleine theologische Beiträge (HerBü 322), Freiburg i. Br. 1968.

11 G. Greshake, Gnade als konkrete Freiheit. Eine Untersuchung zur Gnadenlehre des Pelagius, Mainz 1972.

12 W. Kasper, Einführung in den Glauben, in: WKGS 5, 15–172, hier: 115–120.

13 E. Käsemann, Der Ruf der Freiheit, Tübingen ^{5}1972.

Erlösung, eine Quaestio disputanda

Die christliche Botschaft von der Erlösung scheint durch den notorisch unerlösten Zustand der Welt eigentlich von selbst ad absurdum geführt zu werden. Der Einwand ist nicht neu. Er macht die Grunddifferenz zwischen Judentum und Christentum aus. Während das Christentum auf die ein für alle Mal vollbrachte Erlösungstat zurückschaut, kann das Judentum von der Erlösung nur im Futurum einer messianischen Hoffnung sprechen. Die jüdische Sicht ist durch die neuzeitlichen Utopien, nicht zuletzt durch den Marxismus, zu einer grundlegenden Perspektive der Moderne geworden, die durch die neuere Theologie der Hoffnung auch als eine christliche reklamiert worden ist.

Seit sich die Flucht nach vorn als das erwiesen hat, was sie in Wirklichkeit ist, als eine Utopie nämlich, droht der christlichen Erlösungslehre eine zweite Versuchung: die Flucht zurück in die heile Natur oder die Flucht nach oben in eine vage Transzendenz. Diese Versuchung ist noch älter als die zuerst genannte. Der Versuch, Erlösung durch Ausstieg aus der Geschichte zu finden, geht auf mythische und gnostische Quellen zurück, er begegnet uns heute in der meist oberflächlich vollzogenen Adaption östlicher Religiosität. Innertheologisch wird die Frage, inwiefern die geschichtliche Erlösungstat konstitutiv oder nur Zeichen dafür ist, dass Gott von Ewigkeit her der Gott der Menschen ist, in der – freilich von Missverständnissen belasteten – Kontroverse zwischen Karl Rahner und Hans Urs von Balthasar ausgetragen.

Von zwei Seiten also droht das christliche Erlösungsverständnis von einem geschichtstranszendenten Heil, das gleichwohl in der Geschichte ein für alle Mal gewirkt worden ist, aufgerieben zu werden. Misst man freilich die traditionelle dogmatische Erlösungslehre an dieser doppelten Herausforderung, dann macht sie eher einen hilflosen Eindruck. In den üblichen dogmatischen Schulbüchern findet man im Grunde kaum mehr als eine recht unsystematische Aneinanderreihung verschiedener biblischer Bilder und Begriffe für Erlösung und die Erwähnung der verschiedenen Erlösungstheorien.

Bei dieser wenig erfreulichen inneren Verfassung war die dogmatische Erlösungslehre den Infragestellungen der Neuzeit weithin schutzlos ausgeliefert. Der Gedanke einer stellvertretenden Erlösung und erst recht einer Erlösung durch Gott schien neuzeitlichem Autonomie-Verständnis unvollziehbar, weil der je einmaligen Würde des Menschen zuwider. Zuwider war dieser Sicht freilich schon die Voraussetzung der Erlösungsbotschaft: die Lehre von der Sünde, die mehr ist als die persönliche Sündentat des Einzelnen. Da das sich autonom verstehende Subjekt die Verantwortung für die nun doch nicht zu leugnende Unheilssituation der Welt nicht tragen konnte und wollte, erfand es allerlei Alibi-Subjekte: die Natur, die Geschichte, die Kultur, die Gesellschaft, die Verhältnisse, auf jeden Fall: die anderen. Grandiose Entschuldigungstheorien wurden aufgestellt. Der so erzeugte Unschuldswahn entzog der christlichen Erlösungsbotschaft ihren Gegenstand; sie war funktionslos geworden.

Kein Wunder also, dass der Begriff Erlösung zu den Verkündigungsworten gehört, bei denen wir nach einem Wort von Dietrich Bonhoeffer heute auf die Anfänge des Verstehens zurückgeworfen sind. Auf dem Spiel steht nicht etwas, sondern im Grunde alles: die Frage nach Gott angesichts des Leidens in der Welt (Theodizee-Problem) und die Frage nach dem Menschen und seiner Verantwortung in der Geschichte, das Gottsein Gottes ebenso wie die Menschlichkeit des Menschen.

In diesem Heft stellt der Beitrag von Josef Möller, sozusagen philosophisch präludierend, den neuzeitlichen Fragehorizont heraus, in den hinein sich heutige theologische Erlösungslehre vermitteln muss.[1] Die Reihe theologischer Beiträge wird durch Max Seckler eröffnet, der den zentralen theologischen Punkt herausgreift, wobei er auf einen weithin vergessenen Topos hinweist: Erlösung nicht durch Gott, sondern primär Erlösung in Gott. Nachdem so das Wesen christlicher Erlösungsbotschaft begrifflich geklärt ist, geht es um die Erörterung

[1] Vgl. J. Möller, Freiheit und Erlösung. Eine Reflexion zur Freiheitsgeschichte der Neuzeit, in: ThQ 162 (1982) 275–288.

der Einzelfragen dogmatischer Erlösungslehre. Karl Lehmann hat sich der Mühe unterzogen, die Frage »Erlösung wodurch?« zu beantworten, wobei er sich ganz auf den biblisch zentralen Punkt des »Pro nobis« konzentriert. Peter Hünermann sucht das Thema »Erlösung wovon?« neu aufzuschließen, während Dietrich Wiederkehr den Perspektivenreichtum aufzeigt, innerhalb dessen heute die Frage »Erlösung wozu?« behandelt werden muss.

Eine abgerundete Synthese war von vornherein nicht zu erwarten. Jeder Beitrag stellt aber auf seine Weise Elemente für eine erneuerte Erlösungslehre heraus. Durch die ursprünglich nicht eingeplante Vorschau von Wolfgang Bartholomäus auf den Deutschen Katechetischen Kongress 1983 kann die Dringlichkeit dieser Aufgabe nur nochmals unterstrichen werden. Es geht um die lebendige Tradition der christlichen Botschaft von der Erlösung an eine künftige Generation. In dieser Perspektive ist das Thema Erlösung wahrlich eine Quaestio disputanda.

Christologie und Anthropologie

I. Einführung in die Problemstellung

1. Die Gegebenheiten in Schrift und Tradition

Es ist eine grundlegende Aussage des christlichen Glaubensbekenntnisses: Jesus Christus ist »propter nos et propter nostram salutem« Mensch geworden; er hat »für uns« beziehungsweise »für die vielen«, das heißt für alle Menschen, sein Leben am Kreuz hingegeben.[1] Mit diesen zentralen und fundamentalen Bekenntnisaussagen von Schrift und Tradition steht die Christologie insgesamt unter einem soteriologischen Vorzeichen. Die anthropologische Bedeutung der Christologie ist damit ein zentrales theologisches Thema, das bereits im Neuen Testament mit Hilfe der Adam-Christus-Typologie von *Röm 5,12–21* und *1 Kor 15,45–49* verhandelt wird. Der Zusammenhang zwischen Christologie und Anthropologie kommt im Neuen Testament auch darin zum Ausdruck, dass es die alttestamentliche Aussage von der Gottebenbildlichkeit jedes Menschen *(Gen 1,27)* in der Weise aufgreift, dass es Jesus Christus als das Bild Gottes bezeichnet *(2 Kor 4,4; Kol 1,15)*, nach dem und auf das hin alle Wirklichkeit erschaffen wurde *(1 Kor 8,6; Kol 1,16f.)*. In Jesus Christus hat Gott also – wie das Zweite Vatikanische Konzil formuliert – dem Menschen den Menschen geoffenbart.[2]

---

[1] Die Darlegung der biblischen, dogmen- und theologiegeschichtlichen Grundlagen kann im Folgenden kurz und stichwortartig geschehen, weil das Wichtigste dazu bereits in den »Quaestiones selectae de Christologia I« (Gr 61 [4/1980] 609–632; dt.: HerKorr 35 [1981] 137–145) gesagt wurde. Diese Ausführungen werden im Folgenden vorausgesetzt und unter dem durch das Thema bezeichneten Aspekt weitergeführt.

[2] GS 22.

Die neuere biblische Theologie und die von ihr beeinflusste systematische Theologie hat darum mit Recht immer wieder darauf hingewiesen, dass es den christologischen Aussagen des Neuen Testaments nicht um isolierte Aussagen über das An-sich-Sein Jesu Christi und seiner göttlichen und menschlichen Natur geht, sondern um deren Heilsbedeutung, dass die christologischen Aussagen des Neuen Testaments also heilsgeschichtlich und – wie man oft sagt – funktional gemeint sind.[3]

Man hat außerdem darauf hingewiesen, dass auch die *christologische Lehrentwicklung der alten Kirche*, vor allem die Klärung der Wesenseinheit (ὁμοούσιος) Jesu Christi beziehungsweise des Heiligen Geistes mit dem Vater, soteriologisch motiviert war.[4] Denn nur wenn Jesus Christus und der Geist wahrer Gott sind, sind wir in Wahrheit erlöst, das heißt stehen wir in Gemeinschaft mit Gott. Die Konzilien von Nikaia und Konstantinopel wollten also mit der Definition des gottgleichen Wesens Jesu Christi und des Heiligen Geistes die Wirklichkeit unseres Heils sicherstellen. Die dogmengeschichtliche Entwicklung in der alten Kirche zeigt freilich auch, dass die Heilsbedeutung Jesu Christi im Sein Jesu Christi fundiert ist. Namhafte Exegeten haben inzwischen deutlich gemacht, dass dieser Fundierungszusammenhang auch im Neuen Testament besteht. Die Wesensaussage steht zwar im Dienst des soteriologischen Gedankens, begründet ihn aber auch und gibt dafür die Gewähr.[5]

---

[3] Vgl. etwa O. Cullmann, Die Christologie des Neuen Testaments, Tübingen ²1958, bes. 336: »Darum ist alles bloße Spekulieren über seine Naturen im Lichte des neutestamentlichen Zeugnisses ein Unding. Es gibt nur funktionelle Christologie.« Viele andere Zeugnisse bei Y. Congar, Christus in der Heilsgeschichte und in unseren dogmatischen Traktaten, in: Conc(D) 2 (1966) 3–13.

[4] Vgl. aus der älteren Literatur: A. Gilg, Weg und Bedeutung der altkirchlichen Christologie, München 1961; aus der neuesten Literatur: A. Grillmeier, Jesus Christus im Glauben der Kirche, Bd. 1, Freiburg – Basel – Wien 1979.

[5] So R. Schnackenburg, Das Johannesevangelium. 1. Teil (HThK 4/1), Freiburg – Basel – Wien 1965, 211. Sehr deutlich E. Käsemann, An die Römer (HNT 8a), Tübingen 1973, 3: Die »Gottessohnschaft im metaphysischen Sinn« wird »vom ganzen NT selbstverständlich vorausgesetzt«; ebenso S. 8; M. Hengel (Der Sohn Gottes, Tübingen 1975) sieht in der realen Praeexistenz die Absicherung gegen den Weg in den Doketismus.

2. Extreme Lösungen in doppelter Richtung

Diese innere Einheit von Christologie und Soteriologie und damit von Christologie und Anthropologie ist in der späteren theologischen Entwicklung weithin verlorengegangen. In der Scholastik entwickelten sich Christologie und Soteriologie zu zwei eigenständigen dogmatischen Traktaten. Als Konsequenz dieser Entwicklung stellt Yves Congar fest: »Das vielleicht größte Unglück, das den modernen Katholizismus betroffen hat, besteht darin, dass er sich in Lehre und Katechese dem An-sich Gottes und der Religion zugewandt hat, ohne dabei unablässig auch nach dem zu fragen, was dies alles für den Menschen bedeutet. Der Mensch und die Welt ohne Gott, denen wir gegenüberstehen, stammen zum Teil aus einer Reaktion gegen einen solchen Gott ohne Menschen und ohne Welt. Wenn wir den Schwierigkeiten, die viele unserer Zeitgenossen auf dem Weg zum Glauben aufhalten, und der Herausforderung des Atheismus begegnen wollen, müssen wir unter anderem immer aufzeigen, wie die Welt Gottes mit der des Menschen zusammenhängt.«[6]

Diese einseitige Entwicklung ist (neben anderen, gleich noch zu behandelnden Motiven) der Hintergrund einer nicht weniger einseitigen Reaktion, welche die *Christologie auf ihre anthropologische Bedeutsamkeit reduziert* und der klassischen ontologischen Christologie eine neuere, vermeintlich biblisch besser begründete, funktionale Christologie entgegenstellen will. Wir finden diese Position vor allem im Gefolge der existentialen Interpretation des Neuen Testaments in der Schule von Rudolf Bultmann,[7] extrem bei Herbert Braun, für den die Christologie nur eine Variante der Anthropologie als der Konstanten ist.[8] Mehr

---

[6] Congar, Christus in der Heilsgeschichte und in unseren dogmatischen Traktaten (wie Anm. 3), 10.

[7] Vgl. etwa R. Bultmann, Das christologische Bekenntnis des Ökumenischen Rates, in: ders., Glaube und Verstehen, Bd. 2, Tübingen 1952, 246–261. Dort S. 247 f. die für Bultmann charakteristische Alternative: »Soll mit der Bezeichnung Christi als ›Gottes‹ seine Natur bezeichnet werden, sein metaphysisches Wesen oder seine Bedeutsamkeit? Hat die Aussage soteriologischen oder kosmologischen Charakter oder beides?« Oder S. 252: »Hilft er mir, weil er der Sohn Gottes ist, oder ist er der Sohn Gottes, weil er mir hilft?«

[8] Vgl. H. Braun, Der Sinn der neutestamentlichen Christologie, in: ders., Gesammelte Studien zum Neuen Testament und seiner Umwelt, Tübingen 1962, 272.

oder weniger konsequent finden sich solche Tendenzen auch bei katholischen Autoren. Nicht mehr die Vergöttlichung des Menschen, sondern seine Vermenschlichung ist das erklärte Ziel.[9]

Es ist klar, dass, wenn der Mensch dermaßen das Maß der Christologie ist, dies auch Konsequenzen hat für das inhaltliche Verständnis der Christologie und deren anthropologische Bedeutung, also auch für das Verständnis der Soteriologie selbst. Dann genügt es letztlich, wenn Jesus Christus vor allem wahrer und vollkommener Mensch ist, der uns Gott als das Geheimnis des Menschen und der Welt erschließt und uns zu entsprechender Praxis motiviert. Die soteriologische Argumentation der Kirchenväter ist damit auf den Kopf gestellt und in ihr Gegenteil verkehrt. Schon Karl Adam hat gegen ähnliche Tendenzen in der liberalen Theologie eingewandt, »es wäre ein oberflächliches Spiel mit leeren Worten, hier noch von Erlösung reden zu wollen. Wenn Jesus bloßer Mensch und sonst nichts wäre, könnte Er uns doch nur wieder nur Menschenliebe geben, Menschliches mit all seiner Bedingtheit und Fragwürdigkeit. Und unsere tiefste Not, die Not unserer Sünde und unseres Todes, lastete noch immer auf uns.«[10]

[9] So H. Küng, Christ sein, München 1974, 433: »Will aber heute noch ein vernünftiger Mensch Gott werden? … Unser Problem heute ist nicht so sehr die Vergöttlichung als die Vermenschlichung des Menschen.« Entsprechend wird S. 545 ff. Christsein als radikales Menschsein interpretiert. Freilich sind alle diese Aussagen vieldeutig und deshalb nicht leicht zu beurteilen. Ähnlich ist bei E. Schillebeeckx, Christus und die Christen, Freiburg – Basel – Wien 1977, der systematische vierte Teil überschrieben: »Gottes Ehre und das wahre, gute und glückliche Menschsein« (627 ff.). In der exegetischen Darlegung werden zwar die theologisch wichtigen Aspekte erwähnt, in der systematischen Auswertung besteht freilich ein Gefälle, in dem aus dem historisch dargelegten Material nur bestimmte Aspekte zum Zuge kommen. Freilich sind die Darlegungen von Schillebeeckx so vielschichtig, dass man sie schwerlich eindeutig festlegen kann. Vgl. dazu K. Lehmann, Heiliger Geist, Befreiung zum Menschsein – Teilhabe am göttlichen Leben, in: W. Kasper (Hg.), Gegenwart des Geistes. Aspekte der Pneumatologie (QD 85), Freiburg – Basel – Wien 1979, 193 f.

[10] K. Adam, Jesus Christus, Düsseldorf ^{8}1949, 17.

3. Die Aufgabe der Vermittlung

Die eben besprochenen beiden Extreme sind eine Gestalt des bekannten Identität-Relevanz-Dilemmas des modernen Christentums.[11] Bemüht es sich darum, für die Menschen relevant zu sein, steht es in Gefahr, vor lauter Offenheit seine Identität zu verlieren; bemüht es sich dagegen um seine Identität, droht es in sich zu erstarren und für die Menschen alle Relevanz zu verlieren.

Aus diesem Dilemma ergibt sich ein doppeltes Problem der Vermittlung:

1. Das Verhältnis von Christologie und Anthropologie als formales und fundamentales Problem der Christologie, sozusagen als Problem der christologischen Hermeneutik: Inwiefern ist der Mensch Ausgangspunkt und Ziel der Christologie? Inwiefern geht der Mensch ein in die Konstitution der Christologie selbst? Inwiefern ist die Anthropologie Voraussetzung und Horizont der Christologie? Inwiefern gehört die Anthropologie also nicht nur zu den Consectaria (Folgerungen), sondern bereits zu den Praeambula (Voraussetzungen) der Christologie?

2. Das Verhältnis von Christologie und Anthropologie als materiales und kategoriales Problem: Inwiefern können die christologischen Begriffe »Natur« und »Person«, die soteriologischen Grundkategorien »Opfer«, »Genugtuung«, »Sühne« und andere so zur Sprache gebracht werden, dass sie dem heutigen Menschen etwas sagen, das mit seinen Erfahrungen und Problemen zu tun hat und ihn in seiner Existenz betrifft? Alle genannten Verkündigungswörter und Begriffe begegnen heute ja nicht geringen Verstehensschwierigkeiten, die eine Theologie, die den »Gott für uns« bezeugen will, ernst zu nehmen hat. In dem Thema »Christologie und Anthropologie« geht es also um das Problem der Neuvergegenwärtigung der christologischen und soteriologischen Tradition.

Hinter beiden Problemen steht letztlich ein gemeinsames Grundproblem, das vielleicht fundamentalste Problem gegenwärtiger Theologie überhaupt: das Verhältnis von ontologischen Aussagen über das

---

[11] Vgl. J. Moltmann, Der gekreuzigte Gott. Das Kreuz Christi als Grund und Kritik christlicher Theologie, München 1972, 12–33; W. Kasper, Jesus der Christus (WKGS 3), Freiburg i. Br. 2007, 37 f.

Wesen Gottes und Jesu Christi »an sich« zu den funktionalen Aussagen über deren Bedeutung »für uns«. Abstrakter formuliert: das Verhältnis von Metaphysik und Geschichte. In dem Verhältnis von Christologie und Anthropologie steht letztlich die Krise der Metaphysik innerhalb und außerhalb der Theologie und die dadurch bedingte Erosion des theologischen Wahrheitsbegriffs zur Diskussion – wahrscheinlich die tiefste Wurzel der gegenwärtigen Krise der Theologie.

II. Das Verhältnis von Christologie und Anthropologie als formales und fundamentales Problem

1. Die anthropologische Wende der Neuzeit

Die klassische theologische Tradition hat die Heilsbedeutung Jesu Christi entsprechend der Denkform der antiken Philosophie in einem kosmologischen Horizont verhandelt.[12] Bereits Justin wollte aufzeigen, dass der Logos, der in fragmentarischer Weise in aller Wirklichkeit am Werke ist, in Jesus Christus in seiner Fülle erschienen ist.[13] Diese Verbindung von Christologie und Kosmologie hat im vierten Jahrhundert zu einer schweren Krise geführt. In den Auseinandersetzungen mit der extrem kosmologisch konzipierten Christologie des Arius, für den Jesus Christus eine Art kosmologisches Prinzip, ein Demiurg war, kam es deshalb zur Lösung der Soteriologie aus dem kosmologischen Zusammenhang.[14] Der ordo universi blieb jedoch auch weiterhin der Rahmen, innerhalb dessen man Wesen und Bedeutung Jesu Christi entfaltet hat.[15]

Demgegenüber ist das neuzeitliche Denken charakterisiert durch

---

[12] Vgl. H. U. von Balthasar, Glaubhaft ist nur Liebe, Einsiedeln 1963, wo die kosmologische und die anthropologische Reduktion einander gegenübergestellt und beide gleichermaßen in einem dritten Weg, der sich selbst auslegenden und imponierenden Liebe, überboten werden.

[13] Iust. 1 apol. 46; 2 apol. 8; 13.

[14] Vgl. Grillmeier, Jesus Christus im Glauben der Kirche (wie Anm. 4), 222 ff.403 ff.

[15] Dies geschieht klassisch in der Summa theologica des Thomas v. Aquin, wo Christus innerhalb der thomanischen Weltformel von exitus und reditus in der tertia pars als der konkrete Weg beschrieben wird.

eine anthropologische Wende. Jetzt ist der Mensch nicht mehr bloß ein Glied, wenngleich das vornehmste Glied innerhalb der sichtbaren Schöpfung, er ist vielmehr Ausgangspunkt und Horizont für das Verständnis der Wirklichkeit im Ganzen. Aufbauend auf René Descartes hat Immanuel Kant das Prinzip der neuzeitlichen Subjektivität klassisch formuliert: Nicht das Erkennen richtet sich nach den Gegenständen, vielmehr werden die Gegenstände unseres Erkennens durch das erkennende Subjekt als solche konstituiert.[16] Aus diesem Grundansatz neuzeitlichen Denkens ist der in der gegenwärtigen Christologie so wichtige Begriff der Funktion zu verstehen. Kant kann nämlich die Einheit stiftende Funktion des Subjekts auch als Funktion bezeichnen.[17] Der Neukantianismus hat diesen Sprachgebrauch aufgegriffen und Substanz- und Funktionsbegriffe grundsätzlich unterschieden.[18] Es geht in dem Begriff Funktion beziehungsweise funktional, wenn er reflektiert und nicht nur obenhin gebraucht wird, um die Bedeutung der Dinge für mich und für uns, um ihre Erscheinung im Unterschied zu ihrem dem Menschen unerkennbaren An-sich-Sein.

Die Konsequenzen dieser anthropologischen Wende in der Christologie werden schon bei Kant selbst deutlich. Die Dogmen von der Trinität und von der Menschwerdung Gottes werden für ihn uninteressant, weil man aus ihnen »nichts fürs Praktische machen« kann.[19] Das zeigt, dass die Entfaltung der Christologie im Horizont der Anthropologie zu ähnlichen Konflikten führen musste wie die Auseinandersetzung mit dem kosmologischen Denken in der alten Kirche. Erst nach einem mühsamen Prozess kritischer Unterscheidung und schöpferischer Rezeption konnte eine neuzeitliche Gestalt einer anthropologisch gewendeten Christologie möglich werden.

---

16 Vgl. I. Kant, Kritik der reinen Vernunft, B XVI.

17 Ebd., B 93.

18 Vgl. E. Cassirer, Substanzbegriff und Funktionsbegriff, Berlin 1910 (Neudruck Darmstadt 1969).

19 I. Kant, Der Streit der Fakultäten, A 50.

2. Konsequenzen in der neuzeitlichen Theologie

Die Konsequenzen der anthropologischen Wende der Neuzeit wurden bereits in der Theologie des 17. und 18. Jahrhunderts deutlich. Schon bei den Socinianern kam es zu einer anthropologisch reduzierten Christologie und Soteriologie. Vor allem die Begriffe Opfer, Genugtuung und Sühne unterlagen der Kritik, weil sie mit einem tieferen Verständnis des Menschen, seiner Würde und seiner unvertretbaren Einmaligkeit nicht vereinbar schienen.[20]

Wichtiger als diese materialen und kategorialen Konsequenzen war jedoch der fundamentale Neuansatz der Christologie, wie er in bis heute nachwirkender Weise von Friedrich Schleiermacher und in seinem Gefolge von den Vertretern der liberalen Theologie, besonders Albert Ritschl und Wilhelm Herrmann, unternommen wurde. Es ist in diesem Zusammenhang weder möglich noch nötig, auf die komplizierten theologiegeschichtlichen Einzelheiten einzugehen. Das für unseren Zusammenhang Wesentliche hat Hans Joachim Iwand als »Mißbrauch des pro me als methodisches Prinzip«, das heißt als die Auflösung der Christologie in Bedeutungsaussagen, herausgestellt.[21] Hand in Hand damit ging die Verketzerung der Metaphysik; die Ablehnung der natürlichen Theologie wurde zu einer neuen, im 16. Jahrhundert noch unbekannten Kontroverslehre.[22] Die streng christologisch begründete und zentrierte Theologie, wie sie in unserem Jahrhundert dann vor allem Karl Barth vornahm, wurde schon in der liberalen Theologie grundgelegt. Im sogenannten ›Modernismus‹ (bzw. in dem, was man darunter verstanden hat) finden sich ähnliche Tendenzen. Das Dogma wurde pragmatisch verstanden, das heißt als

---

[20] Leider ist das Handbuch der Dogmengeschichte, Bd. 3, Fasz. 2 c: Soteriologie. Von der Reformation bis zur Gegenwart, Freiburg – Basel – Wien 1972, unter diesem Gesichtspunkt völlig unzureichend. Hilfreich dagegen trotz der bekannten Hegelschen Konstruktion ist noch immer F. C. Baur, Lehrbuch der christlichen Dogmengeschichte, Leipzig 1867 (Neudruck Darmstadt 1974); A. Ritschl, Die christliche Lehre von der Versöhnung, Bd. 1, Bonn 1903, 314 ff. 347 ff. 429 ff. 484 ff.

[21] H. J. Iwand, Wider den Mißbrauch des pro me als methodisches Prinzip in der Theologie, in: ThLZ 79 (1954) 433–458.

[22] Vgl. H. J. Birkner, Natürliche Theologie und Offenbarungstheologie. Ein theologie-geschichtlicher Überblick, in: NZSTh 3 (1961) 279–295.

Symbol, dessen Funktion es ist, Anweisung für das rechte religiöse Verhalten und für das gläubige Tun zu geben[23]. Nach dem Zusammenbruch des diesen Ansätzen zugrundeliegenden transzendentalen und idealistischen Denkens wurde dieselbe Problematik – wie bereits gezeigt – in der existentialen Theologie in der Mitte des 20. Jahrhunderts unter anderen philosophischen Vorzeichen wieder lebendig.

Scharfsinnige Kritiker der modernen Theologie, nicht nur Theologen, sondern nicht zuletzt auch deren erklärte Kritiker, wiesen oft mehr oder weniger schadenfroh darauf hin, dass diese Ansätze, werden sie konsequent zu Ende gedacht, notwendig zu atheistischen Konsequenzen führen.[24] Denn theologische Aussagen, die nicht im Sein begründet sind und in Bedeutsamkeit aufgehen, verfallen letztlich dem religionskritischen Projektionsverdacht, wie er vor allem von Ludwig Feuerbach und in dessen Weiterführung von Karl Marx, Friedrich Nietzsche, Sigmund Freud und anderen formuliert worden ist.[25] Eine anthropologisch reduzierte, in Bedeutsamkeit aufgelöste Theologie hebt sich damit letztlich selber auf.

Das Problem geht freilich noch tiefer, wie vor allem Georg Wilhelm Friedrich Hegel gezeigt hat. In dem Maße, in dem das Subjekt die Welt nur noch funktional betrachtet, entmythologisiert und entsakralisiert, macht es diese flach und banal, sich selber aber inhaltsleer und hohl. Von beiden Seiten tut sich ein sinnloses Nichts auf.[26] So steht am Ende der neuzeitlichen Entwicklung der Nihilismus. Nietzsche scheint gegenwärtig in der Tat aktueller als Marx. Das Lebens-

---

23 Vgl. K. Rahner/K. Lehmann, Kerygma und Dogma, in: MySal 1, 657–660; G. Soll, Dogma und Dogmenentwicklung, in: HDG 1/5, 40–44.

24 Vgl. H. Albert, Traktat über kritische Vernunft, Tübingen ²1969, 111.119.121.

25 Vgl. L. Feuerbach, Das Wesen des Christentums (ed. W. Schuffenhauer), Bd. 1, Berlin 1956, 104: »Die Inkarnation ist nichts andres als die tatsächliche, sinnliche Erscheinung von der menschlichen Natur Gottes. Seinetwegen ist Gott nicht Mensch geworden; die Not, das Bedürfnis des Menschen … war der Grund der Inkarnation … Allein der menschgewordene Gott ist nur die Erscheinung des gottgewordenen Menschen; denn der Herablassung Gottes zum Menschen geht notwendig die Erhebung des Menschen zu Gott vorher.«

26 Vgl. G. W. F. Hegel, Glauben und Wissen, in: WW I (ed. Glockner), 281 f. u. ö. Ähnliche Analysen finden sich bei J. Paul, F. H. Jacobi, Novalis, J. G. Fichte, F. W. J. Schelling, der freilich in Hegels Philosophie selbst diesen Nihilismus witterte (WW X, 151 ff.). Nietzsche hätte dann, wie Heidegger interpretiert, die Neuzeit pünktlich zu Ende gedacht.

gefühl der ausgehenden Neuzeit entspricht in vielem der Gnosis in der ausgehenden Antike. Aus dem Gefühl der Entfremdung, des Verloren- und Geworfenseins setzte man den Gott »Mensch« ein.[27] Die Auseinandersetzungen von damals, in denen sich die klassische Christologie herausbildete, scheinen sich heute auf einer anderen Ebene zu wiederholen.

3. Späte Rezeption in der katholischen Theologie

Auf dem angedeuteten Hintergrund ist es leicht verständlich, dass sich die katholische Theologie mit wenigen Ausnahmen lange Zeit gegen eine Rezeption des neuzeitlichen Denkens in der Theologie sperrte und die neuzeitliche Anthropozentrik als Abfall von der christlichen Theozentrik überaus kritisch beurteilte und ablehnte.[28] Freilich war die Neuscholastik in ihrer restaurativen Mentalität unfähig, die positiven Intentionen der Neuzeit schöpferisch aufzugreifen. Einzelne weitsichtigere Theologen und Schulen – ich erinnere hier nur an die Tübinger katholische Theologie des 19. Jahrhunderts – konnten sich zunächst nicht durchsetzen.

Im 20. Jahrhundert machte nach den wichtigen Vorarbeiten von Maurice Blondel und Joseph Maréchal vor allem Karl Rahner einen Neuansatz. Für Rahner wie für Maréchal sind – wie übrigens auch für Kant – Transzendentalphilosophie und Metaphysik kein Gegensatz; vielmehr soll der transzendentale Ansatz gerade zu einer Neubegründung der Metaphysik führen.[29] Wenn also Rahner darum die Christologie als sich selbst überbietende Anthropologie, die Anthro-

---

27 Vgl. die Interpretation von H. Jonas, Gnosis und spätantiker Geist, Bd. 1, Göttingen 1964, 94 ff. (zum Thema Angst und Geworfensein), 221 ff.238 ff. (zum revolutionären Charakter der Gnosis); H. M. Schenke, Der Gott »Mensch« in der Gnosis, Göttingen 1962.

28 Vgl. zur Rezeptionsgeschichte und zu den verschiedenen Modellen der Rezeption W. Kasper, Autonomie und Theonomie. Zur Ortsbestimmung des Christentums in der modernen Welt, in: ders., Theologie und Kirche, Mainz 1987, 149–175, hier: 165–175. Zum Verhältnis von Christentum und Aufklärung vgl. M. Seckler, Aufklärung und Offenbarung, in: F. Böckle (Hg.), Christlicher Glaube in moderner Gesellschaft, Bd. 21, Freiburg – Basel – Wien 1980, 5–78.

29 Vgl. K. Rahner, Geist in Welt. Zur Metaphysik der endlichen Erkenntnis bei Thomas von Aquin, München ²1957.

pologie aber als defiziente Christologie definiert,[30] dann will er damit alles andere, als die Christologie in Anthropologie auflösen und auf Bedeutsamkeit reduzieren. Ohne auf die Position von Rahner und auf deren Kritik hier im Einzelnen eingehen zu können, soll doch wenigstens stichwortartig auf vier Gesichtspunkte hingewiesen werden, die eine anthropologisch gewendete Theologie prinzipiell für sich in Anspruch nehmen kann:

1. Der neuzeitliche Denkansatz kann nicht allein und auch nicht primär als Abfall von der Theozentrik des christlichen Glaubens beurteilt werden. Im Gegenteil, das Christentum hat durch den Schöpfungsglauben und mit der Betonung der unbedingten Würde jedes Menschen Wesentliches zur Freisetzung des Menschen aus den kosmologischen Zusammenhängen beigetragen. Auch wenn sich die These der »Theologie der Säkularisierung« (vor allem Friedrich Gogarten und Johann Baptist Metz), wonach die neuzeitliche Denkform im Grunde ein christliches Ereignis, sozusagen die weltliche Durchführung des christlichen Glaubens, darstellt, weder historisch noch was die konkrete Erfahrung angeht, bewährt hat, so enthält sie doch zumindest insofern ein erhebliches Korn Wahrheit, als die Neuzeit auch in ihrer Kritik am Christentum dessen Anliegen verhaftet bleibt.[31]

---

30 K. Rahner, Zur Theologie der Menschwerdung, in: Schriften zur Theologie, Bd. 4, Einsiedeln – Zürich – Köln 1960, 137–155, bes. 150 f.; ders., Grundkurs des Glaubens, Freiburg – Basel – Wien 1976, 222–225; H. Fries, Theologie als Anthropologie, in: K. Rahner/ders., Theologie in Freiheit und Verantwortung, München 1981, 30–69.

31 Zur Kritik an der Säkularisierungsthese bes. H. Blumenberg, Säkularisierung als Selbstbehauptung, Frankfurt a.M. 1974, wo die Neuzeit als humane Selbstbehauptung gegen die – nominalistisch verstandene – Theonomie interpretiert wird. Dazu kritisch W. Pannenberg, Die christliche Legitimität der Neuzeit, in: ders., Gottesgedanke und menschliche Freiheit, Göttingen 1972, 114–128. Trotz der in manchem berechtigten Kritik Pannenbergs ist Blumenberg jedoch insofern Recht zu geben, als jede monokausale Ableitung der Neuzeit aus dem Christentum abstrakt bleibt. Sie kann weder die Tatsache, dass sich die neuzeitliche Freiheitsbewegung konkret gegen die Kirchen wandte und weithin gegen sie durchsetzen musste, noch die Tatsache, dass sich alle großen Kirchen ihr gegenüber lange Zeit negativ und polemisch verhielten, nur als gegenseitiges Missverständnis interpretieren. Freilich war die neuzeitliche Freiheitsgeschichte gerade in der Antithese nochmals durch das Christentum vermittelt. Deshalb war es eine Tragik, dass sich die befreienden Impulse des Christentums oft gegen die etablierte Christenheit durchsetzen mussten.

2. Die Theologie kann sich ihre Zeit nicht aussuchen; sie hat die christliche Botschaft den Menschen ihrer Zeit zu vermitteln und ihnen Rechenschaft zu geben von der christlichen Hoffnung (*1 Petr 3,15*). Eine prinzipiell zeitlose theologia perennis nützt niemandem und keiner Zeit. Dies verpflichtet die Theologie heute zu einer kritischen und schöpferischen Rezeption des neuzeitlichen Denkens.

3. Die heilsgeschichtliche Offenbarung setzt sich den Menschen als »Hörer des Wortes« voraus. Es gibt nie den Glauben an sich; es gibt ihn nur als Glauben, der von Menschen gehört, verstanden, bejaht und bezeugt wird. So ist der Mensch als Mensch der Ort und das Subjekt des Glaubens, das in jeder Glaubensaussage mitreflektiert werden muss.[32]

4. Der *Mensch*, so wie er heilsgeschichtlich konkret existiert, ist je schon in Christus und auf ihn hin geschaffen (*1 Kor 8,6; Kol 1,16f.*). Dieses – wie Rahner es nennt – übernatürliche Existential bewirkt, dass die christliche Botschaft den Menschen nicht nur als ein Fremdes von außen trifft, sondern zugleich die Erwartung und die Interpretation des Innersten und Tiefsten des Menschen ist. Auf diesem Hintergrund ist es zu verstehen, wenn Rahner in seiner späteren Phase die Christologie als Korrelat der Hoffnung des Menschen entfaltet.[33]

Solche und ähnliche Argumente führten dazu, dass die Grundintentionen einer anthropologisch vermittelten Christologie von jüngeren lehramtlichen Dokumenten positiv aufgegriffen worden sind. Von besonderer Bedeutung sind die Aussagen in der Pastoralkonstitution *Gaudium et spes* und in der Enzyklika *Redemptor hominis*. Beide Dokumente sprechen im Vergleich mit früheren lehramtlichen Aussagen – man denke nur an die Enzyklika *Mirari vos* von Gregor XVI. und an den Syllabus von Pius IX. und Pius X. – eine neue Sprache und stellen für das Heutigwerden von Verkündigung und Theologie einen beachtlichen Fortschritt dar. Mehr oder weniger bleibt es freilich bei einem unvermittelten Nebeneinander der neuen Akzente und der traditionellen, ontologisch bestimmten Christologie. Eine solche Vermittlung ist auch nicht die Sache des Lehramts, sondern die der Theo-

---

32 Vgl. K. Rahner, Art. Transzendentaltheologie, in: SM IV, 986–992.

33 Vgl. K. Rahner/W. Thüsing, Christologie – systematisch und exegetisch (QD 55), Freiburg – Basel – Wien 1972, 22f.

logie, die mit dieser Aufgabe einer kritischen Vermittlung eben erst begonnen hat.

4. Kritische Weiterführung

1. Eine kritische Weiterführung des anthropologischen Ansatzes in der Theologie, insbesondere in der Christologie, muss *philosophisch* von der Weiterführung ausgehen, die der transzendentale Ansatz in der nachidealistischen Philosophie gefunden hat. Die Grunderfahrung beim Zusammenbruch der idealistischen Systeme war die Erfahrung der Endlichkeit und der Kontingenz des Menschen. Aufgrund seiner Endlichkeit kann der Mensch die Faktizität seiner Transzendentalität nicht nochmals ableiten; er erfährt sich vielmehr in vielfacher Weise konditioniert. Die Größe des Menschen besteht aber – mit Blaise Pascal gesprochen – darin, dass er dieses sein Elend als solches erkennen kann.[34] Man muss also von der inneren Verschränktheit von Transzendentalität und Faktizität ausgehen. Man kann ein solches Denken, das von der gegenseitigen Wechselbeziehung von Subjekt und Objekt ausgeht, in dem das Subjekt die Welt gestaltet und umgekehrt von der Welt, von Natur und Kultur geprägt wird, als geschichtlich bezeichnen.[35]

Dies heißt für unseren Zusammenhang konkret: Es gibt nicht »den« Menschen; es gibt den Menschen nur in sehr vielfältigen geschichtlichen Ausprägungen. Das Grundprinzip der Anthropologie lautet deshalb nach Wilhelm Dilthey: »Was der Mensch sei, sagt uns nur die Geschichte.«[36] Deshalb kann die Anthropologie weder von den Ergebnissen der Ethnologie noch von den sozio-ökonomischen Bedingungen des heutigen Menschen absehen.

2. Die innere Verschränkung von Transzendentalität und Geschichte bedeutet theologisch, dass wir bei der Geschichte Gottes mit den

---

34 B. Pascal, Pensées, Frgm. 397: »Die Größe des Menschen ist groß, weil er sich als elend erkennt. Ein Baum weiß nichts von seinem Elend. Also: elend ist nur, wer sich als elend kennt; aber nur das ist Größe, zu wissen, dass man elend ist.«

35 Vgl. W. Schulz, Philosophie in einer veränderten Welt, Pfullingen 1972, 602–609 u. ö.

36 W. Dilthey, Die drei Grundformen der Systeme in der ersten Hälfte des 19. Jahrhunderts, in: Gesammelte Schriften IV, 529.

Menschen, konkret: mit dem Menschen, wie er in Jesus Christus erschienen ist, einsetzen müssen, um uns von dieser konkreten Verwirklichung des Menschseins her sagen zu lassen, was die »Bestimmung des Menschen« (Johann Gottlieb Fichte) ist. Zugespitzt formuliert: Eine theologische Anthropologie muss theologisch und nicht anthropologisch einsetzen. In diesem Punkt liegt das legitime Anliegen der Verhältnisbestimmung von Christologie und Anthropologie, wie sie Barth gegeben hat. Seine Grundthese lautet, dass wir Adam von Christus her und nicht umgekehrt Christus von Adam her zu verstehen haben.[37] Dieser christologische Ausgangspunkt – und das ist kritisch zu der christologischen Engführung Barths zu sagen[38] – setzt freilich voraus, dass der Mensch als Geschöpf »Hörer des Wortes« ist, dass er also als Mensch grundsätzlich dafür offen ist, seine eschatologisch endgültige Bestimmung von Jesus Christus her zu erhalten. Die katholische Tradition hat diese passive Fähigkeit als potentia oboedientialis bezeichnet. Sie hat die wechselseitige Voraussetzung mit Hilfe des klassischen Axioms zum Ausdruck gebracht: »gratia supponit naturam et perficit eam«[39]. Das heißt: Die Christologie setzt die Anthropologie voraus und überbietet und vollendet sie.

Dieses Wechselverhältnis von Christologie und Anthropologie ist auch das Thema von *Röm 5,12–21*.[40] Paulus übernimmt hier ein vor-

---

[37] Vgl. K. Barth, Christus und Adam. Ein Beitrag zur Frage nach dem Menschen und der Menschheit, Zürich ²1952, 79.

[38] H. U. von Balthasar, Karl Barth. Darstellung und Deutung seiner Theologie, Köln ²1962, 263 ff. Zur Anthropologie Barths: K. Stock, Anthropologie der Verheißung. Karl Barths Lehre vom Menschen als dogmatisches Problem, München 1980, wo das Scheitern einer christologisch konzipierten Anthropologie im Sinne Barths aufgezeigt wird.

[39] Zur Geschichte dieses Axioms vgl. J. Beumer, Gratia supponit naturam. Zur Geschichte eines theologischen Prinzips, in: Gr 20 (1939) 381–406.535–552; B. Stoeckle, Gratia supponit naturam. Geschichte und Analyse eines theologischen Axioms, Rom 1962. Zur sachlichen Bedeutung vgl. E. Przywara, Der Grundansatz »Gratia non destruit, sed supponit et perficit naturam«. Eine ideengeschichtliche Interpretation, in: Schol 17 (1942) 178–186; J. Alfaro, Art. Gratia supponit naturam, in: LThK² 4, 1169–1171; J. Ratzinger, Gratia praesupponit naturam, in: ders., Dogma und Verkündigung, München – Freiburg 1973, 161–181; M. Figura, Der Anruf der Gnade. Über die Beziehung des Menschen zu Gott nach Henri de Lubac (SlgHor NF 13), Einsiedeln 1979.

[40] Grundlegend für die Interpretation der Adam-Christus-Typologie ist noch immer die Kontroverse zwischen K. Barth und R. Bultmann. Vgl. Barth, Christus

gegebenes Schema, das sich sowohl in der heidnischen Mythologie wie in der jüdischen Apokalyptik findet: die gegenseitige Entsprechung der πρῶτα und der ἔσχατα. Jesus Christus ist das große Ja Gottes *(2 Kor 1,20)*; in ihm hat Gott den Menschen – jeden Menschen – angenommen. Das Anakoluth, mit dem der Abschnitt beginnt, zeigt jedoch, dass Paulus dieses Entsprechungsverhältnis durchbricht.[41] Dies geschieht dadurch, dass nach Paulus in Vers 13f. das Gesetz dazwischenkommt *(Gal 3,19)*, das den Menschen als Sünder überführt und das durch den Aufweis dieses Bruchs jede geradlinige Kontinuität zwischen Adam und Christus ausschließt. Deshalb stellt Paulus sowohl den Unterschied zwischen Adam und Christus (Vers 15: ἀλλ' οὐχ ὡς, Vers 16: καὶ οὐχ ὡς) wie die Unvergleichbarkeit und das Überbietende der Christusseite gegenüber der Adamsseite (vgl. das zweimalige πολλῷ μᾶλλον in Vers 15 und Vers 17 wie das zweimalige περισσεία bzw. ὑπερπερίσσευσεν in Vers 17 und Vers 20) heraus. Ähnlich wird in *1 Kor 15,45–47* in der Entsprechung von erstem Adam und letztem Adam zugleich deren Unvergleichlichkeit herausgestellt (ψυχικός – πνευματικός, χοϊκός – ἐπουράνιος). Diese antithetische Entsprechung ist jedoch nur aufgrund einer strukturellen Entsprechung möglich (*Röm 5,12.19.21:* ὥςπερ – καὶ οὕτως; Vers 18: ὡς – οὕτως). Die Adamsseite wird zwar überboten, ist aber selbst nochmals der Erkenntnisgrund für diese Überbietung. Indem Paulus Adam von Jesus Christus her versteht, macht er zugleich an Adam die Bedeutung Jesu Christi klar.[42]

Aus der Exegese von *Röm 5,12–21* ergibt sich eine dreifache Relation von Christologie und Anthropologie, die man in Anlehnung an die klassische Analogielehre als via positionis, via negationis und via eminentiae bezeichnen kann.[43]

---

und Adam nach Röm 5 (wie Anm. 37), Zürich ²1952; R. Bultmann, Adam und Christus nach Römer 5, in: ZNW 50 (1959) 145–165 (abgedruckt in: Der alte und der neue Mensch in der Theologie des Paulus, Darmstadt 1964, 41–66). Neuere Literatur (außer den einschlägigen Kommentaren) u.a.: E. Brandenburger, Adam und Christus. Exegetisch-religionsgeschichtliche Untersuchung zu Röm 5,12–21 (1 Kor 15) (WMANT 7), Neukirchen 1962; E. Jüngel, Das Gesetz zwischen Adam und Christus, in: ders., Unterwegs zur Sache, München 1972, 145–172.

41 Vgl. G. Bornkamm, Paulinische Anakoluthe im Römerbrief, in: ders., Das Ende des Gesetzes. Gesammelte Aufsätze, Bd. 1, München 1963, 80–90.

42 Vgl. Jüngel, Das Gesetz zwischen Adam und Christus (wie Anm. 40), 167f.

43 Anders U. Wilckens, Der Brief an die Römer (EKK VI/1), Zürich – Neukirchen

3. Als Ergebnis können wir festhalten:

a. Die Christologie setzt eine Anthropologie voraus. Genauer: Sie setzt den Menschen als freies, zum Hören und zur Antwort fähiges Subjekt voraus. Sie will nicht anders überzeugen als kraft der Wahrheit, die den Menschen im Gewissen bindet und berührt. Die christologische Bestimmung ist also keine Fremdbestimmung, die Theonomie keine Heteronomie. Vielmehr kann und muss die Theologie die recht verstandene Autonomie des Menschen und der Welt[44] anerkennen und damit für die Freiheit des Menschen und deren historische wie sachliche Wurzel, für die Religionsfreiheit, eintreten.[45] Der christliche Glaube erweist sich also als Schutz der Transzendenz der menschlichen Person.[46]

b. Die Christologie setzt den Menschen als ein offenes und als ein steigerungsfähiges Wesen voraus. Genauer: Sie setzt den Menschen als ein mit Freiheit begabtes Wesen voraus, zu dem das unableitbar Neue wesentlich hinzugehört. Damit ist sie nicht die Ideologie des Bestehenden und die fromme phraseologische Überhöhung des schon Bekannten, sondern die unableitbare und überbietende Erfüllung der Hoffnung des Menschen. In ihr erhält die unbestimmte Offenheit des Menschen ihre unableitbare konkrete Bestimmung.[47] Das will besagen: Der Mensch ist zwar das Subjekt des Glaubens, aber er ist weder dessen Material- noch dessen Formalobjekt. Der Glaube öffnet vielmehr den Menschen für Gott, der für die unendliche Offenheit des Menschen die einzig mögliche Bestimmung und Erfüllung ist (Materialobjekt), und er lichtet den Horizont des Menschen zugleich so auf (lumen fidei), dass er Gott als Gott erkennen und anerkennen kann (Formalobjekt) und ihn nicht aufgrund der Endlichkeit seines Erkenntnisvermögens zu einem endlichen Götzen (εἴδωλον) depotenziert, der nur die ideologische Funktion hat, menschliche Bedürfnisse zu befriedigen. Im Glauben geht es also darum, dass der Mensch eben

---

1978, 335 ff., der Paulus im Sinn der dialektischen Aufhebung Hegels und nicht der Analogie interpretiert.

44 GS 36; 41; 56.

45 DH 1; 10 f.

46 GS 76.

47 Diese Determinationsdialektik hat J. E. Kuhn, Katholische Dogmatik, Bd. 1, Tübingen ²1859, 228 ff. entwickelt. Vgl. dazu Kasper, Jesus der Christus (wie Anm. 11), 93.365 ff.

darin seine Erfüllung findet, dass er Gott als Gott anerkennt. In diesem Sinn ist der eine und einzige, weil alles andere umfassende Gegenstand der Theologie Gott als das Heil des Menschen.[48]

3. *Die christologische Bestimmung und Vollendung des Menschen ist zugleich die Krisis der Selbstbestimmung, die sich der Mensch als Sünder selbst gegeben hat.* Die christliche Botschaft von der Gnade ist darum unablösbar von der Botschaft vom Gericht, das Evangelium nicht vom Gesetz zu trennen. Das Kreuz, das die sündige Natur bricht, ist aber nicht die Kreuzigung des Menschen. Der Exodus und die Metanoia brechen vielmehr die Sünde auf, in der sich der Mensch in sich selbst verkrümmt hat (Sünde als incurvatio hominis), sie legen die ursprüngliche Ekstasis des Menschen wieder frei und bringen sie zur Erfüllung. Der Nachvollzug des Pascha Domini ist darum der Weg zur Vollendung des Menschen.[49]

III. Das Verhältnis von Christologie und Anthropologie als inhaltliches Problem

Die inhaltliche Entfaltung und Konkretisierung der christologischen Bestimmung des Menschen ist an sich unter verschiedensten Gesichtspunkten möglich. Die Einteilung nach den drei Ämtern Christi: Prophetenamt – Priesteramt – Hirtenamt, die wir im Folgenden wählen, ist an sich nur eine mögliche Systematisierung der vielfältigen biblischen Christustitel. Obwohl sich dieses Schema in der älteren Tradition nur sporadisch findet und als Systematisierungsprinzip zunächst in der reformatorischen Theologie aufgekommen ist, hat es sich inzwischen jedoch in der katholischen Theologie allgemein durchgesetzt; durch das Vaticanum II ist es lehramtlich bestätigt worden.[50]

---

[48] Diese »dialektische« Formel dürfte dem Konzept des Thomas v. Aquin am besten entsprechen. Einerseits ist für ihn Gott Material- und Formalobjekt des Glaubens und der Theologie (S.th. I q. 1 a. 7; II/II q. 1 a. 1), andererseits ist der Glaube Antizipation der visio beata (Sth. II/II q. 2 a. 3; q. 4 a. 1). Deshalb sind nach Thomas in der Glaubensaussage, dass Gott das Heil des Menschen ist und will, implizit alle anderen Glaubenswahrheiten enthalten (S.th. II/II q. 2 a. 5).

[49] Vgl. Ratzinger, Gratia praesupponit naturam (wie Anm. 39), 148 f.

[50] Vgl. J. Alfaro, Die Heilsfunktionen Christi als Offenbarer, Herr und Priester, in: MySal 3/1, 677–781.

Gegenüber der traditionellen Dogmatik hat diese Dreiteilung insofern einen kritisch-weiterführenden Charakter, als dort die Heilsbedeutung Jesu Christi fast ausschließlich unter dem Gesichtspunkt des priesterlichen Amtes Jesu Christi entfaltet worden ist. In dieser Verengung konnte die soteriologische und anthropologische Bedeutung der Christologie jedoch nicht voll zur Geltung kommen.

1. Das prophetische Amt Jesu Christi

Es ist in diesem Zusammenhang nicht möglich, eine ausführliche biblische und theologische Begründung für das prophetische Amt Jesu Christi zu geben und aufzuzeigen, wie einerseits die neutestamentliche Propheten-Christologie bruchlos zur Sohnes-Christologie hinführt[51] und wie andererseits die entfaltete Zwei-Naturen-Christologie in der Lehre vom menschlichen Wissen und Bewusstsein Jesu Christi eine Offenbarungs-Christologie impliziert.[52] Wir müssen uns auf die soteriologische beziehungsweise anthropologische Bedeutung dieser Lehre konzentrieren.

Was dieses Prophetenamt Jesu Christi anthropologisch bedeutet, wird klar, wenn man bedenkt, dass *die Frage nach der Wahrheit* eine Urfrage des Menschen ist und dass das Licht zu den Ursymbolen der Menschheit gehört. Wahrheit und Licht sind ja nicht etwas Zusätzliches, das zur Wirklichkeit des Menschen hinzukommt; sie sind das Medium, in dem menschliches Leben erst möglich ist. Nur wo Licht und wo die Dinge in ihrer Unverborgenheit (= ἀ – λήθεια) erscheinen, kann sich der Mensch in der Welt orientieren und zurechtfinden. Das Licht ist deshalb Symbol des Heils, Finsternis dagegen ist Symbol des Unheils und der Verlorenheit.[53] Irrtum, Verfinsterung und Verblendung sind deshalb Folgen der Sünde und Zeichen der Unheilssituation des Menschen.[54] Wenn darum Jesus Christus in der Schrift,

---

[51] Vgl. F. Mußner, Ursprünge und Entfaltung der neutestamentlichen Sohneschristologie. Versuch einer Rekonstruktion, in: L. Scheffczyk (Hg.), Grundfragen der Christologie heute (QD 72), Freiburg i. Br. 1975, 97–104.

[52] Vgl. dazu J. Alfaro, Christo glorioso, rivelatore del Padre, in: ders., Cristologia e antropologia, Assisi 1972, 156–204.

[53] Vgl. J. Ratzinger, Art. Licht, in: HThG II, 44–54.

[54] Vgl. Thomas v. Aquin, S.th. I/II q. 85 a. 3.

in der Liturgie und in der Theologie als das Licht verkündet wird, dann steht dahinter der Anspruch, dass er unter den vielen Irrlichtern und Blendwerken in der Welt dem Menschen die Wahrheit über sich selbst und über seine Welt erschlossen hat.

Das Vaticanum II bringt diesen Aspekt deutlich zum Ausdruck: »Tatsächlich klärt sich nur im Gleichnis des fleischgewordenen Wortes das Geheimnis des Menschen wahrhaftig auf ... Christus, der neue Adam, macht eben in der Offenbarung des Vaters und seiner Liebe dem Menschen den Menschen selbst voll kund und erschließt ihm seine höchste Berufung ... Durch Christus und in Christus also wird das Rätsel von Schmerz und Tod hell, das außerhalb seines Evangeliums uns überwältigt.«[55] Papst Johannes Paul II. hat im Sinn dieser konziliaren Aussage immer wieder betont, Christus sei der »Schlüssel zum Verständnis jener großen und grundlegenden Wirklichkeit, die der Mensch ist. Man kann nämlich den Menschen letztlich nicht ohne Christus begreifen. Oder besser: Der Mensch kann sich selbst nicht im letzten ohne Christus verstehen. Er kann weder begreifen, wer er ist, noch worin seine wahre Würde besteht, noch welches seine Berufung und was seine endgültige Bestimmung ist. Ohne Christus bleibt ihm das alles unverständlich.«[56]

Diese Aussagen lassen sich in dreifacher Weise konkretisieren:

1. Jesus Christus ist die Wahrheit über den Menschen im Sinn der ›via positionis‹. In ihm kommt die Wahrheit und das Licht, das von Anfang an in der Welt leuchtet, aber niedergehalten wurde, wieder zum Leuchten (*Joh 1,5–9*). Er erschließt dem Menschen neu seine Geschöpflichkeit und deutet damit sein Dasein als verdankte Existenz, die ihren Sinn nicht durch eigene Leistung, sondern im Danken findet. Er offenbart und deutet dem Menschen das Geheimnis seiner Wirklichkeit, das ihm an sich auch durch seine Vernunft zugänglich wäre (natürliche Gotteserkenntnis; natürliches Sittengesetz).[57] Das Evangelium von Jesus Christus deutet die »Zeichen der Zeit«[58] – es ist prophetische Wirklichkeitsinterpretation.

---

[55] GS 22.

[56] Johannes Paul II., Predigt auf dem Siegesplatz in Warschau am 2.6.1979, in: Sekretariat der Deutschen Bischofskonferenz (Hg.), Predigten und Ansprachen von Papst Johannes Paul II. bei seiner Pilgerfahrt durch Polen, Bonn 1979, 14.

[57] Vgl. DH 3004 f.

[58] Vgl. GS 3 f.; 10 f.; 22; 40; 42 f.; 44; 62.

2. ›Via negationis‹: Als die ursprüngliche Wahrheit deckt das Evangelium von Jesus Christus zugleich die Lüge des Menschen auf, die darin besteht, dass der Mensch seine Wahrheit nicht in Gott finden will und so im Widerspruch mit sich selbst existiert. Hier kommt dem Evangelium in Aktualisierung der prophetischen Götzenkritik eine ideologiekritische Funktion zu, die auch eine gesellschaftskritische Dimension hat.

3. Zur via positionis und zur via negationis kommt die ›via eminentiae‹. Sie kommt vor allem in den Reich-Gottes-Gleichnissen Jesu zum Ausdruck. Indem Jesus in ihnen die Welt wieder als Gleichnis Gottes verstehen lehrt, nimmt er zugleich eine schöpferische Neubeschreibung der Welt vor.[59] Nicht selten enthalten die Gleichnisse ja ganz unerwartete und unwahrscheinliche Züge, die alles in einem ganz neuen Licht sehen lassen: im Licht der bedingungslos vergebenden Liebe Gottes und der Hoffnung auf das Kommen des Reiches Gottes. Damit wird dem Menschen ein neuer Horizont eröffnet und eine neue Sichtweise ermöglicht, welche die theologische Tradition als lumen fidei im Unterschied zum lumen naturale bezeichnet hat. Wir werden zum Schluss und als Zusammenfassung zu fragen haben, worin diese neue christliche Gesamtperspektive inhaltlich zu suchen ist.

2. Das priesterliche Amt Jesu Christi

Auch die Lehre vom priesterlichen Amt Jesu Christi ist hier nicht im Einzelnen zu entfalten. Wir setzen darum die zentrale und fundamentale Bedeutung des Stellvertretungsgedankens (ὑπέρ-Formeln), der schon in der marcinisch-matthäischen Fassung der Abendmahlstradition *(Mk 14,24; Mt 26,28)* mit dem Opfergedanken verbunden ist, voraus. Dasselbe gilt von der biblischen Begründung und Interpretation der Opfer-, Sühne- und Hohepriestertheologie wie deren Entfaltung in der Tradition und deren Ausprägung in den verschiedenen Erlösungstheorien. Wir beschränken uns auf deren anthropologische Bedeutung.

Positiver Ausgangspunkt für ein anthropologisches Verständnis

---

[59] Vgl. das Verständnis von Gleichnis und Metapher bei P. Ricoeur, Stellung und Funktion der Metapher in der biblischen Sprache, in: EvTh.S (1974) 45–70.

des priesterlichen Amtes Jesu Christi kann der Begriff ›Leben‹ und der Zusammenhang von Leben und Liebe sein. Wie Licht ist auch Leben ein Urwort. »Kaum ein Begriff, mit dem sich von jeher philosophisches Denken beschäftigt hat, ist so vieldeutig wie der des Lebens. Kaum ein Begriff entzieht sich so sehr dem Versuch, seinen Gebrauch ohne Sinnverlust definitorisch zu regeln.« Denn wie das Licht ist auch das Leben kein Gegenstand neben anderen, sondern »das Wie, das alle Lebewesen als solche charakterisiert«. Lebendigkeit ist Geschehen, Selbstbewegung, Selbstvollzug und ist deshalb gegenständlicher Beobachtung nicht zugänglich. »Die Erfahrung des Lebens bedeutet die Erfahrung eines Gegenständlichen, von dem das Subjekt sich selbst nicht abzuheben vermag ... Eine der Grundbestimmungen in der Bedeutung des philosophischen Lebensbegriffs besteht somit in der in ihm liegenden Identifizierung des Denkens mit Anderem, nicht Denkendem. Der Lebensbegriff steht von daher der Dichotomie Denken-Materie entgegen.«[60] Leben ist darum immer mehr als das rein Biologische. Leben schließt den Menschen und seine Frage nach dem Leben, nach dem eigentlichen, erfüllten und wahren Leben ein. Das Leben selbst weist die Richtung für die Antwort. Denn alles, was ist, ist nur ein Übergang in ein anderes. Das Lebendige muss aus sich herausgehen, um sich zu erhalten. »Wenn das Weizenkorn nicht in die Erde fällt und stirbt, bleibt es allein; wenn es aber stirbt, bringt es reiche Frucht« *(Joh 12,24)*. Deshalb gilt: »Wer sein Leben retten will, wird es verlieren; wer aber sein Leben ... verliert, wird es retten« *(Mk 8,35)*. Leben und Liebe gehören also zusammen; Leben erfüllt seinen Sinn in sich selbst aufopfernder Liebe. Wo demgegenüber der Anspruch auf Glück und Selbstverwirklichung des Menschen zur Verweigerung solcher sich selbst hingebender und aufopfernder Liebe führt, hat dies nicht nur empfindliche Verkürzungen im Bereich des Menschlichen, sondern vor allem auch des Christlichen zur Folge.

Diesen Sinn des Lebens hat Jesus Christus durch seine sich selbst aufopfernde Lebenshingabe »für die vielen« nicht nur neu erschlossen, sondern auch neu ermöglicht. Er hat zugleich den Zusammenhang von Leben und Liebe dahingehend konkretisiert, dass Leben sich letztlich nur in der Selbstüberschreitung auf Gott hin vollendet und in der Lebens- und Liebesgemeinschaft mit Gott verwirklicht. In diesem

---

[60] J. Simon, Art. Leben, in: HThG II, 844.

Sinn hat Thomas von Aquin die heute so schwer verständlichen Verkündigungsworte »Genugtuung« und »Opfer« von der größeren Liebe Gottes her interpretiert.[61] Das Opfer ist also nicht nur ein ritueller Vollzug; dieser ist nur programmatischer Ausdruck der Selbsthingabe an Gott, um dadurch Gemeinschaft mit ihm zu erlangen. Die äußere Opfergabe ist somit Symbol der inneren Opfergesinnung, die besagt, dass der Opfernde aus dem Bereich der Sünde heraustritt, um Gott als das wahre Leben anzuerkennen, sich mit ihm zu versöhnen und Gemeinschaft mit ihm zu haben. Das Opfer ist also ein Realsymbol von Lob, Anerkennung, Dank und Bitte an Gott.[62] Hegel hat deshalb das Opfer mit Recht als die eigentliche Praxis im Bereich der Religion und des Glaubens bestimmt.[63]

Die Verstehensschwierigkeiten sind heute gerade in diesem Bereich sehr groß. Das neuzeitliche autonomistische Verständnis des Menschen scheint mit der Botschaft von der Erlösung nur schwer zu vereinbaren zu sein. Zwar wird das Problem der Entfremdung des Menschen seit Jean-Jacques Rousseau viel diskutiert, aber meist rein immanent und autonom gelöst.[64] Wo die Kontingenz und die Konditioniertheit des Menschen erkannt wird, da wird die Schuld an dieser Situation auf die Verhältnisse, die Vergangenheit, die Gegner, die Natur und anderes abgewälzt, das Phänomen der persönlichen Schuld dagegen weitgehend verdrängt.[65] Das kann bis zu gnostischen und nihilistischen Interpretationen der Wirklichkeit gehen, in denen die bestehende Wirklichkeit als total korrupt und als schlechthin negativ diffamiert wird. Der weitgehende Ausfall und die Verwässerung der Erlösungslehre, besonders der Opfer- und Sühnevorstellungen, ist mehr ein anthropologisches als ein theologisches Problem.

In dieser Situation kann die kirchliche Verkündigung die Botschaft von der Erlösung nur in einem dreifachen Konflikt mit der heutigen

---

61 Thomas v. Aquin, S.th. III q. 48 a. 2 u. 3.

62 Vgl. K. Rahner, Art. Opfer, in: $LThK^2$ 7, 1174 f.

63 G. W. F. Hegel, Vorlesungen über die Philosophie der Religion I/1 (ed. Lasson), 227 ff.

64 Charakteristisch die Ausführungen von K. Marx, Zur Judenfrage, in: WW I, Darmstadt 1962, 459, wo vom Gedanken der Emanzipation her jedes Mittlertum a limine ausgeschlossen ist.

65 Vgl. O. Marquard, Wie irrational kann Geschichtsphilosophie sein? in: ders., Schwierigkeiten mit der Geschichtsphilosophie, Frankfurt a.M. 1973, 66–82.

»durchschnittlichen« Anthropologie vortragen: Sie muss die Erlösungsbedürftigkeit des Menschen herausstellen und gegen alle evolutionären oder revolutionären Utopien auf der Radikalität der Unheilssituation bestehen (via negationis). Sie muss zum andern aber auch auf die Erlösungsfähigkeit der Wirklichkeit hinweisen und gegen neognostische Diffamierung der Welt die Hoffnung auf Versöhnung offenhalten (via positionis). Sie muss schließlich zeigen, dass Erlösung nicht nur Befreiung von Entfremdung aller Art, sondern als Versöhnung mit Gott auch die Heilung des Menschen, Gemeinschaft und Freundschaft mit Gott, ja Teilhabe am Leben Gottes bedeutet (via eminentiae). Die kirchliche Verkündigung kann in dieser Frage das ihr aufgetragene aggiornamento also nur auf dem Weg leisten, dass sie wesentliche, aber weithin verschüttete Dimensionen des Menschlichen und Christlichen wieder in Erinnerung ruft.

3. Das Hirtenamt Jesu Christi

Heil und Erlösung betreffen nicht nur den privaten und persönlichen Bereich des Menschen, sie haben auch eine gesellschaftlich-politische Dimension, ohne selbst politische Größen zu sein. Schon im Alten Testament bedeutet das eschatologische Heil auch die Sammlung der Völker und die Aufrichtung des eschatologischen Schalom. Jesus Christus ist unser Friede *(Eph 2,14)*, weil er als der gute Hirte die zerstreuten Schafe sammelt und sein Leben für sie einsetzt *(Joh 10,11–16)*.

Das Hirten- und Königsmotiv des Alten und des Neuen Testaments greift wiederum eine Urhoffnung der Menschheit auf. Denn Leben und Heil sind nur in einer Ordnung der Freiheit, des Friedens und der Gerechtigkeit möglich. »Reich«, »Stadt«, »Staat« sind von alters her nicht nur politische Begriffe, sondern auch religiöse Symbole. Der König gilt deshalb als Repräsentant Gottes, ja als Sohn Gottes; er repräsentiert die sakrale kosmische und politische Ordnung, innerhalb derer allein Heil möglich ist. Es entstand so die Idealgestalt des Wohltäterkönigs (εὐεργέτης), der gottgleich über den Menschen waltet, so wie ein Hirte seine Schafe weidet.

Die Erfüllung dieser Menschheitshoffnung geschieht nach dem Neuen Testament freilich auf eine paradoxe Weise. So wie Jesus Christus der Kreuzesmessias ist, so ist er auch der König am Kreuz (Mk 15,2.9.12.18.26). Diese interpretatio christiana der Königsherrschaft durch den titulus crucis wird bei Johannes nochmals verdeutlicht durch die Pilatusszene, wo Jesus, von der Volksmenge verspottet, mit der Dornenkrone auf dem Haupt, von Pilatus gefragt wird: »Bist du der König der Juden?« In seiner Antwort definiert Jesus die Art seines Königtums in doppelter Weise: Es ist ein Königtum »nicht von dieser Welt«, dessen Aufgabe darin besteht, »Zeugnis für die Wahrheit zu geben« *(Joh 18,33–37)*. Jesu königliches Hirtenamt kommt also im Dienst, in der Armut, in Ohnmacht, Leiden und Sterben zur Geltung; es wird verwirklicht in der ohnmächtigen und wehrlosen Verkündigung der Wahrheit *(Mt 28,18f.)* und kommt in antizipatorischer Weise zur Geltung in der liturgischen Akklamation. In diesem Sinn ist Jesus Christus der »König der Könige und Herr der Herren« *(1 Tim 6,15; Offb 19,19)*.

Bezeichnend ist deshalb, dass bereits im zweiten Jahrhundert eine christliche Interpolation zu *Ps 96 (95),10* nachweisbar ist: »Dominus regnavit a ligno.«[66] Die traditionelle spekulative Begründung der königlichen Würde Jesu Christi mit der hypostatischen Union[67] bedarf also, um nicht triumphalistisch zu werden, der staurologischen Interpretation. Worin sie positiv bestehen könnte, hat meines Erachtens Augustinus in seiner viel missverstandenen und missdeuteten Lehre von den zwei civitates deutlich gemacht. Civitas dei und civitas terrena liegen von Anfang der Geschichte an miteinander im Widerstreit; sie sind aber nicht einfach identisch mit Kirche und Staat. Die Unterscheidung geht vielmehr durch Kirche und Staat hindurch; beide civitates sind miteinander vermischt.[68] Die beiden civitates sind bestimmt durch zwei Weisen der Liebe: Selbstliebe und Gottesliebe.[69] Die civitas dei ist deshalb überall dort Wirklichkeit, wo Liebe geschieht. In diesem Sinn hat Thomas von Aquin die Frage, ob Jesus Christus nicht nur Haupt der Kirche, sondern auch Haupt aller Menschen ist, beantwortet. Jesus Christus ist nach ihm nicht nur Haupt derer, die ihn im Glauben bekennen, sondern auch Haupt all derer,

---

66 Barn. 8, 5; Iust. 1 apol. 41; dial. 73.
67 Vgl. Pius XI., Enzyklika Quas primas (1925), Nr. 71, in: DH 3676.
68 Aug. civ. 19, 26.
69 Ebd., 14, 28; 19, 24.

die, ohne ihn zu kennen, in der Liebe mit ihm verbunden sind.[70] Die – in einem umfassenden Sinn verstandene – politische Bedeutung der Botschaft von Jesus Christus besteht also darin, dass sie durch Wort und Tat auf eine »Zivilisation der Liebe« hinwirkt.[71]

Die komplizierte Frage, ob und inwiefern von diesem Ansatz aus eine politische Theologie möglich ist, kann hier nur noch angedeutet, aber nicht entfaltet werden.[72] Angedeutet werden muss diese Frage deshalb, weil es auch hier um die anthropologische Relevanz des christologischen Glaubens geht. Einerseits ist nämlich völlig richtig, dass das Heil nicht nur eine innerliche und private Größe ist, sondern auch eine politische und öffentliche Dimension hat. Das »nicht von dieser

---

[70] Thomas v. Aquin, S.th. III q. 8 a. 3. Vgl. dazu die Interpretation von M. Seckler, Das Haupt aller Menschen. Zur Auslegung eines Thomastextes, in: J. Möller (Hg.), Virtus politica (FS A. Hufnagel), Stuttgart – Bad Cannstatt 1974, 107–125.

[71] So Johannes Paul II., in: Sekretariat der Deutschen Bischofskonferenz (Hg.), Papst Johannes Paul II. in Deutschland, Bonn 1980, 204; vgl. W. Kasper, Die weltverwandelnde Kraft christlicher Liebe. Grundsatzüberlegungen zum Verhältnis Christentum und Gesellschaft, in: K. Hemmerle (Hg.), Liebe verwandelt die Welt, Mainz 1980, 25–52.

[72] Eine sachgemäße Diskussion der politischen Theologie setzt voraus, dass man sich der komplizierten Begriffsgeschichte dieses Programmwortes bewusst ist, die vom antiken Gebrauch (Panaitios, Varro) zu den neuzeitlichen Gestalten (Macchiavelli, Hobbes einerseits, des Traditionalismus von de Maistre u. a. andererseits) bis zur gegenwärtigen Problematik bei C. Schmitt und der weitgehenden Neubestimmung des Begriffs besonders bei J. B. Metz und J. Moltmann reicht. Es ist also auf den ganz bestimmten Problem- und Sinnzusammenhang zu achten, in dem dieser in sich mehrdeutige und nicht unmissverständliche Begriff gegenwärtig gebraucht wird. Danach geht es nicht um einen regionalen theologischen Bereich, etwa eine politische Ethik, sondern um ein fundamentales theologisches Anliegen, um eine Gesamtbestimmung der Theologie nicht mehr vom Verhältnis von fides und ratio oder von Dogma und Geschichte, sondern von einem neuen Theorie-Praxis-Verhältnis her. Der Glaube erscheint dann als Gestalt gesellschaftskritischer Freiheit und die Kirche als Ort dieser Freiheit. Neben vielen Einzelfragen scheint mir die Grundfrage an diesen umfassenden Anspruch selbst zu stellen zu sein, weil er, indem er den Glauben als »Gestalt von ...« definiert, die Theologie in ein vorgegebenes Schema presst und in ihrem eigenen, den Bereich politischer Praxis transzendierenden und eben darin für ihn relevanten Wesen nicht adäquat in den Blick bekommt und die oben entwickelte dreifache Verhältnisbestimmung von Christologie und Anthropologie verfehlt. Von dieser Kritik unberührt ist das Verdienst der politischen Theologie, die theologische Reflexion angeregt und vertieft und auf drängende Fragen der politischen Ethik hingewiesen zu haben.

Welt« bringt freilich die Differenz ebenso deutlich zum Ausdruck und verbietet eine politische Theologie, die sich nicht nur als politische Ethik, die es schon immer gegeben hat, sondern als Gesamtansatz und Gesamthorizont der Theologie versteht.

So bleibt *jenseits der Alternative von integralistischer Identität und spiritualistischem Dualismus* nur die *Analogie zwischen beiden Bereichen* übrig.[73] In Jesus Christus wird gleichsam wie im Bild und im Gleichnis sichtbar, was Freiheit, Gerechtigkeit, Frieden sind. Glaubensaussagen sind deshalb nie nur ein formaler Verstehenshorizont, wie manche Richtungen gegenwärtiger Moraltheologie unterstellen. Aber aus analogen Aussagen lassen sich vom Wesen der Sache her keine univoken positiven Normen ableiten. Das oben aus der Adam-Christus-Typologie beziehungsweise -Analogie abgeleitete Grundaxiom für das Verhältnis von Christologie und Anthropologie lässt sich für unsere Frage so abwandeln: Die Liebe setzt die Gerechtigkeit voraus und überbietet sie. Die Liebe ersetzt also nicht die Gerechtigkeit. Als die unbedingte Annahme des andern gibt sie dem andern, was ihm zusteht. Sie fordert also Gerechtigkeit und übt sie; sie gibt das rechte Sehvermögen, um die sich wandelnden Forderungen der Gerechtigkeit in den sich wandelnden gesellschaftlichen Verhältnissen wahrzunehmen (via positionis). Sie nimmt ungerechte Zustände wahr, kritisiert sie und motiviert zu deren Überwindung. Sie ist sozusagen die Seele der Gerechtigkeit (via negationis). Die Liebe überbietet aber auch die Forderungen der Gerechtigkeit und führt damit erst zu einer wahrhaft menschlichen Ordnung, zu der unter anderem auch Freundschaft, Vergebung, Solidarität, Hilfsbereitschaft gehören (via eminentiae).

IV. Zusammenfassung und Ausblick

Das Ergebnis und die weiterführenden Perspektiven lassen sich in drei Thesen zusammenfassen:

---

[73] Zu dieser Verhältnisbestimmung im Sinn der Analogie und zu ihrer Bedeutung für eine theologische Entschlüsselung der Menschenrechte vgl. W. Huber/ H. E. Tödt, Menschenrechte. Perspektiven einer menschlichen Welt, Stuttgart – Berlin 1977, 64ff.160ff. Zum theologischen Gesamtzusammenhang dieser Frage Kasper, Autonomie und Theonomie (wie Anm. 28).

1. Die Christologie setzt eine relativ eigenständige Anthropologie voraus. In diesem Sinn sind die neuzeitliche anthropologische Wende und die neuzeitliche Idee der Autonomie theologisch *positiv* aufzugreifen. Die Christologie verhält sich aber auch *kritisch* gegenüber konkreten theoretischen wie praktisch gelebten Entwürfen der Anthropologie, und sie verweist auf die grundsätzliche Problematik, in die der anthropologische Ansatz führt. Deshalb *überbietet* sie die Anthropologie, indem sie als Sinnziel des Menschen die Vermenschlichung des Menschen durch die vom Menschen selbst nicht realisierbare Vergöttlichung des Menschen bestimmt. Eine solche christologisch begründete Anthropologie wie eine christlich fundierte Individual- und Sozialethik ist ein dringendes Desiderat.

2. Die anthropologische Bedeutung der Christologie, das heißt Jesu Christi »Sein für die anderen« ist in seinem »Sein in sich« begründet. Jesu Proexistenz setzt seine Praeexistenz voraus, wie umgekehrt der Sinn des Bekenntnisses zur Praeexistenz, und das heißt zur immanenten Trinität, nur dann verständlich und – im Sinn John Henry Newmans – realisierbar ist, wenn deren Bedeutung für uns erschlossen wird. Die Frage »ontologische oder funktionale Christologie« ist also eine falsche Alternative. Daraus ergibt sich die Aufgabe einer Neuintegration von Christologie und Soteriologie sowie von ökonomischer und immanenter Trinitätslehre.

3. Aus dem in der Proexistenz Jesu Christi geoffenbarten trinitarischen Sein Gottes ergibt sich per viam analogiae eine Metaphysik der Liebe, und das heißt eine relationale Metaphysik, in deren Mitte nicht wie in der Antike die Kategorie der Substanz, sondern die der Person steht, für die die Liebe der Sinn des Seins ist. Eine solche relationale Metaphysik der Person kann das legitime Anliegen der neuzeitlichen anthropologischen Wende aufgreifen und zugleich kritisch überbieten, um so zu einer neuen Gesamtsicht der Wirklichkeit aus dem christlichen Glauben zu kommen.

Es ist offenkundig, dass diese zusammenfassenden Thesen eher ein theologisches Forschungsprogramm als ein fertiges Ergebnis darstellen. Die katholische Theologie steht mit der positiven wie kritischen Aufarbeitung des anthropologischen Grundansatzes des neuzeitlichen Denkens und seiner Folgen erst am Anfang. Diese Aufgabe ist ihr durch das letzte Konzil verpflichtend aufgegeben. Gerecht werden kann die Theologie dieser Aufgabe freilich nur dann, wenn sie Theologie bleibt und nicht Anthropologie wird. Sie hat zwar eine ihr wesentliche anthropologische Dimension. Aber allein die Anerkennung des Gottseins Gottes führt zur Vermenschlichung des Menschen. Darum ist der Gott-Mensch Jesus Christus das eschatologische Vollmaß des Menschen *(Eph 4, 13)*.

Jesus Christus – das Heil des Menschen

Vom Zentrum des christlichen Glaubens, von Jesus Christus soll die Rede sein. Wir wollen freilich nicht abstrakt von Jesus Christus an sich, sondern konkret von seiner Heilsbedeutung für uns sprechen. Wir können ja von diesem Zentrum des christlichen Glaubens gar nicht sprechen, ohne Titel wie Heiland und Erlöser zu assoziieren. Das große christliche Glaubensbekenntnis, das seit den ersten Jahrhunderten bis heute alle großen Kirchen des Ostens und des Westens verbindet, setzt deshalb alle seine Aussagen über Jesus Christus in eine große Klammer, vor der als Vorzeichen die Aussage steht: »der um unseret- und unseres Heiles willen vom Himmel herabgestiegen ist«. Damit ist deutlich gesagt: In der Christusfrage geht es um die Heilsfrage; wenn es um Jesus Christus geht, geht es um uns. Schon die älteste biblische Christologie spricht von dem »für uns« beziehungsweise »für die vielen« hingegebenen Leib Christi. Und es geschieht nicht umsonst, dass wir dieses »für die vielen« beziehungsweise »für alle« immer dann wiederholen, wenn es um die Mitte des christlichen Lebens, um die Feier der Eucharistie geht.

Trotz dieser engen, ja unlösbaren Zusammengehörigkeit von Christusfrage und Heilsfrage ist der christlichen Verkündigung und Theologie etwas Merkwürdiges passiert. Sie hat nämlich getrennt, was nicht getrennt werden kann und nicht getrennt werden darf. Seit dem Mittelalter hat sie eine Lehre von Jesus Christus (Christologie) und eine davon unterschiedene Lehre vom Heil und von der Erlösung des Menschen (Soteriologie) entwickelt und dafür zwei unterschiedliche theologische Traktate, Christologie und Soteriologie, entfaltet. In immer subtileren Spekulationen hat man unentwegt nach der wahren Gottheit und der wahren Menschheit sowie deren Verbindung in der einen göttlichen Person gefragt, ohne zugleich zu sagen, was dies alles für die Menschen bedeutet. Wo man dagegen vom Heil des Menschen gesprochen hat, da war vom Heilsvermittler, von Jesus Christus, oft merkwürdig wenig die Rede. Die Welt ohne Gott, mit der wir heute konfrontiert sind, ist nicht zuletzt auch eine Folge der Verkündigung eines Gottes ohne Menschen, eines Gottes an sich, von dem nicht immer zugleich deutlich gemacht wurde, was er für uns bedeutet.

Selbstverständlich kann man den angerichteten Schaden nicht dadurch wiedergutmachen, dass man nun in das gegenteilige Extrem verfällt, wie es eine einseitige sogenannte funktionale Christologie tut. Sie will nur noch davon reden, was Jesus Christus für uns bedeutet und was er uns bringt. Sie löst ihn, wie man sagt, in Bedeutsamkeit auf. Bereits Philipp Melanchthon hat im 16. Jahrhundert damit begonnen, wenn er zu Beginn seiner Loci theologici von 1521 schreibt: »Jesus Christus erkennen heißt seine Wohltaten erkennen und nicht über seine Naturen spekulieren.« In den späteren Auflagen seiner Loci hat Melanchthon diese Aussage entschieden korrigiert; die liberale Theologie im letzten und die existentiale Theologie in unserem Jahrhundert haben sich jedoch an die frühere Auflage gehalten und daraus einseitige Konsequenzen gezogen. Löst man nämlich die Bedeutung Jesu Christi für uns von seiner Wirklichkeit, von seinem Sein, in dem sie begründet ist, dann entzieht man ihr den Boden. Dann ist der Verdacht der modernen Religionskritik richtig, religiöse Aussagen seien nur Illusionen und Projektionen des Menschen, ohnmächtiger Ausdruck menschlicher Heilssehnsucht, aber nicht Ausdruck der Heilswirklichkeit. Will man also diesem in der modernen Religionskritik geläufigen Verdacht entgehen, dann muss man beide Seiten des Themas, das uns beschäftigt, gleichermaßen betonen: Jesus Christus – das Heil des Menschen.

I. Die Heilsfrage des Menschen

Beginnen wir im ersten Teil mit der Frage: Heil – was ist das? Sobald wir so fragen, geraten wir ins Stottern. Das Wort Heil ist kein Wort unserer profanen Alltagssprache. Wo man während zwölf schlimmer Jahre in unserem Vaterland versucht hat, das Wort Heil mit einem bestimmten Menschen zu verbinden und es bis zum Überdruss zu wiederholen, hat dieser Versuch unser Volk in tiefstes Unheil gestürzt. Seither reden wir noch vom Wohl und vom Glück, aber kaum mehr vom Heil des Menschen. Doch Wohl und Glück des Menschen sind etwas anderes als das Heil des Menschen. Das Heil kann Wohl und Glück des Menschen einschließen, aber es meint eindeutig mehr. Was ist dieses Mehr?

Leichter als zu sagen, was Heil ist, fällt es uns zu sagen, was Unheil ist. Unheil ist der Zwiespalt zwischen dem Menschen und der Welt. In allen möglichen Katastrophen, in Krankheit und nicht zuletzt im Tod, erfahren wir die Wirklichkeit als etwas, das uns bis in die Wurzeln unseres Daseins bedroht. Die moderne Technik ist der groß angelegte Versuch, dieser bedrohlichen und übermächtigen Wirklichkeit Herr zu werden und sie in die Gewalt zu bekommen. Heute erfahren wir, dass ein ungezügelter Eingriff in die Natur Nebenwirkungen hervorruft, die wir nicht unter Kontrolle bringen können. Unheil erfahren wir weiter in den Spaltungen und Entfremdungen zwischen den Menschen. Noch vor zehn Jahren konnte man immer wieder hören, die Menschheit sei heute daran, immer näher zusammenzurücken und immer mehr eins zu werden. Inzwischen sind die Spannungen und Konflikte zur Signatur der Zeit geworden. Wie konzentrische Kreise pflanzen sie sich immer weiter fort: von den Spannungen und Spaltungen innerhalb der Familien und der verschiedenen Gruppen der Gesellschaft und der Wirtschaft über diejenigen, die ganze Völker betreffen bis hin zu den Spannungen und Spaltungen, die die ganze Menschheit in Blöcke oder Hemisphären aufteilen. Auch die Spannungen und Spaltungen zwischen den Christen scheinen sich wieder mehr zu verhärten. Schließlich erfahren wir Unheil im Zwiespalt, den der Mensch in sich selbst trägt und empfindet. Schon Paulus beschreibt im 7. Kapitel des Römerbriefs den Zwiespalt zwischen Erkennen und Wollen einerseits und dem Vollbringen andererseits. Offensichtlich haben wir uns selbst nicht in der Hand, gehören wir uns nicht voll selbst. Die moderne Tiefenpsychologie hat uns deutlich gemacht, wie sehr wir von anonymen Es-Mächten bestimmt sind.

Alle diese Unheilserfahrungen – Zwiespalt zwischen Mensch und Welt, zwischen Mensch und Mensch, Zwiespalt im Menschen selbst – beschreibt man heute meist mit dem schon bei Paulus grundgelegten, seit Rousseau aber gebräuchlich gewordenen Begriff der Entfremdung. Damit ist gemeint, dass der Mensch nicht bei sich zu Hause geborgen ist, dass er vielmehr in der Fremde ist, ja sich selbst fremd ist und sich nicht selbst gehört, dass er verkauft und versklavt ist an

Mächte und Gewalten, die er nicht durchschaut und noch weniger beherrscht. Die Erfahrung der Entfremdung führt zur Erfahrung der Angst. Sie ist etwas anderes als die Furcht, die jeweils einen konkreten benennbaren Gegenstand, eine konkret benennbare Ursache hat. Die Angst dagegen ist anonym und diffus. Sie ist eine Grundstimmung und Grundverfassung des Menschen, weil sie die Erfahrung des Bedrohtseins des Daseins insgesamt meint, weil sie die Bodenlosigkeit des Lebens und die Gefahr des Aufhörens und des Untergangs des Lebens, die Möglichkeit, einmal nicht mehr da sein zu können, erfährt. Sie ist letztlich Todesangst, Weltuntergangs- und Selbstuntergangsangst. In solcher Unheilserfahrung wird uns gleichsam wie im Rückspiegel oder wie im Negativ deutlich, was Heil ist. Wir könnten nämlich Unheil gar nicht als Unheil erfahren und darunter leiden, wüssten wir nicht »irgendwie« um Heil, steckte nicht tief im Herzen des Menschen eine Heilshoffnung, ohne die wir gar nicht menschlich leben könnten. Wir müssten aufhören, menschliche Menschen zu sein, würden wir aufhören zu hoffen, dass der Mörder nicht endgültig siegt über seine unschuldigen Opfer. Im Leiden am Unheil und im Protest dagegen meldet sich die verborgene Heilshoffnung indirekt zu Wort.

Wenn Unheil Selbstentfremdung ist, dann ist Heil in einem ersten und allgemeinsten Sinn das Ganzsein des Menschen und seiner Welt. Die Bibel kennt dafür die Bezeichnung schalom. Wir übersetzen schalom meistens durch Frieden. Doch Friede hat für uns gewöhnlich eine begrenzte Bedeutung, während schalom im biblischen Sinn eine alle menschlichen Dimensionen umfassende Bedeutung hat. Schalom meint Wohl und Glück, Leben und Segen, Versöhnung und Fülle. Heil, so können wir heute vielleicht sagen, ist unbeschädigtes Leben in seiner ganzen Fülle, Identität und Integrität des Menschen und der Welt. Dieses Heil und Ganzsein hat also zwei Aspekte: zum einen den Aspekt der Befreiung und der Heilung von den genannten Entfremdungen des Menschen und den anderen Aspekt der Versöhnung von Mensch und Welt, der Gemeinschaft und Freundschaft unter den Menschen wie der Versöhnung des Menschen mit sich selbst. Beides, Befreiung und Versöhnung des Menschen und der Welt, ist nach der Bibel jedoch nur dann möglich, wenn die tiefste Wurzel aller Entfremdung, die Entfremdung zwischen Gott und dem Menschen, überwunden wird und wenn neu Frieden (schalom) gestiftet wird zwischen Himmel und Erde. Heil, Ganzsein des Menschen ist nach der Bibel nur gegeben, wenn Gott den Menschen befreit und wenn er ihn zu sich befreit, mit sich versöhnt, wenn er die Gemeinschaft mit Gott erlangt. Heil ist also Gabe Gottes, eine Gabe, in der uns Gott nicht etwas, in der er uns vielmehr sich selbst schenkt, indem er uns in seine Lebensgemeinschaft aufnimmt.

Dieses biblische Verständnis von Heil wird in der Gegenwart von zwei konträren Richtungen in Frage gestellt. Der erste Strang versteht Heil als Glück und definiert dieses als Bedürfnisbefriedigung des Menschen. Es gibt gegenwärtig eine große Bedürfnis- und Glücksforschung, die zu erkennen sucht, bei welcher Befriedigung und welchem Lustgewinn sich Menschen als glücklich erleben und welche Ansprüche mithin die Gesellschaft befriedigen muss, damit der Mensch glücklich wird. Dazu gehört nicht nur die quantitativ höhere Bedürfnisbefriedigung durch Konsum, sondern ebenso das Bedürfnis nach Sicherheit, Zugehörigkeit zu einer Gemeinschaft, Anerkennung und Selbstverwirklichung. Diese Untersuchungen haben freilich nur einen sehr begrenzten Wert. Sie beantworten nicht die Frage, was Glück objektiv ist, sondern lediglich, was Menschen subjektiv als Glück oder Unglück bezeichnen und erfahren. Sie verkennen, dass Glück normalerweise gar nicht das Ziel menschlichen Strebens sein kann, sondern lediglich die Wirkung des Ein-Ziel-erreicht-Habens (Viktor Frankl). Werden die Ziele, die der Mensch anstrebt, zu einer Funktion des Glücks statt umgekehrt das Glück zur Folge der Erreichung eines Ziels, dann kommt man dahin, dass immer wieder neue Bedürfnisse geweckt werden müssen und dass man so permanent Unzufriedenheit und Unglück erzeugt. Der Sozialpsychologe Erich Fromm schreibt deshalb: »Wir sind eine Gesellschaft notorisch unglücklicher Menschen: einsam, von Ängsten gequält, deprimiert, destruktiv, abhängig – jene Menschen, die froh sind, wenn es ihnen gelingt, jene Zeit totzuschlagen, die sie ständig einzusparen versuchen«. Wird Glück in der linearen Steigerung und quantitativen Maximierung gesucht, dann muss jedes erreichte Glück sofort wieder eine Enttäuschung sein, dann kommt es zur »Melancholie der Erfüllung« (Ernst Bloch). So ist es die Paradoxie des Glücks: »Es entzieht sich uns genau und gerade in dem Maße, in dem wir es intendieren.«

Es ist das Verdienst des Marxismus, der zweiten hier zu behandelnden Gegenbewegung, die Enge, Flachheit und Ärmlichkeit der bürgerlichen Glücksvorstellung erkannt zu haben. Man kann nicht bestreiten, dass hinter dem Marxismus ursprünglich ein moralischer Impuls und eine sittliche Idee stecken. Nicht durch eine Symptomkur, nämlich mittels materieller Besserstellung, sondern durch revolutionäre Praxis, durch Umwälzung aller Verhältnisse, »in denen der Mensch ein erniedrigtes, ein geknechtetes, ein verlassenes, ein verächtliches Wesen ist«. Es geht also um die Überwindung der Entfremdungen, unter denen Menschen leiden, und um die Herbeiführung des Reichs der Freiheit, in dem der Mensch frei von aller Entfremdung und frei zur Selbstverwirklichung seiner Möglichkeiten ist. Wir wissen alle, was aus dieser Idee in der Praxis geworden ist und werden musste. Denn die Verhältnisse können sich nur ändern, wenn sich zuvor Menschen geändert haben. So muss das Reich der Freiheit paradoxerweise durch Diktatur einer Partei, die glaubt, den Sinn der Weltgeschichte zu erkennen, herbeigeführt werden. Um Entfremdung abzuschaffen, müssen neue Entfremdungen geschaffen werden; um das allgemeine Glück und Heil zu schaffen, müssen das Glück und die Freiheit einzelner grausam unterdrückt werden. Was nützt aber eine noch so vollkommene und gerechte Gesellschaft der Zukunft, wenn ich heute leben, leiden und sterben muss? Und was nützt dieses künftige Reich der Freiheit denen, die in der Vergangenheit gelitten und gestritten haben, die gedemütigt und geplagt wurden? Gehören sie endgültig zum Abfallprodukt der Geschichte auf dem Weg in eine glückhafte, heile Zukunft? Wenn es vollendetes Heil nur als Heil aller geben kann, kann man dann am Heil der Toten vorbeigehen? Schließlich: Ist der Mensch, der sich und sein Schicksal ganz in seine Hand nehmen will, nicht nur seine eigene radikale Selbstüberschätzung; ist er nicht ganz auf totale Anstrengung reduziert und verzweckt; kann er überhaupt sein Heil leisten, wenn er selbst unter den Bedingungen des Unheils und der Entfremdung steht? Muss er nicht selbst Gewalt anwenden, wenn er gegen ungerechte Gewalt vorgeht, und trägt er damit nicht ständig wieder den Samen neuer Verbitterung und neuen Unfriedens in jene neue Ordnung hinein? Kommen wir also jemals aus dem Teufelskreis von Schuld und Rache, von Gewalt und Gegengewalt heraus? Das sind Fragen, die sich leicht vermehren ließen. Aus ihnen lassen sich zwei Erkenntnisse gewinnen:

1. Die Heilshoffnung des Menschen ist unersättlich und unendlich. Solange es irgendwo auf der Welt irgendeinen Wert, ein Gut gibt, das

der Mensch noch nicht hat, will er es hinzu. Der Mensch will das Gute, Werthafte, Schöne schlechthin, er kann sich letztlich mit dem kleinen Glück nicht bescheiden. Es liegt im Wesen der menschlichen Person, dass sie danach verlangt, unbedingt geliebt und angenommen zu werden, dass sie ihre Ruhe nur findet, wenn sie einer unendlichen, absoluten Liebe begegnet. Übersetzen wir diese Aussage in die religiöse Sprache, dann müssen wir sagen: Heil ist nur als Heil von Gott her und als Heil in Gott denkbar. Von jenem irdischen, vorletzten Glück gilt letztlich der Satz von André Gide: »Das Furchtbare ist, daß man sich nie genügend betrinken kann.« Oder sagen wir es mit den berühmten Worten Augustins: »Du hast uns geschaffen hin zu dir, und ruhelos ist unser Herz, bis dass es seine Ruhe hat in dir.«

2. Einsicht: Das Heilsverlangen des Menschen ist unendlich, der Mensch aber ist endlich. Wollte er selbst das Unendliche leisten, müsste er sich übernehmen. Der Übermensch ist kein menschlicher Mensch, sondern ein Unmensch, der anderes und andere vergewaltigt. Zur Menschlichkeit des Menschen gehört, seine Grenzen anzuerkennen und das heißt, Heil nicht leisten zu wollen, sondern es sich als Geschenk widerfahren zu lassen. Das gilt besonders unter den Bedingungen der Entfremdung, unter denen wir stehen und die uns bestimmen. Wollen wir dem Teufelskreis des Bösen und der Spirale der Gewalt entgehen, dann ist das nur so möglich, dass ein qualitativ neuer, aus den Bedingungen der entfremdeten Geschichte nicht ableitbarer Neuanfang gesetzt wird, ein Neuanfang, der wesensmäßig nur von einer Instanz »außerhalb« der Geschichte kommen kann und den wir in der Sprache der Religion als Erlösung und als Gnade bezeichnen.

So können wir zusammenfassend sagen: Heil ist nur von Gott her in der Geschichte möglich. Gott muss Mensch werden, damit der Mensch zu Gott als dem Heil seines Lebens findet. Selbstverständlich besagt dieses »Muss« keine zwanghafte Notwendigkeit, sondern, wenn Heil schon Geschenk ist, ein »Muss« der Liebe. Im Übrigen ist dieser Gedankengang keineswegs neu. Er ist bereits bei den Kirchenvätern grundgelegt und ist in dem berühmten Werk des Anselm von Canterbury voll ausgebildet: »Cur Deus homo?« (Warum musste Gott Mensch werden?)

II. Jesus Christus – das Heil in Person

Nachdem wir im ersten Teil von der Heilsfrage des Menschen ausgehend hingeführt haben zu Jesus Christus, geht es nun im zweiten Teil darum, von Jesus Christus als dem Heil des Menschen zu sprechen. Dieser zweite Teil stellt uns noch mehr als der erste vor ein unermesslich weites Feld der Probleme, von denen von vornherein klar ist, dass wir sie auch nicht anrisshaft behandeln können. Wir müssen aber die wichtigsten von ihnen wenigstens nennen, um dadurch zu vermeiden, uns in Engführungen zu verlieren, denen die Theologie der Neuscholastik und die darauf basierende Verkündigung oft genug zum Opfer gefallen ist. Schaut man sich nämlich einen der traditionellen Schulbuchtraktate über Soteriologie, also Erlösungs- beziehungsweise Heilslehre an, dann fällt zunächst auf, wie eingangs schon bemerkt, dass diese Lehre vom Heil von der Christologie abgespalten wird. Während die Christologie ziemlich abstrakt von der wahren Gottheit und von der wahren Menschheit Jesu Christi handelt, wird in der Soteriologie das Heil beziehungsweise die Erlösung fast ausschließlich vom Kreuzesopfer her begründet. Beides aber sind Verengungen.

Denn die wahre Gottheit Jesu ist für die Schrift wie für die frühe christliche Tradition und die altkirchlichen Konzilien keine rein theoretische Frage. Wenn die Kirchenväter die wahre Gottheit Jesu gegen häretische Bestreitungen verteidigen, dann vor allem mit dem Argument: Wäre Jesus Christus nicht wahrer Gott, dann hätte er uns nicht erlöst. Denn der neue Anfang, die Vergebung der Sünden, und erst recht die Erlösung vom Tod ist nur Gott, dem Herrn über Leben und Tod, möglich. Wäre also Jesus nur ein Mensch, wenngleich ein gerechter, vollkommener, ganz auf Gott hin offener Mensch, dann könnte er uns nur Menschliches geben, Menschliches mit all seiner Begrenztheit und Vorläufigkeit. Dann hätte er uns in unserer eigentlichen Not, der Not der Sünde und des Todes nicht erlösen können. Deshalb bekennen wir Jesus Christus, Licht vom Licht, wahrer Gott vom wahren Gott, gezeugt, nicht geschaffen, eines Wesens mit dem Vater. Das für die meisten Überraschende ist nun freilich, dass den Kirchenvätern hinsichtlich der Menschheit Jesu eine ähnliche Argumentation geläufig war. Es gab und gibt in der Dogmen- und Theologiegeschichte ja nicht nur Häresien von links, die an der wahren Gottheit Abstriche machten, sondern auch fromme Häresien von rechts, die die Gottheit Christi so einseitig betonten, dass für die Menschheit entweder kein Platz mehr war oder diese zugunsten eines vermeintlich rein geistigen Verständnisses doch erheblich verkürzt und abgewertet werden musste, oder dass sie in der Gottheit aufging wie ein Tropfen Milch im Meer. Solche Strömungen gibt es in offener oder versteckter Weise bis heute. Gegenüber allen diesen Tendenzen machten die Kirchenväter immer wieder geltend: Was Gott in Jesus Christus nicht angenommen hat, das hat er auch nicht erlöst. Das will sagen: Wenn Gott in Jesus Christus nicht einen wirklichen menschlichen Leib, eine menschliche Geistseele mit Verstand und freiem Willen angenommen hat, dann sind wir in unserer leiblichen und geistig-personalen Existenz nicht erlöst. Tertullian prägte den Satz: caro, cardo salutis – das Fleisch ist der Angelhaken des Heils. Weil aber Gott in Jesus Christus ganz in unser menschliches Dasein mit allen seinen Dimensionen, mit seinen Höhen und Tiefen, auch mit seinen Banalitäten, bis hinein ins Leiden und Sterben eingegangen ist, gibt es seitdem keinen menschlichen Bereich und keine menschliche Situation mehr, die grundsätzlich gottfern und gottlos wären. So ist Jesus Christus in seiner konkreten menschlichen Gestalt das Heil des Menschen. Er bringt und gibt nicht nur Heil, er ist es in Person.

Diese These hat Konsequenzen sowohl für die Frage: Wodurch sind wir erlöst?, wie für die Fragen: Wozu sind wir erlöst?, Was ist das Heil, das Jesus nicht nur bringt, sondern ist?

Die Frage: Wodurch sind wir erlöst? lässt sich jetzt offensichtlich nicht mehr allein durch den Kreuzestod Jesu beantworten. Vielmehr gilt es, auf das ganze Leben Jesu, seine Geburt, sein öffentliches Auftreten, seine Verkündigung, seine Wundertaten wie sein Sterben am Kreuz zu verweisen; es gilt ebenso, von seiner Auferweckung, seiner Erhöhung, seiner Gegenwart im Heiligen Geist wie seiner Wiederkunft am Ende der Zeiten zu sprechen. Es gilt also, das Heilswerk Jesu Christi als Ganzes ins Auge zu fassen, das Kreuz aber sozusagen als Kurzformel, als Höhe- und Umschlagspunkt des Ganzen zu begreifen. In gewissem Sinn ist das Kreuz ja nur verständlich als Höhepunkt des Eingehens Gottes in diese sündige und dem Tod verfallene Welt und zugleich als der Ort, wo Gott das Unheil von innen her und von seiner Tiefe her heilt und verwandelt. Aber er tut dies auf Hoffnung hin. Vorläufig haben wir das neue Leben nur unter den Bedingungen des alten. Wir leben noch im Schatten des Kreuzes in der Hoffnung auf das erst künftige Gericht über das Böse und auf die erst künftige Verklärung. Wir sind erlöst durch das passah domini, den Durchgang des Herrn durch den Tod zum Leben, und unser Heil ist es, diesen Weg nachzugehen. Heil ist es also, dass in Jesus Christus ein für alle Mal ein neuer Anfang gemacht ist, dass ein Weg eröffnet ist, dass Hoffnung geschenkt ist, Hoffnung auf die endgültige Zusammenfassung des Alls in Christus (*Eph 1;* Irenäus), das Reich Gottes, wo Gott alles, in allem sein wird *(1 Kor 15,28).*

Diese universale Geschichte des Heils, durch die wir erlöst sind, ist die Geschichte Gottes mit den Menschen. Sie ist ganz Gottes Tat, weil nur Gott uns erlösen kann. Sie ist aber auch ganz Tat des Menschen, weil Gott uns nach einem Wort Augustins zwar ohne uns erschaffen, aber nicht ohne uns erlöst hat. Er wollte den Menschen auf menschliche Weise erlösen und ihm ein menschliches Heil schenken. Das konnte er nicht, ohne die Freiheit des Menschen zu respektieren. An dieser Stelle erhält die Heilsbedeutung der Menschheit Jesu noch eine tiefere Dimension. Jesus hat uns als Mensch erlöst, indem er als erster sich ganz auf Gott seinen Vater eingelassen hat und in dieser Offenheit auf Gott hin gleichsam den Raum geschaffen hat, in dem Gott anwesend sein kann in dieser Welt. So ist Jesus Christus gerade in seiner Menschheit Sakrament, das heißt Zeichen und Werkzeug des Heils. Deshalb braucht Gott in der Geschichte immer wieder neu Menschen, die sich ihm zur Verfügung stellen, um in Christus Zeichen und Werkzeug des Heils für die anderen zu sein.

III. Befreiung und Erlösung

Die Frage ›Wodurch sind wir erlöst?‹ hat uns fast unversehens weitergeführt zu der Frage: Wovon und wozu sind wir erlöst? In einem dritten Teil fragen wir deshalb: Was ist das Heil, das Jesus Christus ist und schenkt? Die kirchliche Lehre und die sie auslegende Theologie geben auf diese Frage unter Berufung auf die Schrift eine vielschichtige Antwort. Diese Antwort sagt: Das Heil bedeutet negativ Erlösung, oder wie man heute lieber sagt: Befreiung von Sünde, Tod und Gesetz. Positiv bedeutet Heil die Befreiung zur Lebensgemeinschaft mit Gott in Glaube, Hoffnung und Liebe, eine Gemeinschaft, die ihre Erfüllung in der seligen Schau Gottes von Angesicht zu Angesicht und in der Auferweckung des Leibes am Jüngsten Tag finden wird. Alle diese Aussagen sind richtig, und sie enthalten auch viel Wahres. Die Art und Weise, wie diese Aussagen durchschnittlicherweise aber verstanden werden, ist merkwürdig verengt und verkürzt, so dass viele den Eindruck haben, diese Botschaft vom Heil erreiche sie nicht konkret in ihren Nöten und Problemen. In der Tat, alle diese Aussagen stehen gewöhnlich innerhalb der Klammer, vor der ein falsch verstandenes supernaturalistisches Vorzeichen steht. Seit dem 17./18. Jahrhundert unterscheidet man nämlich in der Theologie aus Gründen, denen wir hier im Einzelnen nicht nachgehen können, einen Bereich des Natürlichen und einen Bereich des Übernatürlichen. Man sagt nicht nur, das Heil sei nicht aus der Welt ableitbar; man sagt auch, das Heil bilde eine eigene Ordnung, die von der Natur grundsätzlich unterschieden ist. Heute nennt man diese Theorie etwas karikierend oft die Zwei-Stockwerk-Theorie. Das Missliche daran ist unter anderem, dass, wo Gott und sein Heil so unweltlich gedacht werden, die Welt sehr schnell gottlos und heillos erfahren wird. Gott ohne Welt führt zu einer Welt ohne Gott, wie wir sie gegenwärtig erfahren.

Es ist deshalb nicht verwunderlich, dass der Theologe, der in unserem Jahrhundert mit am meisten zur Überwindung dieser Denkform beigetragen hat, Henri de Lubac, bevor er sein Buch über das Übernatürliche schrieb, ein anderes Werk verfasste mit dem Titel: *Das Drama des Humanismus ohne Gott*. Lubac und in seinem Gefolge im deutschen Sprachraum vor allem Karl Rahner und Hans Urs von Balthasar begannen wieder den inneren Zusammenhang zwischen Natur und Gnade zu betonen. Sie verstanden das Heil als die Er-füllung der mit dem Personsein des Menschen selbst gegebenen Hoffnung, also nicht als einen Bereich neben der Person, sondern als die Art und Weise, wie menschliche Person allein gelingen und glücken kann: als verdankte Existenz. Mit Recht hat deshalb Hermann Volk vorgeschlagen, das alte Schema Natur und Gnade durch das Begriffspaar Person und Gnade zu ersetzen. Denn kann man auch, in bestimmter Hinsicht, von einer übernatürlichen Gnade reden, von einer überpersönlichen Gnade zu reden, wäre barer Unsinn. Dieses ganzheitliche und personale Verständnis des Heils fand zunächst keinesfalls das Wohlwollen des kirchlichen Lehramts. Erst das Zweite Vatikanische Konzil brachte lehramtlich die Wende. Wie in vielen konziliaren Texten wird die spannungsvolle Zusammengehörigkeit von Schöpfungs- und Erlösungsordnung herausgestellt. Immer wieder hat es von dem einen Heilsplan Gottes, der sich in Schöpfung und Erlösung vollzieht, gesprochen. Es hat damit die frühere einseitige Spiritualität der Weltflucht durch eine Spiritualität der Sendung in die Welt und für die Welt ersetzt. Solche Aussagen sind in der nachkonziliaren Theologie oft einseitig interpretiert worden, als gehe es beim christlichen Heil um rein innerweltliche Befreiung. Mit Recht hat deshalb Papst Paul VI. von einem integralen Heils- und Befreiungsverständnis gesprochen. Seine Norm und seinen Inhalt hat es in Jesus Christus, der nicht nur der Heilbringer, sondern das Heil in Person ist. Ich möchte in drei Punkten sagen, was solches Heil in Christus bedeutet:

1. Heil ist für den Menschen zuerst Gott selbst. Er ist der Gott unseres Heils, nicht weil er uns Heil gibt, sondern weil er das Heil ist. Denn nur Gott ist groß genug, die Sehnsucht des Menschen auszufüllen. Gott allein ist so allumfassend, dass er die verschiedenen Wesensdimensionen des Menschen integrieren kann, ohne sie zu vergewaltigen. Aus sich selbst kann der Mensch die Wesenslinien seines Daseins nicht ausziehen. Aus sich selbst bleibt er Torso und Fragment. Will er seine Erfüllung selbst leisten, dann übernimmt er sich. Der Mensch kann die Erfüllung seines Daseins nur als Geschenk empfangen. Dieses Geschenk ist letztlich keine von Gott verschiedene Gnade und Gabe, sondern Gott selbst, Gottes liebende Selbstmitteilung. Heil besteht deshalb darin, dass wir an dem Verhältnis Jesu zu seinem Vater teilnehmen, dass wir durch den Geist Jesu Söhne und Töchter Gottes werden, Gemeinschaft und Freundschaft haben mit Gott, dass wir an seinem Leben teilhaben und seiner Natur teilhaftig sind, dass Gott durch seinen Heiligen Geist in uns wohnt. Das alles sind biblische Ausdrücke, die man im Einzelnen sorgfältig interpretieren müsste. Sie meinen aber nichts schlechterdings Unerfahrbares. Die ganze Geschichte der christlichen Mystik bezeugt das Gegenteil. Da wir 1982 den 400. Todestag der heiligen Teresa von Avila feiern, darf man wohl daran erinnern. Mystik ist cognito dei experimentalis, erfahrungsmäßige Gotteserkenntnis. Die intensiven charismatischen mystischen Erfahrungen, wie sie uns etwa bei Teresa bezeugt werden, sind eine gnadenhafte Vollendung dessen, was in jedem Christen durch die Taufe grundgelegt ist und wohl auch jedem in der einen oder anderen Weise zur Erfahrung möglich ist: die Erfahrung, in ein unsagbares, unendliches Geheimnis hineinverwiesen zu sein und dieses Geheimnis

nicht als richtende und vernichtende Ferne, sondern als nahes und zugewandtes Geheimnis, als Geheimnis eines unbedingten Angenommen-, Bejaht- und Geborgenseins zu erfahren. In anderer Weise kann Gott uns im Echo der Stimme unseres Gewissens begegnen: als heiliger Wille, vor dem plötzlich unsere Masken abfallen, von dem wir eingefordert, aber auch gerechtgesprochen werden. So ist Heil schließlich Dasein im Empfang, verdanktes Dasein. Es muss sich in Fest und Feier, Anbetung, Lob und Dank äußern. Es gehört wohl zu den wichtigsten Aufgaben der Gegenwart, den Sinn für diese sakrale Dimension unseres Daseins zurückzugewinnen.

2. Verdanktes Menschsein ist zugleich befreites Menschsein. Die Formel des Konzils von Chalcedon (451), die Menschheit und Gottheit in Jesus verhalten sich »unvermischt und ungetrennt«, ist von grundlegender Bedeutung für das Gott-Mensch-Verhältnis. Danach ist es nicht so, dass Einheit mit Gott und Freiheit des Menschen im umgekehrt proportionalen Verhältnis zueinander stehen. Beide wachsen vielmehr im gleichsinnigen Verhältnis. Denn allein die Bindung an das Unbedingte und Unendliche macht uns frei gegenüber dem Bedingten und Endlichen, frei von den Götzen, die darin bestehen, dass endliche Werte verabsolutiert werden. So ist es gerade die Bindung an Gott, die dem Menschen hilft, den aufrechten Gang zu lernen (Bloch) und erhobenen Hauptes allen innerweltlichen Autoritäten gegenüberzutreten. In Gott seinen Herrn haben, heißt also, keinen absoluten Herrn außer ihn anerkennen, heißt, in der Freiheit der Kinder Gottes selbst Herr sein. Gott erdrückt also den Menschen nicht, sondern setzt ihn in sein Eigenes hinein frei. Ein integrales Verständnis des Heils, welches das Menschsein und alles Menschliche umfasst, ist also eben kein integralistisches Heilsverständnis, welches meint, aus dem Glauben unmittelbar Weisungen für die Gestaltung der menschlichen Sachbereiche (Kultur, Wissenschaft, Wirtschaft, Politik u. a.) ableiten zu können. Solcher geistlicher Totalitarismus und Fundamentalismus begegnet uns heute etwa in manchen Teilen der Friedensbewegung, soweit sie meinen, aus Aussagen der Bergpredigt unmittelbar konkrete politische Fragen beantworten zu können. Demgegenüber anerkannte das Konzil ausdrücklich eine relative Autonomie der Welt und ihrer Sachbereiche, die vernünftig, durch Abwägung von Gründen und Gegengründen, erkannt werden muss. Zur Würde und Freiheit des Menschen gehört auch seine Vernunft, die man nicht durch

irrationale Entscheidungen ersetzen kann. Der Glaube ersetzt nicht die Vernunft, er setzt sie frei; er verpflichtet uns geradezu, vernünftig zu handeln und über unseren Glauben vernünftig Rechenschaft zu geben *(1 Petr 3,15)*.

3. Die relative Autonomie der menschlichen Sachbereiche besagt nicht, das christliche Heilsverständnis und die christliche Heilswirklichkeit seien gegenüber den weltlichen Fragen des Menschen indifferent. Im Gegenteil, sie haben erhebliche Konsequenzen für die Erkenntnis und für das praktische Tun. Für die Erkenntnis, denn in Jesus Christus offenbart sich Gott nicht nur selbst, er offenbart dem Menschen auch den Menschen. Als der neue Adam ist Jesus Christus die endgültige Wahrheit über den Menschen. Von ihm her kann alles wahrhaft Menschliche erkannt und bejaht werden, wie sich von ihm her eine kritische Sicht der menschlichen Entfremdung ergibt. »Was immer wahrhaft, edel, recht, was lauter, liebenswert, ansprechend ist, was tugendhaft heißt und lobenswert ist, darauf seid bedacht.« *(Phil 4,8)* Die Christologie ist also eine Art Lesehilfe; sie erlaubt eine prophetische Interpretation der Welt. Sie gibt eine Sinnperspektive, in der die oft verworrenen Spuren sich erst zu einem sinnvollen Ganzen fügen. Sie weist zugleich auf ein Ziel, das alles Menschliche radikal überschreitet: die Gemeinschaft mit Gott.

Dieser Hinweis hat nun aber auch praktische Konsequenzen. Zwar ist das endgültige messianische Reich der Liebe und der Freiheit nichts, was wir innerweltlich machen können. Wohl aber folgt daraus, dass, wo immer Menschen sich in Liebe annehmen, wo sie sich um Gerechtigkeit als dem Minimum der Liebe bemühen, wo sie nach der Wahrheit über den Menschen als Weg zu diesem Ziel suchen, da nehmen sie in geschichtlich vorläufiger Form etwas von dem vorweg, was das eschatologische Heil ist. Da setzen sie Zeichen, in denen sich die Gestalt des Kommenden abzeichnet. Da tun sie etwas, durch das schon jetzt Endgültiges eingestiftet wird für den Bestand der Wirklichkeit. Christlicher Glaube ist die stärkste Motivation zu innerweltlichem Einsatz, die man sich denken kann.

Solche Zeichen des Endgültigen sind in vielfältiger Weise möglich. Sie finden sich nicht nur innerhalb des Christentums, sondern auch, wie man sich zu sagen angewöhnt hat, in anonymer Gestalt außerhalb des Christentums. Edith Stein, deren 40. Todestag in Auschwitz wir 1982 begehen, hat einmal geäußert, während der Zeit, da sie Atheistin war, sei die Suche nach der Wahrheit ihr Gebet gewesen. Es gibt also Heil außerhalb des Christentums in sehr anonymen Formen. Wo immer Menschen ihr persönliches und ihr gemeinschaftliches Leben an letzten Werten orientieren, da dürfen wir als Christen hoffen, dass das allen Menschen geltende Heilsangebot Gottes und sein universaler Heilswille die Geschichte konkret erreicht hat. Die Heilszeichen der Kirche, die Sakramente, sind besondere Verdichtungen dieses universalen Heils der Welt. In ihnen erreicht das Heil, das in diffuser, undeutlicher, oft auch depravierter Weise überall da sein kann, seine Eindeutigkeit. Hier ereignet sich also in einer qualifizierten Weise Antizipation des eschatologischen Heils. Dies geschieht nicht allein auf geistige Weise in der Innerlichkeit des Menschen, sondern durch leibhaftige Zeichen innerhalb der feiernden Gemeinde. Aber auch die Sakramente weisen nochmals über sich hinaus auf eine Verwirklichung des Heils in Ordnungen und Strukturen der Welt. Nicht dass wir das Reich Gottes dort bauen könnten, aber wir können Wahrzeichen dieses Reiches Gottes setzen, welche die Hoffnung darauf bekräftigen und bewahrheiten. So verstanden ist die christliche Hoffnung keineswegs, wie der Marxismus meint, eine Ideologie des Bestehenden, sondern eine von Gott geschenkte Kraft, die alles verflüssigt und in Richtung auf das Erhoffte bewegt. Hoffnung ist Befähigung zum Dienst für das kommende Reich Gottes im Hier und Heute der Welt. Der Hoffende findet sich nicht ab mit dem, was ist und wie es ist; er löst – bei allem Wissen darum, dass alles, was er tut, das Ganze und das Endgültige jeweils nur im Fragment verwirklicht – Prozesse aus, die doch dem erwarteten Heil entgegenweisen. Das Vaticanum II hat dies nachdrücklich hervorgehoben: Die Christen haben die Aufgabe, ihre Hoffnung »in den Strukturen des Weltlebens auszudrücken«[1]. Hier soll die Erneuerung der Welt in gewisser Weise wirklich vorausgenommen werden.[2] In diesem Vorschein des Endgültigen geht es um konkrete Vermittlungs- und Erscheinungsformen des kommenden Heils. Solche Zeichen der Hoffnung sind in unserer Situation progressiver Hoffnungslosigkeit von besonderer Bedeutung.

Das Zeichen und die Form des kommenden Reiches ist nach dem Zeugnis der Schrift wie der Tradition die Kirche. Das Vaticanum II

---

1 LG 35.
2 LG 48.

definiert sie als Sakrament, das heißt Zeichen und Werkzeug der Einheit mit Gott und der Einheit der Menschen untereinander. Vielen geht eine solche Aussage aufgrund ihrer konkreten Kirchenerfahrung schwer von den Lippen, und es wäre in der Tat auch theologisch falsch, wollte man solche Wesensaussagen über die Kirche als Beschreibungen der konkreten, erfahrbaren Kirchenwirklichkeit und nicht als Glaubensaussagen verstehen, die die konkrete Kirchenwirklichkeit auch kritisieren sollen. Die Kirche ist ja eine komplexe Realität, wo die eschatologische Herrlichkeit in der Knechtsgestalt von Sünde, Armut und Verfolgung verwirklicht wird. So enthalten solche Aussagen nicht nur einen Indikativ, sondern auch einen Imperativ, nämlich die Aufgabe, vor Ort konkrete Kirche zu sein, wo schon heute etwas erfahrbar wird von Heil und Heilung der Welt und des Menschen, wo Entfremdungen zwischen den Klassen und Rassen, den Einheimischen und den Ausländern, zwischen Jung und Alt wenigstens anfanghaft durch gegenseitiges Verstehen und Zeichen gegenseitiger Annahme aufgehoben werden, wo in der Feier der Eucharistie die Überwindung der tiefsten Entfremdung, der des Todes, vergegenwärtigt wird.

Wir sagten schon: Auch in der Kirche geht die Heilshoffnung nicht auf. Wir müssen noch deutlicher sagen: Auch in der Kirche darf sie nicht aufgehen. Auch die Kirche ist nur ein Vorausbild des Reiches Gottes, ein Zeichen der Hoffnung. Erst am Ende wird alle Entfremdung abgetan sein, wenn alle Tränen abgewischt sind und Schmerz und Tod nicht mehr sein werden. Erst dann wird Jesus Christus in voller und vollkommener Weise das Heil des Menschen sein. Heil hier und heute ist es, aus der gegenwärtigen Kraft dieser Hoffnung zu leben. *Der* Grund, *das* Wahrzeichen und *der* Inhalt dieser Hoffnung ist kein anderer als Jesus Christus – das Heil des Menschen.

Der letzte Platz
Überlegungen zum Stellvertretungs- und Sühnegedanken

I. Für uns gekreuzigt

Im Großen Glaubensbekenntnis bekennt die Kirche: »Er wurde für uns gekreuzigt«. Mit diesem Bekenntnis fasst die Kirche zusammen, was die Mitte aller neutestamentlichen Aussagen über die Erlösung ist: das »Für uns«, der Stellvertretungsgedanke. Diese Formel findet sich schon in der ältesten uns erreichbaren urchristlichen Traditionsbildung. Schon in dem vorpaulinischen Bekenntnis *1 Kor 15,3–5* heißt es: »Christus ist für unsere Sünden gestorben«. Ähnlich formulierten die gleichfalls alten Abendmahlsberichte: »Das ist mein Leib für euch« (*2 Kor 11,24*; vgl. *Mk 14,25* par.). Es gibt gute Gründe dafür, dass diese Deutung des Todes Jesu im Sinn der Stellvertretungsaussagen des vierten Gottesknechtsliedes bei Deutero-Jesaja *(Jes 53,4f.10ff.)* schon auf den irdischen Jesus selbst zurückgeht. Er hat sein Leben als Pro-Existenz, als Sein für die Menschen verstanden und nach dem Tod des Täufers auch mit seinem eigenen Tod gerechnet. Beim Abschiedsmahl von seinen Jüngern hat er seinen bevorstehenden Tod im Zusammenhang mit dem Kommen des Reiches Gottes gesehen (*Mk 14,45* par.). So umschreibt *Mk 10,45* präzise Sein und Sendung Jesu: »Denn der Menschensohn ist nicht gekommen, um sich dienen zu lassen, sondern um zu dienen und sein Leben hinzugeben als Lösegeld für viele.«

Schwieriger und letztlich auch wichtiger als die vielen verwickelten exegetischen Probleme, die sich an dieser Stelle zu Wort melden, sind die Schwierigkeiten, die sich aufgrund einer weit verbreiteten modernen Mentalität gegen diese fundamentale und zentrale Aussage in Schrift und Tradition ergeben. Braucht denn Gott in seiner grenzenlosen Vergebungsbereitschaft ein stellvertretendes Opfer? Braucht Gott einen Sündenbock? Geht Gott über Leichen? Die Fragen werden jedoch nicht nur vom Gottesbild, sondern auch vom Menschenbild her gestellt. Kann sich denn ein Mensch in seinem Allerpersönlichsten, in seiner Schuld, von einem anderen vertreten lassen? Kann mir jemand anders meine Verantwortung abnehmen? Ja, die Frage geht noch weiter. Sie betrifft nicht nur die Möglichkeit der Sühne durch andere, sondern den Sühnegedanken selbst. Kann denn der Täter selbst durch Sühne etwas an seiner bösen Tat ändern? Es ist ja kein Zufall, dass der Sühnegedanke auch im weltlichen Strafrecht und Strafvollzug umstritten ist.

Auf dem Hintergrund solcher Fragen wird verständlich, dass das biblische Für-uns manchmal nur noch in dem Sinn gedeutet wird, dass Jesus für die Menschen gelebt hat und gestorben ist, und dass er für seine ›Sache‹ bis in den Tod gegangen ist. Letztlich wird damit aus der frohen Botschaft von dem durch Jesus Christus schon gekommenen Heil ein ethischer Impuls, uns wie Jesus für die anderen, besonders für die Armen, Ohnmächtigen und Unterdrückten einzusetzen. Doch mit dieser Deutung wird nicht ernst genommen, dass das biblische »Für-uns« nicht nur »um unseretwillen« und »zu unseren Gunsten« bedeutet, sondern auch »an unserer Stelle«. Die genannten Einwände und Lösungen treffen die christliche Erlösungsbotschaft also in ihrem Fundament und in ihrer Substanz. Doch wie lässt sich der ursprüngliche und bleibend verbindliche Gehalt der christlichen Erlösungslehre heute verständlich machen?

II. Rechtfertigung

Die Krise der christlichen Erlösungsbotschaft und der christlichen Erlösungslehre hat Hintergründe, die letztlich in dem autonomen und individualistischen Selbstverständnis des Menschen begründet sind. Umgekehrt hat der biblische Stellvertretungsgedanke Hintergründe in dem ganz andersartigen Welt- und Menschenbild, welches nicht nur die Bibel, sondern die Religionsgeschichte allgemein bestimmt. Danach weiß sich der einzelne Mensch eingegliedert in eine umgreifende kosmo-biologische Ordnung. Jeder Verstoß gegen diese Ordnung schlägt nicht nur auf den Einzelnen zurück, sondern ist zugleich gemeingefährlich und muss deshalb ausgeglichen, gutgemacht und das heißt gesühnt werden. Dies geschieht ursprünglich durch Ausstoßung des Schuldigen, das heißt durch dessen Tod, später durch Ersatzhandlungen wie Opfer, rituelle Waschungen und anderes. Durch solche Riten soll die kosmische, politische wie religiöse Ordnung wieder hergestellt und der Zorn der diese Ordnung repräsentierenden Götter wieder besänftigt werden.

Dieser umgreifende Ordnungszusammenhang, der zugleich ein System des Schreckens und der Furcht ist, ist nicht erst aufgrund der neuzeitlichen Emanzipation aufgebrochen worden. Schon im Alten Testament bahnte sich eine Personalisierung des Schuld- und Sühneverständnisses an. In dem »vor dir allein habe ich gesündigt« *(Ps 51,6)* steht der einzelne Sünder in seiner unübertragbaren persönlichen Verantwortung vor dem persönlichen Gott, der nicht eine ihn selbst umgreifende kosmische Ordnung repräsentiert und sanktioniert, sondern als der schlechterdings transzendente Gott zugleich Freiheit zu neuem Anfang ist, das heißt der Gott, der sich in Gnade, Erbarmen und Verzeihen dem Sünder neu zuwenden kann. Die unübertragbare persönliche Verantwortung des einzelnen Menschen und die Möglichkeit und Wirklichkeit der Vergebung durch Gott gehören unlösbar zusammen. Denn Verantwortung für die persönliche Schuld ist letztlich nur erträglich angesichts des persönlichen Gottes, der dem Umkehrwilligen die Schuld vergibt. Gottes Vergebungswille ist aber nur dann nicht Ausdruck von Schwächlichkeit, wenn sie dem Einzelnen die Verantwortung nicht abspricht und abnimmt.

Auf diesem Hintergrund ist die Personalisierung der Sühnevorstellungen, wie sie bei den Propheten anfängt und im Spätjudentum zur Geltung kommt, verständlich. Sühne wird jetzt nicht vom Menschen geleistet, sondern von Gott gestiftet und geschenkt. Nicht wir sind es, die Gott versöhnen, Gott versöhnt uns mit sich (vgl. *2 Kor 5,19*). Doch Gott handelt nicht über den Kopf des Menschen hinweg. Er schenkt die Gnade der Umkehr und gibt damit die Möglichkeit, die Schuld personal »aufzuarbeiten«. So verstandene Sühne geschieht nicht durch rituelle Ersatzhandlungen, sondern durch persönliche Umkehr, durch Gebet, Leiden, Fasten, Werke der Liebe und nicht zuletzt durch das Martyrium. Diese Personalisierung ist jedoch keine Individualisierung. In der Bibel bleibt der Einzelne in seiner unübertragbaren Verantwortung vor Gott solidarisch eingebunden in das Ganze des Volkes Gottes. Nur so konnte sich, angefangen vom vierten Gottesknechtslied im Spätjudentum, der Gedanke vom stellvertretenden Leiden des Gerechten herausbilden.

Dieser biblische Solidarismus steht im Hintergrund der christlichen Erlösungslehre. Der späteren theologischen Tradition gelang es freilich nicht, den ganzen Reichtum dieser Idee durchzuhalten. Während die östliche Tradition vor allem die ontologischen Implikationen dieser Idee entfaltete, kommen in der westlichen Erlösungslehre vor allem die rechtlichen Aspekte zur Geltung. Die Grundlagen dafür wurden schon bei Tertullian gelegt. Ihre klassische und für die weitere Entwicklung insgesamt maßgebliche Gestalt hat diese Theologie bei Anselm von Canterbury († 1109) gefunden. Anselm geht von der mittelalterlichen Ordo-Vorstellung aus und versteht diese als eine Rechtsordnung, in der jede Schuld Genugtuung (satisfactio) finden muss. Wenn er dabei vor allem auf die verletzte und wiederherzustellende Ehre Gottes abhebt, so steht dahinter nicht die Vorstellung von einem primitiven ehrsüchtigen Gott, sondern die Idee, dass allein die Wahrung der Ehre Gottes den Frieden und die Ordnung der Welt garantieren kann.

Die Satisfaktionstheorie Anselms ist schon viel kritisiert worden; in letzter Zeit ist es zu Recht wieder zu einer gewissen Rehabilitation Anselms gekommen. Dennoch wird man nicht um die Feststellung herumkommen, dass sie – bei allem Richtigen, ja Großartigen, das sie enthält – einseitig den Rechtsaspekt hervorhebt und dabei nicht mehr den ganzen Reichtum der biblischen Botschaft zur Geltung bringt. Schon Thomas von Aquin hat deshalb einige Korrekturen an Anselms Theorie vorgenommen.

Biblisch wie patristisch genügt es nämlich nicht, nur von der Rechtskategorie der Genugtuung auszugehen. Auch die Motive der Liebe und des Erbarmens, der Dahingabe, der Befreiung, der Rechtfertigung, Heiligung, Wiedergeburt, Neuschöpfung und viele andere mehr müssen herangezogen werden. Wichtig ist vor allem das von Paulus grundgelegte Motiv des Platztausches, welches die Väter und die Liturgie im Sinn eines ›sacrum commercium‹ beziehungsweise eines ›admirabile commercium‹ ausgelegt haben. Er, der keine Sünde kannte, ist für uns zur Sünde geworden, damit wir in ihm Gerechtigkeit Gottes würden *(2 Kor 5,21)*. Er, der reich war, ist für uns arm geworden, damit wir reich würden *(2 Kor 8,9)*.

Nimmt man diese Aussagen ernst, dann ist Stellvertretung nicht nur eine Rechts-, sondern auch eine Seinskategorie. Dadurch, dass in Jesus Christus Gott unseren Platz einnimmt, dadurch, dass er selbst eintritt in unsere sündig verfallene Geschichte und freiwillig bis in den Tod deren Konsequenzen auf sich nimmt, schafft er eine neue Situation, einen neuen Anfang. Wenn wir ihn im Glauben annehmen und durch die Taufe »in Christus« sind, dann ist in, mit und unter der Gestalt dieses entfremdeten Lebens das neue Leben, die neue Gerechtigkeit und Heiligkeit schon da, dann haben wir schon jetzt unseren Platz im Himmel (vgl. *Phil* 3,20). Wir müssen also die ostkirchliche Tradition, die sogenannte physische (= seinsmäßige) Erlösungslehre, der es um Teilhabe am Leben Gottes durch Christus im Heiligen Geist, letztlich um die »Vergöttlichung« des Menschen geht, in den Stellvertretungsgedanken integrieren und mit den Vätern sagen: Gott ist Mensch geworden, damit wir vergöttlicht werden. Wie könnte eine solche erneuerte Erlösungslehre aussehen?

III. Solidarität und Erlösung

Heute, am Ende der neuzeitlichen Entwicklung, sind uns die Grenzen des neuzeitlichen Individualismus wieder deutlich und die Idee der Solidarität aller Menschen wieder vertrauter geworden. Wir wissen wieder deutlicher, wie sehr unser persönliches Schicksal mitbestimmt wird von den anderen. Diese anderen geben uns nicht nur ein gutes oder böses Beispiel, sie sind ein Stück von uns und sind mitbestimmend nicht nur für das, was wir tun, sondern auch für das, was wir sind. Solidarität ist also mehr als eine ethische Verpflichtung; sie ist eine Seinsbestimmung (Existential) des Menschen, der wesentlich Mit-Sein ist. Hier gilt letztlich: Einer für alle, alle für einen.

Hier kann die christliche Erlösungsbotschaft anknüpfen, um neu verständlich zu werden. Sie darf freilich bei der allgemeinen Solidarität der Menschen nicht stehenbleiben. Sie muss vielmehr deutlich machen, dass die menschliche Solidarität im Unheil nicht nur von Menschen verschuldetes und von Menschen prinzipiell auch wieder veränderbares Unheil ist. Es gibt nicht nur das Unheil von Armut, Gewalt, Ausbeutung und anderem. Es gibt auch das Unheil der menschlich irreparablen Schuld und das durch Menschen vollends nicht lösbare Unheil des Todes in seinen vielfachen Gestalten. Es gibt also Situationen, in denen wir, auch wenn wir alles Menschenmögliche tun, mit bestem Willen nicht helfen können. Ja, selbst bei prinzipiell abschaffbaren Unheilssituationen stehen die, welche sie verändern wollen, selbst unter deren Bedingung. Sie müssen oft genug Gewalt anwenden, um ungerechte Gewalt zu beseitigen. So bewegen wir uns auch hier in einem unentrinnbaren Teufelskreis von Schuld und Rache, Gewalt und Gegengewalt, aus dem wir aus eigener Kraft nicht entfliehen können.

So ist ein grundsätzlicher und qualitativer Neuanfang notwendig, welcher notwendigerweise nicht aus den Bedingungen der Geschichte ableitbar ist, ein Neuanfang, den nur der ganz Andere und Neue, Gott selbst stiften und gewähren kann. Erlösung ist also nur »von oben«, durch Gott möglich. Die Solidarität der Menschen unter sich kann nur durch eine qualitativ ganz andere und neue Solidarität, die Solidarität Gottes mit dem Menschen, wiederhergestellt und erlöst werden. Letztlich kann nicht der Mensch für den Menschen eintreten, letztlich muss Gott selbst für den Menschen einspringen, um ihn so erst zu der Freiheit zu befreien, sich solidarisch für die Freiheit der anderen einzusetzen.

»Von oben« heißt freilich nicht einfachhin »von außen«. Die Erlösung betrifft den Menschen nur dann in seinem Innersten, wenn sie das Unheil an seiner Wurzel in der freien Entscheidung, im Herzen des Menschen heilt. Hier liegt die großartige und bis heute gültige Idee Anselms: Gott selbst muss Mensch werden, damit der Mensch wieder zu Gott und in Gott zum Heil kommt. Es gehört ja zur Menschenfreundlichkeit Gottes, den Menschen nicht über den Kopf des Menschen hinweg zu erlösen. Der Stellvertreter ist ja kein Ersatzmann. Deshalb erlöst uns Gott auf menschliche Weise. Er wird Mensch und nimmt so in Jesus Christus des Menschen Stelle ein. Er geht freiwillig ganz ein in dessen unheilvolle Situation, bis zum Tod am Kreuz, um so durch menschlichen Gehorsam und menschliche Hingabe das Leiden und Sterben des Menschen von innen her zu verwandeln und neu zu qualifizieren. Nunmehr gibt es keine menschliche Situation mehr, die grundsätzlich gottlos und gottfern wäre.

Der neue Anfang, der nicht aus der Welt kommt, wohl aber in der Welt geschieht, schafft den Ausgangspunkt und die Grundlage für eine neue Solidarität. Weil Jesus Christus unser aller Mitbruder ist, ist unser aller mitmenschlich verfasstes Sein neu bestimmt. Diese

»objektive« Erlösung seinshafter Art will freilich subjektiv durch den Glauben angeeignet werden. So ist uns von Gott durch Jesus Christus im Heiligen Geist eine neue Existenzmöglichkeit erschlossen.

Dieses neue Sein in Christus wird sich seinerseits wiederum im Für-die-anderen-Sein, das heißt in mitmenschlicher Solidarität, auswirken. Dabei geht es in der Nachfolge Jesu nicht nur um Solidarität durch aktiven äußeren Einsatz für die Armen und Unterdrückten, für Recht und Freiheit. Das ist selbstverständlich wichtig und sogar unerlässliche christliche Pflicht. Die christliche Solidarität hat jedoch noch eine tiefere Dimension im stellvertretenden Gebet, in der stellvertretenden Buße und im stellvertretenden Leiden und Sterben. Auf diese Weise können wir als Christen auch dort, wo wir menschlich mit bestem Willen nichts mehr tun können, noch etwas, ja das Entscheidende tun. Doch diese christliche Solidarität lebt vom Empfangen, sie ist verdanktes Sein. Bei aller notwendigen und unlösbaren Zusammengehörigkeit von Gottes- und Nächstenliebe geht die erstere doch nie in der letzteren auf.

Es ist ein unergründliches Geheimnis der Liebe, dass Gott so ist, dass er ein Gott für die Menschen ist und anstelle des Menschen dessen Schuld auf sich nimmt und sie so erlöst. Es ist ebenfalls ein tiefes Geheimnis, dass dieses Heil für viele davon abhängt, dass andere in der Nachfolge Jesu betend, büßend, leidend, sterbend stellvertretend für sie eintreten und gerade so Sinn und Erfüllung ihres eigenen Lebens, Leidens und Sterbens finden. Die unerforschliche Tiefe dieses christlichen Stellvertretungs- und Sühnegedankens gilt es neu zu entdecken und zu beleben. So könnte eine Spiritualität des letzten Platzes (Charles de Foucauld) grundgelegt werden.

Christus und die Religionen

Der christliche Glaube angesichts der Religionen

Sind die nicht-christlichen Religionen heilsbedeutsam?

Es ist bekannt, dass der heilige Franz Xaver, als er vor der Küste Chinas festgehalten wurde, von dem Gedanken gepeinigt wurde, dass alle Menschen, die nicht durch seine Predigt zum Glauben und zur Taufe geführt werden, für immer dem Feuer der Hölle verfallen sind. Heute sind nicht wenige der Meinung, hätte der heilige Franz die moderne Theologie der Religionen[1] studieren können, dann hätte er sich seine Mühe eigentlich sparen können; dann hätte er die nicht-christlichen Religionen zum normalen Heilsweg für die Mehrzahl der Menschen und deren Anhänger zu anonymen Christen erklärt; er hätte dann die Welt vom Schreibtisch aus missionieren können.

---

[1] Zur Theologie der nichtchristlichen Religionen vgl. O. Karrer, Das Religiöse in der Menschheit und das Christentum, Frankfurt ^{4}1949; T. Ohm, Die Liebe zu Gott in den nichtchristlichen Religionen. Die Tatsachen der Religionsgeschichte und die christliche Religion, Freiburg ^{2}1957; J. A. Cuttat, Begegnung der Religionen, Einsiedeln 1956; J. Daniélou, Die heiligen Heiden des Alten Testaments, Stuttgart 1958; M. Seckler, Instinkt und Glaubenswille nach Thomas von Aquin, Mainz 1961, 232–258; Y. Congar, Außer der Kirche kein Heil, Essen 1961; K. Rahner, Das Christentum und die nichtchristlichen Religionen, in: Schriften zur Theologie 5, Einsiedeln – Zürich – Köln 1962, 136–158; ders., Kirche, Kirchen und Religionen, in: Schriften zur Theologie 8, Einsiedeln – Zürich – Köln 1967, 355–373; H. R. Schlette, Die Religionen als Thema der Theologie (QD 22), Freiburg – Basel – Wien 1964; J. Ratzinger, Der christliche Glaube und die Weltreligionen, in: J. B. Metz u. a. (Hg.), Gott in Welt (FS K. Rahner), Bd. 2, Freiburg – Basel – Wien 1964, 287–305; R. Panikkar, Religionen und Religion, München 1965; H. Fries, Das Christentum und die Religionen der Welt, in: ders., Wir und die andern, Stuttgart 1966; G. Thils, Propos et problèmes de la théologie des religions nonchrétiennes, Tournai 1966; J. Heislbetz, Theologische Gründe der nichtchristlichen Religionen (QD 33), Freiburg – Basel – Wien 1967; kritisch: J. Dörmann, Gibt es eine christliche Verheißung für die andern Religionen?, in: W. Keinen/J. Schreiner (Hg.), Erwartung – Verheißung – Erfüllung, Würzburg 1969, 299–322; M. Seckler, Sind Religionen Heilswege?, in: StZ 95 (1970) 187–194.

Das ist selbstverständlich eine Karikatur. Kein ernstzunehmender Theologe macht sich die Frage des Heils der anderen so einfach. Aber gerade in dieser Verzerrung wird deutlich, dass es in der Frage »Sind die nicht-christlichen Religionen heilsbedeutsam?« nicht nur um die Grundlagen der kirchlichen Missionsarbeit, sondern des Christentums insgesamt geht. Ist es doch das grundlegende Bekenntnis des christlichen Glaubens, dass in keinem anderen Namen Heil ist außer in dem Namen Jesus Christus *(Apg 4,12)*. Durch Jesus Christus als den einen Mittler zwischen Gott und den Menschen will Gott das Heil aller Menschen *(1 Tim 2,4f.)*. Dieses Bekenntnis ist exklusiv und universal zugleich, und jede Theologie der nicht-christlichen Religionen[2] wird sich daran bewähren müssen, dass sie die Einmaligkeit und Einzigartigkeit des Namens Jesus Christus ebenso ernst nimmt wie dessen Universalität. Will sich das Christentum nicht selbst aufgeben und seine Identität mit der Schrift wie mit der Tradition verlieren, dann kann es sich aufgrund dieses konkreten und universalen Anspruchs nie als eine Religion neben anderen Religionen verstehen.[3]

Jede Antwort auf die Frage nach der Heilsbedeutsamkeit der nicht-christlichen Religionen muss jedoch auch der konkreten Wirklichkeit gerecht werden. Die Wirklichkeit der Religionsgeschichte stellt uns jedoch vor ein schweres Problem. Bereits die Kirchenväter wussten, dass das Christentum erst spät in die Geschichte eingetreten ist.[4] Wir wissen heute, dass der Anfang der Menschheit nicht nur 5000 Jahre, wie die Bibel voraussetzt, sondern vielleicht 500 000 Jahre vor Christi Geburt zurückreicht; wir wissen außerdem, dass, wenn nicht alles täuscht, die Christen in Zukunft immer mehr eine Minderheit darstellen werden innerhalb einer explosionsartig anwachsenden Welt-

---

[2] Der Begriff nicht-christliche Religionen ist theologisch in doppelter Hinsicht problematisch. Einmal ordnet er das Christentum unter die Religionen ein; zum anderen setzt er ein partikuläres Verständnis des Christentums voraus und kommt von daher von vornherein zu einer nicht-christlichen Deutung der Religionen. Doch kann der Begriff auch in einem theologisch neutralen, rein deskriptiv-religionssoziologischen Sinn verstanden werden. Allein in diesem letzteren Sinn ist hier von nicht-christlichen Religionen die Rede. Zum Problem des Sprachgebrauchs vgl. Thils, Propos et problèmes de la théologie des religions nonchrétiennes (wie Anm. 1), 22–28.

[3] W. Kasper, Absolutheitsanspruch des Christentums, in: SM I, 39–44.

[4] Congar, Außer der Kirche kein Heil (wie Anm. 1), 11ff.

bevölkerung. Die Bekehrung des größeren Teils der Menschheit ist heute nach menschlichem Ermessen in weitere Ferne gerückt als wohl je zuvor. Auf der anderen Seite verkörpern die nicht-christlichen Religionen hohe kulturelle Werte, und sie bezeugen tiefe religiöse Ergriffenheit. Beidem wird der Christ seinen menschlichen Respekt nicht versagen dürfen. Für ein Überlegenheitsgefühl besteht nicht zuletzt im Blick auf die Geschichte des Christentums kein Grund. Dazu kommt, dass heute immer mehr eine weltweite Interdependenz zwischen allen Völkern, Kulturen und Religionen besteht, wo jeder jedes Nachbar geworden ist und wo das Schicksal jedes anderen auch mein Schicksal bestimmen kann. Solche Solidarität schließt jede Vorstellung eines rein partikularen, rein persönlichen und rein privaten Heils von vornherein aus. Die Begegnung mit den nicht-christlichen Religionen ist deshalb für uns heute zu einem dringenden Anliegen und zu einer nicht zu umgehenden Herausforderung geworden.

Man kann dieser Herausforderung auf verschiedene Weise gerecht zu werden versuchen. Man kann vom Selbstverständnis der Religionen selbst ausgehen und sie religionsvergleichend mit dem Christentum in Beziehung setzen. Ein solcher Vergleich ist jedoch nicht möglich ohne bestimmte Vergleichsmaßstäbe. Deshalb muss es auch erlaubt sein, einen zweiten Weg zu beschreiten und von vornherein bewusst vom christlichen Glauben auszugehen und sein Verständnis der Religionen darzustellen. Beide Wege brauchen sich nicht auszuschließen und können sich ergänzen. Wir beschränken uns auf den zweiten Weg. Die entscheidende theologische Frage ist dabei nicht so sehr die Frage nach der grundsätzlichen Heilsmöglichkeit für einzelne Nicht-Christen. Diese Frage kann mindestens seit dem Zweiten Vatikanischen Konzil als in einem positiven Sinn beantwortet gelten. Wenn Gott das Heil aller Menschen will, dann will er es auf eine wirksame Weise, so dass »zu aller Zeit und in jedem Volk Gottes Wohlgefallen auf jedem ruht, der ihn fürchtet und gerecht handelt« (vgl. *Apg 10,35*).[5] Doch die Frage geht wesentlich weiter und reicht tiefer. Es geht nicht nur um die einzelnen Nicht-Christen, sondern um die nicht-christlichen Religionen selbst. Die Frage ist also: Werden die Nicht-Christen, wenn sie dem Ruf Gottes so folgen, wie sie ihn konkret vernehmen, gerettet trotz ihrer Zugehörigkeit zu einer nicht-christlichen Religion,

[5] LG 9; vgl. 16.

oder erhalten sie die Gnade Christi in oder gar durch ihre Religion? Es geht also um die Bedeutung und den Stellenwert, welcher den Religionen in der Heilsgeschichte zukommt. Die Antwort auf diese Frage setzt eine ganze Theologie der nicht-christlichen Religionen voraus. Das kann hier nicht geleistet werden. Wir beschränken uns darum auf drei Elemente einer solchen Theologie.

I. Der protologische Aspekt

Für den christlichen Glauben ist Gott der eine, absolute und universale Herr aller Wirklichkeit. Dieses Bekenntnis findet seinen höchsten Ausdruck im christlichen Schöpfungsglauben. Alles, was ist, kommt ins Dasein und ist erfüllt und durchwaltet von der Weisheit und Herrlichkeit Gottes. Aber Gottes Weisheit ist kein abstraktes Weltprinzip oder eine sogenannte rein natürliche Ordnung. Sie hat einen konkreten Namen: Jesus Christus. In ihm und auf ihn hin ist alles geschaffen (1 Kor 8,6; Kol 1,16). Es gibt darum nur eine einzige, Schöpfung und Erlösung umgreifende Heilsordnung. Deshalb finden sich in der gesamten Schöpfung Fragmente, logoi spermatikoi, des Logos, der in Jesus Christus endgültig und vollgültig erschienen ist.[6] Dieser Logos tritt nach den Vätern auch in den Fragen und Antworten der heidnischen Philosophen wie in den Aussagen und Riten der Religionen in Erscheinung.[7] Selbst Augustinus, der doch in der Frage der Heilsmöglichkeit des Menschen sehr streng urteilt, kennt die Idee einer ecclesia ab Abel,[8] und er war geneigt anzunehmen, dass Gottes Güte von allem Anfang an immerdar unter allen Völkern am Werk gewesen ist, so dass auch die Heiden ihre verborgenen Heiligen und ihre Propheten gehabt haben.[9] Auch die Liturgie sagt im »Dies irae«: »teste David et Sybilla«. Sie misst also den heiligen Büchern der Heiden propheti-

---

6 Iust. 1 apol. 5; 46; 2 apol. 7; 10; 13; vgl. H. de Lubac, Katholizismus als Gemeinschaft, Einsiedeln – Köln 1943, 190 f.

7 Vgl. Thils, Propos et problèmes de la théologie des religions nonchrétiennes (wie Anm. 1), 96 ff.

8 Y. Congar, Ecclesia ab Abel, in: M. Reding (Hg.), Abhandlungen über Theologie und Kirche (FS K. Adam), Düsseldorf 1952, 79–108.

9 F. Hofmann, Der Kirchenbegriff des Hl. Augustinus in seinen Grundlagen und in seiner Entwicklung, München 1933, 212–221.

schen Charakter zu und vergleicht sie darin den Propheten des Alten Testaments.

Nicht nur das Dasein, auch die Erhaltung der Welt und des Menschen im Dasein trotz der Sünde ist ein Zeichen, durch das die nichtchristlichen Religionen etwas von der Gnade Gottes erfahren. Dies ist, wie in der neueren Theologie vor allem Jean Daniélou gezeigt hat,[10] das Thema der Geschichte von der Sintflut und dem Bund Gottes mit Noe. Durch den Sintflutbericht soll deutlich werden, dass der Bestand der Welt, die Ordnung und die Fruchtbarkeit der Natur und das Leben des Menschen keine Selbstverständlichkeiten sind. Der Kosmos ist vielmehr ständig durch die Mächte des Chaos und der Zerstörung bedroht. Durch die Sünde hätte der Mensch den Tod verdient. Die Tatsache, dass ihm dennoch Leben gewährt wird und dass die Erde trotz des auf ihr lastenden Fluchs den Menschen nährt und erquickt, ist darum ein Zeichen des Gnadenwillens Gottes und seines Bundes, den er nicht nur mit Israel durch Mose, sondern auch mit den Völkern durch Noe geschlossen hat. So erfahren also die Religionen, die im Kreislauf »von Saat und Ernte, Frost und Hitze, Sommer und Winter, Tag und Nacht« *(Gen 8,22)* Manifestationen Gottes erkennen, nicht nur eine ›natürliche‹ Ordnung, sondern sie erfahren etwas vom Gnaden- und Heilswillen Gottes, und es ist theologisch höchst ungemäß, sie einfach als Naturreligionen zu bezeichnen.

Nimmt man das Zeugnis der Schrift und Tradition vom universalen Charakter der Gnade Christi ernst, dann ist es nicht möglich, das Christentum und die Religionen in einen Gegensatz zueinander zu bringen, indem man das Christentum als Offenbarung Gottes ›von oben‹, die Religionen dagegen als eigenmächtige Versuche des Menschen bestimmt, sich ›von unten‹ Gottes zu bemächtigen. Diese dialektische Position Karl Barths,[11] die die Religionen nur als Unglaube, Götzendienst und Hybris verstehen kann, hat zunächst den Vorteil, dass sie mit den Schwierigkeiten und Infragestellungen durch die Religionsgeschichte leicht fertig wird. Indem sie das Christentum in die

---

10 Daniélou, Die heiligen Heiden des Alten Testaments (wie Anm. 1), 73–89; Thils, Propos et problèmes de la théologie des religions nonchrétiennes (wie Anm. 1), 75–79.

11 K. Barth, Kirchliche Dogmatik I/2, Zollikon – Zürich ^{5}1960, § 17, 304–397; stark beeinflusst von K. Barth ist H. Kraemer, Religion und christlicher Glaube, Göttingen 1959.

sturmfreie Zone des ›Übernatürlichen‹ bringt, macht sie es unangreifbar. Diese scheinbare Stärke ist jedoch eine Schwäche. Die Folge ist Isolierung, Dialogunfähigkeit, Verlust der Universalität und der Katholizität. Paradoxerweise übernimmt ausgerechnet dieser extreme Supernaturalismus den Religionsbegriff der naturalistischen Religionskritik von Ludwig Feuerbach und versucht, wie diese die Religion nur als Projektion des Menschen zu begreifen. Doch kann man die Transzendenzbewegung des Menschen ›von unten‹, die sich in den Religionen in einer so reichen Vielfalt findet, überhaupt begreifen, wenn nicht der Mensch zuerst ›von oben‹ angegangen und eingefordert ist? Findet sich nicht auch hier eine – vielleicht anonyme – Antwort des Glaubens auf einen gnadenhaften Anruf Gottes?

Alle diese Fragen und Aussagen können nicht allein auf das Heil des einzelnen Nicht-Christen bezogen werden. Gottes erlösende Gnade begegnet dem Menschen normalerweise nicht isoliert in der Einsamkeit seines Gewissens, sondern in seiner gesamten sozio-kulturellen Situation. Der Mensch ist ein gesellschaftliches Wesen (zôon politikón). Normalerweise lebt er sein religiöses Leben in den Formen, die ihm durch seine religiöse Gemeinschaft angeboten werden. Hier begegnet er normalerweise dem, was für ihn in seiner konkreten Situation der unbedingte Anspruch des Gewissens ist. Folglich wird er normalerweise auch nicht trotz seiner Religion, sondern in seiner Religion erlöst, aber durch Jesus Christus.

Fassen wir nun den ersten Gesichtspunkt zusammen: Aufgrund des universalen Heilswillens Gottes in Jesus Christus kann man durchaus von einer impliziten oder anonymen Christlichkeit außerhalb des expliziten Christentums sprechen.[12] Es ist deshalb auch nicht verwegen, Christus als den Unbekannten im Hinduismus zu bezeichnen (Raimon Panikkar).[13] Am genialsten und am kühnsten hat Nikolaus von

---

[12] K. Rahner, Dogmatische Randbemerkungen zur Kirchenfrömmigkeit, in: Schriften zur Theologie 5, Einsiedeln – Zürich – Köln 1962, 379–410; ders., Die anonymen Christen, in: Schriften zur Theologie 6, Einsiedeln – Zürich – Köln 1965, 545–554; E. Schillebeeckx, Kirche und Menschheit, in: Gott – Kirche – Welt (Gesammelte Schriften 2), Mainz 1970, 243–262. Dazu A. Röper, Die anonymen Christen, Mainz 1963; K. Riesenhuber, Der anonyme Christ nach K. Rahner, in: ZKTh 86 (1964) 286–303. Kritisch: H. U. von Balthasar, Cordula oder der Ernstfall, Einsiedeln 1966, 103–110.

[13] Allerdings scheint Panikkar den geschichtlichen, irdischen Jesus ziemlich aus

Kues diese Vision in seinem Buch *De pace fidei* entfaltet: Es gibt in der Vielfalt der Vorstellungen und Riten nur eine Religion, weil alle Religionen an der einen Weisheit Gottes Anteil haben.

II. Der harmatologische Aspekt

Nur ein kleiner Schritt scheint die bisher dargelegte Lehre der Väter und vieler Theologen von der aufklärerischen Idee einer allgemeinen Vernunftreligion, von Georg Wilhelm Friedrich Hegels und Friedrich Wilhelm Joseph Schellings Lehre vom absoluten Geist, der sich in der Religionsgeschichte in vielfacher Weise äußert, von dem Traum einer künftigen Synthese der Religionen, wie er sich etwa bei Arnold Joseph Toynbee oder bei Sarvepalli Radhakrishnan findet, oder aber von einem allgemeinen Feld-, Wald-, Wiesenhumanismus zu trennen. In Wirklichkeit ist dieser Schritt riesengroß und der Graben nicht zu überspringen. Für die Schrift und die Tradition lässt sich nämlich die Frage nach dem Heil nicht trennen von der Frage nach dem Glauben. Gott vereinnahmt den Menschen nicht in einer universalen Ordnung des Heils; Gottes Gnade befreit ihn vielmehr zu seiner Freiheit *(Gal 5,1.13)*; sie ruft ihn in die Entscheidung, verlangt von ihm Umkehr und Glauben, ohne den es unmöglich ist, Gott zu gefallen *(Hebr 11,6)*. Gott gibt seine Gerechtigkeit allen ohne Unterschied, Juden und Heiden, allein aufgrund des Glaubens *(Röm 3,30)*.

Die Frage ist: Was bedeutet hier ›glauben‹? Handelt es sich in jedem Fall um einen expliziten Bekenntnisglauben zu Jesus Christus? Oder gibt es auch eine anonyme Gestalt des Glaubens, die überall dort ist, wo der Mensch das unergründliche Geheimnis seines Daseins wagend und vertrauend annimmt? Nimmt er damit nicht zugleich dasselbe durch Weltzeiten schweigende Geheimnis an, das jetzt durch die prophetischen Schriften allen Völkern kundgemacht wird *(Röm 16,26)*?

Die Schrift selbst scheint uns auf diese Frage keine unmittelbare Antwort zu geben. Sie spricht unmittelbar vom Glauben derer, denen

dem Blick zu verlieren und die Heilsbedeutung der Menschheit Christi unterzubewerten. Stattdessen vertritt er eine Art Christusprinzip, wie es den asiatischen Hochreligionen mehr entspricht als dem Christentum.

das Evangelium verkündet wurde. Sie macht jedoch zurückhaltend gegen allzu weitgehende Spekulationen über einen anonymen oder impliziten Glauben. Sobald es in der Schrift und in der Tradition um die quaestio facti geht, scheint das Urteil nicht sehr optimistisch zu sein. Nach der Überzeugung von Schrift und Tradition haben die Menschen die Wahrheit Gottes zwar erkannt, aber sie haben sie nicht anerkannt; sie haben die Wahrheit niedergehalten und die Herrlichkeit des ewigen Gottes mit den bloßen Bildern von vergänglichen Menschen und Tieren vertauscht. Anstelle des Schöpfers haben sie Geschöpfen Verehrung und Anbetung erwiesen *(Röm 1,18–25)*. Deshalb sehen das Alte wie das Neue Testament und die Kirchenväter in den anderen Religionen Irrglauben und Aberglauben, Lug und Trug, dämonische Nachäffung wahrer Religion, teuflisches Blendwerk, Hybris, Verblendung des Herzens und des Verstandes und sittliche Verkommenheit. Sie sind eine Verkehrung der Schöpfungsordnung; in ihnen versteht sich der Mensch nicht mehr nach dem Bild und Gleichnis Gottes, es schafft sich vielmehr der Mensch Gott nach seinem Bild und seinem Gleichnis.[14]

Diese prophetische Religionskritik ist heute etwas in Vergessenheit und Misskredit gekommen. Zu Unrecht! Die Herausstellung des harmatologischen Aspekts bedeutet nämlich eine notwendige kritische Ergänzung der Idee vom impliziten Christentum in den nicht-christlichen Religionen. Denn isoliert und verabsolutiert man das Schlagwort von den anonymen Christen, dann führt das in der Konsequenz zu der Behauptung, die Mission habe keine andere Sorge, »als daß der Hindu ein besserer Hindu, der Buddhist ein besserer Buddhist, der Moslem ein besserer Moslem werde«[15]. Joseph Ratzinger fragt mit Recht: »Aber muß man dann nicht ebenso sagen, ein Kannibale müsse eben ein ›guter Kannibale‹ und ein überzeugter SS-Mann ein ganzer SS-Mann sein?«[16] Kritische Unterscheidung der Geister ist also am Platz. Die Auffassung, die rundweg jedes religiöse System als heils-

[14] Vgl. Thils, Propos et problèmes de la théologie des religions nonchrétiennes (wie Anm. 1), 138–145.

[15] H. Halbfas, Fundamentalkatechetik. Sprache und Erfahrung im Religionsunterricht, Düsseldorf 1968, 241.

[16] J. Ratzinger, Kein Heil außerhalb der Kirche?, in: ders., Das neue Volk Gottes. Entwürfe zur Ekklesiologie, Düsseldorf 1969, 356.

bedeutsam erklärt, klingt zwar sehr human, weitherzig und progressiv; in Wirklichkeit erhebt sie jedoch den Konservativismus zur Weltanschauung. Sie kennt nicht das kritische Überschreiten des jeweiligen Systems um der tieferen und umfassenderen Wahrheit willen.

Gerade der scheinbar so altmodische religionskritische Aspekt bringt den christlichen Glauben in die Nähe der neuzeitlichen Religionskritik seit der Aufklärung. Sie hat heute durch die mit der Technisierung und Industrialisierung verbundene Säkularisierung einen weltweiten Einfluss und verändert die Situation der Religionen von Grund auf. Sowohl die prophetische wie die neuzeitliche Religionskritik steht je von ihren eigenen Voraussetzungen her im Dienst der Befreiung des Menschen von unfrei machenden »Mächten und Gewalten«, seiner Erlösung von religiös verbrämter Gewalt und von dem Betrug, der um religiöser Illusion willen den Menschen vom Glück der Erde abhalten will. Eben aufgrund seines religionskritischen Aspekts ist das Christentum fähig, das legitime kritische Element, das in Aufklärung und Revolution zur Befreiung des Menschen zur Geltung kommt, aus sich selbst zu realisieren. Das Christentum hat deshalb auch die Chance, die Herausforderungen durch ein aufgeklärtes, revolutionäres Zeitalter zu bestehen und dabei den anderen Religionen zu helfen, der hoffnungslosen Alternative zu entkommen, sich entweder vor der neuen Zeit reaktionär zu verschließen oder vor ihr zu kapitulieren.

Wesentlich – so können wir zusammenfassend sagen – ist also für das christliche Verständnis der Religionen die Forderung nach Metanoia und der Ruf zum Exodus. Das Christentum ist nicht nur Erfüllung, sondern auch Krisis der Religionen, sofern sie in sich verschlossen und nicht mehr offen sind für das je größere Geheimnis Gottes. Doch gerade diese Krisis ist es, die der Ekstasis des menschlichen Geistes entspricht, die den Menschen erlöst von unfrei machenden religiösen Systemen und die auch die Religionen zu ihrer eigentlichen Bestimmung führt und sie fähig macht, den modernen Säkularisierungsprozess zu bestehen.

III. Der eschatologische Aspekt

Das Christentum steht zu den nicht-christlichen Religionen im Verhältnis des Ja und des Nein.[17] Das bedeutet kein kompromisslerisches Sowohl-als-auch. Beide Aspekte, das positive wie das negative Urteil, sind miteinander vermittelt durch die eschatologische Perspektive. Nach der Schrift stehen ja die gesamte Menschheit und die Wirklichkeit insgesamt unter einer Verheißung *(Gen 3, 15)*. Das Alte Testament kennt die Verheißung, dass in der eschatologischen Heilszeit die Völker nach Jerusalem pilgern (*Jes 2, 2 f.*; *Mich 4, 1 f.*; vgl. *Mt 8, 11 f.*). Diese Sammlung der Völker wird den eschatologischen Schalom, die Einheit aller Nationen im gemeinsamen Lob Gottes heraufführen. Am Ende wird also die allgemeine Heilsgeschichte einmünden in die besondere Heilsgeschichte und dieser ihre von Anfang an angelegte Universalität vermitteln. Nach dem Neuen Testament ist diese eschatologische Heilszeit, in der die Trennmauer zwischen Juden und Heiden niedergerissen ist, in Kreuz und Auferstehung Jesu Christi bereits angebrochen. »Er ist unser Friede.« Christus hat in seinem einen Leib Juden und Heiden versöhnt und eine gemeinsame Bürgerschaft und Hausgenossenschaft aller Menschen begründet *(Eph 2, 14–19)*. In Jesus Christus und in seinem Werk findet nicht nur das Alte Testament, sondern die gesamte Wirklichkeit ihre Vollendung *(Eph 1, 10)*. Er ist ihr gemeinsamer Treffpunkt. Die Kirche aus Juden und Heiden, in der die Völker Miterben, Miteinverleibte und Teilhaber sind, ist deshalb die Verwirklichung des schon in der Schöpfung wirksamen ewigen Heilsratschlusses Gottes *(Eph 3, 6)*.

Die an alle Völker gerichtete Mission ist in dieser Perspektive nichts anderes als »ein Stück Enderfüllung, Tatbeweis Gottes für die Inthronisation des Menschensohnes, sich jetzt realisierende Eschatologie«[18]. »Missionarische Tätigkeit ist nichts anderes und nichts weniger als Kundgabe oder Epiphanie und Erfüllung des Plans Gottes in der Welt und ihrer Geschichte, in der Gott durch die Mission die Heilsgeschichte sichtbar vollzieht.«[19] Das Ziel der Mission ist deshalb nicht in erster Linie die Seelenrettung, das Heil des Einzelnen, sondern das

---

[17] Fries, Das Christentum und die Religionen der Welt (wie Anm. 1), 251 ff.

[18] J. Jeremias, Jesu Verheißung für die Völker, Stuttgart 1956, 63.

[19] AG 9.

Heil der Welt. Die Kirche, die durch ihre Verkündigung und ihre Sakramente die eschatologische Herrlichkeit Gottes schon jetzt offenbar macht, ist nicht so sehr die exklusive und privilegierte Gemeinschaft der Heilsanwärter, sondern der Vortrupp einer neuen Menschheit. Sie soll durch ihre ganze Existenz den Völkern den Sinn und das Ziel ihres Wegs bezeugen und sie einladen, diesen Weg um ihres Heils willen zu gehen.[20] Die Kirche ist der Ort ihrer Einheit und der Raum ihrer Versöhnung. Gerade als Missionskirche ist sie deshalb »signum levatum in nationes«[21], »Sakrament, das heißt Zeichen und Werkzeug für die innigste Vereinigung mit Gott wie für die Einheit der ganzen Menschheit«[22].

In dieser eschatologischen Perspektive erscheinen die Kulturen und die Religionen der Völker in einem neuen Licht. Sie sind, wie die Kirchenväter sagten, praeparatio evangelica und Ausdruck der paidagogia Gottes.[23] Sie sind in einer zwar geschichtlich vorläufigen, aber doch positiven Weise einbezogen in die eine universale Heilsoikonomie Gottes.[24] Diese Heilsordnung Gottes ist bestimmt vom Gesetz des

---

[20] Rahner, Das Christentum und die nichtchristlichen Religionen (wie Anm. 1), 156; Schlette, Die Religionen als Thema der Theologie (wie Anm. 1), 95.

[21] DH 3014.

[22] LG 1.

[23] Vgl. Thils, Propos et problèmes de la théologie des religions nonchrétiennes (wie Anm. 1), 155 ff. Zur Idee der παιδαγωγία τοῦ Θεοῦ bei den Vätern vgl. N. Bonwetsch, Der Gedanke der Erziehung des Menschengeschlechts bei Irenäus, in: ZSTh 1 (1923) 637–649; N. Brox, Offenbarung, Gnosis und gnostischer Mythos bei Irenäus von Lyon, Salzburg – München 1966, 184–189; E. Fascher, Der Logos-Christus als göttlicher Lehrer bei Clemens von Alexandrien, in: Studien zum neuen Testament und zur Patristik (FS E. Klostermann, TU 77), Berlin 1961, 193–207; H. Koch, Pronoia und Paideusis, Berlin – Leipzig 1932, 28–36; G. Greshake, Gnade als konkrete Freiheit. Eine Untersuchung zur Gnadenlehre des Pelagius, Mainz 1972, bes. 173–184.

[24] Trotzdem scheint es mir nicht ratsam zu sein, mit H. R. Schlette u. a. die Religionen als den ordentlichen, das Christentum dagegen als den außerordentlichen Heilsweg zu bezeichnen (Die Religionen als Thema der Theologie [wie Anm. 1], 85 f.). Das Wort »ordentlich« ist zweideutig. Es hat 1. eine quantitative und deskriptive Bedeutung und ist dann gleichbedeutend mit »geläufig«, »gewöhnlich«; in diesem Sinn verstanden ist der ordentliche Heilsweg der Weg der größeren Zahl der Menschen. Das Wort »ordentlich« hat 2. aber auch eine qualitative und normative Bedeutung und meint »was der Ordnung, d. h. der Norm entspricht«. In diesem in der Theologie bisher üblichen Sinn kann das Christentum niemals der außerordentliche Heilsweg sein; es ist vielmehr das Ziel der

Exodus, in dem die Ekstasis des menschlichen Geistes zur Vollendung kommt. Die gesamte Heilsgeschichte wird geprägt durch das Zeichen des Kreuzes und durch das Gesetz der sich selbst überschreitenden Liebe, die ihr Leben hingibt, um es zu gewinnen. Deshalb besitzen die Religionen Heilsbedeutung in dem Maß, als sie sich in den Prozess der Heilsgeschichte, der zugleich ein Prozess der Sammlung der Völker ist, eingliedern und einen Dienst leisten am eschatologischen Schalom Gottes. Zu ihrer letzten Eindeutigkeit, Klarheit und Universalität kommen sie jedoch erst durch Jesus Christus. In ihm hat Gott endgültig dem Menschen den Menschen geoffenbart und ihm das Ziel seiner Berufung kundgetan.[25] Diese Behauptung mag zunächst als ein unbewiesener dogmatischer Anspruch erscheinen. Aber wenn man dem Religionsgeschichtler Mircea Eliade folgt, dann ist allein das Christentum, das als geschichtliche Religion ein positives Verhältnis zur Geschichte hat, heute in der Lage, dem Menschen, der in einer geschichtlich gewordenen Welt die schöpferische Kraft der Freiheit und die positiven Werte geschichtlichen Fortschritts entdeckt hat, Halt und Sinn zu vermitteln und eine tiefere, geistige Einheit und Versöhnung der Menschheit zu bewirken.[26] Das stellt die Kirche heute in eine weltweite Verantwortung für das Heil und die Zukunft der Menschheit. Hier kommt der Kirche und ihrer Mission eine politische Funktion zu.

In dieser eschatologischen Perspektive erscheint auch das Christentum, konkret die Kirche, in einem neuen Licht. Sie ist noch nicht das vollendete Reich Gottes, sondern nur dessen sakramentales Zeichen, nicht ecclesia triumphans, sondern ecclesia crucis. Sie ist pilgernde Kirche, wanderndes Gottesvolk, Kirche, die unterwegs ist. Ihre Katho-

---

einen Heilsordnung Gottes, auf das alle anderen Heilswege ausgerichtet sind. Aber auch sie sollten besser nicht als außerordentliche Heilswege neben dem ordentlichen Heilsweg bezeichnet werden. Sie sind vielmehr *objektiv* unvollkommene und nicht abgeschlossene Heilswege. Das schließt kein Urteil über die *subjektive* Heilsvollkommenheit des einzelnen Christen oder Nichtchristen ein. In dieser subjektiven Betrachtungsweise gilt vielmehr das Wort Augustins, dass viele draußen sind, die drinnen sind, und dass viele drinnen sind, die draußen sind. Das Urteil darüber steht allein Gott zu (vgl. DH 1533 f.).

[25] GS 22.

[26] M. Eliade, Kosmos und Geschichte. Der Mythos der ewigen Wiederkehr, Hamburg 1966, 125 ff.

lizität ist Gabe und Aufgabe zugleich. Erst wenn die Völker das Beste ihres religiösen und kulturellen Erbes in sie eingebracht haben, ist sie zu ihrer eigentlichen Fülle gelangt. »Die Kirche liegt so lange in Wehen, bis alle Völker eingegangen sind in ihren Schoß« (Methodius).[27] Die Bekehrung der Völker setzt jedoch die Bekehrung der Kirche von einem falschen integralistischen und monolithischen Denken und Verhalten voraus.

Heute besteht wohl allgemeine Übereinstimmung darüber, dass die Mission kein theologischer Kolonialismus und keine im Grund imperialistische Ausbreitung der Kirche sein darf. Das Vaticanum II spricht nicht von einer Ausbreitung, sondern von einer Einpflanzung der Kirche.[28] Aus diesem Grund können auch eine lediglich strategisch-taktisch und methodisch-pädagogisch verstandene Adaption nicht genügen. Eine wirkliche Inkarnation des Christentums, ein Eingehen in die religiösen, kulturellen und sozialen Formen eines Volks ist nötig. Die Menschwerdung Gottes findet jedoch ihre Erfüllung im Passahgeschehen von Kreuz und Auferstehung. Erlösung geschieht immer per viam crucis. Sie setzt nicht nur Konversion, sondern eine Neugeburt voraus. Aber diese zweite Geburt ist keine creatio ex nihilo. Das Wesen, das aufersteht, ist kein anderes als das, welches gestorben ist. So ist es etwa der Hinduismus, der, indem er sich bekehrt, von neuem geboren wird. Der auferstandene Hinduismus wird zum Christentum, zu dem authentischen Christentum Indiens. Wo die Kirche in diesem Sinn zum Sakrament einer Neugeburt der Religionen wird und wo sie diese zu ihrer Erfüllung in Jesus Christus bringt, da wird sie selbst zur Erbin der religiösen Reichtümer der Völker, da erreicht sie ihre eigene Fülle.

In dieser wechselseitigen Bereicherung muss sich die Kirche verstehen als Zeichen und als stellvertretender Dienst für die anderen. Die Kirche kann nie alles sein, aber sie kann für alle dasein. Das ist ihre Mission. Der unbedingte und universale Anspruch des Christentums bedeutet also eine universale Sendung und einen universalen Dienst. Man ist nie Christ für sich selbst, sondern immer für andere. »Christsein ist ein Appell an den Großmut des Menschen, an seine

---

[27] Zitiert bei Lubac, Katholizismus als Gemeinschaft (wie Anm. 6), 215.
[28] AG 6.

Hochherzigkeit, daß er bereit ist, mit Simon von Cyrene unter dem weltgeschichtlichen Kreuz Jesu Christi ... einherzugehen.«[29] Nur wo der absolute Anspruch des christlichen Glaubens sich in der Kenosis stellvertretenden Dienstes äußert, wird sie konkret glaubwürdig sein können. Bei Thomas von Aquin findet sich die tiefe Einsicht, dass wir, wenn wir in der Liebe miteinander verbunden sind, stellvertretend füreinander hoffen dürfen.[30] Mir scheint, in dieser Richtung liegt die Lösung unserer Frage: Wir können über das Heil der anderen nichts wissen; dieses Wissen ist allein Gott vorbehalten; aber wir können das Heil aller hoffen[31] und stellvertretend die Hoffnung in der Menschheit hoch halten.

Das Verhältnis zwischen dem Christentum und den Religionen darf also nicht statisch, sondern muss dynamisch, geschichtlich und dialogisch gesehen werden. Die sogenannte Absolutheit des Christentums ist nicht so sehr ein Anspruch als die Verpflichtung zu einem universalen Dienst an der Einheit und Hoffnung der Menschheit.

IV. Schlussfolgerung

Die wenigen sporadischen und fragmentarischen Hinweise auf eine Theologie der Religionen müssen hier genügen. Sie setzen uns nunmehr instand, nach Art einer Folgerung eine Antwort auf die in unserem Thema gestellte Frage zu geben und daraus ein paar praxisbezogene Anwendungen abzuleiten. Die These, die wir als Resultat des bisher Gesagten aufstellen wollen, lautet: Die Frage nach der Heilsbedeutung der nicht-christlichen Religionen lässt sich nicht theoretisch-abstrakt in einer unterschiedslos auf alle Fälle anzuwendenden Theorie, sondern nur geschichtlich-konkret und situationsbezogen beantworten.

Diese These erlaubt es am ehesten, mit dem Befund von Schrift und Tradition zurechtzukommen. Vor allem können mit ihrer Hilfe die meist negativen Aussagen über die anderen Religionen sowie das viel

29 Ratzinger, Kein Heil außerhalb der Kirche? (wie Anm. 16), 359.

30 Thomas v. Aquin, S.th. II/II q. 17 a. 3.

31 H. U. von Balthasar, Umrisse der Eschatologie, in: ders., Verbum caro, Einsiedeln 1960, 289–291.

zitierte und meist missbrauchte Axiom »extra ecclesiam nulla salus«[32] am zwanglosesten erklärt werden. In diesen Aussagen geht es nämlich ursprünglich gar nicht um eine allgemeine Theorie über alle Menschen, die nicht der sichtbaren Kirche angehören; es geht vielmehr um Aussagen in einer konkreten Verkündigungssituation. So war der Satz »extra ecclesiam nulla salus« ursprünglich eine Warnung und Mahnung (Paraklese) an jene, die der Kirche bereits angehörten und in Gefahr standen, sie zu verlassen. Darum stellt es auch keinen Bruch mit der Tradition dar, wenn die Kirche in einer anderen Situation gegen einen düsteren Heilspartikularismus den Satz verurteilte: »extra ecclesiam nulla conceditur gratia«[33]. Solche Thesen dürfen nicht losgelöst werden von dem Kontext, in dem sie gesprochen werden.

Im Einzelnen ist mit unserer These ein Dreifaches gemeint:

1. Geschichtlich-konkret begegnet Gottes rettende Gnade dem Menschen normalerweise nicht isoliert in der Einsamkeit seines Gewissens, sondern inmitten seiner gesamten sozio-kulturellen Situation. Gewöhnlich vollzieht der Mensch, zumal der ›einfache‹, wenig gebildete, nicht aufgeklärte Mensch sein religiöses Leben in den Formen, die ihm durch seine Religionsgemeinschaft vorgegeben sind. Hier begegnet ihm im Normalfall der in seiner geschichtlichen Situation für ihn letztverbindliche Anruf des Gewissens. Darum können die nichtchristlichen Religionen für einen solchen Menschen zum konkreten Ort des Heils werden. Er wird nicht trotz seiner Religion, sondern in seiner Religion, aber durch Christus gerettet. Diese These unterscheidet sich grundlegend von der Behauptung des Indifferentismus, alle Religionen seien gleichwertig und der Mensch könne deswegen im Grund in jeder beliebigen Religion den Weg zum Heil finden. Nicht in jeder beliebigen Religion, sondern in der Religion, in der ihm konkret der absolute und insofern geschichtlich unvertauschbare Anruf Gottes im Gewissen begegnet, findet der Mensch sein Heil, durch sie ist er auf das Heil Gottes in Jesus Christus hingeordnet.

2. Jede Religion strebt, insofern es ihr um ein Letztes und Absolutes geht, von innen her nach Universalität und Katholizität. Deshalb gibt es eine dynamische Konvergenz aller Religionen, in der sie sich ge-

---

[32] Zum ursprünglichen Sinn dieses Axioms vgl. Ratzinger, Kein Heil außerhalb der Kirche? (wie Anm. 16), 341–352.

[33] DH 2429.

schichtlich zu durchdringen suchen. Jede Religion ist insofern wahr und repräsentiert insofern den einen universalen Heilswillen Gottes in Jesus Christus, als sie in diesem dynamischen Sinn universal und katholisch ist. In der Sprache der traditionellen Theologie ausgedrückt und zugleich deren Anliegen weitergedacht heißt dies: Jede Religion ist wahr, insofern sich in ihr – objektiv, nicht subjektiv – ein votum ecclesiae äußert. Die Zuordnung des Christentums zu den Religionen kann also nicht einfach statisch religionsvergleichend vorgenommen werden, sie muss vielmehr dynamisch als ein geschichtlicher Prozess verstanden werden. Deshalb kann eine Religion auf verschiedenen Stufen ihrer geschichtlichen Entwicklung in verschiedener Weise heilsbedeutsam sein. Die traditionelle theologische Lehre hat darum durchaus recht, wenn sie betont, dass sich in dem Augenblick, in dem eine Religion dem Christentum begegnet, in dem sie ja oder nein zu ihm sagen muss, deren heilsgeschichtliche Situation und theologische Legitimation grundlegend verändert.

3. Die Frage ist: Was heißt hier Begegnung? Wann sind sich Christentum und eine bestimmte Religion, das Christentum und ein einzelner Mensch wirklich begegnet? Auch diese Frage lässt sich wieder nur geschichtlich-konkret beantworten. Eine Begegnung ist nämlich mehr, als dass zwei Partner sich raum-zeitlich treffen. Eine Begegnung setzt ein gegenseitiges Aufeinandereingehen und einen wechselseitigen Austausch zweier Partner voraus. Eine Begegnung zwischen Christentum und einer Religion ist infolgedessen noch nicht zustande gekommen, wenn das Christentum nur informativ bekannt ist. Es muss vielmehr zu einem Dialog, das heißt zu einer gegenseitigen Bereicherung und zu einem wechselseitigen Austausch kommen. Eine solche Begegnung ist darum auch nie nur ein intellektueller Vorgang. Die Verkündigung der christlichen Wahrheit ist nie nur eine Frage der Orthodoxie, sondern ebenso der Orthopraxie, des Tuns, der Verwirklichung, der Existenz (vgl. *Joh 3,21*). Die Mission wird so zu einer Form für den Christen und die Kirche, die Brüderlichkeit und die Liebe zu bezeugen. Als Epiphanie der in Christus geschenkten Liebe ist sie Zeichen und Werkzeug der Einheit der Menschen.

Wenn deshalb heute viele die bange Frage stellen: »Warum noch Mission?«[34], dann kann die Antwort nur sein: Mission ist notwendig

[34] W. Kasper, Warum noch Mission?, in: WKGS 11, 352–369.

um der Epiphanie der eschatologischen Herrschaft Gottes unter den Völkern willen. Mission ist notwendig um der Einheit der Völker willen, denn diese Einheit und dieser Friede ist nicht allein ein politisches und ökonomisches Problem, sondern ebenso sehr eine Frage der Versöhnung der Herzen. Mission ist notwendig um der Religionen willen, nicht um von den Religionen zu erlösen, sondern um die Religionen zu erlösen und sie zu einer Neugeburt zu führen, deren sie zumal heute in einer säkularisierten Gesellschaft bedürfen, um zu überleben. Mission ist notwendig um des stellvertretenden Dienstes willen, den wir Christen allen Menschen, besonders den Armen und Unterdrückten schulden. Mission ist notwendig um des Menschen, seiner Befreiung und Versöhnung willen. Mission ist notwendig als Dienst an der einen, heilen Welt, auf die wir hoffen und die uns durch das Evangelium verheißen ist.

Das Christentum im Gespräch mit den Religionen

I. Die neue Gesprächssituation

Das Gespräch zwischen dem Christentum und den Religionen ist in den letzten beiden Jahrzehnten neu in Bewegung geraten. Es gehört zu den Zeichen, genauer gesagt: zu den positiven und hoffnungsvollen Zeichen unserer Zeit. Die Zeiten, da man die anderen Religionen als Teufelswerk abtat oder sich in europäisch zivilisatorischer Dünkelhaftigkeit über sie erhaben fühlte, liegen freilich nur scheinbar weit zurück. Doch das Zweite Vatikanische Konzil (1962–1965) hat mit seiner Erklärung über das Verhältnis der Kirche zu den nichtchristlichen Religionen *Nostra aetate* und über die Religionsfreiheit *Dignitatis humanae* unübersehbare und letztlich auch unwiderrufliche neue Markierungen gesetzt. »Die katholische Kirche«, heißt es, »lehnt nichts von alledem ab, was in diesen Religionen wahr und heilig ist«[1]. Seither ist es auch innerhalb der katholischen Theologie zu verschiedenen Versuchen einer Theologie der Religionen gekommen, deren Grundintentionen man lebhaft begrüßen wird, auch wenn ihr wissenschaftlicher Status und manche ihrer bisherigen Ergebnisse noch sehr ungesichert, wenn nicht in manchem fragwürdig erscheinen.[2]

---

1 NA 2.

2 Von katholischer Seite ist neben den älteren Arbeiten von O. Karrer, H. de Lubac, T. Ohm, J. Neuner, J. A. Cuttat vor allem auf die neueren Beiträge von K. Rahner, B. Welte, R. Panikkar, H. R. Schlette, H. Waldenfels zu verweisen; evangelischerseits sind nach den Einseitigkeiten der dialektischen Theologie in erster Linie P. Tillich, E. Benz, W. Pannenberg und H. Bürkle zu nennen. Vgl. die kritisch weiterführende Bilanz von M. Seckler, Theologie der Religionen mit Fragezeichen, in: ThQ 166 (1986) 164–184 (mit Literatur). Nicht zu vergessen und als eine Alternative zum transzendentalen Ansatz von K. Rahner und seinen Schülern sind die Beiträge von J. Ratzinger und H. U. von Balthasar zu beachten.

Das Thema der Religionen ist umso dringlicher, als gegenwärtig fast überall eine Erneuerung der Religionen oder zumindest ein wiedererstarkendes Interesse an Religion und Religionen festzustellen ist. So problematisch und teilweise abstrus viele Formen der sogenannten neuen Religiosität auch sind, die bis vor kurzem herrschende These von der unaufhaltbar fortschreitenden Säkularisierung scheint inzwischen schon allein durch die Tatsachen widerlegt zu sein. So befassten sich in den letzten Jahren gleich mehrere philosophische Kolloquien mit dem Thema der Religion.[3] Ein zweiter Gesichtspunkt kommt hinzu: Die Religionen leben heute immer weniger in geographisch getrennten, in sich geschlossenen kulturellen Räumen. Die Menschheit ist heute, nicht nur durch die modernen Kommunikationssysteme zusammengerückt, sowohl ökonomisch wie auch politisch zu einer

---

Vgl. auch W. Strolz/H. Waldenfels (Hg.), Christliche Grundlagen des Dialogs mit den Weltreligionen (QD 98), Freiburg i. Br. 1983 (mit Literatur). Als Gesamtdarstellungen sind zu nennen: F. König (Hg.), Christus und die Religionen der Erde. Handbuch der Religionsgeschichte, 3 Bde., Wien u. a. [2]1961; E. Brunner-Traut (Hg.), Die fünf großen Weltreligionen. Hinduismus, Buddhismus, Islam, Judentum, Christentum (Herbü 488), Freiburg i. Br. 1974 ([13]1983); H. Küng u. a., Christentum und Weltreligionen. Hinführung zum Dialog mit Islam, Hinduismus und Buddhismus, München – Zürich 1984; außerdem A. Bsteh u. a. (Hg.), Beiträge zur Religionstheologie, 9 Bde., Mödling 1976–1999.

3 O. Schatz (Hg.), Hat die Religion Zukunft?, Graz u. a. 1971; W. Oelmüller (Hg.), Wiederkehr von Religion? Perspektiven, Argumente, Fragen (KRP 1), Paderborn 1984; ders., (Hg.), Wahrheitsansprüche der Religion heute (KRP 2), Paderborn 1986; P. Koslowski (Hg.), Die religiöse Dimension der Gesellschaft. Religion und ihre Theorien (Civitas-Resultate 8), Tübingen 1985; W. Pannenberg (Hg.), Sind wir von Natur aus religiös?, Düsseldorf 1986. Hinzuweisen ist auch auf die nach der in den fünfziger bis in die beginnenden siebziger Jahre geführten Entmythologisierungsdebatte erstaunliche neuere Rehabilitierung des Mythos sowohl in der Psychologie und Soziologie wie in der Literaturwissenschaft und Philosophie. Vgl. u. a. L. Kolakowski, Die Gegenwärtigkeit des Mythos, München [3]1984; H. Blumenberg, Arbeit am Mythos, Frankfurt a. M. 1979; K. Hübner, Die Wahrheit des Mythos, München 1985. Die ausführlichste theologische Auseinandersetzung mit diesen neuen Strömungen bei W. Pannenberg, Christentum und Mythos. Späthorizonte des Mythos in biblischer und christlicher Überlieferung, Gütersloh 1972. Theologisch problematischer dagegen sind gerade in dieser Hinsicht die zahlreichen Veröffentlichungen von E. Drewermann. In ihrer psychologisierend, alles ungeschichtlich auf einer Ebene auftragenden Darstellungsweise führen sie zur Relativierung der Wahrheitsfrage und zur Nivellierung des christlichen Offenbarungsverständnisses.

Schicksalsgemeinschaft geworden; es leben auch ganz konkret viele Vertreter anderer Religionen mitten unter uns, wie umgekehrt das Christentum in unserem Jahrhundert erstmals in seiner Geschichte in einem konkreten Sinn wirklich universal geworden und in allen Völkern und Kulturen präsent ist. Das birgt neue, bisher nicht dagewesene Chancen der Begegnung, aber auch die Gefahr neuer Konflikte und Auseinandersetzungen. Angesichts dieser Situation einer immer mehr eins werdenden Welt, welche sich gleichzeitig ihres offensichtlich unaufhebbaren religiösen und kulturellen Pluralismus bewusst wird, gehören die nichtchristlichen Religionen, besonders die großen Weltreligionen, unabweisbar auf die Tagesordnung der Theologie. Das ›Ereignis von Assisi‹, wo sich am 27. Oktober 1986 erstmals in der Geschichte die Vertreter der Weltreligionen versammelten, um für den Frieden zu beten, zeigt die Aktualität und Dringlichkeit dieses Themas in besonderer Weise.

Dieser uns heute aufgetragene Dialog hat vielfältige Partner. Eine Sonderstellung nimmt der Dialog mit dem Judentum und mit dem Islam ein. Sie bilden zusammen mit dem Christentum die drei abrahamitischen Religionen, die sich gemeinsam auf Abraham als Stammvater im Glauben beziehen. Sie gehören also in unterschiedlicher Weise zu der biblisch bezeugten Heilsgeschichte. Die besondere Nähe, besonders zum Judentum, macht dieses Verhältnis freilich bis in unsere Tage besonders konfliktträchtig. Wir beschränken uns im Folgenden jedoch auf die außerbiblischen Religionen, die uns wiederum in großer Vielfalt begegnen. Dabei geht es nicht um die Dialogbeziehungen etwa zum Hinduismus oder zum Buddhismus, sondern um die theologische Grundlegung eines solchen Dialogs überhaupt.

Dieser für die gemeinsame Zukunft der Menschheit geradezu lebensnotwendige Dialog ist ein schwieriges und kompliziertes Unternehmen. Er bewegt sich nicht nur auf der theoretisch theologischen Ebene. Religionen sind ja nicht nur und auch nicht primär abstrakte Lehrsysteme, so sehr vor allem die Hochreligionen solche ausbilden können.[4] Religionen sind zunächst Lebenseinstellungen, eine bestimmte Lebensart, ein Symbolsystem; sie prägen jeweils eine ganze

---

[4] Zu den Schwierigkeiten und den verschiedenen Ansätzen, um das Wesen der Religion zu bestimmen, vgl. P. Antes, Religion in den Theorien der Religionswissenschaft, in: HFTh 1, 34–56.

Kultur und ein soziales System und sind davon nicht ohne weiteres ablösbar. So ist die Begegnung von Religionen ein überaus komplexer geschichtlicher Prozess, bei dem nicht nur intellektuelle, sondern ebenso sehr emotionale, entscheidungsmäßige, lebenspraktische und sozio-kulturelle Faktoren und Interessen eine entscheidende Rolle spielen. Letztlich entscheidend ist die spirituelle Dimension, die Begegnung und der Austausch in der zumindest tendenziell gemeinsamen ›Sache‹ jeder Religion, in Erfahrung und Verehrung des Heiligen. Gerade deshalb darf bei dieser Begegnung die Wahrheitsfrage nicht – wie es oft geschieht – beiseitegeschoben, relativiert oder gar inkriminiert werden. Die Religionen erheben ja den Anspruch, in ihren Symbolen und Riten die wahre Sicht und Praxis der Wirklichkeit zu erschließen. Deshalb muss die Begegnung der Religionen von der Sache her notwendig auch die spezifisch theologische Frage nach der wahren Religion einschließen. Ohne die Frage nach der Wahrheit bliebe die Begegnung letztlich unernst und unehrlich. Einheit ohne Einverständnis wäre nicht wahrhaft menschenwürdig.

Vor allem seit Ernst Troeltschs Schrift *Die Absolutheit des Christentums und die Religionsgeschichte* (1902) versucht man diese Fragen meist ohne dogmatisches oder metaphysisches Vorurteil rein historisch beziehungsweise religionswissenschaftlich anzugehen. Der Essay von Troeltsch ist jedoch der beste Beweis für die Unmöglichkeit dieses Unterfangens. Auch er setzt wie jeder andere derartige Versuch auf seine Weise Maßstäbe und Kriterien voraus. Bei Troeltsch ist es der spezifisch europäische, aus der Geschichte des Christentums sich ergebende Gesichtspunkt einer personalistischen Religion; genau dieses Kriterium muss aber dem asiatischen Denken von vornherein höchst verdächtig sein. Aus der hermeneutischen Diskussion unseres Jahrhunderts wissen wir zudem ganz allgemein, dass voraussetzungslose Neutralität eine pure Illusion ist. So setzt der Dialog zwischen den Religionen zumindest ein Vorverständnis von Religion voraus. Dieses aber lässt sich ohne Partizipation an Religion, was immer auch heißt: Partizipation an einer bestimmten Religion, schwerlich gewinnen.[5]

Diese Feststellung ist selbstverständlich kein Freibrief für einen

---

[5] Dazu M. Seckler, Theologie – Religionsphilosophie – Religionswissenschaft, in: ders., Im Spannungsfeld von Wissenschaft und Kirche. Theologie als schöpferische Auslegung der Wirklichkeit, Freiburg i. Br. 1980, 26–41.

lernunfähigen, rechthaberischen Dogmatismus. Dogmatismus ist nicht das Missverständnis, sondern das Gegenteil einer sich selbst recht verstehenden theologischen Dogmatik, welche sich, wie alle Religionen, auf das absolute, nie voll auslotbare Geheimnis, das wir Gott nennen, bezieht und die eben in dieser ihrer inhaltlichen Bestimmtheit zugleich radikalste Offenheit für Wachstum und Bereicherung in der tieferen Erkenntnis ihres eigenen ›Gegenstands‹ einschließt.

So steht eine bewusst und engagiert sich selbst recht verstehende heutige Theologie der Religionen jenseits der untauglichen, von Troeltsch aufgestellten Alternative von Historismus beziehungsweise Indifferentismus und Dogmatismus. Sie bekennt sich heute jenseits von rein apologetisch polemischer Auseinandersetzung und naiver, unkritischer Vermischung zu einer dialogischen Verhältnisbestimmung, die eben dadurch sowohl den eigenen Wahrheitsanspruch des Christentums wie den der Religionen ernst nimmt. Sie geht vom Standpunkt des christlichen Glaubens aus und ist gerade darin offen für ihren Partner, bereit, sich von ihm betreffen und befragen zu lassen und auch von ihm zu lernen. In diesem dialogischen Ansatz besteht das Neue heutiger Theologie der Religionen.[6]

In einem dialogischen Verstehensmodell geht es nicht nur um die Deutung der Religionen aus der Sicht des Christentums, sondern ebenso um das Selbstverständnis des Christentums und seines universalen Anspruchs angesichts der Religionen. Es geht also nicht nur um die Wahrheit der anderen beziehungsweise in den anderen Religionen und um deren Heilsbedeutsamkeit (eine Frage, auf die sich die katholische Theologie der Religionen recht einseitig ›eingeschossen‹ hat), sondern ebenso sehr um das Verständnis des christlichen Wahrheits- und Missionsanspruchs selbst. Es stellen sich auch Fragen wie die folgenden: Ist das Christentum eine Religion neben anderen? Oder ist es die wahre, gar die absolute Religion? Ist es überhaupt eine Religion? Bekanntlich werden alle diese Positionen theologisch vertreten. Die

---

[6] Eine solche dialogische Verhältnisbestimmung wurde lehramtlich zunächst von Paul VI. in seiner Antrittsenzyklika »Ecclesiam suam« vom 6. August 1964, in: AAS 56 (1964) 654 f. (dt. Ausgabe Rex-Verlag, Luzern u. a. 1964, Nr. 99 f., S. 41) grundgelegt und dann vom Vaticanum II in der Erklärung über das Verhältnis der Kirche zu den nichtchristlichen Religionen »Nostra aetate« durchgeführt. Vgl. auch die Erklärung des Konzils über die Religionsfreiheit »Dignitatis humanae« und vor allem das Dekret über die Missionstätigkeit der Kirche »Ad gentes«.

Verständigung mit den anderen Religionen muss also auch zur besseren und tieferen Verständigung des Christentums über sich selbst führen.

II. Christentum – exklusiv und inklusiv zugleich

Als erstes wird eine heutige Theologie der Religionen feststellen: Weder die heute gestellten Fragen noch die Aufgaben sind völlig neu. Der in der Bibel bezeugte Glaube sah sich von allem Anfang an mit der Welt der Religionen konfrontiert. Die biblisch bezeugte Geschichte Gottes mit seinem Volk geschah ja nicht in einem religiös neutralen und indifferenten Raum, sondern in einem religiös geradezu übersättigten kulturellen Milieu. Die Auseinandersetzung mit den Göttern Kanaans prägte die Geschichte Israels von allem Anfang an. Dabei lässt sich schon im Buch Josua und im Buch der Richter eine doppelte Tendenz feststellen: einerseits der Sieg über die Kanaanäer, die Zerstörung ihrer Heiligtümer, die Absage an ihre Götter (besonders *Jos 24*) und der später besonders in der prophetischen Tradition fortgeführte, geradezu leidenschaftliche Kampf gegen den Götzendienst, auf der anderen Seite aber die fast selbstverständliche Übernahme und Einbeziehung von religiösen Vorstellungen, Symbolen, Riten und Kultstätten.

Es gab den biblischen Glauben niemals ›chemisch rein‹. Im Gegenteil, es eignete ihm bereits im Alten Testament eine inkarnatorische Tendenz. Das Motiv der Einwohnung Gottes in der Welt findet sich nicht erst im Neuen Testament, es kommt in der Fleischwerdung des ewigen Logos *(Joh 1,14)* nur zu seiner letzten Konsequenz.[7] Doch gerade hier im Schnitt- und Höhepunkt der biblischen Heilsgeschichte verknoten sich Exklusivität und Inklusivität, Einmaligkeit und Universalität zu einer letztlich nicht auflösbaren Einheit: Es ist der ewige Logos, in dem alles geschaffen ist und an dem alles Anteil hat *(Joh 1,3f.; Kol 1,16f.)*, der dieser konkrete, einmalige Mensch wird *(Joh 1,14)* und der gerade als der eine und einzige Mittler das Heil aller

---

[7] Vgl. H. Gese, Natus ex virgine, in: ders., Vom Sinai zum Zion. Alttestamentliche Beiträge zur biblischen Theologie (BEvT 64), München 1974, 130–146.

Menschen ist *(1 Tim 2,4–6)*. Jesus Christus als ›concretum universale‹ ist Grundlage und Maß jeder Theologie der Religionen.

Entsprechend hat auch das Neue Testament einerseits mit größtem Nachdruck davor gewarnt, das Wort vom Kreuz durch weltliche Weisheit zu entleeren *(1 Kor 1,18–2,5)* und erdichteten Mythen nachzulaufen *(1 Tim 1,4; 4,7; 2 Tim 4,4; 2 Petr 1,16)*. Man kann nach Paulus nicht gleichzeitig Gast am Tisch des Herrn und am Tisch der Dämonen sein *(1 Kor 10,21)*. »Was für ein Einklang besteht zwischen Christus und Beliar? Was hat ein Gläubiger mit einem Ungläubigen gemeinsam? Wie verträgt sich der Tempel Gottes mit Götzenbildern?« *(2 Kor 6,15f.)* Andererseits haben das Neue Testament und nicht zuletzt auch Paulus fast selbstverständlich nicht nur alttestamentliche, apokalyptische, weisheitliche und rabbinische Traditionen, sondern auch hellenistische, etwa stoische Vorstellungen und Begriffe aufgegriffen. Er wollte auch auf diese Weise allen alles werden *(1 Kor 9,22)*. Die dem Paulus zugeschriebene Rede auf dem Areopag gilt als klassischer Ausdruck dieser universalen und integrierenden Kraft des christlichen Glaubens, von dem Paulus sagen kann: »Was ihr verehrt, ohne es zu kennen, das verkündige ich euch« *(Apg 17,23)*.

In der frühen Kirche begegnen wir wiederum beiden Tendenzen.[8] Die Abgrenzung vom Judentum, seiner Tempel- und Gesetzespraxis führt bereits beim Martyrium des Stephanus zu dem Konflikt, der nachher zum großen Thema des Apostels Paulus und seiner Auseinandersetzung mit dem Judentum wurde. Stephanus wie Paulus wurde vorgeworfen, sie zerstörten die überlieferten religiösen Bräuche *(Apg 6,13f.; 18,13; 21,21)*. Schon Ignatius von Antiochien prägte in Antithese zu dem Begriff Judentum den des Christentums und warnte die Christen gleichzeitig vor einem ›iudaizein‹.[9] Tertullian dagegen fragt: »Was haben Athen und Jerusalem gemeinsam, was die Akademie und die Kirche?«[10] Entsprechend warnt Gregor von Nazianz auch vor einem ›hellenizein‹.[11] So versteht sich auch das junge Christentum gegenüber dem Judentum wie dem Griechentum ganz bewusst als

[8] Vgl. zum Folgenden P. Stockmeier, Glaube und Kultur. Studien zur Begegnung von Christentum und Antike, Düsseldorf 1983.

[9] Ign. Magn. 10, 1–3 (PG 5, 769–772); Philad. 6, 1 (PG 5, 701).

[10] Tert. praescr. VII, 9 (CCL 1, 193).

[11] Greg. Naz. or. IV, 103 (PG 35, 637).

neuen Weg beziehungsweise »den« Weg *(Apg 9,2; 19,9.23; 22,4; 24,14.22)*; es wusste sich als neues Volk und als drittes Geschlecht.[12] Nicht umsonst werden ihm Neuerung und Aufstand gegen die religiös sanktionierte Ordnung vorgeworfen und wird es des Atheismus und des ›crimen laesae religionis‹ geziehen.[13]

Dagegen wiederum setzen sich die Apologeten von Justin bis Augustinus zur Wehr. Sie wollen den Nachweis erbringen, dass das Christentum sowohl in seinem sittlichen Ernst wie durch die Reinheit seiner Glaubensüberzeugungen, besonders durch seinen Monotheismus, die wahre Religion ist, welche nicht zur Zerstörung, sondern zur Erhaltung der Ordnung beiträgt. Nicht umsonst übernimmt die alte Kirche Begriffe wie ›eusebeia‹, ›theosebeia‹, ›cultus‹, ›ritus‹, ›religio‹, ›pietas‹, mit deren Hilfe die Antike die Religion und das religiöse Verhalten bezeichnete, in seinen eigenen Wortschatz.[14] Als die wahre Religion verstand es die anderen als ›praeparatio evangelii‹. Überall finden sich Samenkörner der Wahrheit, welche in Jesus Christus in ihrer Fülle erschienen ist.[15] Was immer sich also in den Religionen Gutes findet, gehört den Christen.[16] So konnte Eusebius sagen, dass »die durch die Lehre Christi geforderte Art der Gottesverehrung nicht neu und fremd ist, sondern … die erste, die einzige, die wahre ist«[17]. Das junge Christentum verstand sich also nicht als Abschaffung und Zerstörung, sondern als die Erfüllung der bisherigen Religiosität.

Man wird nicht bestreiten können, dass bei dieser Einwurzelung des Christentums in der Welt des Mittelmeerraums und später unter den germanischen Völkern auch Akzentverschiebungen und Überwucherungen vorgekommen sind, welche die Gefahr von Verfremdungen mit sich gebracht haben. Später kam es auch zur Erstarrung

---

12 Vgl. A. von Harnack, Die Mission und Ausbreitung des Christentums in den ersten drei Jahrhunderten, Bd. 1: Die Mission in Wort und Tat, Leipzig [4]1924, 259–289; Stockmeier, Glaube und Kultur (wie Anm. 8), 75.

13 Vgl. Stockmeier, Glaube und Kultur (wie Anm. 8), 80–84. Zum Atheismusvorwurf außerdem A. von Harnack, Der Vorwurf des Atheismus in den drei ersten Jahrhunderten (TU 28), Leipzig 1905; N. Brox, Zum Vorwurf des Atheismus gegen die alte Kirche, in: TThZ 75 (1966) 274–282.

14 Vgl. Stockmeier, Glaube und Kultur (wie Anm. 8), 85 ff.

15 Iust. 1 apol. 8 (PG 6, 337) und 2 apol. 8.10.13 (PG 6, 457 ff.).

16 Iust. 2 apol. 13 (PG 6, 465).

17 Eus. h.e. I, 4 (PG 20, 80).

und Verabsolutierung der aus der schöpferischen Synthese von Christentum und Antike entstandenen Kultur, zu Identifikationen, welchen die tatsächlichen Verhältnisse nicht entsprachen und den Glauben in die Gefahr einer Ideologie brachten.

Bei der zugleich exklusiven und inklusiven Tendenz dieses sehr komplexen Prozesses ist es dennoch wenig überzeugend, wenn Adolf von Harnack das Christentum als Synkretismus besonderer Art, als Synkretismus der Universalreligion, bezeichnet.[18] Andererseits ist dem Christentum aber auch jeder reformatorische Purismus des vermeintlich reinen Evangeliums fremd.[19] Die *Unterscheidung des Christlichen* (Romano Guardini) ist wichtig, ja lebenswichtig. Aber es wäre falsch, daraus den Schluss zu ziehen, nur das unterscheidend Christliche sei das entscheidend Christliche. Gerade als eigentlich Christliches ist das Christentum immer auch das katholisch Umfassende. So wenig man eine Frucht auf den fleischlosen reinen Kern reduzieren kann, kann man allen geschichtlich angesetzten Rost abklopfen wollen, um so das im ursprünglichen Glanz erstrahlende Metall zurückzuerhalten; man würde damit auch die Patina zerstören. Das Christentum existiert nicht anders als in geschichtlichen Vermittlungen und geht doch in keiner von ihnen auf.

Diese dem Christentum eigene Vermittlungsstruktur ist wichtig für die alten wie für die jungen Kirchen. Sie besagt einerseits, dass man das Christentum nicht anders als durch seine geschichtlichen und das heißt europäischen Vermittlungen hindurch weitergeben und bewahren kann; andererseits ist das Christentum keineswegs damit identisch. So ist der Weg offen für neue Inkulturationen des Christentums in den außereuropäischen Kulturen und in Begegnung mit den nichtchristlichen Religionen. In der gegenwärtigen Situation, da das Christentum erstmals in seiner Geschichte in einer konkreten Weise weltweit geworden ist, muss sich das komplexe, von der Bibel und der Geschichte der alten Kirche vorgegebene Verhältnis von In-

[18] Vgl. von Harnack, Die Mission und Ausbreitung des Christentums in den ersten drei Jahrhunderten (wie Anm. 12), 325.

[19] Charakteristisch für diese Richtung K. Barth, Kirchliche Dogmatik 1/2, Zürich 1948, § 17: »Gottes Offenbarung als Aufhebung der Religion«, wo Religion als eigensinniger und eigenmächtiger Versuch des Menschen, sich selbst zu rechtfertigen, als Unglaube und Angelegenheit des gottlosen Menschen, als Götzendienst und Götzenfabrik bezeichnet wird.

klusivität und Exklusivität, von Einmaligkeit und Universalität sogar neu bewähren.

III. Der eine Heilsplan Gottes für alle Menschen

Um dieses komplexe, zugleich exklusive und inklusive Verhältnis von Christentum und Religionen tiefer zu verstehen, muss man auf das biblische Motiv von dem einen Heilsplan und Heilsgeheimnis Gottes für alle Menschen zurückgreifen (*Dan 2,17–19; Röm 16,25–27; Eph 1,9f.* u.a.). Dieses Motiv kam nicht umsonst in der Spätzeit des Alten Testaments, in der Apokalyptik, zur Geltung, als sich Israel in menschlich gesehen hoffnungsloser Weise der Übermacht und der Gefahr der Überfremdung durch andere Religionen konfrontiert sah. In dieser Situation entwickelt das Judentum die nachher für das Neue Testament grundlegende Idee vom einen, alle Völker umfassenden Heilsplan Gottes.[20] Diesem einen, universalen, die gesamte Wirklichkeit umspannenden Heilsplan entspricht die neutestamentliche Vorstellung vom universalen Heilswillen Gottes für alle Menschen *(1 Tim 2,4)*.

Ähnliches ergibt sich aus der weisheitlichen Tradition des Alten und des Neuen Testaments. Danach hat die eine göttliche Weisheit alles geordnet; sie ist überall am Werk und kann in aller Wirklichkeit erkannt werden (*Spr 8,22–32; Ijob 28,20–27; Weish 8,1–4* u.a.). An ihr haben auch die Heiden Anteil, weshalb die Bibel etwa ägyptische Weisheitstraditionen einfach übernehmen kann. Ihren Ruheplatz und Wohnsitz hat die Weisheit unter allen Völkern freilich nur auf dem Zion gefunden *(Sir 24,7–12.23f.)*. Das erlaubt das Verständnis des alttestamentlichen Gesetzes als wahre Weisheit. Im Gesetz wird nach jüdischer Vorstellung die Ordnung und Weisheit der Welt endgültig ausgelegt;[21] es ist in seiner Exklusivität zugleich universal.

Das Neue Testament greift diese Aussagen im Logos-Lied des Johannesevangeliums auf. Alles, was ist, ist durch den ewigen Logos

---

[20] Vgl. M. Hengel, Judentum und Hellenismus. Studien zu ihrer Begegnung unter besonderer Berücksichtigung Palästinas bis zur Mitte des 2. Jahrhunderts v. Chr. (WUNT 10), Tübingen ^{2}1973, 330–357, bes. 330f.353–357.

[21] Vgl. Hengel, Judentum und Hellenismus (wie Anm. 20), 247.253.287ff.307–318. Vgl. dazu W. Kasper, Gottes Gegenwart in Jesus Christus. Vorüberlegungen zu einer weisheitlichen Christologie, in diesem Band o. S. 325–347.

geschaffen. In ihm war das Leben, und das Leben war das Licht der Menschen, das Licht, das jeden Menschen erleuchtet und das jedem, der ihn aufnimmt, die Macht gibt, Kind Gottes zu werden. In der Fülle der Zeit ist der Logos in Jesus Christus Fleisch geworden und hat unter uns Wohnung aufgeschlagen, um uns alle an seiner Fülle teilhaben zu lassen (*Joh 1,3–5.9.12.14.16;* vgl. *Kol 1,15–20*). Deshalb ist Jesus Christus der Weg, die Wahrheit und das Leben *(Joh 14,6)*. In ihm sind alle Schätze der Weisheit und Erkenntnis verborgen *(Kol 2,3)*. In ihm ist die Fülle der Zeit erschienen *(Gal 4,4; Eph 1,10)*; in ihm ist der ewige und universale Heilsratschluss Gottes Wirklichkeit geworden. So fasst Gott in Jesus Christus alles unter einem Haupt zusammen *(Eph 1,10; Kol 1,20)*. Jesus Christus ist darum für den christlichen Glauben der Schlüssel für die Auslegung der Welt, der Religionen, der Kulturen und ihrer Geschichte.

In der Verkündigung der Kirche wird nun nach dem Neuen Testament das ewige, aber verborgene Heilsgeheimnis Gottes in Jesus Christus offenbar und enthüllt; in ihr wird die vielgestaltige Weisheit Gottes kund (*Eph 3,3–12;* vgl. *Röm 16,25f.*). Noch mehr: In der Kirche, in welcher der die Menschheit durchziehende Riss und die Trennmauer überwunden und zwischen Juden und Heiden Frieden gestiftet ist *(Eph 2,14–18)*, ist Gottes Heilsgeheimnis unter den Völkern schon Wirklichkeit *(Kol 1,27)*. In Christus und in der Kirche sind die Unterschiede zwischen Juden und Griechen, Sklaven und Freien, Männern und Frauen in ihrem trennenden Charakter prinzipiell aufgehoben *(1 Kor 12,13; Gal 3,28; Kol 3,11)*. So ist die Kirche der von Jesus Christus erfüllte Raum, sein Leib, durch den er das All erfüllen und immer mehr ins All hineinwachsen will *(Eph 1,22f.)*. Sie ist als die eine Kirche zugleich katholische, das heißt weltumspannende, universale Kirche.

Diese Aussagen dürfen nicht dahingehend missverstanden werden, als ob das Christentum beziehungsweise die Kirche selbst die volle Wirklichkeit des Heilsgeheimnisses und damit die Erfüllung des Heilsplanes Gottes wäre. Das Neue Testament weiß sehr genau zwischen Christus und Kirche zu unterscheiden. Es nennt Jesus Christus das Haupt, welches die Kirche überragt *(Eph 1,22)* und dem die Kirche als sein Leib in Gehorsam untergeordnet ist *(Eph 5,24)*. So gehört die Kirche in den einen alle Völker umfassenden Heilsplan Gottes hinein; aber sie ist ihm zu- und untergeordnet. Sie ist noch nicht das

Ziel; erst am Ende, wenn alles eingebracht sein wird, wird Gott durch Jesus Christus alles in allem sein *(1 Kor 15,28)*.

Diese biblische Vision von der Einheit der Menschheit im einen Heilsplan Gottes ist von den Kirchenvätern oft und oft aufgegriffen und tiefer durchdacht worden.[22] Aus der späteren theologischen Tradition sei vor allem an Nikolaus von Kues *De pace fidei* erinnert, wo von der »una religio in rituum varietate« die Rede ist. Zuletzt ist die biblische Sicht vom Zweiten Vatikanischen Konzil erneuert worden. Auch das Konzil spricht von dem einen Heilsplan, der alle Menschen zu einer großen Gemeinschaft verbindet und gemeinsam auf Gott als letztes Ziel hinordnet.[23] Es anerkennt darum eine verborgene Gegenwart Gottes unter den Völkern;[24] überall finden sich Samenkörner des Wortes.[25] Jesus Christus, das menschgewordene Wort Gottes, ist deshalb Schlüssel, Mittelpunkt und Ziel dieser einen Menschheitsgeschichte;[26] er ist der Punkt, auf den hin alle Bestrebungen der Geschichte und Kultur konvergieren, er ist das Alpha und das Omega.[27] So wird in ihm nicht nur Gott, sondern auch dem Menschen der Mensch erschlossen und das Rätsel des Leidens und Sterbens, das uns außerhalb seines Evangeliums überwältigt, hell.[28] Die Kirche ist in der Sicht des Konzils Zeichen und Werkzeug der Einheit mit Gott und unter den Menschen,[29] sie ist das ›universale salutis sacramentum‹.[30] Aus Anlass und in Interpretation des ›Ereignisses von Assisi‹ hat Papst Johannes Paul II. jüngst an diese universale Vision aufgrund des einen Heilsplanes Gottes für jeden Menschen erinnert.[31]

Diese grandiose Sicht ist weit entfernt von jenem supernaturalistischen Verstehensmodell, das Troeltsch der Theologie zum Vorwurf macht. Hier wird eben nicht die eine Geschichte in eine natürliche

---

22 Vgl. dazu vor allem H. de Lubac, Katholizismus als Gemeinschaft, Einsiedeln u.a. 1943, 23–73.216–267.
23 NA 1; vgl. AG 2f. und AA 5.
24 AG 9.
25 AG 11.
26 GS 10.
27 GS 45.
28 GS 22.
29 LG 1; GS 42 u.a.
30 LG 48; GS 45; AG 1.
31 Zitiert in: L'Osservatore Romano, dt. Ausgabe, vom 02.01.1987, 1.

Werktags- und eine übernatürliche Sonntagsgeschichte, welche dann Heilsgeschichte heißt, eingeteilt. Die biblische Sicht unterscheidet sich freilich auch von dem von Troeltsch ebenfalls kritisierten, idealistisch-transzendentalen Verstehensmodell, wie es sich bei Gotthold Ephraim Lessing, Immanuel Kant, Johann Gottfried Herder, Friedrich Schleiermacher und in letzter Vollendung bei Georg Wilhelm Friedrich Hegel findet. Danach ist das Christentum deshalb die absolute Religion (ein der Bibel und der theologischen Tradition fremder Begriff),[32] weil in ihm das allgemeine Wesensprinzip der Geschichte zu seiner vollendeten Realisierung kommt. Nach der Bibel geht es im Christentum nicht um eine Idee und ein Prinzip, sondern um die einmalige Person Jesu Christi, in dem der freie und universale Heilswille Gottes endgültig verwirklicht ist. Die christliche Universalität ist also eine geschichtlich personale; sie findet in der einmaligen Geschichte Jesu Christi ihre Erfüllung.

Genau an dieser Stelle setzt nun freilich die Auseinandersetzung mit anderen Universalitätsansprüchen ein. Sie sind dadurch zustande gekommen, dass vom konkret geschichtlichen und vom unableitbar gnädigen, das heißt personalen Charakter der christlich verstandenen Universalität abstrahiert wird und diese in einer abstrakten Weise systematisiert und damit säkularisiert wird. Auf diese Weise kam es vor allem zu zwei mächtigen Gegenentwürfen und zu zwei Herausforderungen, an denen sich das Christentum heute in besonderer Weise zu bewähren hat.

Da ist einmal die marxistische Umkehr von Hegels idealistischer Geschichtsphilosophie und deren Transformationen in einen utopischen praxisorientierten materialistischen Geschichtsentwurf, welcher die Einheit der als Gattung und Kollektiv verstandenen Menschheit unter Kampf und mit Gewalt von unten zustande bringen will. Diese Utopie kann, wie etwa bei Ernst Bloch, das Christentum seiner utopischen Potentiale beerben und sie dann dort, wo sie an der Macht ist, gegen das Christentum und unter Unterdrückung und Verfolgung der Kirche durchzusetzen versuchen. Inzwischen hat dieser Versuch wegen seiner menschenverachtenden, gewalttätigen, totalitären Züge

---

32 Vgl. W. Kasper (Hg.), Absolutheit des Christentums (QD 79), Freiburg i.Br. 1977, bes. der Beitrag von K. Lehmann, Absolutheit des Christentums als philosophisches und theologisches Problem, 13–38.

viel von seiner vorübergehenden Faszinationskraft verloren. Umso drängender wird die Herausforderung durch einen ausgesprochen tolerant und prinzipiell gewaltlos auftretenden Gegenentwurf: eine aus der Begegnung mit dem Westen und den säkularisierten christlichen Traditionen westlicher Philosophie erneuerte asiatische Religiosität. Sie kann alle Religionen, auch das Christentum, als partikuläre Gestalten eines unbegreifbaren, nur negativ zu bestimmenden, namenlosen, alles durchwaltenden, überpersonalen Göttlichen begreifen und umgreifen. Diese Konzeption einer sich aller Vergegenständlichung, aber auch aller dogmatischen Fixierung entziehenden, prinzipiell gewaltlosen überpersonalen Einheitsvorstellung entfaltet heute auch in der westlichen Welt in dem Maße, als dort die Anziehungskraft des Christentums zu erlahmen scheint, eine große Faszination.[33] Aller Wahrscheinlichkeit nach liegt in der Begegnung mit Asien, dem Kontinent, wo das Christentum bis heute insgesamt eine verschwindende Minderheit geblieben ist, sogar die große Herausforderung für das Christentum von morgen.

In dieser Begegnung mit dem Marxismus einerseits und der asiatischen Spiritualität andererseits geht es beide Male in ganz unterschiedlicher Weise um nichts weniger als um Wesen, Würde und Bedeutung der Person innerhalb der einen Menschheit im einen Heilsplan Gottes. Vor allem die Begegnung mit Asien muss uns helfen, unsere christliche Sicht zu klären und zu vertiefen. Darin liegt die Chance, besser: der Kairos dieser Begegnung. Wir stehen damit freilich erst am Anfang und können dazu im Folgenden nur ein paar erste Überlegungen vortragen.

IV. Dialog-Einheit des Christentums mit den Religionen

Wie also ist die Einheit der Religionen innerhalb des einen Heilsplanes Gottes zu denken? Als bloße Addition und Anpassung oder als Vermischung, Harmonisierung, Einschmelzung? Offensichtlich reicht keiner dieser Begriffe auch nur annähernd aus, um das Verhält-

---

33 Vgl. dazu J. A. Cuttat, Asiatische Gottheit – Christlicher Gott. Die Spiritualität der beiden Hemisphären (SlgHorNF 4), Einsiedeln o.J.; H. Waldenfels, Faszination des Buddhismus. Zum christlich-buddhistischen Dialog, Mainz 1982.

nis zwischen dem Christentum und den Religionen in seiner zugleich exklusiven und inklusiven Tendenz angemessen zum Ausdruck zu bringen. Gesucht ist ein Weg jenseits von Vermischung und Verschmelzung einerseits und bloß äußerer, pädagogisch oder gar nur taktisch gemeinter Anpassung andererseits.

Ein erster, theologisch jedoch noch vorläufiger Ansatz für die Beantwortung dieser Frage liegt in einer genaueren Bestimmung des dialogischen Wesens der Person.[34] Ohne Anspruch auf eine auch nur annähernd vollständige Analyse kann man, ausgehend von der klassischen Wesensbestimmung der Person, sagen: Zum Wesen der Person gehört einerseits Einmaligkeit, Unwiederholbarkeit, ein Selbst- und Eigenstand, welcher sich jeder Aufhebung in ein Allgemeines entzieht und sich gegen jede Systematisierung sperrt. Auf der anderen Seite ist die Person aufgrund ihrer Geistnatur keine fensterlose Monade; sie ist, wie die klassische Tradition sagt, gewissermaßen alles (›quodammodo omnia‹) oder, wie die moderne Anthropologie sagt, in prinzipiell grenzenloser Weise ›weltoffen‹; sie ist Da-sein, weil in ihr das Ganze der Wirklichkeit in je einmaliger Weise anwest (Martin Heidegger). So ist sie einmalig und universal zugleich. Die Person findet ihre Erfüllung darum nicht dadurch, dass sie sich egoistisch verschließt oder dass sie sich selbstherrlich zum Maß aller Dinge macht, sondern dadurch, dass sie ihre Daseinsangst überwindet, sich loslässt und sich für andere und für anderes öffnet. In solcher selbstloser Zuwendung verliert sie sich nicht, sondern gewinnt sie erst ihre Erfüllung. Sie findet ihre Identität in und durch Relationalität. Einfacher gesagt: Der Sinn personalen Seins ist die Liebe, deren Wesen darin besteht, dass sie, indem sie eint und verbindet, den anderen nicht aufsaugt und vereinnahmt, sondern ihn in sein Eigensein freigibt und ihn in seinem Anderssein anerkennt, und die umgekehrt, eben indem sie sich selbstlos hingibt, ihr wahres Selbst findet.

Religionen als sozio-kulturelle Gebilde lassen sich sicherlich nur in analoger Weise mit Personen vergleichen. Aber auch sie finden ihre

---

[34] Zum Personbegriff vgl. J. Ratzinger, Zum Personverständnis in der Theologie, in: ders., Dogma und Verkündigung, München ³1977, 201–220; W. Kasper, Jesus der Christus (WKGS 3), Freiburg i.Br. 2007, 355–367; ders., Offenbarung und Geheimnis. Vom christlichen Gottesverständnis, in: A. Bsteh (Hg.), Sein als Offenbarung in Christentum und Hinduismus (BzR 4), Mödling 1984, 219–232, auch erschienen in: W. Kasper, Theologie und Kirche, Mainz 1987, 137–148.

Identität letztlich nur, indem sie sich füreinander öffnen. Ja, es kommt ihnen wegen ihres Bezugs auf Gott beziehungsweise das Göttliche als der alles bestimmenden Wirklichkeit in besonderer Weise eine Tendenz und Dynamik auf das Eine und Ganze zu. Religionen sind in besonderer Weise darauf angelegt, sich nicht statisch in sich abzuschließen, sondern ihre jeweilige Partikularität zu überschreiten, dynamisch und flexibel zu sein und Assimilations- und Integrationskraft zu entfalten. Sie dürfen dabei freilich die anderen Religionen nicht imperialistisch unterdrücken und ausrotten oder zentralistisch beherrschen. Das Ideal ist menschlich gesehen vielmehr ein polyzentrischer Dialog zwischen den Religionen.[35]

Theologisch gesehen ist der Schlüssel, um die Einheit der Religionsgeschichte zu denken, letztlich allein Jesus Christus, näherhin die Einheit von Gott und Mensch, wie sie nach christlicher Überzeugung in einmaliger und unüberbietbarer Weise in Jesus Christus gegeben ist. Bekanntlich hat die christliche Tradition auf dem vierten allgemeinen Konzil in Chalcedon (451) die Einheit von Gottheit und Menschheit in Jesus Christus auf die Formel gebracht, Jesus Christus sei »in zwei Naturen unvermischt, unverwandelt, ungetrennt und ungesondert einer«[36]. Adolf von Harnack hat in diesem Zusammenhang von vier kahlen negativen, im tiefsten irreligiösen Bestimmungen gesprochen, die des warmen konkreten Gehalts entbehren. Denn das wahre Mysterium liegt nach ihm in der wesenhaften Einigung.[37] Heute wissen wir jedoch, dass die alte Kirche mit diesen Bestimmungen hoch reflektierte neuplatonische Begrifflichkeit aufgreift, um das wirkliche Innesein, ja Einssein des ewigen Logos in und mit der Menschheit Jesu bei gleichzeitiger Wahrung der unaufhebbaren qualitativen Unterscheidung zwischen Gott und Mensch auszudrücken.[38] Hier soll also eine Vermittlung gedacht werden, welche weder äußere Zusammenset-

---

[35] Zur dynamischen Konvergenz der Religionen vgl. R. Panikkar, Religionen und die Religion, München 1965, 128–151.

[36] DH 302.

[37] A. von Harnack, Lehrbuch der Dogmengeschichte, Bd. 2, Tübingen [4]1909 (Neudruck 1964), 397.

[38] Vgl. L. Abramowski, Drei christologische Untersuchungen (BZNW 45), Berlin 1981; W. Kasper, »Einer aus der Trinität …« Zur Neubegründung einer spirituellen Christologie in trinitätstheologischer Perspektive, in diesem Band o. S. 297–317, hier 307 f.

zung (nestorianische Gefahr) noch innere Vermischung (monophysitische Tendenz) bedeutet, sondern Einheit in bleibender Unterschiedenheit wie Unterschiedenheit in und aufgrund von Einheit.

Solche Einheit, welche sich ganz und rückhaltlos hingibt und mitteilt, ohne dass sie den anderen aufsaugt und vereinnahmt, sondern ihn vielmehr freigibt und erfüllt, ist, wie wir gesehen haben, das Wesen der Liebe. Liebe ist gerade in ihrer Selbstlosigkeit und Selbstentäußerung die Erfüllung der Person; sie ist bei sich, indem sie sich selbst überschreitet und beim anderen ist. Solche Liebe kommt in Jesus Christus in ganz einmaliger und unüberbietbarer Weise zur Erfüllung. Indem Jesus in Hingabe und Gehorsam ganz arm und leer wird, gibt er Gott und der Fülle seiner sich selbst mitteilenden Liebe Raum.[39] Auf diese Weise offenbart sich in ihm letztlich Gott selbst als sich mitteilende Liebe *(1 Joh 4,8.16)*, dessen Absolutheit sich in der Selbstentäußerung zeigt *(Phil 2,7)*.[40] Die christliche Trinitätslehre ist im Grunde nur der stotternde Versuch, diese Liebe, die Gott selbst ist und die er, weil er sie ist, auch schenkt, bekenntnismäßig und begrifflich auszudrücken. Diese trinitarische Einheit ist Einheit in bleibender Vielheit und Vielheit in der Einheit. Sie ist als Dialog-Einheit Urbild und Maß der christlichen Begegnung mit den Religionen. Sie ist die tiefste Begründung für eine dialogische Verhältnisbestimmung zwischen dem Christentum und den Religionen.[41]

Diese dialogische Verhältnisbestimmung bedeutet den Abschied von den bisherigen monologischen Großentwürfen. Diese haben entweder den Absolutismus, meist verbunden mit einem gewalttätigen Imperialismus einer bestimmten Religion, welche sich aller geschichtlichen Bedingtheit und Verflochtenheit, alles Bezogen- und Angewie-

---

[39] Vgl. Kasper, Jesus der Christus (wie Anm. 34), 173; ders., »Einer aus der Trinität ...« (wie Anm. 38), 313 ff.

[40] Zu diesem Ansatz eines Gesprächs zwischen Christentum und asiatischer Religiosität, besonders mit dem Buddhismus über Personalität und Universalität vgl. Waldenfels, Faszination des Buddhismus (wie Anm. 33), 42–55, wo Waldenfels eindrücklich zeigt, wie die christliche, näherhin die christologische und d. h. kenotische Konzeption der Einheit das legitime Anliegen der asiatischen Einheitskonzeption aufgreifen und zur Erfüllung bringen kann. Ähnlich H. Dumoulin, Begegnung mit dem Buddhismus. Eine Einführung (Herbü 642), Freiburg i. Br. 1978, 145 f.

[41] Zum kenotischen Grundzug wahrer Kommunikation vgl. Waldenfels, Faszination des Buddhismus (wie Anm. 33), 138–151.

senseins auf andere enthoben wähnte, vertreten. Oder sie haben ihre Zuflucht zu einem skeptisch toleranten Relativismus genommen, welcher allen Religionen Teile und Aspekte der einen Wahrheit, welche sich aller Festlegung entzieht, zusprach, sodass jeder nach seiner Fasson selig werden kann.

Dem Christentum ist ein solcher unverbindlicher Relativismus fremd; es versteht sich aufgrund seines Bekenntnisses zu Jesus Christus als der eschatologischen Selbstoffenbarung Gottes als die wahre Religion;[42] es fügt freilich zumindest heute deutlich hinzu, dass diese Wahrheit ihren Anspruch nicht anders als kraft der Wahrheit im Gewissen erhebt und der Glaube darum seinem Wesen nach ein freier Akt des Menschen ist, welcher jeden Zwang ausschließt.[43] Hinzuzufügen ist außerdem, dass die Rede von der Absolutheit des Christentums nicht zum traditionellen theologischen Wortschatz gehört;[44] sie ist theologisch sogar überaus missverständlich und irreführend. Das Christentum versteht sich ja als eine geschichtliche Religion; es ist in einer ein für alle Mal ergangenen, in Jesus Christus zu ihrer Fülle gelangten geschichtlichen Offenbarung begründet, und diese bleibend normative Offenbarung wird wiederum in der Geschichte und in der Begegnung mit den sich wandelnden geschichtlichen Herausforderungen, im Dialog mit den verschiedenen Kulturen und Religionen ausgelegt und entfaltet. Der eschatologische Anspruch des Christentums kann geschichtlich gar nicht anders als dialogisch, in einem universalen ›colloquium salutis‹ zur Geltung kommen.[45]

V. Drei Gesichtspunkte für den Dialog des Christentums mit den Religionen

Bevor wir eine Dialog-Einheit des Christentums mit den Religionen abschließend nochmals näher bestimmen, soll zunächst das bisher Ge-

42 DH 1.

43 DH 1; 10.

44 Vgl. Anm. 32.

45 Von anderen theologischen Grundlagen aus hat diese neuere Sicht einer geschichtlich prozessualen, dialogischen Einheit der Religionen in ihrer Pluralität W. C. Smith, Towards a World Theology. Faith and Comparative History of Religion, London 1981, anschaulich beschrieben.

sagte etwas konkretisiert werden. Etwas formalisierend und schematisierend kann man den Bezug des Christentums zu den Religionen in dreifacher Weise bestimmen:

1. Der *positive Bezug* von Christentum und Religionen: Das Christentum bejaht alles, was in anderen Religionen wahr und heilig ist,[46] und es lernt eben dadurch, sich selbst besser und tiefer zu verstehen und zu verwirklichen. Wir können sogar noch einen Schritt weitergehen und sagen: Das Christentum anerkennt die rechtmäßige Eigengesetzlichkeit der Kultur, zu der auch die Religion gehört,[47] was ja auch heißt: Es anerkennt die relative Eigenständigkeit, das Eigenrecht und die spezifische Eigenart jeder Kultur und Religion. Es weiß sich selbst an keine bestimmte Kultur ausschließlich und unlösbar gebunden;[48] es ist vielmehr gesandt, sich in den kulturellen Reichtümern aller Völker einzupflanzen und zu verwurzeln.[49] Erst auf dem Weg solch umfassender Inkulturation, die weit mehr ist als eine äußere Adaption, kann die Kirche die ihr eigene Katholizität konkret voll verwirklichen. Erst wenn es die kulturellen und religiösen Reichtümer aller Völker eingebracht hat, wird es seine eigene Fülle erreicht haben.

2. Der *kritische Bezug* zwischen dem Christentum und den Religionen: Religionen sind, wenn man sie nicht in weltfremder romantischer Weise idealisiert, sondern so nimmt, wie sie faktisch vorkommen, nicht anders als übrigens auch die Christenheit, oft schreckliche Mischungen von Erhabenem und Heiligem, Wahrem, Gutem und Schönem mit Irrtum, Lüge, Repression, Aberglaube, Depravierungen und Dämonisierungen des Göttlichen. Sie bedürfen um der Heiligkeit Gottes und der Würde der Menschen willen der Reinigung. Sie können nicht einfachhin christlich legitimiert und kanonisiert werden; sie müssen unter das Gericht der Wahrheitsfrage gestellt und einem rationalen Diskurs unterzogen werden. Es muss also die Frage nach der wahren Religion gestellt werden. Dabei richten sich selbstverständlich auch kritische Anfragen an das Christentum und seine partikuläre vornehmlich europäisch-nordamerikanische Ausprägung. Sie trifft durchaus eine Mitschuld am Aufkommen des neuzeitlichen Atheis-

---

[46] NA 2.
[47] GS 59.
[48] GS 42; 58.
[49] AG 10; 15.

mus und Säkularismus[50] wie an den herrschenden Ungerechtigkeiten in der Welt. Die teilweise heftige Art, in der uns nichteuropäische Religionen und Kirchen den Spiegel vorhalten, muss uns Anlass zur tätigen Umkehr sein. Man darf, wenn vom Dialog zwischen Christentum und den Religionen die Rede ist, also keinen vielleicht schönen, aber naiven Harmonieträumen verfallen. Der Dialog mit den Religionen wird vielmehr vom Wesen der Sache her überaus konfliktreich verlaufen. Nur durch solche Konflikte hindurch kann die interreligiöse Begegnung für alle Seiten zur Befreiung führen.

3. Der *schöpferische, ja neuschöpferische Bezug* von Christentum und Religionen: Das Christentum, welches in Jesus Christus die Fülle der Wahrheit und des Lebens bekennt, ist überzeugt, den anderen Religionen erst die Fülle ihrer eigenen Wahrheit und ihres eigenen Reichtums zu bringen. Erst Jesus Christus ist die volle und letztgültige Antwort auf die Frage, welche der Mensch sich selbst ist.[51] So erfährt jede Religion, welche sich auf das Christentum einlässt, ähnlich wie jeder Mensch, der sich taufen lässt, eine schöpferische Verwandlung und eine Neugeburt. Sie führt durch das Sterben des alten und zum Auferstehen in einem neuen Leben, welches das alte und seine Werte nicht verleugnet, sie vielmehr reinigt und zu einer unvorhergesehenen Erfüllung bringt. Umgekehrt wird die christliche Kirche durch den Dialog mit den Religionen, auch dort, wo er zur Mitteilung und zur Annahme des christlichen Glaubens führt, nicht einfach ausgebreitet; das Christentum ist weder im Dialog noch im Missionsgeschehen ein Exportartikel. Das gilt auch dann, wenn sich das Christentum in der Missionsgeschichte leider oft so verstanden und Mission entsprechend praktiziert hat. Richtig verstanden geht es nicht um Ausbreitung, sondern um Neueinpflanzung der Kirche,[52] in welcher eine wahre Ekklesiogenesis[53] geschieht. In ihr unternimmt es – nach einem schönen Wort des Irenäus von Lyon – der Heilige Geist, Jesus Christus in seiner Neuheit jeweils neu zu vergegenwärtigen.[54] Es ent-

---

50 GS 19.

51 GS 21 f.

52 AG 6; 10; 15 u. a.

53 Den Begriff der Ekklesiogenesis übernehme ich von L. Boff, Die Neuentdeckung der Kirche. Basisgemeinden in Lateinamerika, Mainz [2]1980, welcher diesen Begriff freilich in einem anderen Zusammenhang entwickelt.

54 Iren. haer. 3, 17, 1 (PG 7, 929); vgl. 3, 24, 1 (PG 7, 966).

stehen jeweils junge Kirchen, welche die Kirche insgesamt verjüngen und ihr neue Dynamik verleihen. Dass dadurch auch neue Probleme für die Einheit der Kirche entstehen, braucht nicht verschwiegen zu werden. Aber Spannungsreichtum ist Ausdruck von Leben; Vielfalt ist Ausdruck von Reichtum, Fülle und wahrer Katholizität. Nur durch solche Katholizität kann die Kirche in vollem Sinn Ferment und Sakrament, das heißt Zeichen und Instrument der einen Menschheit sein, als welche sie sich auf dem Vaticanum II selbst definiert hat.[55]

Versteht man den Dialog mit den Religionen in dieser dreifachen Weise, dann lässt sich zunächst eine ganze Reihe von Fragen, in denen die Diskussion gegenwärtig festgefahren ist, etwas entkrampfen. Das gilt vor allem von dem von vielen als problematisch empfundenen Verhältnis von Dialog und Mission. In der Tat hat der vom Vaticanum II geforderte Dialog mit den Religionen die christliche Mission in eine schwere Legitimationskrise gebracht.[56] Selbstverständlich kann der Dialog keine verkappte und verschleierte Missionstaktik sein. Der Dialog respektiert vielmehr die Freiheit des andern; er nimmt den andern in seinem Anderssein an und setzt ihn dazu frei. Wer ins Gespräch kommen will, muss sich selbst zurücknehmen; er darf nicht überreden, vereinnahmen oder gar überrumpeln wollen. Dennoch stehen Dialog und Mission nicht im Gegensatz zueinander. Wahrer Dialog will dem andern ja nicht nur etwas mitteilen; Liebe teilt sich letztlich selber mit. Sie kann darum dem andern nicht ausgerechnet das vorenthalten wollen, was ihr selbst das Liebste und Höchste ist: Gottes Liebe in Jesus Christus. Sie ist es, die uns zur Verkündigung drängt *(2 Kor 5,14)*. So will der Christ im Dialog, soweit der andere dies frei akzeptiert, auch sein Christsein mitteilen und die andern teilhaben lassen an den Reichtümern Jesu Christi, die wir ja nicht als Privatbesitz, sondern als Geschenk für die anderen, als Geschenk zum Weitergeben empfangen haben.

Solcher sich selbst mitteilender Dialog ist keine Einbahnstraße, sondern ein gegenseitiges Geben und Empfangen. Damit berühren wir einen zweiten heiklen Punkt. Oft wird nämlich die Frage gestellt,

---

[55] LG 1 u.a.; vgl. W. Kasper, Überlegungen zur Theologie der Mission, in: WKGS 11, 370–393.

[56] Vgl. dazu G. Collet, Das Missionsverständnis der Kirche in der gegenwärtigen Diskussion (TTS 24), Mainz 1984.

ob ein Christ beziehungsweise die Kirche, welche davon überzeugt ist, in Jesus Christus die Fülle der Wahrheit empfangen zu haben, überhaupt noch fähig ist, in einen offenen Dialog gemeinsamer Wahrheitsfindung einzutreten. Ist der Christ und ist die Kirche überhaupt dialogfähig? Sind sie lernfähig, und sind sie gar korrekturoffen? Dass sie es oft tatsächlich nicht waren und sind, ist wahr und beklagenswert zugleich. Die Frage ist jedoch, ob sie es unter Aufrechterhaltung ihres Selbstverständnisses grundsätzlich sein können. Die Antwort ist, dass sie gerade um ihres Anspruchs willen offen sein müssen. Denn weder die Kirche und noch weniger der einzelne Christ können die Fülle der Wahrheit, welche nicht die Kirche, sondern Jesus Christus ist, jemals ausschöpfen. Gerade wenn es der eine Heilsplan Gottes ist, der sich in Jesus Christus erfüllt, muss der Christ damit rechnen, dass ihm in der Begegnung mit anderen Religionen Aspekte der einen, alle verbindenden Wahrheit aufgehen, welche ihm bisher verborgen waren und die ihn nunmehr wachsen und reifen lassen in der Einsicht in die Reichtümer von Gottes Offenbarung in Jesus Christus (vgl. *Eph 4,13.15*). So wird der Dialog mit den Religionen heute helfen, die verengten und oftmals verkrusteten Perspektiven des europäischen Christentums zu weiten, zu verlebendigen und zu vertiefen.

VI. Zeichenhafte Verwirklichung der Dialog-Einheit

Das Konzept einer Dialog-Einheit der Religionen hat etwas Verheißungs- und Hoffnungsvolles an sich. Es ist aber alles andere als enthusiastisch und utopisch. Es verwirft ja die alten Großkonzeptionen und monologischen Einheitsentwürfe, und es nimmt die geschichtliche Vielfalt, ja den Antagonismus zwischen den Religionen ernst. Dieser Realismus entspricht durchaus dem christlichen Verständnis von der Einheit der Menschheit. Sie ist nach christlicher Überzeugung ein für alle Mal in Jesus Christus angebrochen und grundgelegt. Die universale und volle Realisierung der Einheit und des Friedens unter den Völkern bleibt jedoch eine Hoffnung, deren Erfüllung erst am Ende der Zeiten, wenn Gott »alles in allem« ist *(1 Kor 15,28)*, Wirklichkeit sein wird. Innergeschichtlich sind nur zeichenhafte Vorwegnahmen dieses universalen und endgültigen Friedens möglich.

In diesem Sinn ist die Einheit für das Christentum trotz aller geschichtlich letztlich nicht aufhebbaren Vielfalt keine leere Idee und keine reine Zukunftsvision. Sie ist in einer verborgen, nur dem Glauben erfassbaren Weise schon jetzt eine anfanghafte Wirklichkeit. Die eine Weisheit und der eine Geist Gottes, der nach christlicher Überzeugung weiter und umfassender wirkt als die institutionellen Grenzen der Kirche reichen, ist schon jetzt unter allen Völkern und in allen Kulturen wirksam. So sind nach Augustinus nicht nur viele, die äußerlich in der Kirche drinnen sind, in Wirklichkeit draußen; es sind auch viele drinnen, die äußerlich draußen sind.[57] Weder ist die Gliedschaft in der sichtbaren Kirche eine Garantie für das Heil, noch entbehren die Nichtchristen der Heilsmöglichkeit. Gottes Heilswille und Heilsangebot in Jesus Christus ist universal.[58] So ist Jesus Christus nach Thomas von Aquin in einer institutionell nicht fassbaren, im Einzelnen unterschiedlichen Weise schon jetzt das Haupt aller Menschen.[59]

Aus dieser theologisch unbestreitbaren These, dass Gottes Geist verborgen *in* allen Völkern und damit *in* allen Religionen wirkt und deshalb auch Nichtchristen zuteilwerden kann, darf man freilich nicht – wie es oft geschieht – vorschnell ableiten, dass er auch *durch* die Religionen und *durch* ihre sichtbaren Riten wirkt. Das ist ein verhängnisvoller Kurzschluss, der zu einer von der konkreten Heilsgeschichte abstrahierenden universalistischen Einheitskonzeption führt, in der alle Religionen Heilswege, ja die ordentlichen Heilswege sind, das Christentum aber zum außerordentlichen Heilsweg relativiert wird.[60]

---

[57] Aug. in Joh 3, 4 (PL 35, 1999); in Ps 106, 14 (CCL 40, 1581); bapt. 4, 2–4 (PL 43, 155 f.); 5, 27 (PL 43, 196).

[58] Dies dürfte gegenüber manchen Verengungen seit dem Zweiten Vatikanischen Konzil endgültig geklärt sein. Vgl. LG 14–16. Deshalb wird man der von K. Rahner mit dem Begriff der anonymen Christen gemeinten Sache auch dann zustimmen müssen, wenn man die dafür verwandte Begrifflichkeit für unglücklich hält. Der Christenname ist von seinem Ursprung in Apg 11,26 her an das öffentliche Bekenntnis und das öffentliche Bekanntsein als Christ gebunden und damit von seinem Ursprung und von seinem Wesen her anonymitätsfeindlich. Vgl. den diesem Thema gewidmeten Band: E. Klinger (Hg.), Christentum innerhalb und außerhalb der Kirche (QD 73), Freiburg i. Br. 1976.

[59] Thomas v. Aquin, S.th. III q. 8 a. 3; vgl. dazu M. Seckler, Das Haupt aller Menschen. Zur Auslegung eines Thomastextes, in: J. Schöller (Hg.), Virtus politica (FS A. Hufnagel), Stuttgart u. a. 1974, 107–125.

[60] Vgl. dazu die Kritik an K. Rahner und H. R. Schlette u. a. von Seckler, Theologie der Religionen mit Fragezeichen (wie Anm. 2), 177–179. Freilich dürfte der

Eine christliche Theologie der Religionen kann nur von dem einen konkreten, biblisch bezeugten Heilsweg ausgehen, der in Jesus Christus zur Erfüllung kommt. Von dort ausgehend, weiß sie freilich zugleich darum, dass sich diese christologische Fülle in fragmentarischer und vorläufiger Weise abschattet, auch in den Religionen. Für diese Behauptung kann man auf den von Gott gestifteten, die Naturreligionen begründenden noachitischen Bund verweisen *(Gen 8,21f.; 9,9–17)*. Als Repräsentant einer solchen Naturreligion begegnet uns im Alten Testament vor allem Melchisedek, der König von Salem und Priester des höchsten Gottes *(Gen 14,17–20)*, der im Neuen Testament als Träger einer Verheißung beschrieben wird, welche in Jesus Christus, dem Hohenpriester in der Ordnung des Melchisedek ihre Erfüllung findet *(Hebr 6,20–7,17)*. So spricht die theologische Tradition seit Augustinus von Natursakramenten,[61] in denen sich die sakramentale Struktur der christlichen Heilsordnung in vorläufiger, das heißt auf Jesus Christus vorausweisender Weise schattenhaft anzeigt. Sofern diese nämlich Ausdruck eines *impliziten* Glaubens an den kommenden Erlöser sind,[62] das heißt, sofern sie Ausdruck einer Offenheit und eines Gehorsams gegenüber dem Willen Gottes sind, so wie er in der jeweiligen Situation konkret im Gewissen vernommen wird, kommt ihnen schon nach der traditionellen Theologie aufgrund dieses impliziten Glaubens eine Bedeutung für das Heil des betreffenden Menschen zu.

Die verborgene, nur im Glauben erfassbare Einheit wird also schon jetzt anfanghaft und spurenhaft in vielfältigen Riten, Symbolen, religiösen Vorstellungen und Verhaltensweisen und anderem sichtbar.

---

von Seckler im Anschluss an Rahner eingeschlagene Weg eines transzendentalen Offenbarungsverständnisses (ebd., 175f.) sachlich zwingend zu der Position von K. Rahner und H. R. Schlette führen. Insofern ist K. Rahner konsequenter, ohne damit sachlich richtiger zu sein. Eine konkret-heilsgeschichtliche Argumentation, wie sie hier versucht wird, vermeidet von vornherein diese Aporie.

[61] Aug. c. Iulian. V, 11, 45 (PL 44, 809f.); Thomas v. Aquin, S.th. III q. 70 a. 4 ad 2; Quodl 6 a. 4 ad 1. Vgl. die Handbücher der Dogmatik: u.a. F. Diekamp/K. Jüssen, Katholische Dogmatik, Bd. 3, Münster [11.12]1954, 8f.; L. Ott, Grundriß der Katholischen Dogmatik, Freiburg i.Br. [8]1970, 416; J. Auer, Kleine Katholische Dogmatik, Bd. 6, Regensburg 1971, 34; O. Semmelroth, Art. Natursakramente, in: LThK[2] 7, 829f.

[62] Vgl. Thomas v. Aquin, S.th. II/II q. 1 a. 7. Dazu der Kommentar in der deutschen Thomas-Ausgabe, Bd. 15, Heidelberg u.a. 1950, 438–443.

Die Religionswissenschaft kann solche Entsprechungen und Zusammenhänge aufzuzeigen versuchen. Aufgabe des christlichen Dialogs mit den Religionen ist es ebenfalls, solche schon vorhandenen Elemente der Einheit gemeinsam aufzuspüren und sie bewusst zu machen. Er kann damit zu einem besseren gegenseitigen Verständnis, zu größerer gegenseitiger Hochachtung und zum Austausch von religiöser Erfahrung führen. Das geschieht in einem Dialog zwischen Religionen nicht nur objektiv wissenschaftlich, sondern auch existentiell und praktisch durch das gelebte Zeugnis. Letztlich ist ein solcher Dialog nur möglich, wenn die an ihm Beteiligten nicht nur untereinander und miteinander reden, sondern sich in Gebet und Buße je auf ihre Weise dem einen, alle verbindenden Geist der Wahrheit und der Liebe öffnen und sich von ihm erfüllen lassen. Der Dialog zwischen dem Christentum und den Religionen wird darum nur dann wirklich fruchtbar sein, wenn er ein geistliches Ereignis ist.

In der zu allen Völkern gesandten und heute unter allen Völkern präsenten ›ecclesia catholica‹ kommt diese Begegnung zu ihrer höchstmöglichen geschichtlichen Verwirklichung. Die Kirche versteht sich ja als ›signum levatum in nationes‹.[63] Sie ist der Überzeugung, dass in ihr das leidenschaftliche Verlangen der Menschen und der Völker nach Frieden, Versöhnung und Einheit zu seiner geschichtlich möglichen Erfüllung kommt. Denn in ihr ist das Pfingstereignis schon Gegenwart, bei dem alle Völker im einen Geist Gottes auf je ihre sprachliche Weise die Großtaten Gottes vernehmen und bezeugen *(Apg 2,6–11)*. Augustinus kann deshalb sagen: »Schon jetzt spricht der ganze Leib Christi in den Sprachen aller, und welche er noch nicht spricht, die wird er sprechen.« Deshalb lässt Augustinus die Kirche sprechen: »Ich bin in allen Sprachen; meine Sprache ist griechisch, syrisch ist die meine, hebräisch ist die meine, mein ist die Sprache aller Völker, weil ich in der Einheit aller Völker bin.«[64] Aufgrund einer solchen Vision kann gesagt werden: »Omnis gens secundum suam patriam in Ecclesia psallit Auctori.«[65]

Doch auch die Kirche hat von ihrem Herrn keinerlei Verheißung, dass ihr jemals alle oder auch nur die meisten lebenden Menschen

---

63 Vgl. DH 3014.
64 Aug. in Ps 147, 19 (CCL 40, 2156); vgl. 44, 24 (CCL 38, 512).
65 Hrabanus Maurus, De Universo, lib. 22, c. 3 (PL 111, 598).

angehören werden. Auch sie kann die eschatologische Einheit immer nur proleptisch zeichenhaft da und dort aufzeigen und verwirklichen. Sie muss sogar beständig mit Widerspruch, Anfechtungen und Verfolgung rechnen. So geht sie ihren geschichtlichen Pilgerweg zu allen Völkern nicht in der Gestalt eines Triumphators, sondern in äußerer Knechtsgestalt »zwischen den Verfolgungen der Welt und den Tröstungen Gottes«[66].

Das Konzept einer Dialog-Einheit mit den Religionen ist bestimmt von diesem christlichen Realismus. Deshalb ist es gefeit vor der Gefahr und Versuchung eines liberalistischen Synkretismus. Denn weder die Liebe noch die Wahrheit verwischen die Unterschiede. Dialogeinheit besagt Einheit in der Unterschiedenheit. Sie ist getragen von der Liebe, welche sich an der Wahrheit freut, welche alles erträgt, alles hofft, allem standhält und welche gerade so niemals aufhört und immer bleibt *(1 Kor 13, 6–8)*. Gerade in solcher standhaltender und doch hoffender Liebe ragt und wirkt die eschatologische volle Einheit zeichenhaft schon jetzt in die Geschichte herein und wird dort zum Zeichen und Werkzeug des Friedens und der Versöhnung.

[66] Aug. civ. 18, 51, 2 (PL 41, 614): zitiert nach LG 8.

Reinkarnation und Christentum

Der Tod ist ein Urproblem der Menschheit. Wohl schon immer haben sich die Menschen gefragt: Was geschieht beim Tod? Was ist nach dem Tod? Ist mit dem Tod einfach alles aus, oder gibt es ein Leben über den Tod hinaus? Mit der Antwort auf die Frage nach dem Tod entscheidet sich auch die Frage nach dem Sinn des Lebens. Warum und wozu sind wir auf Erden? Warum und wozu die negativen Erfahrungen: Unrecht, Leiden und schließlich der Tod?

I. Reinkarnation in nicht-christlichen Religionen

Die Lehre von der Reinkarnation, das heißt Wiederverkörperung und Wiedergeburt oder auch Seelenwanderung (Metempsychose, Transmigration), ist eine der ältesten Antworten auf diese Frage. Sie ist in unterschiedlichen Formen in den verschiedensten Religionen verbreitet.[1] Sie finden sich bei vielen sogenannten Naturvölkern, bei den alten Ägyptern, bei den Kelten ebenso wie in der griechischen Philosophie (Orphiker, Pythagoras, Empedokles, Platon, Plotin), bei dem römischen Dichter Vergil wie bei christlichen Gnostikern, bei den Manichäern und Katharern und in der jüdischen Kabbala. In allen diesen Religionen und philosophischen Schulen war die Reinkarnationsvorstellung jedoch nur ein Element neben anderen. In Indien

[1] Einen guten ersten Überblick gibt H. von Glasenapp, Art. Seelenwanderung I, in: RGG³ 5, 1637 ff.; G. Adler, Wiedergeboren nach dem Tode? Die Idee der Reinkarnation, Frankfurt a.M. 1977; G. Adler/H. Aichelin, Reinkarnation – Seelenwanderung – Wiedergeburt. Eine religiöse Grundidee im Aufwind (EZW 76), Stuttgart 1979; H. Torwesten, Sind wir nur einmal auf Erden?, Freiburg – Basel – Wien 1983; M. v. Brück, Art. Reinkarnation, in: LeRe, 525–531; M. C. Albrecht, Reinkarnation – die tödliche Lehre, Berlin 1988.

(Hinduismus und Buddhismus) dagegen wurde sie zu einem die gesamte Religion und das gesamte Denken beherrschenden Dogma.

Der gemeinsame Nenner der im Einzelnen recht verschiedenen indischen Vorstellungen ist die Lehre vom Karma (= Tat, Werk). Danach ist das Geschick jedes Menschen in diesem und in künftigen Leben durch die Auswirkung früherer oder jetziger guter oder schlechter Taten bestimmt. Die Reinkarnationslehre ist also eine Lehre von der rechten Vergeltung und vom sühnenden Ausgleich. Hinter ihr steht die Idee der Gerechtigkeit. Zugleich soll sie Antwort geben auf die Frage der Theodizee, das heißt der Rechtfertigung Gottes angesichts der Tatsache, dass es den Guten oft schlecht geht, während der Böse triumphiert.

II. Die Antwort der Bibel und der frühen Kirche

Die Bibel kennt, auch wenn dies gegenwärtig manchmal behauptet wird, die Wiedergeburt nicht, ebenso wenig die frühe Kirche. Die vor allem von Joseph Head und Sylvia L. Cranston aufgestellte Behauptung, die Bibel sei nachträglich zensiert und die Reinkarnationslehre früherer Kirchenväter, etwa des Origenes, sei erst durch das fünfte allgemeine Konzil in Konstantinopel (553) verurteilt worden, entbehrt jeder seriösen historischen Grundlage.[2]

Nicht wenige biblische Stellen sprechen eindeutig gegen die Reinkarnation.[3] Die frühen Kirchenväter polemisierten teilweise heftig dagegen und nennen diese Lehre lächerlich und absurd.[4] Die zur Zeit Jesu offensichtlich verbreitete Meinung, Johannes der Täufer sei der wiedergekommene Elias *(Mt 11,14; 17,12f.)* wird vom Täufer selbst nicht nur zurückgewiesen *(Joh 1,22)*, sie hat mit Reinkarnation auch insofern nichts zu tun, als es sich um die Erwartung des in den Himmel entrückten Elias geht. Oft wird behauptet, der 553 verurteilte Ori-

---

[2] Vgl. Albrecht, Reinkarnation – die tödliche Lehre (wie Anm. 1), 41–46.

[3] Vgl. 2 Sam 12,23; 14,14; Ps 78,39; Lk 23,43; Apg 17,31; 2 Kor 5,1.4.8; 6,2; Phil 1,23; Hebr 9,27f.

[4] Vgl. Iust. 1 apol. 8, in: BKV 12, 17f.; Dialog mit dem Juden Tryphon IV, 6f., in: BKV 33, 8f.; Min. Fel. 6, in: BKV 14, 1985, Iren. haer. II, 23, 1–5, in: BKV 3, 200–203; Tert. apol. 48, in: BKV 24, 169–176; Greg. Nyss. v. Macr. 14, 1–8, in: BKV 56, 300–309.

genes hätte die Reinkarnation gelehrt. Doch dabei handelt es sich um eine Verwechslung. Origenes lehrte die Präexistenz der Seele sowie eine jenseitige (!) stufenweise Läuterungsmöglichkeit und eine schließliche Wiederherstellung (Apokatastasis), schloss aber zumindest in seinen späteren Schriften die Reinkarnation als eine der Heiligen Schrift und dem Glauben der Kirche fremde Lehre aus.[5] Die anderen Kirchenväter bestreiten, dass es nach dem Tod des Menschen noch eine weitere Möglichkeit der Umkehr, von Verdienst oder Missverdienst gibt.[6] Die Möglichkeit einer passiven jenseitigen Läuterung im reinigenden Feuer der Liebe Gottes, der wir im Tod begegnen (Fegfeuer) wird von der katholischen Kirche jedoch gelehrt.[7]

Die Antwort des Christentums auf die Frage nach dem Leben nach dem Tod und nach der Gerechtigkeit Gottes ist nicht wie die Lehre von der Reinkarnation innerweltlich bestimmt, sondern von der Hoffnung auf die künftige leibliche Auferstehung der Toten und das endzeitliche Gericht Gottes über Lebende und Tote. Dem Christentum geht es nicht um Wiedergeburt in der alten Welt, sondern um eine neue Geburt »von oben« aus dem Geist *(Joh 3,3.5f.)*, um ein neues Leben in der neuen Welt, das heißt ein Leben in Gott und mit Gott.[8] Die diesseitigen Reinkarnationsvorstellungen erschienen von Anfang an als völlig unvereinbar mit dieser christlichen Hoffnung.

III. Moderne Reinkarnationslehren

Dennoch wurde die Reinkarnationslehre in der Neuzeit seit der Klassik und der Romantik wieder hoffähig. Dichter und Denker wie Immanuel Kant, Gotthold Ephraim Lessing, Georg Christoph Lichten-

---

5 Vgl. Orig. comm. in Mt 13,1, übers. v. H. J. Vogt, Bd. 1 (BGrL 18), Stuttgart 1983, 240 f.

6 Vgl. 2 Clem. 8,2 f., in: BKV 35, 299; Cypr. Demetr., (EnchP, 560 f.); An Antonianus, in: ebd., 575.578; Hil. Traktat über die Psalmen, in: ebd., 886 f.; Bas. Homilien 7,8, in: ebd., 966; Greg. Naz. Reden 16,7, in: ebd., 980; Jo. Chrys. Homilie über die Buße 9, in: ebd., 1138; Jo. Chrys. Hom. in Mt 14,4, in: ebd., 1972 u. a.

7 Vgl. Katholischer Erwachsenenkatechismus. Das Glaubensbekenntnis der Kirche, hg. v. der Deutschen Bischofskonferenz, Kevelaer u. a. 1985, 424–426.

8 Zur Einzeldeutung der eschatologischen Aussagen des christlichen Glaubens vgl. ebd., 399–431; bes. 404–410.420–422.

berg, Johann Gottfried Herder, Johann Wolfgang von Goethe und Arthur Schopenhauer bekannten sich dazu. Die Anthroposophie von Rudolf Steiner trug viel zu ihrer Verbreitung bei. In der sogenannten neuen Religiosität, in der New-Age-Bewegung und Ähnlichem spielt sie überall eine wichtige Rolle.[9] Oft wird versucht, sie mit empirischen Argumenten zu untermauern, sei es, dass Menschen sich an ein früheres Leben zu erinnern meinen (Edgar Cayce; Morey Bernstein; Thorwald Dethlefsen), sei es, dass man sich auf die Erfahrungen von Sterbenden beruft (Raymond A. Moodey; Elisabeth Kübler-Ross). Doch die dabei beobachteten Phänomene bleiben, auch dort, wo sie ernst zu nehmen sind, mehrdeutig und lassen nach der Meinung der meisten Wissenschaftler auch ganz andere Interpretationen zu (etwa als Kryptomnesie, das heißt Auftauchen vergessener Bewusstseinsinhalte). So ist die Reinkarnationslehre keine wissenschaftlich bewiesene Theorie, sondern eine heute weit verbreitete unbeweisbare Glaubensüberzeugung.

Es ist jedoch keineswegs so, dass wir uns mit den neueren Wiedergeburtsvorstellungen in unserer weithin oberflächlich gewordenen westlichen Zivilisation auf die alte Weisheit östlicher Spiritualität besinnen, um von ihr zu lernen. Vielmehr besteht zwischen den östlichen (hinduistischen und buddhistischen) und den modernen westlichen Reinkarnationsvorstellungen ein grundlegender Unterschied. Für die östliche Religiosität ist der Kreislauf der Wiedergeburt etwas Fürchterliches, dem man entfliehen und von dem man sich befreien will; die Lehre von der Wiedergeburt ist unlösbar mit dem Thema von Schuld und Sühne, von Reinigung und Läuterung verbunden; das Rad der Wiedergeburt ist Strafe und Fluch und ruft Grauen und Schrecken hervor.

In unserem westlichen Denken dagegen bedeutet die Möglichkeit der Reinkarnation eine neue positive Chance, wozu ein einziges Leben zu kurz ist, um alle menschlichen Möglichkeiten zu verwirklichen und ein misslungenes und vertanes Leben nachzuholen. Wiedergeburt ist hier keine Last, sondern wird zur Beruhigung: Es geht weiter mit dir. Sie steht nicht im Zeichen der Loslösung vom Durst des Daseins, sondern der Selbstverwirklichung im Dasein. Sie wird sogar eingeordnet

[9] Dazu: J. Sudbrack, Neue Religiosität. Herausforderung für die Christen (TTB 168), Mainz 1987; M. Kehl, New Age oder Neuer Bund? (TTB 176), Mainz 1988.

in den typisch westlichen Fortschrittsoptimismus, der sich, nachdem man alle äußeren Daseinsmittel mehr oder weniger hat, nunmehr auf eine geistige Bewusstseinserweiterung und einen zunehmenden Durchbruch des göttlichen Funkens in der Welt und im Menschen bezieht. So wird die Reinkarnationslehre heute oft mit neueren Evolutionslehren verbunden, die von einer sich immer mehr transzendierenden Selbstorganisations- und Selbsttransformationsdynamik des Universums ausgehen (Fritjof Capra; Hoimar von Dithfurt).[10]

IV. Unvereinbarkeit von Christentum und Reinkarnationslehre

Was sollen wir als Christen zu dieser neuen synkretistischen Welt- und Lebensanschauung sagen? Das Urteil aller katholischen Theologen ist völlig eindeutig: Die modernen Reinkarnationsvorstellungen sind mit der christlichen Hoffnung auf das neue und ewige Leben unvereinbar. Sie widersprechen nicht nur einzelnen Stellen aus der Heiligen Schrift oder einzelnen dogmatischen Lehren der Kirche; sie laufen der Wesensidee des Christlichen zuwider und stehen so im Widerspruch zum Ganzen des christlichen Glaubens.[11]

Ein erstes Argument geht vom biblischen Zeit- und Geschichtsverständnis aus. Während sich fast alle anderen Religionen Zeit und Geschichte im Bild eines ewigen Kreislaufs vorstellen und alles Gesche-

---

10 Zur Information: S. N. Bosshard, Erschafft die Welt sich selbst? Die Selbstorganisation von Natur und Mensch aus naturwissenschaftlicher, philosophischer und theologischer Sicht (QD 103), Freiburg – Basel – Wien 1985, bes. 106–121. Eine fällige kritische Auseinandersetzung: R. Spaemann/R. Löw/P. Koslowski (Hg.), Evolutionismus und Christentum (Civitas Resultate 9), Weinheim 1986; Com(D) 17 (1988) Heft 3.

11 Eine knappe Zusammenfassung der wichtigsten Argumente findet sich im Katholischen Erwachsenenkatechismus (wie Anm. 7), 409. Im gleichen Sinn haben sich in letzter Zeit verschiedene katholische Theologen geäußert: G. Bachl, Über den Tod und das Leben danach, Graz – Wien – Köln 1980, 241–257; G. Greshake, Seelenwanderung oder Auferstehung?, in: ders., Gottes Heil – Glück des Menschen, Freiburg – Basel – Wien 1983, 226–244; M. Kehl, Eschatologie, Würzburg 1986, 68–76. Auch ein gegenüber den Vorstellungen anderer Religionen so vermittlungsbereiter Theologe wie H. Küng urteilt, dass hier »eine denkerische Vermittlung unmöglich und eine Entscheidung unumgänglich« ist (Ewiges Leben?, München – Zürich 1982, 85).

hen als zyklische Wiederholung eines Uranfangs verstehen, legt die Bibel alles Gewicht auf die Einmaligkeit und Unwiederholbarkeit des Handelns Gottes in der Geschichte.[12] Vor allem das Leben, Sterben und Auferstehen Jesu Christi ist ein für alle Mal geschehen. Die für die Bibel grundlegende Kategorie des Ein-für-alle-Mal gilt in ähnlicher Weise auch für das menschliche Leben. Jedem Menschen ist eine einmalige Spanne Zeit gegeben. Deshalb soll er, um weise zu werden, die Tage zählen *(Ps 81,12)* und die Zeit auskaufen *(Eph 5,16; Kol 4,5)*. Deshalb heißt es im Hebräerbrief: »Ermahnt einander jeden Tag, solange es noch ein Heute gibt« *(Hebr 3,13)*. Es heißt sogar ganz deutlich: So wie Jesus Christus ein einziges Mal geopfert wurde, so »ist es dem Menschen bestimmt, ein einziges Mal zu sterben, worauf dann das Gericht folgt« *(Hebr 9,27f.)*. Diese Einmaligkeit des Lebens und des Sterbens gibt dem Leben erst seine Spannung wie seinen Ernst. Das Leben ist kein unverbindliches Spiel; im Leben fallen endgültige Entscheidungen. Jeder Augenblick ist etwas Unwiederbringliches und Einmaliges.[13]

Ein zweites Argument betrifft das christliche Verständnis der Einheit von Leib und Seele. Danach sind Leib und Seele nicht zwei Wirklichkeiten, die nur äußerlich zusammengestückt und zusammengespannt sind. Die Seele ist vielmehr die Wesensform des Leibes, der Leib die Ausdrucksgestalt und das Realsymbol der Seele.[14] So ist der Mensch »in Leib und Seele einer«[15]. Deshalb gilt die christliche Hoffnung über den Tod hinaus nicht nur dem Weiterleben der Seele, sondern wie der Glaube an die Auferstehung des Fleisches, das heißt des Leibes, sagt, dem ganzen Menschen. Im Vergleich zu diesem ganzheitlichen Denken stellen die Reinkarnationsvorstellungen einen extremen Dualismus dar, bei dem man ein Doppeltes fragen muss: Kann denn die Identität der Seele beziehungsweise Person gewahrt werden, wenn diese sukzessiv in verschiedenen körperlichen Gestalten erscheint? Und bedeutet es nicht eine völlige Abwertung des Leibes,

---

[12] Vgl. M. Eliade, Kosmos und Geschichte, Der Mythos der ewigen Wiederkehr (rde 260), Düsseldorf 1966.

[13] Vgl. Katholischer Erwachsenenkatechismus (wie Anm. 7), 401–404.

[14] So im Anschluss an Thomas v. Aquin das Konzil von Vienne (1312): DH 902; NR 329.

[15] GS 14; vgl. Katholischer Erwachsenenkatechismus (wie Anm. 7), 120–123.

wenn dieser lediglich als äußere Hülle, die man am Ende einfach abstreift, verstanden wird?

Das dritte und letzte Argument stößt vollends ins Zentrum des christlichen Glaubens vor. Denn die zentrale Botschaft des Evangeliums ist es, dass die Vollendung des Menschen nicht unser Werk und unsere eigene Leistung, sondern vielmehr Geschenk der Gnade Gottes ist. Im Christentum gilt nicht wie in der Karma-Lehre das Gesetz der Leistung und der Vergeltung, sondern das Prinzip Gnade. Was dies bedeutet, ergibt sich aus dem Gleichnis von den Arbeitern im Weinberg. Weil der Weinbergbesitzer gut ist, erhalten auch diejenigen, die nur eine einzige Stunde gearbeitet haben, den vollen Lohn eines Tages, genauso wie diejenigen, welche die Last und die Hitze des ganzen Tages ausgehalten haben *(Mt 20,1–6)*. Vor allem Paulus sagt mehrfach sehr pointiert, dass wir nicht aufgrund unserer Werke und Leistung, sondern durch den Glauben an Gottes Gnade in Jesus Christus gerechtfertigt werden *(Röm 3,20.28; Gal 2,16)*. »Denn aus Gnade seid ihr durch den Glauben gerettet, nicht aus eigener Kraft – Gott hat es geschenkt –, nicht aufgrund eurer Werke, damit keiner sich rühmen kann« *(Eph 2,8)*.

Die Wiedergeburtslehre ist demgegenüber im Grunde eine Lehre von der Selbsterlösung beziehungsweise von der Selbstverwirklichung. Das Christentum macht dagegen geltend: Die letzte Erfüllung des Menschen ist allein Gott. Die Gemeinschaft mit Gott und das Leben in Gott kann aber nie des Menschen eigene Leistung, sondern nur Gottes gnadenhaftes Geschenk sein. Deshalb reicht weder ein Leben noch viele Leben aus, um zur Erfüllung zu kommen. Am Ende ist alles Gnade.

Welches ist also die christliche Antwort auf die eingangs gestellte Frage nach dem Sinn des Lebens und des Todes? Welches ist die christliche Alternative zur Wiedergeburtslehre? Die Antwort des Evangeliums lautet: Gott liebt von Ewigkeit her jeden einzelnen Menschen; er hat in Jesus Christus zu jedem Menschen sein Ja gesprochen. Nun gilt es, in diesem Leben aus dem Ja Gottes zu leben und es sich ganz zu Eigen zu machen. Dann kann uns nichts trennen von der Liebe Gottes, weder Leben noch Tod *(Röm 8,38)*; ob wir leben oder sterben, wir gehören Jesus Christus *(Röm 14,8)*. Gottes in Jesus Christus offenbar gewordene Liebe ist unverbrüchlich; sie hat auch am Tod keine Grenze. In ihr sind wir auch im Tod und über den Tod hinaus für immer geborgen.

Zum Dialog zwischen den Religionen und zur Geschichtlichkeit des religiösen Bekenntnisses

Das Gespräch zwischen Christentum und Islam über das Thema Menschenrechte kann sinnvollerweise nur in dem größeren Zusammenhang der Begegnung dieser beiden großen Religionsgemeinschaften und im Zusammenhang des in der gegenwärtigen Situation der Welt ebenso aktuellen wie dringlichen Dialogs zwischen den Religionen stattfinden.

Wer die Geschichte des Verhältnisses von Islam und Christentum auch nur einigermaßen kennt, weiß, dass es diese beiden Religionen mit dem Dialog und mit der Toleranz zwischen einander besonders schwer haben. Der Grund für dieses konfliktträchtige Verhältnis dürfte paradoxerweise gerade in dem liegen, was sie – zusammen mit dem Judentum – gemeinsam haben und was sie als die drei abrahamitischen Religionen von den anderen Religionen unterscheidet: im Bekenntnis zum Monotheismus. Dieses Bekenntnis zum einen und einzigen Gott fordert notwendigerweise Entscheidung; es hat das, was man recht missverständlich den Absolutheitsanspruch nennt, zur Konsequenz. Dieser scheint extrem dialog- und toleranzfeindlich zu sein; zumindest hat er sich geschichtlich oft so ausgewirkt. Polytheistische Religionen tun sich da leichter. Sie haben immer die Möglichkeit, ihr Götterpantheon um eine weitere Gottheit zu vergrößern und zu bereichern. Dieser Weg ist für Muslime wie für Christen ausgeschlossen. Dennoch stehen auch und gerade sie heute dringend und verpflichtend vor der Aufgabe einer Art Ökumene der Religionen.

Es würde zu weit führen, hier eine ganze Theorie des Dialogs zwischen den Religionen, wie er nicht unter Aufgabe, sondern unter Wahrung des Monotheismus möglich erscheint, zu entwickeln. Die gegenwärtige Theologie hat dazu vielfältige ernst zu nehmende Ansätze in die Diskussion gebracht. In diesem Zusammenhang möchte ich – ohne allen Anspruch auf Vollständigkeit – in Kürze lediglich auf zwei Aspekte hinweisen.

1. Der Monotheismus hat zweifellos etwas Exklusives an sich. Sobald man freilich etwas genauer bedenkt, was wir meinen, wenn wir uns zu dem einen Gott bekennen, kann man mit gleichem Recht auch eine starke inklusive Tendenz des Monotheismus feststellen. Der eine Gott ist ja nicht eine Wirklichkeit neben anderen Wirklichkeiten. Er ist die alles umfassende und alles bestimmende Wirklichkeit, der Herr aller Wirklichkeit und aller Menschen. Der Monotheismus muss also die Einheit der Welt und der Menschheit viel strenger und konsequenter denken als der Polytheismus, der mehrere, unter Umständen sogar miteinander im Streit liegende letzte Gründe der Wirklichkeit anerkennt. So gehen Judentum, Christentum und Islam zwar jeweils in unterschiedlicher Weise davon aus, dass das monotheistische Bekenntnis bei ihnen am reinsten und vollkommensten ausgeprägt ist; zumindest die Christen können und wollen aber nicht verneinen, sondern sagen ausdrücklich, dass sich Spuren und Fragmente der Wahrheit und Wirklichkeit des einen Gottes in allen Religionen finden. Die Kirchenväter haben bekanntlich von logoi spermatikoi, von Samenkörnern des einen Logos gesprochen.

Das letzte Konzil hat diese Redeweise aufgegriffen und damit – ohne den eigenen Wahrheitsanspruch aufzugeben – ein dialogisches Verhältnis der Religionen grundgelegt. Denn die Religionen können, wenn sie in unterschiedlicher Weise an der einen Wahrheit teilhaben, untereinander wechselseitig kommunizieren. Sie können voneinander lernen und so in der Begegnung miteinander tiefer in ihre eigene Wahrheit eingeführt werden. Man könnte das Gemeinte auf die dialektische Formel bringen: die Religionen geben sich im wechselseitigen Dialog nicht auf; sie kommen vielmehr eben dadurch besser und tiefer zu sich selbst, indem sie zueinander kommen.

2. Aus dem Angedeuteten ergibt sich unter anderem ein Gesichtspunkt, auf den es mir in diesem Zusammenhang besonders ankommt. Es handelt sich um das viel verhandelte, aber auch viel missverstandene Problem der Geschichtlichkeit.

Um es von vornherein klar zu sagen: Geschichtlichkeit darf nicht, wie es leider oft geschieht, mit Relativismus verwechselt werden. Ein Wahrheitsrelativismus ist sowohl Muslimen wie Christen von ihrer monotheistischen Grundvoraussetzung her unmöglich. Möglich, ja notwendig ist jedoch – zumindest aus christlicher Perspektive – die Anerkenntnis, dass die eine Wahrheit von uns jeweils in geschichtlicher Weise, in geschichtlich bedingten Bildern und Begriffen erfasst wird, so dass wir diese eine Wahrheit in Begegnung mit anderen Religionen tiefer und reicher verstehen können. Die Geschichtlichkeit der Wahrheitserkenntnis meint also, dass die Wahrheit zwar immer und überall eine ist, dass sie aber konkret nicht als eine Art Hypostase über den Köpfen schwebt, sondern im Erkennen, Urteilen und Sprechen von Menschen existiert, welche an die Bedingungen von Raum und Zeit gebunden sind.

Dies gilt nach christlichem Verständnis auch von den Heiligen Schriften. Bei der Inspiration nimmt Gott menschliche Verfasser mit ihren geschichtlichen Erkenntnis- und Ausdrucksmöglichkeiten in Dienst. So ist die Heilige Schrift für uns ganz Wort Gottes und gleichzeitig ganz menschliches Wort; sie ist Gotteswort in und durch Menschenwort. Das erlaubt uns eine historische Auslegung der Heiligen Schrift, welche deren Charakter als Wort Gottes nicht aufhebt, sondern vielmehr ernst nimmt. Denn dieses Verständnis von Inspiration erlaubt, ja verpflichtet uns, das ein für alle Mal ergangene Wort Gottes in die sich wandelnden geschichtlichen Situationen hinein zu übersetzen. Die katholische Theologie nennt diesen Prozess der lebendigen Auslegung und der immer neuen Vergegenwärtigung des ein für alle Mal ergangenen Wortes Gottes die Tradition.

Dieses Bewusstsein von der Geschichtlichkeit unserer Wahrheitserkenntnis ist im Christentum unter vielerlei, teilweise auch heute noch nicht voll ausgestandenen Konflikten erst in der Begegnung mit der neuzeitlichen Kultur zur vollen Klarheit gekommen. Es entspricht aber voll und ganz einer biblischen und christlichen Urerfahrung. Das Christentum ist ja im Laufe seiner Geschichte den Weg vom Judentum zum hellenistischen und römischen Kulturraum gegangen, von dort zu den germanischen und slawischen Völkern, und es wächst heute in einem rasanten, noch längst nicht abgeschlossenen Prozess in die afrikanischen, asiatischen und lateinamerikanischen Kulturräume hinein. Es hat dabei schon immer das Beste der jeweiligen Kulturen in einer kritischen wie schöpferischen Weise assimiliert und so durch mancherlei schwere Krisen hindurch seine Identität und Kontinuität in einer reichen geschichtlichen Pluralität konkret ausgeprägt. Dabei gab es nicht nur eine Frömmigkeits-, Liturgie- und Rechtsgeschichte, sondern – wie heute allgemein anerkannt wird – auch eine wirkliche Dogmengeschichte, welche mehr ist als eine Geschichte unterschiedlicher begrifflicher Explikationen. In gewisser Weise ist die Erklärung über die Religionsfreiheit des Zweiten Vatikanischen Konzils das beste Beispiel dafür.

Ich kann dies alles hier nur andeuten und nicht im Einzelnen ausführen. Deshalb muss vieles unvermeidlicherweise undeutlich und missverständlich bleiben. Diese Andeutungen sind jedoch gedacht als Hintergrund für das Thema, das uns hier besonders interessiert: die Begegnung zwischen Islam und Christentum im Zeichen der Religionsfreiheit. Die Begegnung zwischen beiden Religionsgemeinschaften war in der Vergangenheit sehr oft extrem feindselig, wenngleich es etwa im Mittelalter auch sehr fruchtbare Begegnungen gab. Die mittelalterliche Scholastik wäre gar nicht denkbar ohne den tiefen und nachhaltigen Einfluss arabischer Philosophen und Theologen. Da das Denken etwa des Thomas von Aquin zumal in der katholischen Theologie bis heute mächtig nachwirkt, kann man schon von der bisherigen Geschichte des Christentums sagen, dass sie der Begegnung mit dem Islam vieles verdankt.

Heute ist uns diese Begegnung aus vielen Gründen neu und wesentlich umfassender aufgegeben. Kein Mensch kann von vornherein sagen, wohin uns eine solche Begegnung führen wird. Begegnungen sind, wenn sie echt und ehrlich sind, immer ein offener Prozess. Was wir aber mit Sicherheit sagen können, ist, dass in dieser Begegnung Islam und Christentum ihre Identität nur in einem inneren Wandlungsprozess bewahren werden können. Sie werden in dem Maße, als sie den jeweils anderen besser und tiefer verstehen, auch sich selbst besser und tiefer verstehen und, ohne dass die Differenzen aufgehoben werden, auch ihre lehrhaften Aussagen in einem neuen Licht erkennen. Die zentrale Frage wird sein, was bedeutet dies für die Bewertung Mohammeds durch die Christen und was bedeutet dies für die Beurteilung Jesu Christi durch die Muslime?

Ich breche mit diesen beiden Fragen diese fragmentarischen Andeutungen ab. Sie hatten lediglich den Sinn, den Rahmen und die Bedeutung unseres Gesprächs über die Religionsfreiheit etwas in Erinnerung zu rufen. Denn selbstverständlich ist eine solche fruchtbare Begegnung der Religionen, von der der Friede in unserer Welt mit abhängt, nur in innerer und äußerer Freiheit möglich. Sie setzt voraus, dass niemand gezwungen ist, gegen seine religiöse Überzeugung zu sprechen und zu handeln und anders als gemäß seiner religiösen Überzeugung zu leben. Religionsfreiheit ist die Voraussetzung für eine friedliche und fruchtbare Begegnung und Zusammenarbeit der Religionen im Dienst am Frieden in der Welt.

Einzigkeit und Universalität Jesu Christi

I. Die komplexe Situation einer eins werdenden Welt

Die gegenwärtige Weltsituation ist durch zwei gegensätzliche Merkmale gekennzeichnet: Auf der einen Seite stehen wir vor dem Phänomen der Globalisierung. Die Welt ist gleichsam zu einem »global village« geworden. Nicht nur die Finanzströme kreisen tagtäglich elektronisch millionenfach um den Globus, mittels der modernen Kommunikationsmittel können wir weltweit zu Informationen Zugang haben. Die modernen Verkehrsmittel transportieren Menschen und Waren binnen Stunden vom einen Ende des Globus zum anderen.

Leider ist die Welt dadurch nicht friedlicher geworden. Die Globalisierung schafft neue Abhängigkeiten und Ungerechtigkeiten und begründet neue Formen der Vorherrschaft der Starken und Mächtigen. So gibt es Gegenbewegungen zur Globalisierung. Denn wenn Menschen verschiedener Kulturen zusammenrücken, dann entstehen Ängste, die Probleme bis hin zu Hass und Gewalt hervorbringen. So nehmen die partikulären Interessen der verschiedenen Gruppen und die ethnischen und kulturellen Konflikte zu. Manche sagen uns einen »Clash of civilisations« (Samuel Phillips Huntington) voraus. Und in der Tat, an vielen Orten der Welt findet er bereits heute auf blutige Weise statt. Denken wir nur an Nordirland, an Ruanda, den Sudan, an Bosnien, an den Kosovo.

In den sogenannten entwickelten Gesellschaften findet sich immer mehr ein Schwund gemeinsamer Werte und Grundüberzeugungen. In allen Bereichen des Lebens und des Denkens gewann der Pluralismus in unserem Jahrhundert eine geradezu explosionsartige Steigerung. Eine immer größere Ausdifferenzierung der Lebensformen und Lebensbereiche, der Denktypen und Orientierungssysteme, der Weltanschauungen und Handlungsformen ist festzustellen. Oft geht die

Entwicklung so weit, dass selbst die Geltung der die Völker und Kulturen übergreifenden allgemeinen Menschenrechte in Frage gestellt wird, und dies nicht nur in autoritär regierten Staaten wie etwa China, sondern teilweise auch bei westlichen Denkern. Sie bezeichnen die Reklamierung der allgemeinen Menschenrechte als neokolonialistisches eurozentrisches Denken.

Dieser Pluralismus betrifft auch die persönliche Identität des Einzelnen. Die meisten Menschen müssen in unterschiedlichsten Welten leben. Der Bereich der Familie, der Arbeits- und der Freizeitwelt, der private und der öffentliche Bereich, der Bereich der Wirtschaft, der Politik, der Kultur fallen sehr oft weit auseinander. Oft kommt es deshalb zu einer »Patchwork-Identity«, zu einem »Flickenteppich« und Synkretismus von Versatzstücken aus unterschiedlichsten religiösen und kulturellen Traditionen, bei dem sich ohne Bemühung um kognitive Klärung manches überlappt und wo Nähte und Brüche im eignen Leben unverarbeitet nebeneinander stehenbleiben.

Der Versuch in dieser kaum mehr überschaubaren Vielfalt ein einigendes Band zu finden, das alles zusammenhält, scheint immer aussichtsloser zu werden. Daraus hat die postmoderne Philosophie Konsequenzen gezogen. Bewusst verabschiedet sie das Einheitspostulat, das bislang das ganze westliche Denken geprägt hat. Das bedeutet nicht nur die Akzeptanz und Toleranz von Pluralität, sondern eine grundlegende Option für den Pluralismus. So kam es im postmodernen Denken zu einem neuen qualitativen Pluralismus, bei dem es keine universalen und absoluten Werte und Normen mehr gibt. Die Vernunft ist in sich selbst plural geworden. Wahrheit, Menschlichkeit, Gerechtigkeit gibt es nur im Plural. Es gibt deshalb auch nicht mehr die eine universal und endgültig geltende Religion.

II. Der Pluralismus der Religionen als theologische Herausforderung

Auch wenn die Welt schon immer pluralistisch war, so erfahren wir heute diesen Pluralismus neu; wir werden uns mehr als bisher seiner bewusst und müssen uns fragen, wie wir damit umgehen sollen. Dies ist eine Situation, welche das Christentum in seinen Grundlagen in Frage stellt und in welcher die Kirchen ganz neu herausgefordert sind.

Die katholische Kirche definierte sich im Zweiten Vatikanischen Konzil (1962–1965) geradezu als Zeichen und Werkzeug der Einheit und des Friedens.[1] So ist sie durch die heutige Weltsituation in extremer Weise herausgefordert.

Von allem Anfang an trat die Kirche mit einer doppelten Botschaft an. Sie vertrat und vertritt mit Nachdruck, dass jeder Mensch unabhängig von seiner Hautfarbe und von seiner ethnischen und kulturellen Zugehörigkeit Bild Gottes ist *(Gen 1,27)* und dass jeder Einzelne eine unbedingte, je einmalige Würde besitzt. Die grundlegenden Menschenrechte gelten deshalb universal und für jeden Einzelnen persönlich. Seit dem Zweiten Vatikanischen Konzil und besonders unter dem gegenwärtigen Pontifikat hat sich die katholische Kirche mehr als je zuvor für die universale Respektierung der Menschenrechte eingesetzt.

Dieser Universalismus gilt erst recht für die Heilssendung der Kirche. Jesus hat seine Jünger in die ganze Welt, zu allen Völkern, zu allen Menschen gesandt *(Mt 28,19; Mk 16,15; Lk 24,27; Apg 1,8)*. Die Sendung der Kirche ist also universal, und die Kirche ist ihrem Wesen nach missionarisch.[2] Sie ist nicht an ein bestimmtes Volk, nicht an eine bestimmte Kultur oder Sprache, nicht an ein bestimmtes politisches oder wirtschaftliches System gebunden. Die Kirche ist sozusagen der älteste ›global player‹. Sie versteht sich im Zweiten Vatikanischen Konzil als universales Sakrament des Heils und als Zeichen und Werkzeug der Einheit.[3] Sie transzendiert alle ethnischen, nationalen und kulturellen Unterschiede und will alle Völker, Sprachen und Kulturen im Lobpreis des einen Gottes vereinen.

Mit der Nennung des einen Gottes als des Vaters aller Menschen ist bereits ein zweites wesentliches Element der kirchlichen Botschaft genannt. Neben der Universalität steht die Einheit, ja die Einzigkeit der Botschaft der Kirche. Die Kirche verkündet den einen und einzigen Gott *(Dtn 6,4; Mk 12,29)*, der der Vater aller Menschen ist, der Guten wie der Bösen *(Mt 5,45)*. Sie bekennt den einen Herrn Jesus Christus *(1 Kor 8,6; Eph 4,5)*. In keinem anderen Namen ist Heil *(Apg 4,12)*. Er ist der eine und einzige Mittler zwischen Gott und den Menschen

---

[1] LG 1 u. a.

[2] AG 2.

[3] LG 1; 9; 48; GS 42; 45; AG 1; 5 u. a.

(1 Tim 2,5). Er ist der eine Hohepriester, der uns ein für alle Mal erlöst hat *(Hebr 7,27)*. Diese Botschaft ist uns ein für alle Mal überliefert *(Jud 3)*.

Deshalb kann es auch nur die eine einzige wahre Kirche geben, die una sancta catholica et apostolica ecclesia, wie wir sie im Glaubensbekenntnis nennen. Sie ist nach katholischem Selbstverständnis geeint in dem einen gemeinsamen Bekenntnis des Glaubens an den einen Herrn Jesus Christus, in der Feier derselben Sakramenten, besonders der Eucharistie als dem Sakrament der Einheit und in dem einen Dienst der Einheit im Kollegium der Bischöfe mit und unter dem Nachfolger des Petrus.[4]

Angesichts dieser starken Betonung der Einheit und Einzigkeit Jesu Christi und seiner Kirche einerseits und der pluralistischen Situation der modernen und postmodernen Welt andererseits überrascht es nicht, dass es genau über der Frage der Einheit und Einzigkeit Jesu Christi zu einer breiten und erbitterten Diskussion innerhalb und außerhalb der Theologie kommen musste. Denn nicht nur der kulturelle Pluralismus hat zugenommen, auch der Pluralismus der Religionen wird uns heute weit deutlicher bewusst als dies in der Vergangenheit der Fall war.

Mehr als in früheren Zeiten wissen wir heute auch um die vielen Jahrhunderte und Jahrtausende bis zum Kommen Jesu Christi in die Welt und wir wissen, wie viele Millionen Menschen auch heute, 2000 Jahre nach Christi Geburt, noch immer nicht von der christlichen Botschaft erfasst sind und außerhalb des Christentums leben. Sollen sie alle für ewig verloren sein? Und wie sollte dies mit der Gerechtigkeit und Barmherzigkeit Gottes und seinem Heilswillen für alle Menschen vereinbar sein?

Das Wissen um die Vielfalt der Religionen ist selbstverständlich nicht neu. Neu ist aber, dass uns dieses Phänomen aufgrund der Globalisierung in ganz neuer Weise in seiner Dringlichkeit bewusst geworden ist. Auch die Religionen sind im »global village« der Welt einander näher gerückt. Sie sind nicht mehr länger durch nationale Grenzen von einander abgeschottet, und sie leben nicht mehr isoliert nebeneinander. Oft leben sie in ein und demselben Land und in ein und derselben Stadt nebeneinander und untereinander. Fast alle von

---

[4] LG 13.

uns leben mit Menschen zusammen, welche anderen Religionen angehören, und die wir dennoch menschlich schätzen.

In unserer globalen Situation ist die Toleranz, die gegenseitige Achtung und der Friede zwischen den Religionen eine wichtige Voraussetzung für den Frieden in der Welt und ein unverzichtbarer Beitrag zum Frieden unter den Völkern wie zum Frieden innerhalb der Völker.

III. Die religionspluralistische These

Dies ist der Kontext in dem die neueren religionspluralistischen Ansätze der Theologie verstanden werden müssen. Nennen möchte ich die Namen: Raimon Panikkar, John Hick, Paul F. Knitter.

Die Frage als solche ist nicht neu. Sie begegnet uns bereits in der Aufklärung, etwa bei Gotthold Ephraim Lessing, und sie findet sich wieder in der liberalen Theologie, vor allem bei Ernst Troeltsch, der eine Höchstgeltung des Christentums, aber keine absolute Geltung anerkannte. Gegen die aufklärerische Relativierung wandten sich vor allem die Denker des deutschen Idealismus, allen voran Georg Wilhelm Friedrich Hegel. Von ihm ausgehend war und ist oft vom Absolutheitsanspruch des Christentums die Rede. Heute wird das idealistische Denken oft für die totalitären Ideologien unseres Jahrhunderts verantwortlich gemacht. Seit dem Zusammenbruch der totalitären Ideologien wird dieses Denken oft als eurozentrisch, imperialistisch und totalitär kritisiert; es wird ihm vorgeworfen, dass es die unaufhebbare Vielfalt der Wirklichkeit und der Kulturen nicht ernst nimmt.

Auf diesem Hintergrund ist es zu der pluralistischen Religionstheorie gekommen. Nach ihr gibt es nicht nur eine Vielfalt von Religionen, sondern auch von Offenbarungen, die eine Vielfalt von Formen heilshafter menschlicher Antwort ermöglicht. Konsequent muss diese Theorie mehrere Mittler des Heils anerkennen. Sie spitzt sich zu in der Diskussion um die Einzigkeit Jesu Christi, näherhin in der Frage also, ob Jesus Christus der eine und einzige und zugleich der universale Mittler des Heils für alle Menschen ist. Es ist offenkundig, dass mit dieser Frage ein zentraler und fundamentaler Punkt des christlichen Glaubens berührt ist. Mit dieser Frage steht die Identität des Christentums und der Kirche auf dem Spiel.

Zur philosophischen Begründung der pluralistischen Theorien haben verschiedene Theologen einen neuen erkenntnistheoretischen Ansatz gewählt und auf die Erkenntnistheorie Kants zurückgegriffen. Nach Kant ist unserer Erkenntnis nur das »phainomenon« der Dinge erkennbar, nicht das »noumenon«. Dies bedeutet: Wir erkennen nur, was die Dinge für uns sind, nicht was sie in Wahrheit und an sich sind. Letztlich ist für die postmoderne Philosophie nicht ein logisches, sondern ästhetisches Wahrheitsverständnis maßgebend. Oft ist geradezu von der Erneuerung mythischen Denkens die Rede.

So erkennen wir nur, was Gott jeweils für uns bedeutet. Wir können nicht das Wesen Gottes an sich erfassen. So ist es unmöglich, die vielen und vielfältigen Bilder und Vorstellungen Gottes auf ihren objektiven Wahrheitsgehalt hin zu befragen. Wenn es das Absolute beziehungsweise den Absoluten in der Geschichte nicht geben kann, wenn es vielmehr nur Vorstellungen, Begriffe, Bilder, Idealgestalten des Göttlichen geben kann, die uns auf die transzendente Wirklichkeit ausrichten, ohne dass diese selbst in Erscheinung tritt, dann ist es klar, dass es keinen christlichen Absolutheitsanspruch geben kann. Entsprechend lehnt Hick die Identifikation Gottes mit einer einzelnen historischen Gestalt, mit Jesus von Nazareth, als Mythos ab. Jesus Christus wird zu einem religiösen Genie relativiert, durch welches die Menschen zum Bewusstsein ihrer Gottessohnschaft gelangen.

Wenn die pluralistische Religionstheorie damit zunächst von der grundsätzlichen Gleichrangigkeit der Religionen ausgeht, dann bedeutet dies freilich nicht, dass für die Vertreter der religionspluralistischen Theorie alle Religionen tatsächlich gleichwertig und alle Unterschiede zwischen ihnen gleichgültig wären. Von einem solchen oberflächlichen Relativismus sind sie weit entfernt. Es ist ja offenkundig, dass sich in den Religionen nicht nur große und tiefe Einsichten finden, sondern auch destruktive Elemente wie Aberglaube und inhumane Praktiken.

Das Kriterium für die Unterscheidung und Beurteilung ist für die Vertreter der pluralistischen Religionstheorie jedoch kein theoretisches, sondern ein ethisches und ein praktisches. Maßgebend für die Beurteilung der Religionen ist ihre jeweilige Fähigkeit, den Menschen und die verschiedenen menschlichen Lebensbereiche in einen Prozess zu integrieren, der von der self-centredness zur reality-centredness führt. Es verdient diejenige Religion den Vorzug, welche der Würde des Menschen mehr entspricht und welche diese Würde mehr fördert.

Die Frage ist freilich, ob dieses ethische und praktische, letztlich humanistische Kriterium philosophisch wie theologisch ausreicht. Es ist nämlich offenkundig, dass man mit diesem Kriterium zwar den Vorrang und den Vorzug einer Religion gegenüber einer anderen begründen kann, nicht jedoch die Einzigartigkeit einer bestimmten, konkret: der christlichen Religion. Man kann mit diesem Kriterium bestenfalls die Höchstgeltung, nicht aber die Alleingeltung begründen. So bleibt es bei einem grundsätzlichen Pluralismus und bei einem Wettstreit der Religionen.

Wir können noch grundsätzlicher argumentieren und fragen, ob es überhaupt ein ethisches Kriterium geben kann, das nicht notwendig ein theoretisches Kriterium voraussetzt? Denn wer sagt, was wirklich human ist? Jedes ethische und praktische Kriterium setzt, um auf diese Frage eine Antwort geben zu können, ein theoretisches Urteil voraus. Denn das praktische Urteil wird je verschieden ausfallen, je nachdem welches Menschenbild es bewusst oder unbewusst voraussetzt. Grundsätzlich formuliert: Die Frage nach der Wahrheit der Wirklichkeit lässt sich nicht umgehen.

Wird die Wahrheitsfrage nicht mehr gestellt, kommt es zu einem rein ästhetischen Weltverständnis, bei dem man die Dinge nach ihrem subjektiven Erlebnisgehalt beurteilt und wo man sich eklektisch für das entscheidet, was dem eigenen Glücksgefühl am ehesten zu entsprechen scheint. Man bedient sich dann im Markt der Möglichkeiten à la carte und lässt die Widersprüche einfach stehen. So droht das Bekenntnis zu Pluralität und Toleranz in Gleichgültigkeit und Desinteresse umzuschlagen. Nicht umsonst endet das postmoderne Denken bei einer Reihe seiner Vertreter im Nihilismus. Friedrich Nietzsche erweist sich als ihr Ahnherr und Vorbild.

IV. Die Lehre des Zweiten Vatikanischen Konzils

Die ungeklärten Voraussetzungen, die Konsequenzen und nicht zuletzt der Widerspruch zu zentralen und fundamentalen Aussagen der Heiligen Schrift wie der Tradition muss uns nun veranlassen, uns nochmals mit der theologischen Tradition, wie sie vor allem durch das Zweite Vatikanische Konzil formuliert wurde, auseinanderzusetzen. Denn schon bevor die neueren theologischen Entwürfe entstanden sind, hat das Zweite Vatikanische Konzil auf der Grundlage der eigenen Tradition die neue Problemstellung aufgegriffen. Davon ausgehend versuchen eine Reihe katholischer Theologen Lösungen vorzuschlagen.

Auf dem Zweiten Vatikanischen Konzil hat die katholische Kirche den sich früher oft findenden Standpunkt, wonach sich in den nichtchristlichen Religionen nur Irrglaube und Aberglaube findet, überwunden. In der Erklärung über das Verhältnis der Kirche zu den nichtchristlichen Religionen *Nostra aetate* hat das Konzil klar und deutlich formuliert, dass die Kirche nichts ablehnt von alledem, »was in diesen Religionen wahr und heilig ist. Mit aufrichtigem Ernst betrachtet sie jene Handlungs- und Lebensweisen, jene Vorschriften und Lehren, die zwar in manchem von dem abweichen, was sie selber für wahr hält und lehrt, doch nicht selten einen Strahl jener Wahrheit erkennen lassen, die alle Menschen erleuchtet«[5]. Im Dekret über die Missionstätigkeit der Kirche *Ad gentes* hat das Konzil die Lehre vieler Kirchenväter aufgegriffen und von der Wahrheit und Gnade[6] und von den Saatkörnern des Wortes[7] gesprochen, die sich bei den Heiden durch eine Art verborgener Gegenwart Gottes finden.

Das Konzil hat die theologische Lehre bestätigt, dass Gott, der das Heil aller Menschen ist *(1 Tim 2,4)*, Wege des Heils weiß für die, welche Jesus Christus ohne eigene Schuld nicht kennen, aber seinem im Anruf des Gewissens erkannten Willen unter dem Einfluss der Gnade in der Tat zu erfüllen suchen.[8]

Außerdem hat das Konzil in der Erklärung über die Religionsfreiheit *Dignitatis humanae* zwar klar und eindeutig gelehrt, die »einzige wahre Religion« sei in der katholischen, apostolischen Kirche »verwirklicht«, aber zugleich gelehrt, dass die Pflicht, der Wahrheit zu folgen, »die Menschen in ihrem Gewissen« berührt und bindet; denn »anders erhebt die Wahrheit nicht Anspruch als kraft der Wahrheit

---

[5] NA 2.
[6] AG 9.
[7] AG 11.
[8] LG 16; vgl. GS 22.

selbst«[9]. Damit setzte sich das Konzil im Rückgriff auf ältere Tradition ab von mancher früherer Missionspraxis; es lehnte jeden Zwang und jeden Druck ab, sich dem christlichen Glauben oder einer anderen Religion anzuschließen. Denn der Glaubensakt ist seiner Natur nach ein freier Akt.[10] Mit dieser Erklärung hat das Konzil jedem Menschen das Recht zuerkannt, seiner Religion nicht nur innerlich und privat anzuhängen, sondern sie auch öffentlich zu bekennen.

Mit dieser Lehre geht das Konzil vom Zeugnis des Neuen Testaments aus. Vor allem nach dem Zeugnis des Kolosserbriefes und des Prologs des Johannesevangeliums wurde alles in, durch und auf Jesus Christus hin geschaffen *(Kol 1,15–16)*. Alles ist durch das Wort, das in Jesus Christus Mensch geworden ist, geworden; es ist das Leben und das Licht, das jedem Menschen leuchtet *(Joh 1,3–5.9)*. Diese neutestamentliche Lehre wurde von den frühen Kirchenvätern aufgegriffen. Sie sagten: In aller Wirklichkeit, auch in den nichtchristlichen Religionen finden sich Fragmente (logoi spermatikoi) der Wahrheit, welche in Jesus Christus in ihrer Fülle ein für alle Mal erschienen ist.

Die Enzyklika *Redemptoris missio* »über die fortdauernde Gültigkeit des missionarischen Auftrages« (1990) führte die Aussagen des Konzils weiter und fügte ihnen einen wichtigen weiteren Gesichtspunkt hinzu. Die Enzyklika argumentiert nicht nur christologisch, sondern auch pneumatologisch. Der Geist Gottes ist allumfassend ohne Begrenzung durch Raum und Zeit gegenwärtig und wirksam. Er wirkt im Herzen jedes Menschen, der auf die Wahrheit und das Gute ausgerichtet ist und der aufrichtig Gott sucht. Der Geist gibt jedem Menschen Licht und Kraft, um auf seine höchste Berufung zu antworten, und er bietet allen die Möglichkeit, »mit dem Ostergeheimnis in Berührung zu kommen in einer Weise, die nur Gott kennt«. »Der Geist steht also am Ursprung der Existenz und Glaubensfrage jedes Menschen, die sich ihm nicht nur in bestimmten Situationen, sondern aus der Struktur seines Daseins selbst stellt«. Diese Gegenwart und dieses Handeln des Geistes betrifft nicht nur den einzelnen Menschen, »sondern auch die Gesellschaft und die Geschichte, die Völker, die Kulturen, die Religionen«[11].

---

[9] DH 1; vgl. 3.
[10] DH 10.
[11] Johannes Paul II., Enzyklika Redemptoris missio (1990), Nr. 28.

Ob man in diesem Zusammenhang – wie dies Karl Rahner getan hat – von anonymen Christen reden soll, ist eine andere Frage, auf die ich hier nicht eingehen möchte. Entscheidend für unseren Zusammenhang ist vielmehr, dass der Geist Gottes auch außerhalb der sichtbaren Kirche wirksam sein kann und es auf verborgene Weise in vielfältiger Weise auch ist.

Mit diesen Positionen haben das Konzil und die nachkonziliaren Lehräußerungen die Grundlagen gelegt für den Dialog und die Zusammenarbeit mit den Bekennern anderer Religionen. Es hat diesen Dialog ausdrücklich angeregt und bejaht. Die Päpste Paul VI. und Johannes Paul II. haben diese Aufforderung aufgegriffen und seither den interreligiösen Dialog nachdrücklich gefördert. Seit der Kurienreform von Papst Paul VI. gibt es innerhalb der römischen Kurie eine eigene Behörde, einen Rat für den interreligiösen Dialog.

Durch die konziliaren Aussagen wurde die alte exklusivistische Theorie und Praxis überwunden, die besagte: Weil Jesus Christus der eine und einzige Mittler des Heils ist, ist außerhalb des Bekenntnisses und das heißt außerhalb der Kirche kein Heil. »Extra ecclesiam nulla salus« lautete das berühmte Axiom, das Bischof Cyprian von Karthago († 258) freilich im Zusammenhang einer innerkirchlichen Auseinandersetzung formulierte; über den Augustinusschüler Fulgentius von Ruspe († 532) ist es später in einer grundsätzlichen Weise in die theologische Tradition, besonders in das Vierte Laterankonzil (1215) eingegangen.[12] Oft wurde dieses Axiom in der Weise interpretiert, dass alle, die den christlichen Glauben nicht kennen und ihn nicht bekennen, auf ewig verloren sind. Dieser Gedanke ist heute den meisten Menschen kaum mehr nachvollziehbar; er erscheint ihnen mit der Gerechtigkeit und Barmherzigkeit Gottes wie mit seinem allgemeinen Heilswillen aber auch mit der menschlichen Solidarität nicht vereinbar.

An Stelle der exklusivistischen Theorie hat sich schon vor aber vor allem seit dem Konzil innerhalb der katholischen Theologie – wenngleich mit Modfikationen im Einzelnen – weitgehend eine inklusive Theorie durchgesetzt. Sie versucht auf der Grundlage des Zeugnisses der Schrift wie der Väter das sich in Jesus Christus ein für alle Mal ereignete Heil in der Weise universal zu denken, dass es alles, was in den anderen Religionen wahr und gut ist, einschließt. Das bedeutet:

---

[12] DH 802.

Das Heil, das Nichtchristen, wenn sie nach ihrem Gewissen leben, zuteilwerden kann, ist kein Heil außer und ohne Jesus Christus, sondern vielmehr Heil in und durch Jesus Christus. Diese Sicht ist inzwischen mehr oder weniger zur ›opinio communis‹ katholischer Theologie geworden.

V. Einheit in der Vielfalt – christologisch und trinitarisch

Die neueren Theorien stellen freilich die Frage: Genügt dieser inklusive Ansatz? Wird er der Andersheit der anderen Religionen gerecht? Oder vereinnahmt er nicht eher die anderen Religionen? Macht er sie nicht – gegen ihr eigenes Selbstverständnis – zu anonym christlichen Religionen? Stellt also nicht auch dieser Ansatz einen verkappten Imperialismus dar?

Um diesen Fragen begegnen zu können, müssen wir die Frage nach der Einheit und Einzigkeit Jesu Christi in der Vielfalt der Religionen im Gesamten des trinitarischen und christologischen Bekenntnisses nochmals tiefer bedenken. Dies wird uns zu einer kenotischen Bestimmung des Problems von Einheit und Vielfalt führen.

Wir beginnen damit, uns Rechenschaft über die Bedeutung des Bekenntnisses zur Einheit und Einzigkeit Gottes zu geben. Dieses Bekenntnis eint Judentum, Christentum und Islam, und es unterscheidet diese drei monotheistischen Religionen von allen anderen Religionen. Es hat im christlichen Sinn freilich eine spezifische Bedeutung.

Im christlichen Sinn darf das Bekenntnis zu dem einen und einzigen Gott nicht in einem simplen quantitativen Sinn verstanden werden; es meint nicht nur, dass es nur einen Gott »gibt« und nicht etwa zwei oder drei. Für die Bibel geht es nicht nur um eine solche quantitative, sondern vor allem um eine qualitative und existentielle Aussage. Das Bekenntnis zum einen und einzigen Gott steht auf dem Hintergrund der Forderung nach einer radikalen und ganzheitlichen Entscheidung, Gott mit ganzem Herzen, ganzer Seele und mit ganzem Verstand anzuhängen (*Mk 12,30* par.). Man kann gar nicht zwei Herren dienen *(Mt 6,24)*. Gott ist so, dass er uns ganz und mit allen Fasern unserer Existenz in Beschlag nimmt und uns ganz erfüllt.

Die theologische Tradition hat diesen Gedanken aufgegriffen und spekulativ vertieft. Sie hat gezeigt, dass Gott seinem Wesen nach die alles umfassende und alles übersteigende Realität ist. Deshalb kann Gott wesensmäßig nur einer sein. Wer mehrere Götter bekennt, der hat nicht verstanden, was das Wort »Gott« wirklich sagt und was es meint. Der Kirchenschriftsteller Tertullian brachte diesen Gedanken auf die Formel: Wenn Gott nicht einer ist, so ist er keiner.

Das Bekenntnis zu dem einen Gott schließt ein, dass der eine Gott zugleich der alles und alle umfassende Gott aller Menschen ist. Während der Polytheismus die Vielheit der Wirklichkeit, der Völker und Kulturen absolut setzt, ist das Bekenntnis zu dem einen Gott schärfst möglicher Widerspruch zur Fragmentarisierung der Wirklichkeit und deutlichst mögliche Behauptung der Einheit der Welt und der Menschheit. Das Bekenntnis zum einen Gott sagt, dass alle Menschen Brüder und Schwestern sind, weil sie zu der einen Familie unter dem einen Vater im Himmel gehören. So wahrt der universale Anspruch des einen Gottes zugleich den unaufhebbaren und unveräußerlichen Wert des je Einzelnen.

Die tiefste Begründung dafür, dass das Bekenntnis zu dem einen Gott Vielfalt nicht aufhebt, sondern gewissermaßen einschließt, liegt im trinitarischen Bekenntnis zu dem einen Gott in drei Personen. Es ist die Auslegung der biblischen Aussage: »Gott ist Liebe« *(1 Joh 4,8.16)*. Denn es besagt, dass der eine und einzige Gott kein einsamer Gott ist, sondern von Ewigkeit her sich verschenkende Liebe ist, in der sich der Vater dem Sohn und Vater und Sohn im Heiligen Geist mitteilen. Jede der drei Personen ist ganz Gott, ganz unendlich, und doch gibt jede der anderen Raum, indem sie sich mitteilt und dadurch entäußert. In dieser kenotischen Weise ist Gott Einheit in der Vielheit.

Weil Gott von Ewigkeit her sich selbst schenkende und sich entäußernde Liebe zwischen Vater, Sohn und Geist ist, kann er sich in Jesus Christus ganz mitteilen, ohne sich dadurch aufzugeben oder zu verlieren. Die Göttlichkeit Jesu Christi zeigt sich darin, dass er sich selbst entäußert *(Phil 2,6)*. Die Allmacht der Liebe muss sich nicht behaupten, sondern kann sich hingeben und weggeben und ist eben in dieser Hingabe sie selber. Solche Entäußerung ist nur dann wahr und echt, wenn die Gottheit des ewigen Logos die Menschheit nicht aufsaugt und nicht aufschluckt, sondern in ihrer Eigenheit annimmt und sie in ihr Eigensein freigibt. So bleiben nach dem Bekenntnis der Kirche in Jesus Christus Gottheit und Menschheit unvermischt und ungetrennt.[13] Jesus Christus ist Einheit in der Unterschiedenheit und Unterschiedenheit in der Einheit.

So gehört es zur Grundüberzeugung der Kirchenväter, die sich in der altkirchlichen Tradition niedergeschlagen hat, dass sich der eine und einzige Gott in Jesus Christus geschichtlich einmalig aber ganz, endgültig und rückhaltlos selbst mitgeteilt hat. In ihm wohnt die Fülle der Gottheit *(Kol 1,19; 2,9)*. So ist mit dem geschichtlichen Kommen Jesu Christi die Fülle der Zeit gekommen *(Mk 1,15; Gal 4,4)*. Dieses geschichtliche Kommen der Fülle der Zeit ist die Verwirklichung des ewigen Geheimnisses Gottes *(Röm 16,25; Eph 1,9; Kol 1,26)*.

Die Folgerung kann nur lauten: Wenn Gott sich in der konkreten Person und Geschichte Jesu Christi ganz, endgültig und rückhaltlos mitgeteilt hat, dann ist Jesus Christus das »id quo maius cogitari nequit«, das worüber hinaus Größeres nicht gedacht werden kann (Anselm von Canterbury); dann ist er auch das »id quo Deus maius operari nequit«, das, worüber hinaus Gott nichts Größeres tun kann. So kann es vom Wesen des Christusereignisses her keine andere Religion oder Kultur geben, welche die christliche Heilsordnung überbietet oder ergänzt. Alles, was die anderen Religionen an Wahrem und Gutem beinhalten, nimmt teil an dem, was in Jesus Christus in seiner Fülle erschienen ist.

Doch kein Mensch, auch kein Dogma der Kirche kann dieses Geheimnis jemals ganz ausschöpfen. Nach dem Neuen Testament ist uns der Geist Gottes verheißen, um uns immer wieder neu und immer tiefer in dieses Geheimnis einzuführen *(Joh 16,13)*. Die Begegnung mit anderen Religionen kann dabei ein Weg sein, um uns bestimmte Aspekte des einen Geheimnisses Christi tiefer zu erschließen. Der interreligiöse Dialog ist darum keine Einbahnstraße; er ist eine wirkliche Begegnung, welche für uns Christen eine Bereicherung sein kann. Wir sind dabei nicht nur die Gebenden, sondern auch die Lernenden und die Empfangenden, weil wir dadurch die ganze Fülle des Geheimnisses, das uns in Jesus Christus geschenkt ist, in seiner ganzen Länge und Breite, Höhe und Tiefe zu erfassen vermögen (vgl. *Eph 3,18*).

Sowohl trinitarisch wie christologisch ist uns demnach ein Verständnis von Einheit und Einzigkeit vorgegeben, welches nicht totali-

---

[13] DH 302.

tär ist, das vielmehr dem anderen Raum gibt und es freisetzt. Es gehört ja zum Wesen wahrer Liebe, dass sie aufs Innigste vereint, aber den anderen dabei nicht vereinnahmt, sondern ihn zu seiner eigenen Erfüllung führt.

Diese spekulativen Überlegungen werden sofort konkret und praktisch, wenn wir auf das Leben Jesu schauen. Er ist, wie uns die Evangelien bezeugen, der Mensch für die anderen; er, der Herr, ist gekommen nicht um zu herrschen, sondern um zu dienen und um sein Leben hinzugeben »für die vielen« (*Mk 10,45* par.). Er, der sich entäußert bis in den Tod, wird erhöht und zum Herrn des Universums eingesetzt (*Phil 2,6–11*). Dadurch wird durch Jesus Christus der sich selbst verzehrende aufopfernde Dienst zum neuen Weltgesetz.

So verstanden ist die Behauptung der Einheit und Einzigkeit der christlichen Heilsordnung keine imperialistische These, welche andere Religionen vereinnahmt oder unterdrückt. Noch weniger begründet und erlaubt sie ein imperialistisches Verständnis und eine imperialistische Praxis der Mission. Sie hat nichts mit Welteroberung zu tun, auch wenn sie in der Geschichte oft so missverstanden und missbraucht wurde.

Wird die These von der Einheit und Einzigkeit der christlichen Heilsordnung in ihrer universalen Weite in dieser Weise verstanden, dann wahrt und verteidigt sie mit ihrem universalen und globalen Anspruch zugleich das unveräußerliche Recht jeder je einzelnen Freiheit. Gerade ihre konkrete Entschiedenheit (Heinrich Schlier), die sich jedem Synkretismus und Relativismus widersetzt, begründet damit nicht nur ein tolerantes und respektvolles, sondern darüber hinaus ein dialogisches und diakonisches Verhältnis zu den anderen Religionen, das jedem engstirnigen Fundamentalismus fern ist.

Dieses dialogische und diakonische Verhältnis hat drei Aspekte: Das Christentum bejaht, achtet und verteidigt alles, was in den anderen Religionen wahr, gut, edel und heilig ist (vgl. *Phil 4,8*) (via positiva seu affirmativa); es kritisiert prophetisch, was in ihnen der Ehre Gottes und der Würde des Menschen abträglich ist, wenn Göttliches und Menschliches miteinander vermischt und so weder Gott noch der Mensch in seiner je eigenen Würde geachtet werden (via negativa seu critica et prophetica); schließlich will es die anderen Religionen einladen, im Glauben an Jesus Christus und durch die Teilhabe an seiner Fülle zu ihrer eigenen Fülle und Vollendung zu gelangen (via eminentiae). Das Missionsdekret des Zweiten Vatikanischen Konzils fasst alle drei Dimensionen zusammen, indem es sagt: Alles, was sich an Gutem und Wahrem in den Religionen der Menschheit findet, findet in Jesus Christus sein Maß und muss an ihm kritisch gemessen, von ihm her gereinigt und zur Vollendung gebracht werden.[14]

Alles ist auf Jesus Christus hin geschaffen (*Kol 1, 16;* vgl. *1 Kor 8, 6*), und alles soll in ihm zusammengefasst werden *(Eph 1, 10)*. Dieses »alles« weist weit über den Bereich der Religionen hinaus; es bezieht alle Wirklichkeit ein und stellt alles unter das eine Maß Jesu Christi und seines sich selbst entäußernden Dienstes »für die vielen«. So verstanden ist das christliche Bekenntnis gerade in seinem für viele so anstößigen zugleich konkreten wie universalen Anspruch Aufruf und Grundlage zu gegenseitiger Toleranz und Achtung, zum Teilen und Mitteilen, zu Tausch und Austausch, zu Verständigung, Versöhnung und Frieden. Es weist auf den hin, in dem »alle Bestrebungen der Geschichte und der Kultur konvergieren«, der »der Mittelpunkt der Menschheit, die Freude der Herzen und die Erfüllung ihrer Sehnsüchte«[15] und der »unser Friede« ist *(Eph 2, 14)*.

Dies herauszustellen, hat sich Horst Bürkle zur Lebensaufgabe gestellt. Um sein Lebenswerk zu ehren sind ihm diese Zeilen in Hochachtung und Dankbarkeit gewidmet.

---

14 AG 9.

15 GS 45.

Jesus Christus – Gottes endgültiges Wort

I. Biblische Annäherungen

»Viele Male und auf vielerlei Weise hat Gott einst zu den Vätern gesprochen durch die Propheten; in dieser Endzeit aber hat er zu uns gesprochen durch den Sohn« *(Hebr 1,1f.).* Was der Hebräerbrief damit am Ende der apostolischen Zeit lapidar ausspricht, fasst die Botschaft des ganzen Neuen Testaments gültig zusammen: Jesus Christus ist Gottes endgültiges Wort.[1]

Dies wird im Prolog des Hebräerbriefes nicht nur behauptet, sondern aus dem Ganzen des biblischen Zeugnisses auch begründet. Nach dem Text aus dem Hebräerbrief wie nach dem ganzen biblischen Zeugnis ist Gott nicht ein Gott, der stumm ist und schweigt, kein Gott, der ein dem Menschen entzogenes Rätsel und ein Geheimnis ist, vor dem man nur verstummen kann, er ist erst recht nicht ein toter Gott, von dem kein Leben ausgeht; Gott ist vielmehr ein sprechender Gott, ein Gott, der aus sich heraustritt, sich erschließt und sich mitteilt. Man begegnet ihm im geschichtlich vermittelten Wort, in dem er uns wie Freunde anspricht (vgl. *Ex 33,11; Joh 15,14f.*), um uns in seine Gemeinschaft einzuladen und aufzunehmen *(1 Joh 1,3).*[2]

Zuerst hat Gott zu den Vätern, das heißt den Patriarchen, und durch die Propheten gesprochen. Doch dieses Wort war vielfältig und vielgestaltig; es hat Gottes Geheimnis nur bruchstückhaft und unvollkommen enthüllt; insofern war es vorläufig und nicht endgültig. Erst am Ende der Zeiten hat Gott durch seinen ihm ebenbildlichen

---

[1] Wesentliche Anregungen für die folgende Auslegung verdanke ich dem Kommentar von E. Grässer, An die Hebräer (EKK XVII/1), 46–69.

[2] So der Ansatz der Offenbarungskonstitution des Zweiten Vatikanischen Konzils DV 2.

Sohn, den Abglanz seiner Herrlichkeit und das Abbild seines Wesens, gesprochen. In ihm wohnt die Fülle der Gottheit *(Kol 1,19; 2,9)*. In Jesus Christus ist Gott sozusagen ganz aus sich herausgetreten, hat sich rückhaltlos ganz mitgeteilt. Er ist *das* Wort Gottes von Ewigkeit her *(Joh 1,1)*. Wer ihn sieht, der sieht den Vater *(Joh 14,9)*.

Mit dem geschichtlichen Kommen Jesu Christi ist die messianische Zeit, die Zeit der Erfüllung angebrochen, die Fülle der Zeit gekommen *(Mk 1,15; Gal 4,4)*. Er ist das endgültige Amen auf alle Verheißungen *(2 Kor 1,20; Offb 3,14)*. Damit ist das ›Ende der Tage‹, die Letztzeit angebrochen, über die hinaus es keine neue überbietende Heilsepoche mehr geben kann. In Jesus Christus ist das Neue, das nie veralten kann, da. Indem Gott in Jesus Christus sein Innerstes nach außen gekehrt hat, hat er das Äußerste getan. Er hat, indem er sich selbst ausgesprochen hat, sein letztmögliches Wort gesprochen. Er hat sich selbst weggeschenkt und sich selbst mitgeteilt. Darüber hinaus kann es auch für Gott keine Steigerung mehr geben. Mit Jesus Christus ist darum die Geschichte nicht zeitlich an ihr Ende, wohl aber zu ihrer Vollendung gekommen.

Aus dem Gesagten ergibt sich für den Hebräerbrief noch eine weitere Begründung dafür, dass Jesus Christus Gottes endgültiges Wort ist. Denn vom endgültigen (eschatologischen) Sinnziel her fällt Licht auch nach rückwärts auf die (protologischen) Anfänge. Weil auf Jesus Christus hin und in ihm alles geschaffen ist (vgl. *Joh 1,3; 1 Kor 8,6; Kol 1,15*), und weil er das Wort ist, durch das alles geworden ist und das jeden Menschen erleuchtet *(Joh 1,2.9.10)*, fasst er alles zusammen *(Eph 1,10)*. Dieses ›alles‹ weist über den Bereich der Religionen hinaus; es bezieht alle Wirklichkeit ein und stellt alles unter das Maß Jesu Christi.

Da in ihm die Schöpfung insgesamt grundgelegt ist und an ihr Ziel kommt, ist er als der Sohn der Welterbe, dem alles gehört. Er ist nicht nur die Erfüllung der Heilsgeschichte mit dem auserwählten Volk Israel, sondern auch die Erfüllung der Religions- und Kulturgeschichte der Völker. Er tritt das Erbe der Heiden an (vgl. *Ps 2,8*). So ist ihm alle Vollmacht gegeben, im Himmel und auf Erden; es gilt, sein Wort zu allen Völkern zu tragen und alle Menschen zu seinen Jüngern zu machen *(Mt 18,18–20; Mk 16,15; Lk 24,47; Apg 1,8)*. Jesus Christus ist sowohl das endgültige wie das universalgültige Wort Gottes.

Was der Eingangshymnus des Hebräerbriefs so in lapidarer Weise bezeugt, bringt das übrige Neue Testament in vielfältigen anderen

Wendungen zum Ausdruck. Es bekennt den einen Herrn Jesus Christus *(1 Kor 8,6; Eph 4,5)* und bezeugt, dass in keinem anderen Namen Heil ist *(Apg 4,12)*. Für das Neue Testament ist Jesus Christus der eine und einzige Mittler zwischen Gott und den Menschen *(1 Tim 2,5)*. Er ist der eine Hohepriester, der uns ein für alle Mal erlöst hat *(Hebr 7,27)*. Diese Botschaft ist uns ein für alle Mal überliefert *(Jud 3)*. So ist mit dem Kommen Jesu Christi und seinem Evangelium das ewige Geheimnis Gottes endgültig offenbar geworden und enthüllt worden *(Röm 16,25; Eph 1,9; Kol 1,26)*.

II. Religionspluralistische Ansätze in der Theologie

Diese Botschaft des gesamten Neuen Testaments war schon immer ein Skandalum – für die Juden wie für die Heiden (vgl. *1 Kor 1,23*). Auch die damalige Welt war pluralistisch und geradezu überschwemmt von vielfältigen Heilsangeboten, die sich vielfältig synkretistisch vermengten und gegen die sich das junge Christentum, um seine Identität zu wahren, zur Wehr setzen musste.[3] Der Pluralismus ist also nicht erst eine heutige Erscheinung. Aber er hat heute eine neue Qualität angenommen.

Unser Wissen nimmt sprunghaft zu. Wir wissen über immer weniger immer mehr, so dass wir über nichts alles und über alles nichts wissen. Der Versuch, in dieser kaum mehr überschaubaren Vielfalt, ein einigendes Band zu finden, das alles zusammenhält, scheint immer aussichtsloser zu werden.

Daraus hat die postmoderne Philosophie Konsequenzen gezogen.[4] Bewusst verabschiedet sie das Einheitspostulat, das bislang das ganze europäische Denken geprägt hat. Das bedeutet nicht nur die Akzeptanz von Pluralität, sondern eine grundlegende Option für den Pluralismus. So kam es im postmodernen Denken zu einem neuen qualitativen Pluralismus, bei dem es keine universalen und absoluten Werte

---

[3] Vgl. M. Hengel, Judentum und Hellenismus. Studien zu ihrer Begegnung unter besonderer Berücksichtigung Palästinas bis zur Mitte des 2. Jahrhunderts vor Christus, Tübingen [2]1973.

[4] Grundlegend J. F. Loytard, Das postmoderne Wissen. Ein Bericht, Graz – Wien 1986. Einen Überblick gibt W. Welsch, Unsere postmoderne Moderne, Weinheim 1987.

und Normen mehr gibt. Die Vernunft ist in sich selbst plural geworden. Wahrheit, Menschlichkeit, Gerechtigkeit gibt es nur im Plural.

Es gibt deshalb auch nicht mehr die eine universal und endgültig geltende Religion. Nicht nur der kulturelle Pluralismus hat zugenommen, auch der Pluralismus der Religionen wird uns heute weit deutlicher bewusst, als dies in der Vergangenheit der Fall war. Aufgrund der Globalisierung wird uns das Phänomen des religiösen Pluralismus nämlich in ganz neuer Weise in seiner Dringlichkeit bewusst. Im ›global village‹ der Welt sind auch die Religionen einander näher gerückt. Sie sind nicht mehr länger durch nationale Grenzen voneinander abgeschottet. Oft leben sie in ein und demselben Land und in ein und derselben Stadt nebeneinander und untereinander. Fast jeder von uns lebt mit Menschen zusammen, welche anderen Religionen angehören und die wir dennoch menschlich achten und schätzen.

Angesichts der pluralistischen Situation der modernen und postmodernen Welt überrascht es nicht, dass die Aussage, dass Jesus Christus Gottes endgültiges und universalgültiges Wort ist, zum Problem geworden und dass es über der Frage der Einmaligkeit Jesu Christi zu einer breiten und erbitterten Diskussion innerhalb und außerhalb der Theologie gekommen ist. Die neueren religionspluralistischen Ansätze der Theologie müssen in diesem weiten Kontext verstanden werden. Zu nennen sind unter anderen die Namen Raimon Panikkar, John Hick, Paul F. Knitter.[5]

Die Frage als solche ist nicht neu. Sie begegnet uns bereits in der Aufklärung, etwa bei Gotthold Ephraim Lessing, und sie findet sich wieder in der liberalen Theologie, vor allem bei Ernst Troeltsch, der eine Höchstgeltung des Christentums, aber keine absolute Geltung anerkannte. Gegen die aufklärerische Relativierung wandten sich vor allem die Denker des deutschen Idealismus, allen voran Georg Wilhelm Friedrich Hegel. Von ihm ausgehend war und ist oft vom Abso-

---

[5] Vgl. P. Schmidt-Leukel, Das pluralistische Modell in der Theologie der Religionen, in: ThR 89 (1993) 353–364; M. von Brück/J. Werbick, Der einzige Weg zum Heil? Freiburg i. Br. 1993; K.-H. Menke, Die Einzigkeit Christi im Horizont der Sinnfrage, Freiburg i. Br. 1995; R. Schwager, Christus allein? Der Streit um die pluralistische Religionstheorie, Freiburg i. Br. 1996; ders. (Hg.), Relativierung der Wahrheit? Kontextuelle Christologie auf dem Prüfstand, Freiburg i. Br. 1998; W. Kasper, Die Kirche angesichts der Herausforderungen der Postmoderne, in: ders., Theologie und Kirche, Bd. 2, Mainz 1999, 249–264.

lutheitsanspruch des Christentums die Rede. Heute wird das idealistische Denken gelegentlich für die totalitären Ideologien unseres Jahrhunderts verantwortlich gemacht. Seit dem Zusammenbruch der totalitären Ideologien wird es oft als eurozentrisch, imperialistisch und totalitär kritisiert; es wird ihm vorgeworfen, dass es die unaufhebbare Vielfalt der Wirklichkeit und der Kulturen nicht ernst nimmt.

Auf diesem Hintergrund ist es zu der pluralistischen Religionstheorie gekommen. Nach ihr gibt es nicht nur eine Vielfalt von Religionen, sondern auch von Offenbarungen, die eine Vielfalt von Formen heilshafter menschlicher Antwort ermöglicht. Konsequent muss diese Theorie mehrere Mittler des Heils anerkennen. Sie spitzt sich zu in der Diskussion um die Einmaligkeit Jesu Christi, näherhin in der Frage also, ob Jesus Christus der eine und einzige und zugleich der universale Mittler des Heils für alle Menschen ist. Es ist offenkundig, dass mit dieser Frage ein zentraler und fundamentaler Punkt des christlichen Glaubens berührt ist. Mit dieser Frage steht die Identität des Christentums und der Kirche auf dem Spiel.[6]

Zur philosophischen Begründung der pluralistischen Theorien haben verschiedene Theologen einen neuen erkenntnistheoretischen Ansatz gewählt und auf die Erkenntnistheorie Kants zurückgegriffen. Nach Kant ist unserer Erkenntnis nur das »phainomenon« der Dinge erkennbar, nicht das »noumenon«. Dies bedeutet: Wir erkennen nur, was die Dinge für uns sind, nicht, was sie in Wahrheit und an sich sind. Letztlich ist für die postmoderne Philosophie nicht ein logisches, sondern ästhetisches Wahrheitsverständnis maßgebend. Oft ist von der Erneuerung mythischen Denkens die Rede.

So erkennen wir nur, was Gott jeweils für uns bedeutet. Wir können nicht das Wesen Gottes an sich erfassen. So ist es unmöglich, die vielen und vielfältigen Bilder und Vorstellungen Gottes auf ihren objektiven Wahrheitsgehalt hin zu befragen. Wenn es das Absolute beziehungsweise den Absoluten in der Geschichte nicht geben kann, wenn es vielmehr nur Vorstellungen, Begriffe, Bilder, Idealgestalten des Göttlichen geben kann, die uns auf die transzendente Wirklichkeit ausrichten, ohne dass diese selbst in Erscheinung tritt, dann ist es

[6] Dazu die Erklärung der Kongregation für die Glaubenslehre »Dominus Jesus. Über die Einzigkeit und die Heilsuniversalität Jesu Christi und der Kirche« vom 6. August 2000.

klar, dass es keinen christlichen Absolutheitsanspruch geben kann. Entsprechend lehnt Hick die Identifikation Gottes mit einer einzelnen historischen Gestalt, mit Jesus von Nazareth, als Mythos ab. Jesus Christus wird zu einem religiösen Genie relativiert, durch welches die Menschen zum Bewusstsein ihrer Gottessohnschaft gelangen.

Wenn die pluralistische Religionstheorie damit zunächst von der grundsätzlichen Gleichrangigkeit der Religionen ausgeht, dann bedeutet dies freilich nicht, dass für die Vertreter der religionspluralistischen Theorie alle Religionen tatsächlich gleichwertig und alle Unterschiede zwischen ihnen gleichgültig wären. Von einem solchen oberflächlichen Relativismus sind sie weit entfernt. Es ist ja offenkundig, dass sich in den Religionen nicht nur große und tiefe Einsichten finden, sondern auch destruktive Elemente wie Aberglaube und inhumane Praktiken.

Das Kriterium für die Unterscheidung und Beurteilung ist für die Vertreter der pluralistischen Religionstheorie jedoch kein theoretisches, sondern ein ethisches und ein praktisches. Maßgebend für die Beurteilung der Religionen ist ihre jeweilige Fähigkeit, den Menschen und die verschiedenen menschlichen Lebensbereiche in einen Prozess zu integrieren, der von der self-centredness zur reality-centredness führt. Es verdient diejenige Religion den Vorzug, welche der Würde des Menschen mehr entspricht und welche diese Würde mehr fördert.

Die Frage ist freilich, ob dieses ethische und praktische, letztlich humanistische Kriterium philosophisch wie theologisch ausreicht. Es ist nämlich offenkundig, dass man mit diesem Kriterium zwar den Vorrang und den Vorzug einer Religion gegenüber einer anderen begründen kann, nicht jedoch die Einzigartigkeit einer bestimmten, konkret: der christlichen Religion. Man kann mit diesem Kriterium bestenfalls die Höchstgeltung der vorgegebenen Religionen, aber nicht die Endgültigkeit und Universalgültigkeit einer Religion, konkret des Christentums erweisen. So bleibt es bei einem grundsätzlichen Pluralismus und bei einem Wettstreit der Religionen.

Man kann noch grundsätzlicher argumentieren und fragen, ob es ein ethisches Kriterium geben kann, das nicht notwendig ein theoretisches Kriterium voraussetzt. Denn wer sagt, was wirklich human ist? Jedes ethische und praktische Kriterium setzt, um auf diese Frage eine Antwort geben zu können, ein theoretisches Urteil voraus. Denn das praktische Urteil wird verschieden ausfallen, je nachdem, welches

Menschenbild bewusst oder unbewusst vorausgesetzt wird. Letztlich ist die These vom grundsätzlichen Pluralismus unvernünftig, weil in sich widersprüchlich. Denn sie erhebt im Widerspruch zu sich selbst eben den Pluralismus und das daraus folgende grundsätzliche Diskriminierungsverbot zur einen, ja einzigen und universalen Wahrheit.

Grundsätzlich formuliert: Die Frage nach der Wahrheit der Wirklichkeit lässt sich nicht umgehen. Wird die Wahrheitsfrage nicht mehr gestellt, kommt es zu einem rein ästhetischen Weltverständnis, bei dem man die Dinge nach ihrem subjektiven Erlebnisgehalt beurteilt und sich eklektisch für das entscheidet, was dem eigenen Glücksgefühl am ehesten zu entsprechen scheint. Man bedient sich dann im Markt der Möglichkeiten à la carte und lässt die Widersprüche einfach stehen. So droht das Bekenntnis zu Pluralität und Toleranz in Gleichgültigkeit und Desinteresse umzuschlagen. Nicht umsonst endet das postmoderne Denken bei einer Reihe seiner Vertreter im Nihilismus. Friedrich Nietzsche erweist sich als ihr Ahnherr und Vorbild.

III. Die Einzigartigkeit und Universalität Jesu Christi

Um den aufgeworfenen Fragen begegnen zu können, müssen wir die Frage nach der Einzigartigkeit und Universalität Jesu Christi im Gesamten des trinitarischen und christologischen Bekenntnisses nochmals tiefer bedenken.[7]

Bei diesem Versuch müssen wir damit beginnen, uns Rechenschaft über die Bedeutung des Bekenntnisses zur Einheit und Einzigartigkeit Gottes zu geben. Dieses Bekenntnis eint Judentum, Christentum und Islam, und es unterscheidet diese drei monotheistischen Religionen von allen anderen Religionen. Es hat im christlichen Sinn freilich eine spezifische Bedeutung. Im christlichen Sinn darf das Bekenntnis zu dem einen und einzigen Gott nicht in einem simplen quantitativen Sinn verstanden werden; es meint nicht, dass es nur einen Gott ›gibt‹ und nicht etwa zwei oder drei. Für die Bibel geht es nicht nur um eine solche quantitative, sondern vor allem um eine qualitative und exis-

---

[7] Zum Folgenden ausführlicher in: W. Kasper, Der Gott Jesu Christi (WKGS 4), Freiburg i. Br. 2008, 370–375.

tentielle Aussage. Das Bekenntnis zum einen und einzigen Gott steht auf dem Hintergrund der Forderung nach einer radikalen und ganzheitlichen Entscheidung, Gott mit ganzem Herzen, ganzer Seele und mit ganzem Verstand anzuhängen (*Mk 12,30* par.). Man kann gar nicht zwei Herren dienen *(Mt 6,24)*. Gott ist so, dass er uns ganz und mit allen Fasern unserer Existenz in Beschlag nimmt und uns ganz erfüllt.

Die theologische Tradition hat diesen Gedanken aufgegriffen und spekulativ vertieft. Sie hat gezeigt, dass Gott seinem Wesen nach die alles umfassende und alles übersteigende Realität ist. Deshalb kann Gott wesensmäßig nur einer sein. Wer mehrere Götter bekennt, der hat nicht verstanden, was das Wort ›Gott‹ wirklich sagt und was es meint. Der Kirchenschriftsteller Tertullian brachte diesen Gedanken auf die Formel: Wenn Gott nicht einer ist, so ist er keiner.[8]

Das Bekenntnis zu dem einen Gott schließt ein, dass der eine Gott zugleich der alles und alle umfassende Gott aller Menschen ist. Während der Polytheismus die Vielheit der Wirklichkeit, der Völker und Kulturen absolut setzt, ist das Bekenntnis zu dem einen Gott schärfstmöglicher Widerspruch zur Fragmentarisierung der Wirklichkeit und deutlichst mögliche Behauptung der Einheit der Welt und der Menschheit. Das Bekenntnis zum einen Gott sagt, dass alle Menschen Brüder und Schwestern sind, weil sie zu der einen Familie unter dem einen Vater im Himmel gehören. So wahrt der universale Anspruch des einen Gottes zugleich den unaufhebbaren und unveräußerlichen Wert des je Einzelnen.

Die tiefste Begründung dafür, dass das Bekenntnis zu dem einen Gott Vielfalt nicht aufhebt, sondern gewissermaßen einschließt, liegt im trinitarischen Bekenntnis zu dem einen Gott in drei Personen.[9] Es ist die Auslegung der biblischen Aussage: »Gott ist Liebe« *(1 Joh 4,8.16)*. Denn es besagt, dass der eine und einzige Gott kein einsamer Gott ist, sondern von Ewigkeit her sich verschenkende Liebe, in der sich der Vater dem Sohn und Vater und Sohn im Heiligen Geist mit-

---

[8] Tert. adv. Marc. I, 3: »Deus si non unus est, non est, quia dignius credimus non esse quodcumque non ita fuerit, ut esse debebit« (CCL 1, 443). Zu diesem qualitativen Verständnis der Einheit Gottes vgl. Thomas v. Aquin, S.th. I q. 11 a. 3.

[9] Vgl. dazu Kasper, Der Gott Jesu Christi (wie Anm. 7), 458 ff.; G. Greshake, Der dreieine Gott. Eine trinitarische Theologie, Freiburg i. Br. 1997.

teilen. Jede der drei Personen ist ganz Gott, ganz unendlich, und doch gibt jede der anderen Raum, indem sie sich mitteilt und dadurch entäußert. In dieser kenotischen Weise ist Gott Einheit in der Vielheit.

Weil Gott von Ewigkeit her sich selbst schenkende und sich entäußernde Liebe zwischen Vater, Sohn und Geist ist, kann er sich in Jesus Christus ganz mitteilen, ohne sich dadurch aufzugeben oder zu verlieren. Die Göttlichkeit Jesu Christi zeigt sich darin, dass er sich selbst entäußert *(Phil 2,6)*. Die Allmacht der Liebe muss sich nicht behaupten, sondern kann sich hingeben und weggeben und ist eben in dieser Hingabe sie selber. Solche Entäußerung ist nur dann wahr und echt, wenn die Gottheit des ewigen Logos die Menschheit nicht aufsaugt und nicht aufschluckt, sondern in ihrer Eigenheit annimmt und sie in ihr Eigensein freigibt. So bleiben nach dem Bekenntnis der Kirche in Jesus Christus Gottheit und Menschheit unvermischt und ungetrennt. Jesus Christus ist Einheit in der Unterschiedenheit und Unterschiedenheit in der Einheit.[10]

Die Folgerung kann nur lauten: Wenn Gott sich in der konkreten Person und Geschichte Jesu Christi ganz, endgültig und rückhaltlos mitgeteilt hat, dann ist Jesus Christus das »id quo maius cogitari nequit«, das, worüber hinaus Größeres nicht gedacht werden kann (Anselm von Canterbury); dann ist er auch das »id quo Deus maius operari nequit«, das, worüber hinaus Gott nichts Größeres tun kann. So kann es vom Wesen des Christusereignisses her keine andere Religion oder Kultur geben, welche die christliche Heilsordnung überbietet oder ergänzt. Alles, was die anderen Religionen an Wahrem und Guten beinhalten, nimmt teil an dem, was in Jesus Christus in seiner Fülle erschienen ist.

Doch kein Mensch, auch kein Dogma der Kirche kann dieses Geheimnis jemals ganz ausschöpfen. Nach dem Neuen Testament ist uns der Geist Gottes verheißen, um uns immer wieder neu und immer tiefer in dieses Geheimnis einzuführen *(Joh 16,13)*. Die Begegnung mit anderen Religionen kann dabei ein Weg sein, uns bestimmte Aspekte des einen Geheimnisses Christi tiefer zu erschließen. Der interreligiöse Dialog ist darum keine Einbahnstraße; er ist eine wirkliche

---

[10] Genau dies ist der Sinn des christologischen Dogmas von Chalkedon von der Einheit der Person in der Zweiheit der Naturen, welche »unvermischt, unverwandelt, ungetrennt und ungesondert« sind (DH 302).

Begegnung, welche für uns Christen eine Bereicherung sein kann. Wir sind dabei nicht nur die Gebenden, sondern auch die Lernenden und die Empfangenden, weil wir dadurch die ganze Fülle des Geheimnisses, das uns in Jesus Christus geschenkt ist, in seiner ganzen Länge und Breite, Höhe und Tiefe zu erfassen vermögen (vgl. *Eph 3, 18*).

Sowohl trinitarisch wie christologisch ist uns demnach ein Verständnis von Einheit und Endgültigkeit vorgegeben, welches nicht totalitär ist, das vielmehr dem anderen Raum gibt und es freisetzt. Es gehört ja zum Wesen wahrer Liebe, dass sie aufs Innigste vereint, ohne den anderen zu vereinnahmen, sondern ihn zu seiner eigenen Erfüllung führt.

Diese spekulativen Überlegungen werden konkret und praktisch, wenn wir auf das Leben Jesu schauen. Er ist, wie es uns die Evangelien bezeugen, der Mensch für die anderen; er, der Herr, ist gekommen, nicht um zu herrschen, sondern um zu dienen und um sein Leben hinzugeben »für die vielen« (*Mk 10, 45* par.). Er, der sich entäußert bis in den Tod, wird erhöht und zum Herrn des Universums eingesetzt (*Phil 2, 6–11*). So wird der sich selbst verzehrende aufopfernde Dienst zum neuen Weltgesetz.

Wird die These von der Endgültigkeit und Universalgültigkeit der christlichen Heilsordnung in dieser Weise verstanden, dann begründet sie einerseits die Weltmission als etwas, was unverzichtbar zur Natur der Kirche gehört,[11] und sie wahrt und verteidigt andererseits die Freiheit des Einzelnen wie den Wert und die Würde der jeweiligen Kulturen. Gerade in ihrer konkreten Entschiedenheit,[12] die sich jedem Synkretismus und Relativismus widersetzt, begründet sie ein respektvolles, ja ein dialogisches und diakonisches Verhältnis zu den anderen Religionen, das auch jeden engstirnigen Fundamentalismus ablehnt. So verstanden ist die Endgültigkeit und Universalgültigkeit der christlichen Heilsordnung keine imperialistische These, welche andere Religionen vereinnahmt oder unterdrückt. Noch weniger begründet und erlaubt sie ein imperialistisches Verständnis und eine imperialistische Praxis der Mission. Sie hat nichts mit Welteroberung

---

[11] AG 2.

[12] H. Schlier, Das bleibend Katholische. Ein Versuch über ein Prinzip des Katholischen, in: ders., Das Ende der Zeit. Exegetische Aufsätze und Vorträge, Bd. 3, Freiburg i. Br. 1971, 297–320.

zu tun, auch wenn sie in der Geschichte gelegentlich so missverstanden und missbraucht wurde.

Dieses dialogische und diakonische Verhältnis hat drei Aspekte: Das Bekenntnis zu Jesus Christus als Gottes endgültiges und universalgültiges Wort bejaht, achtet und verteidigt alles, was in den anderen Religionen wahr, gut, edel und heilig ist (vgl. *Phil 4, 8*) (via positiva seu affirmativa); es kritisiert prophetisch, was in ihnen der Ehre Gottes und der Würde des Menschen abträglich ist, wenn nämlich Göttliches und Menschliches miteinander vermischt und so weder Gott noch der Mensch in seiner je eigenen Würde geachtet werden (via negativa seu critica et prophetica); schließlich will es die anderen Religionen einladen, im Glauben an Jesus Christus und durch die Teilhabe an seiner Fülle zu ihrer eigenen Fülle und Vollendung zu gelangen (via eminentiae).

Das Missionsdekret des Zweiten Vatikanischen Konzils *Ad gentes* fasst alle drei Dimensionen zusammen, indem es sagt: Alles, was sich an Gutem und Wahrem in den Religionen der Menschheit findet, findet in Jesus Christus sein Maß und muss an ihm kritisch gemessen, von ihm her gereinigt und zur Vollendung gebracht werden.[13]

So verstanden ist das christliche Bekenntnis gerade in seinem für viele so anstößigen endgültigen wie universalen Anspruch Aufruf und Grundlage zu gegenseitiger Toleranz und Achtung, zum Teilen und Mitteilen, zu Tausch und Austausch, zu Verständigung, Versöhnung und Frieden. Es weist auf den hin, in dem »alle Bestrebungen der Geschichte und der Kultur konvergieren«, der »der Mittelpunkt der Menschheit, die Freude der Herzen und die Erfüllung ihrer Sehnsüchte« ist.[14]

---

[13] AG 9; vgl. 11. Weitere wichtige Konzilsaussagen: NA 1f. Zur Frage des Heils in den anderen Religionen: LG 16; GS 22.
[14] GS 45.

Christentum

im

Profil

Was heißt eigentlich christlich?

Die Frage »Was heißt eigentlich christlich?« mag überraschen in einer Vortragsreihe über die kommende Synode. Dieses Thema taucht unter den vielen vorgeschlagenen Themen nicht auf,[1] und es dürfte sich auch kaum als eigenes Synodenthema eignen. Trotzdem kann man die These aufstellen: Erfolg oder Misserfolg der Synode wird sich nicht so sehr an dieser oder jener Reform im Einzelnen entscheiden, sondern daran, ob es gelingt, die Mitte des Evangeliums wieder so sehr zur Sprache zu bringen, dass das eigentlich Christliche wieder zu einer Macht und zu einer Provokation wird in unserer Gesellschaft. Es gilt, ohne jede Aktualitätshascherei die Aktualität des Christlichen selbst zur Geltung zu bringen.[2]

Es wäre jedoch falsch, zu meinen, was eigentlich christlich ist, das wisse man schließlich, und es komme nur darauf an, das Christliche zeitgemäßer zu verwirklichen und es gegen Missdeutungen abzugrenzen. Zu vieles ist in den letzten Jahren in Bewegung geraten; Prinzipien und Institutionen, die man noch vor ein paar Jahren für unantastbar gehalten hat, befinden sich plötzlich überall in Diskussion. Es gibt scheinbar nichts Festes und Bleibendes mehr. Die alten Fronten scheinen nicht mehr zu bestehen: die Konfessionsgrenzen sind zweitrangig geworden; die eigentlichen Grenzen gehen heute quer durch die Konfessionen hindurch.[3] Es besteht heute innerhalb aller großen Kirchen ein theologischer und praktischer Pluralismus, den man kaum mehr in eine höhere Einheit aufheben kann.[4] Viele Christen

---

1 Zur Thematik und zum Statut der Synode 72 vgl. Publik 36 (1969) 24.

2 Das herausgestellt zu haben, ist das Verdienst von J. Ratzinger, Einführung in das Christentum, München [5]1969.

3 Vgl. J. B. Metz, Reform und Gegenreformation heute, Mainz 1969.

4 Vgl. K. Rahner, Der Pluralismus in der Theologie und die Einheit des Bekenntnisses in der Kirche, in: Conc(D) 5 (1969) 462–471.

wissen sich außerdem vielen Nichtchristen in der ganzen Art ihres Denkens, Sichgebens und Handelns, in ihrem Lebensstil und in ihrer Mentalität, besonders aber in ihrem Einsatz für eine humanere und gerechtere Ordnung viel näher als vielen ihrer Glaubensgenossen. Dazu kommt, dass eine Reihe von pastoral-soziologischen Untersuchungen der letzten Zeit darauf aufmerksam gemacht hat, dass zwischen dem, was amtlich als Glaube der Kirche gelehrt wird, und dem, was faktisch in der Kirche geglaubt und getan wird, eine geradezu beängstigende Diskrepanz besteht. Offenbar kann innerhalb einer neuen »laikalen« Glaubenserfahrung das nicht mehr sinnvoll integriert werden, was als »klerikales« Glaubensverständnis verkündet wird.[5]

So spürt man überall in der Kirche ein Gären, ein Abbröckeln der alten Formen und Strukturen, eine innere und äußere Emigration, eine Erschütterung, die bis in die Grundlagen reicht. Daneben bilden sich »Untergrundformen«[6] eines neuen christlichen Selbstverständnisses und einer neuen christlichen Selbstverwirklichung. Was eigentlich christlich ist, ist dadurch äußerst vieldeutig und unbestimmt geworden. Dieser Mangel an Eindeutigkeit und Bestimmtheit nimmt dem Christentum in unserer Welt seine Leuchtkraft und seine Anziehungskraft.

Man würde es sich entschieden zu leicht machen, wenn man zu rasch von einem Geist des sich auch in die Kirche einschleichenden Unglaubens, von lautlosem Abfall und Randchristentum spricht.[7] Das gibt es zweifellos auch. Aber das eigentliche Problem liegt tiefer und ist umfassender. Offenbar ist eine bestimmte epochale Gestalt des Christentums zu Ende, während die neue geschichtliche Gestalt sich erst in ihren äußersten Umrissen noch sehr undeutlich und vielfach verzerrt andeutet. Wir durchschreiten gegenwärtig eine Übergangsphase, in der das Alte nicht mehr recht gilt und das Neue noch nicht voll sichtbar ist. Mit ein paar äußeren, im Übrigen längst überfälligen Reformen ist diese Situation ebenso wenig zu meistern wie mit künstlichen und abstrakten Neuinterpretationen des Christentums, die von

---

[5] W. Harenberg (Hg.), Was glauben die Deutschen, München – Mainz 1969; F. Haarsma, De leer van de kerk en het geloof van haar leden, Utrecht ²1969.

[6] R. McBrien, Die Untergrundkirche in den USA, in: Conc(D) 5 (1969) 698–703.

[7] Zum Problem der partiellen Identifikation vgl. Metz, Reform und Gegenreformation heute (wie Anm. 3), 29 f.

der konkreten geschichtlichen Gestalt der Kirche absehen. Eine bloße Liberalität könnte leicht zu einem unchristlichen Minimalismus führen, zu einem Christentum, dessen Salz schal geworden ist. Eine Grundlagenbesinnung tut not, zu der im Folgenden in aller bei der Kürze der zur Verfügung stehenden Zeit gebotenen Unvollständigkeit[8] drei Thesen vorgetragen werden sollen.

1. These: Das Christentum ist eine geschichtliche Religion. Das Wort »geschichtlich«[9] ist vieldeutig, und es ist unmöglich, in diesem Zusammenhang die ganze Problematik zu entfalten, die dieses Wort dem heutigen Problembewusstsein aufgibt. Wir müssen deshalb mehr konkret umschreiben, was wir mit unserer These meinen.

Unsere These meint zunächst eine fundamentale Unterscheidung des Christlichen vom Mythischen.[10] In den Mythen geht es um die Epiphanie eines immer und überall präsenten numinosen Tiefengrun-

---

[8] Überraschen mag vor allem, dass in den folgenden Thesen die Kirche thematisch nicht vorkommt, obwohl sie sachlich auf Grund der Betonung des geschichtlich-konkreten Charakters des Christentums in jeder These präsent ist. Zur Rechtfertigung dieses Vorgehens kann bemerkt werden: Die Kirche gehört nicht zu den christlichen Wahrheiten, die der Ordnung des Ziels, sondern zu denen, die nur der Ordnung der Heilsmittel angehören (vgl. Thomas v. Aquin, S.th. II/II q. 6 a. 1). Die Akzentverlagerung von den ersteren zu den letzteren Wahrheiten (Sakramente, Struktur der Kirche, apostolische Sukzession) ist ein typisches Ergebnis der neuzeitlichen Entwicklung, die im 20. Jahrhundert zu einem gefährlichen Ekklesiozentrismus geführt hat, dem auch das Zweite Vatikanische Konzil und erst recht die nachkonziliare Diskussion nicht ganz entgangen sind. Demgegenüber versucht dieser Beitrag wieder auf die Hierarchie der Wahrheiten hinzuweisen. Zu dem Begriff der ›hierarchia veritatum‹ im Ökumenismusdekret »Unitatis redintegratio« Nr. 11 vgl. den Kommentar von J. Feiner, in: LThK.E 2, 88–90; H. Mühlen, Die Lehre des Vatikanum II über die »hierarchia veritatum« und ihre Bedeutung für den ökumenischen Dialog, in: ThGl 56 (1966) 303–335; U. Valeske, Hierarchia veritatum. Theologiegeschichtliche Hintergründe und mögliche Konsequenzen eines Hinweises im Ökumenismusdekret des II. Vatikanischen Konzils zum zwischenkirchlichen Gespräch, München 1968.

[9] Vgl. G. Baur, Geschichtlichkeit. Wege und Irrwege eines Begriffs, Berlin 1963; L. von Renthe-Fink, Geschichtlichkeit. Ihr terminologischer und begrifflicher Ursprung bei Hegel, Haym, Dilthey und Yorck, Göttingen 1964; A. Darlap, Art. Geschichtlichkeit, in: LThK[2] 4, 780–783 und A. Darlap/J. Splett, Art. Geschichte und Geschichtlichkeit, in: SM II, Sp. 290–304.

[10] Zum Folgenden bes. M. Eliade, Der Mythos der ewigen Wiederkehr, Düsseldorf 1953.

des der Wirklichkeit, um ein in dunklen Symbolen sich ereignendes Aufleuchten des göttlichen Seins- und Sinngrundes, aus dem, durch den und in dem alles ist. Die Mythen geschehen deshalb nach einem berühmten Wort des Sallust[11] überall und nirgends, sie geschehen immer und doch nimmer. Es sind ewige unveränderliche, schicksalhafte »Mächte und Gewalten«, die über dem Menschen walten. Sie haben die Kraft, den Menschen zu faszinieren, sie schlagen ihn in Bann, berauben ihn seiner Freiheit. Deshalb fühlen sich die Menschen von ihnen ebenso angezogen wie in Angst und Schauder versetzt. Rudolf Otto hat das Kontrastphänomen des Religiösen deshalb als mysterium tremendum fascinosum bestimmt.[12]

Anders die christliche Botschaft, sie verweist nicht auf einen mythischen, mystischen oder metaphysischen Tiefengrund, sondern auf konkrete Geschichte, auf die Geschichte Abrahams, die Geschichte Israels und besonders auf die Geschichte Jesu von Nazareth. Sie ist bleibend gebunden an das, was »in jener Zeit« ein für alle Mal gesagt und geschehen ist. Der christliche Glaube ist also nicht an ein mythologisches Weltbild gebunden; im Gegenteil, er vollzieht auf seine Weise eine Entmythologisierung der Welt, und er hat zu unserer neuzeitlichen Säkularisierung entscheidend mit beigetragen.[13] Durch seine Betonung der Geschichte und ihres Einmaligkeitscharakters hat der christliche Glaube zur Erkenntnis der Einmaligkeit, Endgültigkeit und Unwiederholbarkeit geschichtlicher Entscheidungen, der Würde und der Eigenverantwortung der menschlichen Person geführt. Die neuzeitliche Entwicklung seit der Aufklärung, der Deklaration der Menschenrechte und der Französischen Revolution hat deshalb in »verrückter« Weise viele ursprünglich christlichen Gehalte besser verstanden als die christlichen Kirchen, denen es bis heute nicht gelungen ist, ohne Ressentiment von der Freiheit zu sprechen. So entstehen in der Begegnung zwischen der Kirche und der heutigen Gesellschaft verschobene und verschrobene Problemstellungen, weil die Kirche,

---

[11] Vgl. Sallust, Des Dieux et du monde (griechisch-französischer Text), hg. v. G. Rochefort, Paris 1960, c. 4, S. 6–8; zum Ganzen vgl. F. Vonessen, Mythos und Wahrheit, Einsiedeln 1964.

[12] R. Otto, Das Heilige. Über das Irrationale in der Idee des Göttlichen und sein Verhältnis zum Rationalen, Breslau ^{7}1922.

[13] Vgl. K. Löwith, Weltgeschichte und Heilsgeschehen, Stuttgart ^{4}1953.

indem sie in einer weitgehend vorneuzeitlichen Mentalität verharrt ist, auch ihre eigene Botschaft nicht voll eingeholt hat.

Bereits im ersten Ansatz erweist sich der christliche Glaube als eine zutiefst humane Botschaft, die heute weder faktisch überholt ist, die vielmehr ein bisher unabgegoltenes Erbe darstellt. Es wäre nämlich eine gefährliche Täuschung zu meinen, die Entmythologisierung liege seit der Aufklärung endgültig hinter uns; sie ist eine beständige Aufgabe, die sich überall stellt, wo unpersönliche Es-Mächte zu Letztnormen werden, seien es blinde Triebstrukturen, seien es Idole der Rasse, der Klasse, des Volkstums, der Macht, der Leistung, des Prestiges, der Ordnung oder des Fortschritts. Überall wo dies geschieht, wird der Mensch nur noch als Mittel zum Zweck behandelt.[14] Überall aber, wo auf diese Weise nicht mehr alle Verhältnisse auf den Menschen bezogen sind, wird der christliche Glaube protestierend und verändernd eingreifen müssen, da hat er eine gesellschaftliche Störfunktion im Namen des unterdrückten Menschen.[15]

Aber was heißt schon »menschlich«? Das Allergewöhnlichste und Banalste sowie das Allergrößte und Letzte, das Übermenschliche wie das Allzumenschliche ist menschlich. Was wirklich menschlich ist, ist vieldeutig und umstritten. In Jesus von Nazareth ist jedoch nach christlicher Überzeugung etwas Entscheidendes über den Menschen gesagt und ein endgültiges Modell des Menschseins gegeben. In der Menschwerdung Jesu Christi hat nach christlicher Überzeugung Gott endgültig dem Menschen den Menschen geoffenbart.[16] In der Geschichte Jesu von Nazareth sind die Würde und das Ziel des Menschen letztgültig offenbar geworden. Die historische Rückfrage nach dieser Geschichte, so wie sie uns in der Schrift bezeugt wird, ist darum ein Wesenselement des christlichen Glaubens; sie ist nach dem Zweiten Vatikanischen Konzil die Seele der Theologie und das Prinzip jeglicher

---

14 Vgl. M. Horkheimer/T. W. Adorno, Dialektik der Aufklärung. Philosophische Fragmente, Frankfurt a.M. 1969.

15 J. B. Metz definiert unter diesem Aspekt die Kirche zu Recht als »Institution gesellschaftskritischer Freiheit«, vgl. Zur Theologie der Welt, Mainz – München 1968, 107–116.122–127. Vgl. E. Schillebeeckx, Gott – Die Zukunft des Menschen, Mainz 1969, 135–137; H. Schürmann, Der gesellschaftliche und gesellschaftskritische Dienst der Kirche in einer säkularisierten Welt, in: H. Peukert (Hg.), Diskussion zur politischen Theologie, Mainz – München 1969, 145–161.

16 Vgl. GS 22.

kirchlicher Erneuerung.[17] Eine solche These gilt im Augenblick weithin als nicht mehr up to date; man meint, den Text der Bibel mit dem Text der heutigen gesellschaftlichen Wirklichkeit vertauschen zu müssen. Der historischen Rückfrage in der Theologie geht es jedoch, wenn sie sich selbst recht versteht, nicht um ein archivarisch-historisches Interesse; sie dient vielmehr dem Zweck, die noch immer unabgegoltene Hoffnung für den Menschen, die die Schrift bezeugt, nicht in Vergessenheit geraten zu lassen.[18] Sie soll helfen, dass der christliche Glaube sich nicht einfach mit den jeweils bestehenden gesellschaftlichen und geistigen Mächten arrangiert, sondern seine kritische Potenz und Provokation zugunsten des Menschen bewahrt. Sie soll die durch Jesus Christus initiierte Freiheitsgeschichte bleibend aktuell erhalten.

Diese Vergegenwärtigung geschieht wiederum auf geschichtliche Weise, vermittelt durch die konkreten geschichtlichen Situationen. Zum geschichtlichen Charakter des christlichen Glaubens gehört es auch, dass es das Christliche niemals »chemisch rein«, sondern nur in geschichtlich vermittelter Form, »in, mit und unter« konkreten geschichtlichen Vermittlungsformen gibt.[19] Deshalb ist die Schrift nur *ein*, wenn auch qualifiziertes geschichtliches Zeugnis des christlichen Glaubens; sie sagt uns jedoch nur modellhaft (typologisch), was eigentlich christlich ist. Auch die Dogmen sind darum nicht die ›Sache‹ des Christlichen selbst; sie sind bleibend gültige Modelle dafür, wie geschichtliche Aussage- und Verwirklichungsformen aussehen müssen. Das Evangelium ist in der Kirche nicht in der Weise »inkarniert«, dass die Kirche selbst einfachhin der fortlebende Christus ist. Zwar ist Christus in der Kirche fortwährend lebendig und gegenwärtig, aber man darf in diesem Satz das Subjekt nicht einfach vertauschen, die Aussage umkehren und sagen, die Kirche sei der fortlebende und gegenwärtige Christus.[20] Die Kirche ist in allem, auch in ihrem Glau-

---

[17] Vgl. DV 24; OT 16.

[18] Vgl. W. Kasper, Die Methoden der Dogmatik. Einheit und Vielheit, in: WKGS 7, 585–622, hier: 599–602.605–609; Schillebeeckx, Gott – Die Zukunft des Menschen (wie Anm. 15), 40–46.

[19] Vgl. W. Kasper, Kirche und Theologie unter dem Gesetz der Geschichte, in: ders., Alte Fragen – neue Antworten?, Würzburg 1967, 9–35; ders., Geschichtlichkeit der Dogmen?, in: WKGS 7, 623–644.

[20] Die schlechthinnige Ineinssetzung des pneumatologischen und des institutio-

benszeugnis geschichtlich unterwegs. Sie muss sich deshalb immer wieder an Jesus Christus als ihrem Ursprung und Haupt messen und erneuern. Dieses ständige geschichtliche Unterwegssein und diese Verpflichtung zur ständigen Reform bedeuten keine Freiheit von der Geschichte, sondern die Freiheit *zur* Geschichte. Sie bedeutet in der Nachfolge Jesu die je neue Zuwendung zu den Menschen in ihren konkreten geschichtlichen Situationen.

Konkret begegnen wir Christus in der Geschichte in den Menschen, die hungrig, durstig, ohne Unterkunft und Kleidung sind, die krank und verfolgt sind (vgl. *Mt* 25,37–40). Sie sind nach dem Evangelium der fortlebende Christus. Sie sind, wenn wir das Gleichnis vom barmherzigen Samariter ernst nehmen, die konkrete Auslegung des Willens Gottes für uns heute (vgl. *Lk* 10,25–37). Die jeweiligen menschlichen und geschichtlichen Situationen, Fragen und Nöte sind also das hermeneutische Prinzip, um die christliche Botschaft geschichtsgerecht zu interpretieren. Wenn nach der Schrift gilt, dass nicht der Mensch für den Sabbat, sondern der Sabbat für den Menschen da ist *(Mk* 2,27*)*, dann darf das eigentlich Christliche kein abstraktes System von Prinzipien und Normen sein, die man den konkreten menschlichen Situationen nur überstülpt, dann sind vielmehr konkrete Analysen unserer heutigen gesellschaftlichen Situation, der in ihr gegebenen menschlichen Konflikte und des durch sie bedingten Leids eine notwendige Voraussetzung für eine sachgerechte theologische Aussage.[21]

Das Ergebnis unserer ersten These vom geschichtlichen Charakter des Christentums ist, dass die christliche Botschaft immer konkret

---

nell-rechtlichen Aspekts der Kirche wird oft als das Wesen des Katholizismus ausgegeben. Vgl. R. Sohm, Kirchenrecht, Bd. 1, Leipzig 1892, 160–164. Dazu A. von Harnack, Entstehung und Entwicklung der Kirchenverfassung und des Kirchenrechts in den zwei ersten Jahrhunderten, Leipzig 1910, 121–185. In der neueren Theologie hat vor allem K. Barth, Kirchliche Dogmatik, Bd. I/2, 606–637 diese These erneuert. Die Gefahr einer solchen Identifikation ist etwa in der Enzyklika Pius XII., Mystici corporis (1943) tatsächlich gegeben, sie wurde aber durch das Zweite Vatikanische Konzil weitgehend aufgebrochen. Vgl. J. Ratzinger, Das neue Volk Gottes, Düsseldorf 1969, 90–104.225–245.

21 Vgl. Dokumentation Zeichen der Zeit, in: Conc(D) 3 (1967) 417–422; zur Bedeutung der ›condition humaine‹ für die Theologie vgl. E. Schillebeeckx, Offenbarung und Theologie, Mainz 1965, 316–340; zur Bedeutung, die der Kontrasterfahrung dabei zukommt, vgl. ders., Gott – Die Zukunft des Menschen (wie Anm. 15), 129–141.162–164.

angesagt werden muss. Sie darf nicht nur abstrakt über Gott, den Menschen, das kirchliche Amt, die Ehe an sich sprechen, sondern muss im Licht der Botschaft und des Werkes Jesu Christi konkrete Modelle für ein sinnvolles, erfülltes und freies Menschsein unter den heutigen geschichtlichen Bedingungen entwickeln. Bleibt sie dagegen rein prinzipiell und abstrakt, dann ist sie in der Gefahr, aus dem Evangelium ein Gesetz und ein System zu machen, das, wie das jüdische Gesetz, den Menschen nicht frei macht, sondern ihn versklavt. Man kann den Sinn des Evangeliums auch unter Beibehaltung der allerorthodoxesten Formeln in sein Gegenteil verkehren. »Auch die bösen Geister glauben und zittern« *(Jak 2,19)*. Auch die allerorthodoxesten Formulierungen sind beim Interpretationsgeschick der heutigen Theologen vieldeutig. Eindeutig christlich wird Orthodoxie erst durch die konkrete christliche Tat, wenn der Glaube in der Liebe wirksam wird *(Gal 5,6)*.[22]

2. *These:* Das Christentum ist eine übergeschichtliche Religion. Das Wort übergeschichtlich[23] ist vermutlich noch missverständlicher als das Wort geschichtlich. Gemeint ist: Das Christentum redet von Gott, von Transzendenz, vom Jenseits, vom Übernatürlichen, vom extra nos der Gnade oder wie immer man das nennen mag. An diesem Punkt bestehen gegenwärtig kaum überwindbare Schwierigkeiten. Jeder dieser Begriffe birgt eine Fülle von Problemen, auf die wir hier nicht eingehen können. Dennoch ist die in diesen Begriffen gemeinte Sache schlechterdings konstitutiv für das Wesen des Christlichen. Wenn das vieldeutige und schillernde Schlagwort »Gott ist tot«[24] einfachhin und schlechterdings gelten würde, dann müsste man ehrlicherweise zugeben, dass auch das Christentum tot ist. Der Ausgangspunkt dieser These vom übergeschichtlichen Charakter des Christentums ist eine Erfahrung, die wir jeden Tag machen, nämlich die Erfahrung der Des-

---

[22] Zur theologischen Theorie-Praxis-Problematik vgl. W. Post, Art. Theorie und Praxis, in: SM IV; Sp. 894–901; J. B. Metz, Art. Politische Theologie, in: SM III, 1232–1240; ders., Reform und Gegenreformation heute, Mainz 1969.

[23] Der Begriff übergeschichtlich taucht meines Wissens erstmalig bei M. Kähler auf, vgl. Der sogenannte historische Jesus und der geschichtliche, biblische Christus, neu hg. v. E. Wolf (TB), München ³1961, 19.

[24] Vgl. den Überblick bei G. Hasenhüttl, Die Wandlung des Gottesbildes, in: Theologie im Wandel. FS zum 150jährigen Bestehen der katholischen-theologischen Fakultät an der Universität Tübingen. 1817–1967, München – Freiburg 1967, 228–253.

integration und Dissoziation des Menschen und der Welt, die Erfahrung der Nichteinholbarkeit der Existenz und somit die Erfahrung ihrer radikalen Endlichkeit. Diese Entfremdung[25] des Menschen von sich selbst, von den andern und der Welt ist nicht nur ein psychologisches und gesellschaftliches Phänomen. Auch wenn wir alle geschichtlich gewordenen und geschichtlich veränderbaren Entfremdungen beseitigen könnten, bliebe doch, dass sich das Ich und das Du in einer letzten, nicht aufhebbaren Fremdheit und Verschiedenheit gegenüberstehen, dass das eine das andere ausschließt und dass deshalb die Entscheidung für das eine die Entbehrung des anderen zur Folge hat. Es bliebe also eine mit dem Menschsein und seiner Endlichkeit notwendig gegebene, wenn man so will, metaphysische Entfremdung. Sie kann weder technologisch noch politisch, noch sonst wie humanitär beseitigt werden. Sie gehört zum Menschsein selbst. Sie ist die Not des Menschseins, die mit dem Menschsein selbst gegebene Armut, sein Durst nach mehr, als was der Mensch ist, seine eigentliche Unbehaustheit und Nacktheit, seine Bedrohtheit und Unfreiheit. Hier ist der Ort, wo die religiöse Frage aufbricht und wo nur die Religion eine Antwort geben kann.

Die Erfahrung des Elends des Menschseins ist nämlich – um ein Wort Pascals aufzugreifen – auch der Ort der Erfahrung seiner Größe.[26] Gerade in der Erfahrung seiner Grenzen erfährt der Mensch auch, dass er sich um ein Unendliches übersteigt.[27] Wie könnten wir Entfremdung und Unheil als solche erfahren, wenn wir nicht auch etwas wüssten vom Nichtentfremdeten und Heilen? Wie könnten wir an unserer Endlichkeit leiden, wenn wir nicht schon etwas vom Unendlichen erfahren hätten? Die Transzendenz[28] ist also keine zweite Bühne über der Geschichte, sondern eine Dimension, die sich in der

---

[25] Zum Begriff der Entfremdung H. Popitz, Der entfremdete Mensch. Zeitkritik und Geschichtsphilosophie des jungen Marx (PhF NF 2), Basel 1953; P. Tillich, Entfremdung und Versöhnung im modernen Denken, in: WW IV, 183–199; W. Pannenberg, Was ist der Mensch? Die Anthropologie der Gegenwart im Licht der Theologie, Göttingen ²1964, 77–85.

[26] B. Pascal, Über die Religion (Pensées), hg. v. E. Wasmuth, Heidelberg 1963, 181 ff. (Frgm. 397 ff.).

[27] Ebd., 202 (Frgm. 434).

[28] Vgl. K. Lehmann, Art. Transzendenz, in: LThK² 10, 316–319 und in: SM IV, 992–1005.

Welt und in der Geschichte selbst auftut, wo der Mensch in der Geschichte über sich hinausfragt und sich selbst überbietet. Erst in der Frage nach der Transzendenz kommt der Mensch zur vollen Erfahrung der Menschlichkeit seines Menschseins, seiner Größe und seines Elends. Eine »reine« Mitmenschlichkeit und ein »bloßer« Humanismus, die den nichtaufgehenden Rest und den verbleibenden Stachel ins Übermenschliche nicht mehr verspüren würden, wären schon rein menschlich gesehen eine Plattitüde. Schon allein dadurch, dass das Christentum die Frage nach Gott stellt, stellt es dem Menschen die Frage nach sich selbst und tut es ihm einen Dienst, den ihm sonst niemand leisten kann.

Die eben angedeutete Erfahrung bleibt zunächst freilich noch undeutlich, vage und vieldeutig; sie ist uns nicht nur mit den meisten anderen Religionen, sondern heute auch mit vielen Formen eines atheistischen Humanismus gemeinsam, die ein Sichtranszendieren ohne Transzendenz kennen.[29] Im Christlichen nimmt das Sprechen von Gott jedoch eine ganz spezifische Wendung. Gott ist hier nicht eine namenlose, anonyme und ferne Transzendenz, die wir nur im Scheitern aller Bilder und Begriffe in dunklen Chiffren und Symbolen erfahren können; er hat einen konkreten Namen, bei dem man ihn rufen kann, und dieser Name Jahwe bedeutet: Der da ist *(Ex 3,14)*[30]; Gott ist der »Gott mit uns« (Emanuel). Diesen Gott »gibt es« nicht; er gibt sich in absolut unverfügbarer Freiheit. Er ist nicht die Verlängerung und Projektion des Menschen, sondern umgekehrt die reine Zuwendung *zum* Menschen. Er ist sich selbst mitteilende Liebe *(1 Joh 4,8)*. Der Mensch braucht sich jetzt nicht mehr zu übernehmen und sich ins Übermenschliche hinein zu übersteigen und sich durch solche Überforderung der Welt und sich entfremden; er braucht aber auch sich und die Welt nicht länger numinos zu verbrämen und dadurch zu vergewaltigen. In seiner Selbstmitteilung lässt uns Gott gerade das sein, was wir dauernd erstreben und doch beständig verfehlen; er lässt uns (in dem doppelten Sinn des Wortes) Menschen sein. Er ist die Gewähr und die Zumutung des Menschseins. Er ist in seiner Selbst-

29 Vgl. E. Bloch, Das Prinzip Hoffnung, Frankfurt a. M. 1959, 1522.
30 Vgl. M. Buber, WW II, 275 ff. 504 ff. 619 ff.; H. D. Preuss, Jahweglaube und Zukunftserwartung, Stuttgart 1968, 14–23 (Lit.); E. Zenger, Jahwe und die Götter, in: ThPh 43 (1968) 383–359.

mitteilung das Angebot und das Geschenk eines versöhnten und erfüllten Menschseins, und dies nennen wir Gnade. Solche Zumutung des Menschseins ist Gabe und Aufgabe, Indikativ und Imperativ zugleich. Sie ist die Provokation, die schöpferische Freisetzung menschlicher Freiheit.

Das eigentlich Christliche ist also die Zumutung des Menschseins, die Verheißung, dass wir im Blick auf Jesus Christus gegen alle Hoffnung für alle Menschen Hoffnung haben dürfen. Dieser christliche Humanismus ist jedoch nicht einfach die Selbstvollendung des Menschen; er setzt ja die Krisis und das Scheitern der »natürlichen« Humanität voraus; er ist ein Humanismus des Kreuzes. Aber das Kreuz ist nicht die Kreuzigung des Menschen, sondern dessen Auferstehung und Erhöhung. Christlicher Humanismus ist im Pascha-Geschehen begründet und bedeutet ein dauerndes Pascha-Geschehen – eine ständige Bekehrung und ein immerwährendes Neuwerden.[31] Wenn man von solchen Erkenntnissen aus eine Erwartung an die kommende Synode aussprechen darf, dann ist es sicher nicht die, dass dort in einer falschen Liberalität die Unterscheidung des Christlichen verwischt wird. Das unterscheidend Christliche darf jedoch nicht als Gesetz, sondern muss als Evangelium geltend gemacht werden, es muss so gesagt werden, dass es nicht repressiv wirkt, sondern konstruktiv und kreativ der Freiheit des Menschen dient. Gerade dadurch, dass die christliche Botschaft das wahrt, was sie nie und nimmer vermitteln kann und darf, nämlich die Göttlichkeit Gottes, richtet sie ja einen Raum des absolut Nicht-Manipulierbaren und Nicht-Funktionalisierbaren auf, und nur so kann man der drohenden Manipulierung und Funktionalisierung des Menschen letztlich widerstehen. So leisten Gebet, Meditation, Kontemplation und Liturgie gerade in ihrer innerweltlichen Zweckfreiheit einen Dienst an der Freiheit und Würde des Menschen, die nicht allein durch seine Leistung und seine gesellschaftliche Anerkennung bestimmt sind. Man dient also nicht nur Gott, indem man dem Menschen dient, man dient auch dem Menschen, indem man Gott dient. Die Wahrung der je größeren Göttlichkeit Gottes bricht schließlich alle in sich geschlossenen Systeme und fertigen Antworten auf und hält damit der menschlichen Freiheit im-

---

[31] Vgl. J. Ratzinger, Gratia praesupponit naturam, in: J. Ratzinger/H. Fries (Hg.), Einsicht und Glaube, Freiburg i. Br. 1962, 148 f.

mer wieder neu eine Möglichkeit und Alternative offen. Gott ist nicht, wie ein dummer moderner religiöser Schlager will, einfach die Antwort auf alle Fragen; er ist auch die Frage an alle Antworten. Der Glaube an Gott muss sich deshalb auswirken als die je größere Offenheit und die je tiefere Problemsichtigkeit.[32] Dann könnte er als Verheißung der Hoffnung für die Welt wieder glaubhaft werden.

3. These: Christentum ist Jesus Christus in Person.[33] Diese These stand schon bisher unausgesprochen im Hintergrund, und sie fasst die beiden vorhergehenden Thesen nochmals zusammen. In Jesus Christus wird nämlich der geschichtliche wie der übergeschichtliche Charakter des Christentums zu einer einmaligen Einheit vermittelt. In ihm ist die menschliche Geschichte an dem sie radikal übersteigenden Ziel, bei Gott, endgültig angekommen, indem Gott diese ganz und gar angenommen und sich an sie mitgeteilt hat.[34] Deshalb bekennt der christliche Glaube von Jesus Christus: Er ist wahrer Mensch und wahrer Gott in einer Person. Wir können dieses Geheimnis der Christologie hier nur andeuten, ohne es zu entfalten. Unsere Frage ist, was daraus für unser Verständnis des Christlichen folgt.

Zunächst folgt rein formal: Jesus Christus ist in Person das Kriterium, an dem sich alles, was christlich sein will, messen muss. Christ in einem allerweitesten und allerfundamentalsten Sinn ist, wer sich von Christus her bestimmen lässt. Christsein ist nur vis à vis mit Jesus Christus möglich. Christsein bedeutet Nachfolge Jesu. Diese fundamentale Voraussetzung stand hinter allem bisher Gesagten. Diese Urentscheidung des Glaubens ist zugleich das Urskandalon des Christlichen, das selbst nicht nochmals hinterfragt werden kann. Man kann lediglich darauf aufmerksam machen, dass jeder Mensch faktisch eine solche Option fundamental fällt und aus einer Mitte heraus nach einem bestimmten Modell leben muss. Auf die Frage, weshalb dieses

---

32 Zu diesem negativ-kritischen Charakter des Sprechens von Gott vgl. E. Przywara, Analogia entis (Schriften zur Theologie 3), Einsiedeln – Zürich – Köln 1962, 135–141.

33 Vgl. H. Küng, Christozentrik, in: LThK² 2, 1169–1174.

34 Zu dieser Interpretation des christologischen Dogmas vgl. K. Rahner, Probleme der Christologie heute, in: Schriften zur Theologie, Bd. 1, Einsiedeln – Zürich – Köln 1954, 169–222; ders., Zur Theologie der Menschwerdung, in: ebd., Bd. 4, Einsiedeln – Zürich – Köln 1960, 137–155; B. Welte, Zur Christologie von Chalcedon, in: Auf der Spur des Ewigen, Freiburg i. Br. 1965, 429–458.

Modell für uns gerade Jesus Christus ist, kann man letztlich nur antworten: Wohin sollten wir sonst gehen? Wo begegnen uns sonst solche Worte des Lebens? (vgl. *Joh 6,68f.*).

Die innere Rechtfertigung dieser Grundentscheidung wird sofort deutlich, wenn wir unsere formale Folgerung material füllen. Dann ergibt sich: Jesus Christus ist genau das, was wir Menschen zutiefst brauchen. Im inhaltlichen Sinn folgt aus der christologischen Vermittlung von Gott und Mensch nämlich die »Umwertung aller Werte« und die Revolutionierung aller Ordnungen: Was Herrlichkeit ist, erscheint in Schwachheit; was Fülle ist, in Armut; was Freiheit ist, als Gehorsam; was unendlich ist, geht ein in Endlichkeit.[35] Die Selbstentäußerung (Kenosis) wird damit zum Wesen des Christlichen und zur Form der Freiheit. Wahre Freiheit ist so frei, dass sie sich selbst aufgeben kann, um gerade darum sie selbst zu sein.[36] Christliche Existenz wird damit wesentlich Pro-existenz, Sein für die andern, Sein, das dem andern Raum gewährt und gerade darin Eigenstand gewinnt.[37] »Wer sein Leben sucht, wird es verlieren, wer es aber um meinetwillen verliert, wird es gewinnen« *(Lk 9,24)*. »Wenn das Samenkorn nicht in die Erde fällt und stirbt, bringt es keine Frucht« *(Joh 12,25)*. Stellvertretung, Solidarität werden damit zu Grundworten christlicher Existenz in der Gegenwart. In welcher Weise sie den Christen zu einem neuen Selbstverständnis innerhalb der heutigen Situation verhelfen können, kann hier nur noch angedeutet werden.

---

[35] Nicht umsonst bewegte sich die früheste Christologie in solchen paradoxen Identitätsaussagen, vgl. F. Loofs, Leitfaden zum Studium der Dogmengeschichte, hg. v. K. Aland, Tübingen [6]1959, 70 f.74 f.108 f.124 f.; A. Grillmeier, Die theologische und sprachliche Vorbereitung der christologischen Formel von Chalcedon, in: A. Grillmeier/H. Bacht (Hg.), Das Konzil von Chalcedon, Bd. 1, Würzburg 1951, 5–54; J. Liébaert, Christologie. Von der Apostolischen Zeit bis zum Konzil von Chalcedon (451), in: HDG III/1a, 25 ff.32 f.43 f. Diese Art der Christologie steht noch hinter der Zwei-Naturen-Lehre des Konzils von Chalcedon, vgl. P. T. Camelot, Ephesus und Chalcedon, in: GÖK II, 155–169.

[36] Vgl. H. Schlier, Über das vollkommene Gesetz der Freiheit, in: Die Zeit der Kirche, Freiburg i. Br. [2]1958, 193–206; ders., Art. ἐλεύθερος, in: ThW II, 484–500, bes. 492 ff.

[37] Vgl. J. Ratzinger, Christliche Brüderlichkeit, München [2]1968; ders., Art. Stellvertretung, in: HthG II, 566–574; ders., Einführung in das Christentum (wie Anm. 2), 205–207; D. Bonhoeffer, Widerstand und Ergebung, hg. v. E. Bethge, München 1962, 259 f.

Am leichtesten einzusehen ist, wie damit eine neue christliche Spiritualität grundgelegt ist. Sie ist charakterisiert durch die Einheit von Gottes- und Nächstenliebe und durch die Idee von der christlichen Brüderlichkeit. Wer dagegen sogleich protestiert und argwöhnt, es solle das Christentum auf »bloße« Mitmenschlichkeit reduziert werden, der sollte sich immerhin zuerst fragen, ob er ebenso gegen die Unmenschlichkeit protestiert, die es in der Welt teilweise auch durch Schuld und Duldung der Kirche und der Christen gibt. Wer aber unterstellt, das Wort von der christlichen Brüderlichkeit sei nur ein Vorwand, um es sich einfacher zu machen, der mag nochmals in der Bergpredigt und im Hohen Lied der Liebe im dreizehnten Kapitel des *Ersten Korintherbriefes* nachlesen. Dabei kann ihm aufgehen, dass recht verstandene christliche Mitmenschlichkeit alles andere als bloße Anpassung an einen kraft- und saftlosen, persönlich folgenlosen allgemeinen Humanismus darstellt; sie ist vielmehr ein einziger Protest gegen ein verbürgerlichtes Christsein, das man als Gefahr in der gegenwärtigen Kirche durchaus sehen muss. Was damit positiv gemeint ist, kann vielleicht stichworthaft durch das Wort Dietrich Bonhoeffers charakterisiert werden, wonach nur die, welche unter dem Dritten Reich aktiv und unter Risiko Juden beigestanden haben, das Recht haben, auch Gregorianischen Choral zu singen.

Grundgelegt ist damit auch ein neues Selbstverständnis der Kirche. Leider reagiert die Kirche in den allermeisten Fällen wie alle anderen Institutionen auch, die sich selbst behaupten und ihr Überleben garantieren wollen. Statt Stellvertreterin der Interessen anderer zu sein, ist sie oft genug nur Interessenvertreterin in eigener Sache. Dabei ist das Wesen der Kirche doch geradezu durch ihre Vorläufigkeit im Hinblick auf das Reich Gottes und ihre bloße Zeichenhaftigkeit im Hinblick auf die Welt definiert. Kirche kann sich gar nicht anders verstehen denn als Kirche für die andern.[38] Den Unterschied zwischen einer offenen und einer geschlossenen kirchlichen Einstellung sollte man nicht so sehr in der Stellungnahme zu bloßen Randfragen sehen, sondern in der Frage, was die Kirche für die andern riskiert, ob sie bereit ist, sich vorbehaltlos auf von außen gestellte Fragen einzulassen, sich in ihrer Sorge für die Menschen auf bisher unbeschrittene Wege einzulassen, von denen sie nicht von vornherein weiß, wohin sie füh-

[38] Ebd., 261 f.

ren. Die Frage ist, ob die Kirche bereit ist, wie Christus und wie in anderer Weise Moses *(Ex 32,32)* und Paulus *(Röm 9,3)* sich für das Heil der andern selbst aufs Spiel zu setzen. Nur so bekennt sie wahrhaft Christus als ihren Herrn. Dann aber müssten manche ihrer Äußerungen anders aussehen, sie müssten dann weniger durch apologetisches Sicherheitsdenken und mehr durch Mut zum Wagnis bestimmt sein.

Grundgelegt ist mit dem Gesagten schließlich wenigstens im Ansatz ein christlich geprägtes Selbstverständnis der Gesellschaft. Die Idee der Solidarität könnte eine Alternative sein jenseits von liberaler, auf die Wahrnehmung des Eigeninteresses abgestellter westlicher Ordnung und totalitärer östlicher Ordnung. Solidarität meint konkret: Einer für alle und alle für einen. Einer für alle – damit ist eine Abgrenzung vom Individualismus aller Schattierungen vollzogen. Alle für einen – das bezeichnet den Unterschied zum Kollektivismus, wo der Einzelne dem Moloch des Staates, der Partei, der Klasse, des Volkes oder auch der Kirche geopfert wird. Solidarität besagt also, dass die Freiheit des Einzelnen nur möglich ist, wenn eine Ordnung der Freiheit für alle besteht. Aber diese Ordnung ist nur so lange eine Ordnung der Freiheit, als alle für die Freiheit jedes Einzelnen einstehen. Deshalb hätte die Synode letztlich versagt, wenn sie sich nur mit innerkirchlichen Fragen befassen würde, ohne einen Beitrag zu leisten zu dem Problem des Friedens, der Freiheit und des Hungers in der Welt und zur Lösung der neu aufgebrochenen Konflikte in unserer Gesellschaft.

Wir können diese Perspektiven hier nicht weiterführen, wir brechen vielmehr ab und fragen nach der Darlegung unserer drei Thesen nochmals: Was ist eigentlich christlich? Was ist das entscheidend und unterscheidend Christliche? Nach all dem Gesagten kann darauf nicht mit einer Kurzformel[39] oder mit einem allgemeinen Prinzip geantwortet werden, die von allem Situationsbezug losgelöst wären. Gefordert ist eine geschichtliche Antwort, die notwendig einseitig und zeitbedingt sein wird. Wer immer gleich alles sagen will, sagt am Ende gar

[39] Zum Problem der Kurzformel vgl. K. Rahner, Die Forderung nach einer »Kurzformel« des christlichen Glaubens, in: Schriften zur Theologie, Bd. 8, Einsiedeln – Zürich – Köln 1967, 153–164; einen Überblick gibt die HerKorr 23 (1969) 32–38.

nichts mehr. Die Krise der gegenwärtigen Kirche besteht freilich auch darin, dass ihr diese geschichtliche Antwort noch nicht geschenkt worden ist. Es wäre ungerecht, in dieser Hinsicht die Synode schlechterdings zu überfordern. Sie muss sich jedoch wenigstens offen halten für die vielfältigen verstreuten Hinweise, die auf eine neue epochale Gestalt des Christlichen hindeuten. So undeutlich und verzerrt sie manchmal sein mögen, sie laufen alle auf eine konkrete, geschichtliche und – im recht verstandenen Sinn – menschliche Interpretation des Christlichen hinaus, die sich kristallisiert um die Idee der menschlichen und christlichen Solidarität.

Ein solches Verständnis des Christlichen erfordert eine veränderte Mentalität und Praxis der Kirche. Fast ausschließlich war man in den letzten Jahrhunderten damit beschäftigt zu verteidigen, dass und was Gott, Jesus Christus, die Eucharistie in sich und an sich ist, ohne jeweils mit derselben Deutlichkeit zu sagen, was dies alles für uns bedeutet. Die Welt ohne Gott, der wir heute gegenüberstehen, ist teilweise auch eine Konsequenz eines Gottes ohne Welt in unserer Verkündigung.[40] Die Synode wird diese Glaubenskrise nicht überwinden, sondern nur vertiefen helfen, wenn sie nur noch so orthodoxe, abstrakte christliche Prinzipien beteuert und wenn sie nicht den Mut aufbringt, konkret zu werden. Dem abstrakten Charakter der kirchlichen Lehre entspricht, dass das geltende kirchliche Rechtsbuch im Grunde nur das »System« sichert, aber keine individuelle Freiheitsrechte des Menschen kennt. Nach allem, was man über die neue Lex fundamentalis hören und lesen kann, ist darin bisher kein Wandel eingetreten. Schließlich verlangt die Idee der christlichen Solidarität, dass wir heute nicht so sehr die Grenzen, sondern die universale Weite der katholischen Wahrheit betonen, dass wir das Wahre in den Fragen der andern anerkennen und uns selbst solidarisch mit ihnen als fragende, suchende, diskutierende Kirche verstehen.

Zum Schluss sei ein Vergleich erlaubt: Einst waren die Rieseneidechsen der Vorzeit unter ihrem schweren Panzer gut geschützt. Aber sie sind ausgestorben, weil sie nicht rechtzeitig auf ihren Panzer verzichtet haben. Beweglichere Formationen haben die weitere Evolution bestimmt. Ziel der biologischen Evolution waren nicht die ge-

---

[40] Y. Congar, Christus in der Heilsgeschichte und in unseren dogmatischen Traktaten, in: Conc(D) 2 (1966) 10.

panzerten Rieseneidechsen der Vorzeit; Ziel war der Mensch. Die Kirche darf heute nicht einer fossilen Rieseneidechse gleichen. Am Ende der gesellschaftlichen Evolution steht nicht der Panzer, sondern das Humanum.[41] In der Fülle der Zeit aber ist uns in Jesus Christus die Güte und die Menschlichkeit Gottes erschienen *(Tit 3, 4)*. Christliche Menschlichkeit muss deshalb alle Panzer sprengen, um Raum zu schaffen für ungeschützte Beweglichkeit und Lebendigkeit, die allein der Freiheit des Menschen und der Freiheit des Geistes Gottes entspricht.

---

[41] Diesen Vergleich verdanke ich H. Schürmann, Der gesellschaftliche und gesellschaftskritische Dienst der Kirche in einer säkularisierten Welt (wie Anm. 15), 161.

Jesus und der Glaube
Problemstellung und Grundlegung der Christologie heute

Die Rede von einer Krise der Kirche und der Theologie ist allgegenwärtig. Es scheint nichts Festes und Sicheres mehr zu geben. Alles ist in Diskussion und in Frage gestellt. Dass es so ist, kann niemand leugnen. Doch gerade die Radikalität der Krise ist das Verheißungsvolle an unserer Situation. Sie zwingt uns, die Grundfragen zu stellen. Was ist Grund und Mitte unseres Glaubens? Nicht eine Idee oder ein Prinzip, schon gar nicht bestimmte gesellschaftliche und kirchliche Strukturen. Grundlage und Mitte des christlichen Glaubens ist ein Name, eine Person: Jesus Christus. Ausgangspunkt und Zentrum der Krise ist darum nicht erst heute die Frage: Was haltet ihr von Christus?

Dieser These, dass die gegenwärtige Krise letztlich eine christologische Krise ist, kann man nur scheinbar entgegenhalten, dass Jesus von Nazareth doch fast plötzlich wieder höchst aktuell geworden sei. Jesus-Bewegung, Jesus-Romane, Jesus-Bücher aller Art, popularisierende Informationen über wirkliche oder vermeintliche Ergebnisse der Jesus-Forschung figurieren auf den Bestsellerlisten des Buchhandels. Diese Diskussion greift weit über den Bereich der Kirchen und ihrer Theologie hinaus; an ihr beteiligen sich neben Theologen aller christlichen Konfessionen auch jüdische und marxistische Autoren. An ihr sind vor allem sehr viele interessiert, die den Standpunkt vertreten: Jesus, ja – Kirche, nein! Was sie interessiert, ist darum nicht der Christus, den die Kirchen verkünden als den Sohn Gottes von Ewigkeit, der in der Zeit Mensch geworden ist, um uns durch seinen Tod zu erlösen; was sie interessiert, ist der Mensch Jesus von Nazareth und seine ›Sache‹, wie man gegenwärtig häufig sagt. Was interessiert, ist nicht der kirchliche Glaube an Jesus, sondern der Glaube Jesu selbst, sein restloses Vertrauen auf Gott und sein vorbehaltloser Einsatz für die Menschen. Was interessiert, ist nicht der auferweckte Herr, sondern Jesus unser Bruder, wie ihn vor allem jüdische Religionsphilosophen und

Theologen genannt haben. Auf einen Nenner gebracht: an die Stelle der klassischen Christologie ist im öffentlichen Interesse weitgehend eine Jesulogie getreten. Die Unterscheidung zwischen der traditionellen Christologie und der modernen Jesulogie gilt zuweilen sogar als Unterscheidungszeichen zwischen einer kirchlich-etabliert konservativen und einer gesellschaftskritisch-engagiert progressiven Einstellung.

Solche einfachen Alternativen sind selten tiefgründig und noch seltener richtig. Es wäre jedoch falsch, in apologetischem Übereifer neben dem vielen Oberflächlichen die ernsthaften Probleme übersehen zu wollen, die in den neueren Ansätzen ebenfalls stecken. Im Grunde wiederholen sich in modernem Gewand dogmengeschichtliche Auseinandersetzungen der ersten Jahrhunderte. Es wird in meist popularisierender Vereinfachung das Fazit aus der theologischen Entwicklung der letzten 300 Jahre gezogen. Diese Entwicklung hat sich weitgehend in der protestantischen Theologie und in der neuzeitlichen Philosophie vollzogen. Seit dem Zweiten Vatikanischen Konzil werden diese Probleme jedoch auch innerhalb der katholischen Kirche offen diskutiert. Die katholische Theologie ist mit diesen Fragen noch wenig vertraut. Deshalb werden wir im ersten Teil unserer Überlegungen versuchen, erst einmal die Probleme genauer kennenzulernen. Nur so können wir zu einer besseren Diagnose der Krise kommen. Im zweiten Teil versuchen wir dann, ausgehend von der gegenwärtigen Situation der Bibeltheologie, einen neuen Verstehensansatz. Im dritten Teil gilt es dann einige systematische Folgerungen zu ziehen für die Frage: Was bedeutet Jesus Christus für uns heute?

I. Neuzeitliche Problemstellung

Seit der Ruf der Humanisten ›ad fontes‹, zurück zu den Quellen und Ursprüngen, erklang, versuchte die Theologie der Neuzeit immer wieder, zu dem Ursprung in Jesus Christus zurückzukehren. In mühevoller Kleinarbeit suchte sie den Jesus der Geschichte zu reinigen von den Übermalungen der christlichen Ikonologie; Schicht um Schicht wurde abgetragen, um seine authentischen Worte wieder zu hören und die menschlichen Züge seines Antlitzes wieder zu erkennen. Albert Schweitzer nennt die Erforschung des Lebens Jesu die größte Tat der deutschen Theologie. Sie stellt nach ihm »das Gewaltigste dar, was die religiöse Selbstbesinnung je gewagt und getan hat.« Ging es ihr doch nicht primär um die Bewältigung der Vergangenheit, sondern darum, den Glauben für die Gegenwart und für die Zukunft am Leben zu erhalten. In der Frage nach dem Jesus der Geschichte ging es um die Bedeutung Jesu für uns heute.

Etwas schematisierend lassen sich drei verschiedene Problemkreise unterscheiden. Am Anfang steht das Programm der Enthellenisierung. Es begegnet uns schon bei Erasmus in der Forderung, hinter die abstrakte scholastische Dialektik zur Einfachheit der Sprache der Bibel zurückzukehren. Zum Programm erhoben wurde es durch den großen liberalen Dogmengeschichtler Adolf von Harnack, der die These vertrat, dass das Evangelium und das spätere Dogma der Kirche sich nicht wie ein gegebenes Thema und seine notwendige Ausführung verhalten, sondern dass zwischen beide vielmehr ein neues Element getreten sei, die Weltweisheit griechischer Philosophie. Heute wird man diese These wesentlich differenzieren müssen. Der christliche Glaube muss sich ja notwendig in kritischer Weise der Sprache und der Denkformen der jeweiligen Zeit bedienen. Aber eben dies ist der Grund, weshalb heute viele glauben, dass heute, da die konstantinische Ära einer Synthese von Antike und Christentum ihr Ende erreicht hat, eine andere Sprache vonnöten ist als die, welche die Dogmen der alten Reichskonzilien sprachen. Der christliche Glaube stellt einen universalen Anspruch; deshalb kann er nicht ausschließlich an eine bestimmte Kultur gebunden sein; er muss vielmehr in jeder Epoche neu Fleisch und Blut annehmen. Da der christliche Glaube den lebendigen Christus bezeugt, muss man ihn auch lebendig verkünden und in die Sprache und Probleme einer Zeit übersetzen. Daraus folgt: So wie es damals eine legitime Gestalt der Hellenisierung gab, gibt es heute ein legitimes Anliegen der Enthellenisierung des christlichen Glaubens.

Doch an dieser Stelle stellt sich sofort die Frage nach den Kriterien. Wie kann man sicherstellen, dass es ein und derselbe Glaube ist, der in verschiedener Sprache verkündet wird? Wie kann man Jesus Christus in moderner Gestalt verkünden, ohne einer neuen Form des Modernismus zu verfallen? *Ein* Kriterium, ja das entscheidende Kriterium ist sicher Jesus Christus selbst, seine Botschaft, sein Verhalten, seine Person und seine Sache. Damit stehen wir beim zweiten Problemkreis der

Neuzeit. Seit Hermann Samuel Reimarus, dessen Fragmente Gotthold Ephraim Lessing herausgegeben hat, ist man nämlich vielfach der Meinung, dass der Bruch nicht, wie wir eben sagten, zwischen dem Evangelium, wie es die Schrift bezeugt, und dem Dogma der Kirche verläuft, sondern dass er viel früher anzusetzen ist zwischen dem vorösterlichen Jesus der Geschichte und dem nachösterlichen Christus des Glaubens. Bereits Reimarus unterschied zwischen dem ersten und dem zweiten Systema, der Religion Christi und der christlichen Religion, wie Lessing es nannte. In diesem zweiten Problemkreis geht es also nicht mehr um die Enthellenisierung des Dogmas, sondern viel grundsätzlicher um die Entdogmatisierung und Entkerygmatisierung der Schrift selbst.

Hinter diesem Programm stand nicht ein rein historisches Interesse. Schweitzer sagt vielmehr völlig zu Recht: man suchte »den Jesus der Geschichte als Helfer im Befreiungskampf vom Dogma«. Die historische Jesus-Forschung steht also von allem Anfang an in dem größeren Zusammenhang der neuzeitlichen Ideologiekritik und der Emanzipation von vorgegebenen Autoritäten und Traditionen. Mit dem Nachweis, dass der Jesus der Geschichte ein anderer war als der Christus des kirchlichen Glaubens, dass er keine göttliche Autorität für sich in Anspruch nahm, will man dem Autoritätsanspruch der Kirche den Boden entziehen. Rudolf Augstein hat diese Absicht jüngst so formuliert: »Demonstriert werden soll, mit welchem Recht die christlichen Kirchen sich auf einen Jesus berufen, den es nicht gab, auf Lehren, die er nicht gelehrt, auf eine Vollmacht, die er nicht erteilt, und auf eine Gottessohnschaft, die er selbst nicht für möglich gehalten und nicht beansprucht hat.«

Im 19. Jahrhundert vollzog sich jedoch eine interessante Vertauschung der Fronten. Die historische Jesus-Forschung, die ursprünglich in kirchenkritischer Absicht unternommen wurde, wurde seit Friedrich Schleiermacher apologetisch in Dienst genommen. Die liberale Leben-Jesu-Forschung glaubte nämlich, mit Hilfe der historischen Kritik einen neuen, dem modernen Bewusstsein besser angemessenen Zugang zu Jesus gefunden zu haben als die dogmatische Verkündigung der Kirche. Im Spiegel der historisch rekonstruierten Persönlichkeit Jesu und der besonderen Kräftigkeit seines Gottesbewusstseins glaubte man, Jesu Gottsein neu erfahren zu können. Dieser Versuch, an der Verkündigung der Kirche vorbei eine zweite direkte Zugangsstraße zu

Jesus bauen zu können, ist auch heute noch lebendig. Auf diese Weise meinen viele, zugleich gläubig und kritisch sein zu können.

Der Versuch der liberalen Leben-Jesu-Forschung gilt heute als weitgehend gescheitert. Nur reine Phantasie kann sich angesichts der Lage der Quellen die Rekonstruktion einer Biographie und Psychologie Jesu zutrauen. Grundsätzlich ist uns der historische Jesus nur im und durch das Kerygma der frühen Kirche zugänglich. Den Glauben von der wissenschaftlich vermittelten Einsicht abhängig sein zu lassen, heißt nach Martin Kähler »auf einem großen Ohngefähr und auf einer bewegten Masse sich unaufhörlich verschiebender, in ihrer Tragfähigkeit wechselnder Einzelheiten Fuß zu fassen«. Dennoch hat die Frage nach dem historischen Jesus ihr Recht, nicht als Alternative zur Verkündigung der Kirche, sondern als das wesentlichste Kriterium für rechte kirchliche Verkündigung. Die Kirche hat ja nicht sich selbst zu verkünden, sondern Jesus Christus als ihren Herrn. In ihm hat sie eine vorgegebene Norm, an der sie sich immer wieder neu orientieren muss. Recht, das heißt orthodox, ist kirchliche Verkündigung deshalb nur, wenn sie sich auf die konkrete, ein für alle Mal geschehene Geschichte Jesu von Nazareth bezieht. Die Rückfrage nach dem historischen Jesus bewahrt den Glauben an Jesus Christus, in einen ungeschichtlichen Mythos abzugleiten, zu einer bloßen Idee und Ideologie zu werden. So hat die Frage nach dem historischen Jesus durchaus eine wichtige theologische Bedeutung. Deshalb kam es in unserem Jahrhundert in der protestantischen wie in der katholischen Theologie zu einer »neuen Frage nach dem historischen Jesus«.

Ging es im ersten Problemkreis um die Universalität des christlichen Glaubens, so geht es in diesem zweiten Punkt um seine geschichtliche Einmaligkeit. Die Frage ist nun aber, wie eine einmalige Geschichte ein für alle Mal Geltung haben kann. Wie kann aus dem einmaligen Jesus der Geschichte der ewig gültige Christus des kirchlichen Glaubens werden? Die Antwort der Schrift lautet: weil Gott in und durch ihn gesprochen und gehandelt und ihn vom Tod zum Leben erweckt hat. Hier setzt nun das dritte und radikalste Problem ein: das Problem der Entmythologisierung. Denn ist es nicht eine heute unzumutbare Mythologie, so von Jesus zu sprechen? Diese Frage ist nicht neu. Sie begegnet uns nicht erst bei Rudolf Bultmann. Sie taucht schon bei Baruch Spinoza, den englischen Deisten und vor allem bei dem Tübinger Stiftsrepetenten David Friedrich Strauß auf. Dabei geht es nicht um die unsinnige These, die Arthur Drews um die Jahrhundertwende aufgestellt hat, Jesus von Nazareth sei überhaupt keine historische Gestalt, sondern nur ein Mythos; gemeint ist vielmehr die Frage, ob die historische Gestalt Jesu nicht nachträglich mit dem mythischen Gewand eines himmlischen Gottwesens bekleidet worden ist. Bultmann möchte bekanntlich den Mythos nicht einfach eliminieren, sondern er will ihn interpretieren; ihn interessiert, was die mythologische Rede für uns heute bedeuten kann. Dabei hält Bultmann selbst am paradoxen Handeln Gottes in Jesus Christus fest. Andere sind wesentlich weiter gegangen und betrachten Jesus nur noch als Chiffre und Symbol eines authentischen Menschseins, oder als ein Impuls für eine neue weltverändernde Praxis.

Kein geringerer als Karl Rahner hat gezeigt, dass es ein legitimes Anliegen der Entmythologisierung und der anthropologischen Interpretation des Christusglaubens gibt. Wir können von Gott nicht anders als in menschlichen Begriffen sprechen; in Jesus Christus ist unser Menschsein die Grammatik, derer sich Gott bedient, um zu uns zu sprechen. Deshalb können wir sagen, dass Jesus in und durch sein wahres und volles einmaliges Menschsein Offenbarung und Gegenwart Gottes war und ist. Wo die anthropologische Interpretation jedoch zur anthropologischen Reduktion wird, da schlägt sie dialektisch in ihr Gegenteil um. Denn eine Christologie, die Gott und Mensch nicht mehr unterscheidet, muss notwendig den Menschen zum Höchsten und Letzten machen, sie muss ihn vergöttlichen und damit aufs Neue mythologisieren. Wird der Mensch dem Menschen das Höchste, dann wird die Politik zur Religion. Ludwig Feuerbach und Karl Marx sind dann die legitimen Interpreten und Erben des Christentums. Es fragt sich nur, ob ein verabsolutierter und vergöttlichter Mensch noch ein menschlicher Mensch oder nicht eher ein unmenschlicher Mensch ist. Es fragt sich also, ob nicht ausgerechnet die alte Christologie der Zweiheit von Gott und Mensch ein Element der Entmythologisierung, der Ideologiekritik und einer recht verstandenen anthropologischen Interpretation ist, das bleibend gültig ist.

Trotz dieser bleibenden Bedeutung der klassischen Christologie ist deutlich geworden, dass wir diese heute nicht einfach wiederholen können. Wenn schon nach katholischer Lehre von der Schrift als dem Ursprungszeugnis des christlichen Glaubens gilt, dass sie ständig lebendig interpretiert werden muss und nur in und durch die lebendige und aktive Interpretation der Kirche glaubensbegründend sein kann, dann gilt das selbstverständlich noch mehr von dem abgeleiteten Zeugnis der Tradition. Eben damit eine Wahrheit in einer gewandelten Situation dieselbe bleibt, muss man sie neu zur Sprache bringen. Deshalb gibt es für die katholische Theologie in der gegenwärtigen Krise nur den Weg durch die Probleme hindurch, den Weg nach vorne. Das primäre Kriterium für eine neue Grundlegung der Christologie ist Jesus Christus selbst, wie er uns in der Schrift bezeugt wird. Anders als die meisten anderen katholischen Überlegungen zur Neubegründung der Christologie, zu nennen sind vor allem die Veröffentlichungen von Rahner, gehen wir also nicht von einer Neuinterpretation des Dogmas von Chalcedon und der dort verwendeten Begriffe aus; wir versprechen uns auch wenig davon, die Formel des Konzils von Chalcedon nur umzukehren, wie Piet Schoonenberg dies getan hat, und schon gar nichts davon, das Dogma einfach zu halbieren und nur noch vom Menschen Jesus zu reden, wie es die Gott-ist-tot-Theologen tun. Eine Erneuerung der Kirche und der Theologie ist nur durch eine Rückbesinnung auf die Ursprünge und durch einen tieferen Gehorsam gegenüber dem Evangelium möglich.

II. Bibeltheologische Perspektiven

Der Versuch, den Glauben an Jesus Christus bibeltheologisch grundzulegen, mag auf den ersten Blick verwegen erscheinen. Denn die Ergebnisse der neueren, besonders der deutschen Exegese, sind oft genug Anlass zu Verwirrung. Fast alle Exegeten sagen uns, die Evangelien seien nicht historische Berichte im Sinn von Chroniken, wie wir sie sonst kennen. Sie sind vielmehr erwachsen aus der Verkündigung, dem gottesdienstlichen Leben, der Gemeindepraxis, der Apologetik der urchristlichen Gemeinden. Die Schrift tritt uns also entgegen als ein Buch der Kirche. Der Kirche geht es aber nicht um ein chronistisches Interesse; im Erzählen der Geschichte von einst verkündet sie, wer Jesus Christus heute ist, nicht nur, wer er damals war. So stellen die Evangelien eine literarische Gattung dar, die es nur christlich gibt. In einmaliger Weise verbinden sie Bekenntnis und Bericht, gläubiges Zeugnis vom gegenwärtigen Herrn und Erzählung seiner Geschichte und seines Geschicks. Das bedeutet, dass Resignation und Skepsis in der Rückfrage nach dem Jesus der Geschichte nicht das letzte Wort haben können. Während Bultmann noch der Meinung war, dass wir »so gut wie nichts« über Jesu Persönlichkeit wissen, stimmt heute die Mehrzahl der Exegeten der nachbultmannschen Epoche wohl eher Ernst Käsemann zu, der feststellt, »daß aus dem Dunkel der Historie Jesu charakteristische Züge seiner Verkündigung verhältnismäßig scharf erkennbar heraustreten«.

Doch mit dieser Feststellung fangen die Probleme erst an. Denn es ist sehr wahrscheinlich, dass Jesus keinen der gebräuchlichen Hoheitstitel für sich in Anspruch genommen hat. Er hat sich also vermutlich weder als Messias noch als Gottesknecht oder als Gottessohn und wohl auch nicht als Menschensohn bezeichnet. Das heißt nicht, dass sich Jesus als bloßen Menschen gewusst oder bezeichnet hätte, dass er seine Aufgabe rein innerweltlich im Sinn eines Reformers oder Revolutionärs verstanden hätte, auch nicht, dass man ihn einen Propheten, vielleicht den letzten und größten Propheten nennen dürfte. Auch darin ist sich die gesamte ernst zu nehmende Exegese einig, dass keine dieser oder ähnlicher Charakteristiken dem historischen Phänomen Jesu von Nazareth ganz gerecht werden. Jesus ist offensichtlich schon rein historisch der Mann, der alle Schemen sprengt. Deshalb kann man beim historischen Jesus am ehesten von einer Christologia negativa sprechen: »Hier ist mehr als Jona«; »hier ist mehr als Salomo«. Alle, auch die höchsten Titel reichen nicht aus, um positiv zu sagen, wer Jesus ist.

Der positive Grund dieser negativen Christologie liegt darin, dass Jesus mit dem eschatologischen Anspruch aufgetreten ist, die alles Bisherige sprengende, nicht mehr überbietbare, endgültige, endzeitliche Herrschaft Gottes zu bringen. »Die Zeit ist erfüllt, und das Reich Gottes ist nahe!« Dieses Wort trifft den Skopus der Verkündigung Jesu, auch wenn es in dieser Form späterer Stilisierung entstammt.

Jesus sagt uns nie direkt, was er unter der Herrschaft Gottes versteht. Ihr Wesen zeigt sich in ihrem Kommen. »Selig sind die Armen, die Hungernden, die Trauernden, die Ausgestoßenen und Verachteten.« Die Herrschaft Gottes ist die Erfüllung der Sehnsucht und Erwartung nach einem gerechten Herrscher, wobei man unter Gerechtigkeit damals nicht Überparteilichkeit, sondern Parteinahme für die Armen und Schwachen verstand. Paulus hat also sachlich Recht, wenn er den Begriff der Herrschaft Gottes durch den der Gerechtigkeit Gottes ersetzte. Wären die Begriffe nicht auch theologisch inzwischen so abgegriffen und missbraucht, müsste man sagen: die Herrschaft Gottes ist Gottes Revolution, seine Tat der Befreiung. Aber eben weil sie *Gottes* Herrschaft ist, können wir sie weder konservativ noch evolutionär oder revolutionär planen und organisieren. Wir können um ihr Kommen nur bitten. »Dein Reich komme.« Jesu Verkündigung der Herrschaft Gottes ist eine radikalisierende Auslegung des ersten Gebots. Aber es handelt sich nicht bloß um eine Angelegenheit des frommen Herzens. Es geht um das Kommen der Herrschaft dessen, den Jesus seinen Vater nannte, um das Kommen der Herrschaft der Liebe Gottes. Sie verlangt vom Menschen auch in seinem Verhalten zum Nebenmenschen eine radikale Umkehr. Die Mitmenschlichkeit ist zwar nicht der Grund und das Ziel, wohl aber der Lebensraum des Evangeliums.

Diese Botschaft war der Rahmen der gesamten Verkündigung Jesu. In ihrem Licht müssen wir auch Jesus selbst zu verstehen suchen. Daraus ergibt sich als erstes Kennzeichen einer Christologie, die sich an Jesus selbst orientiert, dass sie nie eine Lehre »an sich« sein kann. Sie ist auch nie nur eine Botschaft »für mich«. Sie steht im Zusammenhang mit einer der grundlegendsten Menschheitsfragen: der Frage nach der Gerechtigkeit als der rechten Ordnung zwischen Gott und dem Menschen und unter den Menschen. Sie muss deshalb entfaltet werden in Entsprechung zu den Fragen der Menschheit nach Gerechtigkeit, Freiheit und Frieden.

Doch Jesus hat die Gottesherrschaft nicht nur verkündet. Nie sagt er wie die alttestamentlichen Propheten: »So spricht der Herr.« Vielmehr heißt es bei ihm: »Amen, ich aber sage euch.« Damit stellt er sich über die Propheten; er unterscheidet sein Wort nicht vom Wort Gottes, wie es die Propheten taten, er spricht es in eigener Vollmacht. Er spricht es nicht nur, er handelt wie einer, der an Gottes Stelle steht. In einer für jeden Frommen ärgerlichen und höchst anstößigen Weise verkehrt er mit Sündern und nimmt sie wieder auf in die Gemeinschaft mit Gott; er vergibt Sünden, was nach jüdischer Auffassung Gott allein vorbehalten ist. Als Zeichen dieser einmaligen Vollmacht, Gottes Herrschaft wirksam anzusagen, wirkt er Krankenheilungen und treibt er Dämonen aus. Es ist kaum bestritten, dass beides zum Grundbestand der jesuanischen Überlieferung gehört. Jesu Botschaft und seinem Tun entspricht schließlich sein Verhalten. Er lebt ganz und gar aus dem Gehorsam gegenüber der Sendung durch den Vater.

Er ist nichts aus sich und für sich, aber alles aus Gott und für die Menschen. So ist er ganz Hohlform für das Kommen der Herrschaft Gottes. In seinem Gehorsam verwirklicht sich geschichtlich das Herrsein Gottes in der Geschichte. Er ist nicht nur der Bote und nicht nur der Bringer der Gottesherrschaft; sie ist keine von seiner Person unterschiedene ›Sache‹; er bringt, ja er ist sie in Person. »Selig die Augen, die sehen, was ihr seht.« Er ist nach dem genialen Wort des Origenes die autobasileia, die Gottesherrschaft in Person. Er ist sie in Gestalt der Armut, des Gehorsams, des sorglosen und verspotteten Narren. »Selig, wer an mir keinen Anstoß nimmt.«

Nimmt man dies alles zusammen, dann kann man von einer indirekten und impliziten Christologie bei Jesus sprechen. Auf eine verborgene, wenn auch sehr reale Weise offenbart nämlich Jesu Sendung sein Sein. Seine Funktion offenbart sein Wesen, seine Sache impliziert seine Person. So darf man funktionale und personale Christologie nicht in Gegensatz zueinander bringen. Person und ›Sache‹ Jesu bilden eine unauflösliche Einheit. Daraus folgt als zweites Merkmal einer Christologie, die sich auf Jesus selbst beruft, dass man Person und Werk Jesu nicht trennen kann, wie es die traditionelle Christologie tat. Es folgt aber auch, dass die ›Sache‹ Jesu, sein Werk, sein Anliegen, die von ihm ausgehenden Impulse nur weitergehen können, wenn er in Person bleibend dabei ist. Die gegenwärtig so oft gestellte Frage nach der Effizienz des Christusglaubens in der Welt von heute steht und fällt mit der Frage nach der Gegenwart Jesu heute.

Diese Frage wird aufs äußerste verschärft durch den Tod Jesu am Kreuz. Das Kreuz ist eine absolut sichere Tatsache. Dennoch geraten wir etwas in Verlegenheit, wenn wir sagen sollen, wie Jesus selbst seinen Tod verstanden hat. Soviel ist jedoch deutlich: Dieser Tod war die Konsequenz des Wirkens Jesu. Das Kommen der Herrschaft Gottes bedeutet den Bruch mit »diesem Äon« und seinen Verhältnissen. In der gehorsamen Übernahme des Todes vollzieht Jesus diesen Bruch. So steht sein Tod von Anfang an in einer eschatologischen Perspektive. Er ist das endgültige Kommen der Herrschaft Gottes. In ihm offenbart sich Gott als Herr über Leben und Tod. Kreuz und Auferstehung sind also äußerste Konsequenz, ja Summe und Bewahrheitung des Auftretens Jesu und seiner Botschaft. Noch mehr: Erst in Kreuz und Auferstehung kommen Wort und Werk Jesu voll zu sich selbst. So fällt von Kreuz und Auferweckung her neues Licht auf das irdische Wirken Jesu.

Zu diesem Sieg des Anspruchs Jesu gehören als inneres Moment die gläubige Zurkenntnisnahme und die öffentliche Proklamation. Die öffentliche und verbindliche Proklamation, Kerygma und Dogma, sind ein wesentliches Zeichen der in Kreuz und Auferstehung Jesu gekommenen Herrschaft Gottes. Das bedeutet: was im irdischen Leben Jesu indirekt und implizit gegeben war, muss nun expliziert werden. Was Jesus ontisch lebte, seine Ek-sistenz aus Gott und für Gott, muss nun ontologisch entfaltet werden als Sein des Menschen Jesu aus und in Gott. Ostern bedeutet also nicht auf Grund von Missverständnis, Betrug, Phantasie und Lust an Spekulation, sondern auf Grund des Wesens der Sache, den Zwang, den Weg von der impliziten Christologie des irdischen Jesus zur expliziten Christologie der kirchlichen Glaubensverkündigung zu gehen.

Als drittes Merkmal einer an Jesus selbst orientierten Christologie wird man deshalb sagen müssen, dass sie nie eine bloße Jesulogie sein kann. Ohne Ostern ist Jesus nur ein unschuldig Ermordeter mehr, ein Schwärmer, der gescheitert ist, nicht Grund zur Hoffnung, sondern eher Grund zu Skepsis und Resignation. Sosehr hat er seine Sache mit seiner Person verbunden, dass mit seiner Person auch seine Sache tot war. Nur weil die Jünger auf Grund von Ostern überzeugt waren, dass er auf neue Weise mit ihnen ist, konnten sie auch seine Sache weiterbezeugen. Damit ist der Glaube an Jesus Christus bleibend an das apostolische Zeugnis gebunden, das in der kirchlichen Gemeinschaft weiterbezeugt wird. Es gibt kein Christentum ohne Kirche; die Kirche muss sich aber immer wieder neu an Jesus selbst messen und sich von ihm her zur Ordnung rufen lassen. Was dies bedeutet, soll unter einem vierten und letzten bibeltheologischen Aspekt jetzt noch zur Sprache kommen.

Der Übergang von der impliziten zur expliziten Christologie ist zunächst eine moderne Rekonstruktion. Sie gibt jedoch mit modernen Methoden eine der ältesten biblischen Christologien wieder, die sogenannte Zwei-Stufen-Christologie. Wir finden sie etwa ganz am Anfang des Römerbriefs, wobei Paulus bereits eine ältere Überlieferung zitiert und interpretiert. Die Zwei-Stufen-Christologie unterscheidet eine doppelte Seinsweise Jesu: die Seinsweise »im Fleisch« und die Seinsweise »im Geist«. Sie wirkte in der alten Kirche noch lange nach. Erst in einem komplizierten Prozess wurde die Zwei-Stufen-Christologie weitergebildet zur Zwei-Naturen-Christologie. An die Stelle des

Gegensatzpaares Fleisch-Geist trat die Unterscheidung von wahrer Gottheit und wahrer Menschheit. Die Zwei-Naturen-Christologie des Konzils von Chalcedon ist nichts anderes als der Versuch, beim Übergang vom Judentum in den hellenistischen Kulturraum die konkretgeschichtliche Zwei-Stufen-Christologie mit Hilfe von mehr abstrakten philosophischen Begriffen neu zu interpretieren.

Die damals vollzogene Synthese von Antike und Christentum, griechischer Philosophie und christlicher Theologie, Imperium und Kirche, geht heute offensichtlich mit raschen Schritten dem Ende entgegen. Nach den Worten des Zweiten Vatikanischen Konzils steht die Menschheit heute in einer neuen Epoche ihrer Geschichte; sie vollzieht einen Übergang von einem mehr statischen Verständnis der Ordnung der Gesamtwirklichkeit zu einem mehr dynamischen und evolutiven Verständnis. So fragt es sich, ob wir heute nicht ähnlich wie die Väter von Chalcedon es für ihre Zeit taten, eine neue epochale Gestalt des Glaubens an Jesus Christus suchen müssen. Ja, es fragt sich sogar, ob die gegenwärtige Krisis der traditionellen Formen des Glaubens sich auf längere Sicht nicht als Kairos herausstellt, der uns hilft, die ursprüngliche biblische Gestalt wieder tiefer und reicher zu erfassen, als es der klassischen Tradition möglich war.

Denn die an sich legitime Hellenisierung bedeutet zugleich die Enteschatologisierung des Christusglaubens. Aus einer dynamischen, geschichtlichen Betrachtungsweise wurde eine statische, symmetrisch aufgebaute Formel, aus einem Weg ein punktuelles Ereignis. Nicht mehr personale Kategorien wurden verwendet, sondern naturhafte metaphysische Begriffe. Stand ursprünglich die Erwartung der Parusie im Vordergrund, so wandte sich jetzt der Blick zurück auf die Präexistenz. Das alles war in sich nicht illegitim, brachte sogar wesentliche Präzisierungen. Aber der Glaube verlor insgesamt doch weitgehend seine Zukunftsperspektive. Als viertes und letztes Kriterium einer am ursprünglichen Zeugnis der Schrift orientierten Christologie können wir also die eschatologische und geschichtliche Gesamtperspektive nennen.

III. Systematische Überlegungen

Wenn wir jetzt systematisch zusammenfassend fragen: Was bedeutet Jesus Christus für uns heute?, dann kann es verständlicherweise nicht darum gehen, eine vollständige Christologie vorzustellen. Aus naheliegenden Gründen beschränken wir uns vielmehr ganz bewusst auf drei Gesichtspunkte.

Der erste Gesichtspunkt betrifft die Frage des Subjekts in Jesus Christus: wer spricht und wer handelt in Jesus Christus, ein Mensch, der unser Bruder ist, oder die zweite göttliche Person? Extrem formuliert: Ist der Mensch Jesus nur eine Verkleidung der Gottheit oder ist Gott eine Chiffre, ein Symbol für den Menschen? Ist Gott Subjekt und der Mensch Prädikat, oder ist der Mensch Subjekt und Gott Prädikat? Die bereits angestellten biblischen Beobachtungen zeigen uns, wie unzulänglich diese Fragestellung ist. In der Schrift begegnet uns Jesus unbezweifelbar als Mensch. Wahres Menschsein kann für uns heute gar nicht gedacht werden ohne ein menschlich-personales Aktzentrum. Ohne eine solche Personmitte könnte die Schrift auch gar nicht von Jesus als »Anführer und Vollender des Glaubens« sprechen, der »aus dem, was er erfuhr, Gehorsam gelernt hat«. Aber damit ist auch schon ein zweites gesagt: Jesus begegnet uns als Mensch, der in ganz einmaliger und endgültiger Weise von Gott seinem Vater her und auf Gott seinen Vater hin existiert. Sein menschliches Wesen lässt sich gar nicht anders verstehen als aus dem Gehorsam gegen seine Sendung. Umgekehrt erfahren wir erst aus der Botschaft und aus dem Geschick Jesu endgültig, wer Gott ist. Sowohl, was der Mensch ist, wie was Gott ist, wissen wir endgültig erst durch Christus. So stellt sowohl die transzendentale Christologie von unten, die vom Wesen des Menschen ausgeht, wie die spekulative Christologie von oben, die von Gott her denkt, eine Abstraktion dar. Ausgangspunkt kann nur der konkrete Jesus Christus sein, der in einmaliger und endgültiger Gemeinschaft steht mit Gott.

Gemeinschaft mit Gott heißt in der Schrift aber immer Gemeinschaft mit dem Vater, niemals Gemeinschaft mit dem Sohn, dem Logos. Trotzdem wäre es verkehrt, nur von einem Zwiegespräch oder gar einem Liebesringen (duel d'amour) zwischen dem Menschen Jesus und dem Vater zu sprechen. Wenn Jesus in seinem Menschsein die Gottesherrschaft in Person ist, dann heißt das notwendig, dass Gott ganz Herr in ihm ist, dass alle Initiative ganz von Gott ausgeht, dass Jesus in Person ein Majestätsakt Gottes ist. Die einmalige ungeteilte Hinwendung Jesu zum Vater setzt also die einmalige ungeteilte Zuwendung des Vaters zu Jesus voraus. Nur weil sich der Vater ihm ganz mitgeteilt hat, kann er sich dem Vater ganz mitteilen. Diese Selbstmitteilung der Liebe des Vaters nennt die Tradition den Logos, die zweite göttliche Person. Sie ist also der Grund allen Seins in Jesus. Nur müssen wir dieses Sein Gottes in Jesus in personalen und relationalen Kategorien beschreiben. Nur so können wir verstehen, dass radikales Gegründetsein des Menschen Jesus in der Selbstmitteilung Gottes nichts Menschliches verdrängt, sondern im Gegenteil das Menschsein Jesu aktualisiert, befreit und befähigt zu höchster personaler Vollkommenheit in erkennend-liebender Hingabe.

Nicht *obwohl* Jesus ganz eins mit Gott ist, ist er auch wahrer und ganzer Mensch, sondern gerade *weil* und *indem* er aus Gott und für Gott lebt, ist er in einmalig vollkommener Weise wahrer und ganzer Mensch.

Ein zweiter Gesichtspunkt betrifft die Frage nach dem Ausgangspunkt und Mittelpunkt der Christologie. Die traditionelle Christologie ging aus von der Menschwerdung Gottes. Damit war Christus von Anfang an durch ein punktuelles Geschehen konstituiert. Nur sehr mühsam konnte man sich denken, dass Jesus als Mensch einen Weg ging, eine Geschichte und ein Schicksal hatte, dass er Fortschritte in seiner Erkenntnis machte, vor neue, unerwartete Situationen gestellt wurde, die unvorhersehbare Entscheidungen verlangten, dass er in eine offene und unbekannte Zukunft hineinging. Doch gehört dies alles nicht wesentlich zu unserem Menschsein? Folgt also aus dem Ernstnehmen der menschlichen Geschichtlichkeit Jesu nicht, dass wir eine echte menschliche Geschichte in Jesus anzunehmen haben? Nach der Schrift gibt es sogar eine Geschichte Jesu in seinem Verhältnis zum Vater, einen Weg des Gehorsams. Dieser Weg war vor Ostern noch offen, aber er drängt auf eine endgültige Entscheidung. Sie findet ihre äußerste Verdichtung im Garten von Gethsemane und am Kreuz. Erst durch Ostern erlangt die liebende Zuwendung Gottes zu Jesus ihre Endgültigkeit. Erst durch die österliche Bestätigung erhält das irdische Leben Jesu rückwirkend seine endgültige Bedeutung. Das ist der Grund, weshalb sich auch erst im Licht von Ostern rückblickend den Jüngern das Geheimnis Jesu erschließt.

Um diese positive Bedeutung der Geschichte Jesu begrifflich auszudrücken, versagen die naturhaften metaphysischen Kategorien der traditionellen Christologie, während das personal-geschichtliche Denken der Bibel weiterhelfen kann. Statt von Unwandelbarkeit spricht die Schrift von der Treue Gottes. Treue in der Liebe ist keine starre und fixe Selbstidentität; Treue in der Liebe verwirklicht und bewährt sich in der Zeit. Die Treue in der Liebe verbindet also Sein und Zeit. Wird der Sinn von Sein als Liebe gedacht, dann ist es möglich, Sein als Geschichte und Geschichte als Sein zu denken. Wenn also Jesus die endgültige Herrschaft der Liebe Gottes verkündet und selbst ganz aus dieser Liebe lebt, dann wird verständlich, wie sein Sohnsein sich in der Zeit verwirklicht und bewährt. Das von allem Anfang an gegebene Sein Jesu zeitigt sich gleichsam aus und kommt zu seiner endgültigen Vollendung in Tod und Auferstehung. Kreuz und Auferstehung müssen deshalb Anfang, Mitte und Ende aller Christologie sein. Hier verwirklicht und bewährt sich die Liebe Gottes endgültig; hier wird die Liebe zur endgültigen und universalen Verheißung. Das führt uns zu einem dritten und letzten Gesichtspunkt.

Der dritte Gesichtspunkt betrifft die universale Bedeutung von Menschwerdung, Kreuz und Auferstehung Jesu. Wenn man die Texte der alten Kirche studiert, dann erkennt man sehr schnell, worin die Kirchenväter die universale Heilsbedeutung Jesu Christi erkannt haben. Der Mensch der späten Antike war erfüllt von der Angst vor dem Werden und Vergehen, er fürchtete, im Zusammenbruch der ganzen damaligen Zivilisation dem Chaos ausgeliefert zu sein. So erfasste ihn die Sehnsucht nach dem Bleibenden, Beständigen, Ewigen. In Jesus Christus war der ewige Gott in die Geschichte eingetreten, um uns unsterbliches Leben zu schenken. Hier war Halt inmitten des Werdens gegeben. Freilich ergab sich eine fundamentale Schwierigkeit: Konnte denn das Ewige werden? Kann Gott wirklich Mensch werden? Kann Gott leiden und kann er sterben?

Die griechische Idee von der Unveränderlichkeit und Leidensunfähigkeit Gottes bedeutete für die zentrale Aussage des Glaubens eine kaum lösbare Aporie. Wenn Gottes Gottsein aber seine Freiheit in der Liebe ist, dann ist er eben darin ganz und gar Gott, dass er sich in das von ihm Verschiedene, in die Geschichte einlässt, dann kann man sagen: »Gottes Sein ist im Werden.« Gott bewegt sich nicht auf menschliche, sondern auf göttliche Weise. Sein Werden entspringt nicht einer unerfüllten Potenzialität, sondern seiner Überfülle in der Liebe. Weil Gott von Ewigkeit sich selbst mitteilende Liebe ist, kann der unveränderliche Gott selber am andern veränderlich sein, kann er eingehen in unsere Geschichte des Leidens und Sterbens und eben in dieser Selbstentäußerung sein Gottsein offenbaren. Indem Gott selbst in die Entfremdungen der Geschichte eingeht und sie aushält, versöhnt er sie durch die Liebe, so dass es nach Christus keine Situation mehr gibt, die grundsätzlich gottlos wäre.

Die klassische Tradition hat diesen Gedanken ebenfalls intendiert. In der Trinitätslehre hat sie versucht auszusagen, was es bedeutet: Gott ist die Liebe. Liebe ist ja Einheit in der Vielheit und Vielheit in der Einheit. Konsequent hat sie die göttlichen Personen als Relationen bestimmt. Damit war das essentialistische und substantialistische griechische Seinsverständnis im Prinzip überwunden und das als das Höchste und Letzte eingesetzt, was nach Aristoteles das Schwächste ist: die Relation. Wir brauchen diesen Gedanken der klassischen Theologie heute nur zu Ende zu denken; dabei können wir viel von Johann Gottlieb Fichte, Friedrich Wilhelm Joseph Schelling und Georg Wilhelm Friedrich Hegel lernen, auch wenn Hegel diesen Gedanken am Ende verfehlt hat, weil er das Absolute nicht christlich als Liebe, sondern griechisch als selbstgenügsames Denken seiner selbst, als grandiosen Monolog gedacht hat. Erst der späte Schelling und Fichte haben versucht, den Bann der griechischen Metaphysik vollends zu sprengen. Das führt uns dazu, den Sinn von Sein als Liebe zu begreifen, als Liebe, die in der Treue die Vielfalt der Geschichte aushält und zur Einheit in der Liebe versöhnt.

IV. Praktische Konsequenzen

Immanuel Kant hat einmal gesagt, mit der Trinitätslehre lasse sich nichts Praktisches machen. Viele sprechen dies heute nach und werfen leichtfertig über Bord, was zusammenfassender Inbegriff des Christusgeschehens ist. Aber sollte der Glaube, dass sich die Wirklichkeit in Jesus Christus in ihrer letzten Tiefe als Treue in der Liebe erwiesen und bewährt hat, wirklich nichts Praktisches bedeuten? Ich möchte mit der Andeutung von zwei praktischen Konsequenzen schließen, und damit auf die eingangs geäußerte These zurückkommen, die gegenwärtige Krise der Kirche sei eine christologische Krise. Wenn das so ist, dann müssen sich aus einer christologischen Neubesinnung zumindest Hinweise dafür ergeben, in welcher Richtung wir auf eine Lösung unserer Schwierigkeiten hoffen können.

Die christologische Krise ist erstens eine Krise der Relevanz des christlichen Glaubens für die Welt. Die Frage ist: Was hat das alles für die Menschen und die Welt von heute zu bedeuten? Die Antwort, die sich aus dem Gesagten ergibt, lautet: Die Relevanz des christlichen Glaubens besteht nicht in peripheren Grenzfragen und relativ äußerlichen Aktionen, sondern in der zentralen Botschaft von Kreuz und Auferstehung. Die Auferweckung dessen, der sich aus Liebe in den Tod gegeben hat, ist eine Verheißung der Liebe Gottes für alles, was in der Welt aus Liebe getan wird. Sie bedeutet, dass die Liebe für immer bleibt und dass die Liebe gegen allen Schein das einzige in der Welt ist, das für immer Bestand hat. Liebe ist dabei kein Gegenbegriff zur Gerechtigkeit. Gerecht werden wir dem andern letztlich nur, wenn wir ihn als Menschen in Liebe annehmen. So ist die Liebe die Erfüllung der Gerechtigkeit; sie ist unbedingter leidenschaftlicher Einsatz für Gerechtigkeit und Menschenwürde für jedermann. Der Glaube an Jesus Christus beinhaltet also eine aktive Hoffnung auf den Sinn der Liebe, die stärker ist als der Tod, stärker auch als Unrecht, Hass und Gewalt in der Welt. Der Glaube an Jesus Christus beinhaltet also einen ethischen Anspruch und einen politischen Impuls.

Die christologische Krise ist zum Zweiten eine Krise der Identität der Kirche als der Gemeinschaft der Glaubenden. Die Frage ist: Worin besteht die notwendige Einheit, wo sind die Grenzen einer legitimen Vielfalt? Die Verbindung von Einheit und Vielheit ist *das* christologische und trinitäts-theologische Problem. In der bisherigen Gestalt der Kirche wirkt sich die ungeschichtliche Einheitsvorstellung der griechischen Philosophie aus. Mit dem Ende der Epoche der griechischen Metaphysik und mit dem Umbruch zu einem geschichtlichen Denken musste auch diese Einheitsvorstellung in eine Krise geraten. Wollen wir darüber nicht in einen unverbindlichen Pluralismus hineingeraten, dann müssen wir unsere Vorstellung von der Einheit der Kirche neu orientieren an der Einheit wie sie in Jesus Christus uns begegnet: Einheit in der Liebe, die sich in Treue in und durch geschichtliche Spannungen hindurch verwirklicht und bewährt.

Der große Tübinger Theologe des 19. Jahrhunderts, der das Buch

Die Einheit in der Kirche geschrieben hat, Johann Adam Möhler, sagt einmal – und damit möchte ich schließen –, es gäbe im kirchlichen Leben zwei Extreme, und beide seien im Grunde Egoismus, nämlich wenn ein jeder alles sein wolle, der extreme kirchliche Individualismus, oder wenn einer alles sein wolle, der extreme kirchliche Zentralismus. Beim ersteren falle alles so auseinander, und es werde im kirchlichen Raume so kalt, dass man erfriere. Beim letzteren aber werde das Band der Einheit so eng und die Liebe so warm, dass man sich des Erstickens nicht mehr erwehren könne. »Wir möchten weder an einem extremen Individualismus erfrieren noch an einem extremen Zentralismus ersticken. Dies ist nur möglich, wenn beide Extreme vermieden werden.« »Es muß daher weder einer noch jeder alles sein wollen; alles können nur alle sein und die Einheit aller nur ein Ganzes. Das ist die Idee der katholischen Kirche.«

Christentum

I. *Christentum – Was ist das?*

Wer über das Christentum Auskunft geben soll, gerät augenblicklich in Verlegenheit.[1] Was Christentum ist, lässt sich nicht auf eine kurze Formel bringen. Das Christentum tritt uns in Gestalt von vielen und recht vielgestaltigen Christentümern entgegen. Schon im ersten Jahrtausend haben sich östliches und westliches Christentum unterschiedlich entwickelt, was nach mancherlei Irrungen und Wirrungen im 11. Jahrhundert zu einem bis heute andauernden Bruch geführt hat. Im 16. Jahrhundert ist in den tragischen Auseinandersetzungen von Reformation und Gegenreformation auch die Westkirche in verschiedene Konfessionskirchen auseinandergebrochen. Nach einer jahrhun-

---

[1] Literaturhinweise: G. Biemer (Hg.), Glaube zum Leben. Die christliche Botschaft. Aus dem Französischen, Freiburg i. Br. ^{2}1988; G. Ebeling, Das Wesen des christlichen Glaubens, Tübingen 1959; W. Jentsch u. a. (Hg.), Evangelischer Erwachsenenkatechismus. Kursbuch des Glaubens. Im Auftrag der Katechismuskommission der Vereinigten Evangelisch-Lutherischen Kirche Deutschlands, Gütersloh 1975; R. Guardini, Das Wesen des Christentums, Würzburg ^{5}1958; A. Kallis, Orthodoxie – was ist das?, Mainz 1979; W. Kasper, Einführung in den Glauben, in: WKGS 5, 15–172; Katholischer Erwachsenenkatechismus. Das Glaubensbekenntnis der Kirche, hg. von der Deutschen Bischofskonferenz, Limburg u. a. 1985; M. Kehl, Hinführung zum Glauben, Mainz 1984; H. Küng, Christ sein, München 1974, ^{10}1980; ders. u. a., Christentum und Weltreligionen. Hinführung zum Dialog mit Islam, Hinduismus und Buddhismus, München 1984; J. Moltmann, Der gekreuzigte Gott. Das Kreuz Christi als Grund und Kritik christlicher Theologie, München 1972; J. Feiner/L. Vischer (Hg.), Neues Glaubensbuch. Der gemeinsame christliche Glaube, Freiburg i. Br. ^{2}1973; K. Rahner, Grundkurs des Glaubens. Einführung in den Begriff des Christentums, München 1976, ^{11}1979; J. Ratzinger, Einführung in das Christentum, München ^{12}1977; T. Schneider, Was wir glauben. Eine Auslegung des apostolischen Glaubensbekenntnisses, Düsseldorf 1985.

dertelangen Geschichte immer wieder neuer Kirchenbildungen ist erst in der ökumenischen Bewegung unseres Jahrhunderts ein rückläufiger Prozess in Gang gekommen; seither hat eine verheißungsvolle neue Annäherung der getrennten christlichen Kirchen begonnen. Gleichzeitig hat jedoch in allen großen christlichen Kirchen ein Prozess der inneren Differenzierung und Polarisierung eingesetzt, der mit den Schlagworten von einer konservativen und einer progressiven Richtung nur unzureichend charakterisiert werden kann. Bei diesem noch nicht ausgestandenen Streit innerhalb aller Kirchen geht es letztlich um die Frage, in welcher Weise die christliche Tradition unter den heutigen Bedingungen so zu verstehen und zu verwirklichen ist, dass das Christentum gerüstet ist für das dritte Jahrtausend seiner Geschichte.

Das Christentum hat im Laufe seiner fast zweitausendjährigen Geschichte tiefgreifende Entwicklungen mitgemacht, und es steht gegenwärtig mitten in einer noch offenen geschichtlichen Entwicklung. Die bisherige Geschichte des Christentums ist bestimmt durch die Tradition des Alten Testaments und die Emanzipation vom jüdischen Gesetz, durch die geschichtliche Rezeption des urchristlichen Erbes im hellenistischen, römischen, germanischen und gesamten westlichen Kulturraum, durch die Renovatio der antiken Kultur in Renaissance und Humanismus, die Reformation aufgrund des Ursprungszeugnisses der Schrift und die Restauration als Abwehrbewegung gegenüber den Infragestellungen in der Neuzeit. Die Erneuerungsbewegungen unseres Jahrhunderts müssen gesehen werden vor dem Hintergrund einer sich wandelnden Welt, vor allem dem Zu-Ende-Gehen der jahrhundertelangen Vorherrschaft der westlichen Kultur gerade in und durch deren weltweite Ausbreitung durch Wissenschaft und Technik. In dieser Situation hat das Christentum seine Universalität und seine (im ursprünglichen Sinn des Wortes verstandene) Katholizität neu zu bewähren. Alle diese Entwicklungen betreffen nicht allein die äußeren Formen, sondern auch das Glaubensverständnis und die Glaubenslehre. Deshalb gibt es nicht nur eine Verfassungs-, Liturgie-, Frömmigkeits- und Theologiegeschichte, sondern auch eine wirkliche Dogmengeschichte der christlichen Kirchen.

Die Frage, was denn eigentlich und bleibend christlich sei, was das entscheidend und unterscheidend Christliche, das alle Christen Verbindende und für alle Verbindliche sei, lässt sich aufgrund des Gesagten nicht mit Hilfe einer allgemeinen Wesensformel oder durch Bekenntnis- und Katechismussätze beantworten. Gerade damit diese bleibend verbindlich sein können, müssen sie in die Sprache und Problemstellung unserer Zeit übersetzt werden. Das ist bisher keiner der christlichen Kirchen, aber auch keiner ihrer Theologien voll gelungen. Nur so viel lässt sich vorläufig sagen: Das Christentum kommt nie als ›reines‹ Christentum zur Darstellung; es lässt sich nur von seiner Geschichte her als lebendige Geschichte beschreiben.

Aufgrund dieser geschichtlichen Verfasstheit des Christentums ist allen, die sich Christen nennen, eines gemeinsam: Sie berufen sich auf die Geschichte und das Geschick von Jesus Christus und beanspruchen, seine Person und seine ›Sache‹ zu vergegenwärtigen. Auch wenn sie dabei zu kontroversen Ergebnissen kommen, haben sie doch einen gemeinsamen Ausgangspunkt und eine gemeinsame Mitte. Nur dadurch, dass Jesus Christus nicht nur der einmalige Anfang, sondern das bleibende Fundament und gleichsam die Seele des Christentums ist, wird dieses davor bewahrt, zu einem synkretistischen Phänomen zu werden. Mit Jesus Christus bewahrt das Christentum eine »gefährliche Erinnerung« (Johann Baptist Metz), die nicht nur seiner Legitimation, sondern auch der Kritik seiner jeweiligen geschichtlichen Verwirklichungsformen dient. Das entscheidend und unterscheidend Christliche ist deshalb nicht eine Idee oder ein Prinzip, sondern ein Name und eine Person. Was Christentum ist, muss sich deshalb in einem ersten Gang der Überlegungen aus der Geschichte von Jesus Christus und der Geschichte seiner Vergegenwärtigung in der Kirche ergeben. In einem zweiten Schritt der Überlegungen können wir dann fragen, was sich aus dieser Geschichte für das christliche Verständnis des Menschen und der Welt sowie für das Verhältnis des Christentums zu den Religionen ergibt.

II. Das Bekenntnis zu Jesus Christus

Alle christlichen Kirchen bekennen sich zu Jesus von Nazareth; sie glauben, dass Gott ihn von den Toten auferweckt hat, dass er in der Kirche, durch ihre Verkündigung und durch ihre Sakramente wirksam gegenwärtig ist und dass er sich am Ende als der Herr der Geschichte erweisen wird. Sie bekennen Jesus Christus als wahren Gott und wahren Menschen. Jesus Christus ist deshalb im ursprünglichen Sinn kein Doppelname wie etwa Hans Maier, sondern vielmehr ein Bekenntnis, das besagt: Jesus ist der Christus (= Messias), das heißt der von Gott gesandte endgültige Heilbringer; durch ihn ist Gott selbst heilschaffend am Werk.

Dieses alle Kirchen verbindende Bekenntnis gibt heute nicht wenige Fragen auf. Besonders seit der neuzeitlichen Aufklärung und dem Aufkommen der historisch-kritischen Bibelforschung wird dieses Bekenntnis in Frage gestellt. Als nämlich die historische Kritik anfing zu fragen, wer denn Jesus eigentlich war, und als man begann, Schicht um Schicht von der späteren kirchlichen Ikonologie abzutragen, um die ursprünglichen Züge seiner geschichtlichen Person wiederzuerkennen, entdeckte man den Unterschied zwischen dem Jesus der Geschichte und dem Christus des kirchlichen Glaubens. Zwar hat sich die zu Beginn unseres Jahrhunderts aufgestellte These, Jesus habe überhaupt nicht gelebt, sondern sei nur ein Mythos, als historischer Unsinn erwiesen. »Der Stall, der Zimmermannssohn, der Schwärmer unter kleinen Leuten, der Galgen am Ende, das ist aus geschichtlichem Stoff, nicht aus dem goldenen, den die Sage liebt« (Ernst Bloch). Es steht außer jedem Zweifel, dass Jesus in den ersten drei Jahrzehnten unserer Zeitrechnung, wahrscheinlich von 6/7 v. Chr. bis 30 n. Chr., in Palästina gelebt hat. Die Bekenntnisse zu Jesus als dem Christus, dem Kyrios (Herr) und dem Gottessohn sind jedoch nach unserer heutigen historischen Kenntnis erst nach Jesu Tod in den frühen christlichen Gemeinden entstanden. Damit steht man vor dem Problem, wie aus dem Jesus der Geschichte der Christus des kirchlichen Glaubens geworden ist. Mit der Antwort auf diese Frage entscheidet sich auch die Frage, mit welchem Recht sich die christlichen Kirchen auf Jesus berufen.

Die Geschichte der Leben-Jesu-Forschung, die sich diesem Problem zuwandte, ist lang und wandlungsreich. Sie beginnt mit Hermann Samuel Reimarus, dessen Fragmente Gotthold Ephraim Lessing herausgegeben hat. David Friedrich Strauß, Friedrich Schleiermacher, William Wrede, Albert Schweitzer, Rudolf Bultmann bedeuten jeweils wichtige Wendepunkte in der Geschichte dieser Forschung. Zumeist war es jedoch der Herren eigener Geist, der sich in Jesus spiegelte. Bald war er der Moralprediger der Aufklärer, bald der Jesus der reinen Innerlichkeit der Pietisten und der Liberalen, bald der Inbegriff der Humanität bei den Idealisten oder der Freund der Armen und der

Revolutionäre bei den Sozialisten. Heute gilt das ganze Unternehmen der Leben-Jesu-Forschung weithin als gescheitert. Die mit Abstand wichtigsten Quellen sind die vier kanonischen Evangelien; sie wurden jedoch nicht aus chronistischem Interesse geschrieben. Angesichts dieser Lage der Quellen kann sich nur reine Phantasie die Rekonstruktion einer Biographie und Psychologie Jesu zutrauen. Das ist jedoch kein Grund zu historischer Skepsis und Resignation. Die ›neue‹ Frage nach dem historischen Jesus seit 1955 (Ernst Käsemann, Ernst Fuchs, Günther Bornkamm u. a.) hat mit großer Eindeutigkeit ergeben, dass aus dem Dunkel der Historie die charakteristischen Züge der Verkündigung und des Auftretens Jesu verhältnismäßig scharf hervortreten. Wir wissen mit großer Sicherheit, dass Jesus von der eschatologischen Verkündigung und von der Taufbewegung des Johannes ausgegangen ist und dass er in der Konsequenz seines Auftretens zum Tod am Kreuz verurteilt wurde. Zwischen diesen beiden Polen lassen sich Person und ›Sache‹ Jesu relativ scharf fassen. Das Gegenteil zu behaupten kann man getrost dilettantischen Amateur-Theologen überlassen.

In der Mitte der Botschaft Jesu steht die Verkündigung der nahe herbeigekommenen Herrschaft Gottes. Damit greift Jesus die allgemein-menschliche Erwartung eines gerechten Herrschers und die besondere Hoffnung des Alten Testaments auf, wonach Gott selbst am Ende der Zeit Recht und Gerechtigkeit schaffen und einen universalen Frieden (schalom) heraufführen wird. In seinem Auftreten und Wirken sah Jesus diese heilbringende Herrschaft Gottes bereits im Anbruch. Er sprach und handelte in Vollmacht wie einer, der an Gottes Stelle steht. Das ist der Hintergrund seiner ärgerniserregenden Tischgemeinschaft mit Sündern, seiner aufsehenerregenden Wundertaten, denen man einen historischen Kern kaum absprechen kann, und überhaupt seiner Heilsverheißung an die Armen, Unterdrückten, Ausgestoßenen und Verfolgten. Die Herrschaft Gottes war für ihn die Herrschaft des »Vaters« (abba), die Herrschaft der Liebe Gottes, die nicht nur die »Seele« des Menschen, sondern – was nach hebräischem Verständnis davon völlig unablösbar ist[2] – auch den Leib des Menschen beansprucht und eine Umkehr fordert, die nicht auf die reine

[2] Vgl. zum Leib-Seele-Problem nach jüdischem Glauben A. M. Goldberg, Judentum, in: E. Brunner-Traut (Hg.), Die fünf großen Weltreligionen: Hinduismus, Buddhismus, Islam, Judentum, Christentum, Freiburg i. Br. 1974, 88–108, hier: 96.

Innerlichkeit der Person beschränkt ist, sondern in der Forderung der Nächsten- und der Feindesliebe die sozialen Beziehungen mitumfasst. Mit dieser alle bisherigen Schemen sprengenden Botschaft und mit diesem Anspruch kam Jesus in Widerspruch und Konflikt mit allen weltlichen und religiösen Gruppen und Institutionen seiner Zeit. So wurde er wegen Gotteslästerung und Aufruhr zum Tod verurteilt. Er, der die Nähe Gottes zu den Verlassenen verkündet hat, starb mit allen Zeichen der Gottverlassenheit. Im Horizont des Alten Testaments konnte sein schimpflicher Tod am Kreuz nur als Fluch Gottes verstanden werden.

Da Jesus seine ›Sache‹ ganz mit seiner Person verknüpft hatte, bedeutete der Tod Jesu für seine Jünger zunächst das Scheitern ihrer Hoffnungen. Zukunft über den Tod Jesu hinaus konnte das Christentum deshalb nur haben, wenn gewiss war, dass Gott sich mit dem Gekreuzigten identifiziert hat, das heißt in der Sprache der jüdischen Apokalyptik, wenn Gott ihn von den Toten auferweckt hat und wenn Jesus damit auf neue Weise, biblisch gesprochen »im Geist«, gegenwärtig ist. Die Auferweckung wird in der Schrift jedoch nicht als Wiederbelebung und als Rückkehr ins alte Leben, sondern als Anbruch des neuen und endgültigen Lebens in der Herrschaft Gottes verstanden. Die Auferweckung Jesu bedeutet darum die Bestätigung und endgültige Inkraftsetzung seines eschatologischen[3] Anspruchs. Schon Paulus betonte, dass ein Christentum ohne den Glauben an die Auferweckung Jesu sinnlos und grundlos wäre. Ohne die Auferweckung wäre Jesus ein unschuldig Ermordeter mehr und als solcher nicht Grund zur Hoffnung, sondern eher zur Skepsis und Resignation. Erst im Licht und in der Kraft des Auferstehungsglaubens konnten die Jünger die Bedeutung des irdischen Jesus klar und eindeutig erkennen. Deshalb ist das Bekenntnis zu Jesus und seiner ›Sache‹ nur sinnvoll, wenn es getragen ist von dem Bekenntnis zum auferweckten und lebendigen Christus.

Während das Auftreten und Wirken des irdischen Jesus wie jedes

---

[3] Der Begriff eschatologisch wird in der gegenwärtigen Theologie in sehr verschiedener Weise gebraucht. Ursprünglich meint eschatologisch alles, was sich auf die Endzeit (eschata) bezieht. In einem weiteren Sinn bezeichnet es aber auch Ereignisse, die die Endzeit jetzt schon vorwegnehmen und denen deshalb endgültige Bedeutung zukommt, z. B. Jesus Christus, Auferstehung, Kirche.

andere geschichtliche Phänomen historisch erforscht werden kann, entzieht sich das Bekenntnis zum auferweckten Christus historischer oder sonstiger Nachprüfung. Die Tatsache, dass das Grab Jesu leer aufgefunden wurde, ist vieldeutig; sie war für das Christentum nie ein Beweis für die Auferstehung, sondern lediglich ein nachträgliches Zeichen für den Glauben. Historisch fassbar ist also nicht die Auferstehung selbst, sondern nur der Auferstehungsglaube der ersten Jünger. Er tritt bereits in den frühesten Überlieferungsschichten auf und wird menschlich dadurch glaubwürdig, dass die ersten Zeugen dieses Glaubens das Martyrium auf sich genommen haben. Angesichts dieses Befunds der Quellen schaffen Theorien, die mit Betrug der Jünger, Verwechslung des Grabes, mit Scheintod, subjektiven Visionen (Halluzinationen) oder eigener theologischer Reflexion der Jünger argumentieren, mehr Probleme, als sie lösen können. Für den Glauben wird das Bekenntnis zur Auferweckung des Gekreuzigten »verständlich« aus dem Gesamtzusammenhang der eschatologischen Hoffnung auf die Gerechtigkeit Gottes, eine Hoffnung, die sich im späten Judentum immer mehr zuspitzte zu der Hoffnung auf den »Gott, der die Toten lebendig macht«. Diese eschatologische Hoffnung, dass Gott am Ende »alles in allem« sein werde und »alle Tränen abtrocknet«, ist der eigentliche Verstehenshorizont für die Botschaft von Jesus dem Christus.

Dieser universale eschatologische Horizont ging dem Christentum in der weiteren Geschichte weitgehend verloren. Die Enteschatologisierung ist verbunden mit der Hellenisierung des Christentums. In dem Augenblick, da das junge Christentum den jüdischen Raum überschritt, musste es sich nämlich aufgrund seines universalen Anspruchs einlassen auf die Auseinandersetzung mit der Welt des Hellenismus und dem universalen Anspruch von deren Logos-Philosophie. Diese Hellenisierung bedeutet an sich keine Korrumpierung des Christentums, sondern zeigt nur, dass dieses von der damaligen Kultur lebendig angeeignet wurde. Illegitim wäre sie nur, wenn das Christentum dabei innerlich durch den Hellenismus überwältigt worden wäre. Die Gefahr, in dem allgemeinen Synkretismus der damaligen Zeit aufzugehen, war nicht gering, und es gehört zu den überragenden Leistungen der altkirchlichen Dogmenentwicklung, dass sie die Grenze zwischen legitimer und illegitimer Hellenisierung aufs Ganze klar erkannt und eingehalten hat. Aufgrund einer solchen »Anknüpfung im Widerspruch« kamen die altkirchlichen Konzilien, besonders Nikaia (325) und Chalcedon (451), zu der Lehre: Jesus Christus ist wahrer Mensch und wahrer Gott, unvermischt und ungetrennt.

Der Preis, der für diese lebendige Rezeption des Christentums gezahlt werden musste, war freilich hoch genug. An die Stelle des lebendigen Gottes der Geschichte, wie ihn das Alte und das Neue Testament bezeugten, trat in der Folge weitgehend ein Gottesverständnis, das durch den Gedanken der Unveränderlichkeit und der Leidensunfähigkeit (apatheia) Gottes bestimmt war. Dieser griechische Gottesbegriff ließ es kaum mehr zu, von einer Mensch*werdung* Gottes oder gar von einem Leiden und Sterben Gottes zu sprechen. Die Christusbotschaft, deren Anliegen es doch sein musste, zu sagen, dass Gott ein Gott der Menschen ist, der sich in Jesus Christus ganz eingelassen hat in die Fährnisse und Gefährdungen des menschlichen Lebens, der selbst die Sinnlosigkeit des Todes auf sich genommen hat, um uns dadurch zu erlösen, war damit in der Gefahr, um ihren inneren Sinn gebracht zu werden. Durch eine solche ungeschichtliche, ihres eschatologischen Horizontes weitgehend beraubte Christologie verlor das Christentum vieles von dem Zupackenden seiner Zukunftsperspektive. Es wurde oft zu einer rein bewahrenden Macht.

Die in der altkirchlichen Lehrentwicklung vollzogene Synthese von Antike und Christentum ist zur Grundlage der gesamten abendländisch-westlichen Kultur geworden. Es ist deshalb kein Zufall, dass heute, wo sich unter Krisen eine neue Epoche der Geschichte andeutet, auch die altkirchlichen Dogmen wieder kritisch in Frage gestellt werden. Der universale Anspruch des Christentums bedeutet ja, dass es an keine bestimmte Kultur ausschließlich und endgültig gebunden ist. Es kann darum heute seine Identität und Kontinuität nur durch einen tiefgreifenden geschichtlichen Wandel hindurch bewahren. Deshalb versuchen gegenwärtig viele protestantische wie katholische Theologen (Karl Barth, Karl Rahner, Hans Urs von Balthasar, Wolfhart Pannenberg, Eberhard Jüngel, Jürgen Moltmann, Hans Küng, Heribert Mühlen, Walter Kasper), nicht ohne Anregung durch die Philosophie des deutschen Idealismus (Johann Gottlieb Fichte, Friedrich Wilhelm Joseph Schelling, Georg Wilhelm Friedrich Hegel), wieder deutlicher den lebendigen Gott des Alten und Neuen Testaments zur Geltung zu bringen, der nicht in unerreichbarer Höhe unberührt über den Schrecken der Geschichte thront, der sich vielmehr in Jesus Christus als ein

Gott der Menschen gezeigt hat und dessen tiefstes Wesen ein für alle Mal am Kreuz offenbar geworden ist. Seine Transzendenz ist nicht als räumliche Ferne, sondern als unbegreifliche und unverfügbare Freiheit in der sich selbst entäußernden Liebe zu verstehen. Aufgrund der so verstandenen Transzendenz ist er zugleich ganz immanent; er begegnet uns in Jesus als unser Bruder und in allen Brüdern, besonders im Leiden der Hungernden, Kranken, Zerschlagenen und Verfolgten.

Zusammenfassend lässt sich sagen: Nach christlicher Überzeugung hat sich in Jesus Christus der tiefste Sinn allen Seins, das alles umfassende und alles durchdringende Geheimnis der Wirklichkeit, das wir Gott nennen, als sich selbst mitteilende und entäußernde Liebe erwiesen. Sie ist gerade, indem sie sich frei wegschenkt, bei sich selbst; indem sie sich mit dem andern ihrer selbst verbindet, setzt sie dieses frei. Seinen höchsten Ausdruck hat dieser Glaube in der Trinitätslehre gefunden. Sie ist, richtig verstanden, kein Tritheismus (Drei-Götter-Lehre) und damit kein Rest eines unaufgeklärten Polytheismus, sondern das zusammenfassende Bekenntnis, dass Gott sich in Jesus Christus zugleich als unser Herr und als unser Bruder gezeigt hat und dass er uns durch den »Geist« in allen Brüdern begegnet. In einem umfassenden Sinn kommt das Neue Testament am Ende seiner Entwicklung zu der Aussage: »Gott ist die Liebe.«

III. Grundstrukturen des Christlichen

In der Geschichte des Alten und des Neuen Testaments, besonders in deren einmaliger Verdichtung im Geschick von Jesus Christus, wird das christliche Verständnis der Welt und des Menschen offenbar. In der Botschaft von einer konkreten Geschichte erhebt das Christentum also einen universalen Anspruch. Das Christentum kann diesen universalen Anspruch nicht abstrakt beweisen, sondern nur konkret bezeugen; es kann an den andern nur appellieren und ihn einladen, sich auf diese Geschichte einzulassen, um im Tun der Wahrheit deren innere Evidenz dadurch zu erfahren, dass sie sich an den Phänomenen der Wirklichkeit bewährt. Das Christentum versteht sich darum nicht als eine Philosophie oder sonstige Theorie neben anderen Philosophien und Theorien. Es versteht sich auch nicht als die wahre Philosophie, sondern als Botschaft (Evangelium), die mit der von ihr bezeugten Geschichte steht und fällt. Es ist die Einheit von Akt und Sein, Sein und Zeit (Geschichte). Theologische Sätze sind deshalb Auslegungen einer Erfahrung, die der Glaube mit der menschlichen Erfahrung gemacht hat. Im Folgenden sollen drei solcher Erfahrungen mit der Erfahrung theologisch expliziert und dabei drei Grundstrukturen des Christlichen herausgestellt werden. Die erste grundlegende Erfahrung des Glaubens in der Begegnung mit der Wirklichkeit ist die Erfahrung von dessen Universalität. Sie hat sich lehrmäßig im *Schöpfungsglauben* niedergeschlagen. Ausdrücklich drängte sich diese Überzeugung im Alten Testament erst auf, als Israel im 7./6. Jahrhundert v. Chr. in Berührung und Konflikt kam mit den damaligen Weltmächten (Ägypten, Assur, Babylon) und mit deren Kosmogonien. Der Glaube Israels an die geschichtliche Führung Gottes und seine Hoffnung auf das Kommen der endgültigen Herrschaft Gottes musste sich in dieser äußerst bedrängten Situation bewähren durch seine universale Ausweitung: Gott ist Herr über alle Völker und über ihre Götter; er ist Herr über alle Wirklichkeit, Herr auch über Leben und Tod; weil alles, was ist, ihm untertan ist, weil alles nur durch ihn ist und weil es keine ihm vergleichbare Gegeninstanz gibt, darum kann man sich glaubend und hoffend ganz auf ihn verlassen. Die Lehre von der Schöpfung aus Nichts war nur die negative Formulierung der positiven Aussage von der universalen Herrschaft Gottes. Sie besagt also gerade nicht, Gott habe die Welt aus dem Nichts als einer von ihm vorausgesetzten Materie geschaffen; um die absolute Souveränität Gottes über alle Wirklichkeit zum Ausdruck zu bringen, behauptet sie vielmehr das Nichts aller Voraussetzungen. Es soll also gesagt werden: Gott hat die Welt aus der unableitbaren Freiheit seiner Liebe heraus ins Dasein gerufen. Deshalb ist die Wirklichkeit ganz und gar von Gott abhängig, verdankte Wirklichkeit, und doch auch von Gottes Liebe freigesetzte, eigenständige Wirklichkeit.

Der Schöpfungsglaube entstand also als Konsequenz und als Begründung des biblischen Geschichtsglaubens. Daraus ergibt sich, dass die Aussage, die Welt sei Schöpfung Gottes, keine kosmologische Theorie darstellt, die man etwa der Evolutionstheorie entgegensetzen oder auf einer Ebene mit dieser harmonisieren könnte. Erschaffung als theologische Kategorie und Entwicklung als naturwissenschaftliche Kategorie beantworten gar nicht dieselbe Frage. Entwicklung bezieht sich auf immer schon vorausgesetzte Wirklichkeit; ihr geht es um das Wie ihrer Veränderung aus immanenten Kräften. Die biblischen Schöpfungsaussagen benützen selbstverständlich Aussagen über das Wie, die sich aus dem damaligen Weltbild ergaben; ihrer Intention nach wollen sie jedoch nicht das Wie erklären, sondern die tiefere und umfassendere Frage beantworten, warum überhaupt etwas ist. Ihnen geht es also nicht um das Wie der Entstehung und Entwicklung, sondern um das Dass einer Wirklichkeit, die kontingent und deshalb nicht notwendig ist und die den zureichenden Grund ihrer Existenz nicht in sich selbst hat.

Mit der Schöpfungsaussage bekennt sich das Christentum zu einem Wirklichkeitsverständnis, das jenseits der Alternativen von Monismus und Dualismus liegt. Die Wirklichkeit, besonders die Materie und der Leib des Menschen sind im Sinn des christlichen Schöpfungsglaubens kein böses Gegenprinzip zu Gott, sondern von Gott gewollte und gutgeheißene Wirklichkeit, eine Wohltat Gottes. Damit vollzieht der Schöpfungsglaube eine Entdämonisierung der Wirklichkeit. Auf der anderen Seite erklärt er die Wirklichkeit jedoch auch nicht monistisch. Sie ist kein Ausfluss (Emanation) Gottes; als Schöpfung aus dem Nichts ist sie radikal von Gott als dem Schöpfer unterschieden. Das bedeutet eine Entdivinisierung und Entmythologisierung der Welt und die Grundlegung eines ›weltlichen‹ Verständnisses der Welt. Bereits der erste Schöpfungsbericht degradiert deshalb die im ganzen sonstigen Alten Orient als göttlich verehrten Gestirne zu bloßen Lampen; nicht der Mensch hat ihnen zu dienen, vielmehr haben sie dem Menschen zu dienen, indem sie ihm leuchten und ihm die Zeiten anzeigen. So rückt der Mensch schon nach dem Alten Testament in die Mitte beziehungsweise an die Spitze der Schöpfung. Gerade die Unterscheidung von Gott und Welt und die darin gelegene Entmächtigung des Mythos ermächtigten also die Wirklichkeit zu ihrer geschöpflichen Eigenständigkeit. Dies unterscheidet den christlichen Glauben vom Aberglauben. Gerade weil der Glaube Gott und Welt unterscheidet, setzt er nicht wie der Aberglaube Gott anstelle innerweltlicher Kausalitäten; gerade weil er Gott ganz Gott sein lässt, kann er auch die Welt ganz Welt sein lassen. Diese Konsequenzen gezogen zu haben, ist die große Leistung der hochmittelalterlichen Scholastik, besonders des Thomas von Aquin. Wenn freilich, wie es in der Neuzeit oft geschah, die Welt nur noch immanent gesehen wird, dann wird sie aufs Neue zu einer Letztgröße und damit zum Götzen. Solche dämonischen »Mächte und Gewalten« sieht die Bibel vor allem in der sich selbst verabsolutierenden politischen Macht (Babel, Rom) wie in der technisch-zivilisatorischen Hybris des Menschen (Turmbau von Babel). Nur wo man die Welt aus der freien und freisetzenden Mitteilung der Liebe Gottes versteht, kann man ihre Würde behaupten, ohne sie ideologisch verabsolutieren zu müssen.

Die im Schöpfungsglauben zum Ausdruck kommende Universalität des christlichen Glaubens gab dem Christentum im Laufe seiner Geschichte die innere Möglichkeit zur weltlichen Verantwortung und zur Weltgestaltung. Dass das Christentum dabei seine eigene Botschaft oft missverstanden und desavouiert hat, indem es die Freiheit des Menschen und der Welt integralistisch missachtet und verletzt hat, ist eine historische Tatsache, die man aber von den eigenen Voraussetzungen des Christentums her als Missbrauch erweisen kann. Ein solcher Missbrauch lässt sich jedoch nicht dadurch vermeiden, dass sich das Christentum aus der Welt zurückzieht. Aufgrund seines universalen Anspruchs ist es bleibend in Dienst genommen für den Menschen und die Welt. Es erfüllt diese Verantwortung jedoch gerade durch die rechte Unterscheidung von Gott und Welt. Dadurch, dass es dem Menschen die unerträgliche Last abnimmt, selber Gott sein zu wollen oder zu müssen, befreit es ihn zu einem menschlichen Menschsein. Gerade weil das Christentum Dank (Eucharistie) gegenüber Gott ist, ist es auch Verantwortung für eine menschlichere Welt.

Im engsten Zusammenhang mit der Erfahrung der Wirklichkeit als Schöpfung steht eine zweite Erfahrung: die Erfahrung der Wirklichkeit als Geschichte Gottes mit den Menschen. Der dafür oft gebrauchte Begriff ›Heilsgeschichte‹ ist missverständlich und deshalb teilweise verpönt; aber es wurde bisher auch kein besserer und weniger missverständlicher Begriff in Vorschlag gebracht. Wichtig ist jedoch nicht so sehr der Begriff als solcher, sondern die Glaubenserfahrung, die er zu umschreiben sucht. Als der freie Herr der Wirklichkeit wird Gott im Alten und im Neuen Testament nicht in einer urzeitlich begründeten und für immer feststehenden Ordnung der Wirklichkeit erfahren; nicht der Kosmos und die Natur, sondern die Erfahrung der Führung Gottes in der Geschichte ist für den biblischen Glauben das Entscheidende. Gott ist nicht eine immer und überall vorhandene, aber nirgends konkret fassbare Tiefendimension der Wirklichkeit; er offenbart sich vielmehr in unableitbarer freier Zuwendung durch geschichtliche Erwählung und Berufung, in Vergebung und Gericht. In der Begegnung mit diesem Gott der Geschichte erfuhr sich der Mensch selber als Gerufener, Erwählter, Gesandter, der zur geschichtlichen Verantwortung herausgefordert ist. Die Kategorien der Freiheit eines jeden Menschen, der Entscheidung, der Verantwortung, der Person, des Einzelnen und der geschichtlichen Einmaligkeit und Endgültigkeit sind daher zuerst auf dem Boden der christlichen Heilsgeschichte ausgebildet worden.

Das Christentum hat jedoch nicht den atomisierten und isolierten Einzelnen im Auge. Die Bibel sieht den Menschen jeweils in seinen Verflechtungen ins Ganze der Menschheit und ihrer Geschichte. Auch in seiner Begegnung mit Gott, in Heil und Unheil fängt der einzelne Mensch nicht jeweils am Nullpunkt an; er steht vielmehr im solidarischen Zusammenhang von Heil und Unheil aller Menschen. Kategorien wie Erbsünde, allgemeine Auferstehung des Fleisches, Weltgericht sind nur in diesem Zusammenhang zu verstehen. Der missverständliche Begriff der Erbsünde meint nicht einen biologischen Vererbungsvorgang von sonst isolierten Individuen; er will ernst damit machen, dass die Freiheit des Menschen jeweils eine situierte Freiheit ist, das heißt, dass der einzelne Mensch sein Leben nicht völlig autonom und autark entwirft und gestaltet, sondern dabei jeweils zuinnerst mitbestimmt ist durch die gesamte Geschichte der Schuld der Menschheit. Der Solidarität im Unheil entspricht die Solidarität im Heil. Schon die Berufung Abrahams dient dem Segen aller Völker. Israel hat seine Erwählung als Berufung zur Stellvertretung für die Völker verstanden. Die Christen sind nicht privilegierte Heilsanwärter; Christsein bedeutet vielmehr Sendung zum stellvertretenden Dienst am Heil der Welt.

Aus alledem ergibt sich eine Sicht der Wirklichkeit, die nicht von ewigen Ordnungen der Natur bestimmt, sondern vielmehr konstituiert wird durch die Geschichte der Begegnung Gottes mit den Menschen. Diese Geschichte waltet über der Menschheit nicht wie schicksalhaftes tragisches Verhängnis; sie ist Geschichte von Schuld und Gnade, von Gericht und Vergebung. Darum ist die Geschichte Gottes mit den Menschen, besonders die Geschichte, die vom Alten zum Neuen Bund führt, nicht eine linear aufsteigende Fortschrittsgeschichte. Dieses moderne Geschichtsverständnis geht zwar auf biblische Ursprünge zurück, biegt diese jedoch idealistisch oder materialistisch zu einer neuen Art von Naturgeschichte um. Christlich ist die Kontinuität der Geschichte allein in der schöpferischen Treue Gottes in und trotz aller menschlichen Untreue begründet. Daraus ergibt sich ein Verständnis der Geschichte, das man als typologisch bezeichnen kann: die gegenwärtigen und vergangenen Erfahrungen zeigen wie im Spiegel und in schattenhaften Bildern, was wir für die Zukunft erhoffen dürfen; so besteht eine Entsprechung (Analogie) zwischen vergangener, gegenwärtiger und künftiger Geschichte.

Aus der Entsprechung zur bisherigen Geschichte Gottes mit den Menschen müssen auch die eschatologischen Aussagen des Christentums verstanden werden. Sie sind keine antizipierende Reportage, sondern Hoffnungsaussagen im Blick auf die in Jesus Christus endgültig erfahrene Liebe Gottes. Die Hoffnung des Christen richtet sich darum nicht auf die Zukunft (futurum) der in der Wirklichkeit angelegten Möglichkeiten, sondern auf die endgültige Ankunft (adventus) der Herrschaft der Liebe Gottes. Diese Hoffnung verbietet es, einen doppelten Ausgang der Geschichte für Gute und Böse anzunehmen. Aber auch eine billig gedachte Allversöhnung aller Wirklichkeit würde die Geschichte überspielen. Im Blick auf Jesus Christus, der stellvertretend für alle das Gericht auf sich genommen hat, darf der Christ jedoch hoffen, dass Gottes Herrschaft das Heil aller Menschen bringen wird. Solche an Jesus Christus orientierte Hoffnung ist aktiv stellvertretende Hoffnung für alle Menschen.

Die geschichtliche Sicht der Wirklichkeit bedeutet für das Christentum einen nachhaltigen Impuls zur geschichtlichen Verantwortung. Gerade weil der Christ alles von Gott erhofft, kann er in der Kraft dieser Hoffnung alles für die anderen tun. Das Christentum ist darum keine Religion der reinen Innerlichkeit. Eine politische Dimension ist ihm wesentlich. Inwieweit sich daraus eine politische Theologie ableiten lässt (Metz, Moltmann), ist allerdings umstritten. Eher wird man die politische Bedeutung des Christentums in der Kritik aller politischen Theologie sehen müssen. Weil das Christentum alle Geschichte unter dem Zeichen der Herrschaft Gottes sieht, muss es nämlich jedem Versuch widersprechen, dass irgendein Volk, eine Klasse, Rasse oder Gruppe sich zum innergeschichtlichen Subjekt und Agenten der Universalgeschichte inthronisiert. Auch die Kirche darf sich nicht als Theokratie missverstehen. Mit dieser ideologiekritischen Destruktion jedes politischen Absolutheitsanspruchs dient das Christentum der Humanisierung der Politik. Indem es sagt, dass die letzte Erfüllung der Geschichte nicht geschichtlich machbar ist, wahrt es die unverrechenbare Freiheit des Einzelnen, der seine Würde nicht der Brauchbarkeit für ein System, sondern allein Gott verdankt. Freiheit von Gott und Freiheit vor Gott ist jedoch die solidarische Freiheit aller. So ist die Freiheit des Einzelnen nur in einer solidarischen Ordnung der Freiheit aller möglich. Mit diesem Standpunkt jenseits der Alternativen von Individualismus und Kollektivismus eignet dem Christentum ein soziales Charisma, aufgrund dessen es der Gerechtigkeit und dem Frieden in der Welt verpflichtet ist. Nach dem Zweiten Vatikanischen Konzil ist das Christentum Zeichen und Sakrament der Einheit aller Völker, Rassen und Klassen. Die christliche Botschaft von der Liebe ist deshalb kein Ersatz für die Gerechtigkeit, sondern deren überbietende Erfüllung.

Die Erfahrung der nichtverrechenbaren Freiheit im Verhältnis von Gott und Mensch in der Geschichte führt zu einer dritten grundlegenden Erfahrung des christlichen Glaubens, die man als Exoduserfahrung bezeichnen kann. Ihre lehrhafte Entfaltung hat sie in der christlichen *Erlösungslehre* gefunden. Erlösung wurde im Alten Testament ursprünglich erfahren als Befreiung aus konkreter Bedrängnis und Not. Am Anfang der biblischen Heilsgeschichte steht der Auszug Abrahams aus dem Land seiner Väter. Als die große Erlösungstat Gottes gelten im Alten Testament die Befreiung und der Exodus (Auszug) aus der ägyptischen Gefangenschaft; sie wurde in der prophetischen Verkündigung zum Typos einer endzeitlichen Befreiung. Im Neuen Testament wurde der Durchzug durch das Rote Meer zum Vorbild des Pascha, das heißt des Durchgangs Jesu durch Tod und Auferstehung. Durch die Taufe glaubt sich der Christ in dieses Geschehen hineingenommen und von der Macht der Sünde und des Todes befreit. Zur Interpretation dieser als Befreiung verstandenen Erlösung wurden sowohl in der Bibel wie in der theologischen Tradition vielfältige allgemeinreligionsgeschichtliche Sühne- und Opfervorstellungen herangezogen. Sie wurden jedoch jeweils korrigierend überboten. Denn nach christlicher Überzeugung geht es in der Erlösung nicht um die Erfüllung eines Systems von Ersatzleistungen, sondern um die Befreiung vom Gesetz solcher Leistungen. Die christliche Erlösungsbotschaft versteht sich nicht als Gesetz, sondern als frei machendes Evangelium, welches das Gesetz durch die Liebe überbietend erfüllt.

Die Gerechtigkeit, das ist die rechte Ordnung zwischen Gott und Mensch, lässt sich nach christlicher Überzeugung nicht durch ein System von Leistung und Gegenleistung herstellen. Die Exoduserfahrung ist ja die Erfahrung des je Größeren, je Überbietenden und je Neuen der Liebe Gottes. Der Mensch wird dieser Erfahrung nur gerecht, wenn er jedes Rechnen preisgibt und auf jeden Anspruch verzichtet. Dies ist der ursprüngliche Sinn des biblischen Begriffs ›glauben‹. Mit ›glauben‹ ist die Haltung gemeint, die sich nicht auf eigene Leistung und eigenes Können verlässt, sondern ganz und vorbehaltlos auf Gott setzt, ihm die Ehre gibt und darin den Grund der Existenz findet. Ein solcher alle innerweltlichen Maßstäbe preisgebender Glaube ist die einzig sachgemäße Antwort auf die alle Maßstäbe sprengende Erfahrung der Liebe Gottes, die den Menschen befreit aus der Enge seines Egoismus und aus seiner sich selbst sichern wollenden Lebensangst und ihm neue Zukunft in einem Leben sich selbst aufs Spiel setzender Liebe eröffnet. Das Thema vom Überfluss ist darum die eigentliche Definition der Heilsgeschichte (Joseph Ratzinger).

Dieses Grundgesetz der überbietenden Erfüllung kommt in einmaliger Weise in Kreuz und Auferweckung Jesu Christi zum Ausdruck. Am Kreuz geschieht die gehorsame Selbstenteignung Jesu an die sich selbst entäußernde Liebe des Vaters. Der Akt menschlichen Gehorsams, der in letzter Ohnmacht auch noch die Gottverlassenheit aus- und durchhält, ist so im Grunde die Hohlform, in der unter ihrem Gegenteil verborgen die Allmacht der Liebe Gottes endgültig in der Geschichte zur Herrschaft kommt. Dieses Geschehen kann deswegen nicht als Mythologie bezeichnet werden, weil sich die endgültige Ankunft der Liebe Gottes nicht an der Geschichte vorbei, sondern in und durch einen voll und ganz menschlichen Gehorsam vollzieht. Die klassische Lehre von den zwei Naturen in der einen göttlichen Person Jesu Christi hat diesen Sachverhalt sehr präzise, wenngleich für uns heute missverständlich umschrieben. Im Unterschied zur traditionellen Theologie versucht man deshalb heute ihn nicht mit den Kategorien der griechischen und scholastischen Philosophie, sondern mit relationalen und personalen Kategorien zu beschreiben. Dadurch werden Kreuz und Auferstehung zum einmaligen und endgültigen Typos des wesentlichsten Grundgesetzes des Christlichen, des Gesetzes der sich selbst überschreitenden Liebe Gottes, die den Menschen zur überbietenden Erfüllung des Gesetzes in der Liebe befreit.

Die durch Jesus Christus eröffnete Geschichte der Herrschaft der Liebe Gottes ist dort erlösende, das heißt befreiende geschichtliche Wirklichkeit, wo sie im Glauben angenommen wird: in der Kirche als der Gemeinschaft der Glaubenden. Nach der Überzeugung aller christlichen Kirchen ist die Kirche durch ihre Verkündigung, ihre Sakramente und durch ihr ganzes Leben, besonders durch ihre Brüderlichkeit, Ort und Zeichen der wirksamen Anwesenheit des Geistes Christi. Als Gemeinschaft in dem einen Geist Christi kann sie ihrem Wesen nach nur die eine Kirche Christi sein. Das Christentum kann darum seine Spaltung in verschiedene, sich gegenseitig ausschließende Kirchen nur als Skandal empfinden.

Die entscheidenden Differenzen zwischen den christlichen Kirchen ergeben sich aus einem verschiedenen Verständnis der soeben skizzierten Aussagen über die Vergegenwärtigung der Erlösungswirklichkeit in der Kirche. Die protestantische Tradition betont mehr die Verborgenheit der Kirche, die katholische Tradition deren (sakramental-zeichenhaft verstandene) Sichtbarkeit. Dabei geht jedoch auch die katholische Kirche nicht so weit, dass sie den Geist Christi einfachhin mit ihrer eigenen Institution in eins setzt. Dies ist durch das Zweite Vatikanische Konzil eindeutig geklärt worden. Umgekehrt reißt die protestantische Lehre Geist und Institution nicht beziehungslos auseinander. Gegen diesen Versuch der Schwärmer haben sich die Reformatoren eindeutig abgegrenzt, und Gottes Geist an Gottes »äußerlich Wort und Sakrament« gebunden. Die protestantischen Kirchen betonen jedoch mehr das »ubi et quando visum est« (wo und wann er will) des Sprechens und Handelns Gottes in der Geschichte und in der Kirche. Für die katholische Kirche dagegen ist es kennzeichnend, dass sie die Verbindlichkeit der geschichtlichen Institution der Kirche, ihrer Lehre, ihrer Sakramente und ihrer Ämter betont und dass sie darin eine zeichenhafte Darstellung und Vergegenwärtigung des konkret-geschichtlichen Sprechens und Handelns Gottes sieht. Deshalb kann man die eschatologische Entschiedenheit als ein Prinzip des Katholischen bezeichnen (Heinrich Schlier), während die Betonung der christlichen Freiheit als Wesensmerkmal des Protestantismus gilt. Auch nachdem in den letzten Jahrzehnten viele Kontroversen und Missverständnisse abgebaut werden konnten, scheint hier noch ein ernsthafter Dissens zu bestehen, der bisher eine volle Kirchengemeinschaft in Form der Eucharistie- beziehungsweise Abendmahlsgemeinschaft unmöglich gemacht hat.

Vermutlich wird sich der konfessionelle Dissens nicht durch vordergründige Harmonisierungsversuche und isolierte Aktionen überwinden lassen. Als weiterführend könnte sich dagegen eine vertiefte Erfahrung und Theologie des Heiligen Geistes erweisen. Damit kann man auch am ehesten dem Grundanliegen der Kirchen des Ostens gerecht werden. Der Geist ist nämlich das Band der Liebe, die Einheit und Vielheit umgreift, die Bindung in Freiheit und Freiheit in der Bindung besagt. Er ist der letzte Grund und der zusammenfassende Ausdruck des Gesetzes der überbietenden Erfüllung in der Liebe. Ausgehend von einer Theologie des in der Kirche wirksamen Geistes Christi müssten sich deshalb die konfessionellen Engführungen überwinden und doch gleichzeitig deren berechtigte Anliegen bewahren lassen. Das heißt nicht, dass es in einem in Zukunft hoffentlich möglichen nachkonfessionellen Zeitalter jemals eine reine Geistkirche geben könnte. Der Überschritt vom Buchstaben zum Geist muss vielmehr immer wieder neu getan und die Spannung zwischen Bewahrung und Erneuerung, Charisma und Institution immer wieder neu ausgehalten werden. Nur durch diesen beständigen Exodus entspricht die Kirche dem Gesetz der überbietenden Erfüllung.

IV. Das Christentum und die anderen Religionen

Ein solcher Exodus wird im gegenwärtigen Umbruch von den christlichen Kirchen nicht nur zur Überwindung ihrer konfessionellen Differenzen, sondern noch viel mehr im weltweiten Maßstab in der Begegnung mit den Kulturen aller Völker und deren Religionen gefordert. Die Universalität der christlichen Botschaft verbietet es, in diesen Religionen nur Lug und Trug am Werk zu sehen und zu übersehen, dass sich in ihnen Spuren und Fragmente (logoi spermatikoi) der Wahrheit und der Wirklichkeit Gottes finden. »In dem tastenden Suchen der Menschheit nach Gott lebt das tastende Suchen Gottes nach der Menschheit« (Holländischer Katechismus). Aufgrund seiner heilsgeschichtlichen Perspektive erkennt und kritisiert das Christentum in den Religionen einerseits Depravationen des Göttlichen wie des Menschlichen; auf der anderen Seite darf es in ihnen jedoch auch

Zeichen des universalen Heilswillens Gottes, seiner geschichtlichen Führung (paidagogia) und Zeichen der Wirksamkeit des Geistes sehen. Denn »jede Wahrheit, von wem auch immer verkündet, kommt vom Heiligen Geist« (Ambrosius). Deshalb gibt es nach christlicher Überzeugung für jeden Menschen eine objektive Möglichkeit des Heils, wenn er den Willen Gottes so erfüllt, wie er ihn in seiner konkreten Situation in seinem Gewissen erkennen kann. In diesem Verhältnis des Ja und des Nein zu den Religionen (Heinrich Fries) versteht sich das Christentum als deren überbietende Erfüllung. Aber auch das Christentum selbst kann seine »Fülle« konkret-geschichtlich erst erreichen, wenn es seine bisher fast ausschließlich westliche Form überschreitet und den Reichtum der Völker und ihrer Religionen in sich aufgenommen hat.

Nur in diesem größeren Zusammenhang kann man den viel diskutierten Absolutheitsanspruch des Christentums richtig verstehen. Dieser sehr missverständliche Begriff stammt ursprünglich aus der idealistischen Philosophie und nicht aus der christlichen Theologie. Er ist deshalb nur vermittelst einer theologischen Neuinterpretation brauchbar. Der Sache nach ist mit ihm gemeint, dass das Christentum in Jesus Christus die endgültige, wesensgemäß nicht mehr überbietbare, universale Geltung beanspruchende Selbsterschließung Gottes in seiner Liebe zu allen Menschen erkennt. Recht verstanden, beinhaltet dieser Begriff also nicht fanatische Enge und Intoleranz, sondern gerade umgekehrt eine Verheißung für alle und darum eine Verpflichtung zum Dienst für alle. Heute wird ziemlich allgemein zugegeben, dass aus dieser Einsicht eine Änderung der Missionspraxis aller Kirchen und eine mehr dialogische Gestalt ihrer Mission folgen müsste. Es geht in der Mission nicht in erster Linie um die Rettung einzelner ›Seelen‹ und noch weniger um eine bloße Ausbreitung der Kirche. Es geht vielmehr um eine Einpflanzung des Christentums. Dies meint mehr als methodisch-pädagogische Adaptionen; es geht um einen schöpferischen Prozess, in dem in einer jeweils unableitbaren und unplanbaren Weise eine neue Gestalt des Christentums, ein indisches, chinesisches, afrikanisches Christentum, entstehen kann. In einer solchen schöpferischen Begegnung mit den Völkern und ihren Religionen kann das Christentum einen Beitrag leisten zur Versöhnung und zum Frieden unter den Völkern.

Was also ist Christentum? Auch abschließend können wir sein Wesen nicht in eine Definition zwingen. Definitionen beschreiben ja wesensnotwendige Sachverhalte. Das Christentum ist aber charakterisiert durch das Thema vom Überfluss und durch das Gesetz der überbietenden Erfüllung. Der christliche Gott ist nicht notwendig, aber er ist mehr als notwendig (Eberhard Jüngel). Gerade in seiner Nicht-Definierbarkeit ist das Christentum eschatologisches Zeichen der alles überbietenden Freiheit Gottes in der Liebe. Als dieses Zeichen muss sich das Christentum dadurch erweisen, dass es in einer sich verändernden Welt mithilft, Einheit in der Vielheit, Freiheit in Bindung, Gerechtigkeit durch Liebe zu verwirklichen. Gerade weil es Bekenntnis zu der durch Jesus Christus offenbaren alles überbietenden Liebe Gottes ist, nimmt es in Dienst für eine alles Recht und alle Gerechtigkeit überbietende Sorge um eine menschlichere Welt. Statt sein Wesen zu definieren, müssen wir deshalb versuchen, seine sich ständig überbietende Geschichte lebendig zu erzählen und heutig zu verwirklichen.

Tiefenpsychologische Umdeutung des Christentums?

I. Ein dringendes Thema und ein berechtigtes Anliegen

Das Verhältnis von moderner Tiefenpsychologie und Theologie war von Anfang an von schweren Konflikten bestimmt. Der Begründer der Psychoanalyse, Sigmund Freud, verstand die Religion als eine Art zwangsneurotische Massenveranstaltung.[1] In der Tat konnte er dem Christentum manche unangenehme Wahrheit ins Stammbuch schreiben. Dagegen hilft keine noch so gut gemeinte Mohrenwäsche. Die Frage bleibt freilich, ob Freuds Rückführung religiöser Symbole auf ursprünglichere Triebregungen das Ursprüngliche und Eigenständige des Religiösen überhaupt in den Blick bekommen hat.[2] Deshalb wird man Eugen Drewermanns erklärtes Programm, Tiefenpsychologie und Theologie neu ins Gespräch zu bringen und sie gegenseitig füreinander fruchtbar zu machen, lebhaft begrüßen.

Drewermanns Ausgangspunkt ist freilich nicht allein Freuds Psychoanalyse, sondern, trotz mancher kritischer Vorbehalte im Einzelnen, mehr noch Carl Gustav Jungs Tiefenpsychologie. Für Jung gehört die Religion unstreitig zu einer der frühesten und allgemeinsten Äußerungen der menschlichen Seele; sie ist nicht nur ein soziologisches oder historisches Phänomen, sondern auch eine wichtige persönliche Angelegenheit. Die Symbole, Riten und Dogmen der Religion entsprechen nämlich kollektiven seelischen Urbildern (Archetypen). Deshalb kommen sie fast überall und zu allen Zeiten vor; sie können sich spontan, gänzlich unabhängig von Migration und Tradition bilden. Sie zu

---

[1] S. Freud, Die Zukunft einer Illusion, in: Gesammelte Werke, Bd. 14, Frankfurt a. M. 1948, 367.

[2] Vgl. E. Drewermann, Strukturen des Bösen, Bd. 1: Die jahwistische Urgeschichte in exegetischer Sicht (PaThSt 4), Paderborn ^{6}1987, XXXV ff.

vernachlässigen, führt zur seelischen Verwilderung und Demoralisierung.[3]

Genau an dieser Stelle setzt Drewermann an. Er wirft dem Christentum und insbesondere der modernen historisch-kritisch arbeitenden Exegese in der Theologie vor, sie hätten durch die Verdrängung der Welt des Emotionalen und des Unbewussten die Verwurzelung in den Tiefen der menschlichen Seele verloren. Dies sei der Grund, weshalb sie die Menschen nicht mehr in ihrer Existenznot erreichen und ihnen nicht mehr helfen können, mit ihrer Angst fertig zu werden. So sei das Christentum in der Gegenwart weithin geistig belanglos und kulturell ohnmächtig geworden. Es habe einen empfindlichen Kompetenzverlust erlitten.[4]

In dieser Diagnose wird man Drewermann weithin zustimmen müssen. Er hat den Finger auf einen wunden Punkt gelegt und eine tiefe Not der gegenwärtigen Kirche angesprochen. Die historisch-kritische Methode, so unverzichtbar und in vielem hilfreich sie auch ist, kann in der Theologie keinen Allein- und Letztgültigkeitsanspruch stellen. Sie kann und muss durch andere Methoden ergänzt werden. Dass dabei auch die Tiefenpsychologie, sofern sie nicht selbst einen Allein- und Absolutheitsanspruch stellt, ihren Beitrag leisten kann, sollte nicht bestritten werden.

Deshalb wird man das Programm von Drewermann begrüssen, eine tiefenpsychologische Hermeneutik der dogmatischen Aussagen zu entwerfen, das heißt die dogmatischen Aussagen mit Hilfe des Instrumentariums der Tiefenpsychologie dem heutigen Menschen phänomenologisch neu zu erschließen und zu deuten.[5] Dies versucht Drewermann vor allem bezüglich der Erbsündenlehre, also just der Lehre, welche vielen modernen Christen zur schieren Verlegenheit geworden ist, die Drewermann aber für das Kernproblem des Menschen und des Glaubens hält. Er ist überzeugt, die weithin verkopfte Theologie könne durch eine tiefenpsychologisch orientierte Phänomenologie wieder

---

[3] C. G. Jung, Psychologie und Religion, Olten 1971, 19 ff.

[4] In Bezug auf die konkrete Situation des deutschen Katholizismus vgl. E. Drewermann, Psychoanalyse und Moraltheologie, Bd. 3: An den Grenzen des Lebens, Mainz 1984, 237–250.

[5] Programmatisch angekündigt in: ders., Tiefenpsychologie und Exegese, Bd. 2: Die Wahrheit der Werke und der Worte, Olten [3]1987, 763.

neu erfahrungsgesättigt werden und so das Sprechen von Sünde und Gnade wieder neu lernen.[6]

Drewermanns Ausgangspunkt ist die biblische, näherhin die jahwistische Darstellung der Urgeschichte in der Genesis. Sie ist »eine äußerst präzise und komplexe Entwicklungsgeschichte seelischer Not und Qual«. »Aus der Sündenlehre der Theologie wird somit eine Krankheitslehre der menschlichen Psyche.«[7] Zur tiefenpsychologischen Deutung kommt die philosophische Deutung, vor allem im Anschluss an Søren Kierkegaard; sie führt zu einer höchst bemerkenswerten und anregenden Neuinterpretation der dogmatischen Lehre von der Erbsünde.[8] Von Kierkegaard übernimmt Drewermann, dass Angst eine Grundbefindlichkeit des Menschen ist. Sie ist nicht Angst vor etwas, sondern Angst als Grundbefindlichkeit des Menschen, als Erfahrung der Bodenlosigkeit der eigenen Existenz, ja als Angst der Freiheit vor sich selbst. Nach Drewermanns Verständnis sind alle Neurosen im Grunde krankhafte Versuche, die Angst zu bewältigen. Dem stellt er gegenüber, dass es nur eine Erlösung von der Angst gibt: das religiöse Vertrauen, die Erfahrung, unbedingt angenommen zu sein. Die Grundfrage, vor die sich jeder Mensch gestellt sieht, liegt also in der Überwindung der Angst durch den Glauben. Allein in Gott ist Geborgenheit zu finden. Anders als für die atheistische Tiefenpsychologie ist Gott für ihn nicht eine Zwangsneurose, vielmehr kommt es gerade dort zu Neurosen, wo der Mensch ohne Gott zu leben versucht. Alle Grundkonflikte des menschlichen Daseins kreisen um die zentrale Frage, wie der Mensch zu Gott steht. So geht es auch im Christentum einzig darum, den »Gesang der Gnade gegen die Angst und des Vertrauens gegen die Verzweiflung« wieder zu lernen.[9]

Auch bezüglich dieses inhaltlichen Grundanliegens von Drewermann gilt, dass es sich um ein höchst dringendes Thema und ein sehr berechtigtes Anliegen handelt. Denn die Bewältigung der Angst ist zweifellos ein zentrales Problem gerade für den heutigen Menschen.

---

6 Ders., Psychoanalyse und Moraltheologie, Bd. 1: Angst und Schuld, Mainz 1982, 129.

7 Ders., Strukturen des Bösen I (wie Anm. 2), 357 f.

8 Bes. ders., Strukturen des Bösen, Bd. 3: Die jahwistische Urgeschichte in philosophischer Sicht (PaThSt 6), Paderborn ^{3}1982, 540–562; zusammenfassend Art. Sünde/Schuld, in: NHThG IV, 148–155.

9 Drewermann, Tiefenpsychologie und Exegese II (wie Anm. 5), 758.

Dennoch muss schon an dieser Stelle eine erste Frage angemeldet werden. Ist die Überwindung der Angst wirklich das zentrale und das fundamentale Thema der christlichen Botschaft, oder geht es in ihr nicht zuerst um die Erlösung von der Sünde?[10] Genauer gefragt: Wie verhalten sich Sünde und Angst? Ist die Sünde eine zwanghaft neurotische Reaktion auf die Angst, oder ist nicht eher die Angst eine Folge der Sünde als frei gewählter Abkehr von Gott? Ist die Sünde also notwendig und insofern natural, oder ist sie personal, als freie Tat, zu verstehen? Drewermann ringt mit diesem Problem; seine ursprüngliche Antwort ist überaus differenziert, in vielem bedenkenswert und weiterführend. Insgesamt scheint es aber nach ihm so zu sein, dass die Angst, welche zur Freiheit gehört, den Menschen in die Sünde hineintreibt, wie sie auch die Chance enthält, dass der Mensch im Glauben Gott begegnet, nachdem er die Ausweglosigkeit der Sünde erfahren hat. Die Frage, was zuerst ist, die Angst oder die Sünde, ist also von anderer Qualität als die müßige Streitfrage, was früher ist, das Huhn oder das Ei. Es geht um die ursprüngliche Bestimmung und Berufung des Menschen.

II. Verstrickung in Widersprüche

Hören wir zunächst, wie Eugen Drewermann selbst seine Gedanken entwickelt. Sein erstes größeres Werk *Strukturen des Bösen* war eine exegetische, tiefenpsychologische und philosophische Interpretation der Sündenfallerzählung in *Gen* 2 und 3. Dieses respektable, von großer Belesenheit zeugende dreibändige Werk bildet den gedanklichen Hintergrund, auf den er in seinen späteren Werken immer wieder verweist. In diesem Frühwerk kommt Drewermann weithin im Anschluss an Kierkegaard zu einer existentialen Auslegung der Erbsündenlehre. Danach ist das Gefühl der Angst die Ursache aller Verfehlungen des menschlichen Herzens. Das Böse ist ein Sichaufblähen der

---

[10] So vom exegetischen Standpunkt aus G. Lohfink/R. Pesch, Tiefenpsychologie und keine Exegese. Eine Auseinandersetzung mit Eugen Drewermann (SBS 129), Stuttgart 1987, 36.

Angst. In ihr setzt sich letztlich die menschliche Existenz an die Stelle Gottes.[11]

Drewermann hält diese Thesen auch in seinen späteren Werken durch. Es kam aber schon in seinem Frühwerk eine zweite, eine religionsgeschichtliche Einsicht hinzu. Im Gedanken an eine Urschuld des Daseins kommt das Christentum mit den Mythen der alten Völker überein. Die christlichen Symbole und Dogmen sind Ausdruck von allgemein-menschlichen Archetypen; sie finden sich deshalb immer und überall in der Religions- und Menschheitsgeschichte. Dennoch stellt das Christentum einen wichtigen Schritt über die Welt der Mythen hinaus dar. Es lehrt den Glauben an die eine Person Gottes und verbindet ihn mit der Lehre von der absoluten Würde, der Unsterblichkeit und Freiheit der menschlichen Person. Doch eben mit dem Monotheismus machte das Christentum zugleich gegen die Welt der heidnischen Mythen Front; ja, es meinte die mythenbildenden Kräfte im Menschen selbst verurteilen und verachten zu müssen. Aufgrund dieser Mythenfeindlichkeit wurde das Unbewusste nicht mehr integriert, assimiliert und aufgearbeitet, sondern unterdrückt, verdrängt, verteufelt. Schließlich richtete sich das Christentum durch diese Mythenfeindlichkeit selbst zugrunde. Diese Mythenfeindlichkeit führte nämlich zu einer einseitigen Rationalisierung und zu einer Entfremdung und Zerspaltung von Bewusstsein und Unbewusstem, Vernunft und Gefühl, Kultur und Natur, Kopf und Herz, ja zu einer Abspaltung von der Quelle, aus der alles Religiöse stammt.[12]

Um das Christentum wieder zu verlebendigen, muss deshalb zur tiefenpsychologischen Deutung des Christentums dessen Deutung mit Hilfe der Mythen kommen. Beides gehört engstens zusammen. Mythologie ist ja projizierte Psychologie.[13] Dieser Gedanke, das Christentum im Zusammenhang der Mythologie besser und tiefer zu verstehen, wurde bei Drewermann mit der Zeit immer stärker. Wusste er

---

[11] So auch Drewermann, Psychoanalyse und Moraltheologie I (wie Anm. 6), 17.53.115 ff.122 u. a.

[12] Ders., Strukturen des Bösen III (wie Anm. 8), 514–540; ders., Psychoanalyse und Moraltheologie I (wie Anm. 6), 59 f.171 ff.; ders., Der Krieg und das Christentum, Regensburg ^{2}1982, 277 ff.359 ff. u. a.

[13] Ders., Tiefenpsychologie und Exegese, Bd. 1: Wahrheit und Formen, Olten 1984, 170; ebd. II (wie Anm. 5), 38 ff.

anfänglich um die Ambivalenz und das Zwanghafte der Mythen, von dem die christliche Botschaft befreit,[14] so kam er schließlich zu der Überzeugung, dass vor allem die ägyptische Mythologie die Tiefen der Seele viel reiner und tiefer widerspiegelt, als dies im biblischen Christentum der Fall ist.[15] Seine logische, aber doch auch überraschende, ja entlarvende Folgerung: »Wir sind als Christen zu sehr alttestamentlich und zu wenig ägyptisch, um wirklich christlich zu sein.«[16] Eine solche These steht offensichtlich in der Gefahr, die Grundlagen des biblischen Christentums zu verlassen. Die biblische Heilsgeschichte wird in die Religionsgeschichte hinein nivelliert, ja von dieser überwältigt und dominiert.

Schließlich findet sich noch ein dritter Gedankenschritt, der ebenfalls von Anfang an grundgelegt ist: Unsere psychische Konstitution, unsere Strukturen des Wahrnehmens, des Denkens und Fühlens sind ein Teil der Evolutionsgeschichte. Es gibt also eine Naturgeschichte der menschlichen Psyche.[17] Damit greift Drewermann in sehr knapper Weise die Thesen und Hypothesen der sogenannten evolutionären Erkenntnistheorie von Konrad Lorenz und anderen auf. Das führt ihn dazu, sich gegen eine einseitige Herausstellung der Sonderstellung des Menschen in der Natur und gegen eine einseitige Anthropozentrik, welche den Zusammenhang des Menschen mit der Natur vergisst, zu wenden. Ein solches abstraktes Verhältnis der Freiheit führt nach Drewermann zu einer Unterdrückung der umgebenden wie der eigenen Natur des Menschen, seiner Aggression, seiner Sexualität und nicht zuletzt der archetypischen Bilder des kollektiven Unbewussten.[18] So kann es nicht überraschen, dass er sich die Thesen des weltanschaulich bestimmten Flügels der ökologischen Bewegung zu eigen machen kann, vor allem die These von der evolutiven Einheit des Menschen

---

14 Ders., Strukturen des Bösen III (wie Anm. 8), 514 ff.

15 Ders., Tiefenpsychologie und Exegese II (wie Anm. 5), 786.

16 Ders., Religionsgeschichtliche und Tiefenpsychologische Bemerkungen zur Trinitätslehre, in: W. Breuning (Hg.), Trinität. Aktuelle Perspektiven der Theologie (QD 101), Freiburg i. Br. 1984, 142; vgl. Drewermann, Tiefenpsychologie und Exegese II (wie Anm. 5), 540.

17 Ders., Strukturen des Bösen III (wie Anm. 8), 559 ff.; ders., Tiefenpsychologie und Exegese I (wie Anm. 13), 139; ebd. II (wie Anm. 5), 15; ders., Der Krieg und das Christentum (wie Anm. 12), 196 f.

18 Ebd., 195 ff.

mit der ihn umgebenden Natur.[19] Konsequent übernimmt er die Forderung nach einem neuen Einheitsdenken, einer Harmonie mit der Natur, ihren Rhythmen und Kreisläufen,[20] ja einer neuen Mystik der Natur.[21]

Die Anklagen, welche Drewermann in diesem Zusammenhang gegen das Christentum richtet, sind ungeheuerlich. Das Christentum trägt nach ihm die Hauptschuld am tödlichen modernen Fortschrittsglauben und an der Naturzerstörung. Selbst der heilige Franziskus kommt bei diesen undifferenzierten und maßlosen Attacken gegen das Christentum nur mit Mühe und mit einigen Blessuren gerade noch einigermaßen gut davon. Auch Kierkegaard muss sich samt seinen Erben unter diesem Gesichtspunkt eine harte Abfuhr gefallen lassen. Diese Anklagen sind einfach zu undifferenziert, um wirklich überzeugen zu können. Die theonome Anthropozentrik der Bibel, wo der Mensch sich vor Gott und seinem Gebot verantwortlich weiß, ist zutiefst verschieden von der autonomistischen Anthropozentrik der Neuzeit und ihrem Fortschrittsglauben. Was Drewermann an sogenannten geistes- und kulturgeschichtlichen Zusammenhängen bietet, schlägt jeder seriösen, vorurteilslosen, um Differenzierungen bemühten geschichtlichen Betrachtungsweise ins Gesicht. Die ständige Bezugnahme auf Karlheinz Deschners kirchengeschichtliche Pamphlete kann diesen Eindruck nur bestätigen.

Was schwerer wiegt als diese geistesgeschichtliche Schwarzweißmalerei, ist die Feststellung, dass Drewermann mit seiner überzogenen und undifferenzierten Kritik an der Anthropozentrik und seiner Forderung nach einer neuen Naturmystik den personalen Ansatz, von dem er ausging, letztlich aufhebt. Denn für das christliche Verständnis der menschlichen Person, die in Geist und Leib existiert, ist es wesentlich, ein verantwortliches Verhältnis zu ihrer eigenen wie zur fremden Natur zu haben. Doch Drewermann bringt den Gesichtspunkt der evolutionären Erkenntnistheorie zur Geltung, ohne auch nur mit einem Wort auf deren tiefe Problematik einzugehen. Denn denkt man diese Thesen beziehungsweise Hypothesen zu Ende, dann

---

[19] Ders., Der tödliche Fortschritt. Von der Zerstörung der Erde und des Menschen im Erbe des Christentums, Regensburg [4]1981, 136.
[20] Ebd., 105ff.
[21] Ders., Psychoanalyse und Moraltheologie III (wie Anm. 4), 249.

führen sie zu einer Naturalisierung des Menschen und seiner sittlich-religiösen Anschauungen, bei Drewermann zu einer ›Verpsychologisierung‹ des Glaubens.

Zwar ist es keine Frage, dass jeder der drei Gedankenschritte echte Fragen enthält, von denen man keine unter den Teppich kehren darf. Keine Frage ist es auch, dass es eine dringliche Aufgabe ist, diese verschiedenen Aspekte beziehungsweise das jeweils Legitime an ihnen zu integrieren, so wie er es ursprünglich auch intendierte. Doch immer deutlicher gibt er die ursprünglichen Differenzierungen auf. So verstrickt er sich mit der mehr oder weniger äußerlichen Kombination dieser verschiedenen Elemente am Ende in unlösbare Widersprüche.

Am Anfang steht im weitgehenden Anschluss an Kierkegaard eine existentiale, ja personale Deutung des christlichen Glaubens. Doch eben diese personale Deutung müsste Drewermann nach seinem Feldzug gegen alle Anthropozentrik am Schluss konsequenterweise aufgeben. Die theologisch völlig inakzeptable These Drewermanns von der notwendigen theologischen Suspension des Ethischen[22] deutet in diese Richtung. Mit ihr endet die ursprüngliche existentiale Deutung in einer naturalen Deutung der Religion und des Menschen.

Der springende Punkt liegt im zweiten Gedankenschritt. Während nach Drewermanns Ausgangspunkt die Erlösung im Glauben und Vertrauen an den einen persönlichen Gott besteht, muss er mit seiner Hinwendung zu den Mythen eben diesen Monotheismus problematisieren. Drewermann erkennt ja sehr wohl, dass die von ihm so beklagte und bekämpfte Mythenfeindlichkeit nicht etwa erst dem späteren Christentum angelastet werden kann, sondern schon in der Bibel, und zwar in der spezifisch biblischen Verhältnisbestimmung von Schöpfer und Schöpfung und in dem für die Bibel fundamentalen Monotheismus ihre Wurzel hat.[23] Er weiß auch, dass die von ihm so gescholtene rationale Weltsicht eben hier ihren tiefsten Grund hat. Denn die polytheistische Mythologie steht für eine letzte Zerrissenheit und damit Irrationalität der Welt; eine monotheistische Religion dagegen kann und muss die Einheit des Sinnzusammenhangs wahren und damit auch die Rationalität der Wirklichkeit verteidigen. Nur innerhalb

---

22 Ders., Psychoanalyse und Moraltheologie I (wie Anm. 6), 95 ff.

23 Ders., Tiefenpsychologie und Exegese I (wie Anm. 13), 30.64.138.156 f.772.

der mythischen Weltanschauung ist ein tragisches Daseins- und Gottesverständnis, das Drewermann zu rehabilitieren versucht,[24] möglich. Doch Drewermann hält nach wie vor an der existentiellen Bedeutung und Wahrheit des Monotheismus im Sinn des Glaubens an den einen persönlichen Gott fest. Aber wie will er diesen personalen Monotheismus mit seiner emphatischen Zuwendung zu den Mythen in Einklang bringen? Hebt hier nicht das eine das andere auf?

Diese Widersprüche zeigen, dass hinter dem umfangreichen und sprachgewaltigen späteren Werk Drewermanns mehr suggestive als argumentative Kraft steht. Letztlich stellt es ein gedanklich unverdautes Konglomerat heterogener Ideenkomplexe dar.[25] Die daraus sich ergebenden Probleme zeigen jedoch, dass nicht nur relativ nebensächliche theologische Detailfragen oder exegetische und dogmatische Feinheiten, die man getrost den professionellen Spezialisten überlassen kann, auf dem Spiel stehen. Es geht um die Grundentscheidung des Alten und Neuen Testaments zum Monotheismus. Damit geht es nicht nur um das unterscheidend Christliche, sondern um das unterscheidend Biblische. Mit dem Glauben an den einen persönlichen Gott stehen auch die personale Würde des Menschen und seine personale Verantwortung für die Natur auf dem Spiel. Die eingangs gestellte Frage, ob die Sünde natural oder personal zu deuten ist, kehrt damit im größeren Zusammenhang wieder.

III. Die zentrale Frage: Wer ist Jesus Christus?

Der zentrale und fundamentale Charakter der Anfrage an die Position von Eugen Drewermann wird vor allem deutlich, wenn man nach seinem Offenbarungsverständnis fragt. Seine Antwort: »Die Offenbarung Gottes geschieht nicht durch die Mitteilung bestimmter Lehren, Inhalte oder rein äußerlicher Fakten; sie ereignet sich allein durch die Erfahrung einer vorbehaltlosen, bedingungslosen und umfassen-

---

24 Ders., Psychoanalyse und Moraltheologie I (wie Anm. 6), 19–78.

25 Die Unausgeglichenheit und Sprunghaftigkeit des Gedankengangs stellt auch L. Wachinger, Exegese, Glaube, Tiefenpsychologie. Zu Eugen Drewermanns »Tiefenpsychologie und Exegese«, in: StZ 112 (1987) 701–712 heraus.

den Akzeptation, durch das, was in der Theologensprache ›Gnade‹ heißt.«[26]

Diese These ist im Sinn gegenwärtiger Fundamentaltheologie und Dogmatik insofern richtig, als die Offenbarung nicht in rein äußerer Information, sondern in personaler Kommunikation besteht. Doch während die Theologie diese Kommunikation als freie personale Selbstmitteilung Gottes versteht, die in vielfältiger Weise, auch in Träumen, Visionen und anderem, vor allem aber im Medium von Worten und Taten und in ihrer Fülle in Person und Werk Jesu Christi geschieht, sieht Drewermann Offenbarung ausschließlich als traumhafte Projektion der archetypischen religiösen Wahrheiten der menschlichen Psyche.[27] Er will das christliche Dogma in der Psyche des Menschen selbst verankert sehen.[28] So geht es nach ihm in der Offenbarung nicht um Selbstoffenbarung des dem Menschen verborgenen Geheimnisses Gottes, sondern um Selbstoffenbarung der Tiefen der menschlichen Seele. Die Offenbarung ist folglich kein freies, unableitbares geschichtliches Ereignis, welches dem Menschen etwas Neues sagt, sondern eine ubiquitäre Wirklichkeit.

Anders formuliert: Drewermann unterscheidet nicht zwischen Religion als einem allgemein-menschlichen Phänomen und der geschichtlich geschehenden Offenbarung, wie sie das Alte und Neue Testament bezeugt. Für ihn ist die Religion ein Element in der Struktur des Bewusstseins, die Mythologie folglich projizierte Psychologie. Deshalb ist der Ausgangspunkt der religiösen Überlieferung nicht das Wort, sondern der Traum; er ist auch der Ort der Gottesoffenbarung. Das Besondere des Christentums besteht nicht in einer neuen und besonderen geschichtlichen Offenbarung, sondern darin, dass es den Mythen eine besondere Interpretation gibt. Das Christentum bedeutet »die enorme Personalisierung aller Ausdrucksgebärden und Symbole«[29]. In diesem Sinn geht es in der Bibel nicht um pantheistische Verschmelzung von Gott und Mensch, sondern um einen Dialog zwischen Ich und Du. Nicht wortlose Meditation, nicht schweigende Ent-

---

[26] Drewermann, Psychoanalyse und Moraltheologie I (wie Anm. 6), 11.

[27] Ders., Tiefenpsychologie und Exegese I (wie Anm. 13), 17.20.99.109.116 ff.138. 170; ebd. II (wie Anm. 5), 38 ff. u. a.

[28] Ders., Psychoanalyse und Moraltheologie III (wie Anm. 4), 249.

[29] Ders., Tiefenpsychologie und Exegese II (wie Anm. 5), 139.

grenzung, Transzendierung der Bilder bildet den Weg der biblischen Gotteserfahrung, sondern die Zwiesprache des Gebets, der Austausch der Liebe.[30] Jesus verkörpert und lebt in seiner Person und in seinem Leben die gesamte Fülle der mythologischen Bilder aufs reinste.[31] So bringt das Christentum Personalität und Individualität zur Synthese mit dem archetypischen Material der Psyche.[32]

Das hört sich theologisch gut an, man fragt sich nur, wie sich solche Aussagen mit den bereits zitierten pantheistischen Anwandlungen bei Drewermann vereinbaren lassen. Man fragt sich außerdem nochmals, ob eine solche exklusiv-dialogische Gottesbeziehung nicht den Rahmen der Mythologie grundsätzlich sprengt.

Es kommt also alles darauf an, wie die Synthese von allgemeinreligiösem Mythos und speziell christlicher Gottesbeziehung bei Drewermann zu verstehen ist. Drewermann gibt die Antwort im Anschluss an Jacob Burckhardt und Wilhelm Dilthey mit Hilfe der Lehre von der Typologie. Sie besagt, dass in einer besonderen und bestimmten geschichtlichen Gestalt etwas allgemein und bleibend Gültiges, immer Gegenwärtiges geschieht.[33] Das bleibend Gültige im einmalig Historischen ist bei Drewermann darin begründet, dass sich in einem geschichtlichen Ereignis die archetypischen Bilder der Psyche spiegeln. Diese Bilder betrachtet Drewermann im Anschluss an Jung als apriorische Anschauungsformen des Menschen.[34] In ihnen »liegt das Einende und Verbindende zwischen den Kulturen und Religionen aller Zeiten und Zonen«[35]. Mit ihrer Hilfe verdichten sich bestimmte historische Ereignisse zu archetypischen Szenen, wie umgekehrt die wirkliche Geschichte archetypische Bilder zu ihrer Deutung hervorruft.[36] Allein »die erträumte, die erdichtete Geschichte erlaubt es dem späteren Leser, das Geschehen von einst mitträumend, mitfühlend, mitleidend, mithoffend für sich selber mitzuerleben«[37].

30 Ebd., 345.359.769.782.
31 Ebd., 139.
32 Ebd., 777.
33 Ders., Tiefenpsychologie und Exegese I (wie Anm. 13), 54ff.; ebd. II (wie Anm. 5), 700ff.
34 Ders., Tiefenpsychologie und Exegese I (wie Anm. 13), 66ff.
35 Ebd., 71.
36 Ebd., 301.
37 Ebd., 26.

Damit ist deutlich, wie es zu verstehen ist, wenn Drewermann an der Historität der Offenbarung, besonders des Christusgeschehens, festhält und wenn er gleichzeitig sagt, die Offenbarung bringe keinen neuen Inhalt. Für ihn ist die Geschichtlichkeit der Offenbarung nicht Ausdrucksgestalt der unableitbaren Freiheit, mit der Gott aus seiner Verborgenheit heraustritt, um sich selbst uns mitzuteilen, was notwendigerweise den Charakter des Neuen und Einmaligen hat. Für Drewermann ist die Geschichte vielmehr die typische Gestalt eines menschlich Allgemeinen und Ubiquitären. Die Offenbarung ist eine Gestalt allgemeinmenschlicher Religiosität.

Innerhalb einer solchen Konzeption verändert sich die Funktion des Offenbarers wie des Priesters beziehungsweise Seelsorgers grundlegend. Sie ist nunmehr die eines Therapeuten. Der Therapeut lehrt und belehrt ja nicht; er schafft vielmehr ein Klima des Vertrauens, und so ist er »die historische Bedingung der heilenden Bilder eines reifenden, sich in Bildern vollziehenden Vertrauens«. So wird man auch die Offenbarung Gottes in Jesus von Nazareth »nicht anders verstehen können, als daß von der Person Jesu eine solche Güte und Wärme ausging, daß all die Bilder des Heils, die in der menschlichen Seele angelegt sind, durch seine Nähe auf den Plan gerufen wurden, sich mit seiner Gestalt verbanden und sich zu einem Gesamtgemälde formten, in dessen Widerschein ein jeder Mensch die Wahrheit Christi zu erkennen vermag, indem er sich selber darin offenbar wird«[38].

Was in den großen Werken von Drewermann angedeutet wird, kommt in einer für das breite Publikum gedachten Veröffentlichung völlig klar zum Ausdruck: »Unter dem Titel ›Gottessohn‹ wird, tiefenpsychologisch betrachtet, ein archetypisches Symbol aufgegriffen, dessen innerer Erfahrungsreichtum in der Weise mit der Person Jesu verbunden wird, daß in ihm der Inhalt des Archetyps als wirklich und wirksam gesetzt wird.« Das Wesen Jesu wird also so gedeutet, »daß mit seiner Person unabtrennbar all die Erfahrungen verschmelzen, die in der Seele eines jeden Menschen grundgelegt sind …«[39]. »Wer sagt: ›Ich glaube an Jesus Christus, Gottes eingeborenen Sohn‹, bekennt sich

---

38 Ders., Tiefenpsychologie und Exegese II (wie Anm. 5), 768 f.

39 Ders., Dein Name ist wie der Geschmack des Lebens. Tiefenpsychologische Deutung der Kindheitsgeschichte nach dem Lukasevangelium, Freiburg i. Br. 1986, 42.

im Grunde dazu, daß er in seinem Leben all die Erfahrungen mit Christus gemacht hat, die der Alte Ägypter mit der Person des Pharao verband.«[40]

Angesichts solcher, die qualitative Einmaligkeit Jesu Christi völlig auflösenden Aussagen ist es verständlich, dass Drewermanns Konzeption sehr oft dem Vorwurf der Gnosis begegnet. Versteht man unter Gnosis die Lehre, dass der Mensch dadurch erlöst wird, dass er sein wahres Selbst erkennt, dann hat dieser Vorwurf viel Plausibilität für sich. Denn Quelle der Gottesoffenbarung ist für Drewermann ja das Unbewusste selbst. Der Vorwurf der Gnosis und des damit verbundenen Doketismus erhält auch dadurch zusätzliche Nahrung, dass sich Drewermann in immer wiederkehrenden Polemiken vehement gegen die Jungfrauengeburt und deren biologisches Verständnis wendet.[41] Doch gerade das Ins-Fleisch-Gekommensein Jesu Christi stellt schon das Neue Testament als das unterscheidend Christliche gegen die beginnende Gnosis heraus *(1 Joh 4,2; 2 Joh 7)*. Übrigens verwickelt sich Drewermann auch hier in seltsame Widersprüche. Während er sich bei der Behandlung des Schamanentums nicht genug tun kann, dessen ganzheitliches Heilsverständnis zu preisen,[42] vertritt er bei der Lehre von der Jungfräulichkeit in recht polemischer Weise eine Aufspaltung von wirklichem Sein und bloßer theologischer Bedeutung.

Zweifellos hat es immer etwas Missliches an sich, alte Ketzerhüte auszuteilen; sie passen selbstverständlich nie ganz. Das gilt in diesem Fall doppelt, da die Gnosis historisch betrachtet ein vielfältiges und vielgestaltiges Phänomen ist. Das macht es Drewermann leicht, sich öfters energisch gegen diesen Vorwurf zur Wehr zu setzen.[43] Er verweist darauf, dass er die Historizität Jesu nicht leugnet und ein personales Gottesverhältnis lehrt. Mit denselben Argumenten wehrt er sich auch gegen Ludwig Feuerbachs Projektionstheorie, auf die seine eigene Theorie ebenfalls hinauszulaufen scheint.[44] An anderer Stelle kommt ihm diese Theorie aber in erstaunlich leichtfertiger Weise

---

40 Ebd., 60.

41 Ders., Tiefenpsychologie und Exegese I (wie Anm. 13), 393ff.503ff.; ders., Dein Name ist wie der Geschmack des Lebens (wie Anm. 39), 53ff.

42 Ders., Tiefenpsychologie und Exegese II (wie Anm. 5), 74ff., bes. 114ff.

43 Ders., Tiefenpsychologie und Exegese I (wie Anm. 13), 298; ebd. II (wie Anm. 5), 769f. u. a.

44 Ebd., 782.

auch wiederum gar nicht so schlimm vor.[45] Aber will Feuerbach nicht gerade auch das personale Gottesverhältnis als Projektion entlarven? Schreckt Drewermann also am Ende nur vor den eigenen Konsequenzen zurück? Oder sind seine verschiedenen Aussagen einfach nicht auf einen Nenner zu bringen?

Schwer zu entscheiden. Sicherlich hat Drewermann wie jeder Autor das Recht, bis zum strikten Beweis des Gegenteils in meliorem partem interpretiert zu werden. Es lässt sich jedoch nicht leugnen: Ein starkes gnostisches Gerüchlein steigt dem Leser der Opera Drewermanns in die Nase hinauf, und das müsste nicht nur den Leser, sondern auch den Autor nachdenklich machen. Bloße Versicherungen, dass er gar nicht meine und wolle, worauf seine Aussagen schlussendlich hinauslaufen, helfen nicht weiter. Es muss an den Prämissen selbst liegen, und die laufen entweder in die Richtung Gnosis, oder sie sind zutiefst widersprüchlich. Sachlich geht es dabei um die alles entscheidende Frage: Ist Jesus der Sohn Gottes, oder bedeutet er das nur für uns, weil wir ihn so deuten? Aber kann Jesus wirklich etwas für uns bedeuten, wenn er es nicht selbst ist? Wieder geht es nicht um letztlich belanglose Detailfragen und Quisquilien, sondern um die zentralste Frage des christlichen Glaubens: Was haltet ihr von Jesus Christus? *Ist* er der Sohn Gottes? Ist er der eine und einzige Sohn Gottes, der eine und einzige Mittler, dem man den Pharao eben nicht zur Seite stellen kann?

IV. Methodische Grenzüberschreitungen

Mit den zuletzt gestellten Fragen haben wir den Bereich einer tiefenpsychologischen Deutung des Christentums überschritten. Diese kann ja nie die Wirklichkeit an sich, sondern unsere psychologischen Vorstellungen von der Wirklichkeit zum Gegenstand haben. Der Psychologe muss sich im Rahmen seiner Methode auf die Beobachtung und Deutung seelischer Phänomene beschränken; er kann keine ontologischen Aussagen machen.[46] Für ihn ist eine Idee wahr, insofern sie psychisch existiert, über deren extrapsychische Wirklichkeit kann er mit

[45] ders., Dein Name ist wie der Geschmack des Lebens (wie Anm. 39), 123.
[46] Ders., Tiefenpsychologie und Exegese II (wie Anm. 5), 762.

psychologischen Methoden nichts sagen. Insofern kann eine tiefenpsychologische Deutung des Glaubens von vornherein nur dessen Bedeutung für uns zum Gegenstand haben.

Drewermann reflektiert die Ergänzungsbedürftigkeit der Tiefenpsychologie ausdrücklich. Sosehr die Theologie nach seiner Überzeugung auf die Tiefenpsychologie angewiesen ist, um nicht eine Konstruktion aus gusseisernen Begriffen zu werden, so sehr bleibt die Psychoanalyse ohne Theologie eine Kerkerwissenschaft; sie bliebe eingesperrt in das innere Gefängnis.[47] Die Tiefenpsychologie muss von der Theologie lernen, »daß sich das Gefängnis des menschlichen Daseins nur dann wirklich öffnet, wenn die verinnerlichte bzw. von außen erzeugte Menschenfurcht durch eine tiefere Verankerung der menschlichen Existenz im Absoluten überwunden wird«. Erst der Glaube schenkt die Einsicht in den Vorrang des Seindürfens vor dem Seinmüssen. So geht es ihm gleichermaßen um »die Beendigung einer seelenlos gewordenen Gotteslehre« wie »einer gottlos gewordenen Seelenkunde«[48]. Der methodische und oft auch theoretische Atheismus der heutigen Psychologie gerät in die Gefahr, mehr Neurosen zu schaffen als zu beseitigen.[49] Drewermann will also die Tiefenpsychologie keineswegs als eine Art Allheilmittel,[50] als eine Universalwissenschaft oder als eine Form von Religionsersatz verstehen;[51] sie ist kein Sesam-öffne-dich.[52]

Fragt sich nur, ob die ganze Logik und Dynamik der Gedankengänge Drewermanns nicht doch in eine andere Richtung laufen und seine eigenen nachträglichen Versicherungen wirkungslos machen. In den konkreten Darlegungen jedenfalls trägt Drewermann seinen eigenen besseren Einsichten kaum Rechnung. Da wird vielmehr völlig ungebremst und ungeniert tiefenpsychologisch interpretiert und die Theologie präjudiziert. Die neuere Theologie ist in den sonst so reichen Literaturhinweisen Drewermanns ohnedies so gut wie abwesend; Drewermann nimmt sie praktisch nicht zur Kenntnis. So geschieht die geforderte Vermittlung von Tiefenpsychologie und Theologie bei Dre-

---

[47] Ders., Psychoanalyse und Moraltheologie III (wie Anm. 4), 10.
[48] Ebd., 12.
[49] Ders., Tiefenpsychologie und Exegese II (wie Anm. 5), 762.
[50] Ebd., 760.
[51] Ebd., 789.
[52] Ebd., 34.

wermann einseitig von der Tiefenpsychologie her. Die Theologie kommt mit ihren eigenen Anliegen gar nicht zu Wort. Wohl nicht zuletzt deshalb wirken Drewermanns dicke Wälzer so unerträglich monoman. Gegenrede und kritische Einwände sind offensichtlich nicht erwünscht.

Auf der anderen Seite muss Drewermann die Möglichkeiten der Tiefenpsychologie sehr weit fassen. Er will mit den Methoden der Tiefenpsychologie festhalten, »daß Gott nicht als Teil der Gesamtheit der menschlichen Psyche verstanden werden darf und daß es unbedingt erforderlich ist, jenseits des Meeres des Unbewußten an ein anderes Ufer zu glauben, an dem Gott auf uns wartet«[53]. Die Frage ist, ob damit ein psychologisches Bedürfnis oder eine transpsychische Realität ausgesagt wird. Im Sinn Drewermanns offensichtlich das Letztere. Doch sind damit die methodischen Möglichkeiten der Tiefenpsychologie nicht überschritten?

Drewermann vergleicht einmal die Tiefenpsychologie mit einem Floß, das über einen Strom hilft. Am anderen Ufer angelangt, braucht man das Floß nicht mehr, man kann es zurücklassen und das heißt die tiefenpsychologische Hermeneutik vergessen.[54] Damit ist meines Erachtens zugleich zu viel und zu wenig behauptet. Zu viel, weil nicht einzusehen ist, wie die Tiefenpsychologie mehr als das Bedürfnis, die Sehnsucht und die Ausrichtung nach dem anderen Ufer aufweisen kann; das verheißene Land zu betreten ist ihr als Tiefenpsychologie nicht möglich. Das Boot muss uns vom anderen Ufer her entgegenkommen, um uns abzuholen und mitzunehmen. Doch eben mit-nehmen! Hier besagt der Vergleich zu wenig. Der Gläubige schüttelt ja seine seelische Konstitution nicht ab, so wie man ein Boot zurücklässt, nachdem man übergesetzt ist. Die Offenbarung drückt sich im Medium des Menschen aus. Sie greift die Bilder und Träume der anima naturaliter christiana (Tertullian) auf und nimmt sie in Dienst. Nur so kann sie zu einer die menschliche Existenz in ihrer Tiefe treffenden und verwandelnden Erfahrung werden. Will die Theologie den Menschen wirklich in seiner Tiefe erreichen, dann braucht sie die tiefen-

---

[53] Ebd., 769; vgl. ders., Strukturen des Bösen, Bd. 2: Die jahwistische Urgeschichte in psychoanalytischer Sicht (PathSt 5), Paderborn [4]1983, 124ff.; ebd. III (wie Anm. 8), 148ff.

[54] Ders., Tiefenpsychologie und Exegese II (wie Anm. 5), 789f.

psychologische Hermeneutik nicht nur zeitweise, sondern bleibend. Das aufgezeigt zu haben ist Drewermanns unbestreitbares Verdienst. Dass er in seinen späteren Werken nicht auch zugleich und mit gleicher Intensität die Grenzen seiner tiefenpsychologischen Hermeneutik reflektiert, ist freilich seine Grenze.

So ist eine angemessene Vermittlung zwischen Tiefenpsychologie und Theologie im Werk Drewermanns bisher nicht gelungen. Sie könnte nur gelingen, wenn die theologischen Aussagen nicht nur in tiefenpsychologischer Reduktion, sondern in sich selbst zur Sprache kämen, wenn er also das diakritische Erkenntnisorgan der Theologie[55] entschiedener und auch vorurteilsloser zur Geltung bringen würde. Es dürften deshalb nicht nur die dürftigen, aber auch längst überholten neuscholastischen Ausläufer einer dürren Schultheologie kritisiert werden; es müsste die reiche Tradition der geistlichen Theologie der Kirchenväter, Mystiker und großen Scholastiker wie die Versuche von deren schöpferischer Erneuerung bei Henri de Lubac, Romano Guardini, Karl Rahner, Hans Urs von Balthasar, um nur einige, wichtige Vertreter zu nennen, in die Diskussion gebracht werden. Solange dies nicht geschieht, macht sich Drewermann seine Auseinandersetzung nicht nur zu leicht, solange muss seine Methode vom Gesichtspunkt der Theologie aus gesehen auch als naiv und unkritisch erscheinen.

Die Grundfrage einer kritischen Vermittlung von Theologie und Tiefenpsychologie lautet: Genügt das psychotherapeutische Modell und Paradigma für ein sachgerechtes Offenbarungs- und Erlösungsverständnis? Geht es im Offenbarungsvorgang nur darum, Bedingungen und ein Klima zu schaffen, in dem die Selbstheilungskräfte der Seele wirksam werden können, oder geht es nicht eher um ein unableitbares Freiheitsgeschehen »vom anderen Ufer her«, geht es also nicht eher um reale Vergebung und Neuschaffung, die sich zwar im Medium der menschlichen Seele und ihrer Archetypen ausspricht, diese dabei aber auch in kritischer und schöpferischer, ja neuschöpferischer Weise in Dienst nimmt? Die für die Offenbarung des Alten wie des Neuen Testaments wesentliche Geschichtlichkeit ist die Ausdrucksgestalt dafür, dass das Christentum die Botschaft von der freien Gnade ist. Als Geschenk der freien und ungeschuldeten Gnade nimmt die biblische Offenbarung den Menschen in seiner Freiheit in An-

---

55 Ebd., 769.

spruch und Verantwortung. Zur Freiheit gehört das Moment des Neuen und des nicht Ableitbaren. Darum ist Erlösung mehr als restitutio in integrum und Rückkehr ins Paradies.[56] Sie führt nicht ins träumende Dasein im Mutterschoß zurück, im Gegenteil, sie ist eine neue Geburt, die zur christlichen Mündigkeit und ins sohneshafte Erwachsenenalter führt. Das psychotherapeutische Modell greift dafür zu kurz.

Drewermann mag mit einigem historischen Recht dem Christentum vorhalten, dass dieses oft einseitig den Verstand betont und die naturalen und emotionalen Kräfte unterbewertet, ja unterdrückt hat. Es ist jedoch zu fragen, ob er nicht den Menschen wie die Offenbarung einseitig naturalisiert und die Freiheit verkennt, mit welcher sich der Mensch verantwortlich zur Natur verhalten kann, wie die Freiheit, aus der die christliche Offenbarung entspringt und die sie schenkt. Solange dies der Fall ist, werden die Wirkungen des imponierenden Werkes von Drewermann über seine gut gemeinten und sachlich weithin wohl begründeten Intentionen hinweggehen und zu einer Verpsychologisierung und letztlich zu einer Naturalisierung des Glaubens führen, welche weder der Personalität Gottes noch der des Menschen gerecht wird. Schade, denn damit wird ein gutes, mit erstaunlichem Arbeitsaufwand und enormer Kenntnis verfolgtes Anliegen um den Erfolg gebracht, den es verdiente und den man ihm wünschte: Eine erfahrungsgesättigte Verkündigung und eine Theologie, welche den Menschen in den Tiefen seiner Seele trifft, anrührt und verwandelt. Ein postmoderner Psycho-Mythos jedoch kann der Weg des Christentums ins dritte Jahrtausend nicht sein.

---

[56] Ders., Psychoanalyse und Moraltheologie III (wie Anm. 4), 27ff.

Jesus Christus – das Licht der Welt

Die Weisheitschristologie als Auslegungsschlüssel der Weltweisheit

Das lange Zeit vernachlässigte Thema des Verhältnisses Schöpfung und Christologie, das dem Theologen, Bischof und Kardinal Christoph Schönborn so am Herzen liegt, lässt sich von verschiedenen Gesichtspunkten aus angehen. Für die meisten Zeitgenossen dürfte dabei das naturwissenschaftliche Problem des Verhältnisses von Schöpfung und Evolution im Vordergrund des Interesses stehen. Aus dieser Perspektive hat Pierre Teilhard de Chardin in den 50er Jahren des 20. Jahrhunderts den Versuch einer Synthese vorgelegt. Er wurde zwar kontrovers diskutiert, bedeutete aber bei allen Vorbehalten, die man im Einzelnen haben kann, einen wichtigen Durchbruch, weil er zeigen konnte, dass die Theorie von der Evolution und der Glaube an die Schöpfung, sofern die ganz unterschiedliche Ebene beider Aussagen beachtet wird, sich nicht widersprechen müssen.

Innertheologisch kann man das Verhältnis von Schöpfung und Christologie sowohl ausgehend von der Schöpfungslehre bestimmen und zeigen, wie die Schöpfung auf die neue Schöpfung in Jesus Christus ausgerichtet ist, wie man umgekehrt ausgehend von der Christologie zeigen kann, dass diese in einem universalen Rahmen, der Schöpfung aller Wirklichkeit in Christus und auf ihn hin zu denken ist. Beide Ansätze sind legitim und ergänzen sich. Man kann das Verhältnis von Schöpfung und Christologie einschließlich der Ekklesiologie aber auch von einem gemeinsamen und beide verbindenden Standpunkt aus, nämlich der biblischen Weisheitslehre, zu bestimmen versuchen. Wie zu zeigen sein wird, ist dieser Versuch nicht nur von theoretischem, sondern auch von pastoralem, insbesondere von kerygmatischem Interesse.[1]

---

[1] Im Folgenden greife ich auf frühere Veröffentlichungen zurück: W. Kasper, Gottes Gegenwart in Jesus Christus. Vorüberlegungen zu einer weisheitlichen

Dieser Versuch setzt eine biblische Besinnung auf die Weisheitslehre und ihre großen Auswirkungen in der patristischen Theologie voraus. Denn die stark heilsgeschichtlich orientierte Theologie im Gefolge des Zweiten Vatikanischen Konzils hat mit der Schöpfungslehre längere Zeit auch die biblische Weisheitslehre vernachlässigt. Längere Zeit war man der Meinung, die Weisheitslehre sei nur eine relativ späte Literaturgattung im Alten Testament. Deshalb trat sie neben den geschichtlichen und prophetischen Büchern in den Hintergrund. Es war vor allem Gerhard von Rad, der wieder auf sie aufmerksam machte, und es war vor allem Hartmut Gese, der ihre Bedeutung für die Christologie herausgestellt hat.[2]

Die biblische Weisheitstradition ist, sowohl als praktische Lebensweisheit wie mehr spekulativ verstanden, von der altorientalischen, besonders von der ägyptischen Weisheitstradition beeinflusst und doch aufgrund des verschiedenen Gottesverständnisses von ihr auch wieder verschieden. Sie zieht sich durch das ganze Alte Testament und auch durch das Neue Testament hindurch. So finden sich bereits im ersten (priesterschriftlichen) Schöpfungsbericht weisheitliche Aussagen über die Ordnung in der Schöpfung. Der ägyptische Joseph *(Gen 41,39)*, Moses *(Ex 2,10; Apg 7,22)* und vor allem Salomo *(1 Kön 5,9–14; 10,6f.23f.)* werden als mit göttlicher Weisheit begabt beschrieben. Weisheitstradition findet sich auch in den Psalmen *(Ps 51,8; 111,10)*. Die Propheten kritisieren Ratgeber, die alles allein nach menschlicher Weisheit beurteilen und so das Gesetz Jahwes in Lüge verwandeln (*Jer 8,8;* vgl. *Jes 5,21; 29,14*). Weisheit wird vor allem dem erwarteten Messias verheißen *(Jes 11,2)* und dann im Neuen Testament von der über Jesu Worte und Taten staunenden Menge Jesus

Christologie, in diesem Band o. S. 325–347; ders., Die Kirche Jesu Christi – auf dem Weg zu einer Communio-Ekklesiologie, in: WKGS 11, 15–113, hier: 49–53. Eine kritisch-konstruktive Auseinandersetzung mit der bei uns leider viel zu wenig beachteten russische Sophiologie (V. Solovjev, S. Bulgakov u. a.) ist in diesem Zusammenhang nicht möglich. Sie könnte zeigen, welches Potential dieser Ausgangspunkt für die Begegnung mit der neuzeitlichen Philosophie birgt.

2 G. von Rad, Weisheit in Israel, Neukirchen 1970; H. Gese, Natus ex virgine, in: Vom Sinai zum Zion, München 1974, 130–146; Der Johannesprolog, in: Zur biblischen Theologie, München 1977, 152–201. Vgl. außerdem M. Hengel, Judentum und Hellenismus, Tübingen 1973, 291–318.

zugesprochen *(Mk 6,2)*. Jesus selbst beansprucht für sich: »Hier ist einer, der mehr ist als Salomo« *(Mt 12,42)*.

Dass die Weisheitslehre für die Schöpfungslehre bestimmend ist, lässt sich aus der alttestamentlichen Weisheitsliteratur leicht aufzeigen. Nach der Bibel hat Gott alles gemäß seiner Weisheit wunderbar geordnet. Dabei steht die Weisheit in den späteren Schriften des Alten Testaments als eine Art Hypostase gleichsam neben Gott *(Spr 8,22–31; Sir 24,3–12)*. Die Kirchenväter haben diese Weisheitsspekulationen mit Hilfe der stoischen Logoslehre weiterentwickelt und in dem quasi hypostatischen Verständnis der Weisheit schon früh eine Art Vorausahnung des ewigen Logos gesehen, der in der Fülle der Zeit in Jesus Christus Mensch geworden ist. Die Weisheitsspekulation wurde so mitentscheidend für die Entwicklung der Trinitätslehre.[3]

Der Zusammenhang zwischen Schöpfungslehre und Christologie aus der Perspektive der Weisheitslehre reicht jedoch wesentlich tiefer. Der Schlüsseltext, auf den besonders Hartmut Gese hingewiesen hat, findet sich im 24. Kapitel bei *Jesus Sirach*. Dort legt der Prediger eindringlich dar, dass die Weisheit in der Welt nach einer Wohnung sucht und keine findet. Die Menschen haben die Weisheit Gottes mit ihrer eigenen Weisheit vertauscht. Sie wollten selber unterscheiden, was gut und böse ist *(Gen 3,5f.)*. So haben sie Gottes Weisheit durch ihre eigene Weisheit ersetzt und sind dadurch ins Unheil geraten. Damit ist die Weisheit Gottes in der Welt sozusagen ortlos und heimatlos geworden. Nur in Jakob, in Israel, auf dem Zion, in Jerusalem hat sie schließlich eine Wohnung und eine Ruhestätte gefunden *(Sir 24,8–11)*. Das Bundesbuch, das Gesetz des Moses, ist nämlich voll von Weisheit, es strömt über von Einsicht und es fließt von Belehrung *(Sir 24,23–27)*. Im Gesetz kommt Gottes in der Schöpfung verborgene Weisheit wieder zur Geltung. Darum ist es für Israel keine Last, sondern eine Leuchte am Fuß auf dem Weg des Lebens *(Ps 119,105)*.

Ausgehend von Jesus Sirach fällt Licht auf den Prolog des Johannesevangeliums. Der dort maßgebende Begriff Logos lässt sich leicht im Sinn der alttestamentlichen Weisheit verstehen. Wie in der Weisheitsliteratur Gott alles gemäß der quasi hypostatisch verstandenen Weisheit geschaffen hat, so ist nach dem Johannesprolog alles im ewi-

---

[3] W. Kasper, Der Gott Jesu Christi (WKGS 4), Freiburg i.Br. 2008, 273f.283f. 290–294.377.

gen Logos geschaffen. In ihm war Leben und Licht der Menschen. Doch das Licht leuchtete in der Finsternis, die es nicht begriffen hat *(Joh 1,3–5)*. In Jesus Christus, in dem der ewige Logos in der Fülle der Zeit Mensch gewordenen ist, hat der Logos endgültig Wohnung genommen *(Joh 1,14)*. Das Johannesevangelium selbst stellt die Parallele zum mosaischen Gesetz her: »Denn das Gesetz wurde durch Moses gegeben, die Gnade und die Wahrheit kamen durch Jesus Christus.« *(Joh 1,17)*

So ist in Jesus Christus das Licht, das allen Menschen leuchtet, die in die Welt kommen und die es doch abgelehnt haben, neu und definitiv in die Welt gekommen. Er ist das Licht der Welt. Wer ihm nachfolgt wandelt nicht in der Finsternis, sondern hat das Licht der Welt und des Lebens *(Joh 8,12)*. So lässt sich von Jesus Christus her die Welt und das Leben neu verstehen. Im Licht der Christologie lässt sich die Schöpfung entziffern. Jesus Christus ist der Auslegungsschlüssel aller Wirklichkeit.

Dieser Gedanke findet sich auch bei Paulus und dort in kreuzestheologisch zugespitzter Form.[4] Nach Paulus ist die Weisheit Gottes im Logos vom Kreuz, welches der Welt Torheit ist, in paradoxer Gestalt erschienen; so hat Gott durch das Kreuz die Weisheit der Welt als Torheit erscheinen lassen *(1 Kor 1,24.30)*. Die Weisheit, welche die gesamte Schöpfung ordnet und ihr Sinn verleiht, die die Welt aber niedergehalten hat *(Röm 1,18)*, ist durch das Kreuz Jesu Christi auf eine paradoxe Weise endgültig erschienen. Das Kreuz ist also Lesehilfe für die Schöpfungswirklichkeit.

Paulus und die deuteropaulinischen Schriften weiten diesen Gedanken auf die Kirche aus. Die Kirche, welche den Logos des Kreuzes verkündet, verkündet die am Kreuz offenbare Weisheit *(1 Kor 2,6–9)*. Die in Jesus Christus erschienene Weisheit ist die wahre Weisheit, die der Apostel der gegenüber der Weisheit Gottes verschlossenen Weltweisheit gegenüberstellt. Durch die Kirche soll alle Welt Kenntnis erhalten von der in Jesus Christus erschienen »vielfältigen Weisheit Gottes« *(Eph 3,10)*.[5] Durch sie werden wir mit aller Weisheit und

---

[4] Vgl. U. Wilckens, Weisheit und Torheit. Eine exegetische Untersuchung zu 1 Kor 1 und 2, Tübingen 1959.

[5] Zum judenchristlichen Hintergrund vgl. F. Manns, Le Judéo-Christianisme. Mémoire ou Prophétie? Paris 2000, 225–236.

Einsicht erfüllt *(Eph 1,8; Kol 1,9)*. Indem die Kirche die Weisheit Gottes enthüllt, enthüllt sie zugleich die wahre Weisheit der Welt. Durch ihre Botschaft von Jesus Christus soll sie Licht in das Dunkel der Welt bringen.

In dieselbe Richtung weist die Vorstellung von der Kirche als Tempel und Haus Gottes. Denn nach der Weisheitstheologie hat sich die Weisheit ein Haus gebaut *(Spr 9,1)*. Diese Aussage verweist auf die Theologie des Tempels, der nach jüdischer Vorstellung nach kosmischen Maßen und als Mittelpunkt des Kosmos errichtet wurde. Das Neue Testament nimmt diese Theologie des Tempels auf und bezeichnet die Kirche als Tempel und Haus Gottes, erbaut aus lebendigen Steinen *(1 Kor 3,16f.; 2 Kor 6,16; Eph 2,19–22; 1 Petr 2,5)*. So unterstreicht die Bezeichnung der Kirche als Tempel und Haus Gottes nochmals die kosmische und universalgeschichtliche Dimension der Kirche.[6] Denselben Gedanken finden wir im Neuen Testament nochmals in anderer Gestalt in der Aussage, dass in der Kirche und in ihrer Verkündigung das ewige Heilsgeheimnis Gottes laut wird (*Röm 16,25; 1 Kor 1,9; Eph 1,9f.; 3,9f.; Kol 1,26f.; 4,3* u.a.).

Die Kirchenväter haben diese Sicht aufgegriffen. Sie sehen die Kirche nicht nur heilgeschichtlich und in einer eschatologischen Perspektive, sondern bereits protologisch in der Schöpfung grundgelegt und so in einer universalen Perspektive. Nach einigen Kirchenvätern ist die Kirche schon vor aller Schöpfung grundgelegt.[7] Nach Athanasius sind alle Menschen durch die Menschwerdung des Logos in Jesus Christus ein Leib in Christus (σύσσωμοι).[8] Thomas von Aquin hat diese Gedanken aufgegriffen und die kühne These aufgestellt, Jesus Christus sei nicht nur das Haupt der Kirche, sondern das Haupt aller Menschen.[9]

Diese universalgeschichtliche Sicht der Kirche ist von Bedeutung für die Frage des Heils der Nichtchristen. Seit sich unser Blickwinkel

---

6 Vgl. Y. Congar, Das Mysterium des Tempels, Salzburg 1960.

7 2 Clem. 14, 1; Herm. vis. 2, 4, 1; Epiph. haer. I, 1, 5; Cypr. unit. eccl. 7; Aug. retr. 1, 12, 13.

8 Athan. apol. Sec. I, 42; II, 61; 74.

9 Thomas v. Aquin, S.th. III q. 8 a. 3. Dazu M. Seckler, Das Haupt aller Menschen, in: Die schiefen Wände des Lehrhauses, Freiburg i.Br. 1988, 26–39. Zur Grundlegung bei den Kirchenvätern vgl. H. de Lubac, Glauben aus der Liebe (Catholicisme), Einsiedeln 1970, 34–36.

weit über den abendländischen Raum hinaus geweitet hat, stellt sich die Frage nach dem Heil der vielen Generationen vor und nach Jesus Christus, denen das Evangelium nie verkündet worden ist. Die universale weisheitliche Ekklesiologie ermöglicht eine Antwort. Schon die frühchristlichen Apologeten sagten: Der Logos wohnt jedem inne;[10] er ist in Sokrates wie in den Barbaren.[11] Da dieser allen einwohnende Logos in seiner Fülle in Jesus Christus erschienen ist, sind alle, die nach dem Logos leben, eigentlich Christen.[12]

Das Zweite Vatikanische Konzil hat diese universalistische Sicht der Christologie an vielen Stellen zum Ausdruck gebracht. Es ging davon aus, dass alles auf Jesus Christus hin und in ihm erschaffen ist, dass er das Haupt seines Leibes, der Kirche, ist und in allem den Vorrang hat und dass in ihm alles versöhnt wurde (*Kol 1,15–20;* vgl. *1 Kor 8,6; Joh 1,3–5; Hebr 1,34*). Deshalb ist Jesus Christus für das Konzil der Meister, der Schlüssel und der Mittelpunkt und das Ziel der ganzen Menschheitsgeschichte.[13] Aus diesem Grund konnte das Konzil sagen, dass auch die, welche die Botschaft von Jesus Christus ohne ihre Schuld nicht kennen, die aber den Willen Gottes in der Weise tun, wie sie ihn in ihrer Situation in ihrem Gewissen aus der objektiv auf Christus hingeordneten Schöpfung zu erkennen vermögen, mit Hilfe der Gnade das Heil erlangen können.[14]

Diese Aussage darf kein Vorwand sein, um auf die Mission zu verzichten, durch welche Nichtchristen zur ausdrücklichen Erkenntnis Jesu Christi gelangen. Sie besagt auch nicht, dass es einen Heilsweg neben oder außer Christus und außerhalb der Kirche gibt. Sie setzt das Axiom »extra ecclesiam nulla salus«[15] nicht außer Kraft, nimmt ihm aber seinen auf institutionelle Abgrenzungen verengten Sinn. Sie sieht die frommen Heiden in ihrer objektiven Hinordnung auf Jesus Christus und in potentieller Zuordnung zur Kirche. In diesem Sinn kennt schon die Bibel fromme Heiden; man denke etwa an Noah,

[10] Vgl. Iust. 2 apol. 10.
[11] Iust. 1 apol. 5.
[12] Iust. 1 apol. 46.
[13] GS 10; vgl. 22; 45 u. a.
[14] LG 16.
[15] DH 802; 875; 1381.

Melchisedek, Henoch, Ijob. Augustinus kann so von der ›ecclesia ab Abel‹ sprechen.[16]

Versucht man so ausgehend vom biblischen Verständnis der Weisheit den inneren Zusammenhang von Schöpfungslehre und Christologie zu verstehen, dann fällt neues Licht auf die Verkündigungsaufgabe der Kirche. Oft wird darüber geklagt, die Verkündigung gehe am Leben vorbei, hole die Menschen nicht ab und erreiche sie nicht. In der Tat ist das oft der Fall. Aus dem Gesagten ergibt sich kein Rezept, wie man es besser machen kann. Aber es ergibt sich doch, dass die Verkündigung nicht eine den Menschen und ihren weltlichen Erfahrungen übergestülpte Ideologie, nicht eine abstrakte Doktrin oder Moral ist, welche mit dem Leben nichts zu tun hat. Aufgabe der Verkündigung ist es vielmehr, von der Mitte des christlichen Glaubens, das heißt von Jesus Christus, seiner Menschwerdung, seinem Kreuz und seiner Auferstehung her Licht in die Finsternis der Welt und des Lebens zu bringen, Lebenserfahrungen zu deuten und in ihrem wahren Sinn zu erschließen. So kommt Gottes Wort nicht als etwas Fremdes von außen auf den Menschen zu, es wird den Menschen und den Dingen nicht einfach übergestülpt. Es kommt »in sein Eigentum«, es ist das Licht, das jeden Menschen von je her erleuchtet; es ist Licht und Leben zugleich. Dies ist ein pastoraler Dienst am Leben und ein Dienst damit die Menschen das Leben haben und es in Fülle haben *(Joh 10,10)*. So verstanden ist das Evangelium Freuden-Botschaft, die das Leben hell und froh macht.

Man darf diese Aufgabe nicht naiv optimistisch verstehen. Die Heilige Schrift weiß, dass dieses Licht von den Menschen sehr oft nicht aufgenommen, sondern unterdrückt wird. Die Auseinandersetzung zwischen Licht und Finsternis, Wahrheit und Lüge durchzieht die ganze Geschichte, sie durchzieht auch unsere Gegenwart. Auch heute ist Jesus Christus oft Stein des Anstoßes, an dem viele zu Fall kommen *(Apg 4,11; 1 Petr 2,7f.)*. Wir dürfen uns darum nicht irre machen lassen, wenn wir auf Widerstand, oft harten und brutalen Widerstand stoßen. Die Verkündigung darf die Auseinandersetzung, welche die ganze Menschheitsgeschichte durchzieht, nicht scheuen. Gerade so

[16] Aug. serm. 341, 9, 11; Aug. enarr. in Ps. 90,1; vgl. dazu Y. Congar, Ecclesia ab Abel, in: M. Reding (Hg.), Abhandlungen über Theologie und Kirche (FS K. Adam), Düsseldorf 1952, 79–108.

kann sie den Bann eingefahrener Vorurteile und von ideologischer Verblendung aufbrechen und eine wirklich befreiende Botschaft bringen. Gerade so kann die Botschaft von Jesus Christus dem Menschen den Menschen neu erschließen und ihm Licht sein auf dem Weg des Lebens.

Das Neue Testament und die kirchliche Überlieferung stellen uns in Maria, die ganz Hörerin des Worts Gottes war, das Urbild des im Sinn der ursprünglichen Weisheit Gottes wiederhergestellten und erneuerten Menschen vor.[17] Maria ist Bild und Zeichen der Treue Gottes zur Welt. In ihr leuchten der Glanz und die Schönheit der ursprünglichen wie der neuen Schöpfung auf. Sie ist gleichsam der Morgenstern der neuen Schöpfung, der uns in der Nacht der Welt, den neuen Morgen anzeigt und uns die ganze Schönheit der in Jesus Christus erschienenen Weisheit aufscheinen lässt. In ihr ist die Kirche als Tempel der Weisheit auf vollkommenste Weise vorgebildet; sie hat die Weisheit Gottes ganz in ihrem Herzen aufgenommen, sie in ihrem Leib und auf ihrem Schoß getragen. So kann die Liturgie die Texte, welche von der vorweltlichen Weisheit sprechen *(Spr 8,22–36; Sir 24,3–22)*, auf Maria beziehen und Maria als Sitz der Weisheit (Sedes sapientiae, Lauretanische Litanei) bezeichnet werden.

Als solche ist Maria Urbild, Patronin und Fürsprecherin einer neuen Evangelisierung. Diese soll die Weisheit Gottes als Licht der Welt und des Lebens gegenüber einer entgleisenden Menschenweisheit wieder zur Geltung bringen. ›Cum grano salis‹ kann man sagen: Die Boten des Evangeliums sind keine Dunkelmänner; sie bringen in der Auseinandersetzung mit der gottvergessenen Weltweisheit die wahre Aufklärung.

---

[17] Vgl. Kasper, Die Kirche Jesu Christi – auf dem Weg zu einer Communio-Ekklesiologie (wie Anm. 1), 78–80.

Bibliographische Nachweise

Ansätze für eine erneuerte Christologie

Krise und Neuanfang der Christologie im Denken Schellings
in: EvTh 33 (1973) 366–384; Italienisch: Crisi e nuovo inizio della cristologia nel pensiero di Schelling, in: W. Kasper/J. Moltmann/H.-G. Geyer/H. Küng (Hg.), Sulla teologia della croce (gdt 82), Brescia 1974, 55–83.

Die Sache Jesu. Recht und Grenzen eines Interpretationsversuches
in: HerKorr 26 (1972) 185–189.

Jesus im Streit der Meinungen
in: Attempto 45/46 (1972/73) 52–58; ebf. in: ThG 16 (1973) 233–241 (Teilabdruck); Spanisch: Panorama de opiniones sobre Jesús, in: SelTeol 15 (1976) 95–107.

Rückschritt in Aufklärung und Kulturkampf
in: R. Pesch/G. Stachel (Hg.), Augsteins Jesus, Zürich 1972, 36–39.

Gottes sichtbare Liebe
in: J. Feiner/L. Vischer (Hg.), Neues Glaubensbuch, Freiburg – Zürich 1973, 276–290.

Der Glaube an die Auferstehung Jesu vor dem Forum historischer Kritik
in: ThQ 153 (1973) 229–241.

Einmaligkeit und Universalität Jesu Christi
in: ThG 17 (1974) 1–11.

Aufgaben der Christologie heute
in: A. Schilson/W. Kasper, Christologie im Präsens: Kritische Sichtung neuer Entwürfe, Freiburg i.Br. 1974, ^{2}1977, 133–151; Französisch: Tâches de la christologie actuelle, in: Théologiens du Christ aujourd'hui (jésus et jésus-christ 9), Paris 1978, 169–190.

Christologie von unten? Kritik und Neuansatz gegenwärtiger Christologie
in: L. Scheffczyk (Hg.), Grundfragen der Christologie heute (QD 72), Freiburg i.Br. 1975, 141–170.

Alter Christusglaube und neue Christologie
in: ThG 20 (1977) 2–11.

Neuansätze gegenwärtiger Christologie
in: J. Sauer (Hg.), Wer ist Jesus Christus? Freiburg i.Br. 1977, 121–150.

Neuansätze gegenwärtiger Christologie – Vertiefung
unter dem Titel *Neuansätze gegenwärtiger Christologie* in: W. Kasper (Hg.), Christologische Schwerpunkte, Düsseldorf 1980, 17–36.

Christologie und Ökumene. Überlegungen anlässlich der Vorstellung der bulgarischen Ausgabe von »Jesus der Christus«
Vortrag anlässlich der Vorstellung der bulgarischen Ausgabe von »Jesus der Christus«, in: Archiv für Mittelalterliche Philosophie und Kultur, Heft XI/2005, 258–266.

Christologie in trinitätstheologischer Perspektive

Wer ist Jesus Christus für uns heute? Zur gegenwärtigen Diskussion um die Gottessohnschaft Jesu
Karl Rahner zum 70. Geburtstag, in: ThQ 154 (1974) 203–222; Spanisch: La filiación divina de Jesús, in: SelTeol 15 (1976) 153–160.

Christologie und Pneumatologie. Die Pneumatologie als Aufgabe heutiger Theologie
Vortrag in der akademischen Festsitzung zum Herz-Jesu-Fest 1974, in: Korrespondenzblatt des Canisianums 109 (1974/75) 2–7.

»Einer aus der Trinität …«. Zur Neubegründung einer spirituellen Christologie in trinitätstheologischer Perspektive
in: M. Bohnke/H. Heinz (Hg.), Im Gespräch mit dem dreieinen Gott. Elemente einer trinitarischen Theologie (FS W. Breuning), Düsseldorf 1985, 316–333; Italienisch: »Uno della Trinità …«: Per la rifondazione di una cristologia spirituale in prospettiva trinitaria, in: S. Sorrentino (Hg.), La Teologia in Discussione. Atti del Convegno »La Teologia in Discussione«. 1–12 dicembre 1986 (Laboratorio, Collana diretta da Antonio Villani 3), Napoli 1991, 57–81.

Brief zum Thema »Jungfrauengeburt«
in: IKaZ 16 (1987) 531–535; Englisch: Letter on »the Virgin Birth«, in: Com(US) 15 (1988) 262–266; Tschechisch: Dopis k tématu »narozený z Panny«, in: Teologické Texty 1992, Nr. 4, 131–133.

Gottes Gegenwart in Jesus Christus. Vorüberlegungen zu einer weisheitlichen Christologie
in: S. Wiedenhofer (Hg.), Weisheit Gottes – Weisheit der Welt (FS Joseph Kardinal Ratzinger), St. Ottilien 1987, 311–328.

Das Kreuz als Offenbarung der Liebe Gottes
in: Cath(M) 61 (2007) 1–14.

Christologie und Soteriologie

Erlösung und Befreiung. Anmerkungen zur Auseinandersetzung um ein Buch von Hans Kessler
in: Christ in der Gegenwart 26 (1974) 29–30.

Erlösung, eine Quaestio disputanda
in: ThQ 162 (1982) 273–274.

Christologie und Anthropologie
Leicht gekürztes Referat, gehalten vor der Internationalen Theologenkommission am 3. Oktober 1981 in Rom, in: ThQ 162 (1982) 202–221.

Jesus Christus – das Heil des Menschen
in: W. Seidel (Hg.), Glaubt ihr nicht, so bleibt ihr nicht: Tragendes Fundament – unaufgebbares Zeugnis, Würzburg 1983, 79–99.

Der letzte Platz. Überlegungen zum Stellvertretungs- und Sühnegedanken
in: Pastoralblatt 37 (1985) 74–77.

Christus und die Religionen

Der christliche Glaube angesichts der Religionen. Sind die nicht-christlichen Religionen heilsbedeutsam?
Überarbeitete und erweiterte Form des Referats »Are Non-Christian Religions Salvific?«, vorgetragen auf der Internationalen Theologischen Konferenz »Evangelisation and Dialogue« vom 6. bis 12. Oktober 1971 in Nagpur (Indien), in: H. Feld/J. Nolte (Hg.), Wort Gottes in der Zeit (FS K. H. Schelkle), Düsseldorf 1973, 347–360.

Das Christentum im Gespräch mit den Religionen
in: A. Bsteh (Hg.), Dialog aus der Mitte christlicher Theologie (BzR 5), Mödling 1987, 105–130.

Reinkarnation und Christentum
in: Impulse aus der Hauptabteilung Schule und Hochschule des Erzbistums Köln Nr. 2/1988, 2–4; ebf. in: notizblock Nr. 4/1989 (Materialdienst für Religionslehrer an Grund-, Haupt-, Real- und Sonderschulen in der Diözese Rottenburg-Stuttgart), 3–5.

Zum Dialog zwischen den Religionen und zur Geschichtlichkeit des religiösen Bekenntnisses
in: J. Schwartländer (Hg.), Freiheit der Religion. Christentum und Islam unter dem Anspruch der Menschenrechte, Mainz 1993, 365–369.

Einzigkeit und Universalität Jesu Christi
in: K. Krämer/A. Paus (Hg.), Die Weite des Mysteriums. Christliche Identität im Dialog (FS Horst Bürkle), Freiburg i. Br. 2000, 146–157.

Jesus Christus – Gottes endgültiges Wort
in: IkaZ 30 (2001) 18–26; Französisch: Jésus-Christ – Verbe définitif de Dieu, in: Com(F) XXVI (5/2001) 13–23; Niederländisch: Jezus Christus – het definitieve Woord van God, in: Com(NL) 26 (1/2001) 1–10.

Christentum im Profil

Was heißt eigentlich christlich?
in: J. Schreiner (Hg.), Die Kirche im Wandel der Gesellschaft, Würzburg 1970, 87–101.

Jesus und der Glaube. Problemstellung und Grundlegung der Christologie heute
in: W. Kasper/ J. Moltmann, Jesus ja – Kirche nein? (ThMed 32), Einsiedeln 1973, 9–35; Italienisch: Gesù Cristo e la fede oggi, in: Gesù sì – Chiesa no? (meditazioni 7), Brescia 1974; Kroatisch: Isus i vjera, in: Krist da – Crkva ne? (Teološke Meditacije 4), Zagreb 1979; Polnisch: Jezus i wiara, in: Jezus – tak, Kościół – nie?, Krakau 2005.

Christentum
in: E. Brunner-Traut (Hg.), Die fünf großen Weltreligionen: Hinduismus, Buddhismus, Islam, Judentum, Christentum, Freiburg i. Br. 1974, ^{16}1989, 111–133; Neuauflage Freiburg i. Br. 1991, ^{5}1993, 109–130; Italienisch: Cristianesimo, in: Le cinque grandi religioni del mondo, Brescia 1977, 111–133.

Tiefenpsychologische Umdeutung des Christentums?
in: A. Görres/W. Kasper (Hg.), Tiefenpsychologische Deutung des Glaubens? Anfragen an Eugen Drewermann (QD 113), Freiburg i. Br. 1988, 9–25.

Jesus Christus – das Licht der Welt. Die Weisheitschristologie als Auslegungsschlüssel der Weltweisheit
in: G. Augustin/M. Brun/M. Schulze u. a. (Hg.), Christus – Gottes schöpferisches Wort (FS Christoph Kardinal Schönborn), Freiburg i. Br. 2010, 293–299.

Namenregister

Sachregister